蒋介石王牌悍将
张灵甫传

钟子麟 著

团结出版社

图书在版编目（ＣＩＰ）数据

　　蒋介石王牌悍将张灵甫传/ 钟子麟著. -- 北京 ： 团结出
版社，2008.1（2020.6 重印）
　　ISBN 978-7-80214-348-7

　　Ⅰ．①蒋… Ⅱ．①钟… Ⅲ．①张灵甫（1903～1947）一传
记 Ⅳ.K825.2

　　中国版本图书馆CIP数据核字(2007)第 157679 号

出　版：团结出版社
　　　　（北京市东城区东皇城根南街84 号　邮编：100006）
电　话：（010）65228880　65244790　（出版社）
　　　　（010）65238766　85113874　65133603（发行部）
　　　　（010）65133603（邮购）
网　址：http://www.tjpress.com
E-mail：zb65244790@vip.163.com
　　　　fx65133603@163.com（发行部邮购）
经　销：全国新华书店
印　装：三河市东方印刷有限公司

开　本：170mm×240mm　　　　16 开
印　张：29
字　数：528 千字
版　次：2008 年1 月　第1 版
印　次：2020 年6 月　第 11 次印刷

书　号：978-7-80214-348-7/K·433
定　价：68.00 元

抗日战争时期的张灵甫。

1945 年初秋，张灵甫率第 74 军赴南京前摄于长沙。

1946年秋冬，张灵甫在第二次涟水战役前后。

　　1945年9月7日，第4方面军司令部进驻长沙后，司令部已经成了一个空架子，属下的部队正在分散调往各地。图为第4方面军司令部和第74军若干高级将领在长沙的离别留影，前排左二张灵甫，前排右二周志道，后排右二赵汝汉（第4方面军副官处长）。

1945秋冬，张灵甫与王玉龄在上海金门大饭店举行婚礼。

张灵甫与新婚夫人王玉龄和来南京探亲的前妻之女高（张）慧君合影（1946年春，南京）。

张灵甫（中）与军中友人同游黄鹤楼

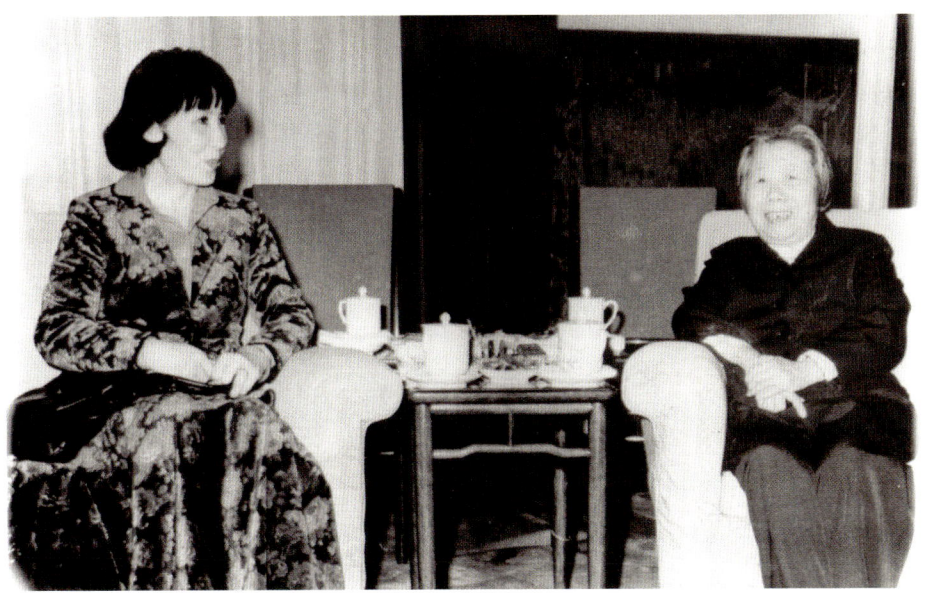

1975年，邓颖超在北京会见王玉龄女士。

2003年8月，王玉龄女士、张居礼先生和原陕西省政协负责人在西安留影。

　　2005 年 9 月，王玉龄女士和儿子张道宇在北京人民大会堂出席纪念中国抗日战争暨世界反法西斯战争胜利 60 周年大会。

　　2005 年 9 月，王玉龄女士作为原国民党抗日将领张灵甫的遗属，受中共中央统战部的邀请在北京参加了纪念中国人民抗日战争胜利 60 周年大会，并受领《纪念中国人民抗日战争胜利 60 周年》纪念章。

　　（本书中张灵甫及其亲友照片，均由其夫人王玉龄女士提供，特此感谢。）

目 录

第一章

从书生到军人

第一节 东大村北门的张家

一

俗话说："南方的才子北方的将，关中自古埋皇上。"

关中，泛指大西北以陕西西安为中心的大片平原地区，号称八百里秦川，周围山峦起伏，函谷、萧关、大散、武关、潼关、金锁等险关，扼守着这一地区的进出要道，因位居雄关之中，关中因此而得名。

一提起大西北，人们的印象中多半是满目黄土漫卷西风的苍凉，抑或是夕阳残照汉家陵阙的萧瑟。其实，关中平原素来有西北粮仓的美名，两千多年前司马迁在撰写《史记·货殖列传》时就称："关中自汧、雍以东至河、华，膏壤沃野千里"，"关中之地，于天下三分之一，而人觸不过什三，然量其富，什居其六"。古时候关中地区的富庶可见一斑。这里南依秦岭为障，东面隔着黄河与中原遥遥相对，外有雄关漫道，易守难攻，内有一马平川，丰衣足食，特殊的地势具有如此的战略优势，也就不难理解，为何古代有众多王朝皆选择在此定都，从而有了"秦中自古帝王都"之说。从三千多年前周文王迁都沣京之后，现今西安一带及周边地区，就成了周、秦、汉、唐等十二个王朝的京畿圣地。自此，关中可是实足冒了上千年的龙烟紫气。

光绪末年间，西安市尚未单立，西安城区分属两个县，西城属长安县，东城属咸宁县，当时的长安县府就设在西安的西大街。说起长安的历史，用"源远流长"一词来形容再恰当不过。长安地处关中平原腹地，是中华民族的发祥地之一，素以历史文化底蕴深厚著称，长安县境内文物古迹星罗棋布，至今还留有仓颉造字台、沣镐遗址、西周车马坑、昆明池等遗址，就连乡民们的平常家居乃至随便砌垒的鸡窝猪圈，都还可能不时发掘出些秦砖汉瓦来，为当地的悠久历史平添佐证。

然而，斗转星移，沧海桑田，千百年的岁月流逝过后，古今多少事都成了浓缩在书架里的抽象文字，一本一本厚厚地叠了起来，被后人称作为历史，而在这历史长河的潮起潮落之中，昔日的帝王京畿宝地终于盛极而衰。到了近代，由于交通不便，经济发展落后，司马迁笔下的"膏壤沃野千里"早已被无情的岁月冲刷得风光不再，当年为秦人们所鄙夷的南蛮东夷之地，却成了富甲一方的后起之秀，似乎在验证着老祖宗有关风水轮流转的神秘论说。目睹昔日蛮夷之地假工商业的发展在近代的迅速崛起，曾经傲视中原的秦人的后代们只有无奈地瞠乎其后，他们守着这块不再冒帝王紫气的闭塞的古老土地，默默地繁衍生息。

1900 年，也就是光绪二十六年，陕西发生了大饥荒，在接下来的两年，光绪二十七年和二十八年又都是荒年，所谓"熟年馑"。连续的荒年使得大部分乡民的生活陷入了困境。

祸不单行，此时又适逢庚子之变，八国联军入侵北京，慈禧太后和光绪皇帝仓皇逃出京城，紧接着又被一路追杀，最后躲到西安避难来了。虽然是落荒而逃的皇室人马，但皇家的排场总是撑着不能将就的。故都迎来了久违的皇家，犹如回光返照，再次成为国人瞩目的中心，但是这一切对于当地人民来说却是祸不是福，他们非但享受不到皇上的雨露恩泽，相反还给摊上了沉重的负担。清皇室在陕西一年有余，一应繁杂支取多由陕西供给，贫瘠的陕西地方官府为了筹集银两，用以支付额外的皇家庞杂开销，除了加重各种捐税之外别无他法，这对正在荒年中挣扎的陕西农民来说，无疑又是雪上加霜。

在这天灾人祸不断的年头，要想在长安的农村里找出大户望族人家来，简直是凤毛麟角，若论日子还略过得去的小康之家，东大村北门的张家还可以算得上一户。

东大村位于西安南郊，离城里大约五十华里，在长安是个名副其实的大村庄，当时有村民近千户。村子的北头住着张氏两兄弟，老大张鸿儒是个秀才，老二张鸿恩在家种地务农，这是一个封建社会中国农村常见的耕读之家。张家兄弟祖上的家世，现在已经难以查考，据张家后代的回忆，他们的祖辈世代在当地务农。[1]张氏在当地是个大姓望族，但是两兄弟的父亲这一支却并不兴旺，他们的父亲早年生活还相当清苦，因家世单薄人丁稀落，曾经遭受过族里有钱有势人家的欺负，口产传到两个儿了的手上并没有几亩地，可以说家境贫寒。到了张氏兄弟这一代，两人勤勉吃苦慢慢撑起了一份薄产，总算摆脱了贫困，后来虽然各自成了家，兄弟两人仍旧合住着一个院子，相处和睦。几年之后，两人才协商一致友好地分了家，按照当地的风俗，长子不离老家，老大张鸿儒仍居老屋，老二张鸿恩则分到了园子，人称"园子爷"。

论学问，张鸿恩比不上哥哥，或许是因为他的父亲财力有限，家里只够供老大一个人读书的缘故，张鸿恩没机会正经喝过几天墨水，他也不存什么读书考功名的奢望，只是用心在家侍弄庄稼。论种地，他可是乡里闻名的一把好手，张鸿恩自小与农田打

---

① 本章关于张灵甫的家世及其早年的情况，如未特别注明，主要依据笔者对张灵甫夫人王玉龄女士、长子张居礼先生和侄子张居正先生的采访。

交道，平时做事总爱琢磨个究竟，同样的种子到了他的手里就会打下更多的粮食来，乡里人也爱向他讨教经验，都称他是耕种的状元。分家之后，张鸿恩靠着自己的勤劳和精明持家的能耐，把一份家业逐渐扩大。当地的穷人家养牛，富人家养骡子，张鸿恩虽算不上富人，却既养骡子又养牛，还在村里拥有了近三十亩良田。别看地不算多，因为是一年可以收成两次的水田，在陕西属于十分金贵的好地，比邻县贫瘠的黄土旱地肥沃多了，地也就特别值钱。能拥有这些田产牲畜，足以让一般的贫苦农家羡慕不已了。

张鸿恩为人诚实本分，但生性并不木讷，与一般老实巴交的西北农民相比，可以说他是个很有生意头脑的人。打下的粮食供家人温饱之余，总不能年复一年都囤积在谷仓里，于是他后来又寻思着做些买卖，多年之后，他和大儿子在西安开起了米铺，开始主要经营自家地里出产的粮食，由于生意不错，后来米铺越开越多，也兼收购别处的粮食。到了20世纪40年代后期的时候，张鸿恩的家产除了城里的几家商铺之外，在村里也陆续又买下了一些良田，土地扩展到了一百二十多亩，家里还雇有好几个长工，在村子里属于相当殷实的人家了。他的晚年已经是一副老太爷的派头，常常端坐在太师椅上，在家对门的楼台上看风景。这点身家，按照后来土改时评判成份的标准，当然就属于地主阶级，他也的确被划为地主，此是后话。

说到地主，人们可能会联想起早年影视作品中的南霸天、周扒皮形象，他们骑在贫穷农民头上作威作福，弄得半夜鸡叫对农民盘剥无度，遭人痛恨。不过这种脸谱对张鸿恩显然是不合适的，像他这种不靠祖传、全凭自己奋斗创下一点家业的农民，一般仍不脱劳动人民的本色，凡事还是亲力亲为。他这个地主既不吃五喝六，也不斤斤计较，虽然也雇工，但对下人还挺体恤，在村子里有着相当好的人缘和口碑，再说他自己克勤克俭，也下田种地，收获的庄稼总是比别人家的又多又好，村民们朴实得很，看重实在的东西，农民的营生就是种庄稼，张鸿恩既是这方面的行家里手，自然就赢得了村民们的敬重。

张鸿恩早年娶了亲，妻子名叫靖秀英。秀英人如其名，长得秀丽端庄，是一个贤惠的内当家，婚后不久，她和张鸿恩便育有一子，名叫张毓麟，字秀甫。就这样，不到而立之年，张鸿恩老婆孩子热炕头，既有家又有业，俨然是村子里颇为体面的人物了。有了这点家底子，虽然算不上富贵之家，但相比那些在荒年里挣扎在饥饿线上的贫困佃户农家，张家三口的小日子还是过得相当不错的。

光绪二十九年，三年的大饥荒总算结束了。

这一年的夏天特别的热，8月里，正是一年中阳光最火爆的季节，一望无际的原野，在盛夏的骄阳下几乎被曝晒得脱了一层皮，田头的泥水踩上去满脚都是滚烫的感觉，就连最勤劳的农民，此时也只想躲在屋子里歇歇脚。

这天，张鸿恩也没去下地，他倒不是要在家里躲日头，而是他十月怀胎的婆姨又生孩子了，这是他们夫妻的第二个孩子，还是一个男孩。这一天，是光绪二十九年农历六月二十八，也就是公历1903年8月20日。

孩子出生在三伏天里，酷暑难当，张鸿恩从婆姨手上接过小娃娃，顾不得抹一把满头满脸的汗水，捧着土布包裹着的襁褓，对着刚出生的二小子左瞧右看舍不得放手。农家多喜男丁，孩子又生得浓眉俊目，是个人见人爱的漂亮娃娃，也难怪张鸿恩乐得合不拢嘴。

这个当父亲的安分守己的农民并不会想到，此刻在他怀里闭目恬睡的小娃儿，有朝一日会横刀跃马，在战场上威风八面，成为改朝换代后那一个"党国"里的著名悍将，深得中枢的倚重和宠信，只是他不惜献出忠心和生命捍卫的"党国"，最终却以很不光彩的形式，黯然退出了大陆的历史舞台，而他的誓死效忠，也随着失败者的历史，成了一段是是非非的尴尬记录乃至罪孽，他在父亲的晚年给家人带来光耀门庭的莫大荣耀，不久之后，这份荣耀又随着政权的更迭，变成了倒霉的阴影，笼罩在大陆的家人头上多年挥之不去，还连累他的几个亲人先后送了性命。[1]

此时的张鸿恩当然不可能对四十多年后的祸福未卜先知，他只顾沉浸在得子的喜悦之中。

张家兄弟的下一代，孩子取名与字全都以"麟"字和"甫"字结尾，张鸿恩便顺着这个名号，给儿子取名钟麟[2]，字灵甫。

这个张家的二儿子，就是本书的传主——张灵甫。

二

---

[1] 张鸿恩因受儿子张灵甫的牵连，于1953年土改期间自杀身亡，张灵甫的幼弟张安忍（阁麟）在"文化大革命"中自杀身亡。

[2] 一些资料和出版物中误作"宗灵"或"仲灵"，皆系音误，张灵甫除原名钟麟外，并无其他别名。在黄埔军校第四期同学名录中，他登记的姓名为张钟麟，字灵甫；在陆军大学甲级将官班第二期学员名录中，他登记的姓名为张灵甫，字钟麟字灵甫。

张灵甫的童年生活很少见诸文字的记载，有的话也仅是只言片语："幼时与村儿嬉戏，习战阵，自任指挥，授以作坐进退之方，率能中矩。朋辈中偶有龃龉，经片语折中，罔不立效。……追入学，聪颖异常，每试辄冠同曹。"①

寥寥数语所浮现的一鳞半爪，仿佛是一张曝光不足的老照片，影影绰绰的画面，人物面目一片模糊，只有当他家人的片段回忆串联起这些吉光片羽，已经斑驳淡去的影像轮廓，才渐渐地清晰起来。

张灵甫的童年时代没有享受到多少的母爱，母亲靖秀英在他五六岁的时候就撒手离开了人世，留下张灵甫和哥哥张秀甫小兄弟俩成了没娘的孩子。直到好多年之后，父亲张鸿恩才续娶了继母滕氏，继母过门先后生下了两个孩子，张灵甫从此多了两个同父异母的弟弟张翰麟和张阁麟，其中大弟弟张翰麟后来因肺病早逝，幼弟张阁麟比他小十多岁。所以他家成年的其实是兄弟三人。

在那个年代，一般农家的孩子不大会有什么时髦的玩具来陪伴童年，所谓"幼时嬉戏，多习战阵"，不外乎是小男孩们喜欢的官兵打强盗一类的游戏。既然能够自任指挥，看起来张灵甫在游戏中时常扮演一个一呼百应的孩子王的角色。与同龄的孩子相比，他身高马大，话虽不多却说一不二，似乎有一种与生俱来的摄人威势，令别的孩子不得不折服，真要干起架来，一般也吃不了亏，游戏的结果，大抵是他这一伙人大喜而令别的孩子眼泪鼻涕大放悲声。也许就是在这类以拳头说话的好战儿戏中，他的小小心灵已经沉浸在令行禁止、敢作敢为的快感之中，初次尝到了好勇斗狠的胜利喜悦。

可以想见，靖秀英去世之后，张鸿恩起初几年一个人既当爹又当妈，还得照顾田里的庄稼，也实在腾不出更多的时间和精力来对幼儿多加管教，只能让他们像野草一样在田野村头自生自长。儿童心理学家说，一个人童年时代来自母亲的教育和影响，往往会在他的性格养成上留下最初的烙印，可是对张灵甫来说，由于生母的早逝，母爱慈仪几乎是一种空白的情感，母亲对他的影响几乎乏善可陈。

小男孩没娘管教，老是野在外面打架胡闹也总不是个事情，好在这个时候张灵甫已经到了该认字读书的年纪，张鸿恩便让儿子开始接受启蒙教育，一来可以让他多识几个字，二来也可以每天关他几个时辰，让他把时间花在读书上，总好过放任在外闯祸。

村里的孩子们到了求学的年龄，大都就在村子的私塾里开蒙。那时乡村私塾的科

---

① 《张灵甫"烈士"传》台湾"国防部"史政编译局编 1959 年。

目，无非是读些《三字经》《千字文》《幼学琼林》之类的启蒙读物，稍大一点的再背些《论语》《孟子》等经书。一般农家的孩子认几个字粗通文墨之后，也就不再继续读书，开始跟着大人们下地干活，重复他们父辈的命运了。

张鸿恩的秀才哥哥本来就是兼教私塾的，张灵甫起先读书不用去外面上课，每天只跟着伯父学就行了，所以他最早认字是从伯父那里学来的。张秀才有个名叫王朝宾的同乡朋友，也是个秀才，人称"六先生"，他是村子里专职教私塾的先生，村里的读书人多出自他的门下，他时常来找张鸿儒串门。这位"六先生"喜习王羲之的字，写得一手好书法，张灵甫后来迷上书法，很有可能是从小受了这位爱好书法的私塾先生的影响。

张家到了张灵甫这一代，比他们的上一代人丁兴旺得多了，他自己家兄弟三人，大伯家有三个堂兄，叔伯兄弟们加在一起有六个之多，他在其中排行老五，后来乡人也称他"五老爷"。张灵甫的兄弟们，除了堂房大哥张德甫和三哥张致甫后来在西安的政府里任职之外，其余的人也都和父辈一样，在乡下和西安或务农或经商。

在张家小兄弟几个中，张灵甫从小读书就显露出颇高的天分。一上私塾，他的兴趣就开始转移到课本上来，玩闹的野性收敛了不少。那个时候他年纪还小，"四书""五经"读得半通不懂，却能过目成诵，还特别喜欢课本上密密麻麻的蝇头小字，散课之后，他有事没事就掏出笔墨纸砚来，按照"六先生"的教法，在白纸上依样画葫芦，一画就是大半天，颇有定力，连院子外面其他孩童的嬉闹，也不再像以前那样对他具有吸引力了。大人们都说，钟麟读书之后像是变了一个人，从顽童变成了书童。"六先生"更是喜欢张灵甫读书的聪颖和这股子执着认真的幼头，直说孺子可教也。

既然有可造之资，张鸿恩就决定不妨让二儿子再多读几年书，在张灵甫读完私塾大约十岁的时候，他把儿子送进了长安县高小。说是县高小，因为西安的半个城也属于长安县管辖，其实学校就在西安城里。城里的小学与乡村的私塾大不相同，当时西学东渐，高等小学堂比村里的私塾新派得多了，校园课室像模像样，学习的科目除了背古文打算盘，老师还教授一些新鲜的科学知识，好学的小学生张灵甫既新奇又有趣，每天上学读书就更加兴致勃勃了，他的学业也越来越出色，还曾经在全县的小学会考中名列前茅。

有一天，"六先生"到西安城里办事后回到了乡下，一进东大村的北门，他就兴奋地逢人便说："钟麟这次可给咱村露脸啦，全县会考得了个状元！"从小看大的村里孩子在县里的考试中夺魁，不啻是草窝里飞出了金凤凰，"六先生"自然有理由满脸放光了。张灵甫成了村里有名的小才子。

还在小状元刚出道上小学的时候，外面的世界则发生了天翻地覆的变化，清王朝已经寿终正寝了。

皇帝老子一倒，象征着中国近代史上又一个轰轰烈烈大时代的到来。有道是，乱世出英雄，民国初年的局势，正应了诸葛亮《隆中对》开篇的一句话，真乃是"豪杰并起，跨州连郡者不可胜数"。共和的大旗虽然竖了起来，但是各方势力谁都想拉大旗作虎皮。孙中山的临时大总统宝座还没坐热，就被袁世凯逼下了台，袁世凯做了总统不过瘾，不久之后废除共和又称起帝来，结果搞得众叛亲离，各省纷纷宣布独立。一时间，城头变幻大王旗，你方唱罢我登场，令人眼花缭乱，好不热闹，全国一派军阀割据的乱象。

在陕西，当时各派势力割据的状况又更甚于其他省份，一省之中既有前陕督陈树藩的残部，还有自立山头的各路军阀，彼此间相互冲突，陕西简直成了一个各派系军队角逐的战场。军阀割据，你争我夺，最倒霉的还是当地的老百姓。由于军阀匪患扰民情况非常严重，乡里经常发生兵匪打家劫舍之事，乡民们连家畜都不敢随便在外放养，一些地方的乡民为了自保还不得不组织神团民团，有些不甘为俎上鱼肉的破产农民和小手工业者，干脆怀揣关山刀子走天下，成了著名的关中刀客，他们拉帮结伙做些走私保运的营生，虽然杀人不眨眼，但其中也不乏一些性情耿介者，常有些不计名利的行侠仗义之举，因而受到当地不少民众的敬佩乃至仿效。

一个人的成长环境，不可避免会对他今后的性格和人生观的形成产生相当大的影响。张灵甫幼年失怙缺乏母爱，自小就混在一帮兄弟群中，阳盛阴衰的家庭环境，使得他在童年时代很少受到温柔细腻的情感灌输，而少时家乡尊强凌弱的乱世，加上秦陇地区历来就有的剽悍民风和对忠勇侠义之士的推崇，张灵甫不免耳濡目染，深受熏陶。追根寻源，他日后刚直豪爽的个性和强势作风，想必与孩提时代家庭和周遭环境潜移默化的影响，有着一定的关联。

就在民国初年这乱纷纷的世道中，张灵甫读完了小学。摆在这个聪颖的农家少年面前的，只有两条路可走：留在西安继续升学，或是打道回府，与父亲和哥哥一样，在乡下当一辈子农民。张灵甫当然希望能留在西安读书，不过在他这个年纪，对于自己的前途还没有发言权。

他的命运，掌握在父亲手里。

第二节 小才子遇上大师

一

张鸿恩是个地道实惠的农民，一心发家致富，他可能也存过望子成龙的期许，但从他对大儿子张秀甫的安排来看，似乎对学而优则仕那套古训并不十分热衷。张秀甫没有机会接受过正规教育，读过几年私塾之后，就一直在家给父亲当帮手，家里虽然有雇工，但张秀甫既要下地，又兼搞些骡马运输副业，一个人里外两头奔忙很是辛苦。一般来说，那时的农村孩子有个高小文化程度，能够识文断字计数算账，已经算个小知识分子了，张灵甫比哥哥多读了几年书，如今小学毕业也长成个半大小子，如果把他留在家里，多少也可以顶半个劳动力，为父兄减轻一点负担。要是张鸿恩真的这么想，张灵甫就得回家帮哥哥一起打理家业，那他就很可能和他的兄弟们一样，从此继承父业，一辈子在家乡务农经商做一个乡绅了。果真如此的话，张灵甫大概还能够有幸安逸一生，最后得到一个善终，但是后面肯定就没有那么多的故事发生，中国现代军史上也不会留下他的一席之地。在这一点上，他到底是比他的兄弟们幸运还是不幸，还真是一言难尽。

张灵甫最终没有回家种地。一来是他读书的聪颖和优秀的成绩，令父亲重新燃起了望子成龙的期望；二来是长房大哥张德甫也在张鸿恩面前替他说了话。

张德甫是长房长子，比张灵甫大十多岁，他为人慷慨又很有长兄的风范，三弟张致甫就是由他接到西安读的中学，对张灵甫这个小堂弟，张德甫也一直很关心。他见堂弟酷爱读书成绩出众，认为是张家难得的可造之才，悉心培养的话，说不定将来能替张家光宗耀祖，如果就此停学一辈子种地，就不免屈才了。于是他竭力主张叔叔让五弟继续升学，还拍着胸脯保证说，费用方面如果需要的话，他也可以尽力支持。张鸿恩见大侄子这么仗义，也觉得既然老二能读书，让他再读下去读出些名堂来也好，反正自己家境还过得去，只是大儿子就要再多辛苦几年了。

张德甫后来在冯玉祥主政陕西的时候在西安的建设厅主管过林业，不过这时他还只是一个年轻的小职员，自己的经济也不宽裕，但他还是把张灵甫接到了西安，资助他继续接受中等教育。也因了这层关系，张灵甫后来对张德甫一直十分感激和敬重，尊这位堂房长兄如父。

在读书方面张灵甫的确是很争气，他没有辜负父亲和大堂兄的期望，不久便考入了陕西省立第一师范学校。这所学校，原来是著名的关中书院，设立于明朝万历三十七年（公元 1609 年），到清末时已具有相当的规模，辛亥革命后不久，学校的名称改成了陕西省立第一师范学校，为当时西北五省的最高学府。

张灵甫的中学时代，大约在 1918 年至 1923 年之间，正值五四运动前后。五四期间的学生运动风起云涌，北京的学运风潮很快也蔓延到了三秦大地，陕西各地的学生感到国亡无日，都纷纷起来响应集会。当时西安各中等学校时常罢课，学生们举着"诛卖国贼""头可断，青岛不可失""打倒列强"等标语旗子，举行游行示威，他们涌上街头向商人和民众宣传抵制日货，劝用国货，街头演讲的学生声泪俱下，整个暮气沉沉的古城仿佛突然之间苏醒了。

早在五四期间，共产主义的种子在陕西一些地区也开始在悄悄萌芽，中共陕西党组织的创始人之一魏野畴就在进步人士和青年学生中组织起了共产主义学习小组，传授马列主义。1921 年中国共产党成立之后，他与其他共产党先驱一道在陕西各地积极发展建立党团组织，短短两三年的时间里，就吸收了不少追求进步倾向革命的有志青年加入了共产党的阵营。在这些陕西青年中，至少有两位在这里值得一提，一位是张灵甫在陕西第一师范学校的同学，名叫师哲，他后来成了毛泽东的俄文秘书，中共苏联问题专家，曾任中共中央办公厅政治秘书室主任，并在 20 世纪 90 年代撰写了多部回忆录；还有一位就更加出名了，他是邻县榆林中学的学生领袖，也是张灵甫后来在黄埔军校时的同期同学，他就是日后陕北红军根据地的开创者，英年早逝的刘志丹。

张灵甫与师哲、刘志丹是同龄人。十几岁的少年郎，正值活泼、骚动的年纪，他们求知若渴，也喜欢追求时髦的新生事物，然而，就在他们刚刚学着睁开眼睛看世界的时候，纯洁的眼里却是满目的民族积弱和国家屈辱，这反过来又刺激着年轻人的良知。大时代的革命洪流如惊涛拍岸，有使命感的年轻人按捺不住，纷纷成了时代的弄潮儿，他们拍案而起，为国家民族之痛呐喊呼号。

张灵甫所就读的省立一师作为当时西北五省的最高学府，在西安学运中堪称先锋。在这一派热气腾腾的爱国学生运动中，少年张灵甫也难以置身事外，据说那时他接受新思潮的影响，感愤列强环视，时局纷乱，时常在学校的集会上与同学一起发表一些慷慨激昂之辞，是古城学生运动的积极分子，颇有"书生意气，挥斥方遒"的意思。遗憾的是，他与近在咫尺的魏野畴却擦肩而过，魏野畴在陕西的青年学生中播撒的共产革命火种，与他一前一后的同学擦出了耀眼的火花，却没能点燃到张灵甫的头上，否则的话，国民党阵营里也许就此少了一员未来的反共悍将，而他张灵甫今后的人生道路，也很可能会截然不同。

二

也许是命运的安排，张灵甫遇到的是来自另一个阵营的先驱，此人在陕西可是远比魏野畴名气大得多，这位大名人不是别人，正是在辛亥革命年代就与孙中山齐名的革命党元老于右任。

于右任乃前清举人，陕西三原人，早年留日并加入了孙中山的同盟会。民国初年，他在上海办报办学，后来与孙中山、廖仲恺等人一起组织讨伐袁世凯的运动。1918年，陕西一个名叫胡景翼的青年军官在三原县起事，讨伐陕西督军陈树藩，史称"三原起义"，随即组成了陕西靖国军，邀请于右任担任右翼军总司令。于右任受孙中山指派前往陕西赴任，同时在当地积极发展文教事业。1922年，靖国军瓦解宣告解散，于右任返回上海，与邵力子、叶楚伧等人一起创办了上海大学，自任校长，还在校内广纳共产党人，共产党的元老瞿秋白、邓中夏等人当时都是该校的部门负责人，教员中还有蔡和森、肖楚女等早期著名的共产党人，连魏野畴后来也时常到该校活动，使得上海大学成了华东地区宣传革命的大本营。次年，中国国民党改组，于右任作为国民党创始元老，成为二十一名参议之一。1924年1月，国民党在广州举行第一次全国代表大会，选出二十四名中央执行委员，于右任即为其中之一，并兼任监察委员。

国民党元老于右任

张灵甫当时只是一个乳臭未干的中学生，怎么会和国民党元老于右任扯上关系的呢？说起来，这也是陕西民国名人交往中的一段逸闻。

中学时代的张灵甫对文史典籍表现出了强烈的兴趣，他的国学根底甚佳，对诗书古籍很有心得，还喜欢研读历史，关羽、岳飞、文天祥这些古代英雄都是他的崇拜偶像，他尤其喜欢吟哦岳飞的《满江红》、文天祥的《正气歌》，并亲自手书悬挂室内作为励志的座右铭。古代英雄人物的义薄云天、精忠报国、视死如归自是少年人学习效仿的榜样，毋庸讳言，这几位同时也是封建君王的忠臣良将，他们不事二主、奉天朝为正朔的思想，恐怕也对张灵甫产生了根深蒂固的影响，以至于日后陷于愚忠的迷思之中不能自拔。

这个喜欢读史的少年还有另外一个雅好，就是研习书法。张灵甫自幼性格就相当认真执着，大凡感兴趣的事会做得十分投入。自从上私塾迷上书法之后，小小年纪的他一直练笔不辍，及上师范，西安的文庙碑林就在学校的附近，这里是古城书法爱好者的聚集地，对张灵甫来说更是近水楼台，他时常在那里流连忘返。逢到周末节假日的时候，同学们回老家的回老家，逛街的逛街，他却很少回乡下，也不喜与同辈一道嬉戏，而是寄情于笔墨之中，常常独自一人带上文房四宝，跑到碑林去临摹历代书画名家的碑帖，有时写得聚精会神，痴迷到废寝忘食的地步，常引来旁人的围观赞叹。

那时候他最喜欢练习的是何绍基的字，何绍基是清代著名的书法家，碑派书法的开拓者，他的风格自然而跌宕，细腻而粗犷，外行人看似形拙，内行人却赞其风骨，被书法界誉为精妙、奇特，独树一帜。张灵甫因而练得一手颇见功力的碑体字。

功夫不负有心人，少年张灵甫的书法造诣，在坚持不懈的勤学苦练之中日臻提高。在省立一师的时候，他每每代表学校参加学生书法展览和比赛，他的书法不仅闻名全校，就是在西安城里也逐渐有了点小名气。几十年后，他的一师同学师哲在回忆录里还提到："张灵甫与我同窗四年，写得一手好字。"[①]

学校出了个学生书法家，老师们很感自豪，尤其是张灵甫的老师韩兆鹗先生，更把他引为自己的得意门生，多方关照，时常为他在学校里举办书法展览，使得他名声在外。

这位韩兆鹗先生此时虽然只是默默无闻的一介教书先生，日后可也非等闲之人。他早年毕业于京师大学堂，在 20 世纪 40 年代中国民主同盟成立后，他成为民盟在陕

---

① 师哲回忆、李海文整理《在历史巨人身边——师哲回忆录》中央文献出版 1991 年 12 月。

西省的负责人之一。50 年代初，作为民主党派的知名人士，韩兆鹗不仅是新政府首届人大代表和政协委员，还曾官拜陕西省人民政府副主席。不过到了 1957 年，韩兆鹗因为有所谓的反苏言论，与许多其他民主党派的知名人士一样，没能逃过被打成大右派的命运。

张灵甫少年书法家的名声从学校传了开去，结果传到了于右任的耳朵里。

当时正是于右任从上海回到陕西领导靖国军讨逆期间。于右任原本就是个文人，他对教育历来十分重视，他曾经说过："以学救人，效虽迟而功则远。教育是立国之本，欲建设新民国，当先建设新教育。"他率领靖国军与陕西地方军阀周旋之余，也在家乡兴办教育，他本人又是一位著名的大书法家，年轻时候专攻北魏碑帖，也曾经潜心临摹何绍基的书法，并以何绍基入手，以后又旁及各家，博采众长，自成别具一格的"于体"，他的作品，是现代书画界喜爱的收藏精品。听说陕西省立一师有一个少年学生能把何绍基的碑体字临摹得惟妙惟肖，于右任不禁心生好奇，很想看看这位少年的墨迹。

关于张灵甫和于右任早年的交往，曾见诸于坊间一些野史轶事的传闻。据说当时于右任到省立一师参观时，少年张灵甫在书法大师面前毫不怯场，当场研墨挥毫。于右任见这个十几岁的翩翩少年眉目秀气，写出字来却笔力雄劲，连声夸赞："好字，好字！后生可畏！"

这一传闻，笔者在访问张灵甫的长子张居礼先生时得到了证实。张居礼现居西安，曾经长期担任陕西省政协常委，现为西安市政府参事，民革西安市的副主任委员。张居礼先生说，于右任的确曾经称赞过张灵甫的书法功底很好，他们因此结成了忘年交。

于右任的字本是从何绍基的魏碑体演变而来，张灵甫有练何体的深厚功力，经于右任略加指点，学于体的字很快就上了手，后来他模仿于右任的字体，也能达到真假莫辨的水平。就这样，这一老一少陕西乡党因研习书画而结下了雅缘。

只是，少年张灵甫尚不知道，与大名人于右任的忘年交，对他来说意义并不在于书画雅趣之间，而是在几年之后，当他懵懂地徘徊在人生的十字路口，不知何去何从的时候，正是这位于右任，在关键时刻成了他的引路人，而这条道路，决定了张灵甫今后一生的命运。

第三节 北大生辍学从戎

一

1923 年，张灵甫从陕西省立第一师范学校毕业。师范毕业生，职业离不开教书育人，张灵甫回到家乡，找了一所小学，开始当起了教书先生。

教书是一项诲人不倦的工作，极考验一个人的温柔和爱心，很难想象张灵甫这种性格的人，教起书来会是怎样一番情景，要他面对着一群闹哄哄的乡村小孩，整天耐着性子重复念叨"人之初，性本善"，也实在是勉为其难了。他当然也敬重"六先生"，但是要他像那位老秀才一样，一辈子窝在乡村里做一个孩子王，在穷乡僻壤教书度此一生，这可绝非是他所愿。他在西安读书时是见过些世面的，乡村的寂静与西安城里的躁动相比，就像是波澜不惊的一潭死水，委实憋得难受，令他难以在此安心教职。古人有诗云"曾经沧海难为水"，说的就是这个意思。要说张灵甫那时有什么野心，倒也不见得，只是外面那个造英雄的时势，喧嚣鼎沸，这对于有一点激情，又有一点抱负的乡村知识青年来说，的确充满了难以抗拒的诱惑。

于是他一边心不在焉地教着书，一边开始考虑起自己的前途来。

家里有个现成的榜样。长房的三哥张致甫在西安读完中学后，考进了北京的朝阳大学法律系深造，那时刚毕业回到西安做事，多年之后，张致甫在家乡当了好几任的县长。张灵甫对北京心驰神往久矣，便想循着堂兄的求学之路，也去北京试试运气。他这个教书先生注定是做不长了，没多少日子，他就辞别故里，千里迢迢到北京去赶京城的考场。也许是因为深受家乡积淀千百年古风的熏陶，张灵甫对中外历史一直情有独钟，他投考的是北京大学历史系，并且一考即中，成了一名时髦的北大学子。那一年，他刚满二十岁。

自五四运动以来，北京大学就一直是全国学生运动和社会思潮的交会中心，汉花园红楼内外的校园里充斥着众多的学生社团，各种主义的宣传方兴未艾，到处都有人在慷慨陈词地演说、辩论，墙上的壁报语不惊人誓不休。当时的中国，处于一个激烈动荡的大时代，一方面各地军阀为一己之私利，各自挟英、美、日、德等国的暗中扶持，争权夺利，不时战火四起，以致国弱民贫；另一方面，五四爱国运动以后不久，新文化、新思潮强烈地冲击着封建旧道德、旧礼教，民主与科学成为思想进步青年心目中的新旗帜，热血沸腾的莘莘学子们为寻求救国救民之路，几乎无心向学，他们满怀热诚，组织上街游行，宣传新思想，鼓动民众起来反封建反军阀。

张灵甫当时也应该算是一个追求进步的新青年，他不安囿于穷乡僻壤，跑到京城来寻求自己的梦想，欲通过读书来出人头地，也是人往高处走，无可厚非，如果不是适逢乱世，凭他孜孜以求的执着精神，最后读成个饱学的鸿儒名家也不无可能。只是，生活在北大这个时刻会令人精神亢奋、热血沸腾的大环境里，只有真正的书呆子才能两耳不闻窗外事。从闭塞的潼关内来到全国思想活跃的中心北京，在张灵甫的人生经历中是一个重大的转折，北大的学生活动和宣扬各类主义、思想的讲座，令人大开眼界，很快他就被卷入学生运动的激进潮流之中。

西安的家人并不清楚张灵甫在北大除了读书到底还做了些什么。在他后来的同事、部下的印象中，他平时沉静内向，很少口若悬河滔滔不绝，只是偶尔发起脾气来雷霆万钧。这么说来，那些慷慨激昂的街头学生演说家里大概找不到他的身影，舞文弄墨倒是很可能有的，因为他后来不仅写过诸如《遭遇战之研究》《山地战研究》《日军作战心理的分析》《在劣势装备下如何实施河川战》等军事专论，而且在硝烟弥漫的抗战间隙，还写过若干与打仗风马牛不相干的评论文章，有一篇的题目竟然是《评文妖郭沫若》。如此看来，北大的校园壁报上还是有可能贴过他的墨迹的。

具有讽刺意味的是，中国人造反历来多由秀才们挑动起来，可秀才们自己造反却多半造不出什么结果来。文人学生好高谈阔论，指点江山，但是江山被他们指点之后，破碎依旧，笔杆子不能解决病入膏肓的社会之根本症结。学生运动看得多了，张灵甫发现空喊口号也闹不出多大名堂来，就对学运逐渐萌生了倦意。然而时局的纷乱，已经使得这位嗜书的读书郎难以静心坐下来做学问，他曾丢开书本长叹道："大丈夫当拨乱反正，旋乾转坤，措国家于磐石之安，登斯民于衽席之上，而盱衡大局，非武力不足以除强暴，非破坏不足以言建设，吾宁长事铅椠乎？"[①]

既然不愿意"长事铅椠"，也就是说不想继续枯坐书斋，而想要去做些"武力""破坏"一类的大事情，那书到底还要不要读下去呢？答案很快就明朗了。

1924年9月，北京发生了一件大事。

当时第二次直奉战争爆发，直系军阀吴佩孚与奉系军阀张作霖燃起了烽烟。冯玉祥当时也属直系，被任命为"讨逆军"第3军总司令，出古北口与热河一线与奉军作

---

① 《张灵甫"烈士"传》，台湾"国防部"史政编译局编，1959年。

战。冯玉祥是北洋军阀中较具有民主思想的人物，从1920年开始与孙中山接触，此后国民党人对冯玉祥不断进行争取工作，先后被吴佩孚打败的段祺瑞、张作霖也积极联络冯玉祥反直。1923年10月，曹锟贿选总统，引起全国的普遍反对。在反直浪潮中，冯玉祥与第15混成旅旅长孙岳、陕军暂编第1师师长胡景翼结成了反直三角同盟。第二次直奉战争爆发后，孙岳、胡景翼分别被任命为京畿警备副司令和直系援军第2路司令。正当直奉两军在山海关一带激战时，冯玉祥上演了一出现代版的明修栈道暗度陈仓，他领军由古北口秘密回师北京，在孙岳部配合下，于10月22日连夜占领北京城。整个军事政变过程神不知鬼不觉，北京一夜之间变了天。冯玉祥、胡景翼、孙岳随即联名通电主和，同时逼迫曹锟下令停战，免除吴佩孚担任的各项职务，撤销讨逆军总司令部。这就是历史上著名的"北京政变"，又称"首都革命"。

长城前线的直军得知后方生变，军心涣散，很快就被奉军击垮。事后，冯玉祥召集会议，一致决定立即电请孙中山北上共商国是，并商定请段祺瑞入京维持局面。会议还决定冯、胡、孙所部改名为中华民国国民军，暂编三个军，冯玉祥为总司令兼第1军军长，胡景翼为副司令兼第2军军长，孙岳为副司令兼第3军军长。随后，贿选总统曹锟被拉下马，早已废黜的末代皇帝溥仪也被逐出了故宫，北方的政局为之大变。

直军瓦解之后，国民军的领袖们开始分享胜利果实，重新划定各自的地盘，胡景翼得到了河南的根据地，领衔主持中原地区的军政，大肆扩编他的国民二军。

张灵甫原本对于学生运动的空泛口号已经意兴阑珊，冯玉祥等人发动的"北京政变"，对已经有心从军的他所带来的震动可想而知。铁一般的事实摆在面前，学生运动整天游行示威，口号喊得震天响，但是秀才造反十年不成，而冯玉祥大帅旗一举，一夜之间就可以令北京变天。中国军阀政治的严酷现实，给这个学历史的年轻书生又上了活生生的一课：今日之中国，非武力不足以成大事，在风云变幻的大时代里，起而行事的军人比坐而论道的文人，在推动国家历史前进上应有更大的作为。

"堪羡昔时军伍，谩夸儒士德能多。四塞忽闻狼烟起，问儒士，谁人敢去定风波？"古人一曲敦煌词，恰好道出他此时的心境，张灵甫坐不住了。

算起来，张灵甫在北大读书的时间并不长，从头到尾大约只有一年左右。离开北大的原因，固然有出于对秀才造反失望的因素，用国民党方面的说法："时以国是日非，民事日困，慨然有匡济时艰之志……"① 于是投笔从戎。不过，如果张灵甫能够顺利

---

① 《张灵甫"烈士"传》台湾"国防部"史政编译局编 1959 年。

发动"北京政变"的冯玉祥

读完大学的话，他的"匡济时艰之志"或许还没发得那么早，也不一定马上就辍学告别北大。直接促使他下定决心的，是他自己的生活出了点状况，这是一件他事先没多顾虑，却又影响到他继续完成学业的烦心事：他缺钱花了。

以父亲张鸿恩的经济能力，张灵甫从小吃穿是不用愁的，父亲也从没让他为钱的事情操过心，上中学又有堂兄大哥在西安照应，他只需安心地做他的学生读好书就行了，这就养成了他对钱财不太在乎的习惯，而且以后也一贯如此。当初赴京投考北京大学的时候，他对在北京学习生活的费用可能想都没顾得上细想，还是西安的两位堂兄给他凑了一些资助。而张鸿恩在家务农为主，他对北京城的了解肯定还不如儿子多。对于张灵甫放着好好的教员不做，辞了稳当的工作跑到北京去上学，张鸿恩心里不见得会很乐意，但是得知儿子顺利考上北京大学的消息，他应该还是挺高兴的，毕竟张家祖上并非书香门第，他这一辈出了哥哥一个秀才，下一代里也只有长房的老三读了大学，现在自己的儿子也能考上大学，而且听说就是当年的京师大学堂，他当父亲的还是要尽力支持。

但是，北京不是西安，在京城上大学和在本地读师范的消费也远远不在一个档次。张灵甫在北大读了一阵子书，虽然有堂兄和父亲的资助，可衣食住行样样都得真金白银地支付，每个月只出不进，他所带的钱很快就要用完了。做学生的没有进账，书却是要继续读下去的，勤工俭学他也没这个概念，唯一的途径就只有向家里伸手了。他匡算了一下，在北京一年吃住学费等开销至少得要好几百块大洋，自己的家境虽然还过得去，但是他也清楚，家里既非名门望族，也非富商巨贾，几百块大洋对于务农的小康之家来说是一笔很大的负担。没有办法，为了完成学业，他只得硬着头皮给父亲写信告急。

张鸿恩接到儿子的来信傻了眼。那时他还是小本买卖，家业还没有后来那么殷实，几百块现大洋，要他一下凑齐这么多现钱还真是犯难。思前想后，他给儿子回了信，他在信里劝儿子，大意是说：念这书如果要这么多钱的话，家里是负担不起的，几百块现洋那得卖掉好些良田才能凑齐，庄稼人是靠地过日子的，要是卖了地，一大家子人靠什么呢？这书还是别念了，回家来吧。①

收到父亲的回信，张灵甫没有再坚持，他乖乖收拾起包袱，回到了陕西老家。这倒不是他对父亲就那么地言听计从，反正他自己本来对书就已经读得心猿意马了，见父亲不主张他继续学业，也就不再留恋京城的求学生涯，索性打定主意，干脆投笔从戎做现代班固去了。

<h1 style="text-align:center">二</h1>

陕西家乡的局面与张灵甫离乡到北大读书前已经很不相同，当时的西安正在到处闹学潮，许多学校都处于瘫痪状态，不甘寂寞的年轻人相互串联交流消息，都摩拳擦掌地想要出去闯荡一番，在乱世中干出些名堂来。何去何从呢？这段时间，张灵甫与一班志同道合的同学时时聚集在一起商议。这群才二十出头的小伙子，单纯、冲动，对闯荡江湖充满着幻想和雄心，但在政治上还懵懵懂懂，头脑发热游行喊口号还凑合，当真行动起来，还真有点没方向。商量来商量去，既然一直在嚷嚷着反帝反军阀，投军总不能再投到反动军阀部队去吧，听说冯玉祥和胡景翼的国民军比较倾向革命，他们所辖的地区也很有些民主的新风气，大家最后决定一起去河南，投奔胡景翼的国民二军。

不清楚张鸿恩对儿子的决定是什么态度，但是从张灵甫在投军路上的艰苦境遇来看，他的离家出走，似乎没有得到家里的大力支持。

"他曾经告诉我，那段时间他的日子过得相当辛苦，随身仅带了一点简单的行李，很少的钱，买了车票连吃饭都成了问题，到了开饭的时间，人家坐在他对面吃香喝辣的，他为了省钱，只好眼睛望着窗外看风景。"张灵甫的最后一任夫人王玉龄回

---

① 2003 年 10 月笔者与张灵甫的长子张居礼先生的电话访谈。

忆说。①

南行的列车隆隆地穿过豫西大地。车厢里面挤满了操着南腔北调的旅客，行李在他们的头上脚下凌乱地堆放着，混浊的空气中传来小贩含混的叫卖声，一片闹闹哄哄。一个学生装束的高个子青年临窗而坐，透过积着尘土污垢的车窗，他的双眸凝视着窗外，此时他的目光依然年轻，依然带着几分热切，几分单纯，几分对未知命运的憧憬。正是原野翠绿，鲜花烂漫的时节，窗外的景色却并不令人赏心悦目。这一带，胡景翼的国民二军与刘镇华的镇嵩军在年初刚刚发生过一场混战，一路上，战乱的痕迹随处可见，沿途到处是背井离乡的人群，人们肩挑手提行李，衣衫褴褛，疲惫的脸上写满了无助和惶恐。我们无从猜测，面对车窗外的满目疮痍和芸芸众生，这个年轻人是否对自己今后的人生走向有了新的感悟，是否就此发誓不做任人宰割的羔羊，而对主宰乱世、操生杀大权的铁血军人世界产生了由衷的膜拜和崇敬？

大约在1925年的春夏之交，张灵甫到达了河南开封。

一开始，他的投军过程并不太顺利。都说关中出大汉，张家的男子正应了这句话，他们清一色的高头大马，相貌堂堂，属于典型的关中大汉。张灵甫显然也遗传了家族的基因，他身高一米八七，魁伟英挺，仪表也非常出众，英俊的面庞，浓眉俊目，高鼻阔口，有一股咄咄逼人的霸气，不怒自威。这样的一表人才，而且是饱读诗书的名牌大学生，在今天站出来也是鹤立鸡群了，遑论是20世纪20年代，他要想当兵吃军粮，本应不愁找不着去处，张灵甫也很自负。可事情却出乎他的意料，起先找了几个招兵的地方，居然都不收他，这使他的自信心大受刺激。不过他这人既然下定了决心，绝没有畏缩不前的道理，打听了一下不被录取的原因，人家的理由却滑稽得让他啼笑皆非，说是嫌他长得太高大了，不知是怕他随时会扛了枪跑掉，还是目标太醒目。最后好歹找到了国民二军的驻豫军官训练团，总算让他如愿以偿，张灵甫终于开始了摸枪杆子的生活。②

这时的河南，相比北方其他军阀的属地，局面的确是非常的热闹。当时也到河南投奔国民二军的师哲，在回忆自己年轻时代的这段经历时这样写道：

"当时郑州、开封确有些言论自由和社会活动自由。南方的一些知名人士、社会贤达（如黄绍竑、李烈钧等）、大学生、留洋生等等纷纷前来（大多是为了在这里搞活

---

① 2003年12月笔者与张灵甫的夫人王玉龄女士的访谈。

② 此段经历系张灵甫自己对其夫人王玉龄所述。

民初陕西响当当的人物——国民军副司令胡景翼

动经费）。一时间热闹非凡，人才济济，欣欣向荣。苏联的专家、军事顾问也应邀前来，为了接待他们，开封专门设立了三个招待处，而且允许共产党活动。中共豫陕区委书记王若飞在开封、郑州等地进行活动，革命运动如火如荼地发展起来。"①

这位把河南的局面搞得有声有色，对革命分子招贤纳士的人，就是胡景翼。

说起胡景翼，在民初的陕西也是一个响当当的人物。胡景翼出生于陕西三原县，和于右任是同乡，青年时期经于右任介绍在日本结识了孙中山，也是同盟会会员。在民初陕西起兵造反的人中，既有江湖豪杰，也有许多文人雅士，胡景翼就属于后一类。他虽为文人，为人却侠义而有豪气，喜结交江湖人士，耆帅刀客，来者不拒。在辛亥革命时，胡景翼顺利发动这批江湖朋友组织武装响应革命的号召，并逐步发展成为陕西的实力派，因此胡景翼的部队鱼龙混杂，其中不少本是豫陕一带的巨匪。早几年在陕西闹靖国军的时候，当时的陕督就直指胡景翼的靖国军是土匪。胡景翼当然不买账，他把于右任请回陕西在靖国军共事，反唇相讥说："难道于右任也是匪吗？"那边振振有词："于右任当然不是匪，他是被匪所裹挟的。"据说两边你来我往且打了一阵子笔墨官司。

"首都革命"之后，临时政府让胡景翼主持河南军政，他也很努力地想做出一番事业，励精

① 师哲回忆、李海文整理《在历史巨人身边——师哲回忆录》中央文献出版社 1991 年 12 月。

图治，致力整顿军队。他的国民二军本来就是西北军的一支，说是陕西子弟兵一点也不过分，这大概也是张灵甫和他的同学会决定来投奔国民二军一个重要原因。

这时的河南省方与当时在国共合作中洋溢着革命朝气的广东愈走愈近。胡景翼与于右任、李大钊都关系良好，借此他引进了大批国共两党的优秀人才加入河南的军政单位，试图从根本上改造他的军队与行政机构。但是胡景翼在1925年4月突然暴病去世，所谓改革也就无疾而终了。

张灵甫加入的驻豫军官训练团，原是胡景翼一连串革新工作的重点项目。驻豫军官训练团原称开封陆军训练处，是胡景翼培训下级军官以取代那些出身"绿林大学"的老兵油子的重要机构，他想通过这些措施提高军官素质，改变旧军队的形象。但是这所军校的素质并不怎么好，胡景翼手下那种匪里匪气的部队，也让张灵甫这样的知识青年难以与之为伍，许多青年在决定投效军伍之后，仍然舍近求远，宁可南下广州，接受真正的革命军教育。

在联合广东革命势力的大环境下，豫陕一带的实力派也能对有志南下的青年表示理解，有的甚至主动出钱资助南下青年的路费。张灵甫没有这么好的运气被人送钱，可是他到河南也是适逢其时，在当时云集河南有志革命的青年们中，到广东去投奔国民革命正在形成一股热潮。是继续留在河南的国民二军，还是南下广州呢？面临新的选择，张灵甫也开始彷徨起来。就在他举棋不定的时候，给他指点迷津的引路人在开封出现了。

这个人，就是他几年前结识的忘年交老前辈于右任。

于右任是在当年的6月来到河南，其间，他应邀来到国民二军，发表了关于革命的长篇演讲。

于右任在演讲中对革命的定义是："革命是被压迫阶级对于压迫阶级的一种反抗的行动；革命是人类社会进化过程中的必有的突变现象；革命是根本解放被压迫阶级根本改造旧社会的方法；革命是舍己利人，普救众生的，最高尚最神圣最光荣的事业。"对于革命的目标和价值，他说："（一）革命是要谋最大多数人们的最大幸福，不是谋少数人的目前的利益；（二）革命是要谋社会制度的整个的彻底的改造，而不是谋社会制度的局部的表面的改造；（三）革命是要打倒社会上一切压迫别人掠夺别人的寄生阶级；（四）革命是要创造优美的社会，在这个新社会中便可孕育新的优秀的分子，更促进社会的进化。"至于如何进行革命，他认为："一、要一个革命的政党；二、要民众的普遍觉悟；三、要与全世界革命势力一致进行：四、要一个真正革命的国民军。"①

于右任的这番革命理论，以现在的观点来看也具有相当的进步性，对张灵甫这种政治上还没开窍的热血青年来说，犹如醍醐灌顶。客观地说，当时的国民党作为一个处于上升期的新兴政党，其政治主张和信念是属于左派阵营的，否则孙中山"联俄、联共和扶助农工"的主张，也不会成为当时国民党的纲领性政策，那时正值国共合作的蜜月期，连毛泽东不久之前也受共产党的指派，在湖南努力地为国民党发展建立地方支部。当然，于右任所谓的"一个革命的政党"，无疑是指他所在的国民党了。

对忘年交老前辈来到开封，可以想见，张灵甫一定是十分兴奋的。自从靖国军倒台，于右任黯然离开陕西之后，他与于先生已经多年没机会见面了，现在机缘就在眼前，他乡遇故知，他岂可轻易错过这个难得的机会，于是他迫不及待地前往于右任的下榻处登门拜访。

得知张灵甫投笔从戎的经历，于右任并不惊讶，不过他对小伙子投到国民二军有些不以为然。作为国民党的元老，于右任为自己的党网罗人才是相当不遗余力的。也就在这一年之前，1924 年黄埔军校刚开张的时候，他就亲自推荐了数十名陕西籍的有志青年投考黄埔一期，据说当这群年轻人风尘仆仆从陕西辗转到达上海去拜访他的时候，几乎已经囊空如洗了，于右任得知后，当即当了自己的皮袍子，热心地给他们凑齐了南下广州的路费。要说于右任还真有伯乐之才，在他推荐的那些西北毛头小伙子中，后来成为国民党军将领的比例还出奇的高，其中最出名的，要数这时刚毕业的黄埔一期的杜聿明，另外还有关麟征、张耀明、董钊等人，到了解放战争期间也都已经官拜国民党军中将了。

于右任一直很欣赏张灵甫的才气，现在他见这酷爱书法的小伙子也投笔从戎了，爱才之心又起。他对年轻的同乡小朋友说："既然要从军，何必呆在地方部队？你应该到广州去投考本党开办的黄埔军校，我来给你写介绍信。"

于右任德高望重，对张灵甫亦师亦友，以他的身份地位说出来的这番话，年轻的张灵甫自然是极其信服的。投奔国民革命，在当时的大批进步青年眼里，既是一条爱国救民之道，又激进时髦，可以一展宏图抱负，至于革命还分有产阶级的革命和无产阶级的革命，这时的张灵甫是搞不大清楚的，反正于老先生说了，国民党是一个革命

---

① 《于右任先生文选》，《三原文史资料第 4 辑》 政协陕西省三原县委员会文史资料研究委员会 1987 年

的政党，黄埔军校是致力于建立真正革命的国民军，那么自己既想投奔革命，又想做个军人，去黄埔军校不是正好两全其美吗？

张灵甫一拿到于右任开的介绍信，就兴冲冲收拾行李准备南下。他的性情有着西北人特有的憨直豪爽，有这等好事，也很乐意与他人分享，他还想到了在河南的其他同学。

师哲当时就在开封，他并不是和张灵甫一同前来的，但是人在异乡，大家又是一个学校的同学，相互之间很快就互通了音信。

"五卅惨案的发生又一次增强了我入伍的决心。我的一师的同学张灵甫也到了开封。他找到了于右任先生，由于老先生介绍准备到广州投考黄埔军校，他邀我一起南下。我拒绝了他的邀请，决心参加国民二军。"[1] 六十多年后，将近九十高龄的师哲在他的回忆录《在历史巨人身边——师哲回忆录》里，记录了这一段往事。

张灵甫并不知道，师哲在一年前已经由魏野畴介绍加入了共产主义青年团，而他自己虽然向往投身大革命，却还是一个无党无派的政治白丁。不过，师哲只是对张灵甫同学的一手好字表示羡慕，却并无将这位同学发展成为自己同志的意思。

如果把人生比作一列行进中的列车，那它的轨迹，犹如列车的轨道，纵横交错之际，某个关键节点的一个小小的道岔，很可能就此完全改变列车的行进方向，其终点也就大相径庭。

开封，就是张灵甫人生轨迹中这样一个关键的节点，于右任搬动了他命运的道岔。

1925 年秋，张灵甫离开了河南开封，前往广州去投考黄埔军校，随即加入了国民党；师哲不久之后则由中共党组织保送去了苏联留学。两个相熟，并且怀着类似梦想的年轻人，从此分道扬镳，各自踏上了人生的不归之路。

第四节 黄埔四期生

一

广州市南的黄埔长洲岛是一个四面环水的孤岛，来往省城需以轮船摆渡，交通不便。从 1924 年春开始，前往小岛的渡轮上，时常出现一群又一群操着南腔北调的年轻人，

---

[1] 　师哲回忆、李海文整理《在历史巨人身边——师哲回忆录》中央文献出版社 1991 年 12 月。

中国现代史上赫赫有名的黄埔军校

他们的到来，使得岛上原本已经荒芜的原广东陆军小学旧址和比邻的逊清时代海军学堂基地顿时热闹非凡。这些朝气蓬勃的年轻人在教官们的带领下，在废弃多年的校园里垒石砌砖，修整扩建，亲手建立起了他们自己的学校。校门上六个正楷大字"陆军军官学校"，向世人宣告着：民国历史上一所绝无仅有的新型军官学校就此诞生！这就是在中国现代史上大名鼎鼎的黄埔军校。黄埔军校自1924年6月第一期开学以来，经过一年多的建设，再加上苏联在经济和武器上的援助，到了1925年秋，学校的物质条件比刚开张的时候已经有了很大的改善。

以现在的标准来看，黄埔军校的门面和校舍条件，不见得比当代一个住宿中学的标准好过多少。然而山不在高，有仙则名，水不在深，有龙则灵，要说黄埔军校是藏龙卧虎之地，大概没有人会否认。可以毫不夸张地说，如果少了20世纪20年代从这扇小小的校门进出过的一大批师长和学生，中国现代历史恐怕得重新写过了。且不论蒋介石、周恩来、叶剑英、聂荣臻、何应钦、陈诚、张治中等这些担任校长、主任和教官的重量级人物，也不提前三期的老大哥，单是黄埔四期的新生就可以说是精英荟萃。张灵甫与林彪、刘志丹、胡琏、李弥、文强、刘玉章、唐生明、潘裕昆、高吉人、

孙中山（中）主持黄埔军校开学典礼。右侧穿长靴者为军校校长蒋介石，左三为广东省省长胡汉民。

邱维达、谢晋元等这些在中国现代史，尤其是中国现代军史上名声显赫的国共两方将领，都是在这 1925 年的秋冬之季，踏进了这个不起眼的校园，加入黄埔军校第四期的行列。

张灵甫到达广州的时候，黄埔四期开考日期在即，他立即持于右任的介绍信赶往军校报名参加入学考试。当时军校对考生的学历要求仅为旧制中学毕业或同等学历，考试则是按旧制中学修了程度出题，并加口试，以观察考生对三民主义了解的程度和性质，推断其志趣、常识、能力及将来有无发展之希望。中学生水准的考题，对于大学生张灵甫来说自是驾轻就熟，他顺利通过了考试，被录取为黄埔军校第四期的入伍生。

单以学制来看，早期的黄埔军校并不正规。当时中国正规的陆军军官学校一般学制在两年以上，外加半年到九个月的入伍生教育。但是黄埔军校是以快速训练下级军官为主，迅速扩充壮大中的革命军急待这些新生力量早日担当起军队的骨干，花两年多的培养时间未免太过奢侈，因此学校不得不大幅缩短学时，浓缩教程，军校的前两期学生学制仅六个月。

张灵甫入学时，黄埔军校前两期的学生已经毕业，有的在之前沙基惨案及第一次东征中为革命献出了鲜血乃至年轻的生命。与前两期不同的是，黄埔军校从第三期开始也实行入伍生制度，新生入伍先要接受数月的新兵教育，期满经甄别考试，合格者才能升为正式军官生。第四期的入伍生教育期限六个月，升军官生后再修习军事学术，

张灵甫（张钟麟）黄埔军校第四期档案照

一年后毕业。按照原先这一设想，新生原本应该在军校有一年半的训练和学习时间，但是实际上并没有严格执行。像张灵甫这种报到比较早的入伍生还算基本上足了半年的入伍生训练，可其后仍旧有各地赶来的考生陆陆续续被录取，有的在当年大约年底左右才报到，就只能接受不到三个月的入伍生训练了。后来由于北伐开始，黄埔四期学生提前毕业，校方将该期的军官教育课程浓缩成了八个月。

军校的生活紧张而有序。入伍生们编成三个团，每个团分成若干个连队。学生们通常二三十个人住一个寝室，睡的是竹搭的床铺。每天天未大亮，晨雾缭绕的校园里就响起了嘹亮的起床号声。按规定，学生们从起床到集合只有三分钟，吃饭十分钟。对以往是平头百姓的新生们来说，要在这么短的时间里穿衣、打绑腿、漱洗、吃饭，不是一件容易的事。刚开始的时候，一听到起床号声，大家手忙脚乱，出早操前穿错衣服、打翻水盆、衣冠不整或者饭没吃完饿肚子的大有人在。不过经过一段时间的训练，新生们很快就进入了状态，每天清晨即起，环岛跑步外加早操，上午、下午出操两小时，学科各一个小时，即所谓的"三操两讲"，晚上8点半晚点名，9点熄灯，一切作息按部就班。

对自幼家境不错的张灵甫来说，来军校过这种艰苦规律的军人生活无疑有点自讨苦吃的味道。不过，孟老夫子早有古训："天将降大任于斯人也，必先苦其心志，劳其筋骨，饿其体肤，空乏其身，行拂乱其所为，所以动心忍性，曾益其所不能。"张灵甫熟读古书，对这著名的训诫应是了然于心的，况且他在驻豫军官训练团有过受训的经历，更懂得军校不是养尊处优的地方，既然打算在军旅中闯出一点名堂来，今后在战场上流血拼杀是免不了的，相对而言，军校训练的吃苦流汗也就根本不足挂齿了。有了这样的心理准备，他对军校的严酷要求倒是不以为忤，只当是为今后堪当大任而对自己意志耐力的磨炼吧。

在半年入伍生教育的严酷训练中，张灵甫与同学们一起一边参加对广东军事重地繁重的卫戍警戒任务，一边学习军事基础知识。典、范、令与工兵、军中卫生、劈刺、体操、夜间教育等，是入伍生的必学教范，同时还得摸爬滚打，实习射击、行军、各种兵器操作和营级战斗教练，为成为一名合格军官打好基础。与其他两千多名同学一样，经过入伍生训练，张灵甫犹如一只正待破茧而出的蛹，从一个书生渐渐向真正的军人蜕变。

二

1926 年 2 月，入伍生进行升学甄别考试。按照考试成绩，合格升学的学生被分入不同的科系，步科编成了步兵军官生团和预备军官生团两个团，后来也称为一团和二团。顾名思义，这两个团有点提高班和普通班的意思，也就是说，一团的考试成绩好点，二团的就差点。张灵甫虽然通过了期终测验正式升为黄埔军校第四期的学员，但他进的是步科第 2 团第 2 连，可见他的甄别考试成绩不太理想。而黄埔四期日后最出名的另一名学生，则被分配到同一个团的第 3 连，这名同学就是林彪。国共两方在黄埔四期中日后最出名的这两个学生居然都屈居二团，不能不说是一个有趣的现象，究其原因，可能与学校的教学政策有点关系，当时的黄埔军校讲究的是三分军事七分政治，学生似乎不能单凭军事专业强就获得青睐。

1926 年 3 月 8 日，黄埔军校举行第四期开学典礼。校长蒋介石照例要对新生发表训话，他首先勉励学生们要时刻准备为革命而牺牲，接着讲了半个小时的"革命的基础"问题，谆谆教导这些新学员，革命党的主义是三民主义，三民主义的立足点是民生主义，而民生主义的最后一步是共产主义，他教导新生们说，不要因三民主义而排斥共产主义，也不要相信共产主义而排斥三民主义，更不要像前三期某些同学，弄到自家反对自家主义，自家拆自家的战线的地步。

蒋介石经常对学员训话

　　司令台下的军官生们整齐地列队肃立，身材高大的张灵甫站在前排队列中，毕恭毕敬地聆听着蒋校长一口浓重难懂的宁波腔的训话。他和同学们刚刚才结束紧张而与外界隔绝的入伍生训练，对于校长这番话的弦外之音，台下的大部分学生还浑然不觉，而蒋介石却是实有所指的。

　　当时黄埔岛上的政治风云，已经呈山雨欲来之势。

　　还在第四期入伍生入校之前，黄埔军校内的政治气氛就弥漫出吊诡之气。1925 年8 月20 日，黄埔建校时的党代表廖仲恺在国民党中央党部前遇刺身亡，一般认为，刺杀廖仲恺与当时国民党右派的领袖代理大元帅胡汉民不脱干系。张灵甫开始入伍生训练期间，胡汉民与国民党右派的一些重量级人物邹鲁、谢持、居正、林森等正相继离开广东，部分右派要员不久在北京西山碧云寺聚会，另成一派，即所谓的"西山会议派"。此时军校的新党代表是由汪精卫兼任，他当时是广州国民政府主席和军事委员会主席，被认为是国民党的左派领袖，黄埔军校政治部自主任熊雄以下几乎全部都是共产党员，校内的政治活动空前活跃。黄埔军校的原校名"陆军军官学校"也在1926 年初改为"中央军事政治学校"，以强调在军官训练中的政治教育比重。而此时，国共虽然还处于第一次合作的蜜月期，两党的裂痕其实已经显露端倪，可以说是黄埔军校多事之秋的

国民党左派领导人廖仲恺

开始。"青年军人联合会"和"孙文主义学会"的斗争就是这种裂痕的具体表现之一。

青年军人联合会，成立于 1925 年 2 月，当时黄埔第一期学生即将毕业，鉴于当时广州商团反动势力日益强大，黄埔一期的共产党员学生蒋先云首先提议成立这个组织，起初的宗旨倒也简单，就是把所有驻扎在广州倾向革命的青年军人联合起来，以联合的革命军人，来对付联合的反革命商团。当时成立"青年军人联合会"，校长蒋介石也是点了头的，他向来把黄埔军人看作是他自己的势力，把其他军队里的革命青年吸引到黄埔军人周围，对他扩张自己的势力不无好处，何乐而不为呢，所以他起先不但不反对，还把自己的心腹学生贺衷寒等人也派到会里担任骨干。不过，会里的活跃分子大部分是共产党员学生，领头的有蒋先云、周逸群、王一飞、李之龙、陈赓等人，结果"青年军人联合会"很快演变成了由共产党人领导的左翼军人组织。

买了炮仗给别人放，这样的结果蒋介石当然不乐意了。他支持的贺衷寒等人先是常常在会里与左派学生唱反调，后来干脆忿然离开另起炉灶，在蒋介石的默许下，军校内的右倾教职员和学生于 1925 年秋冬组织成立了"孙文主义学会"，由军校政训主任王柏龄和一期毕业生中有名的右派学生贺衷寒、曾扩情等人领衔。他们公开宣称，共产党虽然与国民党合作，其实是想趁机篡夺国民党的党权，一朝得逞，所有国民党员，尤其是黄埔同学中的国民党员，将受到无情的迫害，而无立足之地。因此，他们以学习研究三民主义为号召，集结一批黄埔师生，专门与左翼师生的"青年军人联合会"对着干。

如此一来，在黄埔军校前三期的同学中间就形成了针锋相对的左右两派，在学校里，如果看到两队学生唇枪舌剑，剑拔弩张，不用问，那一定是两派学生在相互较劲。1925 年 10 月，两派的成员在广东大学举行的关于第二次东征的集会上大打出手，拔枪相向，形成势同水火的局面。四期新生的连排长们，大都是先期毕业的黄埔学长，这种斗争也就不可避免地通过他们蔓延到了新生之间。青年学生血气方刚，容易受到政治鼓动的影响，部分学生在左右两派的诱导之下迅速在政治上"站稳立场"，加入了两派之间的政争。

其实像张灵甫这种刚入军校的四期入伍生，多半踏出校门不久，缺乏社会阅历，他们的投奔大革命，一般凭的是年轻人的爱国热情和对国家民族救亡图存的责任感，有的或许还加上一点个人出人头地的企图心，要说对什么主义的绝对信仰，一开始还谈不上。用张灵甫的同学文强日后的话说："当时许多同学入学时甚至连'三民主义'和'三大政策'都搞不大清楚。"他们多数对这场政治斗争背后涌动的暗流不甚了了，对当时广东风云变幻的政局更没有深刻的认识。

文强的升军官生甄别考试，就很形象地体现了这批入伍生的政治水平。主持升学口试的黄埔军校教育长邓演达问文强："为什么要来这所学校学习？志愿何在？"文强的回答像是在背口号："是为革命不怕死而来，志愿是打倒列强，打倒军阀，为实现'三民主义'而奋斗。"邓演达满意地连连点头，吩咐他以后要多多研读"具有'三大政策'内容的新三民主义"。文强是政治科的准学员，入学之前已经是共青团员，入学后不久又转为正式的共产党员，在同学中属于政治上的活跃分子，可即便是他，口试结束之后却也对这新三民主义怎么个"新"法颇为纳闷，他连问了许多同学，都不知所以。①可见当时的学生们对于共产主义和三民主义有什么区别，在理论上也不十分明白，军

---

① 参见文强口述、刘延民撰写《文强口述自传》，中国社会科学出版社 2003 年 9 月。文强黄埔军校毕业即参加北伐，国共分裂后，他参加南昌起义，后来到四川领导兵运工作，20 世纪 30 年代初因党内肃反而脱党出走，数年后接受黄埔同学邀请加入了国民党的军统组织，在抗战期间领导过有益的敌后地下工作。解放战争中文强曾任杜聿明的徐州"剿总"前进指挥部中将副参谋长兼军统局北方区区长，淮海战役被俘。1949 年以后他作为战犯一直在功德林战犯管理所改造，于 1975 年获最后一批特赦释放。

校里悬挂的标语还有"民生主义就是共产主义"的字句。可以说，除了"青年军人联合会"中的共产党中坚分子和"孙文主义学会"中的坚定右派分子外，许多黄埔生在入学的时候，政治上还是模棱两可或者说是幼稚的。

这种政治上的模糊，在前几期的军校学生中也相当普遍，一个典型的例子，就是张灵甫的大师兄，后来在黄埔一期毕业生中成为仕途佼佼者的胡宗南。胡宗南在校时与时任军校政治部主任的周恩来走得相当近，他时常向周恩来虚心求教，课余有空，就到周恩来的政治部打下手跑龙套，以至周恩来称他为"黄埔先进"，可见得他的表现一度也相当"左倾"。他与倡导成立"青年军人联合会"的共产党学生蒋先云关系不错，在蒋先云的鼓动下，胡宗南还差一点加入了共产党，右派学生甚至把他当成共产党分子，声称要教训他。只是，黄埔军校的校长蒋介石也非等闲之辈，他对黄埔军校可谓呕心沥血，对学生关怀备至，以一个政治人物的敏锐目光，他很清楚，能够考入黄埔军校的青年，都可以说是社会精英分子，今后将成为国民革命军中的骨干力量，必须善加笼络利用。胡宗南就是在蒋介石的感召之下，再加上右派学生骨干贺衷寒也与他私交不错，一直在政治上对他晓以利害，胡宗南权衡再三，最终摆脱了共产党的吸引，投入了国民党的怀抱，并加入"孙文主义学会"，从此走上一条截然不同的政治道路，后来成了蒋介石的一员反共大将。[①]

张灵甫与大多数军校同学一样，是在入学时集体加入的国民党。黄埔的国民党组织发展学生入党，程序十分简单，填写入党登记表就像是做作业，每人一份。理由就如招生简章上所说，学校对考生政治思想上的要求，就是必须是中国国民党党员，或者具有接受本党主义之可能性，无抵触本党主义之思想者。现在既然已经入学成为国民党军校的军校生，加入国民党就是理所当然的事情。至于共产党学生，共产党组织早有决议，党员可以个人身份加入国民党。

张灵甫虽然加入了国民党，以他之前单纯的学生经历，他在入学时对三民主义的理解，大概还停留在为考军校而向于右任恶补的那点水平，至于共产主义，在北大读书的时候倒是可能听过演讲，那时不过是当作另一种西方的新思潮而已，不见得就视为洪水猛兽。按照军校规定，学生每个周末可以放假进城，学校安排渡轮，由值星官统一带队离开黄埔岛，下午 4 点再在城里规定地点集合回校。城里的农民运动讲习所

---

① 参见蒋超雄《我在黄埔军校学习的回忆》，《广东文史资料 第三十七辑 黄埔军校回忆录专辑》广东人民出版社 1982 年 12 月。

曾经是不少左翼学生的周末聚会地点，张灵甫有没有与左派同学一同去过那里，无从考证，不过从他后来的表现来看，那里讲的打土豪分田地那套理论，不大可能是他的兴趣所在。他的投笔从戎，既是基于青年人挽救国家危亡的民族意识，也是出于不安现状想成就一番事业的个人抱负，反帝反军阀的革命他是可以拥护的，要说把自己勤劳致富的老父当作土豪劣绅来革命，让自己的家业给别人共产，这显然不是他能够接受的理论了。

与日后的名气相比，张灵甫在军校可以说是默默无闻，也不见他热衷于主义之争的政治派别活动，也许是以前参加学生运动留下的阴影，在左右两派学生为彼此的信仰主张激烈辩论，吵得面红耳赤甚至打架斗殴的氛围中，张灵甫选择了保持沉默，他的兴趣集中在新接触的军事课程上，对战术学、兵器学、筑城学、地形学等军官生专业讲义爱不释手。

这些课程正规军校生至少需要用两年才能学完，而黄埔四期的学生要在不到一年的时间里速成，课时安排必须十分紧凑，教官只能以短暂的时间对每个课程进行提纲挈领式的宣讲。好在与当时国内其他几个速成军事学校相比，黄埔师生的素质远为优秀整齐。黄埔的大部分军事教官均出身于保定军官学校、云南讲武堂或留学日本，当时流传着一种说法："保定的教室，（云南）讲武堂的操场，黄埔的战场。"意指在当时国内的军校中，以保定军校的军事教育最为完整，早期一名保定学生要经过长达七年的学习方能毕业，所以保定出身的军官很适合当其他学校的教官。而云南讲武堂的学生以操场动作训练严格著名，据说这所学校的学生在晚上睡觉时均向同一方向侧卧，在熟睡中能依口令一致翻身，所以云南讲武堂出身的是操场上的优秀教官人选。

在这些优秀教官的指导下，早期的黄埔生们虽然接受的只是速成教育，所学得的知识还是足以应付基层军官阶段的要求，大部分人一毕业就马上投入实战，学以致用。以黄埔四期的教官素质和课程安排，像张灵甫这样文化水平高又专心用功的学生，不难在课堂上掌握军学素养的基础条理，形成在实战中以经验自我充实的客观条件。蒋介石也很明白他的学生们在正规军事教育上的局限，北伐结束之后，他大力发展军事教育，并成立了大量深造班以提升他这批早期学生的素质。不过仍有一些军官因种种因素没能脱产参加这类深造进修，而单凭战场经验、战功的积累和个人的悟性升至高位，在这些人当中，张灵甫是一个典型。

三

四期学员正式开始军官生的学习课程后不久，军校纷纷扰扰的左右翼学生团体纷争也终于有了一个了结。在"所有官生应精诚团结努力研究学术"的名义下，蒋介石取缔了"青年军人联合会"，为示公允，"孙文主义学会"也一并取缔。此事的导火索，是 1926 年 3 月 18 日至 20 发生的"中山舰事件"。此时，黄埔四期入伍生升军官生的开学典礼刚刚过去仅十天。这一事件虽然没有导致像后来四一二政变那样自相残杀的极端结局，国共合作的裂痕显然更加恶化，一些著名的共产党教官如高语罕、恽代英等先后辞职离校，当时的黄埔岛上，也是各种传言、猜测纷纷出笼，学生们莫衷一是，人心惶惶。

蒋介石把黄埔军校看成他安身立业的命根子，岂能让他视为心头肉的黄埔生们受到"异端"的挑唆而产生对他的不利情绪，他也不愿意政治风潮影响军校学生的日常作息，待事态稍微安定，他就匆匆赶回军校，亲自出面百般安抚。

蒋介石先是在校本部大礼堂召集全体师生大会，后又在总理纪念周发表讲话，表明"绝不承认 3 月 18 日那天的事件，共产党有什么阴谋在内"，轻描淡写地把整件事说成是一场误会，已经平息了，要大家安心学习，亲爱精诚，共泯猜疑。接着，他话锋一转："我军既以三民主义为主义，唯有以信仰三民主义者为干部，而共产主义及无政府主义分子，应暂时退出，以求各军精神之团结，而谋革命之成功。"他目光炯炯，扫视着台下的学生们，语气逐渐激昂起来："至于说共产党完全脱离了国民党之后，国民党就不能革命，不能存在！这些话！是不应该讲的！……共产党同志，不要这么轻侮国民党。本党所有的宣传机关和言论机关可以讲统统都属于诸 CP 同志，就是我们的党报——《民国日报》《国民新闻》，这样的机关报，也完全是交 CP 同志来办。要晓得，这完全信托 CP 同志能够同我们国民党合作到底。所以宣传上和言论上的机关，一切都由他处理，信托他、重任他，不去过问。这完全可以证明国民党对于共产党同志，丝毫没有存一些彼此之见。否则，国民党怎能把这些重要的宣传机关，信托一个不相干的人，来污辱本党吗？……大家总要相互体谅，两方面自觉错误，免去一分纠纷，就可以团结一分力量。"见台下有的学生神情茫然，他又加重语气道："如果本校长不革命，反革命，同学们就应该打倒我！"[①] 蒋介石

① 参见《蒋校长辟谣谈话》和蒋介石《关于"中山舰事件"》，《黄埔军校史料 1924—1927》广东革命历史博物馆等编，广东人民出版社 1994 年。

被国民党右派利用发动反共事件的"中山舰"。

貌似公正的言辞，很能迷惑一大批黄埔军人的心，否则就难以解释当初这么多追求进步的黄埔青年会留在国民党军队，心甘情愿效命于他们的校长。在第一次国共合作前期，蒋介石自知羽毛未丰，表面上对共产党表现得相当合作，而且言必称革命。孙中山逝世后，国民党的右派曾一片鼓噪，质疑联俄联共的政策，蒋介石则发表讲话："反革命的势力虽然很大，但是我们有国共两党的合作，有全国民党的支持，总理死了，还有鲍顾问（注：指苏联顾问鲍罗廷）领导我们，总理的精神不死！"直至"中山舰事件"发生不到三个月之前，他还于1926年元旦在《广州国民日报》上发表《告国民党同志书》，公开谴责"西山会议派"："赤化也、共产也、俄人掌握政权也，帝国主义与军阀之所以诬陷我者，今岂将一一出于同志之口耶？容纳共产党，此总理于本党改组以前几经郑重考虑而后毅然决定者也……苏俄同志助成中国独立之国民革命，其诚意亦彰彰明甚吾辈死者，但知中国革命与国际革命不能分而为二，则三民主义与共产主义，岂有纷争之必要，而徒使吾辈死者痛哭于九泉乎？"[1] 因此，连共产党当时都没有把蒋介石当成右派，而是作为可以合作的对象，国民党的右派则干脆说蒋介石已经加入共产党了。

张灵甫早年通过和于右任的接触，一直以为孙中山创建的国民党才是唯一正统的革命党，一般的军校学生在入校前大部分也没有接触过共产党，当他们面对孙中山先

---

① 杨奎松《国民党的联共与反共》，社会科学文献出版社2008年1月版。

生的遗像和青天白日的国民党党旗在军校集体宣誓入党的时候，很自然为自己终于成为一名正统的革命党人而由衷自豪，崇高的归属感使命感油然而生。而以革命长者面目出现的蒋校长，俨然是总理事业的继承者和捍卫者，也就成了众多学生拥戴效忠的当然领袖。

共产党方面把"中山舰事件"作为一个分水岭，认为蒋介石起初打击左派以取得右派的支持，又打击右派以表示革命，但是自该事件发生之后，蒋介石实际上已经成了国民党的右派。果然，蒋介石在大礼堂说了那番冠冕堂皇的话后不久，国民党二届二中全会提出了整理党务案，禁止国民党党员在脱党之前加入其他党籍，并以要求做一个纯粹的党员为名，迫使二百五十多名跨党的共产党员退出了国民党和国民革命第1军。

军校生张灵甫是不可能从共产党的角度来认识他的校长的。由于张灵甫后来成为蒋介石最钟爱的心腹爱将之一，有人便说他自进入黄埔军校起就受到蒋介石的栽培，此话未免捕风捉影。黄埔四期的学生（包括潮州分校）共有二千六百余人，张灵甫在军校期间的表现既不活跃，也算不得出类拔萃，蒋介石应无可能在众多的学生中对他特别眷顾，张灵甫的军事才能，现在还不到火候，他真正得到蒋介石的赏识，还要等到十年以后的抗日战场。不过张灵甫对他的党国和校长蒋介石的效忠之心，应该说得之于黄埔军校时期蒋介石所灌输的信条。

蒋介石有他自己的一套治军手段。身为校长，他很注意在学生中树立校长的权威，他提出，革命军的第一个根本条件是信仰三民主义，第二个根本条件则是信仰领袖，这个领袖当然是指他自己了。他向学生们强调"革命的人生观"、军人的忠诚和武德，要他们意志坚定地跟着校长去成就事业和理想，并强调服从命令是军人的天职，死是军人的本分。蒋介石在对黄埔一期学生的第一次训话就说："有句要紧话，请各位听好，就是我们军人的职分，是只有一个生死的'死'字。我们军人的目的，亦只有一个死字。"[①]他要求他的学生："在学校里，在军队里，各位如果相信本校长是一个真正的革命者，那么在校内，在军队中，都要服从我的主张，如同我以总理之思想为思想，以总理之意志为意志。"[②]

蒋介石时时向学生灌输这些信条，使得许多年轻的黄埔生从那时起就养成了对他

---

① 《军校的使命与革命的人生》，1924年5月8日黄埔军校讲（秦孝仪主编《"总统"蒋公思想言论总集》台湾中正文教基金会网站）。

② 一平《蒋介石研究》，团结出版社2001年7月。

绝对服从的意识。他对黄埔学生也竭力拉拢，每周抽空找一些学生到他的校长室面谈，或师长般循循善诱，或长者般嘘寒问暖，即使公务繁忙也不间断，这往往收到事半功倍的效果。单独面对面的谈话，使涉世不深的学生感觉自己受到校长的特别的关爱和重视，因而感动不已，生出士为知己者死的豪情，立志为校长效劳。这是蒋介石殚精竭虑积累自己的军事班底，感召人心的高明之处。

以张灵甫早年所受的教育和所读的经文史籍，儒家的伦理对他影响至深。君臣之道、"君可不仁，臣不可不忠"、"士为知己者死"、"志士仁人，无求生以害仁，有杀生以成仁"，这套儒家的伦理与蒋介石的说教是如此的合拍，年轻的张灵甫对校长产生了由衷的敬佩。加上蒋介石当时正值壮年，一身戎装总是一丝不苟，显出精神矍铄、精明强干、沉着严肃的标准军人样子，张灵甫很为校长的威仪所折服，他对校长崇敬有加，成了蒋介石忠心耿耿的坚定拥护者。

像许多信奉正统的黄埔军人一样，张灵甫的命运从此开始将被绑在国民党的战车上，注定要为他所效忠的党国、领袖和信念而拼死征战了。

"中山舰事件"后，黄埔军校和广东的政治局势像走马灯一样，发生了一系列重大变化。

1926年4月10日，"青年革命军人联合会"宣告解散。

1926年4月21日，"孙文主义学会"也宣告解散。

1926年5月15日，国民党二届二中全会提出了整理党务案。

1926年6月5日，"刻期北伐案"通过，国民政府任命蒋介石为国民革命军总司令，具体筹划北伐事宜。

1926年6月27日，"黄埔同学会"成立，明确规定凡属黄埔同学，均为当然会员，无论毕业与未毕业的同学，均须在同学会的监督指挥之下，效忠国民党，奉行三民主义，绝对服从校长领导，不得有任何其他的组织活动，尤其不得从事共产主义的宣传。

1926年7月9日，国民政府在广州东校场举行北伐誓师兼蒋介石就任国民革命军总司令的典礼。

北伐誓师典礼的当天，张灵甫和同学们一大清早就全副武装在黄埔登船。学校安排学生搭乘广东内河上特有的大花艇，这些大花艇每三艘一队由一艘小火轮拖曳，每艘大花艇能搭乘一个排。黄埔的两千多师生装满了二十艘小火轮与六十艘大花艇，浩浩荡荡驶向广州的天字码头。不过因为船身太重，船队的航行较为缓慢。学生在登岸编队之后在炎炎夏日下足足跑步十公里，才满头大汗抵达东校场。

蒋介石就任国民革命军总司令后对北伐部队讲话。

在誓师典礼上，蒋介石又发表了一番慷慨激昂的训词：

"在北方军阀与帝国主义者已重重包围我们，压迫我们，如果国民革命的势力不集中统一起来，我们再没有同生死共甘苦的决心，一定不能冲破此种包围，解除此种压迫，所以本总司令不敢推辞重大的责任，只有竭尽个人的力量，担负起来，以生命交给党，交给国民政府，交给国民革命军各位将士，鞠躬尽瘁，死而后已，才对得住国家，对得住人民……我们每个革命军人，每个总理信徒，应当深念自己对人民对国家的职责，必须将打倒军阀打倒帝国主义的责任，担什自己的肩上；要想如此，只有大家精诚团结起来，才能集中我们的势力……所以大家必要牺牲个人意见，坚固团结，为中国争独立自由，非达到此种目的不止，只有如此，才无愧为总理的信徒，革命的军人。我们要完成总理的遗志，必须要求大家谨记这几句话；我们的总理，还照临在我们的头上，虽然我们已看不见总理，然而总理的精神是不死的；我们必须协同一致，必须为完成总理之志愿而奋斗！"[①]

北伐开始之后，随着前方不断传来的战况，军校生们人心思动。在这瞬息万变的政治和军事形势下，张灵甫和四期的黄埔生们紧张地进行着军官生最后课程的学习。由于革命军纷纷抽调北上，以黄埔师生为骨干的第1军在军长何应钦的

---

① 《国民革命军总司令就职誓师讲话》，（秦孝仪主编《"总统"蒋公思想言论总集》台湾中正文教基金会网站）。

行军途中的北伐军

率领下，也离开广州，奔赴北伐前线。四期生们一边在军校学习训练，一边还要参加惠州、虎门、黄埔等地的警卫任务，每天忙得不可开交。他们这一期，按原定学制最早也应该到第二年3月才能毕业，但是，北伐的形势发展急需大批的新生力量，学生们纷纷传言，四期生要提前毕业了。果然，两百名黄埔四期学生被挑选为北伐军的宣传员提早毕业投入战场，9月份学校贴出布告，四期生到郊外进行最后的实弹演习，当年10月，在北伐军攻克武昌的捷报声中，张灵甫与黄埔四期的全体同学正式毕业。

黄埔军校，把张灵甫从一个儒雅书生，训练成了一个冷峻剽悍的军人，从这里，张灵甫迈向了战场，开始了他是非功罪二十余年的戎马生涯。

第五节 初露锋芒

一

黄埔毕业，曾经同场操练甚至共眠一室的同学，如今各奔东西。

与前两期的学长相比，黄埔三期之后的军校毕业生在出路上选择较多。在早期奠定广东大局的东征阶段，由黄埔师生组成的教导团分工并不细致，前两期新训练出来的军官生十有八九直送前线战场。1925年之后，蒋介石的嫡系部队初具雏形，陆续组建扩充的非作战机构，比如高司单位、兵站后勤、部队政工、战地政务、训练单位乃至各级党政机关，都需要充实新生。在毕业生中，当时最炙手可热的去处数政工一职。北伐军的政工系统在国共合作的大环境下组织健全，担任政工干部的毕业生常常能获得坐火箭般的破格提拔，很快飞上高枝挂上指导员、党代表、主任的高阶头衔，而在战场上拼杀的小排长们，出生入死却不容易得到如此迅速的窜升。

政工干部既能获得青睐，被录用者一般就不是泛泛之辈，不光政治上得表现积极，文化水平还要高，进军校前有高学历的军官毕业生就比较有机会进入政治部门耍笔杆子，须知这些大学生军官原本就已是凤毛麟角的宝贝，到战场上当个小排长，却是随时会有生命之虞的。

按说黄埔四期中拥有北大学历的学生屈指可数，张灵甫在校期间的政治表现虽不亮眼，以他的条件，如果刻意钻营的话，在非战斗单位谋一份安全些的差使还是不难的。只是既然要投笔从戎，继续耍笔杆子显然有违他的初衷，而且搞政治得善于鼓动宣传，这并非张灵甫的强项，他情愿下战斗部队，真刀真枪打仗更显英雄本色。从这一点上也可以看出他的性格，这个嗜读古书典籍的书生，秉性中却遗传了秦人尚武好斗的古风，他更向往做一名金戈铁马纵横疆场的武士，在战场中浴火重生，完成一个真正军人的涅槃。

1926年10月，23岁的张灵甫来到第21师报到。这个师原来的编制是第1补充师，骨干以黄埔军校毕业新生为主，该师出广州加入北伐之后，在江西正式改编为第21师，师长是严重。张灵甫在第21师从最基层的步兵排见习官做起，不久见习合格即升任排长，他的传奇军事生涯，就此起步。①

北伐一开始，蒋介石名义上号称是统帅有八路北伐军的总司令，手下的部队却多由地方诸侯凑成，真正属于他的正宗嫡系，只有第1军。这第1军原是由黄埔军校的教导团发展而来，军官从上到下基本以黄埔教官和黄埔生为主，当时的军长是何应钦，第21师在北伐开始后也曾经隶属第1军序列，能加入这个天子门生的嫡系大本营，张灵甫也算是如愿以偿了。

1926年秋冬，第21师由师长严重率领随东路军继续北伐，一路转战闽浙赣地区。

---

① 关于张灵甫黄埔四期毕业后所加入的部队及其后的历次升迁履历，两岸出版的有关人物传略有不同记述。鉴于台湾在国民党人物方面的档案资料比较齐全，本书中关于张灵甫的履历均参照台湾"史政局"的张灵甫传略及相关人员的文字回忆为准，下不另注。

1927年元旦，武汉民众集会庆祝北伐胜利及国民革命政府迁至武汉。随着北伐的推进，北伐军内部的矛盾也日益激化。

在江西南浔线上，部队碰上了军阀孙传芳的五省联军，当面的敌人是孙传芳手下卢香亭的队伍，装备精良。双方在德安的马回岭地区拉开了阵势。这是张灵甫在北伐战争中有案可稽的第一次出场。他所在的营奉命向敌方发起进攻，初出茅庐的张灵甫担任全营进攻尖刀排的排长，面对敌强我弱的情势，他向营长建议以智取代替强攻，用夜袭偷营避敌锋芒，他的建议获得了营长的采纳。在北伐战场上，张灵甫对蒋校长"死是军人的本分"的训示切实身体力行，马回岭一战，他身先士卒摸黑直闯敌营，在激战中右腿中弹仍然咬牙不退，一直撑到突破敌阵。战斗胜利了，张灵甫按着被鲜血渗透的裤腿，首次尝到了枪弹无情的滋味。这却远不是最后一次，在日后长达二十余年的军旅生涯中，张灵甫屡次中弹负伤，但都侥幸躲过死神的召唤，身上大小十余处的伤疤弹痕，都是擦肩而过的死神留给他的警示，直到最后他自己直面死亡。

初战告捷，张灵甫不仅在部队里赢得了勇敢的美名，紧接着还升官当上了连长，可谓名利双收。

1928年12月29日，张学良宣布拥护蒋介石，东北易帜，北伐结束，各路北伐军开始整军缩编。张灵甫以连长原阶调任第1师第2旅6团1营2连连长，在这个当时有"天下第一师"之称的蒋军嫡系部队中，张灵甫开始崭露头角。

北伐的成功堪称中国现代史上的奇迹，这个统一中国的大业最奇之处，乃居于弱

北伐时期任连长的张灵甫（摄于 1928 年，25 岁）

势的北伐大军，原是一个由各路军头凑集而成的松散集团，本身就根基不稳，矛盾重重。伴随着北伐的进行，先是四一二政变，蒋介石向共产党人举起了屠刀，国共由革命的同志反目成仇，继而北伐军内部又政纷内斗不断，宁汉分裂、清党分共、张黄事变……北伐之后紧接而来的裁军，又进一步激化了各派系之间的恶斗。北伐的结束，接踵而来的不是对国家的积极建设，而是新军阀之间的相互混战。

20 世纪 20 年代末的中国，南京国民政府虽名为中央，事实上许多地区依然处于四分五裂状态，蒋介石的势力所及，主要在华东长江流域，而两广、四川、云南、山西、西北等地，地方军阀根基深厚，有的地方几乎水泼不进，蒋介石苦于欲染指而不得，至于东北，更是张学良的独立王国，蒋介石只能靠玩弄权谋，以怀柔的手段将其招安，暂时根本无力插足东北事务。可以说，当时的蒋介石也只不过是众多军阀中的一支，其他地方势力并不买他那个中央政府的账，更不甘心向蒋介石俯首称臣。大江南北，反蒋的风潮一时间此起彼伏。

在蒋介石奠定统一中国霸业的一片军阀混战之中，蒋系中央军，这支由黄埔军校高级教官领衔，由忠心拥蒋的年轻黄埔生支撑中下级军官体系的嫡系部队，当仁不让成了蒋介石手中杀敌削藩的魔王之剑。

在这批忠心追随蒋介石的黄埔青年军官中，张灵甫是表现出色得力的一个。枪声一响，性命押上，这个似乎为战争而生存的年轻军人，对战争有着一种走火入魔般的狂热献身精神，在军阀混战的战场上，张灵甫心甘情愿成为他的蒋校长的马前卒，为校长的称霸中原之战积极效命，冲锋陷阵。

二

风云突变，军阀重开战。

1929年2月底，李宗仁的桂系第4集团军首先在武汉异动，蒋介石纠集三路大军前往讨伐，蒋桂之战打响。第1师由徐州出发，向黄梅、广济、蕲水一路急进，张灵甫所在的第2旅是第1师的前锋部队。蒋介石军队人多势众，加上他又通过手段收买李宗仁手下的俞作柏、李明瑞等人倒戈，桂系部队没坚持多久就开始瓦解。当第2旅于5月1日抵达黄梅时，桂系多已投降，指挥官胡宗铎、陶钧等人先后逃遁，蒋介石已经顺利进入了武汉。第1师也进驻汉口市区以保护蒋介石的安全，随即留在原地驻防，以威慑鄂中。

事变结束之后，蒋介石将第4集团军悉数吞并，其中的第17师缩编成中央军独立第12旅，由原第1师第2旅副旅长彭进之出任旅长，彭进之从第1师挑选了一批出身黄埔又有战功的中下级军官随他编入独12旅掺沙子，以便将这支新收编的杂牌部队彻底改造成为中央军。作为彭进之的原部下，张灵甫也在这时被调入独12旅担任连长。独12旅成军后不久就被编入第1师，改称第1师独立旅，这样，张灵甫就又回到了第1师，任独立旅第2团3营9连连长。

一波方平，一波又起。

1929年10月10日，冯玉祥部西北军通电反蒋，起兵二十万从陕西向豫东进攻，蒋介石再次督师讨伐，西北军因准备不足将领离心，很快就兵败如山倒。第1师沿密县向嵩山攻击前进，一路顺畅。中央军各路捷报传来，蒋介石笑逐颜开，他安心返回汉口，让与他合作的湖南枭雄唐生智代理讨逆军总司令主持局面，对西北军进行最后追击。

唐生智原是湖南的旧军阀，他在1926年3月推翻原湖南省长赵恒惕，独霸湖南一省的军政大权，结果引起了北方直系的愤怒，唐生智不得以乞援于广州，却促成了国民革命军的出师北伐。唐生智在北伐时期风头甚健，宁汉分裂时他力挺汪精卫，一度成为武汉国民政府的军事台柱，而与蒋介石结怨。不久宁汉合流一致反共，蒋介石

（左起）冯玉祥、蒋介石、阎锡山。由于他们的争权夺利，爆发了有一百多万军队参战，持续半年之久的中原大战。

下野出国转了一圈之后，回来继续领导北伐。至北伐结束，蒋介石让唐生智出任军事参议院院长一职，但是唐生智却认为蒋介石过河拆桥让他坐了冷板凳，于是心怀不满，与蒋貌合神离。这个时候蒋介石起用唐生智为讨逆军代总司令，原以为唐会对他感恩戴德才是，应该不至于出什么差池，却不料唐生智一朝军权在握，就想趁机与他清算旧账，唐竟然以讨逆军代总司令的身份通电与"逆军"合作，准备趁虚直扑武汉，实在是近代军人倒戈史上登峰造极之作。

蒋介石闻讯大惊失色，幸亏他手上的嫡系将领对他信仰颇深，忠诚不贰。第1师得知唐生智部作乱，急忙在新郑上车赶回武汉护主，蒋介石也在武汉重组大军，并命令第1师在大风雪中出发北上讨唐，进攻确山。张灵甫连在河南的驻马店打了一仗，战斗中他右臂负伤。1930年元月中旬，唐生智的主力戏剧性地被倒他戈的杨虎城军击破，讨唐战役结束。张灵甫随第1师回到汉口，随后调往徐州九里山整训。

谁知天有不测风云，正在整训中的第1师一口气还没有喘匀，仅仅隔了大约两个月，剧烈的枪炮声又在中原大地骤然响起，中国现代史上最大的一次军阀混战——蒋、冯、阎中原大战爆发了。

大战一开始，第1师就投入战况最激烈的豫东陇海路战线。初期的陇海路战线在归德（商丘）、兰封一带，冯、阎联军的第4方面军由第6路军总指挥兼河南省政府主席万选才在那里指挥布防。坚固的防御工事是万选才部与其后投入归德战线的西北军的作战特色，而早期的中央军作战，只是凭恃北伐时期"革命精神"的蛮勇，对敌方坚固的阵地正面猛打硬冲，战术僵化，这导致中央军在初期作战中伤亡严重，而其中最为激烈的战斗，发生在马牧集。

1930年5月上旬，讨逆军第2军团总指挥刘峙率第1师、第3师、教导第1师与第11师，兵分三路向归德攻击前进。教1师与第11师33旅直取归德，第1师进攻马牧集以北。第11师与第3师在宁陵以北推进。这是中央军在陇汉路战线的首战，参战部队都是蒋军嫡系，挟北伐之余威，士气颇高。

在马牧集以北攻击前进的是由徐庭瑶任代师长的第1师，而第1师的前锋，正是张灵甫所在的独立旅第2团。

第2团甫一上阵，就与守军在谢集交上了手。

谢集是个土寨子，寨墙坚固，高约十米，守军约为一个营。5月里，正是青纱帐初起的季节，风中瑟瑟摇曳的长叶阻挡了进攻一方的视野，更增加了攻击的难度。第2团一到达谢集，旅长彭进之就宣布要对谢集进行一次小规模的攻坚战。在分派任务的时候，张灵甫自告奋勇要求担任主攻。早期的国民军，勇敢牺牲精神是战场上衡量下级军官的第一要件，在这方面张连长堪称楷模。有人自愿冲锋在前，彭进之当然求之不得，他向张灵甫投去赞许的目光，欣然同意由张灵甫的第9连担任第1师在中原大战中第一仗的主攻连。

在机枪第3连的火力掩护之下，张灵甫指挥全连扛着云梯分成数个攻击梯队，向谢集发动正面冲锋，他本人义不容辞参加了第一个攻击波。攻击部队顶着守军强大火力的扫射，将云梯靠上寨墙，张灵甫带头冒着弹雨爬云梯登上墙头，以集束手榴弹猛轰寨内守军。第9连官兵在连长的表率下，也呐喊着一拥而上翻过寨墙，冲入寨内与万部第35师守军展开肉搏。守军在张灵甫连搏命冲击下很快崩溃，从西门突围逃出谢集，第1师在中原大战的第一场战斗旗开得胜。

胜利来之不易，代价也是够惨重的。攻击部队在守军居高临下的火力扫射下伤亡甚大，负责指挥掩护的机枪第3连连长颜主一被炮弹击中头部，当场阵亡。带头猛冲的张灵甫也在激战中再度负伤，这是张灵甫第三次在战场负伤，而且这次伤势不轻。代师长徐庭瑶得到报告后，命令野战医院将张灵甫送到上海的医院诊治。①

---

① 谢集战斗，参见杜鼎《八十回忆录》，自印（台湾）1988年。

中原大战期间在胡宗南第 1 师担任少校营长的张灵甫

三

在张灵甫离队养伤的这段日子，豫东战局变化迅速。第 2 军团攻克归德，重创了万选才的第 12 军。第 1 师进至李坝集、宋庄、丁庄寨一带，兵锋直逼兰封。

5 月 22 日，冯阎联军的主力开进兰考地区布防。

豫东成了现代内战史上血腥的战场。

冯阎联军开来了铁甲车助阵，这是一种由火车加固改装而成的战车，可以沿着交通线轨道来回行驶作战，联军铁甲车的远程炮火在战场上大发神威，令蒋军的攻势一再受挫。第 1 师攻击数日，阵地仅推进两三百米，自己死伤甚众，这令代师长徐庭瑶很没面子，5 月 25 日，徐庭瑶亲自上阵督战，不幸挨了一手榴弹，还好命大，重伤未死，但是师长暂时是做不成了，他的职务由其部下第 1 旅旅长取而代之，新上任的第 1 师代师长，就是胡宗南。

徐庭瑶对张灵甫在谢集战斗中的出众表现印象深刻，在还没有负伤之前，他已经报准将正在上海养伤的张灵甫提升为少校。半个月后张灵甫伤愈归队，继任代师长的胡宗南马上发布任命，张灵甫被提升为第 3 营少校营长。

张灵甫返回部队时，适逢西北军正在发动中原大战中一次著名的猛烈炮战，中央军从来没被如此强大的炮兵轰击过，防护与阵地构筑都没有作好相应的准备，剧烈的

中原大战前，冯玉祥的西北军在潼关红场整装待发。

炮击把他们轰得晕头转向，而此时，恰又传来长沙在彭德怀的红3军团进攻下失守的消息，前线蒋军开始军心动摇。

第1师在归德野鸡岗的主力阵地上，第2团第3营的官兵们正被前所未见的猛烈炮火炸得灰头土脸，战战兢兢龟缩在掩体中，不知道倒霉的炸弹何时会落到自己的头上成为炮灰。张灵甫新官上任，他一抵达阵地就发现营里官兵士气不振，大为不满。炮声中，传令兵向各连排长传来了命令："营长要训话！"正抱着脑袋躲避轰炸的连排长们只好顶着炮火，匆匆跑到临时挖出的壕沟中听训。新任营长神情严厉，狠狠地为部下打气道："我等应努力奋勇作战，坚定必胜信心，发扬黄埔革命精神，打胜这仗。"张灵甫不愧是蒋介石忠实的"好学生"，对着同样出身于黄埔的连排长们，他仍不忘再加上一句："否则对不起校长！"

炮弹在连排长们的头顶上呼啸着，炸开的弹片和着冲天的泥土，像下冰雹一般不时散落到壕沟之中。张灵甫不为所动，他沉着脸的样子相当吓人，目光带着逼人的杀气。连排长对这个从原第2连连长升上来的新营长并不陌生，张灵甫在战场上的拼命作风和对部下严厉的要求，早就令他们心生敬畏，在这个时候，谁也不敢在他面前露怯言退。在战场上，一个具有猎豹般攻击斗志的带兵官可以将绵羊般的部下带成群狼。当年在场听训的军官中，有第2团第3营机枪第3连中尉连长杜鼎，杜鼎日后长期追随张灵甫，在第74军系统历任过团长、旅长、师长和军长等职，在晚年的回忆录中，杜鼎对当年张灵甫初到野鸡岗的情形依然记忆犹新，并毫不掩饰对老上司冷峻镇定的军人气质的崇拜之情。[①]

西北军与中央军在归德展开了对峙，他们对当面的中央军大修防御工事。西北军的防御工事外壕高深足可行车，而且密布诡雷、鹿砦。在这森严壁垒面前，中央军由正面硬攻强打的战术显然难以奏效，刚刚由中央军校教导示范部队编组的教导第2师在正面强攻中一败涂地。转入僵局的战况对中央军渐显不利，连蒋介石也感到了豫东战场的危险，亲自跑到前线的柳河沟车站坐镇督战。

这时的第1师却展现出惊人的战斗力，在与孙良诚的交战中，他们把这个冯部大将打得难以还手，以致孙良诚一听到对面是第1师就下令撤退。结果战场上出现了一个奇观，张治中的教导第2师、卫立煌的第10师等同样在归德前线的中央军主力部队纷纷冒用第1师的番号，碰到西北军的人马就喊："我们是胡宗南的第1师！"逼得对手望风而逃，悲叹说胡宗南的第1师真是神勇无比，到处都碰得到。第1师成了中央军在中原战场的中流砥柱，它在哪里出现，哪里就意味着将成为中央军的下一个主要战场。

接下来的两个月，张灵甫随第1师在中原战场来回奔波，犹如战场救火队。9月6日，蒋介石指挥大军兵分十八路向郑州全面出击，第1师这一路由商丘经鹿邑、商口、鄢城、密县、许昌向新郑进攻，是攻击军中迂回最远的一路。这一次，第1师的对手是西北军的第1路军总指挥张维玺。此时适逢黄河严重泛滥，第1师在洪水中艰苦推进，迟至9月底才到达许昌县城。

而在此之前，西北军第8军已经有充裕的时间做好布防，以逸待劳。

张灵甫的独2团第3营这次又被挑选作为进攻突击部队，师里还调来一列铁甲车与一架飞机掩护第3营的进攻。但是，西北军的工事完整，军纪良好，而且擅长近战搏斗。面对西北军的深沟高垒，张灵甫指挥第3营从上午8点打到下午6点，迟迟未能突破敌阵，攻击队反而被敌火压制，困在西北军阵地前三十米左右的开阔地白白挨打。黄昏时分，第3营连长以下官兵的伤亡人数已达百余人，两名连长一伤一亡。

天色已暗，目睹手下的严重伤亡，张灵甫不得不暂时放弃进攻，鸣锣收兵。

守军的深沟高垒依然在夜色中岿然不动，似乎在向他示威，心高气傲的张灵甫咽

---

① 参见杜鼎《八十回忆录》，自印（台湾）1988年。

不下这颗失败的苦果，他不服气地瞪着敌方的高深工事，暗自盘算着次日如何设法一举突破这难以逾越的障碍。算他走运，办法还没来得及想出来，第二天，许昌的西北军却忽然自动消失了。原来，由于中央军的另一个师向许昌侧翼迂回，为了免于被包围，张维玺不得不放弃许昌率领全军退往新郑。

河南战局的最终改观，还是得益于西北军第9路军的突然倒戈，由于第9路军总指挥吉鸿昌出人意料地投向了蒋军，郑州一带的西北军被自己人的反戈一击摧毁了继续坚持的意志，不是投降就是缴械。第1师一路畅行无阻开进了河南首府开封。

张灵甫在开封获得了一段难得的休整时光。1931年的农历新年，第3营的营房里酒肉飘香，笑声喧哗，一派久违了的欢乐气氛，这是营长张灵甫在犒劳部下。张灵甫平时对部下出手颇为大方，还在当连排长的时候，打了胜仗就时常邀请部下会餐，有时还会自掏腰包给大家加餐。这一次，大概是他自黄埔毕业后连年征战之中第一次享受过和平年的滋味，平时一向几乎烟酒不沾的张灵甫，也破例兴致勃勃，陪着部下一道吞云吐雾，开怀畅饮。

开封，是张灵甫当年南下广州的起点站，正是从这里，他开始滑向自己的人生轨道。五年过去了，在这五年里，国家发生了太多的重大变故，个人的命运又何尝不是。1925年的秋天，一个从开封出发登上南下列车的热血书生未必会想到，经过五年的腥风血雨重回故地，自己将非复当年吴下阿蒙，变成一个生死不惊的冷血军人，他也不再是对国民党一知半解的政治白丁，而成了蒋校长的忠实信徒，愿意为所信仰的领袖、党国、主义战死沙场。这个28岁的青年军官，此刻正春风得意，他的前途不可限量，他将随着国民党军的战车，在这条轨道上开足马力，疾驰、前进，永不回头，直至车毁人亡。

四

第1师在中原大战中打出了名气，成了蒋介石手下名副其实的王牌之师，但是该师在中原大战期间也伤亡惨重，由于所谓的"革命战术"的激励，伤亡将士中各级军官的比率也相当高。

在战场上，死神总是追逐着勇者。胡宗南明白，优秀干部的损失是部队的致命硬伤，在开封整训期间，他成立了军官训练班，对在战场上提升的下级干部施以小部队战术动作的速成补习，以提高他们的素质。下级军官的训练可以在短时间内速成，而中上级指挥官的培养，却不可能如此的多快好省。

作为当时国民党军的头号王牌师，第1师有着一种被神化的威势，而第1师的这种威势，又被在部队调用上捉襟见肘的蒋介石鞭打快牛，连续在各个新战场上作超负荷的使用，这使得第1师一直没有充裕的时间从容整训。在其他部队中的同学纷纷进入高等教育班、兵种专门学校等深造班进修时，张灵甫没有此等幸运机会坐下来安心学习，原因并非是他自己不愿意进修，或是不够资格。据担任过第1师参谋长的于达说："当时在部队里，也不仅是在第1师，有一种风气，即对那种用也不好用，而撤差也不好撤的军官将领，有一种处理的方式是：拿他去应付受训，常常部队里需要派人去参加训练班，便到处叫他去办训练。这种人我们当时叫作'受训专家'。胡先生处理部队里这种被冷落的人，也有这种嗜好。"①张灵甫当时正深得胡宗南的赏识嘉奖，在这种风气下，胡宗南当然不会让骁勇善战的张灵甫离开战斗中的部队，到后方坐冷板凳上学进修了。

在国民党比较有名的战将中，有一类是属于接受过较完整的高级军事教育者，比如邱清泉、廖耀湘、孙立人等，而更多的则是如张灵甫这类在实战中凭战功和个人天赋一步步晋升高阶者，比如杜聿明、王耀武、胡琏等人。在战争中学习战争，在这一点上，张灵甫与他后来的对手解放军将士们，似乎并无太大的差别。

许昌攻击的失利有可能对张灵甫造成一定的冲击。事实上在经过惨烈的中原大战之后，原本以"革命战术"相标榜的中央军军官，也开始检讨战场上用弟兄们鲜血换取的经验，中原大战对中央军战术思想的进化产生了不小的影响，虽然这种进化并没有多大长进，以致在最初对红军发动的"围剿"中，依然大败而归。没有原始的资料可以证实许昌失利对张灵甫的战术思想带来了什么严重影响，但从后来的实战表现来看，张灵甫除了早期作战锋芒毕露的"勇"之外，在战术指挥上也多了几份"智"，因地制宜、声东击西、攻其不备、灵活多变，都成了他以后的作战特色。

第1师这次在河南的时间有将近一年，但并不是一直在休整。

先是因为这期间河南地方上不太平。经过连年战乱之后，河南出现了大量强寇土匪，新上任的河南省政府主席刘峙对此十分头疼，驻扎在省城的第1师义不容辞地挑起了剿匪的重任。张灵甫营起先驻节兰封，仅仅休息了两个月，张灵甫又奉命随第1师独立旅出发，进剿长期在确山、桐柏一带流窜的豫南巨匪洪德昌。对于第1师来说，

---

① 于达口述《于达先生访问记录》，张朋圆等访问台北"中央"研究院近代历史研究所1989年。

剿灭这些土匪是杀鸡用牛刀，河南匪患在第 1 师不断扫荡之下，渐告肃清。紧接着，第 1 师被急调沿平汉线北上，参加讨伐在河北邢台称变的原西北军第 2 方面军总指挥石友三，与张学良的东北军联手将其击败。

1931 年 8 月，第 1 师才返回开封驻地，就接到调令前往江西参加"围剿"红军的作战，部队刚刚出发，就发生了九一八事变，蒋介石调第 1 师进驻郑州警备陇海铁路，防范日军向华中进犯。但是，在东北的不抵抗政策，导致东三省国土大片沦丧，国人群情激奋。12 月 15 日，在全国因九一八事变而战起的一片讨伐声中，蒋介石被迫辞去国民政府主席、行政院院长与陆海空军总司令等头衔，宣告下野。

蒋介石短期下野期间，一向是天之骄子的第 1 师失去了主心骨，士气消沉。不过由国民党四届一中全会成立的新政府的表现也实在令人不敢恭维，面对日本浪人在上海滋事挑起纠纷，东北日军趁机攻取锦州，新政府手忙脚乱。

"像往常一样，蒋介石的'下野'发生了奇迹般的作用。1932 年 1 月 2 日，政府郑重请求蒋介石马上返回南京，就连学生也请他回去。蒋介石平静地住在山区的家里，比平时更为繁忙。政客们向蒋介石发来雪片般的电报。另外，两位离任的国民党领导人汪精卫和胡汉民也发来电报。这些电报都有一个共同的宗旨：急需制定'对日新政策'。"①

日本人可没这个耐心让国民政府慢慢讨论"对日新政策"，他们迫不及待在上海挑起了"一·二八"事变，当时驻上海的 19 路军奋起还击，著名的淞沪抗战因此打响。国情艰危，穷于应付的新政府只好又把蒋介石请到南京主持局面。蒋介石就坡下驴，一回到南京马上部署上海的防务，同时命令第 1 师改称第 43 师，紧急开往常州、无锡、江阴等地部署上海战场的二线阵地。

得知将被调往抗日战场，张灵甫像一头嗜血的猎豹闻着了血腥般地兴奋起来，第 1 师的士气也由极度消沉转入空前的亢奋之中。但是此时的蒋介石尚无意继续上海的战事，只想在国际调停下将战事早日结束。这个"第 43 师"也就只能停留在上海附近无所作为。张灵甫在沪战一个多月期间对作战的唯一贡献，只是按照胡宗南个人的规划，参与赶修完成无锡—江阴、常州—溧水及常州—溧阳之间的公路，并加固了江阴要塞的工事。

19 路军和后来投入的由张治中率领的蒋军嫡系第 5 军正与日军在上海激战，张灵

---

① 布赖恩·克罗泽《蒋介石传》，内蒙古人民出版社 1995 年 7 月。

19路军在上海闸北与日军巷战。

甫却整天在安排部队挖土修路，他只能沮丧地想象着不远处的友军与日军交战的枪炮声，而没有机会进入近在咫尺的上海战场助战。3月14日，沪战由国际协调而停火。张灵甫与第1师的其他官兵一样，对未能在抗日战场上一显身手感到万分遗憾。他还得再等待漫长的五年，才有机会跟随另一支部队重返淞沪战场，打响他为国家民族而战的第一枪。

淞沪停火协议墨迹未干，内战的烽火又频频点燃。这一回，惊人的消息并非来自反蒋的各路军阀，而是从大别山区传来。红4方面军攻破了黄安，并在潢川成功击溃国军另一支王牌部队，即由原来北伐时代第1军所部改编的第2师。

国民党军队在大别山区的"围剿"作战全面失利，武汉震动。

第六节 陌生的对手

一

黄安（今红安），位于大别山南麓鄂豫两省交界之处。20 世纪 30 年代，在这片贫瘠的鄂东山区，曾经上演过一场暴力革命的史诗，其惨其烈，已经载入了中国现代史的革命史册。董必武、李先念、陈锡联、韩先楚、秦基伟……小小的黄安走出了两位共和国主席，二百多位共和国将军。

这是一片红色的土地，这红的，是血。

红军在黄安的发展，最早可以上溯到北伐中期，当时激进的国民党黄安县党部已经执行董必武制定的《湖北省惩治土豪劣绅暂行条例》，在黄安积极发动土地革命。国共分裂之后，中共黄麻特委依据八七宣言的精神，在潘忠汝、吴光浩、曹学楷、戴克敏等人领导下，于 1927 年 11 月在黄安、麻城发动了著名的"黄麻起义"，这是继毛泽东不久前在湖南领导的秋收暴动之后，又一次影响较大的武装暴动。"小小黄安，真不简单，铜锣一响，四十八万，男的打仗，女的送饭。"从起义期间流传于当地的这首民间小调，我们依然可以感受到当时火热的暴力革命气息扑面而来。

起义的革命武装很快组成了由潘忠汝、吴光浩领导的鄂东军。但是，初生的红色政权与红军武装在国民党军的"进剿"之下，不久就被击溃，到了 1929 年，由鄂东军演变而成的红 31 师实际上只剩下四个大队约二百五十人的实力，各种枪支不到两百支，战士们只有对革命的热忱，却没有良好的训练与给养。1929 年 5 月，红 11 军军长兼红 31 师师长吴光浩阵亡，这支小小的红军火苗，眼看着就要在大别山区被捻灭了。

1929 年 6 月初，鄂东的山间小道上走来几个商人打扮的人，其中一位三十左右，个子瘦高，相貌平常，他的样子看上去并不像威武的军人，但是人不可貌相，事实上这位年轻人不仅毕业于黄埔一期，而且还是具有卓越天赋的军事指挥员，在大别山红军最艰危的时刻，中共中央派他进入大别山区重整旗鼓，而他也不负众望，在抵达大别山之后，迅速总结以往在大别山区的斗争经验，概括出著名的游击战术诸原则并用于实战，组织红军武装紧紧依靠苏区群众，在大别山区创造了红 4 方面军的传奇。这位创造传奇的年轻指挥员，就是日后共和国的元帅徐向前。

蒋介石与他的部下在"剿共"前线。

随着土地革命的深化展开，红31师取得广大贫苦人民的支持并迅速扩张。1930年4月，红31师扩编成红1军，次年3月，这支原本已经濒临瓦解的红军武装东山再起，第一次在歼灭战中消灭了国民党军的一个师，生俘师长岳维峻，证实了自己的军事实力。中共中央对于大别山一连串的胜利极感欢欣鼓舞，派张国焘到大别山区成立了中共鄂豫皖中央分局与军委会，并将徐向前提升为红四方面军总指挥。1931年12月，红四方面军围攻黄安县城，在长达四十三天的围城之后，终于胜利攻城破寨。

红四方面军的成功，除了徐向前在军事上的卓越指挥之外，鄂豫皖特委积极开展的土地革命是苏区得以迅速扩张壮大的根本原因。一个政党、一支军队，当它取得了人民的支持，就有了取之不尽发展壮大的源泉。这种鱼水关系，国民党内比较清醒的人士并非毫无认识。

抗战时期担任陆军大学教育长的万耀煌，在1932年的时候任国民党军第13师师长，参加了对黄麻根据地的"围剿"，当时他应召到汉口向蒋介石述职，向蒋介石报告说：

"共匪是一个有理想、有主义、有一定目标的集团。共产党是统一的，政治上采苏维埃制度，军事指挥也是统一的。领导机构中有中央有地方，绝不是普通土匪，不能拿剿土匪的办法剿共匪……匪区好比一个大湖，民众就是湖水。红军是水中之鱼，在水中来去自如。我们剿匪部队是渔船，水能载舟，也能覆舟。我们一网下去虽然能捕捉到水中少数的鱼，但是仍有大多数鱼在湖中。"①

万耀煌并举出了一个公式，形象地解析红军与国民党军的力量对比：

红军：红军 + 地方武装民众（赤卫队）+ 无武装有组织的民众 + 主义 = 总力量

国民党军：兵 + 兵 + 兵 = 我们总力量

1932 年 3 月到 5 月期间，红四方面军在徐向前的领导下，连续进行了商潢战役、苏家埠战役和潢光战役，重创了国军的第 2 师、第 7 师、第 55 师与第 46 师。

红军在鄂豫皖地区接二连三的军事胜利使蒋介石深感震惊。中原大战结束之后，蒋介石暂时摆平了各路军阀诸侯对他权威的挑战，使他们偃旗息鼓，至少在表面上统一了中国，这使蒋介石得以腾出手来，开始集中全力对付被他视为心腹之患的共产党军队。这次他采取的战略是逐次转移重点，各个击破，即首先集中兵力进攻鄂豫皖、湘鄂西苏区，得手以后，再转入"围剿"中央根据地的第二阶段，以期达到围歼中央红军的目的。于是，国民党大军兵分两路，向鄂豫皖和赣粤闽掩杀而来。

蒋介石决定御驾亲征，1932 年 6 月，他亲自兼任鄂豫皖三省"剿匪"军总指挥到武汉督师，指挥对大别山区的"围剿"。胡宗南的王牌第 1 师也被点将，追随校长由上海的抗日前线直奔鄂豫皖的"围剿"战场，这还是第 1 师参与北伐和军阀混战之后，首次卷入与红军的对垒。

第 1 师调往安徽前线之后，先到皖西为陈调元收拾残局，从红军手中夺回了六安。不久红四方面军因霍邱作战失利退出了皖西。1932 年 7 月，就在第 1 师继续向鄂东追击的时候，由何应钦指挥的江西"围剿"部队却在乐安告急，第 1 师奉命差遣独立旅急驰南昌稳定军心。张灵甫与他的部下在车马倒腾和长途行军中疲惫不堪，他的团长李庞因为行军中掉队士兵太多秩序混乱，遭到胡宗南极不客气的申斥。当独立旅辗转到达南昌之后，江西战局已暂告平静，累得人仰马翻的独立旅又马不停蹄地向英山、霍县行军，赶回归建。

独立旅开回湖北武昌的时候，国民党军对鄂豫皖苏区的第四次"围剿"已经接近尾声。

蒋介石的重兵"围剿"策略奏效了。张国焘被前一阶段的胜利冲昏了头脑，一开始对国军的"围剿"不以为意，坚持"不停顿进攻"的错误战略决策。从 1932 年 8

---

① 万耀煌口述《万耀煌先生访问记录》，沈云龙访问台北"中央"研究院近代史研究所 1993 年 5 月。

月开始，红军在麻城、冯寿二、七里坪、胡山寨、新集、土桥铺等地与敌人进行了一场又一场的殊死硬战，然而敌众我寡，面对的又是装备精良的蒋军嫡系精锐，在连续数月的恶战之中，红 25 军军长蔡申熙战死，红 1 师政委甘济时战死，红 12 师师长陈赓重伤，尤其是 1932 年 10 月的河口血战，红四方面军更是损兵折将。在强敌围攻伤亡惨重的情况之下，张国焘和徐向前不得不作出一个痛苦的决定：放弃苦心经营的鄂豫皖根据地，率部跳出大别山区转移。

已经进入了秋冬季节，山风呼号，落木萧萧，撤退的红军指战员们缺乏足够的寒衣、食物，他们在饥寒交迫中，踏着山间满地的枯叶，向着西北方向默默行进，开始了没有根据地的流亡，这一走，竟是风雪茫茫的三千里行程。

前面就是漫川关，这是鄂陕交界处的要冲，历代兵家都在此地设防。在漫川关隘口据关堵截红军入陕的是杨虎城的陕军，在红军的身后，则是尾随追击的蒋介石中央军浩浩荡荡的大部队，气势汹汹冲在前面的，是胡宗南的第 1 师。挟着中原大战的锐气，第 1 师在红军屁股后面紧追不舍，终于在漫川关的云岭追上了红军的主力。

追兵已到，前有堵截，漫川关真正成了红四方面军的生死关，北进的红军如果不能突出重围向西北寻找一条生路，整支队伍将面临灭顶之灾。生死存亡之际，红军别无选择，唯有倾全力撕开敌人的防线夺路而走。古人云：哀兵必胜。红四方面军这支哀兵在绝境之下果然迸发出了惊人的战斗力。在徐向前的指挥下，红 12 师 34 团团长许世友一马当先，率部冲破国民党军 44 师的阻拦，从两队敌军的结合部杀出一条血路。隘口杨虎城的陕军也没能抵挡住绝地反击的红四方面军哀兵，红军大部队终于成功地经人迹罕至的小道，翻越漫川关，向关中平原挺进。

第 1 师仍不善罢甘休，继续在红军后面发足狂追，他们脚跟脚紧盯着红军也进入了陕西。敌对双方的两支军队，在大西北的高山峻岭之上，平原河川之间，顶着寒冬的朔风雨雪，你来我往，且战且走，开始了一场难分难解、辗转曲折三千余里的缠斗。

二

独立旅第 2 团的行动最迅速，1932 年 11 月 25 日，该团在陕西的镇安、长安、鄠县（今户县）交界处再次追上了红军的主力。团长李庞命令唐天文的第 1 营与张灵甫的第 3 营向当面红军攻击前进。

张灵甫的作战素以攻击凶猛快速著称，他的部队也因此常被上级当作前锋尖刀使用，这一次又不例外。一接到命令，张灵甫立刻率领他的第3营伙同第1营向西进中的红军侧翼发动突然进攻，并与红军发生了白刃格斗，当面红军的后卫部队猝不及防，一下子被他冲成两截，部分溃散。张灵甫一击得手，即指挥第3营在鄠县庞光镇北面的炉丹村安营扎寨，对红军方向布置警戒。巧的是，这个炉丹村也就是张灵甫早年的恩师韩兆鹗的出生地。

第1营营长唐天文很有自信地向团长李庞报告说，红军已经溃退，希望能派第3连到附近村落捡枪，收容战俘。李庞正沉浸在初战得胜的喜悦之中，对唐天文的要求不及细想，随随便便就点头同意了，也没有安排下属积极向红军方向部署搜索侦察。于是独2团一个营散开捡枪，一个营警戒，在敌前形成松散状态，而且散开的第1营没有与占据阵地的第3营维持适当的距离。

在敌前放松警戒是不可原谅的错误，机警的红军马上发现有机可乘。

被独2团截断的红军部队是红四方面军后卫部队红10师和红12师。就在独2团第1营将兵力分散到四处搜集战利品的时候，红军立即组织主力回头向第2团猛烈反攻。李庞遭到袭击后，连忙以第1营的两个连占领一个小高地，命令张灵甫率第3营赶快向团部靠拢。听到团长急切的呼救，张灵甫立刻在村里集合部队，准备主动出击前往救援。但是，反击的红军没有给他机会，在进攻独2团团部和第1营的同时，红军还以另一部迅速包围了炉丹村。张灵甫还没来得及行动就发觉自己也陷入了重围，这下子泥菩萨过河，自身尚且难保，遑论再去救援别人了。双方一经接触，张灵甫便掂量出了对方的实力，凭他的实战经验，他明白硬冲是不行了，于是当机立断，调整部署命各连退回村里占领各自的阵地。

兵力分散的第1营与团部则与红军展开了激战，在红军的强烈攻势下，第1营与团部迅速瓦解，团长李庞为自己的大意付出了生命的代价，他在督战时中弹阵亡。群龙无首的第1营与团部的溃兵向独立旅本队方向逃窜，撇下孤零零留在炉丹村的张灵甫第3营不管了。

红军对溃散中的第1营残部不感兴趣，况且残敌正在向大部队靠拢，贸然追击有被第1师大本营重拳反击的危险，于是他们瞄上了已经成为瓮中之鳖的张灵甫，大部队拉回来，将第3营团团围住。

入夜时分，独2团团部已经溃散无影，失去与上峰和友军联络的张灵甫既聋又瞎，完全不清楚当面红军的虚实，第3营在红军重围中岌岌可危。危急的情势最能考验一个军官的军事素质和实战能力，几年来张灵甫一直在北伐和军阀混战的战火中提着脑袋打滚，在师里也打出了一些名气，面对强手打起仗来自有一股他特有的好斗嚣张之气。他并没有因被迫孤军夜战而张皇失措，而是冷静地指挥第 3 营迅速进入阵地。第 3 营中半数的步兵班装备有一挺轻机枪，营部则直辖一个重机枪连与一个 60 迫炮排，战术娴熟的营长可以借此构成 20 世纪 30 年代中国战场上称得上效力强大的火网。张灵甫认为，在失去联络敌情不明的情况下部队在黑夜中胡乱突围逃跑是自寻死路，他决定先守住阵地，等天亮了再说。

红军对第 3 营的猛烈进攻持续了一整夜，张灵甫凭借着火力优势顽强抵抗，红军的多次冲击均未突入阵地。次日，晨光乍现，炉丹村响彻一夜的激烈枪声终于沉寂了下来，彻夜未眠的张灵甫疲惫地举起手中的望远镜。晨雾中，硝烟已经慢慢散去，前方是一片空荡荡的平原，不见一个人影。转移中的红军没有恋战，他们已经在黎明前悄然撤走，张灵甫顿时如释重负。

炉丹村的这一仗虽然在兵力悬殊的不利形势下进行，张灵甫侥幸没有像他的团长那样遭遇灭顶之灾，这场战斗给他带来的不是毁灭，而是多了一项可资炫耀的战功。战后，胡宗南奖赏第 3 营八百块大洋，张灵甫也因功晋升步兵中校。第 2 团在作战中自报伤亡官兵一百余员。①

张灵甫与红军在炉丹村的战斗，对他个人而言是因战术得当而幸免于难，但是对国民党军而言并无多大的战略意义。杨虎城的陕军不想参与对红军的激战，以免伤及本钱，这使胡宗南对杨虎城非常不满。杨虎城先是轻易弃失漫川关，接着在胡宗南要求在秦岭汤峪口、大峪口一带阻击红四方面军时不加理睬，在渭河北岸坐观红军出大峪口、汤峪口从容西行。炉丹村战斗之后，红四方面军继续向西，由周至翻越秦岭进逼南郑。国民党军在战略上合围红四方面军的计划，再度因本身的派系问题而宣告破产。

炉丹村之战后，第 1 师仍旧跟在红军后面寻寻觅觅，但是每每扑空，多数时候只是在不断地行军，没有发生真正的战事。炉丹村就在张灵甫的家乡长安东大村西面不远，这期间张灵甫顺道回了一次家，这应该是他离家投军之后几年里有数的一次返家，其实也不算探亲，他的家人只知道他是在追击徐向前红四方面军的途中路过家门，所以只匆匆住了一夜。当时他的父亲张鸿恩在家里开了一个私塾，专门请了一位住家先

---

① 张灵甫营的炉丹村之战，参见杜鼎《八十回忆录》，自印（台湾）1988 年。

生给家里几个侄孙教课，也兼收了几个邻居家的小孩。私塾就设在张家马房边的两间小屋内，一间用作教室，另一间则供先生起居之用，张灵甫当晚就临时住在那里过夜。几年来一直在战场上冲冲杀杀，回到家里放下屠刀的张灵甫，在小小教室的平和氛围里感觉到了久违的书香之气，见着私塾先生的笔墨，他手痒起来。

在家人的印象中，张灵甫是个非常安静的人，他沉默寡言，平时多半自顾埋头看书写字，看他一副气定神闲的读书人模样，家人很难想象这个人一上战场会像一头危险的豹子一样极具攻击性。

"他这个人的确有着奇特的双重性格，打仗和不打仗的时候判若两人，打起仗来连命都不要了，可是在家里，有时静得一点声音也没有。"王玉龄这样评论她的丈夫。[1]

这时，暂时抛开战场血腥的张灵甫，回到家里放下枪杆，又变回了家人所熟悉的儒雅书生，他铺纸提笔，开始奋笔泼墨。

第二天一大早，他的侄子张居正和几个小兄弟蹦蹦跳跳来上早课，一推开虚掩着的教室木门，孩子们惊讶地看见，课桌上到处摊放着他们五叔的书法大字，墙上挂的黑板也满是粉笔书写的狂草，而他们的五叔却已不知去向。[2]

第七节 川西北的缠斗

一

在红四方面军翻过秦岭逼近南郑的时候，第1师也越过秦岭，继续紧紧咬住红军不放，于是红四方面军调头向南，转往大巴山区进入了四川境内。

四川省内原本各路军阀各霸一方，刘湘、刘文辉、刘存厚、邓锡侯、田颂尧、杨森、李家钰、罗泽州等长年混战不休，但是当胡宗南的部队尾随红军直闯川北大门口时，正关着门自家打得鸡飞狗跳的四川各路军阀们却突然团结了起来。他们担心蒋介石借口"追剿"红军，实则趁机插足四川，到时候只怕请神容易送神难了，于是联合致电中央反对中央军入川，并且大言不惭地宣称，他们能够包打红四方面军。武汉行营主任何成濬权衡利害，电令胡宗南停止追击，在南郑原地待命。

----

① 2003 年 12 月笔者与王玉龄女士的访谈。

② 据张居正先生 2004 年 3 月对笔者采访的书面回复。

四川军阀的此举，无意中帮了红四方面军的大忙，历史也因此机缘而发生了奇妙的转折。红军趁机甩掉了穷追不舍的中央军，继而在川北轻松打垮川军的防线，结束了历时近三个月的流亡，在川陕边区建立了新的根据地。此后两年多的时间里，红四方面军从入川时的大约一万五千人逐渐壮大到了八万人，创造了另一个奇迹。而第1师则调往陇南，稳定甘肃局面，也为胡宗南日后成为西北王埋下了伏笔。

第1师调往陇南之前，由于杨虎城有意将甘肃划入自己的势力范围，处处与中央委派的甘肃省政府主席邵力子为难，邵力子不堪压力，弃职跑回南京，无奈之下，南京政府只好任命西北实力派军人邓宝珊代理省主席。蒋介石不甘心让甘肃成为杨虎城的地盘，命令第1师转向入甘，将原负责甘肃防务的杨虎城部的孙蔚如师调回汉中。1933年二三月间，胡宗南部到达甘肃，主力分别屯扎于兰州天水和碧口。

在甘肃，胡宗南终于有了充裕的时间停下来整顿部队，在南京的授意下，他在积极整训第1师的基础上开始扩编，将第1师扩充到九个团之众。第1师的优秀军官这时都普遍获得了提升，已经成了胡宗南得力干将的张灵甫自然也在继续晋升之列。在进驻甘肃之前，张灵甫已于1932年冬升任独立旅第1团中校团附，1933年，独立旅第1团团长夏季屏调职，张灵甫接着晋升独立旅第1团团长。

在第1师与张灵甫同时期的九名团长中，有三名出身黄埔一期，四名出身黄埔二期，两名出身黄埔三期，只有张灵甫和另一名也因战场上表现突出而受胡宗南青睐的刘超寰是黄埔四期。在资历观念浓厚的国民党军中，论资排辈几乎是一个潜规则，资浅的军官很不容易与资深军官竞争而获得越位晋升的机会，由此可见，胡宗南的确对张灵甫欣赏有加。

张灵甫当时随独立旅驻扎在川陇边界的碧口，看守入甘大门，他升任团长之后就在碧口锐意整军。张灵甫的治军非常严格，训练扎实，他带兵讲究宽严并济，重赏重罚，带出的部队军风在国民党军队中称得上严谨。他个人在操守方面也相当洁身自好，一不嗜烟酒，二不打牌赌博，也不好色，因此麾下的官兵对团长的严厉心悦诚服。张灵甫后来的部下也说："他对下面的确是很严，可他对自己更严。长官以身作则，大家也没话讲。"第1团在张灵甫的从严训练下，成了胡宗南全师的头牌劲旅。

第1师因为进不了四川而停留在陇南整训，徐向前率领红四方面军则在四川境内所向披靡，四川境内排得上名的军阀几乎都成了他的手下败将。川康绥靖总司令刘湘是四川的军事领袖，他本人亲自到嘉陵江前线去督师，信誓旦旦地要将"赤匪"一举"剿灭"，结果被红四方面军打得丢盔弃甲。

1934 年 11 月，再次达到胜利高峰的红四方面军在清江渡召开会议，领导人张国焘和徐向前等人制定了川陕甘作战计划。在四川取得的一连串胜利，使徐向前对红四方面军的战斗力深具信心，他打算以川北建立起来的根据地为依托，向西发展新的根据地。雄心勃勃的徐向前剑锋一指，将红四方面军未来的发展方向指向陇南重镇，也就是他那位黄埔老同学胡宗南这一年以来新建立的中心根据地——天水。徐向前计划先夺取碧口，再向天水伺机而动。

刘湘的亲征失利，使川中军阀终于向红四方面军彻底认输。眼看着自家后院大火蔓延而不可收拾，曾经集体排斥中央军入川的军阀们，再也顾不得请来的神日后是否还能送得出去，只得再度联名向中央紧急呼吁，要求中央军入川救火，在川北的大军阀邓锡侯甚至谦卑地亲自到天水面见胡宗南，协调出兵定川事宜。

此时，在江西的中央红军未能顶住国民党大军对苏区的第五次"围剿"，已经被迫撤出根据地，开始了著名的二万五千里长征，西北大局也较两年前平稳许多，蒋介石纵观全局，决定让第 1 师入川，守住川北的门户广元、昭化，防止红四方面军向陕甘发展，同时调动大军尾追中央红军，企图将整个红军分头"剿灭"。

二

1934 年 12 月中，第 1 师独立旅旅长丁德隆率部由碧口出发向阳平关推进。在第 1 师独立第 2 营攻取阳平关之后，丁德隆率领独立旅三个团外加第 1 旅第 1 团和西北补充旅第 1 团共五个团回师广元、昭化布防。丁德隆将独立旅的旅部和张灵甫第 1 团与刘超寰的第 3 团部署在广元城内担任核心城防部队。独立旅第 2 团驻昭化，第 1 旅第 1 团驻三磊坝，补充旅第 1 团驻羊谟坝，第 2 旅第 6 团驻阳平关，构成一个互相呼应的整体防线。

就在丁德隆在广元地区积极布防之际，他的老同学徐向前也没闲着，徐向前率领红四方面军的主力正挥师北上，准备与丁德隆过招，发动广昭战役。

红四方面军经过清江渡整军，士气与技战术进一步提升，战斗力达到了一个新的高峰。徐向前打仗是很能够知己知彼的，他仔细研究了丁德隆在整个广元的防线，准确地判断出它的最薄弱环节是在羊谟坝，因为驻守羊谟坝的是补充旅第 1 团，这个团是胡宗南在西北招募的新兵团，不像第 1 师其他部队那样具有丰富的作战经验，是第 1 师中的弱旅，如果打断了丁德隆整个阵线中的这一软肋，就能迫近广元守军的侧翼，并乘虚侧击丁德隆部署在广元和昭化核心的精锐部队。由此可见,徐向前对胡宗南的第1师有着非同一般的研究,对对手各个团的情况几乎了如指掌,那么对此时已经担任第1师主力团长的张灵甫这个四期小老弟,或许也是略有耳闻了。

决策一定,徐向前即在广元正面集中了十八个团作为攻击军,用其中一半共九个团的兵力进攻羊谟坝的补1团,以打开广元的大门。

广昭战役一开始,红四方面军打得相当顺手。王宏坤率领34团与36团奇袭位于转斗铺的第1师第1游击支队潘名世部,打了一个漂亮的歼灭战,并击退了前来支援的第2游击支队。

徐向前则亲率红9军与红30军的九个团突袭羊谟坝。虽然补1团是个新兵团,战斗力却不像想象中的那样不堪一击。补1团自然不可能以一团之力打退半个红四方面军的进攻,但是在团长罗克传率残部向广元撤退之前,这个垂死挣扎的新兵团着实将红军咬了一口。在1月24日的激战中,红25师副师长潘幼卿阵亡,在徐向前身边督战的红88师副师长丁纪才被流弹击中牺牲,就倒在徐向前的身旁。与此同时,向昭化进攻的红31军两个团则没能攻破守军独立旅第2团的防线。

第1师的战斗力出乎徐向前的意料,他花了三天整理部队并调整部署,构成对广元城郊乌龙堡的包围。红30军与红31军强渡嘉陵江,占领了广元城郊的飞机场。

1月29日深夜,徐向前以红88师与红93师围攻乌龙堡守军第1师第1旅第1团与补1团残部,另以红10师的三个团向广元正面进攻,虽战况激烈但进展不大。独立旅的战斗详报声称,29日"东西剧战,彻夜不息,我五(乌)龙堡守军死力坚守,肉搏奋斗,阵地屡得屡失,进退往复数十次"。[①]

敌军凭借坚固工事据守,广元久攻不克,相持下去对红军明显不利。

在外围部队与红四方面军主力在城外激烈对决的时候,独立旅的真正精锐,张灵甫的第1团也在与向广元城正面进攻的红10师的三个团激战。广元城垣坚固,独立旅战前囤积了充足的粮弹,张灵甫又在城内加筑了层层堡垒,他颇为自信地估计,红军在外围激战已经一周,即使能够冲破外围的重重防守攻到广元城下,也根本无力突破他第1团的坚固阵地,因此他有恃无恐,指挥若定。这次还真让他估计对了,红军在与独立旅三个团和两个游击支队激战多日之后,战事已呈胶着状态,再打下去只是

———————————

① 《第1师广元昭化战斗详报1935年1月》,中国第二历史档案馆编《中华民国史档案资料汇编第五辑第一编军事(五)》江苏古籍出版社1994年5月。

徒增伤亡，疲惫的红军最终没能如愿攻下广元城，不得已而撤退。

徐向前后来总结说："广、昭两城的守敌相当顽固，粮食、弹药充足，有恃无恐，我军硬攻难克……广昭战役，我们和敌人打了个平手，未达到预期的目的。主要原因是胡敌装备好，战斗力强，凭险固守，我军缺乏炮火，硬啃啃不动。"[1]

独立旅的战后检讨则对红四方面军表示轻视："匪连年窜扰，损伤颇多，初级干部能力低劣，子弹尤感缺乏。故其攻击动作多在夜间，被攻击时全用红灯，以密集部队利用隐蔽及交通便利之处向我攻击。夺其山头若不得逞，即行溃退……匪来时沉着应战，匪必自溃退也。"[2] 打胜仗的原因很多，有时候单凭胜仗并不足以判断出指战员的优劣，失利后的应变方式，也是评价指战员水平的一个重要标准。徐向前在自述红四方面军的战斗作风时写道："毛泽东同志在总结红军的作战经验时，曾对运动战作过通俗的解释，打得赢就打，打不赢就走。一条是打，一条是走。走的目的是为了争取时间，做打的文章……红军的走，对打破敌人的优势和主动地位，改变自己的劣势和被动地位，关系是何等重大！"[3]

广昭之战使徐向前清楚地认识到，第1师在装备、素质、地形与态势上均占据了优势，红军向甘肃进军的战略规划暂时还不现实，他迅速转移目标，不再提起进攻天水。徐向前的决定为接踵而来的西渡嘉陵江以及一、四方面军的会师创造了客观条件。

对蒋介石和胡宗南而言，广元之战不止改变了红四方面军北进的战略规划，更重要的是让川中各路被红四方面军打得毫无招架之力的军阀们切身体会了中央军的威力，加速了四川内附南京的速度。

不过，国民党军当局对自己破坏红四方面军北进战略企图的成果看来是茫然无知的，蒋介石与胡宗南看到的战果，只是独立旅守住了广元，并且损耗了不少红军而已。独立旅的战果统计也是错误百出，理论上应该最了解战况的第1师参谋长于达，五十多年后在台湾受访时居然还坚信独立旅在广元战役中击毙了蔡申熙，而实际指挥作战

---

① 徐向前《历史的回顾》解放军出版社 1988 年 10 月。

② 《第1师广元昭化战斗详报 1935 年 1 月》，中国第二历史档案馆编《中华民国史档案资料汇编第五辑第一编军事（五）》江苏古籍出版社 1994 年 5 月。

③ 同①

的旅长丁德隆则认为他击毙了陈昌浩与"董麻花"两名红军"师长"。[①] 当红四方面军遭到损失而撤退时，独立旅误判红四方面军将要再攻广元，所以严加戒备，而一旁被打怕了的川军也无意乘胜追击。国民党军对整个红四方面军的状况一头雾水，只要红军退入根据地，就无从取得确实的相关情报。直到国共内战结束，国民党军这种对共方情报既聋又瞎的状况在各个战场上屡见不鲜，成了最终全面失败的重要原因之一。

三

广元之战后，红四方面军西渡嘉陵江，徐向前着手在岷江流域成立川西北根据地，准备将根据地设在松潘、茂县和理番(今理县)一带原本由四川军阀邓锡侯盘踞的地方，以迎接中央红军北上，完成历史性的会师。

蒋介石察觉到两股红军即将会合的趋势，命令第1师全军入川追击。1935年3月3日，蒋介石让胡宗南以西北追剿纵队名义统一指挥第1师、第49师、第60师、补充第2旅与独立第32旅，尾追红军的踪迹，向松潘高原进发。蒋介石得意扬扬地宣称，红军已经被压迫到川西北的蛮荒高原，他判断西渡嘉陵江的红军不会再尝试从广元进入陕南，决定让胡宗南布置一道封锁线，企图将红军困死在松潘高原上。

虽然蒋介石另调了两个师又两个旅共十二个团的兵力归胡宗南指挥，使得胡宗南的总兵力多达二十四个团，但是胡宗南并没有组织起一个像样的指挥机构，松潘高原作战使得胡宗南原形毕露，他或许是一个称职的师长，但是指挥大军团作战则力不能逮，他十五年之后的彻底失败，在松潘之战中已可见端倪。

1935年6月12日，中央红军与红四方面军两方的先头部队在四川懋功达维地区胜利会师。为了统一下一阶段的战略方向，中共中央政治局于1935年6月26日在懋功以北的两河口举行会议。1935年6月28日，中央政治局作出了《关于一、四方面军会合后战略方针的决定》，明确指出："在一、四方面军会合后，我们的战略方针是集中主力向北进攻，在运动战中大量消灭敌人，首先取得甘肃南部，以创造川陕甘苏区根据地，使中国苏维埃运动放在更巩固更广大基础上，以争取中国西北各省以至全中国的胜利。""为了实现这一战略方针，在战役上必须首先集中主力消灭与打击

---

① 蔡申熙是中共鄂豫皖特委委员兼军委副主席兼红25军军长，早在1932年10月9日在湖北省黄安县河口镇作战中阵亡，与广元战役相差近三年。陈昌浩是红四方面军政委而非师长，并且根本没有阵亡，董麻花则无其人。

胡宗南

胡宗南军，夺取松潘与控制松潘以北地区，使主力能够胜利的向甘南前进。"为贯彻两河口会议的决定，中央军委制定了以夺取甘南、赤化川陕甘为目的的《松潘战役计划》，并将一、四方面军分编为左、中、右三路北进。但是，与胡宗南已有交手经验的张国焘却主张回避胡宗南的主力，向川康边界少数民族地区退却。由于张国焘与中央意见相左，红军在懋功和毛尔盖地区滞留一个多月，战机贻误，致使胡宗南的重兵控制了松潘北去的交通要道，红军已难以按原计划经松潘进入甘南，中共中央只得撤销原定的《松潘战役计划》，改从自然条件极端恶劣的大草地北上。[①]

读过红军长征历史的人，都对红军爬雪山过草地艰苦卓绝的壮举印象深刻。而对他们的敌人，在他们前后围追堵截的国民党军队的境遇，一般人了解得并不多。其实，对此时封锁松潘高原企图守株待兔的胡宗南大军来说，他们的日子也是度日如年。

为了"追剿"红军，张灵甫也不得不爬上了雪山。这一次，张灵甫的战场转到了侯君集、松赞干布、年羹尧等历史上著名将帅曾经叱咤纵横的古战场松潘高原。

自从秦朝建置湔氐县之后，松潘地区几乎在每个朝代都是汉族与羌、蕃等少数民族长期争夺的战场。清顺治九年松潘卫内附，清廷在松潘部署了防务。五十年后，这片高原成为全国瞩目的焦点，前后相连十余年的兵祸，使松潘成为清初最多事的军事重地。

---

① 参见中共中央文献研究室编、金冲及主编《毛泽东传》，中央文献出版社 1996 年 8 月。

松潘高原风景壮丽雄伟，但是除了土生土长的当地居民之外，很少有人能够适应松潘高原上的恶劣气候。这是一个平均海拔在三千米以上的大高原，最低处的海拔也有一千多米，高原上群峰绵延，山陵积雪终年不化，长年严寒，一年间的封冻期长达五个月，大部分地区全年之中并没有显著的无霜期，气温最低可以低达摄氏零下二十度。

恶劣的气候、复杂难行的地形与极度匮乏的粮食，都是兵家大忌，要在松潘高原上部署大军封锁线就意味着天价的成本。

既然红军已经渡过嘉陵江，第1师独立旅就没有必要继续在广元地区驻防。张灵甫奉命率部向西面的平武进击，部队出广元走的是昔日三国魏将邓艾袭蜀的故道，经剑阁暗渡阴平，正是唐代诗人李白慨叹的"难于上青天"的古蜀道。即使无需像邓艾一样"束马悬车裹毡推转而下"，在艰危的古蜀道上行军，部队仍被搞得人困马乏，苦不堪言。虽说"踏遍剑门蜀道，胜读半部三国"，对三国历史如数家珍的张灵甫，此时骑在战马上，却是没有半点游历三国故地的雅兴。

他的手里捏着一封急电：碧口告急！

碧口是白龙江在川陇边区切割出来的一个狭长河谷，白龙江由碧口向东，到广元汇入嘉陵江。天然形势与舟楫之利使碧口成为摩天岭侧川陇交通的重镇，往南则是通往青川的山路，商旅由碧口出发，可以经青川转往江油、成都。但是碧口只是一个山区小镇，腹地不足，平时粮食不能自给，需由外地采购才能满足居民的需求。

1935年4月初，红30军第89师与红31军第93师第279团兵分三路向碧口袭来。当时驻防碧口的只有一个由西北补充旅副旅长刘鸿勋率领的百余人的游击支队，碧山郊区出现红军的消息传来，城内军民惊恐万状，商旅们争相将财产货物装船，准备逃难。就在碧口乱作一团的时候，张灵甫团及时赶到，独立旅曾经在碧口驻防一年有余，他的出现对商民们起到了一些稳定人心的作用。独立旅大部队随后全部抵达碧口，紧接着，胡宗南准备入川的大军也开始在碧口集中。面对云集的国民党大军，碧口当面的红军寡不敌众，主动撤退。蒋介石由陇海铁路调来的大军先后由碧口进入了川西北。

胡宗南抵达碧口后，下令独立旅与第2师补充旅由平武向松潘推进。独立旅沿涪江行军，翻越海拔四千五百多米高的小雪山，张灵甫第一次尝到了在雪山高地行军的艰辛。

与张灵甫的部队一同向松潘进发的还有第2师补充旅，该旅的参谋主任李炳藻事后回忆这段高地行军时仍然心有余悸：

"由小雪山东山脚下的姜糖铺到松潘上下约百余(华)里(上坡六十里,下坡四十里),早晚不能行走,只有早8时到下午4时可以通过,在上山之前需喝姜糖水暖暖肚子,不然上山遇到风雪就有冻死的危险。我们到达姜糖铺也作了一些登山的准备,在登山的时候并没有遇到风雪,只是空气稀薄,喘不过气来,走上几十步就得停下来休息休息,若勉强行走,就要头昏呕吐。爬到最高峰时正值中午12时,远望西南方向的大雪山,雪天相接,白茫茫不分天地,日光照耀光华夺目。下山时山坡陡峻,脚不停趾就到了山下。"①

张灵甫领着他的第1团也跋涉在这条艰难的行军道路上。部队离开大本营越走越远,给养接济也随之越来越困难。第1师当初刚回师碧口的时候,一日三餐已经难以维持,能吃上两顿干饭就算不错了,如今行进在荒无人烟的高原雪山上,举目四望,不见村落,更不见炊烟,一天两顿稀饭都难于保证,连找个适合设营的地方都十分困难,虽然进入了夏季,终年积雪的高原早晚温差极大,再加上高原缺氧反应,张灵甫与手下的官兵们一样,在饥寒交迫中步履维艰,精疲力竭。当时任第1师参谋长的于达,五十多年后在台湾受访时回忆说:"那里(松潘)的艰苦之情,我是身受的。当参谋长连饭都难以吃饱,第1师初进时每天两顿干饭都支持不了(笔者注:应指在碧口),而今每天是两顿稀饭。事先胡先生也知道松潘粮食困难,一到松潘即展开外交工作,派人从成都送茶砖哈达分别去阿坝、芦花、毛儿盖交涉粮食补给……阿坝地大富庶,胡先生派人去买粮,粮是买到了,却因运输困难而无法运到。我们的粮食一部分是由江油、青川、平武运去的,那里有两个土司,他们买了一百多条牛背了粮食来送我们。江油到松潘的运输不能用挑,都雇人背上去的。这一段路程雇工来往要走十几天,只来运输的工作就要把粮食吃掉一半。打仗皆靠粮食,粮食不足,士气不振……这一仗主要靠补给,我方虽有补给来源,却已饱尝艰苦,而共党所占据之地多数是山地,根本不产粮食,又缺乏后勤,他们的境遇更可想而知。"②

比起其他外来部队,张灵甫的部队适应能力还算是强的,毕竟他们在碧口屯驻过一年多,多少已经习惯了当地的气候,相比之下,刚刚从北平调来的第2师补充旅就较难适应,至于拨给胡宗南指挥的其他部队,情况就更糟。第49师与第60师是由原来19路军缩编的部队,士兵几乎全都是广东人,这些来自温暖湿润的南方地区的士

---

① 李炳藻《在川北松潘截击红军的经过》,《围追堵截红军长征亲历记》(上) 全国政协文史资料委员会编审组编,中国文史出版社1990年。

② 于达口述《于达先生访问记录》,张朋圆等访问 台北"中央"研究院近代历史研究所1989年。

兵对北方高原雪山的气候反应，结局凄惨，每日因冻饿而死的官兵竟达上百人，部队非战斗减员数量惊人，战斗力大打折扣。第49师在上包座战斗详报如此记录该部在高原上的惨状："沿途全属荒草古林，无村落可资设营。加之淫雨绵连，数日不息。官兵因冻饿而死者日以百计……给养无法补充，官兵精疲力竭，举步艰难。故不能与悍匪作殊死战……"①

当张灵甫在雪山上饱受煎熬的时候，第1师第4团先抢占了松潘，使胡宗南得以部署他的松潘围堵线。胡宗南深知在松潘高原上作战的艰难，当年清军统帅抚远大将军年羹尧大量使用川陕一带适应本地气候的绿营作战，而胡宗南手上多半是新从东南地区和北京调来的部队，高地恶劣气候成了部队最大的天敌，这令胡宗南烦恼不已。另一个胡宗南不愿意承认的缺陷，是其实缺乏驾驭大军协同作战的能力，在高原上的大军作战会使经验丰富的老将畏怯，何况胡宗南从来没有这种实战经验，所以他选择消极围堵的策略也是不得已而为之。他将大军沿松潘、岷江一直到上下包座展开，占领每一个可以离开高原的隘口，并向毛儿盖伸出一个前进基地，试图构成一道完整的封锁线。

翻过了小雪山，张灵甫奉命于岷江以西的中寨毛中沟一带布防，即使在这一地区，他与他的部下官兵的境遇也不见得比在雪山上好过多少，部队还是遇到与年羹尧当年屯兵松潘时一模一样的问题：缺粮。

胡宗南的封锁线由于准备仓促，严重的粮食问题早在大军集结碧口时就已经发生，当大部队在松潘地区撒网般散开，补给线拉得更长，缺粮的情况就愈加严重。松潘地区多产青稞，外地人不能适应这种寒性的食物，许多人吃了会腹泻，因此军队一部分补给所需的粮食只好从离开松潘四五百里外的四川江油、清平、平武等地雇挑夫人力输送，扣除沿途十几天的损耗，每个挑夫一次能送到松潘的粮食平均只得七八十斤，根本不足以维持大部队的供给需求，官兵普遍处于半饥饿状态。

李炳藻回忆说："胡宗南玩弄了一个欺骗官兵的花招，下命令道：'国难当头一切要节约，上至司令下至士兵，每天只吃一餐，放午炮吃饭……'说到挑米的民夫，更是苦不堪言。白天挑重爬山，食不饱腹，夜晚没有被盖御寒（穷苦旅店没有被盖，只有用山条编成的山芭，在芭上铺一层小草作为被盖），病倒者比比皆是。死了的扔到山洞里喂狼，病重的脖颈和腿弯间用麻绳兜住，像抬猪一样抬着走。这种惨状真是

---

① 李炳藻《在川北松潘截击红军的经过》，《围追堵截红军长征亲历记》（上）全国政协文史资料委员会编审组编，中国文史出版社1990年。

亘古未闻。"①

非常的时期就会有非常的手段，有些搞粮食的创意实在是别开生面。阿坝在当地是属于比较富裕的地区，第 1 师派人去向当地土司买粮食，被派的是一个叫谢义锋的营长，他是张灵甫在黄埔四期的同学，与张灵甫一样长得高大英俊，能骑善射，但是他还有一本正经不善交际的张灵甫所不擅长的本领：会跳舞，会讨女人喜欢，是女孩心目中的白马王子。谢义锋到阿坝后吃了阿坝土司的闭门羹，为了完成找粮任务，他居然使出美男计，诱惑了当地土司的女儿。土司的女儿很热情地为情人指点如何打通关节，使谢营长顺利完成了采购重任。阿坝土司不久之后亲自到松潘见胡宗南，疏解了胡部的粮荒。也许因为这一功劳，战后不久谢义锋被升为团长，接替后来因获罪而被解职的张灵甫的位置。

1935 年 8 月底，红军越过大草地北上，并在包座歼灭守军及援军第 49 师。第 49 师的大量溃兵向碧口涌来，当地驻军本来已经在缺粮中自顾不暇，根本不去管这些友军的死活，败下来的伤病员境况极其凄惨。当时在碧口的目击者瞄写了所见的惨状：

"在松潘围堵的后期，国军已经精疲力竭。从伍诚仁的败兵（笔者注：指第 49 师）到达碧口，市上就不断出现乞食的病兵，沿门讨饭，有些竟然倒毙在街心，胡宗南的留守处从不过问……约莫农历六月，我从碧口回到县里，沿途看到死尸纵横，都穿着军衣，佩有符号。有些村落旁边的狗一群一群地在那里争食，头面被啃得有骨无肉，军服和徽章仍赫然在眼。这样伤心惨目的状况被我亲眼看到，觉得古诗中'鸟鸢啄人肠，衔飞挂枯枝'的景象，还没有这样惨凄。"②

有后勤支援的国民党军尚且如此，在高原不毛之地上的红军的悲惨遭遇，比起国民党军更要艰难百倍。美国作家斯诺在《西行漫记》里说："由于不抢就没有吃的，红军就不得不为了几头牛羊打仗。毛泽东告诉我，他们当时流行一句话叫'一条人命买卖羊'，他们在藏民地里收割青稞，挖掘甜菜和萝卜，就靠这种微不足道的给养过大草地。"毛泽东幽默地对他说："这是我们唯一的外债，有一天我们必须向藏民偿还我们不得不从他们那里拿走的给养。"③

---

① 李炳藻《在川北松潘截击红军的经过》，《围追堵截红军长征亲历记》（上） 全国政协文史资料委员会编审组编，中国文史出版社 1990 年。

② 韩定山《一九三五年胡宗南部在碧口阻截红军》，中国人民政治协商会议甘肃省委员会文史资料研究委员会《甘肃文史资料选辑第 1 辑》1986 年 8 月。

③ 埃德加·斯诺著、董乐山译《西行漫记》，三联书店 1979 年。

美国记者斯诺1936年在宁夏与强渡大渡河的官兵合影。

第1师第3游击支队支队长朱冕群在红军北上之后负责清扫战场，他亲眼目睹了牺牲在途中的红军战士："（我营）沿红军北上所经道路，向腊子水搜索前进，清扫战场……看见沿途冻死、饿死的红军很多。走上一二十步，就有红军遗尸四五具，并在路旁发现红军遗下的一些草根树皮和牛马牲畜的骨骼。遗尸的眼珠都被老鸦啄去，情景壮烈，不忍卒睹。当时由于我是处于敌对状态，为这样多不怕牺牲，甘于冻死饿死，弃骨异乡的红军的献身行动，迷惑不解。我还在哨棚里见到已冻死的红军战士，两手作射击姿势的英雄形象，实令人感佩。"[1]

红一、四方面军会师后在包座打的大胜仗，击破了胡宗南精心布置的封锁线，为红军北上扫清了障碍，打开了向甘南进军的通道，使国民党军企图把红军困死在草地的企图彻底破产。

失利的消息传来，耐力已经达到极限的国民党军官兵们表面上对作战的功亏一篑表示遗憾，私底下莫不对终于能够脱离松潘这个不是人待的鬼地方而暗自庆幸。

1935年从松潘高原上生还的军人们，无论来自哪一方阵营，在他们晚年回忆起彼时彼地曾经遭受过的巨大苦难，都永生难以忘怀。

1935年10月中旬，国民党军在松潘高原上的围堵部队纷纷撤退。胡宗南率第1师回到甘肃追击中央红军，有气无力的第1师这时只能虚晃一枪，就在甘谷县停止了追击。胡宗南本人到了甘谷，再也撑不住虚弱的身体而病倒，蒋介石连忙派飞机将这

---

[1] 朱冕群《胡宗南部在川陕甘边区堵截红军概况》，政协成都市委员会文史资料研究委员会《成都文史资料选集第13辑》。

位爱将送到南京调理休养一周。

张灵甫幸得生还，也累得几乎虚脱，形容消瘦。稍事安定之后，他想念起许久未见的在西安的妻女来，便向代师长李铁军告假，李铁军很痛快地答应了他的请求。

张灵甫得到假期，想到脱离炼狱之后又能与家人团聚，自然满心欢喜，战时一直紧绷的神经终于松弛了下来。此时的张灵甫，三十出头已经位居上校团长，以一个黄埔四期毕业生的资历，在同年的国民党军官中也算得上是一个佼佼者。因为作战果敢机智，他很得师长胡宗南的赏识，连受嘉奖，可谓仕途顺利，踌躇满志。

但是，乐极生悲，张灵甫万万意想不到，这次返乡会发生一场改变他后半生的突然变故，使得他在军界的大好前程几乎毁于一旦。

1935年冬，张灵甫在西安惹出了一场大祸，这就是著名的"团长古城杀妻案"。

张灵甫枪杀了妻子吴海兰。

第八节 杀妻疑云

一

入夜，南京城老虎桥的模范监狱内，寂静无声，犯人们已经熄灯入睡。长长的走道上，响起了狱卒"托托"的皮鞋声。沉重的脚步声一直走到一间特殊的号子前才停住，狱卒手中一管硕大的手电筒在黑暗中骤然亮起，向号子内已经睡下的囚犯们毫不客气地照了过去。

这是一间关押特殊犯人的号子，里面全是名字已经打入另册等候处决的死囚。雪亮的光柱引起囚犯们的一阵骚动。这些死囚知道，监狱内有一个约定俗成的惯例，但凡行将处决某个囚犯，狱卒通常会在前一个晚上来死囚号子巡视，并特地打起手电，朝囚犯们的脸上一个一个扫过去，像是要验明正身，如果最后手电光长时间停留在某一个人的脸上，那就意味着这个倒霉的家伙第二天要上路了。

"每当这个时候最令我恼火。死就干脆死了，这个样子实在很没有尊严。"一个曾经在这个号子里待过的死囚，在侥幸生还大约十年之后，对新婚妻子私下谈起了这段自己人生中最黑暗的日子。

这个在死囚号子里还奢谈尊严的人，就是因杀妻而获罪的张灵甫。

早在张灵甫中学还没毕业的时候，父亲张鸿恩就给他说了一门亲事，对象是邻村的姑娘邢勤英。邢勤英与张灵甫同年，是个勤劳朴实的乡村姑娘，只是她没有受过什么教育，目不识丁。张灵甫平素对父亲颇为孝顺，投身军旅后偶尔回家探亲，也曾与老父抵足而眠以示亲情，当时年少的他没有要公然违逆父亲的意思，不过他在外求学，对父亲自作主张为他说亲似乎并不心甘情愿。张灵甫后来离家，长年以来对邢勤英不相闻问。

一对没有感情基础、教育背景迥异的青年男女因父母之命而被撮合，在那个时代属司空见惯，许多时候在当事人之间酿出的却是一杯难饮的苦酒，甚至一些伟人们年轻时候也曾为此面临过尴尬，张、邢两人的这类婚姻悲剧，也不脱特定时代的烙印。

张灵甫惹出命案的妻子吴海兰，是四川广元人，她的父亲在广元县城里是一个颇有名气的铜匠，家道小康。吴海兰在当地的女子学堂上过学，当年小县城里女孩子受过正规教育的很少见，吴海兰有文化又是个漂亮的川妹子，在广元这个小地方就比较引人注目，眼界也就高起来。

与一般花天酒地的国民党军官相比，张灵甫还是属于比较爱惜羽毛的，在私生活方面相当检点，一副正人君子的模样，这倒是与他日后的上司王耀武颇为相似。张灵甫死后多年，留在大陆的原整编74师军官曾有人在有关的文史资料里发表过回忆文章，在提到张灵甫的为人时，多表示印象中他性格豪迈直爽，好附庸风雅但不好色，对部队里的风化事件惩罚极其严苛。有一次，他的师文工团团长拐带别人的妻子，被人告到他那里，他查实之后立即下令处死，而且是砍头示众，手段颇为血腥。

在平时这个冷血军人却俨然儒将一个，他闲暇时喜欢在营中看古书、练书法、填词作赋，业余爱好收集古玩字画、摄影、养花弄草，似乎仍保留着当年北大历史系书生的遗风，与一般人从文艺作品里得来的张灵甫形象很不一样。不过张灵甫毕竟是个职业军人，他的另一个爱好则与风雅完全无关了。张灵甫喜好马术，他的骑术高超在军中是出了名的。有一次，胡宗南的第1师新得了一批战马，其中有一匹马性情特别暴烈，谁都不让上身，有人就把张灵甫找了去，他拉起缰绳三跨两骑就把那马制伏了。他不但爱骑马，还爱马成癖，几乎把马当宠物一样饲养，后来当了师长、军长，还三天两头往马厩跑，亲自督促豢养之事。在他当团长的时候，曾经发生过这么一件事，有一次，他的一匹爱马得了肺炎，兽医束手无策，张灵甫见爱马痛苦喘息卧以待毙，他陪伴在旁伤心不已，竟然手抚马鬃情不自禁潸然泪下，据说那匹马也对着主人涕泪涔涔，一人一马，相顾无言唯有泪千行，在军中传为异谈。

张灵甫那时才年届而立，看书写字玩马，不见得就是愿意清心寡欲，只是军中本是男人的世界，战争岁月又行踪不定，加上他性格内向不苟言笑，总是令人望而生畏，即使有女人，人家也不敢对他抛媚眼。朋友看在眼里，知道他老家的一段婚姻名存实亡，就有好事者为他撮合新人。

在部队驻扎广元期间，有军官朋友向他介绍了吴海兰。吴海兰年轻有文化又长得如花似玉，张灵甫见了很是满意，而女学生吴海兰一见这位年轻的中央军团长英俊潇洒，玉树临风，也不免动了春心。你有情我有意，两人很快就坠入了爱河，接下来的事情就简单了。张灵甫是个军人脾气，办事讲究速战速决，再说部队随时都有可能开拔，没那么多花前月下的酸讲究，没过多久，他就与吴海兰在广元拜堂成亲，这算是他的第一次新式婚姻，时间大约在 1934 年。

本来张灵甫娶了吴海兰之后，两个人的婚姻还是相当美满幸福的。吴海兰长相漂亮，贤惠能干，这个四川妹子还能像北方人那样擀得一手好面，张灵甫是西北人，喜食面食，吴海兰的手艺很对他的胃口。小夫妻俩琴瑟和鸣，感情笃深，不久女儿张云芳也出世了，一家人其乐融融，军中的朋友同僚都很羡慕。

既然是一对恩爱的欢喜鸳鸯，张灵甫怎么会冲冠一怒杀红颜呢？

关于张灵甫杀妻一案，坊间流传着多个版本，但基本的情节是差不多的：张灵甫误信谣言，怀疑爱妻不忠，因而醋劲大发，不问青红皂白拔枪怒射，酿成了轰动西安的"团长古城杀妻案"。

在这些众多版本故事的作者中，大概唯有吴庆天是唯一与张灵甫有过接触者。吴庆天，本名吴鸢，早年追随王耀武，抗战时期在 74 军军部任职，抗战胜利后随王耀武去了山东，在第二绥靖区任职。1984 年，他在陕西省的文史资料上发表了《我所知道的张灵甫》一文，其中谈到了他所听说的关于杀妻一案的传闻。

吴庆天在文中写道：

"1935 年红军到达西北后，第一军跟踪尾随与红军对垒。第一军的眷属，都住在西安，张妻带着孩子（不满三岁）和其他军官眷属住在一起，他在前线忽然得知妻有外遇的信息，就借春节假期来到西安，挚妻儿回户县省亲。除夕之夜命妻到后院菜地割韭菜做饺子，正当其妻弯腰割韭菜时，他掏出手枪，从背后将妻击毙（一说这次事件，是张的同事杨团长开玩笑酿成的，这团长到西安探亲，回到部队后与张在闲谈中，谈到西安家属情况时，说一天看到张妻与一男性逛街，张本性多疑而残忍，就信以为真，以致酿成人命）。"①

因上文作者曾经与张灵甫在同一个部队共过事，他所听到的这个传言为不少作者所采信，相信也成了后来别人撰写该事件的蓝本。

《民国高级将领列传》中的《张灵甫》一章，对这一事件是这样描述的：

"但是，张灵甫是一个非常冷酷寡情的人，其醋劲在同事中出了名。一天，张灵甫见一位同事探亲返部队，便问：'你可看见我的太太？'这位同事打趣地说：'看见啦，在电影院门口，你太太穿着旗袍。还有一位小伙子，西装革履的两人可亲热哩。'张灵甫是一个遇事很认真的人，听说妻子'不贞'，气得连话也说不出来，一连几天闷闷不乐，脾气变得越来越粗暴，见谁骂谁。他认为这是难以容忍的耻辱。但直接提出离婚，又怕成为同事们的笑柄。后来，他向胡宗南请了假，带着一支手枪回家，极力克制自己的感情，对妻子说：'我有好长时间没吃过饺子了，你为我包一顿饺子吧。'妻子听后便爽快地到菜地割韭菜。张灵甫便尾随在后，待妻子刚蹲下去割韭菜时，即拔出手枪，对妻子后脑就是一枪，妻子一头栽倒在地。他枪杀妻子后，既没声张，也不掩埋尸体，就返回部队。"②

上述情节，显然也是脱胎于吴戾天的版本，只是情节演绎得更富于戏剧性。

张灵甫在1935年冬请假离队确有其事，至于蓄意带枪回去杀妻之说，则是想当然的讹传。在他请假的时候，情况尚一切如常，当时他只是从松潘高原下来后回家去休假探亲而已。

由于一直在前线奔波与红军作战，张灵甫把妻女安置在了西安，吴海兰当时借住在张灵甫的堂兄大哥张德甫的家中，位于西安莲寿27号，那是一座前后两进的大院子，张德甫家住后院，前院的邻居是一对李氏姐妹。

当张灵甫回老家探亲时，他先到了西安堂兄家里，和吴海兰一起小住几日。小别胜似新婚，开始的时候，小夫妻俩形影不离，白天一起逛街吃饭，晚上一同去看戏，很是快乐甜蜜。

"五叔父回西安后，就住在我伯父家里。那时他回来和吴海兰的关系很不错的，他们经常出去玩得很开心，还带我一同去易俗社看过戏呢，我还记得那晚看的戏叫《韩

---

① 吴戾天（吴鸢）《我所知道的张灵甫》，《陕西省文史资料选辑第17辑》1984年9月。吴鸢在抗战期间任职74军军部，他对张灵甫过去的了解，应来自于同事间的传闻，故此文对张灵甫的籍贯、事件发生的时间及内情和妻儿情况等记述多有不实讹误。

② 南昌陆军学院编《民国高级将领列传》（第五集），解放军出版社1990年11月。

第一章 从书生到军人　　073

宝英》，戏文讲的是韩宝英救石达开的故事。"张灵甫的侄子张居正当时十多岁，正在西安读小学，他还清晰记得案发前后几天所发生的事："有一天晚上，他们夫妻俩不知为什么事发生了争吵，五叔父在发脾气，我伯父就出来调解。第二天，五叔父与吴海兰一起回乡下老家，后来便发生了悲剧。事情发生的第二天，他就回到西安我们的住处，记得那天我出门上学，在半路上还遇见了他，他只身一人往家里走。回到家后，他把吴海兰的衣物付之一炬，后来我伯父将他训斥了一通。"①

张灵甫回乡下老家究竟发生了什么事，笔者曾向张灵甫的长子张居礼求证上面文章所描述的情节。

张居礼先生说："这件事发生时我还没有出生，我所知道的情况是听我母亲（笔者注：指邢勤英）说的。据我所知，他们两人（笔者注：指张灵甫和吴海兰）当时在家里的后院谈话，不在菜地里。我母亲就在现场不远处，但并不知道两人在谈些什么。后来就听到一声枪响，我母亲大惊失色，吓得掉头就跑，也没顾得看清是怎么回事。因为事发突然，我母亲虽然在现场，但也不太清楚当时的状况和开枪的原因。至于不在场的外人传说，我不便评论。所谓割韭菜包饺子，显然是在编故事了。事情发生在冬天，大冬天的陕西，哪块地里会长韭菜？"他接着补充道："说实话，有些事情就是人家在这么传说了，其实究竟为什么开的枪，有什么内情，现在很难说得清楚。"②

看来只有张灵甫自己才能说清楚了。此案发生十年之后，他的最后一任夫人王玉龄听说了这桩案子，当时年仅十八岁的王玉龄竟然傻乎乎地去问丈夫："要是我在外面乱交男朋友，你会怎么处置我？"

张灵甫被天真的新婚妻子触及早年的伤心事，哭笑不得，只是看着她摇头苦笑，没有说话。

"我当时真的很幼稚。"王玉龄说，"我还对他说：'我要是真的出了这种事，随你怎么处置，我们家人是不会去告你的。'他不解释，只是沉默地拥抱我。后来才告诉我说：'是她拿了我的东西，我问她又死不开口。事发前晚，我们已经发生过争执，我心里很不痛快。第二天带着孩子坐马车回长安乡下。从西安回家的路上，总会经过我母亲的坟地，她知道我每次回家都要在那里下车，在母亲的坟前祭拜过后再回家，以前她都会跟我一同下车，那天她拒绝了，我当然很生气。回到家查问她一些事也不

---

① 张居正先生2004年3月对笔者采访的书面回复。
② 2003年10月笔者对张居礼先生的电话采访。

答话，那我就火更大了……'"①

至今为止，这大概是我们能够从当事人最亲近的人处，得知他亲口对此事说过的唯一只言片语。

张灵甫无意再说下去，也没有解释吴海兰到底拿了他的什么东西，以致他大光其火。直到张灵甫死后多年，当年与他私交甚笃，曾经长期在他手下任职的刘光宇②与王玉龄偶然谈到此事，开口就是惊人的一句："她偷了张灵甫的文件。"

刘光宇讲述的，是另一个鲜为人知的杀妻内幕。

原来，张灵甫当年并非因为怀疑吴海兰有外遇而打翻醋罐子，而是发现她擅自拿走了他的军事文件，却交代不出理由，因而怀疑妻子可能受人利用而怒火中烧。前面说过，当时胡宗南的部队一直在川陕一带与红四方面军激战，当地也有共产党的地下组织活动，张灵甫疑神疑鬼，担心妻子可能沾了共产党的边，但在事情没搞清楚之前又不便声张，于是就暗地里向妻子盘查，不料吴海兰对此保持沉默，惹得他气急败坏，越发怀疑妻子背着他做了不可告人之事。此事若是换了别人，或许还有转圜的余地，偏偏刚从血肉横飞的前线回家的张灵甫，血管里还弥漫着随时会散发出来的杀戮的戾气，他的性格又容不得"背叛"二字，不能接受吴海兰有可能通共的嫌疑，对爱妻的"背叛"行为极为震怒，加上当天心头已经郁积了一股邪火，极度的自尊和冷血顿时膨胀到一发而不可收拾的地步，拔枪的瞬间，眼睛里已经没有曾经深爱的妻子，只有"赤党"的疑犯了。③

吴海兰死在了丈夫的枪下。因为事涉"通共"之嫌，事发后张灵甫怕传出去有口难辩，便推说是感情纠葛。这是关于张灵甫杀妻案的另一个版本，也就是所谓张灵甫学吴起杀妻求将之说的由来。联系到后来张灵甫被轻判的事实，以及刘光宇和他的密切关系，此说似也不像空穴来风。

不过无论出于什么原因，有一点是可以确定的，张灵甫对吴海兰的怀疑并没有寻获确凿的证据。但是，死无对证，张灵甫悔之晚矣。

案发之后，张灵甫并没有马上回到第1师，仍然若无其事地住在西安堂兄的家里。一天，有人在《西安日报》上投书揭发张灵甫的杀妻事件，他读后很是恼火，便向在

_____

① 2003 年 12 月笔者与王玉龄女士的访谈。

② 刘光宇抗战期间长期是张灵甫的直属部下，解放战争后期曾任国民党军第 100 军副军长（军长杜鼎），属陈明仁兵团。陈明仁长沙起义时，刘光宇与杜鼎因拒绝跟随而率部哗变，后转赴台湾。

③ 据 2003 年 12 月笔者与王玉龄女士的访谈。

该报当编辑的亲戚打听作者的背景，得知此事原来与前院的李氏姐妹有关系。因为是前后院的邻居，吴海兰生前与李氏姐妹常有来往，关系相当不错，她的离奇失踪，引起了她们的怀疑，也打探到了一点风声。李氏姐妹中的妹妹李朝惠，当时在和杨虎城的机要秘书周藩伯谈恋爱，周藩伯经常在周末用车来接她出去玩。张灵甫一听，觉得事情不单纯，他自忖此事虽然冲着他来，或许后面还有其他来头，可能有人想利用此案打击中央军的声誉给蒋介石难堪。这一来，他便心知难掩人口，如果被人揪住不放，后果一定大为不妙。但是罪已铸成，一时间也无计可施，于是他决定先回部队避避风头，再作打算。[1]

二

吴海兰被枪杀的事情传到了她的娘家四川广元，吴家的人悲痛欲绝，他们当然咽不下这口气，杀人偿命，自古就是这个道理，女儿冤死女婿枪下，凶手岂可逍遥法外？吴海兰的哥哥吴正有长途跋涉，气冲冲地从四川一路赶到陕西，打上张家的门来要人。张灵甫这时早已回了汉中的部队。找不到儿子就找老子，吴正有找上了张鸿恩。

张鸿恩是个本分实在的人，儿子儿媳妇回家来团圆，原本是一件令老人高兴的事情，谁知当天就在家里出了这等人命案子，盛怒之下的儿子过后一句话也不解释，铁青着脸扬长而去，害得老人在家心里七上八下。他明白这件事是自己的儿子理亏，无论儿媳妇有没有做错事，儿子拔枪杀人总是不对的。但是人死不能复活，儿子总归还是儿子，现在吴家的人找上门来了，做父亲的想息事宁人。张鸿恩拿出大把的现洋来好言慰抚吴正有，让他拿着作个路费，实际上算是对吴家的一点补偿，暗地里希望能够为儿子破财消灾。

银子收下了，吴正有的气可没平，他不甘心妹妹的一条命就这么打发了。于是，吴正有开始了艰难的上告历程。他先把状子递进了西安的地方法院，也曾到第1师的师部上告。但是人家收下状子之后，都没了下文。

吴正有在西安等了一段时间，没有获得任何消息，正不知如何是好，绝望之中突然想起妹妹生前参加过妇女协会，他就再次写了控告信，找到了西安的妇女协会。西安的女界得知此事，义愤填膺，加上报上原本已经揭露过这起案子，一时间舆论大哗，声称要为吴海兰讨个公道，严惩杀人凶手，中央军团长杀妻案一时在古城闹得沸沸扬

---

[1] 据张居正先生2004年3月对笔者采访的书面回复。

扬。女界虽然吵吵嚷嚷，但是婆婆妈妈们也奈何不了军队，张灵甫依旧在胡宗南那里当他的团长，继续带兵操练。

吴正有正没奈何处，就在这个时候，张学良的夫人于凤至来到了西安，妇女协会的人趁机把吴正有的控告信转到了她的手里，希望上面能有人出面干预一下。于凤至接了状子，回到南京就把此事告诉了宋美龄。那时宋美龄正在和蒋介石一起积极鼓吹新生活运动，旨在改造社会道德与国民精神，一看状子，团长杀妻，不但有违社会道德，还明明触犯了国法，怎么能置之不理？于是她向蒋介石告了御状。

蒋介石一听有人告状，说自己的黄埔门生无理杀妻，非常生气，立刻吩咐下面将人送南京军事法庭查办。

胡宗南在西安接到了命令十分为难。吴正有的状子，胡宗南是知道的，胡宗南本人是复兴社的骨干分子，曾经庄重起誓要对蒋介石在新生活运动所提出的那些清教徒般的戒律身体力行，不能抽烟，不能喝酒，不能打牌，不能讨小老婆，如今自己手下的团长惹出这种人命案子来，令他觉得有失第1师的颜面。胡宗南虽然赏识张灵甫的军事才干，对他年轻气盛的鲁莽行为并不以为然。然而张灵甫打仗确实是很有一手，在第1师里是屈指可数的一员得力干将，胡宗南不忍心看着他年轻轻的就此毁了前程，张灵甫也可能以丢失文件为由为自己做过辩解，总之胡宗南当时就是护着张灵甫，拖着此事没办，还曾许诺来告状的吴正有，以收他入伍做副官为条件让他封口，但被吴拒绝了。现在蒋介石来了命令，胡宗南不敢再虚与委蛇了，他叫来了张灵甫，告诉他这下子娄子捅大了，现在案子已经闹到了南京，校长下了命令要把他押送南京法办。

张灵甫自知，自己仅凭一时的疑心就大发雷霆枪杀了吴海兰，追究起来没有真凭实据，总是罪责难逃，既然躲得了初一躲不了十五，不如索性把事情做得漂亮些，说起来男子汉大丈夫敢作敢当。于是他向胡宗南表示，事已至此，他也不想再让师长为难，自己遵命去南京投案服罪就是了。

胡宗南与张灵甫毕竟一个部队相处了六七年，对自己这个下属憨直的脾气还是比较了解的，知道他十分在乎自己的名声，既然表示愿意遵命服从，相信他一定言出必行。于是，胡宗南也不担心他会半路逃之夭夭，对张灵甫既不绑也不押，放心地让他自己一个人去南京投案自首。张灵甫十分感激胡宗南的信任，也信誓旦旦，表示先回家处理一点家事，不日即一定起程去南京负荆请罪。胡宗南二话没说，竟同意放他先回家去了。

虽然嘴上豪气万丈，一想到自己因获罪而前功尽弃，原本大好的前程化为乌有，前途又是凶多吉少，张灵甫回家途中难免一路闷闷不乐。人在落魄的时候，身边家人的慰藉就显得弥足珍贵。

张灵甫一进家门，映入眼帘的是一幅温馨的家庭画面。邢勤英正一手抱着已经从奶妈家送到乡下的女儿云芳，一手持勺耐心和蔼地喂小女孩吃饭。

此情此景，令相当大男人主义的张灵甫心里有一种刹那间的触动。眼前的这位村姑，自己从来对她不闻不问，她一直默默承受着他的冷落，替他在家照顾老父，甚至还为他悉心照顾他与别人结婚所生的孩子。面对如此温良宽厚的女子，张灵甫饶是铁石心肠，也不免生出几许感动和歉疚。[①]

张灵甫把自己要到南京去投案的事告诉了家人，将历年来的私蓄全都留给了家里，在家盘桓数日之后，便只带着几套换洗衣服上路了，连盘缠也没多拿，说是一路上自己可以卖字为生。

从陕西到南京路途遥远，中间还要倒几次车。张灵甫独自一人离家，也没人管他的去向，他一路走走停停，半路上见所带盘缠用得差不多了，就开始卖起字来。他的字写得越大越见功力，字体工整苍劲，写的对联条幅还真有人来买，就这样信笔游蛇，竟让他一路赚到了盘缠到达南京。他也果然没有食言，径自去军法处自投罗网，被拘押于老虎桥模范监狱。

案子审完了，起先初审内定是要判处张灵甫死刑的，连名字也被打上了红勾，择期待决。

偏偏祸不单行，在被判处死刑之际，他又在狱中染上了疟疾，几乎奄奄一息。张灵甫赔了夫人又折了前程，在多重打击之下，他心灰意冷起来，反正枪毙也是死，病重也是在等死，他绝望地破罐子破摔，连申诉也放弃了，但求一死了之。

在张灵甫刚被收押的时候，模范监狱的典狱长就和他的关系不错，有时两人天南地北的还聊得颇为投缘。典狱长当然知道一些张灵甫的案情，当张灵甫被初定极刑之后，他对张的处境表示惋惜和同情，并竭力为张灵甫打气道："这件案子的情况应该还有斡旋的余地，蝼蚁尚且惜命，你就此放弃未免可惜。"典狱长还悉心安排狱医为张灵甫治病。也许是命不该绝，张灵甫凭着年轻力壮的原始本钱，不久之后居然起死回生，战胜了病魔，于是他又重新燃起了求生的欲望，听从典狱长的劝说，向军事法

---

① 2003 年 12 月笔者与王玉龄女士的访谈，张灵甫曾经对王玉龄提及他当时回家时的这段感受。

庭递交了申诉书。① 现在自然无法知道他找了什么借口为自己辩解，但是法庭显然接受了他的申辩，因为对他的原判并没有被执行。

在等待案件复审期间，张灵甫闲来无事，在狱内也就是看看书练练字，而且在这段时间里润笔颇多，有人要是喜欢，他就随手送人，坊间甚至有传言，说当年南京夫子庙一带有不少店铺的招牌，就出自他的手笔。塞翁失马，焉知非福，张灵甫在狱中反倒有的是时间面壁思过，修身养性，一场牢狱之灾，使得他以往心浮气躁的性子得以修炼得沉稳了许多，以后很少再乱发脾气。友人来信慰问，张灵甫回函自嘲曰："为杀妻室做楚囚。"

写字看书不过是打发时间，坐牢的心情总是落寞的。不过这期间家里传来了一个出乎意料的好消息，张灵甫走后不久，邢勤英发现自己怀孕了，十月怀胎生下了一个男婴，这是张灵甫的第一个儿子。

随着儿子的出世，张灵甫似乎时来运转，没过多久，他竟然被赦罪释放了。据他家人的回忆，之前南京曾派人去西安调查过张灵甫的情况，来人一走就爆发了西安事变，之后张灵甫便获释回到了西安。也就是说，张灵甫的获释，并不是一般认为由于抗战爆发而与其他戴罪军人一起获得政府大赦，而是在1937年初就被释放了。

几十年后，我们看到了对此事的一些评述，有人很肯定地判断说，是蒋介石徇私枉法，偷偷放跑了心腹爱将；也有人言之凿凿，说是胡宗南或是王耀武在蒋介石面前替张灵甫说情："张钟麟这个人，打仗很有本事，不如把他放出来，让他戴罪立功吧。"于是蒋介石顺水推舟，嘱咐张灵甫出去之后好好做人，把他秘密释放了。由于张灵甫后来的确受到蒋介石的宠爱，这些说法似乎有后事得以佐证，不少人深信不疑。

事实上，这时的张灵甫资历尚浅，在蒋介石的心目中根本还排不上号，他真正出道获得蒋介石的青睐，还是在八年全面抗战的岁月。更何况，当时蒋介石攘外安内正忙得焦头烂额，还因为亲临西安督促张学良、杨虎城加紧"剿灭"陕北的红军，而被张、杨扣留逼其抗日，发生了震惊中外的西安事变。说蒋介石在这个节骨眼上还有工夫亲自为一个小团长特别费周折去法外施恩，在道德评判上固然可以给他加一点负分，却并无依据。至于说胡宗南、王耀武等黄埔学长联名担保说情，则还在情理之中。

可是，杀人偿命总是国法，即使张灵甫属自首有从宽情节，凭什么从宽到只关了不到一年就释放了呢？当事人没有留下任何解释，按照常理，作为情杀案的凶手，服

---

① 2003年12月笔者与王玉龄女士的访谈，张灵甫曾向王玉龄讲述过自己的狱中经历。

刑不满一年就获特赦关照的机会不会太多，如果从刘光宇讲述的情节去推敲内情，也许可以得到一个比较合理的答案：张灵甫很可能在狱中写的申诉书中，辩称怀疑妻子窃取他的军事文件有通共之嫌，故怒而杀之。如此，他被上峰认为是冲动之下"大义灭亲"之举，属情有可原，因而对他网开一面也就顺理成章了。

三

张灵甫出狱之后，在老家待了没几天又回到了西安，为了表示重新开始新的生活，他把自己的名与字对换了一下，从此他就名叫张灵甫，字钟麟。

来到西安，他开始落实两件事：一是复职，二是娶妻。

西安是他的老家，同学朋友众多，其中黄埔同学也不少，找个军职对他来说不算太难。当时杨虎城部的警备第3旅旅长王竣是张灵甫在黄埔军校的三期学长，他竭力游说张灵甫投到杨虎城的麾下，许诺说可以保他做副旅长。张灵甫黄埔毕业后就一直在中央军的部队任职，而且是号称"天下第一师"的胡宗南的正宗嫡系，要他放下身段到地方杂牌军里混差事，他才不愿意，再说这时西安事变刚刚尘埃落定，在张灵甫这个对蒋介石忠诚不贰的黄埔生眼里，杨虎城根本就是大逆不道的叛将，岂有卖身投靠之理。虽然张灵甫不领情，王竣却对他依然有笼络之意，在张灵甫再婚之际，王竣还亲自送来了两百大洋作为贺礼，但是张灵甫对王竣邀请入伙的好意却坚辞不受。

张灵甫这一次的再婚妻子，是出身西安名门的高艳玉。高家在西安是名副其实的名门望族，据说祖上曾经是前清的状元，官拜翰林，高家大院是当时西安北院门最好最阔气的院楼，院子里还有自家的戏台子。张灵甫在西安没有置过自己的房产，婚后就迁居高家。这桩婚事的介绍人，正是张灵甫以前在陕西省立第一师范学校的恩师韩兆鹗。

说到这件婚事，传说之前还发生了一件有趣的小插曲。

在韩兆鹗往高家替张灵甫做媒的时候，高家还同时收到另一名候选女婿的求婚。巧的是，这一位也是陕西人，也在中央军嫡系部队任职上校团长，也是黄埔四期毕业，这个人居然就是张灵甫的同学加朋友胡琏。[①] 听起来这两个候选女婿条件不相上下，

---

① 胡琏，陕西华县人，黄埔军校四期毕业生，曾任蒋介石嫡系部队第18军军长，第12兵团副司令。1949年去台湾后，担任过金门防卫军司令、陆军副总司令及"总统府"战略顾问，并晋升为一级陆军上将。

穿西装的张灵甫

高母比一比媒人送来的相亲照片，这位未来的丈母娘当场就替女儿拍了板，她相中了照片上西装革履英俊倜傥的张灵甫，把其貌不扬的胡琏淘汰出局。这件相亲撞车的事大约纯属巧合，倒是没听说张、胡两人存下什么芥蒂，而且之后同乡同学的交情还不浅。

婚姻大事是解决了，张灵甫的军职还是悬而未决。第1军[①]是他的老巢，一开始他仍有意回到老部队去，于是给胡宗南写信打探口风。不知是胡宗南还在对他所惹的麻烦耿耿于怀，还是由于别的原因，张灵甫的信如石沉大海。[②]胡宗南居然不念旧情没有反应，这点出乎张灵甫的意料，他是个个性极强恃才傲物的人，纵使有求于人，要他低三下四去贴别人的冷脸，还是不屑于委屈自己的。张灵甫与胡宗南的上下级关系就此画下了句号，他与胡宗南也从此有了隔阂。其实，他倒是应该感谢胡宗南没有热烈欢迎他回第1军去的，否则的话，八年全面抗战他大半时间只好跟着胡宗南军事集团蹲在大西北看后院，而没有机会在抗日战争的战场上与日寇正面厮杀为国立功，更没有机会伴随着他的部队，在抗日战场上一步一步成长为令日军闻风丧胆的抗日铁军，那他的军旅生涯中最风光的部分，就会黯然失色。

1937年的春天，张灵甫的军事生涯出现了转机。

---

① 第1师于1936年秋扩编为第1军。

② 张居正先生2004年3月对笔者采访的书面回复。

新婚伊始，张灵甫住在岳家气派的豪门大院里，本应与名门闺秀的妻子快乐地共享两人世界，但是这个新郎却心不在焉。家庭从来不是张灵甫心目中的重点，自从投笔从戎以来，他几乎常年以部队为家，家庭在他心中的位置远不及枪林弹雨的战场。本来他一手如意一手算盘，结婚娶妻，然后重返第1军，再去打出一番事业来东山再起，现在计划只实现了一半，太太是有了，第1军看来是回不去了，杨虎城的警备旅又根本不予考虑，那他还能往哪儿去呢？张灵甫也有虎落平阳的时候，他实在是高兴不起来。

就在这一筹莫展之际，张灵甫想起在汉中的一个人来。铁打的营盘流水的兵，在张灵甫以前驻防的汉中一带，营盘还在，部队换了，这支部队的带兵官是张灵甫的老熟人。事也凑巧，这时从汉中刚好传来一个好消息：汉中的部队扩编了，正在招兵买马。张灵甫怦然心动。

这真是，天无绝人之路。

第九节 张灵甫与王耀武

在张灵甫结束牢狱之灾前后的这段日子里，中国现代历史的进程又发展到了一个重大的转折关头。

1936年12月12日，在张灵甫的老家西安，张学良、杨虎城扣押了前往敦促其"剿共"的蒋介石及随同他一起到西安的十多名军政要员，通电全国，提出改组南京政府，停止内战，立即释放全国一切政治犯，召开救国会议等八项主张，西安事变爆发。

其实在事变发生之前，国民政府已经开始考虑调整它的对日政策。面对日本对中国愈演愈烈的侵略蚕食活动，国民政府一直步步退让，以期日本能够好自为之，并希望博取国际社会对中国处境的同情和支持，出手制止局势的进一步恶化。但是，事实证明这只是中国方面的一厢情愿。随着日本侵华野心日益肆无忌惮的暴露，中华民族不仅面临着严重的生存危机，也令蒋介石和政府大员们感到其统治地位已危如累卵。俗话说"兔子急了也会咬人"，何况蒋介石和国民党政府内的许多要员也有相当强烈的民族意识，在被逼到几乎退无可退的情况下，国民政府方面开始着手与中共进行秘密接触，双方的代表邓文仪和潘汉年已经在莫斯科初步探讨合作抗日的可行性。然而国民党蒋介石在抗日问题上的政策依然摇摆不定，对他们来说，"攘外必先安内"，共产党始终是心腹大患。因此，蒋介石玩弄两手策略，继续在军事上围"剿红"军，如果能够先将之"剿灭",达到"安内"的目的,则一劳永逸,退一步也可以借军事压力在谈判桌上换取更多的筹码。西安事变则在此关键时刻,催化了国民政府对日政策的调整,最终促成了国共双方的第二次合作。

西安事变虽以和平解决告一段落,其间的过程可以说是险象环生。事件爆发之初,军政部长何应钦曾欲进攻西安,以武力解决事端,但遭到了以宋美龄为代表一派的反对,后者竭力主张和平谈判,不以军事压迫张、杨而陷蒋于不测,及时制止了何应钦的军事行动。

但在此之前,何应钦在取得指挥调动军队的大权后曾经调遣军队组织讨逆军,进攻西安的部队已经出发行动。在这些部队中,有一支驻扎在陕西的生力军,在其新任师长的率领下,受命出子午谷直逼汉中"勤王",因中途事变已经和平解决,该师随即在汉中驻防。这个师的番号是:国民革命军第51师,师长的名字,叫王耀武。

王耀武早年也是第1师出身,有人说张灵甫认识王耀武,就是因为两人曾经是上下级关系,张灵甫当连长的时候,王耀武做过他的顶头上司营长;又一说是王耀武任第5团中校团附的时候,张灵甫在他手下当营长。这两种说法事出有因,但都不甚准确。

张灵甫与王耀武的确在第1师的同一个旅有过短暂的共事经历,两人的关系最早可以追溯到北伐结束之后的整军缩编时期。张灵甫从第21师调到第1师第2旅的时候,他在第6团担任第9连连长,王耀武则在同一个旅担任第5团第3营营长,两人并不在同一个团,不是直接的上下级关系。在台湾官方编撰的张灵甫传略中,张灵甫后来也没有在王耀武的第5团担任营长的记录。不过据王耀武的部下回忆,中原大战期间,他曾经在第1师独立旅短期任职该旅第2团团附,也就是张灵甫升任该团第3营营长的前后,两人很可能在此期间相识,只是他们同在一个团的时间也就几个月,两人此时建立深交的机会应该不多。不久,王耀武离开第1师另有高就了。

不管怎么说,两人有过这么一段前缘,好歹也算是故交。这个时候张灵甫想起王耀武驻扎汉中,他的第51师又恰好在扩编招人,既然胡宗南不出声,他张灵甫也不能就在家傻等着在第1军这一棵树上吊死,他干脆修书一封,请王耀武拉兄弟一把。[①]

在张灵甫后半生的军旅生涯中,王耀武是一个举足轻重的人物,张灵甫在国民党军队中的飞黄腾达,就是自加入王耀武的麾下而始,而他藉以起家的第74军,更是王耀武的心血结晶。当然,张灵甫在抗战期间的步步高升,主要还是凭借他自己打仗

---

① 据张居正先生2004年3月对笔者采访的书面回复。

三年内战时期的王耀武

肯动脑子肯用命而不断积累的战功，而王耀武这位伯乐对他的赏识和提携，也起到了相当重要的作用。可以说，王耀武是对张灵甫有知遇之恩的长官，他是张灵甫军事传奇的推手。在叙述张灵甫的后续发展之前，有必要先介绍一下王耀武其人。

1904年，山东省泰安县夏张乡山王庄的农民王进增添了个儿子，取名王耀武，字佐民，在家排行第二。王进增的家产只有四亩山田，却要维持全家六口人的生活，是个不折不扣的贫农。很不幸，王进增在王耀武幼年时即去世，全家靠王母一人支撑。与张灵甫相比，王耀武幼年时代的家境要穷得多了，但是王母仍然设法让孩子上私塾读书认字。

一个只有私塾学历的农村少年，在出路上没什么选择余地，除了当农民，不外乎找机会外出打工。1921年春，王耀武经亲戚介绍到天津北安利饼干公司当一名学徒，两年后他调往上海的分公司做店员。店员工作整天对顾客赔笑点头哈腰，天长日久，王耀武觉得既没前途又无趣，不过这也养成了他颇具亲和力的圆滑性格。王耀武那时也是个有上进心的青年，明白自己想要有一番作为，在学业上必须有所提升，所以他白天看店，晚上上夜校补习。后来黄埔军校招生，王耀武在亲戚和少东家的帮助下，前往广州考入黄埔军校第三期。

王耀武在军中的经历与张灵甫差不多，他毕业之后也下了部队从排长做起。北伐结束时，王耀武已经挂上了少校的军衔，在第1师任第2旅第5团第3营营长，不久之后升任第5团中校团附。

1930 年，王耀武在刘峙的推荐下调离第 1 师，升任独立第 14 旅第 1 团团长，这是一支在南昌新组建的部队。

王耀武在团长阶段打出了名气，1932 年在与红军作战的宜黄战役中，王耀武因死守有功，战后受到蒋介石的召见和赏识，次年被调往江西抚州，升任原由保定编练处三个新兵团组建的补充第 1 旅旅长，该旅原临时归顾祝同指挥，王耀武因此得以与顾祝同建立了良好的个人关系。张灵甫后来在第 74 军的同事李天霞、邱维达和周志道，这时都已经在王耀武的补 1 旅任职，李天霞是第 3 团团长，邱维达是参谋主任，周志道是第 2 团团长。

1934 年秋冬，红军北上先遣队抵近浙赣交界地区，时任浙江省保安处处长的俞济时向南昌行营求救，要求派部队"进剿"，王耀武的补 1 旅遂派归俞济时指挥，参加了对红军北上先遣队的"围剿"，为重创红 10 军团立下大功，他的双手也因此沾满了红军官兵的鲜血。在此役中，早期红军领导人红 10 军团副总指挥兼红 19 师师长寻淮洲战死，红 21 师师长胡天陶被俘后遭杀害，闽浙赣苏维埃政府主席方志敏与红 10 军团总指挥刘畴西也被俞济时的浙江保安纵队俘虏后杀害。说起来，刘畴西还是俞济时黄埔一期的同学，但是俞济时对这位担任红军将领的同学斩尽杀绝毫不留情。当年侥幸突围出来的数百名红军干部战士，后来组成红军挺进师，创建了浙南革命根据地打游击，其中就有之前担任红 10 军及先遣队参谋长的粟裕。十四年后，历史仿佛走了一个轮回，在 1948 年 9 月的济南战役中，粟裕麾下华东野战军高喊着"打进济南府，活捉王耀武"，一举攻克了山东首府济南，当时的国民党政府省主席兼第二绥靖区司令官王耀武则在出逃途中被民兵抓获，成了战犯。

王耀武的治军特色与张灵甫十分相似，他赏罚分明，恩威并用，平时以负责任守纪律勉励下属，以身作则，对犯纪律的部下不予姑息。在后来的 74 军时期，早期追随王耀武多年的第 51 师 301 团团长吴克定在南京战役中畏缩不前，就被王耀武革职，在湖南桃源的时候，第 57 师 169 团团长李毅民允许士兵抓了一些战后无主乱跑的鸡鸭打牙祭，也被王耀武革职，并且通令全军。所以 74 军上下军纪整肃，不像其他一些国军部队那样胡作非为。曾经在王耀武身边担任 74 军副官处副处长的刘操说："无论平战两时，全军官兵接受任务都不敢马虎，不存侥幸之心，努力完成。纪律方面严肃认真，上下遵守，不敢违犯。"①

在个性上，王耀武与张灵甫也有不少共同点，两个人都很有一些国民党王牌将领的气质：骄傲自信，豪爽直率，固执偏强，争强好胜，而且难得的是，两个人的私生活都称得上严谨。不过，王耀武有两个特点却是张灵甫望尘莫及的。

张灵甫是个比较纯粹的军人，精于作战却不大会处世，他讲话直言不讳，得罪人而不自知，不喜官场应酬交际，也不太懂得敛财，连自己的私蓄都不善打理，丢给亲信下属代管了事，口袋里有几个钱，大部分都被他花在所爱好的古玩字画上，他的收藏中还真有些上品，比如郑板桥的竹、齐白石的画等国宝级精品。但是他对投资经商置产一窍不通，也没什么兴趣。

王耀武则大不相同。在国民党军界，王耀武做生意是出了名的长袖善舞，他早年的店员经历，培养了他敏锐的商人意识。1928年北伐结束之后，王耀武就开辟第二职业做起了熟悉的饼干生意，他托友人挂名在武汉开办振兴饼干厂，此后财源滚滚，在长沙、重庆等地先后开设了分厂。抗战时期，他在宁波、温州、广州等地派人投机倒把，低进高出做各种日用品买卖，大发利市。所以王耀武的个人经济基础远比张灵甫雄厚，抗战胜利后两人在南京见面，张灵甫还毫不客气地向王耀武打秋风借钱，惹得王耀武笑话他："灵甫啊，都是做军长的人了，自己总该有点基础了吧！"

王耀武也很会做人，对上司、同僚乃至下级都能做得面面俱到，令人皆大欢喜。他时常找下属军官个别谈话，因而对手下的个人情况十分清楚，部下有请求的时候，无论有用没用，他都会尽力帮忙写介绍信、送津贴。在国民党官场上，王耀武的公关手段更是出类拔萃，对上打点周到自不待言，连对一些高官身边的亲信甚至门房喽啰都不怠慢，这些人不但会为他适时美言，一个实际的好处是保证了他有直达上听的顺畅渠道。王耀武后来能以一个黄埔三期生的资历，越过许多比他资深的高级将官在国民党军界迅速得到提拔，他这种炉火纯青的社交应酬功夫起到了不小的作用。

不过他也不是那种单会逢迎拍马，油嘴滑舌的人物。据刘操回忆："有一次他回忆黄埔生活，津津有味地讲他搞作战实习的情景，讲到他脖颈上系着红带子，讲到他如何坚持五分钟猛打猛冲取得胜利。又讲到老头子(指蒋介石)召见他，表扬他等等。边讲边笑，滔滔不绝。最后，他说了一句总结性的话：老头子就喜欢我这傻乎乎的愣

---

① 刘操《王耀武的几件事》，《泰安郊区政协文史资料选辑第2辑》泰安郊区政协文史资料研究委员会1982年11月。

劲。"①

当然，这样一个王耀武是既不愣也不傻的，他的这些特长加起来，在国民党军界的升官图中就创造了"三李不如一王"的奇迹。所谓"三李"，是指李延年、李仙洲和李玉堂，这三位都是较出名的山东籍黄埔系将领，均属黄埔一期，都比王耀武资深，但是抗战胜利后蒋介石却派资浅的王耀武去担任山东省主席兼第二绥靖区司令官，故当年国民党军中有"三李不如一王"之说。

王耀武凭"围剿"红军期间的表现赢得了蒋介石的首肯。在浙江"围剿"结束之后，王耀武和他的补1旅调往松潘高原，在胡宗南率部转往甘肃时接防。虽然他原是从第1师出来的，却害怕到西北后手长的胡宗南把他改编了去，就走老上司俞济时的门路，请俞济时帮忙让他继续保持独立，还巴结地将本旅的行踪随时通报俞济时。1936年春，补1旅撤出高原，在汉中改编为新编第11师，新11师成立的时候仍然与补充旅时代一样只有三个团，只是旅部改称师部。不久王耀武打通了重庆行营的关系，让军政部核准新11师改成由军政部直接补给的正规军，并核发了第51师番号，将该师扩充成两旅四团制的师。王耀武麾下一下子多出了两个旅部和一个步兵团，原来补1旅的干部不敷使用，他开始利用关系招募新血，同在西北的第1军，就成了王耀武招贤纳士的对象。

陕甘一带中央军部队的圈子并不大，王耀武部队的异动自然引起正在西安赋闲的张灵甫的注意。他给王耀武发出信后，在家静候佳音。

回复很快就来了，还附带了委任状。以王耀武与第1军的渊源和交情，他对张灵甫在第1军(师)的表现不会陌生，甚至有一种说法，张灵甫的出狱是王耀武做的保人，此说虽真伪莫辨，但王耀武对这位学弟的为人和才干十分欣赏应是不错的，他曾经称张灵甫是一条具有秦陇古风的血性汉子，称赞他作战很有办法，这样的干将当然多多益善。由于51师当时没有带兵官的实缺，一开始王耀武给张灵甫安排的职务是师部额外的上校高级参谋。这也是王耀武的用人习惯，他的部队设有不少高参、附员一类的闲职，用来延揽人才，以免实缺不足而有遗珠之憾。

张灵甫很清楚，王耀武是校长十分器重的将领，第51师也是军政部部长何应钦一手组建的嫡系部队，跟着王耀武，在前途发展上不见得就比跟着胡宗南差，干得好

---

① 刘操《王耀武的几件事》，《泰安郊区政协文史资料选辑第2辑》泰安郊区政协文史资料研究委员会1982年11月。

的话自然会有出头之日。所以高参就高参,张灵甫也不介意暂时屈就这个没有兵权的虚职,他当时的处境也由不得他要高傲,收到委任状后他就欣然受邀到汉中报到。

张灵甫军旅生涯最辉煌的篇章——为民族抗日而战,拉开了序幕。

第二章

抗日骁将"猛张飞"

第一节 苦战淞沪

一

1937 年 7 月 17 日，庐山。

风景秀丽的庐山，是令人心旷神怡的避暑胜地，而正在此地受训的庐山军官团团员们，虽身处避暑名山之中，心情却异常地燥热不已，数日来，一股焦灼、不安、激愤的情绪，在团员们胸中涌动着，喷涌欲出。

十天前，华北七七事变的枪声，激起了全国军民要求抗战的强烈悲情，也点燃了有爱国心的中国军人心中淤积已久的复仇怒火。济南惨案，九一八事变，"一·二八"事变，现在又发生七七事变，面对日寇肆意妄为，国家江河破碎，作为军人却无所作为，这个耻辱他们已经忍无可忍！他们急切地想知道，蒋委员长究竟会对事态作什么样的表态。

这一天，蒋介石在庐山出席了与各界代表的谈话会，他神色凝重地走上讲台，瘦削的面孔带着几分憔悴。这一次，他没有再让大家失望。面对一片期待的目光，蒋介石左手叉腰，右手挥舞着握紧的拳头，语气坚定地开始发表那份著名的"最后关头"的抗日演说：

"我们既是一个弱国，如临到最后关头，便只有拼全民族的生命，以求国家生存。那时节，再不容许我们中途妥协。须知中途妥协的条件，便是完全投降、整个灭亡之条件。全国民众要认清'最后关头'的意义，最后关头一到，我们只有牺牲到底，抗战到底，唯有'牺牲到底'的决心，才能博得最后的胜利。若是彷徨不定，妄想苟安，便会陷民族于万劫不复之地……"

"我们东四省失陷，已有六年之久；现在冲突地点，已到了北平门口的卢沟桥。如果卢沟桥可以受人压迫强占，那么我们百年故都，北方政治、文化中心与军事重镇北平，就要变成沈阳第二！"

"北平若可变成沈阳，南京又何尝不可变成北平！"

"政府对于卢沟桥事件，已确定始终一贯的方针和立场，且必以全力固守这个立场。我们希望和平而不求苟安，准备应战而决不求战。我们知道全国应战以后之局势，就只有牺牲到底，无丝毫侥幸求免之理。如果战端一开，那就是地无分南北，年无分

1937年7月17日，蒋介石发表著名的《庐山谈话》。

老幼，无论何人皆有守土抗战之责任，皆应抱定牺牲一切之决心，所以政府必特别谨慎，以临此大事。全国国民亦必须严肃沉着，准备自卫……"①

在蒋介石发表此项抗日声明之时，由周恩来执笔的《中国共产党为公布国共合作宣言》，也已经转交到了蒋介石的手中。

中国共产党在宣言中向全国人民庄严宣告：

"当此国难极端严重民族生命存亡绝续之时，我们为着挽救祖国的危亡，在和平统一团结御侮的基础上，已经与中国国民党获得了谅解，而共赴国难了。"

同时作出四项保证：

一、孙中山先生的三民主义为中国今日之必需，本党愿为其彻底的实现而奋斗。

二、取消一切推翻国民党政权的暴动政策及赤化运动，停止以暴力没收地主土地的政策。

三、取消现在的苏维埃政府，实行民权政治，以期全国政权之统一。

四、取消红军名义及番号，改编为国民革命军，受国民政府军事委员会之统辖，

---

① 《对于卢沟桥事件之严正表示》，秦孝仪主编《"总统"蒋公思想言论总辑》台湾中正文教基金会网站。

当时关于蒋介石谈话的报道

并待命出动，担任抗日前线之职责。[①]

8月22日，国民政府军事委员会宣布，红军主力部队改编为国民革命军第八路军。

两个敌对的政治阵营，在民族存亡国家危难之际，再度携起手来，实现国共的第二次合作，抗日民族统一战线在隆隆的炮火声中建立。

全面抗战的时刻终于到了！

分散在全国各地的部队，争相电呈中央，纷纷要求调往抗日前线。

就在华北地区战云密布的同时，中日两国军队在黄埔江畔也一触即发。1937年8月13日，在两军对峙的前沿上海闸北地区，枪声骤起。

8月14日白天，中国空军对日军在上海的虹口、汇山码头等据点实施轰炸，当晚，事先已提前进入上海市区待命的第87师王敬久部和第88师孙元良部（后第36师宋希濂部也加入）在第9集团军总司令张治中的指挥下开始行动，于拂晓时向上海的日军发动全线进攻。

淞沪会战正式打响！

8月23日，日本援军在强大空军和炮舰的火力支援下，从上海东北方向的长江南

---

① 这是为中共中央起草的宣言，此宣言起草于1937年7月4日，7月15日由中共中央交付国民党，至9月22日国民党中央社才发表。《周恩来选集》（上卷），人民出版社1980年12月。

岸大举登陆。

上海战况吃紧，蒋介石从全国急调精锐部队加强抗击。

胡宗南手下的第 1 军从陕西赶来。

罗卓英的第 18 军从广东赶来。

俞济时的第 58 师从汉口赶来。

……

中日双方几十万大军云集到上海这个狭窄而密集的战场。

8 月 16 日，王耀武也接到了军事委员会的调令。

陕西宝鸡车站的站台上，四列长长的军列静静地等候着即将出征的抗日将士们。正在汉中集训的第 51 师奉命收拾行装立刻急行军到宝鸡，全师不顾旅途的劳顿，在沸腾的抗敌呼声中在宝鸡誓师，随即登上军列经郑州南下，一路上不顾敌机的轰炸袭扰，向上海方向疾驰。张灵甫以第 51 师上校高参的身份也随师部一同赶往上海战场。

8 月 24 日，第 51 师经苏州赶抵上海郊区嘉定的安亭镇。

随着全国各地部队源源不断地涌入，为便于协同指挥配合作战，南京的军委会于 8 月底在淞沪战场上新编了一批军级番号，将各师分别编制组合成新军。战况日趋激烈，这些新军的编制部队都是边战斗边在战场上临时拼凑而成，来自不同军系的部队会被凑在一起，而升任的新军长，也有可能是非本派系的长官，从而打破了国民党军长期以派系圈定部队统率范围的怪圈。

第 74 军就是这样一支临时拼凑而成的新军。

1937 年 8 月 30 日，第 58 师师长俞济时被任命为 74 军军长并兼 58 师师长，下辖第 51 师和 58 师，在沪战结束一年之后，第 57 师又于 1938 年 10 月拨入 74 军序列。

这支日后威震华中抗日战场的抗日铁军"三五部队"，就这样在纷飞的抗日战火中仓促诞生。①

第 74 军在抗战结束后整编为第 74 师，由于它在张灵甫的率领下积极参与内战，最后在孟良崮全军覆没，它在抗战期间的功绩，1949 年后直至 20 世纪 90 年代初在大陆都鲜有人知。一位解放军作家在撰写一本描写国民党军正面战场抗战纪实著作的后记中写道：

"为中国大百科编撰新四军、第三野战军条目，是我的正经活。有次，我在翻阅

_____

① "三五部队"是日军为第 74 军取的绰号，因该军的三个师均以五字开头。

抗战中的传奇之师74军首任军长俞济时

孟良崮战役资料时，看到一篇有关陈毅在被俘的74师将校军官会议上的讲话，这篇资料有许多省略号，引起了我的疑惑和兴趣。我拜访了整理这份资料的'老前辈'，问他为何要把陈毅的许多讲话省略了，这些省略的内容里说了些什么？他考虑了一下，回答我说，这些省略的内容是陈毅讲到有关74师在抗战中，是抗战的先锋，抗战模范等词句。那时出版这本书，担心有关国民党第74师积极抗战的事扩散出去，造成不好的影响，所以，用省略号替代了。现在看来，国民党抗战是不可磨灭的事实，应该写出来，让人们知道，国民党的许多部队在民族危亡的关键时刻，也是爱国的，也是进步的。搞历史的应该实事求是，尊重事实，有功言功，有过讲过。既然陈毅都敢赞扬国民党抗战，我们还怕什么呢？"[①]

第74军的确是国民党军中的一支传奇部队，这个军在抗战时期曾经被军委会当作整个华中战场的战略预备队，从上海、南京、兰封、瑞昌、德安、高安、南昌、长沙、上高、浙赣、鄂西、常德到雪峰山，抗战时期华中战场的每一场硬仗，几乎都活跃着74军勇猛的身影。当年该军在湖南武冈整训的时候，陈诚由重庆前往视察，他在对第74军营长以上军官训话时说："三、六、九三个战区发生战争，委员长在地图上先找74军的驻地位置。为什么？必要时，要使用你们这个部队。从这可以知道委员长对你们的器重。"作为这支传奇部队的一员战功突出的骁将，张灵甫在八年全面抗战期间，除了身负重伤不得已离队休养及后期赴重庆陆军大学进修外，一直马不停蹄随74军南征北战，几乎无役不从。

---

① 胡兆才《血战：国民党军正面战场抗战纪实》，社会科学出版社2004年6月。

74 军的赫赫战功使日军恨之入骨。战后日本防卫厅防卫研究所编纂的正式官版战史《中国事变陆军作战》频频提及日军与 74 军的作战情况，并咬牙切齿地称之为"支那第一恐怖军"。

74 军后来以国民党军"五大主力"之首和守卫首都南京的"御林军"著称，成为蒋介石的嫡系宠儿，但是作为一个新军，它在成军之初并未被上峰另眼相看，它的桂冠并非与生俱来，而是凭着在抗日战场上真正一刀一枪拼出来的战功脱颖而出，才在国民党军中享有了突出的地位和声誉。

74 军的基本部队是第 58 师，该师原由浙江省的两个省级保安团与已被撤销番号的原 58 师陈耀汉的残部合编而成，由俞济时统领。抗战爆发之后，俞济时率部由汉口赶往上海，投入上海防线施相公庙的激战。随后俞济时在战地晋升第 74 军军长，起先指挥他自己的 58 师、王耀武的 51 师与一个来自湘西的独 34 旅。

后来拨入的第 57 师则是由早年山东的一支地方部队改编而来的杂牌军，原先驻防咸阳，淞沪会战中经连云港赶往吴淞口参战，并在战地扩编成第 69 军，军长阮肇昌即为原第 57 师师长。由于伤亡惨重，战绩也不突出，且系杂牌，该军战后即遭裁撤。第 57 师几经周折，在一年后拨编到了 74 军，也是杂牌变嫡系的一例。

追根寻源，在这三个师中，张灵甫所在的王耀武第 51 师算是得之于中央军的正宗血脉。

74 军的三个师虽然来自不同的军系，在战斗力和装备上均具相当的水准。1935 年，国民党军对师级部队进行了整编，全国约两百个师级单位前后共整编了三十个，被整编的部队在人员、武器装备上得到了调整与充实，而这三个师也先后位忝其中。以军官素质而言，这三个师也相对较高。第 51 师与 58 师的军官大半出身中央各军事院校，57 师早期的师长阮肇昌本身则是军中著名的军事教育专家，20 世纪 40 年代担任过陆军大学教育长，他麾下的军官水准也不差。作为 74 军的首任军长，俞济时资历和战功在中央军中算是压得住阵脚，他曾经以师长身份参加过"一·二八"淞沪战役，在与红军作战中也有过实战历练，而他又是蒋介石的浙江奉化同乡，很早就被蒋视为心腹。虽然一般认为俞济时自视天之骄子，在先前浙江任上态度跋扈，但在统率手下出自其他派系的部队时，他还能够做得不甚偏颇。王耀武早在补充旅年代就把俞济时视为上司，两人一直保持着密切关系。有了这层渊源，这个新建的 74 军很快就形成凝聚力，为最后博得国民党"御林军"的荣耀地位打下了坚实的基础。

二

未来的"御林军"军长张灵甫,此时还名不见经传,初到上海郊外嘉定战场,这位51师的上校高参忙着在师部为师长王耀武出谋划策,协调各部的行动。

第9集团军司令官张治中命王耀武向罗店推进,准备接收罗店至施相公庙一线原由第18军11师守卫的防线。51师的官兵们摩拳擦掌,蓄势待发。

增援的日军自8月23日起在上海部分长江岸线陆续登陆,其中日军第11师团以一部兵力向宝山、浏河两个方面警戒,主力直扑罗店,并于当日午后占领了罗店。

罗店镇位于淞沪侧背,沪太公路中段,是江苏与上海之间的交通枢纽。罗店如落入敌手,中国军队与后方联系的陆上主要交通线将瘫痪。中日两方的统帅部都十分明白,罗店在淞沪战场的位置至关重要。

双方军队在罗店必要拼死相争!

在宝山和罗店担任反登陆作战的主力军,是陈诚指挥的第15集团军和第18军所属各部。他们从8月24日起向日军发起反攻,一度夺回罗店,但在日军反扑后又告失守,此后双方你来我往,罗店数度易手,血流成河,被称作淞沪战场上的"血肉磨坊"。

8月29日,当51师的先头部队306团赶到罗店附近的时候,遇上的正是这样一个血腥相持的局面。

306团的团长叫邱维达,也是黄埔四期生。邱维达布置完阵地,决定先对罗店的日军进行一次试探性夜袭。该团第3营在营长胡豪的指挥下,乘着夜色成功地在日军防线上撕开一道两百多米宽的缺口,不过第3营浅尝辄止,随即迅速按计划撤退诱敌。大胆妄为的日军果然中计,他们以为第3营不堪一击,在溃散逃窜中,于是尾随而出展开追击。在后面预设埋伏的邱维达马上组织全团火力,对出击的日军打了一个漂亮的伏击战。一仗下来,三百余名日本兵横尸阵前,中队长秀吉三郎毙命,联队长竹田也在伏击中负伤,日军的五辆战车在进攻中被击毁成了一堆废铁。51师主力顺利进占罗店、顾家宅战线。

第二天,上海的《申报》与《大公报》都兴奋地报道了这支刚刚到达上海的部队夜袭日军获得胜利的喜讯,还配发了师长王耀武的照片。51师在淞沪战场的罗店一战成名,极大地鼓舞了战士的士气。

本师在上海首战告捷,张灵甫也为之欢欣振奋,翻阅着手中报捷的报纸,他的内心也有一丝遗憾。离开陕西奔赴淞沪前线之前,张灵甫在致哥哥张秀甫的家书中写道:

装备简陋的中国士兵以血肉之躯迎战日军的重型坦克

"此次对日之战，为国家民族争生存，兵凶战危，生死难卜。家人当认我已死，绝勿似我尚生。余果死，堂上双亲，请兄奉养；膝下诸子，望兄抚教；余妻守嫁，听其自然。"抗日报国慷慨赴死之心，义无反顾。打仗他是惯打头阵的，五年前的"一·二八"淞沪抗战，由于蒋介石只希望借助国际调停尽早结束战事，张灵甫随胡宗南的第1师只能在上海附近作壁上观，最后悻悻而归，现在终于踏上了抗日御侮的最前线，正是军人在卫国战场上一显身手的时候，第51师的抗战第一仗却根本轮不到他出阵，谁让他只是个徒有虚名的高参，手上没有一兵一卒呢。虽说在师部帮师长运筹帷幄，战友的胜利也有他的一份心血，但他以前是握有实权的带兵官，习惯于做剑锋所指一呼百应的主官，如今却坐在后面当幕僚，犹如唱惯了主角的剧团头牌转做幕后协理，眼巴巴看别人登台，他的心中多少有些失落。尤其是在上火线巡视的时候，脚下炸翻的焦土，身边呼啸的弹雨，无时无刻不在刺激张灵甫渴战的神经，提醒着他，这里，才是更能体现他存在价值的所在。

张灵甫焦躁地等待着亲自率兵与日寇搏杀的机会，他扳着手指头，默数着那个补充团该抵达上海的日子。还在汉中整训的时候，51师已经由三团制师扩编为两旅四团制的师，王耀武向他许诺，陕西省的一个保安团正在改编为补充团，番号一下就让他接任团长的实缺。眼看着同僚在战场上杀敌立功，张灵甫实在心痒难忍，恨不得将陕西的补充团一把拉来上海。一直等到十月份，新兵团总算完成整训输送到了前线，这个团的番号是：第74军第51师第153旅第305团。张灵甫这个上校团长，终于得以走马上任了。①

新兵团姗姗来迟，这时 51 师在罗店的作战已经结束，移师到了施相公庙、曹王庙一带。在张灵甫的调教和指挥下，305 团这个新兵团不仅成功地抵御住日军对阵地的轮番冲击，还不时向日军发起夜袭反击，战况危急时，张灵甫甚至自己跳出战壕，率兵冲锋，给敌人以出其不意的打击。正当他打得性起准备为国立功的时候，没隔多少天，上面却传来了撤退的命令。

原来，战况急转直下，淞沪战场的国民党军由于日军在金山卫登陆而被抄了后路，不得不转入了总撤退。

在整个撤退过程中，74 军基本处于掩护大军后撤的位置，惯打前锋的张灵甫，这次完全掉了个头，成了全军的后卫。

11 月 7 日，51 师奉命退到青浦县城以南，在马桥、青浦城、铁店塘到三角店一线修筑工事，以掩护罗店的前线部队后撤。两天后，74 军全军退往苏州，留下邱维达带领 306 团固守青浦掩护撤退。11 月 16 日，74 军奉命担任苏州到吴江防线的防守，并展开一翼沿太湖警戒，防止日军由太湖登陆，以掩护淞沪战场撤退中数十万大军的侧翼。

从无锡到澄江，有一道国防工事线，修建于抗战之前，一般简称为锡澄线，是淞沪战场的预备阵地，也是守护南京的一道屏障。指挥总撤退的第三战区曾经试图将大军部署在这道锡澄线继续抗击日军。74 军在苏州到吴江之间展开的用意，就是为了争取锡澄线的部署时间。军长俞济时来到防线四处踏勘，他认为位于水陆要冲的望亭镇将是日军必取之地，便命令王耀武派一个团前进配署在望亭。

51 师在淞沪战场上鏖战两个多月，各团伤亡严重，这时最完整的团就只有到达前线时间最短的 305 团了。这个新兵团在上海表现出来的旺盛斗志和过硬的战绩，令王耀武对它的团长的作战能力充满信心。他叫来 151 旅旅长周志道，把张灵甫配属给他，交代周志道指挥 151 旅与 305 团，由 305 团一并负责固守望亭，迟滞追击的日军。

望亭镇位于苏州市西北，地处太湖之滨，在苏州与无锡交界处，属于今苏州市相城区。在 1937 年，此地有京杭大运河与京沪铁路（今沪宁铁路）通过，是苏州与无锡之间的重要交通枢纽，也是太湖水网的一个重要入口。

优越的地理位置，在战争中往往成为兵家的必争之地，在国民党军几乎失去抵抗

---

① 一些相关资料均称此前张灵甫已经参加了罗店战斗，但据当时任第 151 旅旅长周志道的回忆，张灵甫是在 1937 年 10 月才由高参调任第 305 团团长，因此他在罗店应不是以第 305 团团长的身份上阵。参见周志道《张灵甫将军传略》，《江西文献》第 73 期，江西文献社 1973 年 7 月 2 日。

蒋介石在淞沪抗战前线。

一路溃退的淞沪会战后期，望亭镇却因此成了尚与日军作殊死一战的少数几个战场亮点之一。

由于兵力不敷分配，张灵甫不能将305团整团带至望亭布防，只得抽调一个营的兵力。他的主要任务是守备京沪铁路在望亭的一三七号铁路桥与运河铁桥，除阻止日军陆路进攻外，也要防止日军汽艇侵入太湖。毫无疑问，日军要越过运河，必将试图夺取铁桥，守桥的任务将十分严峻。张灵甫决定亲自在第3营压阵守桥，这个第3营的营长，就是前面提到过的刘光宇。邱维达对刘光宇的评价甚高："有胆识，头脑清楚，重道义，富感情，但骡子脾气特强，带着他没有两套很难驾驭。"不过刘光宇碰上张灵甫可谓一物降一物，他对张灵甫相当尊敬服帖，直到后来到了台湾也一直与张灵甫在台的家人来往密切。

11月21日，天刚蒙蒙亮，日军第9师团就向望亭镇发起了攻击，一波接着一波的日军潮水般地向铁桥方向涌来，一眼望去，微明的晨曦中，一片鬼影幢幢。张灵甫在上海憋足了劲正没处使，这回总算等到了发泄的机会。待日军进入有效射程，一声令下，第3营官兵手中的机枪、步枪发出了怒吼，冲到阵前的日本兵顿时倒下一大片，死伤狼藉。不甘失败的日军紧接着又组织了数次冲锋，在第3营的顽强阻击面前，都没能逾越铁桥一步。日军被激怒了，他们招来飞机向第3营的阵地进行猛烈空袭，并在重炮掩护下再次发动连续的冲锋。张灵甫的部队没有强大的炮兵支援，更不可能有空军的助阵，他的手里，有的只是并不先进的轻武器，还有手下官兵作为中国军人保家卫国的一腔热血。在日军绝对优势的兵力和陆空火力立体攻击之下，固守在一三七号铁桥的305团第8连拼死力拒，损失惨重，连长刘德胜上尉在战斗中牺牲。刘光宇大叫："大桥告急！"

张灵甫在指挥所闻讯，立刻与周志道一起赶到铁桥畔，他们不顾日军剧烈的枪炮扫射轰炸，操起枪杆亲临死线督战。士兵们见团长和旅长都冒着枪林弹雨并肩上阵，士气大振，再次一鼓作气将日军打了回去。

三天，足足三天，日寇眼巴巴对着近在咫尺的太湖，望桥兴叹，无法进扑。305团在张灵甫的沉着指挥下，像一根坚固的铁闩，把日军第9师团一部牢牢卡在望亭，一步也前进不得。

西撤的数十万国民党军，此时正争先恐后向西奔突，真正是兵败如山倒了。在这种绝望的战况下，留下阻击的小部队往往处于绝境，只能以血肉之躯与追击的日军拼消耗、拼伤亡，成为丢卒保车策略下为大局而牺牲的小卒子。张灵甫当然明白自己的处境。"死守！"这是上级的命令。作为职业军人，张灵甫执行战斗命令向来是不含糊的，在望亭，他与全团官兵抱着必死的勇气，承受着敌人的狂轰滥炸，舍命抵挡日军的猛攻，毙伤日军千余人，至少为一部分在混乱中溃退的大部队争取到了三天宝贵的喘息时间。

张灵甫的团损失也不小，望亭之战，305团伤亡官兵六百余人，幸运的是，张灵甫还能带着剩余的部队全身而退。

11月24日傍晚，张灵甫接到了撤退的命令。

江南的深秋，惨淡的落日在一三七号铁路桥上洒下几抹淡淡的余晖，铁桥在夕阳下拖着长长的阴影，最后一次向世人展示着它弹痕累累的躯体。

撤离之时，张灵甫回首远眺他的部下曾经用生命守卫过的这座大桥，心中并没有丝毫的留恋。对他来说，掩护任务已经圆满完成，这就足够了。张灵甫干脆地一挥手，只吐出冷冷一个字的命令："炸！"

轰隆隆的爆炸声中，铁桥随着冲天的火光蹦向半空，随后缓缓地向湖面栽了下去……

刚炸了一座铁桥，又来了一座石桥。

俞济时在带领 74 军大部队撤离时，吩咐殿后的张灵甫将位于苏州东南的宝带桥摧毁。起先张灵甫并没太在意，不就是再炸一座桥，小事一桩。他遵命来到桥边，一眼望过去，愣住了。

这是一座历史名桥，横卧在澹台湖和运河之间，是苏州至杭嘉湖陆路必经之地，又跨诸湖之口，是船只通往运河及吴淞江的一个关口。该桥是中国现存古代桥梁中最长的一座多孔石拱桥，有"江南第一古桥"之美称，建于唐元和十一年至十四年（816—819 年），全长三百十七米，以五十三个环洞构成一个大连环，桥身以金山石筑成，桥面的宽度可以并行两辆汽车，雄伟壮丽。在俞济时的回忆中，张灵甫对炸毁这座古石桥的反应却没了之前炸铁桥的干脆，颇耐人寻味。俞济时得到的报告是：桥梁太坚固，没有爆破专家无法摧毁。最后是由工兵在桥两端各挖掘深沟三道，以阻止日军利用这座古石桥。

离开望亭，305 团向无锡以西的红菱镇归建，原先落在青浦作最后掩护部队的306 团，在 14 日与日军接战后也已完成争取时间掩护大军撤退的任务，但是第 2 营营长尹元之少校在激战中牺牲，该营战后只有七十余名官兵生还。这时邱维达带着部队赶了上来，他按命令在望亭将殿后的任务转交给张灵甫之后，便由当地老百姓带路，抄小道追赶大部队去了。

王耀武在师部急得团团转。全师大部队已经前进到南京郊外的通济门淳化镇地区，师部却与转移途中的张灵甫和邱维达两个断后的团失去了联络。已经三天了，眼下日军越过昆山正沿着公路向南京咄咄逼近，留下掩护的这两个团的位置很可能被敌军超越而处于敌后险境，现在还没能够联络上，只怕是凶多吉少了，手下两员大将和他们两个团的命运……王耀武简直不敢再想下去。

"这两个家伙打仗还是很有办法的。"他抱着最后的希望一面自我安慰，一面不停地向参谋们催问最新情况，可是参谋们千篇一律的答复唯有令他失望："还是没有消息……"

就在王耀武几乎绝望的时候，邱维达和张灵甫却一先一后风尘仆仆出现在 51 师师部，王耀武简直喜出望外，他一把攥住他们的手，激动地说："三天来一直为你们担心，能冲出重围，真是命大！"[①]

第 305 团和 306 团能够钻出日本追击大军的空隙安然归队，当然不单凭的是运气，

---

① 参见邱维达《沧桑集》，台湾《传记文学》1992 年 5、7、8、9 月。

部队穿小路走捷径脱离险境，全靠熟悉当地情况的老乡自告奋勇作向导，才得以避开日军的大部队。在抗战时期，全国军民同仇敌忾，积极抗战的军队，自然也得到广大人民群众的鼎力支持。张灵甫也尝到了军民鱼水之情的甜头。

他意想不到的是，紧接而来的一仗，是一场还没开战却已经几乎没有胜算但又不得不打的恶战。

第二节 血溅南京

一

相传朱元璋建都南京时，初开城门十三座，朱元璋登高视察城垣，发现地处东部的皇宫紫禁城靠近钟山不利城防，遂下令借助城外的丘陵地势再修建一圈外城，在险隘之处砌上一部分城墙，另开城门十八座，因此南京城门有"内十三，外十八"之说。外城早已不复存在，但是这些城门的名称作为地名流传了下来。位于南京东南郊的高桥门，就是"外十八"之一，当年太平天国战天京、武昌起义后苏浙联军攻南京，高桥门均曾经是激烈的战场，它是从东南方进入南京的一个门户。

历史的时针转入了 1937 年的 12 月。

日军沿京沪线继续西进，先头部队于 12 月初抵达句容附近，准备向南京进犯。战争的厄运，再度降临南京城。

高桥门前，空旷的荒野。

疾风劲吹，旗手高擎的军旗，在风中猎猎作响。头戴蓝绿色钢盔的士兵，手持钢枪，整齐列队面北而立，场面庄严肃穆。刚刚经过恶战和长途转移的 74 军第 305 团，正在进行入阵前特殊的宣誓仪式。

从望亭回归大部队，张灵甫心中一块石头落了地，本以为可以暂时先缓一口气，谁知板凳还没有坐热，王耀武就向他下达了新的作战任务：全团即刻移师南京南郊，接防 51 师的预备阵地。

在上海连月来的阵地战和撤退沿途的阻击战中，74 军元气大亏，连排长伤亡甚多，士兵缺员更为严重，师团长们都希望部队能够停下来，作适当整补之后再战。为此，军长俞济时专程去了一趟南京，请求蒋介石让 74 军像胡宗南的第 1 军一样，能够北渡长江休整。但是带回来的指示却不是北撤，他向大家宣布了统帅部的最新命令：撤退到南京附近的部队要留下一部分保卫首都，74军已经被列入首都保卫战的序列。这就意味着，部队必须马不停蹄连续作战。

上海战场的大部队自11月上旬开始撤离，战区原计划在吴福线、锡澄线逐次稳定战线，如果这些国防线能够如愿发挥预期作用的话，南京的防卫问题尚有时间从长计议。但是，由于南京统帅部的失误和日军的行动迅速，从淞沪战场撤下的数十万大军一路失控溃退，逐次抵抗的设想数日内化为乌有，首都的安危，出乎意料地突悬于旦夕之间。这样，保卫南京的议题就仓促间摆上了议事日程。

11月中下旬，蒋介石的陵园官邸数日灯火通明，各路大员纷纷应招赶来。在不到一周的时间内，蒋介石连续三次召集高级幕僚，紧急磋商对策。白崇禧、何应钦、刘斐等一批高级将领和幕僚均向蒋介石建议，以当前中日两军的状况，南京殊难固守，战略上不应为与敌争一城一地的得失而过早投入大部队消耗决战，他们主张，在上海作战损失较大的部队一律撤往后方整补，仅在南京留少量部队作象征性抵抗后主动撤离，以图保存实力，贯彻持久抗战的方针。蒋介石起初点头赞同，对大部队的撤退也作了指示，但是南京究竟应该守到何种程度，蒋介石仍然举棋不定。稍后参加会议的唐生智却力排众议："南京是我国首都，为国际观瞻所系，又是孙总理陵墓所在，如果放弃南京，将何以对总理在天之灵？"唐生智的高调，戳到了蒋介石的心病，南京毕竟是首都，军机幕僚可以只着眼于国内的军事因素，他蒋介石还是不得不考虑弃守南京在国际政治层面的影响。"再研究研究吧。"迟疑不决的蒋介石步出会议室之前，撂下一句未置可否的话。又考虑了一天，在最后一次会议上，蒋介石改变了主意，表态采纳唐生智死守南京的主张。委员长的研究结果，令统帅部的将领们面面相觑，会场上出现令人尴尬的沉默，没人愿意临危受命，主动去接守城这个烫手的帅印，既然唐生智这样强烈主战，就让唐将军自己去勇担重任吧。[①]

还在张灵甫率部激战望亭的时候，南京统帅部守卫首都的方针已定，起先讨论的象征性防御改成了永久性防御，如此，守城的部队就需要大大加强。唐生智向蒋介石请缨出任南京守将，南京卫戍司令长官部紧接着调兵遣将，原本不在卫戍军名单上的74军，就这样被拉入了保卫首都的序列。留守南京的其他部队也几乎都与74军一样，

---

① 蒋介石在陵园官邸召集会议讨论保卫南京之事，参见刘斐《抗战初期的南京保卫战》，全国政协文史资料研究委员会编《原国民党将领抗日战争亲历记——南京保卫战》中国文史出版社1987年。

南京保卫战示意图

在淞沪会战中打成了伤残之躯，在日军沿途紧逼跟踪袭扰的情况下，经过混乱的长途撤退，根本没有时间在后方进行即使是短期的整训补充。

俞济时回来后对王耀武说，他在南京所见到的将领都不赞成守南京，只有委员长和唐生智主张守，他问王耀武什么意见。王耀武说："我看没有守住南京的有利条件：（一）各部队新从上海撤退，士气不振，一般官长身在江南而心已过江北。（二）唐生智的长官部是临时凑合而成的，所指挥的部队是临时调拨的，这些部队他过去都没有指挥过，他不了解各部队的情况，也不了解敌人的情况。（三）要守南京城，必须守住城郊的要点，地区大，兵力单，难以形成纵深，易被突破。因此我也认为南京不易守住。"①

一个仓促的守城决定，一位无力控制全局的守将，一支疲弱的新败之师，这一切，都昭示着南京保卫战未战先败的悲剧性结局。战役的结果之惨痛，半个多世纪后依然令国人刻骨铭心，但是，若仅以成败论英雄，对当年那些不惜为国流血牺牲，以血肉长城抵御外侮的抗日将士们，则有失公允。在牢记南京大屠杀的国耻之时，我们后人也不应该忘记，当年的守城军人们，也曾经在南京浴血奋战过，在这出悲剧中，不乏可歌可泣的悲壮场面。

<h2 style="text-align:center">二</h2>

军令如山。一接到命令，51师迅速行动起来，从句容向西转移，11月28日到达南京郊外，驻通济门淳化镇中间地区，奉命守备南京城防从方山至淳化镇的一部分外围防线。

淳化镇在南京东南郊外，距中华门十八公里，在1937年时有京沪国道通过，今天则有104国道与宁杭高速公路（宁溧段）在淳化镇交会。日军一路若从句容进击南京，淳化镇是必经之地，定会以主力猛攻。51师的任务，就是防守这道通往南京的南大门。

在上坊镇的师部，王耀武向各团团长下达了作战部署：纪鸿儒的301团占领由宋墅（含）经淳化镇迄上庄（不含）之线，程智的302团占领右由方山（含）左迄宋墅（不含）之线，该两团先期构筑可御中口径炮弹之第一线防御阵地；刚刚归来的张灵甫305团负责把守从高桥门至河定桥（不含）之线，构筑预备阵地；邱维达306团为预备队，一部则置于湖熟镇，防范敌从右翼进犯。王耀武的布防，基本是一个沿当时的京沪国道而展开的纵深防御阵地。②

原先听说淳化一带筑有预设的国防工事，官兵们以为阵地应该有现成的坚固依托可恃，不料一到达实地察看，情况令人大失所望。所谓的国防工事，布局设计极不合理，机枪掩体相互距离甚远，射击孔大而无当不具隐蔽性，工事偷工减料，有的简直只是敷衍的土堆。由于守城的决定临时作出，具体的准备工作毫无系统可言，原有的工事

---

① 王耀武《第74军参加南京保卫战经过》，全国政协文史资料研究委员会编《原国民党将领抗日战争亲历记——南京保卫战》中国文史出版社1987年。

② 参见《陆军第51师保卫南京战斗经过》，《中华民国史档案资料汇编第五辑·第二编·军事（二）》中国第二历史档案馆编，江苏古籍出版社1998年。

无人留守，也没有向导，各部队连工事位置图都无处可寻，只能自己瞎摸乱撞，好不容易找到了工事，却大门紧锁没人接应，官兵们气愤地跺着脚叫骂，性急的干脆砸门而入。51 师到达前线即漏夜紧急抢修阵地，但是缓不济急。该师事后在战报中无奈地写道："构成坚固而纵深之阵地，需工甚大。而担任作战之部队输送力量薄弱，爆破材料及障碍物材料极感缺乏，虽经星夜赶筑，终以正面过宽，材料缺乏，阵地未能完成预期之坚固程度。"①

高桥门附近的阵地同样差强人意，张灵甫不得不督促部下尽速对工事作临时性的加固。

从高桥门的土坡向东南方瞭望，淳化镇方向日军的密集炮击清晰可闻，伴随着一串串沉闷的爆炸声，张灵甫不用望远镜也能望见，远处丘陵边缘不时腾起大团大团的黑烟，将天空染成一片阴沉的灰色，分不清哪是乌云，哪是硝烟。淳化镇第一线的301 团于 12 月 4 日开始已与进攻的日军主力接战，至 5 日下午，淳化镇正面的敌人增加到两千余人，附炮十余门，并且出动飞机竟日轰炸，前面传来的战况很不乐观，两天里 301 团官兵伤亡大半，纪鸿儒快要顶不住了。

时间刻不容缓，张灵甫已经来不及从容修筑完整的第二线阵地，他在高桥门附近快速检视一周，即命令全团集合阵前。

一支部队的精神和特色，往往与其主官的性格和作风十分相似。常言道：只有不会指挥的将，没有不会打仗的兵。由张灵甫一手带出来的新兵第 305 团，在两个多月沪战的实战磨炼中成长迅速，作战特色也打上了其团长的鲜明烙印，官兵们打起仗来自有一股与张灵甫一样不怕死的狠劲和虎气。虽然预设的工事状况不尽人意，张灵甫对部下的精神状态还是相当的满意，整齐的队列，钢盔下一张张被战火熏得黝黑的面孔，疲惫中依然昂扬着为国杀敌的战斗豪情。遗憾的是，对其中的许多人而言，未来的几天，南京很可能是他们年轻生命的最后终点，当他们的躯体倒向这片战斗过的即将沦陷的国土，他们永远不会知道，身后留下的，将是令他们死不瞑目的屈辱。

对于战场上的生与死，张灵甫对部下的诠释是典型的铁血军人式的训示："作战须步步求生，而存心必时时可死！盖有光荣战死之决心，乃能作绝处逢生之奋斗！"团长的训话斩钉截铁，接下来的宣誓仪式，更将全团的情绪推向了高潮。张灵甫肃立

---

① 参见《陆军第51师保卫南京战斗经过》，《中华民国史档案资料汇编第五辑·第二编·军事（二）》中国第二历史档案馆编，江苏古籍出版社 1998 年。

队前，面向紫金山，亲率全团官兵向中山陵方向遥拜，官兵们挺枪举拳向孙中山寝陵同声宣誓：誓与首都共存亡！

淳化镇的战斗，以身负重伤的 301 团团长纪鸿儒被抬下阵地而告终，团里的十二名连长，四分之三非死即伤，全团官兵伤亡一千四百余人，301 团几近全军覆没。12月 8 日凌晨，淳化镇失守。

王耀武见情势不妙，只得将 51 师的阵线向后收缩，日军趁势发起追击，企图将撤退中的 51 师一举歼灭。王耀武打算将师主力撤过第二线阵地，转移至光华门外的飞机场继续抵抗。

一个电话打到第 305 团的团部，电话里响起王耀武浓重的山东腔："灵甫，第305 团向淳化镇后方管头、上坊镇一线推进，掩护师主力转移！"

又是一个吃力挨打的阻击后卫角色。张灵甫没有怨言，放下电话，他将防务转交给接防的友邻第 87 师，离开坚守了两天的高桥门，率 305 团逆北撤的师大部队而动，匆匆向离淳化镇仅数里之遥的新阵地赶去。

12 月 8 日入夜，51 师奉长官部命令放弃淳化、方山阵地，向河定桥（不含）、麻田桥之线转移。日军穿过已经没有对手的淳化镇防线，原与 305 团防地相接的河定桥一带由于根本没时间构建像样的工事，也被日军乘虚占领。但是，日军随后的进展遇到了顽强的阻力。张灵甫率 305 团主力半路截杀而出，力阻强敌。打疯了的鬼子目标直指京城，根本不把这支中国军小部队的拦击放在眼里，各色炮火对准 305 团的阵地一顿狂轰，企图用优势的火力将弱小的对手迅速从前进的道路上一把抹去。

炮击刚停，日军的步兵在六辆战车的掩护下向 305 团的阵地冲了过来。阵地上临时单薄的工事在敌人猛烈的炮火轰击中尽毁，满是血污的尸体和断臂残肢散落一地。305 团的士兵几乎无处藏身，许多人只得匍匐在敌人炮弹炸出的浅坑中掩蔽，向冲上来的日军开枪还击。敌人的步兵仗着战车的掩护，向着阵地步步逼近，短暂的对射过后，攻守双方在阵前短兵相接，刀枪铿锵处，鲜血飞溅，不断有人倒下。仗打到这个份上，几乎是回到了以血还血，以牙还牙的冷兵器搏击状态，作为一名本身具备相当战术指挥水平的团长，要在近战肉搏中要求部下勇敢奋战，牺牲拼命，什么细致的现代战术部署，都已经失去讨论的意义，这时的张灵甫，唯有以个人英雄主义的感召，以身作则向部下示范人在阵地在的无畏勇气。

他迅速组织起火线敢死队，自己端起枪，亲自率队向日军发起反冲锋，坚决将来敌逼退。冲杀中，张灵甫的左臂中弹负伤，他匆匆包扎后继续投入战斗，部下力劝团

抗日战争时期的张灵甫

长随伤兵撤过长江到后方就医，张灵甫勃然作色道："昔日项羽兵败，犹不愿渡乌江，我岂能因伤渡长江？当与敌决一生死以践誓言！"团长负伤不退裹伤犹战，榜样在前，官兵们无不感奋力拼，在张灵甫的带头冲杀下，305团终于在夜战中拼死夺回了河定桥阵地，以团长负伤、连长伤亡五人、排长以下伤亡六百余人的代价，把日军堵在南京东南郊的大门之外。

但是，战况依然喜忧参半，守卫东山屯的第2营不久传来令张灵甫不安的坏消息：阵地经不住敌人的密集轰炸已被突破！失去一翼阵地的依托，305团顿时陷于极其不利的势态。

得知张灵甫负伤的消息，王耀武吃了一惊，考虑到51师已经大部退到南京城区，他连忙派人向张灵甫传话，着他过江就医，305团阻击任务已经完成，即刻向城区撤退，占领雨花台的藏家巷、毛官渡、新闸、杨庄一线。

对王耀武要他离队就医的传话，张灵甫充耳不闻，他拒绝在激战的危急时刻扔下手下的官兵自己脱离部队，便自顾带领305团向雨花台的新阵地转移。

当时，王耀武布置151旅周志道部担任水西门外的防务，以153旅李天霞部担任沿城墙的防务，占领水西门、中华门间的城角及其以左一百米处的城墙阵地，左面与第88师密切联系。

进得城来，已经是9日的深夜时分，刚刚赶到新战场的张灵甫发现日军已经跑在

日军战车进攻中华门

了前头，藏家巷防线被敌抢先一步占据，并有一部日军突入了中华门一带，他立即将部队展开，与突入的日军继续彻夜混战，趁敌立足未稳，将侵入中华门附近的日军打出门去。

10日拂晓，305团的防线遭到了日军的猛扑，城门内外，天昏地暗，枪炮声不绝于耳。又是一天一夜的混战厮杀，一直打到11日上午，日军见正面的阵地久攻不下，便避开305团的主力，向防线侧翼的华严寺、姜家营、毛官渡攻击。张灵甫立即将于清祥营投入华严寺，加强防守兵力。华严寺的争夺战反复激烈，营长于清祥在战斗中重伤，全营伤亡四百余人，但华严寺最终还是牢牢掌握在张灵甫的手中，305团成为南京中华门前的一道坚强屏障。

当天中午，南面的雨花台方向传来噩耗，守卫雨花台正面的第88师遭敌突破，305团的侧翼顿时暴露在日军的枪口之下。占领雨花台的日军居高临下，利用有利的地势向华严寺的第305团疯狂俯射。遭到来自背后的猝然打击，张灵甫在敌人的两面夹攻之下，渐感吃力，但是他依然坚守在阵地前沿，率部力战不退。据51师战报记载："11日午刻，因我雨花台守军先行退去，以致我毛官渡、华严寺阵地腹背受敌，然犹奋力迎战，不敢轻弃寸土。"[1] 从高桥门、河定桥、上坊镇到华严寺，将近五天的奔波激战，

---

① 《陆军第五十一师保卫南京战斗经过》，《中华民国史档案资料汇编第五辑·第二编·军事（二）》中国第二历史档案馆编，江苏古籍出版社1998年。

305团的伤亡触目惊心，张灵甫清点人数，全团十二名连长五人伤亡，官兵折损已近千人。

王耀武获悉305团伤亡严重，下令张灵甫将部队收缩到南京城西南角的赛虹桥，与周志道的151旅会合。远在城东另一侧的第3营被日军隔在光华门外，刘光宇率第3营经过华西门、洪武门、太平门等，环城跑了七十余华里才到达横卧秦淮河的赛虹桥。

负伤多日的张灵甫，在连日的激战中几乎不眠不休，失血、伤痛加上极度的疲劳，与总部会合时，他面色苍白，力渐不支。军长俞济时一见张灵甫这副模样，不容分说当面强令张灵甫暂时离职，即刻去江北治伤，并下令305团团长由中校团附常孝德代理。迫于军长的命令，张灵甫不得不黯然离队。①

运送伤员的江轮拖着白色的浪花，缓缓驶向江心，将激战中的南京城区留在了身后。正是华灯初上时分，城里星星点点的灯火，淹没在流萤般漫天划过的弹雨和时隐时现的火光之中。凭着十来年的作战经验，张灵甫不难从近日来的战况作出判断，这场战役的胜负已经没有了悬念，想到首都迟早即将沦陷，城内的弟兄们还在作殊死抵抗，自己有心杀敌，无力回天，张灵甫悲怆于怀，怅然欲泣。

张灵甫过江疗伤后，305团残部在代团长常孝德的带领下，退到了水西门，与在赛虹桥的302团一起继续作战。

在12日的战斗中，151旅旅长周志道指挥该旅仅剩的主力302团击毁日军战车四辆，击毙日军五百余人，并缴获轻重机枪十余挺，步枪四十余支。但是，302团团长程智与该团第1营营长郑浦生壮烈殉国，全团伤亡官兵一千七百余人。153旅旅长李天霞指挥306团守卫中华门以西城墙，由于左翼友军不支而退，306团虽勉力与爬入城墙的敌军激战，终因兵力单薄难以相持，李天霞和团长邱维达均负伤，营长万琼、胡豪牺牲，全团亦伤亡官兵一千三百余人。②至此，51师伤亡总计已达约五千五百人以上。

当日傍晚，正当各部还在奋战之中，突然传来南京卫戌司令长官唐生智下令撤退的消息。这位矢志坚守南京的唐将军，前几天为表示自己与南京城共存亡的决心，曾经亲自下令浦口方面的驻军有权击沉由下关驶向北岸的船只，此时此刻却率先坐船渡江逃难。在他的身后，是火光冲天的首都，是完全没有组织的总撤退，南京军民陷入

---

① 张灵甫离开南京的时间说法不一。周志道的回忆称张灵甫没有离队，一直到"率部转进江北"。但是俞济时和邱维达的回忆均称，第305团在南京的最后战斗已由常孝德代团长指挥。故此处取后两者的说法。

② 51师各团伤亡情况均据《陆军第51师保卫南京战斗经过》所列数据。

南京大屠杀的惨象

空前的狂乱状态，抗战史上一幕最大的悲剧开始了。

按照当日下午3时唐生智发布的《首都卫戍部队突围命令》，74军的突围地境应在铁心桥—谷里村—陆朗桥一线，可此时全城大乱，通往下关码头的道路上挤满了争相过江的军民，你推我挤，相互践踏，74军也无所谓突围地境可寻。王耀武笔下51师的撤退和他目击的沿路状况，是当时混乱场景的真实写照：

"俞济时等参加开会的人到了长官部，唐生智将已印好的突围命令立即分发各军、师长，很快就散了会。这时天已黑，俞见情况紧急，立即派军部李参谋把命令送给我，并嘱我师立即设法过江，过江后到滁州车站附近集结。我即令第151旅到八卦洲附近绑扎木排过江，第153旅及师直属部队至下关设法渡江，过江后到滁州车站附近集结……我出了挹江门，走到下关江边，看到各码头上的人很多，如同热锅上的蚂蚁到处乱窜；江里只有极少数的船只，无船的部队见船就抢，也有互相争船或木排而开枪的；有的利用一块门板或一根圆木而横渡长江的；有的看到过江无望而化装隐藏在老百姓家里的。我无船过江，正着急时，遇到军部张副官，他急忙对我说：'军长和冯圣法等都已过江了，军长见到战事失利，早派人在浦口预备好了一艘小火轮，这艘火轮每次可以装三百多人，叫我来接你和部队。'我即带着一部分人上船过江，同时立即加派师部副官主任赵汝汉带着一部分武装兵，协同军部张副官接运第74军的官兵。经一夜接运及自行设法过来的约五千人，武器损失殆尽。至13日天亮，敌人的兵舰已在下关八卦洲的江面上横冲直撞，来往逡巡，并用炮向我利用船只、木排、门板、圆木等渡江的官兵射击。被敌炮火及敌舰撞翻淹死的很多。"①

74军参加南京战役的部队原有一万七千人，撤到江北的残余部队，据俞济时的回忆，至12月13日拂晓，51师有三千余人，58师有四千余人，74军过江后在蚌埠设立了收容所，又陆续收容了四千余人。②此处王耀武的回忆与俞济时有异，王说74军当晚抢运过江的官兵人数为五千余人，但是仍有大批官兵在从中华门到江边的沿途失散，包括306团团长邱维达。俞济时和王耀武得知丢了邱团长，非常着急，派一艘小轮沿江喊话寻找，所幸在煤炭港巧遇腿部负伤的邱维达，即把他与随行副官卫士一同救起。

全军撤走时，51师在赛虹桥阵地还留下了一支殿后的小部队，302团第1营的剩余官兵，以生命在这场悲剧中演出了壮烈的最后一幕。12月13日，南京全城沦陷，日军开始了惨无人道的大屠杀，抵抗已经毫无希望，但是第1营在营长徐景明的领导下继续作孤军奋战，宁为玉碎，全营一直与敌拼杀，最后全体殉国。

1946年春的一天，一辆军用吉普车从"御林军"第74军（当时尚未整编成师）在南京的军部驻地孝陵卫疾驰而出，穿过南京城区，在城西的赛虹桥边戛然而止。前座的副官下车拉开后门，车里下来两名将军，均身着笔挺的黄绿色将军呢制服，领章上将星闪耀，气度不凡。其中一个高个子将军手执手杖，走路右腿微瘸，不用说，这位瘸腿将军，就是已经位居国民党陆军第74军军长兼首都警备司令的张灵甫，身边略矮的一位，是他以前的老同事周志道，此时已调任第100军（后整编为第83师）副军长。面对秦淮逝水，远处青山依旧，张灵甫与周志道在桥边追忆前尘，缅怀为抗日而英勇捐躯的昔日袍泽，不胜唏嘘。

不久，赛虹桥畔竖起了一座石碑，纪念碑是74军51师工兵营所建，碑上"五十一师殉国官兵纪念碑"的题字，是张灵甫特请他的老朋友监察院院长于右任先生书题，以纪念当年在南京保卫战中壮烈殉国的第51师官兵。

---

① 王耀武《第74军参加南京保卫战经过》，全国政协文史资料研究委员会编《原国民党将领抗日战争亲历记——南京保卫战》中国文史出版社 1987 年。

② 俞济时《八十虚度追忆》，台湾"国防部"史政编译局 1983 年 12 月。

第三节 重返豫东

一

南京一役，张灵甫因伤势严重，渡江后不久暂别部队回到西安养伤，住在西安当时最著名的大同医院。来医院探视的亲朋好友和昔日同事同窗络绎不绝，大家少不了一通慰问和溢美之词，在张灵甫听来，心头却是别有一番滋味。

这个时候他早已经知道，11 日那天他被军长俞济时逼着渡过长江前往野战医院就医，实属万幸，负伤使他躲过了一劫。合上眼睛，野战医院里侥幸逃离南京的伤员痛心的哭诉，依旧历历在目。就在他离开南京的第二天，12 月 12 日，首都弃守，群龙无首的大撤退场面极度混乱，守军各部在南京的下关等处挤作一团，江边、江面的部队无遮无掩地裸露在日军炮舰和飞机的疯狂扫射轰炸之下，完全成了敌人的活靶子，继之而来的日军野蛮屠城，更是国人心中永远的痛。

战局演变至今，实在是军人之耻，只有与敌再决生死，才有脸告慰家乡父老。大后方的西安很少闻到前方的战火硝烟，虽然老百姓从战时动员和日机轰炸中感受到大战的气息，对于前线的战事，还只是从报纸上读到一鳞半爪，躺在医院的病床上，张灵甫魂不守舍，他不愿意在医院再待下去，臂伤还没有痊愈，就赶着返回部队报到。

王耀武正忙得抓瞎，张灵甫提前归队正中他的下怀。南京一仗下来，51 师的四个团长，程智阵亡，张灵甫、纪鸿儒和邱维达全都重伤，离队休养。团级军官尚且伤亡如此，下级官兵的损失之大足见一斑。负伤的团长们陆续归来，王耀武论功行赏。张灵甫在上海、南京战役中的果敢表现，加深了王耀武对他的器重，1938 年 3 月，张灵甫升任第 153 旅副旅长，并仍兼 305 团团长，他的顶头上司第 153 旅旅长，就是在孟良崮战役对他见死不救的整编第 83 师师长李天霞，这是后话。邱维达则于 5 月归队，升任第 151 旅副旅长，成了周志道的副手。

当时 51 师正在湖北荆门休整，除了将原留洛阳的一个补充团补入外，还从其他来源补充了不少新兵。抗战军兴之时，民众抗日御侮热情高涨，后方师管区的新兵团中，并非都是被强制征兵的壮丁，主动投军杀敌报国的热血青年也为数不少。笔者曾经访问过的原 74 军老人中，就有这个时候入伍的爱国学生，胡立文就是其中的一个，七七事变爆发后，这位十六岁的湖南中学生与他的哥哥和同学们一道踊跃报名参军，被集中到江西的九江师管区集训，后来适逢74军整补，他被分配到51师。新鲜的血液输送到战后严重失血的一线部队，繁重的新兵训练工作就成了当务之急。

张灵甫回来后的第一件事，就是练兵。

305团经过上海、南京两次恶战，老兵所剩无几，要在短时间内将补充的新兵训练成上场即能应付恶战的劲旅，不是一件容易的事。能最终成为国民党军中的王牌将领，张灵甫有一套他的带兵手段，他标榜"四耻四乐"为练兵标准，即："作战怕死，军人之耻；学术落伍，军人之耻；逃病兵多，军人之耻；纪律废弛，军人之耻"；"救民水火，军人之乐；军誉日隆，军人之乐；精诚团结，军人之乐；歼敌致胜，军人之乐"。在胡宗南手下时，他就以练兵从严著称，在74军，305团的官兵又一次领教了他魔鬼式的严厉，试过偷懒懈怠的，尝过张灵甫的军棍后，都心有余悸，不敢再犯。张灵甫练兵不搞花架子，重点在单兵野战技术、小班战斗及小班防御的演练，各连队相互观摩考评，在频繁的模拟演练中，让新兵感受战场的逼真环境。

对于张灵甫的从严治军，见过十分极端的两极评论。

曾经在74军任职的周更声撰文说，张灵甫治兵严苛，手段暴戾，时常杀一儆百："他在当师长时（笔者注：应指张后来在第58师任师长时），曾对他的团长刘光宇说：'明天纪念周，你团里有几个（他的惯用术语，就是有几个要枪杀的官兵）？'刘团长说：'我团里没有。'张灵甫说：'你们团里总是没有。明天一定要替我找几个出来。'刘也说：'只有拿我去枪毙吧。'"①

不过，同是张灵甫的部下，也有人称他平时温文尔雅，待官兵如子弟。

作家吴强在小说《红日》里描写过这样一段情节：因崇拜师长而改名的营长张小甫从解放军的俘虏营归来，被暴怒的张灵甫打了一顿关起来，他的副官过后去看望张小甫，送去师长关照的饼干食品，安慰说："他把部下的每个人都看成是自己的儿子一样，这，你也是知道的。"小说的人物情节是虚构的，吴强倒是访问过整编第74师的俘虏，有没有一点生活的原型呢？我们来听一听亲身跟随过张灵甫的原74军老人的现身说法。

胡立文老先生，一直居于大陆，现已八十多高龄，精神矍铄，思路清晰。1938年，他加入第51师，分配到153旅，张灵甫见他是学生出身，字也写得不错，就安排他在305团团部当文书。抗战期间，胡立文一直跟在张灵甫身边有四年之久，直到张灵

---

① 周更生《国民党第一补充旅的前前后后》，湖北文史资料2002年11期。

甫在第 58 师师长任上保送他去读军需学校，他才离开 74 军，抗战胜利后又回到整编第 74 师任军需官。在与他经历类似的人当中，命运之神似乎对胡立文特别偏爱，孟良崮战役时，他在后方临沂，74 师覆没后，重建的 74 军在淮海战役再次覆灭，他又侥幸留在南京没有参加，并从此脱离了国民党军队，脱下军装当了老百姓，靠以前所学的专业知识生活。因此，新中国成立以后他不像一些昔日同仁那样倒霉，他的历史问题也没有给他带来多大的麻烦，在专业岗位上，他兢兢业业，可谓桃李满天下，深得领导和同事们的好评，还在 20 世纪 50 年代就当上了地方上的政协委员。当胡老先生对笔者谈起半个多世纪前的老上司，心情颇为复杂：

"他在打仗、军训时，确是一位威严令官兵敬畏的将军。部队总是有纪律的，74 军的军纪非常严格，抗战的时候，我们与驻地的老百姓关系很好，说不拿一针一线也不算过分的，你做错事他用军纪处罚很正常。在平时，他对部下很礼遇，你问他对我这个小兵怎么样？我只能说……很好。我到他那里才十七岁，个子小小的，在他面前像个小孩子，可能我做事也还算伶俐，他很喜欢我，总对我和颜悦色的，从来没有训斥过我，有时候还摸摸我的头，鼓励我好好干，像是家里大人对自家孩子在说话，很和气的。"[1]

张灵甫曾经自我总结教育士兵的经验说："说法未必能使顽石点头，苦心不辞一滴杜鹃之血。"看来除了凶神恶煞般的严厉，他也还有对部下耳提面命的耐心。

说白了，这就是胡萝卜加大棒，凭着这一套恩威并施，加上以身作则，张灵甫在部下心目中确实树立起了相当高的个人威望，获得了官兵们的拥戴。

1938 年 4 月，51 师在黄陂接受军委会校阅，获得军委会校阅官的优良考评，305 团的成绩在阅后评定中，名列全师第一。

抗战的大局依然在不断恶化，平静的休整很快结束。1938 年 5 月初，74 军调入新组建的第一战区第一兵团序列，该兵团集中于河南东部地区，故又称豫东兵团。张灵甫随 74 军再上战场，出征豫东。

二

抗日战争打了大半年，中国军队以血肉长城苦苦抵挡，打破了日本侵略者"三个月内灭亡中国"的狂言，自己也付出了极其沉重的代价。中国军队的表现，一言以蔽之：

---

[1] 2004 年 8 月笔者与胡立文先生的电话访谈及其提供的书面回忆。

李宗仁于台儿庄车站的留影

屡战屡败，屡败屡战。由于早期战略思想的错误，战术呆板，加之落后匮乏的装备难以与日军的强大武力匹敌，机械的国民党军在辽阔的战场上处处被动，攻无实力，守则不固，而日军在机动能力、兵力编排和战术指挥上皆优于国民党军，因而掌握战场主动，节节取胜。虽然日本刚在1938年1月11日的御前会议作出决定，军事上暂时停止扩大在中国的作战规模，诱使南京政府求和投降，可是在华军事行动的顺利，使得侵华日军的野心不可遏制地膨胀起来，他们多少有点"将在外，君命有所不受"了。1938年初，已经攻占了华北五省的大部和京沪杭三角地区的日军，继续南北对进，对以徐州为中心的中国第五战区形成夹击的战略态势。侵华日军强烈的求战欲望，感染了东京大本营，加上蒋介石出乎日方的意料拒绝其提出的苛刻条件，坚决不向日本求和，东京大本营遂改变原计划，决定顺应侵华日军的求战呼声，发动徐州会战，要对中国军发出致命一击，以使其永远不得咸鱼翻身。中国第五战区的形势顿时紧张起来。

一开始，"致命一击"是打了出去，结果却事与愿违，之前被认为不堪一击的中国军队，非但没有料想中的一击就倒，反而让日军出师未捷先自栽了个大跟头。轻敌的日军阴沟里翻船了，翻船的地方因此战而名扬史册，这个地方，就是鲁南小镇台儿庄。1938年3月中下旬始，在第五战区司令官李宗仁的指挥下，中国军队在历时半个多月的台儿庄战役中，击溃日军第5、第10两个精锐师团的主力，取得了台儿庄大捷。

台儿庄大战中，中国军队发起进攻。

中日开战以来，中国军队第一次在大规模战役中战胜了对手，蒋介石欣喜若狂，他食之甘味，胃口被刺激得大了起来，李宗仁指挥一帮杂牌军也能打破日军不可战胜的神话，要是再集中更多的主力部队扩大台儿庄胜利的战果，应该也不是异想天开吧。于是，蒋介石陆续从各战区调集大批军队，第五战区的兵力由二十九个师大举增加到六十四个师又三个旅，共达约六十万人，在徐州摆出与日军一决雌雄的架势。

骄狂的日军在台儿庄结结实实挨了一闷棍，"大日木皇军"的颜面尽失，南京政府又乘机在国际上到处张扬这难得的胜利，日军大本营为挽回面子，也顾不得御前会议"在8月以前绝不向新地区发动进攻"的方针，陆军部向华北方面军总司令官寺内大将、华中派遣军总司令官畑俊六大将发出第84号命令，华北方面军以一部占据兰封以东陇海线以北之地区，华中派遣军以一部占据徐州以南津浦线附近。据此，日军在4月间自平、津、晋、绥、苏、皖一带，纠集了十三个精锐师团，约三十万军队，兵分数路对徐州大包围。

进入5月，战局已转为对我方不利，为避免被日军包饺子一锅端，李宗仁根据统帅部放弃鲁南苏北的指示，于5月18日命令战区各部按部署分路突围。5月19日，徐州弃守。日军占领了徐州，但是人去楼空，围歼中国大军的计划扑了空。

日军还在与徐州我军激战的时候，前锋第14师团土肥原部已经从濮阳渡黄河向

国民党军中的抗日名将薛岳

鲁西南和豫东扑来。土肥原部的行动意图十分明显：切断陇海线，既可断绝中国军队东援徐州，又断了徐州守军的退路，还可与华中方面的日军主力相呼应，一石三鸟。

战火向豫东蔓延。李宗仁退幕，豫东兵团的司令长官，该登场了。

徐州会战后期，为策应第五战区的作战，蒋介石从正在整补的中央军抽调部队，组建了豫东兵团。这支兵团大部分属中央军嫡系，俞济时、宋希濂、黄杰、桂永清……个个都是有来头的黄埔系将领，不够分量的司令官还真难以镇得住这些手眼通天的天子门生。谁有资格来执掌这个兵团的帅印呢？蒋介石亲自点将：薛岳。

薛岳，字伯陵，广东乐昌人，生于1896年。当同龄的孩子还过着自由自在童年生活的时候，十岁的薛岳已经是广东陆军小学的学员，后入保定军校第六期深造，自此，薛岳与军队结下了不解之缘。薛岳年纪不大，资格却不嫩，他曾与叶挺同在孙中山警卫团当过营长，不到三十岁就成了粤军名将，在内战中是一员积极的"剿共"先锋。但是在抗日战场上，薛岳当不愧为抗日名将，从豫东会战开始，他将在中国的抗战史上留下若干值得一书的大手笔。上海会战时，薛岳是第19集团军司令官，南京战役之后，他出任第三战区前敌总指挥，主要在苏浙皖地区建立游击区，稳定江南战局。对一个职业军人来说，打游击总不如指挥大规模正规战来得专业、痛快，李宗仁血战台儿庄，在第三战区的薛岳的心情不是隔岸观火，他更像一个在场边坐冷板凳的替补队员，空怀壮志，感叹时不我予。

蒋介石一纸豫东兵团司令官的委任状，令薛岳血脉膨胀，机会终于来了，"看试手，补天裂"！

三

张灵甫对豫东一点不陌生。砀山、野鸡岗、贺村、仪封、毛姑寨，手指划过地图上这一连串熟悉的地名，中原大战的往事像电影的闪回镜头，一幕幕赫然在目。时过境迁，物是人非，八年前在此对垒的两军，在1938年之春，西北军成了台儿庄之战的中流砥柱，曾与他们打得头破血流的中央军精锐，现在则到豫东，策应徐州方面的作战。抗战初期，当国家面临生死存亡的危急时刻，各派系军队共同汇集在中华民族的旗帜下，众志成城一致御侮，彰显军人以民族大义为重的爱国精神。

74军起初的战场在砀山，掩护大军西撤。砀山位于豫皖边界，今已划属安徽辖区，当时则还是豫东后方。5月13日，第51师151旅先期与第58师一起坐火车抵达砀山，适逢日军小股部队作试探性袭扰，周志道命令302团派精兵一百五十人赶往回龙集截击，歼敌一百余人，摧毁轻战车四辆。次日，俞济时派58师分别向永成、丰县的日军出击，击落敌机两架、击毁坦克八辆。张灵甫随153旅乘第二批车及时杀到，下车伊始，他立即指挥部队加入砀山阻击战，与友军协同配合，联手抗敌。战斗中，张灵甫团一名营长负伤，官兵伤亡数十人。负伤的营长叫陈传钧，即后来在孟良崮被俘的整编第74师51旅旅长。战后，张灵甫听说58师在日前的战斗中巧用战防炮，击毁日军战车多辆，他特地骑马奔赴战地观摩，向58师的同僚虚心取经，回来后召集全

土肥原贤二，侵华日军将领，甲级战犯。战后经东京远东国际军事法庭审判，被处以绞刑。

团介绍友军战斗经验,激发部下的斗志。

5月中旬,云集豫东的中国军队已有十多万之众,南下来犯的土肥原极其猖狂,为达成切断陇海铁路的战役目的,他罔顾四周的中国大军,带着两万余人的一个师团,孤军直闯对方重阵,几天内连下数地,主力集结于罗王寨、三义寨、曲兴镇等几个大集镇,兵临兰封城下。

翻开河南地图,找到兰考和开封,可以清晰地看到,土肥原是沿着陇海路沿线据交通要道的大小村落布防。他的北面是属西路军的桂永清第27军据守兰封,西面是李汉魂的第64军,东路军俞济时第74军和宋希濂第71军沿陇海铁路的野鸡岗、贺村向日军右侧挺进。土肥原师团的位置,正处在中国大军逐渐形成的合围之中。

这个合围的局,是薛岳替他设的。豫东兵团前出阻敌,原本意在阻击日军南下,土肥原的轻狂突前让薛岳嗅到了围歼该师团的绝佳战机。还在土肥原猛攻归德的时候,薛岳考虑战场形势的变化,果断改变豫东作战部署,反守为攻,分东西两路出击,力图围歼土肥原师团于兰封地区,因而战史上也将此战称为兰封会战。5月20日,会战开始转入双方对攻势态,中国军队对占据交通沿线的日军据点发起了全线进攻。当日,宋希濂军与敌激战仪封、内黄,豫东我军并力克野鸡岗车站。

谁都知道,砍树用斧子远比用菜刀省力,攻坚也是一样,重武器在攻坚战中的效用不言而喻。威力强大的重炮,可以在步兵发起进攻前摧毁守军的坚固工事,大大减轻攻击部队在战斗中的困难和损耗。而缺乏重武器导致攻坚不力,却是抗战初期中国军队普遍的软肋。以74军为例,豫东战役的时候,只有58师有一个炮兵营,编制六门克鲁伯山炮,这六门山炮竟然还是前清遗产,炮身上有"大清光绪年间"字样和圆形的祥龙标记。还幸亏借助这六门前朝留下的山炮的威力,58师在27日的罗王寨攻坚中大展神威,与友军一同合力将日军逐出寨门。

51师当时能提供的炮火支援就更可怜,连满清的山炮都没有,最好的重武器只是侵彻力和射程有限的81公厘(毫米)中型迫炮。张灵甫时隔八年重返豫东,手里的武器并不比打许昌的时候有多大的提升,而敌人却变成了装备强大的日寇,日军一个联队(相当于团)的步兵火力就抵得上他一个团的数倍,还能随时招来各种炮兵和空中支援。即使如此,经过艰苦激战,张灵甫还是于5月23日率部与友军一起先后攻克了大小毛姑寨、水口等重要据点,并沿陇海路继续向西进攻,打通了一度被切断的陇海路,沿线的日军纷纷向西面的几个大集镇逃窜。至5月27日,几乎整个土肥原师团已被中国军队压缩在开封和兰考之间的罗王寨、曲兴集和三义寨几个大集镇之中。

三义寨位于兰考的最西面，陇海路的北侧。5月28日，51师加入三义寨攻坚战。张灵甫与纪鸿儒携手上场，302团担纲战斗的正面攻坚，305团负责配合助攻。进攻部队一度成功冲入寨中，遭到日军战车、骑兵的迎头反击，攻入寨子的队伍被打回头，纪鸿儒与张灵甫互相呼应鼓励，各自整理部队再度向日军发动猛攻，寨内寨外，两军绞杀在一起，呐喊声震天，炮火浓烟遮天蔽日。纪鸿儒身先士卒，再破寨门，但在带头冲向日军堑壕时，不幸被据守的日军击中，身负重伤，不治身亡。

得知噩耗，张灵甫悲痛万分，飞马赶往302团见战友最后一面。当天还在战斗中与他互通战况的纪鸿儒，静静地躺在担架上，军衣上的血迹已经凝固。张灵甫与纪鸿儒在51师共事才一年，不算深交，但是英雄惜英雄，他对这位打仗与他一样拼命的同仁怀有一个真正军人的敬意。平时极注重军人威仪的张灵甫，此时也顾不得在部下面前是否有失副旅长的尊严，抱着已经没有体温的纪鸿儒，当众轻弹男儿之泪，抚尸痛哭，尽显袍泽情深，并发誓要痛杀倭寇为战友报仇，在场官兵均为之动容。

这场攻坚的努力和鲜血，最后还是付诸东流。5月23日，当各部纷纷拔除土肥原师团的沿线据点，推进顺利的时候，不争气的桂永清却丢了兰封，薛岳精心布置的合围陡然破了个大洞，围歼计划近乎前功尽弃。薛岳大为恼怒，急令宋希濂第71军夺回兰封，封死第14师团的退路。宋希濂不辱使命，四天后攻下了兰封，但为时已晚。28日，俞济时、李汉魂、宋希濂等各部在三义寨、曲兴集围攻土肥原师团，奋战犹酣，薛岳布置在归德一线的阻击却被西援的日军中岛师团击破，敌援军得以毫无阻拦地向兰封一路猛扑而来。

薛岳明白，是土肥原的大胆冒进，才有了他酝酿的兰封会战，这场围歼本来拼的就是时间，如果不能速战速决，一旦徐州地区的日军腾出手来大军西援，他薛岳不但没有任何胜算，还会偷鸡不着蚀把米。桂永清失守兰封打乱了他的全盘计划，4天的时间，已经足够敌人的援军向豫东推进了。地图上画出日军的行进箭头，已对豫东的国民党军呈内外夹击之势，何去何从？《中华民国史事日志》以短短的一句话，交代了此战的结局："6月1日，第一战区司令长官程潜令豫东各军向平汉线撤退。"

兰封之战，功亏一篑，一只几乎煮熟的肥鸭，只好让它飞了。十五万国民党军精锐没能围歼才两万余人的土肥原师团，薛岳试手补天不成，饮恨豫东。

战后，74军经陈留撤往沁阳。

然而，一切还远没有结束，梅雨季节长江地区沉沉的阴霾之下，一场更加惊心动魄的大会战的惊雷，已经轰然炸响。

第四节 张古山血染红

一

8月的武汉，素有火炉之称。1938年的这个盛夏，身在武汉的蒋介石真的是坐在火炉之上了。

徐州会战和豫东会战方落下帷幕，日军兵锋即直指华中，位于华中腹地的武汉，成了他们的下一个目标。半年多之前，国民政府退出南京西迁重庆，政府各部门沿长江而下到达武汉之后，在这块尚未被战火延燃的土地上暂时安营扎寨，武汉成了当时实际的战时之都。蒋介石明白，武汉人称"九州通衢"，水陆交通四通八达，是一个战略重镇，加之政府的首脑机关云集在此，日寇迟早会使出恶虎掏心战略，针对武汉下手。吃一堑，长一智，经过混乱的上海、南京大撤退，蒋介石吸取了血的教训，军事委员会也从最初沉重打击的晕头转向中回过神来，逐渐稳住了阵脚。早在徐州会战之时，国民政府就在为保卫大武汉作战略准备。武汉当然也非久留之地，将宝贵的精血过早拼光耗尽已经证明非明智之举，所以战略上的设想是争取坚持数个月，以空间换时间，一方面消耗、挫遏敌人的攻势，一方面争取时间完成工厂、物资、机关的继续内迁。留得青山在，不怕没柴烧，长期持久抗战的战略思想已渐成共识。

国民党军委会将作战的重点布置在武汉的外围地区，指导思想是"应战于武汉之远方，守武汉而不战于武汉"。因此，日军要直击武汉，先得夺取周边地区中国军队层层防守的要塞。徐州会战结束之后，日军向安徽、江西等地持续展开进攻，以取得进攻武汉的战略出发点。

中国军队则几无还手之力，除了防御还是防御，虽然在节节抵抗中也给予敌人的进攻力量以大量杀伤，迫使日军不时停下来休整，从而迟滞了日军的势头，但是，蒋介石所期待的捷报却几乎一个也没有。案头上堆积如山的战报，一份接一份全是令人沮丧的消息：

安庆失守。

冈村宁次

马当失守。

九江失守。

瑞昌失守。

……

日军的铁蹄和隆隆的战车越逼越近，蒋介石被火炉烤得再也坐不住了。就像一个垂危的病人，一个台儿庄胜利的强心剂，尚不足以让病入膏肓之躯能见多大的起色，这个时候，他太需要再打一场胜仗来杀一杀日寇的猖獗气焰，激励一下笼罩在一片败战愁云之下的军心和民气。

9月下旬，第九战区的赣北战场，终于亮起了一道希望的曙光。

在瑞昌和九江的南面，有个地方叫德安，如果把这三个地方用直线连接起来，基本是一个呈倒悬状的等腰三角形。德安东接星子，西临武宁，南邻永修，地势为低山丘陵，北部、东部和西南三面环山，南部为低山地形，中部是大片丘陵。由九江通南昌的南浔线，中段即穿越德安境内，马回岭等几个著名的战略要地，均在这一段南浔线上。

日军侵占九江、瑞昌后，德安在当时的重要战略地位凸显了出来，一旦拿下德安，日军可南下直捣南昌并续威胁长沙，截断粤汉路，对武汉形成大包围。德安失陷，不但会影响南昌、长沙、武汉，而且还会威胁整个粤汉以东的中国军队。因此，日军华中派遣军司令官畑俊六派出华中派遣军一部南下，企图经南浔线直取南昌。

畑俊六派出的主将是冈村宁次。懂得一点中国现代史的人，对这个名字不会陌生。冈村刚在这年的 7 月就任第 11 军司令官，在日本军队中，他不仅是一员著名的战将，还是一个中国通，一口流利的中国话，常年从事与对华有关的军事谍报工作，从参谋到主官的完整历练，以及早年与中国军界的渊源，都使得冈村在侵华日军的诸将中显得鹤立鸡群，这也是他日后升任日本"中国派遣军"总司令官的雄厚资本。

新官上任三把火。冈村一到第 11 军就任，自是要努力作出些战绩来以示与前任的不同。他的第一把火烧到九江，第二把火烧到瑞昌，现在，他要把第三把火点向南昌。

冈村的第 11 军下辖第 6、第 101、第 106、第 27 师团和波田支队，其中第 106 师团是战斗力较弱的所谓特设师团。冈村将所部分成三路，左路第 27 师团由瑞武路南下，右路第 101 师团沿星九公路向星子进犯，第 106 师团则沿南浔路向德安正面推进。齐头并进的三路，进展并不如冈村预想的顺利，左路第 27 师团进到德安西面的麒麟峰、覆盆山，遭到中国守军的顽强阻击，处境不妙，右路第 101 师团则被中国守军死缠烂打，陷在星子难以动弹。冈村焦躁起来，他要铤而走险了。

在迎战左右两路日军进攻的时候，中国军队的兵力也向两边频繁调动，南浔和瑞武之间因此逐渐扯开了一条防御空隙，正是这条空隙，引发了冈村宁次冒险一试的冲动：派第 106 师团钻隙而入，向中国军的纵深腹地穿插，从背后瓦解中国军的防御体系。

应该说，冈村想到的这一步，有其高明之处，却也异常凶险。说它高明，因为一旦 106 师团大胆钻隙成功，既能避开正面攻击的血拼，又抄了中国军队的后路，以解左右两翼受阻的困境。说它凶险，派一个才一万左右不满员的师团深入虎穴，若被中国军队发觉而断了后路，后果将不堪设想。

要赌就得舍得下注，老谋深算的冈村权衡利弊，认为还是值得一搏。九江、瑞昌的胜利使他陶醉，说到底，他还是不把中国军队放在眼里。

上得山多终遇虎，这一次，他遇上了劲敌。这只虎，就是人称"老虎仔"的薛岳。

兰封会战，薛岳先盛后衰，以十五比二的兵力优势痛失好局，被蒋介石不客气地斥之为战史上的笑柄。不过骂归骂，蒋介石也知道这种结果不能全怪薛岳，自己的门生不争气也是事实。战后，他把失守兰封的桂永清和阻击归德不力的黄杰撤职查办，第 88 师师长龙慕韩更因擅自弃守兰封而被执行枪决。薛岳则依然获得重用，鉴于武汉会战迫在眉睫，他战后即调任第九战区第 1 兵团司令，负责南浔线及其两侧地区的防务。根据 1938 年 9 月 16 日的《武汉会战作战计划》，第 1 兵团的任务是"以最大之努力，侧击敌人，迟滞其西进"。①

9月25日，第106师团在师团长松浦淳六郎的率领下，离开铁路沿线向西轻装急进，一头钻进了赣北的崇山峻岭之中，开始了它的死亡之旅。

日军深入我方腹地的情报，很快报到了薛岳的手里。第106师团不顾一切的大胆钻隙精神令他吃惊，盯着山峦起伏的赣北地图，薛岳计上心来，他决定利用地势，给敌人设计一个巧妙的反"八"字包围圈，先任由106师团长驱直入，再将其一举围猎，兰封之耻可雪矣。他的计划得到了蒋介石和军委会的首肯，于是十余万部队迅速向德安西南部调动集结。

松浦淳六郎丝毫不觉状况有异，依然带着一万多人的部队放肆钻隙，深入德安县城西南的万家岭地区。进展出乎意料地顺利，松浦暗自窃喜，却不曾想，薛岳预设的反"八"字口袋，已经开始悄悄收拢。

瓮中捉鳖，这个瓮也得够结实才好，否则又得重演兰封熟鸭飞走的闹心一幕。

所幸的是，万家岭不是兰封。

二

万家岭位于山峦起伏的德安西南，离县城二十七公里，在今天的磨溪乡曙光村，当年万家岭战役的主战场遗迹方圆约四百八十万平方米，如今已是江西省的省级文物保护单位。时近中秋，满山树叶金黄，当松浦带着他的师团踏足这片赣北的山区土地，他不会料到，这里将成为他的师团的墓地。松浦师团参战时间较长，之前战绩不佳，且伤亡过半，出发前不久刚进行过补充。对于新来的上司冈村将此重任交给106师团，松浦应是心存感激的，这至少说明冈村并不因为他没有值得一提的战绩而小看他的能力，松浦极想通过此战有所表现，洗刷一下作战不力的前耻。

日军的侦察机照例频频飞临赣北上空，中国军队十余万人的大动作，难以瞒天过海。当日军参谋们根据飞机侦察的情报，将中国军队的动向在地图上一一标示出来，老奸巨猾的冈村不禁倒吸一口凉气，他最担心的事情发生了：对手正在对第106师团形成包围，他下的赌注，很可能要被对手一口吞掉。冈村立即给松浦下令，第106师团尽快向第27师团靠拢，以求解围。

---

① （八）《武汉会战》，中国第二历史档案馆编《中华民国史档案资料汇编第五辑 第二编 军事（三）》江苏古籍出版社 1998 年。

此时松浦在做什么呢？对着军用地图发呆，他居然迷路了。松浦一得知自己落入了陷阱，急令手下赶快确定方位，寻找逃生之路。可是在这要命关头，地图上的标识却与实际位置对不上号了，情急之中只好借助罗盘来定位，罗盘上的指针又奇怪地左右乱跳，鬼子们匪夷所思，他们哪里会想到，这竟然是因为山区地下蕴藏的磁矿在捣乱。地图错了，罗盘又失灵，松浦方寸大乱，106 师团在山里像没头苍蝇般来回奔突，整个师团依然在山区转圈，逃跑的时间就这样延误了。

薛岳的包围圈在万家岭地区逐渐合拢，松浦师团再没有时间自寻生路，只得就地困兽犹斗。

反"八"字的包围圈，像一只碗状，能不能存住碗里的东西，两翼固然重要，最关键的地方还是在碗底，也就是包围圈南部的长岭、张古山一线，这也是敌人最有可能寻求突围向第 27 师团靠拢的地方。薛岳布置在这道战线作战的部队，正是俞济时的第 74 军。

10 月 1 日至 3 日，包围第 106 师团的部队开始向包围圈中的敌人作向心推进。俞济时命令率先奉调万家岭的 58 师攻击前进，占领张古山、长岭、背溪街（又称哔叽街）阵地，与右翼第 4 军相呼应，压缩包围圈。58 师遭到 106 师团的猛烈反扑，战况激烈，最危急的时候，俞济时把军部的警卫营都顶了上去，自己几乎成了光杆军长。58 师师长冯圣法以惨烈的伤亡代价，才把 106 师团堵在了长岭以北，但是日军还是在 10 月 6 日以猛烈的空袭和重炮配合步兵，攻下了张古山和长岭北高地，并以张古山为屏障继续负隅顽抗。经过一周的激战，58 师损失过半，夺回张古山，冯圣法已经力不从心，后面的戏，得由正从德安县城赶来万家岭增援的王耀武来唱了。[①]

张古山是万家岭战场的制高点，海拔虽不高，但山势陡峭，日军占据着张古山，就多了一道阻止中国军队进击的天然屏障，反之，若 74 军打下张古山，则不仅彻底封死了敌 106 师团的生路，而且居高临下直逼敌人的核心阵地。张古山的得失，关系到围歼松浦师团的成败。王耀武深感压在肩上的担子千钧沉重，他不敢再有任何闪失了，他的心理上正蒙着一层阴影，因为不久之前，他刚刚背上了一个处分。

----

① 第 74 军两个师投入万家岭战役的时间前后相差数天。俞济时带领第 58 师先行奉调，于 1938 年 9 月 30 日已在张古山、长岭作战，10 月 6 日张古山失守。王耀武的第 51 师起先仍驻德安，至 10 月 4 日左右才奉命增援，故才有后来张灵甫偷袭张古山的反攻之战。参见时任薛岳参谋长的吴逸志于 1940 年所编《薛伯陵将军指挥之——德安万家岭大捷回忆》（出版社不详），及陈诚 1938 年 10 月 8 日至蒋介石密电（中国第二历史档案馆编《抗日战争正面战场》江苏古籍出版社 1987 年）。

还在九江尚未失守的时候，51 师在吴城、星子到庐山西侧的马回岭守卫第二线阵地，以防日军利用华中纵横的水网地带从水路对中国军队的防线作迂回突进。1938 年 8 月 22 日，日军果然派波田支队窜入鄱阳湖，试图在星子以南登陆，张灵甫率 153 旅出兵进行反登陆作战，成功将日军驱逐入湖。

当日，由于瑞昌失守，51 师又被第九战区紧急北调，归属第 30 集团军指挥，阻击从瑞昌突入的日军。8 月 30 日，51 师前锋 151 旅的 302 团第 1 营在岷山与日军第 9 师团第 6 旅团的一个大队遭遇，营长胡立群率全营与敌激战，在战斗中牺牲，幸亏旅长周志道率本部和 301 团及时赶到，主力奋力反击，才夺回了岷山阵地，并顺势于 9 月 1 日收复瑞昌。日军集中了主力向瑞昌的 151 旅大举反攻，周志道势单力薄，孤掌难鸣，王耀武只得命令该旅撤出瑞昌，退回东岭。日军 106 师团及第 9 师团的第 6 旅团马上出发，进击黄老门与马回岭，以图截断南浔铁路，王耀武与赶来增援的冯圣法联手抗击，才将日军打退，援军第 18 军攻占岷山，保住了南浔铁路。但是在瑞昌和岷山反击不力让王耀武走了麦城，他在战后被记大过一次。①

前车之鉴犹在，王耀武没有退路，张古山一仗对他来说，意味着只许成功不许失败。而张古山的地势，明摆着对在山上凭险据守的日军极为有利，谁都知道，在这样的山势前，靠仰攻拿下山头是要付出极大伤亡代价的苦差事。由谁来担纲主攻？在师部召集旅团长们讨论作战方案的时候，王耀武意味深长的目光落在刚刚佩上少将将星不到一个月的张灵甫身上。

张灵甫在 1938 年 9 月升上了第 153 旅少将旅长，这是他在南京战役后短短半年期间的二度晋升，张灵甫的官阶，这时已经越过早于他跟随王耀武的邱维达，与周志道平起平坐，再次证明王耀武对张灵甫前一时期战功的欣赏和肯定。51 师副师长李天霞则因此被免去原先兼任的第 153 旅旅长一职。张灵甫升任旅长，留下的 305 团团长的空缺由唐生海填补，306 团团长在这年的 1 月已经由常孝德升任。这是一个妥善的人事调动，看得出王耀武对张灵甫的特别关照。唐生海是王耀武黄埔三期的同学，虽然届期比张灵甫高，但是他在抗战以前长期在中央军校洛阳分校担任教官，经历以纸上谈兵居多，让他担任团长一职，有助于培养他的实战经验。需要更正的是，在一些涉及万家岭战役的资料、著述中，不少编者和作者都将张灵甫与唐生海的职务倒错，称第 153 旅旅长为唐生海，而误认张灵甫仍为第 305 团团长。据台湾"史政局"编撰

---

① 参见吴鸢《岷山之战》，《德安文史资料选集第二辑》。

的《张灵甫烈士传》，他于 1938 年 3 月任 153 旅副旅长，同年 9 月已升任旅长，而唐生海才是 305 团团长，两人的职务在一些较原始的战史资料，如吴逸志于 1940 年所编《薛伯陵将军指挥之——德安万家岭大捷回忆》及 74 军参战人员回忆文章中均有明确记录。而常孝德则不仅是张灵甫的黄埔四期同学，本身在原 305 团也给张灵甫当过将近一年的副手。因此，张灵甫指挥这两个团长完全可以得心应手。

对于王耀武的周到安排，张灵甫也是心领神会的，他是个知恩图报的人，打日本没什么可挑精拣肥的，张灵甫向来很看不起一打恶仗就要滑头做缩头乌龟的家伙，认为这种人缺乏武德，不配称为军人，因而他打起仗来，越是艰险的战斗，反而越激发他与强敌较量的旺盛的求胜欲望，万家岭战役，王耀武在关键的时刻想要张灵甫出马，也是出于对他惯打硬仗恶仗的能力和斗志的信任。担纲夺取张古山的重任，于公于私，张灵甫都义不容辞，再说他这才当上 153 旅的旅长，也正想再立新功，为自己领上的将星增光添色。

"师长，张古山就交给我吧！"张灵甫主动请缨，语气自信。

他的确是有备而来。

张古山山势陡峭易守难攻，没有足够的重炮配合，仅凭轻武器攻坚伤亡难免，这些不利因素大家都讨论过了，但是，办法总是人想出来的。张灵甫想的是，如何利用地势，另辟蹊径，攻其不备。事先他对着地图将张古山的地形琢磨了一番，又带着团长们在附近作实地勘查，发现此山南陡北缓，仔细观察之后，张灵甫分析，日军的不备之处当在后山绝壁，于是心生一计。

张灵甫熟读古书，说话时常引经据典，他对王耀武说："三国时蜀将姜维据守剑阁，拒十万魏兵于险关之外，魏将邓艾遂以精兵偷渡阴平翻越摩天岭，下江油直取成都而一举灭蜀，此谓出敌之不意也。我们今天可仿效此战法，以智取代替强攻。"

接着，他向王耀武扼要说明自己的打法："为避免重大伤亡，不宜对各山头直接正面仰攻硬冲。正面应仅取佯攻之态，同时选出精兵编成突击队，绕道后山，无人烟处料敌疏于防备，突击队攀岩附葛摸到山顶进行背后偷袭，成功后，正面部队即转入真正攻势，前后夹击，当收事半功倍之效。唯万家岭战场日军具有绝对空优和炸射频率，攻山拟夜间进行。"

张灵甫一席话头头是道，听得王耀武频频点头。王耀武对这套出奇制胜的献议极为赞赏，153 旅有 305 和 306 两个团，他马上为张灵甫再另配 151 旅的 302 团加强攻击力。也就是说，王耀武把大半个师都交给了张灵甫，让他在一线指挥三个团主攻张古山，周志道率151旅其余部队作预备队。

<h1 style="text-align:center">三</h1>

西沉的太阳落下张古山顶，当最后一道晚霞消失在天边，起伏的群山丘陵无声地隐没在悄然涌起的暮色之中，秋天山间的晚风，隐约飘来秋蝉的悲鸣。

大战前异样的宁静。

10月7日夜20时许，第51师进入了预定的攻击位置。

依照张灵甫的事先指令，担任主攻的305团已经挑出一批精兵组成了突击队。一小队人马借着暮色的隐蔽，朝日军阵地的后山方向悄然行进，他们沿着后山绝壁，在黑暗中披荆斩棘，奋力向上攀登。

前面响起了枪声，这是正面的部队在突击长岭北部的高地，张灵甫意欲先夺取这个由日军五个中队据守的高地作为支撑点，进而向张古山冲顶。日军通常不作夜战，而国军胆敢在夜里主动挑战日军的更是罕见，因此高地上的日军不像白天那样警觉，晚饭过后，除留下少数警戒人员外，其余准备轮换歇息。张灵甫指挥153旅主力突如其来的进攻，把日军打得措手不及，月黑风高的山地，山下的中国军队人影都看不清，鬼子们一时间乱作一团，等他们从混乱中反应过来躲进工事里放起枪来，长岭北部的山头已经遍布冲上来的大批中国士兵。这正是张灵甫所要的近距离对战效果，虽然日军单兵作战的素养远高于一般中国的士兵，但是在日军火力不占优势的情况下，轻武器对轻武器，张灵甫对自己训练出来的士兵也具有相当的自信，何况他在人数上占有绝对的优势。仓促间，高地上六百余名日本守军依然进行了顽强的抵抗，但终究寡不敌众，被迅速歼灭。

拿下了高地，张古山几乎触手可及，张灵甫命第305团连续作战，拂晓出击张古山。张古山上的日本守军约有八百人，长岭北高地的战斗有足够的时间给他们敲响了警钟，日军不敢懈怠。305团参加佯攻的士兵们开始呐喊着向张古山作势进攻，严阵以待的日军不知是计，见对方来攻，果然注意力都被吸引到了正面，正乒乒乓乓打得起劲，猛然间听得背后枪声大作，305团的突击队从后山登顶成功，张灵甫的这把尖刀，适时插入山上日军的后背，突击队员们与守军拼上了刺刀，正面进攻的部队趁山上日军自顾不暇之际，一口气冲上了张古山顶。日军腹背受敌，阵地全面崩溃，张灵甫的两面夹攻战术如愿奏效，约八百名鬼子死的死、逃的逃。

万家岭中国军队阵地。

一夜之间，张灵甫指挥153旅攻占了最难克服的万家岭战场制高点，王耀武在师部彻夜守着电话，当得知张灵甫攻占张古山后，他长长舒了一口气。在一线作抵近指挥的张灵甫仍不敢有丝毫放松，他很清楚，夜间偷袭成功，只能算是扬长避短获得的暂时性胜利，更艰巨的任务还在后头。那时他的士兵手里的武器连"中正式"步枪都很少，绝大多数还是"汉阳造"的笨重双筒步枪，轻重机枪更属宝贝，每个团只有两三挺重机枪，各团的一个迫击炮排还被王耀武抽调到师里集中使用。[①]而日军陆空火炮的绝对威力，张灵甫在上海、南京、豫东早已领教过厉害，所以白天能不能顶得住敌人优势火力的冲击，老实说，他心里并没有十分的把握。张古山是松浦师团最后的退路，日军一定不会善罢甘休，天亮之后必将会有更严酷的恶战，他告诫部下枕戈以待。

果然，第二天清晨天刚亮，二十余架日军轰炸机就钻出厚厚的云层，飞临张古山上空，飞机的呼啸混合着炸弹划过空气发出的凄厉啸音，震耳欲聋，顷刻间，张古山上炸翻了天，从远处望去，张古山笼罩在浓烟火海之中，简直是一座熊熊燃烧的火山。由于中国军队几乎没有防空能力，日机异常猖獗，肆无忌惮地作低空俯冲，对准山头轰炸扫射，而不必顾虑被对方防空火炮击落的危险，阵地上的人连飞机身上涂的猩红

---

① 参见叶方华《赣北南浔线战役片段》，《原国民党将领口述抗战回忆录——我所亲历记的武汉会战》中国文史出版社2005年。作者时任74军58师参谋。

的膏药旗也肉眼可见。在敌机剧烈的空袭下，305团伤亡极其惨重。张灵甫蹲在掩蔽工事里，炸起的碎石浮土几乎埋了他半截身躯，头上的钢盔不时被爆炸的气浪掀动着，透过呛人的硝烟，他眼睁睁看着自己的许多官兵在阵地上，还没出战就葬身于炸弹火海之中，而自己一方却得不到有效的炮火支援对日军进行压制，作为一线指挥官，张灵甫心情酸苦杂陈。

上午10点，空袭方停，急于夺回阵地的第106师团出动两千余人向张古山发起了轮番冲锋。张灵甫一身尘土跑上305团防御阵地亲自督战。狗急跳墙的日军顶着山上洒下的弹雨，不顾一切地弯着腰向山上猛冲，直逼305团的阵地。当部分日军最终冲上山顶，305团残余的官兵在旅长张灵甫和团长唐生海的带领下，上刺刀与敌人展开白刃格杀，拼了性命将日军打下山去。黄昏时分，106师团再度对张古山发动强大攻势，炮火密集地倾泻到张古山上。经过前一夜和当日的激战，305团已经伤亡大半，精疲力竭了，张灵甫也不能将部队硬挺在目标明显的山上白白挨炸，为避免更大的损失，以利稍后再战，他不得不将305团残部撤下张古山。攻击中日军也丢下至少八百具尸体。

阵地的丢失意味着前功尽弃，张灵甫并不认输，这一仗，他和王耀武都输不起，若松浦师团从他这里打开缺口跑掉，薛岳的整个战役计划将落空，这将是他军旅生涯的极大耻辱。入夜，张灵甫再次组织起四百余名精兵进行顽强反击，于拂晓夺回了阵地。张古山阵地就这样在激战中几经易手，白天日军凭借空中优势和重炮攻下阵地，晚上张灵甫再指挥部队以夜战夺回，双方都打得头破血流，气喘吁吁。张灵甫不愧为一员善打恶仗的悍将，在他的凌厉攻势下，日军最终再次被赶下了张古山。10月10日卜午，又一股穷途末路的日军千余人窜到张古山、长岭一带，再次在飞机和重炮的掩护下作孤注一掷的进攻，试图冲破74军的阵地突围逃命，激战中，305团李石见营长重伤，该营阵地一度出现动摇，王耀武的师指挥部已经准备开始后撤了，张灵甫不信邪，他立即赶往李营阵地，亲自整理残部，将勤杂人员全部编入战斗队，终于顶住敌人的进攻势头，稳住了阵地。在指挥部队继续死守张古山的同时，张灵甫命令302团与306团一部配合58师向背溪街发动两路夹击，经过五个小时的激战，将背溪街的五百余名日军也悉数消灭。两军交战勇者胜，张灵甫在74军人送外号"猛张飞"，张飞打仗玩起命来，对任何对手都是一场恐怖的灾难。五天里，张古山上直杀得尸山血海，任凭敌军再怎样狂轰滥炸，直至12日战斗结束，日军没能从张古山跑出一兵一卒。

张灵甫在张古山上笑到了最后。

万家岭战役一年后，第139师师长唐永良路经战场拍摄的日军坟岗。

张古山成了松浦的噩梦。

战至第五天，第106师团的气数，也到头了。

在张灵甫率部血战张古山的时候，十余万中国大军对包围圈中的松浦师团正全线出击，在中国军队的强大攻势之下，松浦师团被打得丢盔弃甲，10月9日入夜，106师团已接近全面崩溃，国军开始扫荡战场上四散奔突的日军，第4军的一支部队甚至冲到了离106师团司令部仅数百米远的地方，如果不是情报不明，加上黑夜中目标不清，松浦的司令部极有可能被端。据后来被俘的日军说，当时淞浦已经在准备焚烧军旗，紧张得快要切腹自杀了。冈村宁次为了拯救106师团的残兵败将，破例冒险出动飞机夜航，用空投炸弹炸开一条血路，借着照明弹的指引，松浦才得以率少量残部逃出包围圈。

10月10日，国军围攻胜利已成定局，蒋介石亲自起草嘉奖电给薛岳各部："查此次万家岭之役，各军大举反攻，歼敌逾万，足征各级指挥官指导有方，全体将士忠勇奋斗，曷胜嘉慰，仍盼再接再厉以竟全功……"[①]

10日之后，一些地方的战斗仍在激烈持续当中，根据陈诚10月15日致蒋介石的密电，74军的张古山、长岭阵地战至12日后方停，由于日本援军纷至，战场上还是有部分溃散的第106师团残兵未及扫荡而得以脱逃，对此，陈诚在电报中遗憾地表示："此次敌迂回作战之企图虽遭挫折，但我集力围攻未将该敌悉数歼灭，至

---

① 《蒋介石致薛岳等密电稿》（1938年10月10日），中国第二历史档案馆编《抗日战争正面战场》江苏古籍出版社 1987 年。

为痛惜。"①

不过，整个106师团在万家岭会战中被中国军队完全打垮了，还搭上了前来解围的第101师团的第149联队，冈村宁次在他的回忆录里也承认，该师团遭受到了"毁灭性打击"。战后，国军第139师师长唐永良在率部游击敌后时路过万家岭，他在《我亲眼看到的万家岭战场残景》一文中，描写了他目睹的万家岭战场一年之后的凄惨情景："围绕着雷鸣鼓刘村都是敌人的坟墓，人骨、马骨……此外沿山麓、沿道路、沿溪流，无处无日兵骸骨，若说五步一尸、十步一马，并不算过分，统计雷鸣鼓刘村、背溪街、万家岭一带战场，日兵骸骨至少在六千具以上，马骨至少在千具以上。"②

万家岭战役，是抗日战争初期国民党正面战场上继台儿庄战役胜利后的又一次重大胜利，对挫败日军突破南浔线的企图，延缓日军对南昌的进攻和保卫湘鄂赣边境，起到了十分积极的作用。

万家岭大捷的消息传来，全国军民精神也为之一振。尽管武汉已经处于风雨飘摇之中，政府机关正在撤离，刚刚度过一个苦涩的"双十节"的武汉群众依然兴奋不已，爆竹声昼夜不绝于耳，欢庆胜利。

张灵甫不负众望，在万家岭战役中为51师立下了头功，荣获云麾勋章。而51师在此役中也付出了极高的代价，损失最大的是张灵甫的老部队305团，团长唐生海、营长胡景瑗和李石见都身负重伤，接替唐生海任305团代团长的中校团附于清祥及营长王之干牺牲，另外，302团团长林秀峰和营长李文光、306团团长常孝德和营长尹本提、王梦庚等指挥官也在激战中负伤，而投入支援的151旅301团，团长张汉铎和营长卢醒负伤，营长陈铭牺牲。51师在张古山血战中，四个团一共伤亡五名团长（包括代团长）、七名营长和两千余名忠勇官兵。军官频繁的高伤亡率，说明74军的军官的确具有与众不同的忘我牺牲精神，这种精神支撑着74军的荣誉感和意志，在以后的抗战岁月中，一次又一次打出王牌军的军威。

四

---

① 《陈诚致蒋介石密电》（1938年10月15日），中国第二历史档案馆编《抗日战争正面战场》江苏古籍出版社1987年。

② 唐永良《我亲眼看到的万家岭战场残景》，全国政协文史资料研究委员会编《原国民党将领抗日战争亲历记——武汉会战》中国文史出版社1989年。

1938年10月中旬，万家岭会战结束，74军起初仍在德安一带驻防并休整。

深秋的赣北，碧空如洗。一天，在野外操练的第153旅官兵，看见旅长张灵甫陪着一位不同寻常的客人向不久前的战场走去。来客身着军装，举止却不似传统的军人，他言谈热情活泼，不经意间洋溢着一股才子气，连一向冷峻寡言的张灵甫也受到了他的感染，与他一路侃侃而谈。这位来访者是特地从武汉前来江西造访张灵甫的，他就是著名戏剧家田汉。

国民政府在武汉时期，国共合作的气氛还相当不错，来自共产党阵营的左翼作家田汉，受命担任了国民政府军事委员会政治部第三厅第五处处长，负责艺术宣传工作。他受时任军委会政治部副主任的周恩来亲自指导，在武汉积极组织进步的戏剧工作者组成抗敌演剧队，深入到各战区开展抗日救亡演出活动，用艺术的形式鼓舞军民的抗战斗志。万家岭战役的胜利，是宣传中国军队奋勇抗敌英勇事迹的绝佳素材，值得大书一笔，军委会政治部第三厅厅长郭沫若便特派田汉到江西采访前线将士，于是就有了田汉与张灵甫的这次会面。

站在硝烟刚熄的战场，张灵甫亲自向田汉指点战场遗迹，向他详细介绍张古山之战的战术布置和战斗情况。据当时在旁陪同张灵甫的旅部文书胡立文回忆，随行的旅部参谋在访问中，特地向田汉补充了张旅长献计仿三国战例偷袭张古山的情节。

不久，74军移驻长沙，大量伤员转往长沙治疗，51师负伤的军官们全都聚在长沙的医院里。正带着抗敌演剧队在长沙演出的田汉，也到医院走访了张灵甫的部下，包括305团团长唐生海等74军的负伤官兵。不过一些涉及万家岭战役的作品、文章，包括吴鸢的《我所知道的张灵甫》，均指张灵甫在张古山战斗中身负重伤，有的还指他腿部因此战而致残。经笔者考证，均属误传。在当时的战报及战地报道资料（包括1938年10月10日《中央日报》）转发的战况通报中，多有提及305团团长唐生海在张古山战斗重伤，负伤的营级军官也详细列出，如旅长张灵甫也负重伤，不可能没有记载。而张灵甫战后不到一月即率部进驻长沙，当时在153旅旅部给他当文书的胡立文先生也回忆，张灵甫去长沙之前仍在江西接受田汉的采访，均说明他在万家岭战役后没有离开部队入院治疗，因此不可能身负重伤。至于他腿部致残，则是在1939年春的高安战役，详见后文。

1939年1月，张灵甫率153旅屯驻长沙小吴门外，田汉来到旅部再度拜访张灵甫，他以张古山之战为蓝本，编写了话剧《德安大捷》，特将剧本带来给张灵甫过目，在戏剧家的生花妙笔下，张灵甫成了剧中歌颂的抗日英雄角色。过后，《德安大捷》

由田汉的演剧队排演并向长沙市民和 74 军的官兵作了公演，张灵甫因而名扬湘江，一时风头无二。 也许与田汉的交往使张灵甫对这些左翼戏剧家印象不错，后来他对他们的活动也乐于相助。1944 年，田汉、欧阳予倩等人在大后方桂林筹办西南剧展，邀请各战区前线剧团前往参展，这些剧团虽然隶属于国军各个战区，不少仍是由共产党领导的原左翼抗敌演剧队的人马。隶属第九战区的演剧九队因为战区政治部不批准他们去桂林，队长吕复（共产党员）急着找第九战区司令官薛岳陈情，当时薛岳正住在南岳参加蒋介石召开的高级将领军事会议，山上门禁森严，小小演剧队长没有通行证不够资格见薛司令官，不过吕队长神通广大，后门居然走到也在南岳开会的张灵甫处，结果他们不仅借到了通行证，还坐了张灵甫的专车直上南岳，最终找到罗卓英获得了批准。这也是抗战期间张灵甫与左翼文艺界人士友好交往的另一段插曲。

田汉在长沙演出期间还受邀对 74 军官兵们发表了演讲。在与 74 军将士的多次接触中，官兵们为国家而战奋不顾身的英勇事迹，深深感动了戏剧家，这位《义勇军进行曲》的作者，主动挥笔作词，为 74 军创作了一首慷慨激昂的军歌，并由著名作曲家任光谱曲：

起来！弟兄们，是时候了。

我们向日本强盗反攻！

他，占领我们的土地，他，残杀我们妇女儿童！

我们知耻，我们负重，我们是国家的武力，我们是民族的先锋！

我们在战斗中成长，我们在炮火里相从。

我们死守过罗店，保卫过首都，驰救过徐东，大战过兰封！

南浔线显精忠，张古山血染红。

我们是国家的武力，民族的先锋！

起来，弟兄们，是时候了。

踏着先烈的血迹，瞄准敌人的心胸，我们愈战愈奋，愈杀愈勇。

抗战必定胜利！杀！

建国必定成功！杀！

五

1938年10月底，武汉沦陷，南面的长沙处于日军的严重威胁之下。为了保卫长沙，11月5日，74军接到第九战区的命令，急开长沙以东的永安等地，51师与58师星夜向长沙进发，抵达长沙外围后即紧张布防。谁知日军尚未到达，长沙城里却先自阵脚大乱，在风声鹤唳、草木皆兵的一片恐慌气氛中，抗战期间的又一宗大悲剧发生了。事后，《中央日报》社论痛心疾首地写道："长沙近三十年来，虽屡经兵燹，然以湘人活力之强，近年早复旧观，物质人力欣欣向荣。全国都市中，充实富庶，长沙当居首要。百年缔造，可怜一炬。"

这"可怜一炬"，指的就是著名的长沙大火。

由于湘北的临湘、岳阳等地相继陷落，长沙濒危，蒋介石指示当时担任湖南省主席的张治中，若万不得已弃守长沙，则实行"焦土抗战"政策，焚毁长沙，不资敌用。11月10日，张治中在南门外磐园召开省府会议，布置落实焚城的准备工作，约定届时起火信号以天心阁上火炬为准，统一行动。不料日军还没有渡过汨罗江，11月13日凌晨，睡梦中的长沙市民就被接二连三的冲天烈焰惊醒，长沙已经烧成了一个火城，身处城内的人们，上至省主席、警备司令，下至平民百姓，无一不被这突发的大火惊得张皇失措。全城的街道、建筑，十有八九在狂烧的大火中被毁。

大火的起因，各类史书莫衷一是。一份由张治中草拟，经当时担任国民政府军委会政治部副部长的周恩来亲自斟酌修改的《关于长沙大火经过真相的说明》，事后以国民党中央宣传部和军委会政治部名义发表，该文称："（一）由于地方军警负责者误信谎言，事前准备不周，临时躁急慌张之所致；（二）由于曾从事破坏准备之人员及人民（自卫团员丁森等）鉴于敌机之连日轰炸及最近平江、岳州、通城、通山等县被炸之惨，激于民族义愤，以为敌寇将至，乃即自焚其屋，遂致将准备工作变为行动，于是，一处起火，到处发动，以致一发而不可收拾……"[1]

原以为来长沙主要是为迎战日军，现在却是自家后院先自失火。11月15日，也就是长沙大火后的第三天，张灵甫率领第153旅从郊外驻地进入了长沙市区。

火灾后的城区，空气中依然弥漫着浓重的焦黑烟雾，陆续返城的灾民们失去了赖以栖身的家园，只得以残砖破瓦、芦苇篾竹等材料，搭起简陋棚屋，在初冬的寒风中瑟瑟度日。望着焦头烂额无家可归的百姓，这些刚从前线下来的将士们既震惊又伤感。

---

[1] 张治中《张治中回忆录》，文史资料出版社1985年。

张灵甫常把"救民于水火，军人之乐也"挂在嘴边，面对在火灾中挣扎的灾民，也十分痛心，现在正是身体力行为部下作出表率的时候。在部队整训之余，张灵甫亲自带领所属官兵，在瓦砾灰烬之中帮助受灾群众建屋搭梁，恢复家园。由于74军军纪严明，不扰民，加之抗日英雄的名声，张灵甫的部队与当地民众关系融洽，留下良好的口碑。

长沙大火也间接为张灵甫今后在国民党军界的仕途发展，带来了一个意想不到的机缘，就是在这里，他给前来视察的蒋介石留下了很好的印象。大火之后，蒋介石亲临长沙察看灾情，顺便也来到在郊外驻防的第51师巡视防务状况，张灵甫因此有机会与他敬仰的蒋校长有了面对面的接触。

蒋介石对曾国藩的推崇是尽人皆知的，治军他注重曾国藩的《曾胡治兵录》，在黄埔当校长时就发给学生人手一册，要求反复诵读；用人方面，他又深受曾文正公识人密要《冰鉴》的影响。曾国藩主张：识人观人，神骨为先；欲察德操，则观动静；观人行迹，而知其神；文英武雄，各具其神；天生骨相，不足为论。蒋介石有样学样，考察部下，也喜对照着从对方的长相、气度、神态和答话内容察言观色，揣度此人能否堪当大任，若他认为对方形容猥琐，在他面前举止失措，即使该人之前有什么值得称道的业绩，也难以博得他的好感。

张灵甫漂亮英挺的外表和高大身材在一群将官中本就显得鹤立鸡群，他对穿着细节又极讲究，军容风纪向来一丝不苟，一派帅气傲然的将军相，不难给喜欢相面的蒋介石留下良好的第一印象。蒋介石下部队视察，张灵甫作为部队长官理所当然陪侍在侧，蒋介石也很想了解基层官兵的想法，他边走边沿路与张灵甫交谈，向他打听部队的教育训练状况，询问他对民心士气的看法，张灵甫有问必答，但无赘言。一番交谈之下，蒋介石发觉这个黄埔门生言语中肯切要，气宇不凡，不禁心生欢喜，临走前对张灵甫很是嘉许了一番。张灵甫小吴门外迎校长的插曲，在蒋介石的心目中挂上了号，为他日后成为蒋介石青睐的心腹爱将，埋下了契机。

第五节 瘸腿将军

一

在74军，张灵甫有个绰号叫"张瘸子"，他走路有时用一根状似日本军刀的手杖，有人又戏称"拐公"，他自己则自号"跛叟"。据他的部下说，叫他"张瘸子"，不是嘲笑他的残疾的意思，而是显示对老上司的亲昵。是不是出于亲昵姑且不论，不过官兵们都知道，张灵甫的右腿是在亲临火线指挥的时候被日本鬼子的机枪打断的，所以对他多少怀着些敬意。在大陆近年出版的一些涉及武汉会战及万家岭战役的纪实作品中，对于张灵甫与日寇血战张古山的事迹多有客观的描述和评论，不过有的作者以为张灵甫是在此战中腿部重伤致残，从此成了"瘸腿将军"，则是张冠李戴的误会。

张灵甫作战勇猛在74军是公认的，由于经常上一线抵近指挥，负伤的次数也就相当的多，不过之前都还不至于严重到伤筋动骨的地步，休养一段时间过后就归队了。比较危险的一次伤在额头，他的右上额因此留下了一道难看的伤疤，如果当时子弹射偏一点的话，张灵甫的故事也就至此完结了。性格豪爽的军人一般不拘小节，不太会在意这样一道伤疤，但是也有例外，张灵甫就偏偏在意得很，这个小细节也为他的双重性格增添了一个有趣的注脚。与战场上的猛将形象相比，张灵甫在生活小节上一点也不粗犷，可以说还十分的讲究，他的办公桌上，文件、纸、笔、图、尺总是理得整整齐齐，连抽屉里的杂物也归置得井井有条，他也很注意自己的仪表军容，平时从不穿皱巴巴的衣服，军装总是熨得笔挺，再热的天，出门也是军帽、皮带、皮靴全身披挂，派头十足，一副标准的军人风范。在他身后留下的旧照片中，不乏特地在照相馆照的军装、便装大特写，有的造型形同明星剧照，似乎他对自己英气逼人的形象有一种潜意识的自恋。额头的伤疤让他觉得破了相，张灵甫从此就在右额蓄了一缕偏长的头发遮掩，有点像希特勒的怪异发型，行止之间时常习惯性地用手去撩拨按捺，这成了他的一个招牌动作，74军里一些崇拜张灵甫又比较调皮的部下，喜欢背地里模仿他这个习惯动作取乐，作为调侃这位严肃有余的长官的余兴节目。至于后来有人撰文说，张灵甫是因为崇拜希特勒而特意留了个希特勒式的小分头，未免牵强附会了。

张灵甫战后不久在江西亲自接待田汉的战地采访，不到一个月又率部进驻长沙，并且帮助遭受长沙大火之灾的百姓恢复家园，可见张古山一战，他并没有身受重伤，他真正重伤断腿成为"瘸腿将军"，是在张古山之战五个月后的高安战役。

高安战役，是南昌会战系列战役中的一部分。始于1939年3月中的南昌会战，历时将近两个月，这是武汉会战结束之后中日两军之间的又一场会战。1938年10月底，中国军队弃守武汉，日军随即占领，但是长江南北，国军在第五、第九战区仍屯驻重兵，武汉依然处于国军的包围态势之下。在江西，日军之前进攻南昌的企图未能得逞，还在万家岭丢了将近一个师团，不得已之下缩回了原先占据的瑞昌、九江一带，与我第九战区在赣北集结的十五万大军对峙。而南浔线（南昌至九江）不仅还在我赣北军队的控制下，中国空军还经常从南昌的机场起飞，前往轰炸日军在长江中的军舰，这对倚赖长江中下游航道输送的华中日军构成了严重威胁。为了确保长江航运的生命线，消除侧翼危险，巩固所占领的武汉的安全，并进而切断在南昌与南浔线交会的浙赣铁路，断绝中国军队通往大后方的运输线，冈村宁次再一次把目标瞄准了南昌。

长沙大火之后，薛岳调到长沙任第九战区代司令官，赣北的前敌总指挥部总司令，由原第19集团军司令罗卓英担任。罗卓英在第九战区布置的赣北防线，依然采取呆板的单线展开的传统阵势，主力摆在一线，绵延百余里，却毫无战略纵深可言。这种单线防御，即使部署坚固，如果敌人集中兵力猛击一点突进，其余防线便形同虚设。

冈村宁次这一次使出了全新的杀手锏，他对不同的兵种重新编组，炮兵集中各种火炮三百余门，并与化学部队混编，由野战重炮兵第6旅团长澄田睐四郎统一指挥，一百三十五辆坦克及装甲车编为战车集团，由战车第5大队大队长石井广吉指挥，在空军配合下对中国军队的防线作快速突进，为步兵开路。他的新战术，有效地打破了罗卓英传统防御布局的罩门。

3月17日，日军以第101、第106、第6师团和航空兵一部，从江西北部的箬溪、星子等地出发，沿南浔路两侧的修水、武宁、吴城向南昌方向发起突击，长时间密集的炮火急促射击并夹杂着大量化学毒气弹，使中国守军损失惨重。我第九战区各部队虽然顽强苦战，但是在日军战车集团的突击、重炮及毒气弹的轰击和飞机轰炸下，不得不节节后退。

将介石预感到坚守南昌与敌硬拼恐得不偿失，故特致电第九战区司令官薛岳、第19集团军总司令罗卓英和江西省主席熊式辉："此次战事不在南昌之得失，而在予敌以最大之打击。即使南昌失守，我各军亦应不顾一切，皆照指定目标进击，并照此方针，决定以后作战方案。"并告诫，"切戒以主力背赣江作战"。[①]

3月26日，日军主力陆续渡过赣江。

3月27日，南昌在日军突进下失陷，日军第101师团占领南昌。

赣北国军向赣江以西转移。

赣北战场战火再起，罗卓英告急，蒋介石不得不再抽调援军。正在湖南休整的74

---

①　《叁、战略相持阶段的主要战役［一］南昌会战》，中国第二历史档案馆编《抗日战争正面战场》江苏古籍出版社1987年。

军再度被抓差，3月25日，正当南昌还在激战之中，这支战区直辖部队紧急出动，火速向赣北增援，由于王耀武在吉安养病，第51师暂由李天霞代理师长。

张灵甫率领第153旅回到不久前刚离开的旧地，却是出师未捷血洒战场，自己先断了一条腿。

二

呼啸的军列刚停入站台，车厢里呼啦啦跳下大批荷枪实弹的士兵，在军官短促的喝令声中，众人匆匆列队集合，来不及训话，没有时间休息，立即闷头向锦江、高安方向疾走。

早春三月，寒意未消，天空连日下着瓢泼大雨，造成河水猛涨，道路泥泞难行。饿着肚子连续的冒雨强行军，士兵们衣衫透湿，饥寒困顿，行军队列中，难免有人怨声载道。

一阵马蹄声由远及近，转头看去，正在骂骂咧咧的士兵顿时噤若寒蝉。

骑在马上的，是他们的旅长。张灵甫朝队列里瞥了一眼，没说什么，勒住马缰略一停顿，又继续策马前行。

讲怪话的士兵吓得脸色如土，心里兀自七上八下，但愿旅长没听见自己在骂娘。

队伍的行军速度却是逐渐慢了下来。前面传来长官的命令：停止前进，暂时宿营歇息。

炊事兵开始埋锅造饭，袅袅的炊烟和着饭菜的焦香，在野外的营地四处飘散开来，刺激着士兵们的辘辘饥肠。大家发现，今天的伙食似乎比平日里丰盛了些，听军需官说，是张旅长特意交代额外加上他自己的军饷给弟兄们改善伙食，以示慰劳。旅长能以这样的方式聊表心意，也算是尽心体恤下属了，官兵们颇受感动。

正吃着饭，张灵甫带着几个副官随从，亲自下到各连队来巡视慰问，他要言不烦，几句话向大家解释了前方的紧急战况："日军主力已经渡过了赣江，南昌城陷入巷战之中。本师的先头部队已在高安郊外与敌搜索部队接战，因此，我们必须加快行军速度，即刻向高安进发。"

既然军情十万火急，大雨中辛苦行军也就没什么可抱怨的，大家纷纷表示自当克服困难，稍事休息过后，打起精神来继续赶路。

高安南临锦江，在南昌西面大约四十五公里处。日军101师团进入南昌时，106

师团主力回师奉新，一面派出 111 旅团，准备向高安进犯。

3 月 27 日，74 军 51 师分批陆续抵达高安，57 师也在抢占锦江沿岸的阵地。拂晓，张灵甫奉代师长李天霞之命，指挥 305 团主动向日军 111 旅团发起进攻，以掩护 51 师主力占领阵地构筑工事，先期到达的 306 团，则据守在高安东郊的祥符观。

306 团的团长由卢醒代任。卢醒是湖北天门人，在 74 军诸军官中，他可以说是追随张灵甫时间最长，与张灵甫关系最深的一个，早在北伐时期，才十几岁的卢醒就在担任连长的张灵甫手下当文书，张灵甫在胡宗南第 1 师任团长的时候，卢醒是他的亲信下属，后来又与张灵甫前后脚投奔王耀武的第 51 师，原在 302 团当营长，长沙大火之后，张灵甫把他调到了自己的手下，先是出任 306 团中校团附，后升任代团长。

4 月 1 日，敌 106 师团派出 123 和 147 两个联队，附战车三四十辆，炮十多门，在飞机掩护下，以主力猛攻 51 师祥符观阵地，首先与之接战的，就是在祥符观的卢醒第 306 团。祥符观当面地形开阔，敌人战车队不必经过公路即可向我阵地作宽广正面的冲击，于我军十分不利。敌人以战车开道，在阵地上横冲直撞，并释放催泪喷嚏型炸弹，306 团仗打得十分吃力，卢醒硬顶了一阵，难以招架。危急之中，他不得不向在高安城内的旅长张灵甫喊话求救。张灵甫镇定地指示卢醒坚决顶住，并给卢团长吃了一颗定心丸："我这就上来。"

说完，张灵甫把钢盔朝头上一扣，立刻抽调一个营，亲自率队冲出高安城增援。日军已经突入祥符观的阵地，正与 306 团扭杀成一团。306 团的官兵苦苦支撑，但被日军的步车混合大队压着打，阵地眼看着就将被突破了，这时，他们见到旅长亲自带着一队援军杀出城来向日军发起反冲锋，官兵们精神大振，日军不敌张灵甫的凶狠攻势，一时不支后退。

祥符观阵地暂时得以保住，卢醒四处寻找旅长要向他报告战况，不料却发现张灵甫被几个部下按倒在地动弹不得，右腿血涌如注。原来，张灵甫在指挥部队冲杀的时候，右腿膝盖突然被鬼子的机枪扫中。旅长猝然倒地，把卫兵随从吓得不轻，众人急忙七手八脚将张灵甫架到略安全的地带，查看伤势。张灵甫以前腿部也曾数度负伤，起先并不以为意，他一把甩开随从，只让战地卫生兵草草包扎一下止血，强忍着剧痛，拖着伤腿继续指挥。[①]

---

① 据 1939 年 4 月 1 日《罗卓英报告在赣湘公路激战情形密电》，74 军电话报告了高安方面的战况，其中提到张灵甫在当日战斗中负伤。《中华民国史档案资料汇编第五辑·第二编·军事（三）》中国第二历史档案馆编 江苏古籍出版社 1998 年。

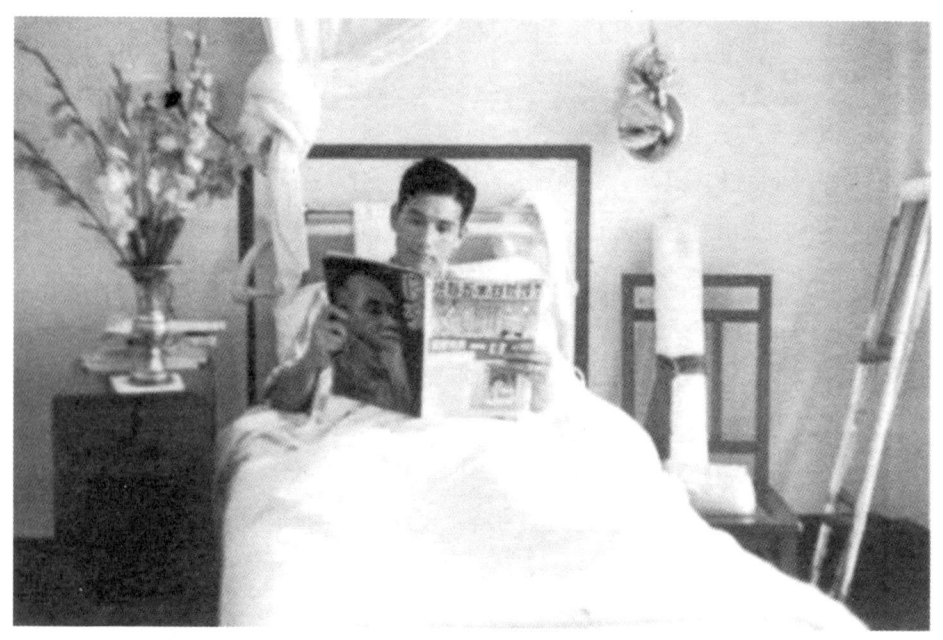

在皇家玛丽医院养伤期间，张灵甫因腿上打着石膏不便走动，只能天天坐在床上读书看报解闷（1940年，香港）。

敌人不甘失败，继续向祥符观发动全力反扑。敌人的炮火加上战车部队的猛烈攻势，使306团和赶来支援的302团第1营伤亡剧增。李天霞平素不喜欢打硬仗，一看苗头不对，与其添油式的消耗兵力，不如保留实力，等与57师会合后再作打算，于是他命令51师撤出高安，左翼仍在莲花山附近激战，右翼转移至高安东北约三公里的周村、涂家村、王村一线，张灵甫退出祥符观。

次日，第51师和57师全体集结完毕，军长俞济时命令两师同时出击，仓促占据高安的敌第111旅团立足未稳，在74军优势兵力攻击下，仓皇撤退，74军二占高安城。

但是，南昌失陷后，各路部队正在纷纷四散转移，此时74军再孤守高安已无太大意义，反而有陷于日军主力围攻之险。前敌总司令罗卓英决定避免让74军孤军决战，遂电话命令俞济时撤守锦江防线，主动退出高安向西转移。4月底，在南昌反攻战中，74军卷土重来，再次向高安发动反攻，打退日军，三占高安城。

在1939年4月到1941年之间，74军长期驻防赣北，与日军多次较量，为稳定赣北大局立下了大功。

张灵甫没有参加1939年四五月间的南昌反攻战。由于腿伤严重，经过简单的战地治疗后，他的部下胡立文领着四个士兵和一个医护官，用担架将张灵甫从火线抢下，送往宜春火车站，转送桂林后方医院治疗。但是，这次在后方医疗养伤时间之长，却完全出乎张灵甫的意料。

三

日军的机枪子弹正中张灵甫的右膝，造成膝盖严重骨折，由于高安战地的医护条件很差，伤口当时清理不清，加上火车上的长途劳顿，等到达桂林的后方医院，张灵甫的伤口红肿流脓，情况十分糟糕，他发起了高烧。医生检查过伤势，判断他高烧多日不退应是细菌感染严重所致，鉴于创口溃烂面积有扩散的趋势，不采取断然措施及时抑制的话，恐怕会危及生命，医生建议他最好接受截肢处理。一听要截肢，张灵甫急了："不行！锯了腿，我还怎么回去领兵打仗？"医生耐心向他解释，晓以利害，可是张灵甫根本不管那一套，他从腰间抽出手枪，一把拍在医生的桌子上："不必啰嗦，要锯腿，不如先一枪打死我！"秀才遇到兵，有理说不清，孰料当过秀才的将军蛮横起来一样不可理喻，碰到这种病人，医生也只好自认倒霉，战战兢兢答应他尽力治疗，不提截肢。张灵甫还不放心，生怕医生护士在他睡着的时候做手脚，连睡觉都把手枪放在枕头底下，硬是枕戈以待了。[①]

俗话说，伤筋动骨一百天，但是张灵甫的伤腿石膏打了大半年，还是不见起色，伤口总是反复发炎，右腿仍有不保的危险。内地医疗条件有限，若要转往香港治疗，费用昂贵，张灵甫自忖难以负担，薛岳接到王耀武的报告，得知张灵甫的治疗情况不佳，于当年的 12 月特地转报蒋介石，说张灵甫在高安战役负伤过重，恐成残疾，请求为他特赏养伤费以慰创伤，张灵甫这才得以在次年前往香港的玛丽医院，求助该院的英国医生诊治。所以有人说张灵甫坐飞机去香港治病是得了蒋介石的亲自关照，还是有依据的。对于校长的关怀，张灵甫自是感怀于心。他的右腿在玛丽医院再次动了手术，这次手术相当成功，医生向他保证，只要静心接受治疗，康复应无问题，张灵甫这才放下心来。

在皇家玛丽医院养伤期间，张灵甫因腿上打着石膏不便走动，只能天天坐在床上

---

① 这段后方就医经历，是张灵甫后来自己对其夫人王玉龄所述。关于张灵甫的腿部残疾，有文章传言他曾因伤截肢而装假肢，经笔者向王玉龄女士核查，张灵甫只是右膝盖关节伤没养好而变得僵直不能弯曲，并无截肢之事。

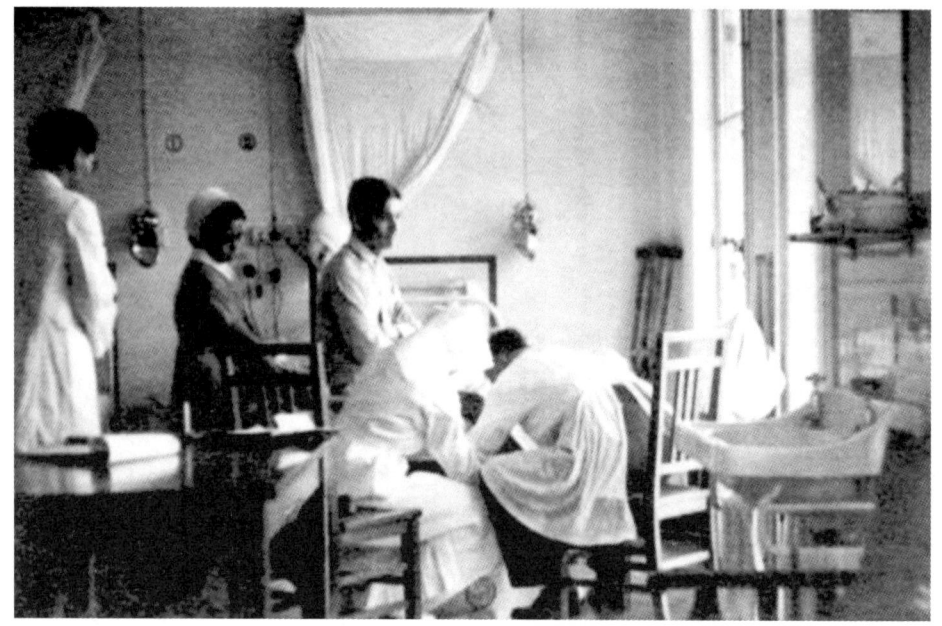

香港皇家玛丽医院医护人员正在为张灵甫检查腿伤（1940年，香港）。

读书看报解闷。一天，医院里来了一个垂危的心脏病病人，病人的儿子在旁护理的时候，发现这里还有一个来自内地的国民党军将军，便与张灵甫搭上了话。一聊之下，张灵甫得知这家人也是特地从内地来香港求医的，还是湖南的显赫世家，病人的祖父，正是张灵甫早在历史书中久仰的名人，名字说出来如雷贯耳，原来这个病人竟是曾国藩的嫡孙，张灵甫因此与曾家的后人交上了朋友。这段无心插柳的友情，几年之后为回到湖南家乡的曾家后人带来了意想不到的好处。

曾国藩的老家在湖南省双峰县荷叶镇富毛村，坐落在鳌鱼山脚的富厚堂是曾家的老宅，全宅占地六十余亩，建筑面积约一万平方米。曾国藩曾接受封侯，富厚堂是货真价实的侯府宅地。抗战期间，这里的乡间经常有各路武装人马来往，包括国民党军及各路游击队、别动队。有一天，一个姓赵的军官带着一队兵来到这里，相中了富厚堂的房子，想要在大宅里暂时安营扎寨。当时曾家住满了从湖南其他地方来避难的妇孺，多有不便，就恳求姓赵的军官不要驻兵。交涉中间，曾家探得姓赵的是张灵甫的部下，曾家的后人大喜，连忙扯出张灵甫作保护伞，说我们是张将军的好朋友，请各位维护。赵军官听了不敢造次，马上电告上司。张灵甫接到报告，果然还记得老朋友，他责令赵军官要对曾家竭力保护，还交代赵转告曾家放心，如果有危险，将由赵军官负责护送曾家出境。此事见诸曾国藩的曾孙女曾宝荪的文字回忆，对于张灵甫当年的悉心关照，曾家犹心存感念。

张灵甫在香港的皇家玛丽医院遇见曾家后人的时候，腿部已经动过手术，他的伤势恢复情况很不错，如果不是急着出院的话，原本有希望复原，但是他却等不及了。着急什么呢？原来一天早上，他在病床上照常打开报纸，内栏的一则小标题引起了他的注意：战时军人不宜出国养病。这是一则新颁布的规定。张灵甫看后，叫来主治医生，告诉他自己决定要提早出院。

玛丽医院的院长是个英国人，在张灵甫接受治疗期间，他对这位中国将军很有好感，听说张灵甫要提早回去，起先以为他是不堪承担昂贵医疗费的缘故，便好心劝他说："你的伤再继续治疗半个月多就可以复原，否则可能抱残终身。如果费用有困难的话，医院可以减免。"

张灵甫谢过院长的好意，说："军人死且不惧，何爱一肢。军令不可违。"遂拄着拐杖，一瘸一拐地离去。院长的预言不幸而言中。张灵甫回国之后，当腿部的石膏终于可以全部拆除，满怀希望的张灵甫沮丧地发现，他的右腿是保住了，膝盖关节却变得僵直再也不能弯曲，从此他只能直着右腿走路，成了"瘸腿将军"。不过这点残疾对张灵甫的行走影响不大，他并不需要借助手杖，酷爱骑马的嗜好也不因瘸腿而改变，以后行军打仗还照样骑着马到处跑。他后来所用的手杖，是缴获来的日军战利品，在他手里更像是指挥棍，而不是腿部残疾所需。

四

离开部队一年有余，张灵甫终于回到了久违的74军，而这时军内的人事已经有了很大的变化，他不能官复原职了。

1939年春，军事委员会对军队的编制进行了检讨，认为一般步兵师中的旅一级在实战中功用不大，决定撤裁步兵师中的旅级单位，由师部直接指挥所属各团，使野战部队的指挥更为精简便捷，撤旅的决定在当年年中开始实施。

张灵甫当时已经去了桂林疗伤，留下153旅旅长一职由邱维达继任。旅部一裁，旅长们就得各寻出路了，有本事的旅长不至于失业，资深的升为副师长，对有需要的师，军委会还比照日军的编制，设置了步兵指挥官的职缺，资浅的旅长就调任师步兵指挥官。51师的原旅长中，151旅周志道最早当上旅长，相对比较资深，他升上了51

师副师长，张灵甫和接替他的邱维达则双双在1939年6月被调为师步兵指挥官，不久，邱维达考上了陆军大学特别班，王耀武又将邱维达调为57师的副师长，拿一份干薪准备读书。

官运亨通的王耀武，则在1939年6月荣升第74军军长。原军长俞济时在同年10月调升第10集团军副总司令。对于蒋介石的提拔，王耀武感激涕零，他后来在自述中说，伯乐识马，蒋公识人，表示要更兢兢业业整训好第74军，使之成为纪律好、能作战、不怕死、听指挥的部队。

74军的三个建制师，原本就来自三个截然不同的军系，如果主官不得其人，很容易引起各派系之间的纷争，导致部队在内耗中离心离德。俞济时担任军长的时候，基本不大干预51师和57师的人事任免，让麾下各师保持自主性，而俞济时的个人资历和威信，还足以弹压住下属各个师长。王耀武则不及俞济时资深，刚升任军长，王耀武在个人威望方面一时还不能如愿镇住另外两个师，所以他不得不考虑有所调整。

出自山东地方部队的57师还好办，相较于"中央系"而言，它算是个杂牌，只要能一视同仁，57师的向心力问题不大。王耀武晋升军长时，副军长就由原57师师长施中诚升任。王耀武再次充分发挥了他对同僚周到的交际本事，对施中诚推诚置腹，57师的原军官因此对新军长也都能保持尊敬。新任的57师师长余程万是俞济时黄埔一期的同学，虽然高出王耀武两期，但是国民党军队除了讲究资历外，战功也是决定地位的另一个重要因素，余程万在黄埔毕业后很长时间一直在读书，先是陆军大学特别班第一期，后是北平中国大学政治系，再后来是陆军大学研究院，当初在松潘高原"围剿"红军期间，王耀武已经是独当一面的独立旅旅长而余程万还在伍诚仁的第49师当团长，他在军中的实战资历较王耀武逊色，所以也能服从新军长的指挥。

问题较大的是58师。该师是俞济时从浙江保安处时代就开始带的基本部队，不仅本身在俞济时手里早就转成了中央军嫡系，而且战功显赫。为了树立王耀武的威信，俞济时把对王耀武不大服气的原师长陈式正调到浙江升任军长，将出身黄埔二期的副师长何凌霄也调到浙江任师长。这样一来，黄埔四期出身的另一名副师长廖龄奇就有幸脱颖而出，晋升第58师师长，该师团长以上全体高级军官也都安排成黄埔四期之后。但是58师的高级军官，包括师长廖龄奇、步兵指挥官李嵩、第172团团长王伯雄、第173团团长蔡仁杰、第174团邓竹修与补充团团长何澜，依然形成了一个若有若无的小圈子，与王耀武和军部之间的关系有点微妙，尤其是廖龄奇，对军长王耀武并不唯命是从。

这样的情形大约持续有一年，王耀武对解决这种微妙关系颇费思量，看来总要有个自己人安插进58师，他才能更好地驾驭这个师。就在这个时候，张灵甫直着一条腿回来报到了。张灵甫养伤经年终于归队，王耀武很是高兴，两人先是对张灵甫的腿伤未能完全复原留下残疾感叹了一番，接下来就该坐下来言归正传，谈谈张灵甫的安置问题。

由于原来和张灵甫平起平坐的两个旅长都升了副师长，张灵甫在后方养伤的时候归队无期，暂时挂个有职无责的步兵指挥官过渡，再合适不过，现在他回到部队，如果让他仍屈就职位相对低一些的步兵指挥官，似乎说不过去。不过部队的军职一个萝卜一个坑，51师和57师已经都有了副师长，王耀武征求张灵甫的意见，拟派他去58师任副师长。张灵甫是王耀武的亲信，王耀武要派他去58师，可谓司马昭之心，这是一石两鸟，既提拔了张灵甫，又可借助他去对58师加强控制，而张灵甫凭他的资历和战功，当这个副师长实至名归，别人也没什么闲话可说，这样的安排，充分体现王耀武在人事处理上的心机。

张灵甫不像王耀武那样精于处理人事关系，但也是个明白人，对王耀武派他去58师的用意心知肚明。他是"王军长的人"，能否与58师的高级军官们打成一片，还得看他的能耐。自负的张灵甫对这一点倒不怎么在意，军人以战绩说话，当初他只身投奔王耀武，与51师的其他同僚也没什么交情，几年下来照样以军功服人，所以他自认融入58师应不在话下，反正还在74军，一回来还有得升官，有兵带有仗打就好，他对王耀武的提议也就没什么意见。

1940年冬，张灵甫调升74军第58师副师长，成了不久后倒了大霉的廖龄奇的搭档。

第六节 飞虎旗飘扬在上高

一

张灵甫来到58师上任的时候，74军正在江西上高一带整训，不过两个多月，上高就成了烽火连天的战场，这一仗，史称上高会战。

上高今属江西宜春市，与一年多前张灵甫负伤断腿的高安相邻，因地处高安上游，故称上高。论面积，上高方圆不过百余里地，人口在当时仅约十二万，在江西数十个县中，第19集团军单选地小人少的上高作为司令部所在地，其所辖的主力74军自两年前的南昌会战之后，基本上也一直驻扎在此，足见上高在赣北战略位置的重要性。此地扼赣湘公路通道，居赣江锦江要津，锦江干流横贯东西，境内绝大部分属山地丘陵，四周与高安、新余、万载、宜丰相接，距离日军占领的南昌约一百二十公里。

第19集团军在与日军对峙的将近两年时间里，曾经对南昌和南浔线的日军发动过数次攻势，虽然战事不算大，但作用就像一门架在赣北日军面前的"当头炮"，使得守备南昌和南浔铁路的日军不得不时时绷紧神经，尤其是1939年秋，74军和集团军的其他部队在上高附近成功阻击赣北的日军西进湘北，为第一次长沙会战的胜利建立了功勋。

此时，华北方面的日军正在策划集中兵力，准备5月对晋南第一战区的卫立煌部发动进攻，由于兵力不足，侵华日军总司令部只得从这两年相对平静的赣北地区打主意，打算抽调第33师团转用于华北战场，该师团原定于1941年4月间从江西安义开往华北，刚在上海组建的独立混成第20旅团则于2月下旬调到了南昌。

调来一个旅团，换走一个师团，南昌方面日军的兵力将会有所削弱。为了减轻赣北国民党军的威胁，日军第11军同意留守南昌的第34师团的强烈要求，趁第33师团和第20旅团均在赣北兵力较富裕的间歇，发动一次所谓的"短促突击"，兵分三路寻歼第19集团军野战军主力，尤其是第74军，借以巩固日军对南昌的占领，并且经新余、清江、丰城等地东渡，横扫赣江抚河流域，掠夺战略物资，以期至少一段时期内可以让留在赣北的日军有太平日子好过。所以，日军的战史也将这次战役称为"鄱阳扫荡战"。

当时在赣北的中国军队，除了74军之外，还有第49军、70军及72军一部归属第19集团军指挥。以两个师团加一个旅团六万余人的兵力要扫荡当面人数占优势的国民党军重兵，日军实在猖狂之极，而它的猖狂也确实有其缘由。

抗战全面展开至今已有四年，日军以少胜多的战例比比皆是，中日两军在武器、战术、官兵素质上的差距是客观现实。以国民党军的编制，当时一个师名义上约一万二千人，单以赣北国民党军的几个师为例，实际平均每师只有八千余人，而日军的一个正规师团编制有二万五千人，考虑到日军配备的其他特种兵及武器装备上的优势，国民党军普遍的战力基本是五六个师才抵日军一个师团。若按这个标准计算，中方兵力在上高会战中并不占据多少优势，然而这一仗，中方不仅守住了上高，还将来犯之敌围起来打得丢盔弃甲，大长了中国军队的志气。

毕竟经过了四年抗日战火的锤炼，中国军队在战略战术上也摸索总结出了一些经验教训，尝试改变以前被动死守的陈旧打法，变片面防御为积极防御，诱敌深入，伺机防守反击。第九战区吸取第一次长沙会战以"后退决战"制胜的经验，在1940年5月就对赣北制定了如下作战方针："敌如进犯高安、上高、万载，则诱之于分宜、上高、宜丰以东地区反击而歼灭之。"①

　　如果说薛岳当年在万家岭摆出的反八字阵形，还是在发现敌106师团已经深入我军腹地而作的后发制人的应急布置，上高会战则更进一步，可以说是抗战史上正面战场诸战役中，中国军队主动在战略战术上将运动战、阵地战和游击战成功结合的一个经典战例。何应钦于战后对中央社记者发表谈话，颇为自豪地说："上高之战在今后作战指导上非常重要，其影响之大，莫可比拟。敌人采取分进合击态势，即可谓外线作战。我军始终固守上高一带既设阵地，依内线作战之原则，先击溃其夹击之一翼，然后转向其主力包围攻击，遂将其各路兵力悉行歼灭，可谓为开战以来最精彩之作战。"

　　变被动挨打为主动诱敌深入，这是上高会战相比之前诸战役的出彩之处。

　　还在日军发动进攻之前，第19集团军已经搜集到情报，敌人在南昌和锦江两岸大规模调动集结，在当地征集大量民夫，运输粮草弹药，显示一场新的大战迫在眉睫。

　　第19集团军的司令长官还是罗卓英。两年前的南昌会战，罗卓英沿修水一字排开的阵势，处处设防又处处难防，败于冈村宁次战车加大炮的集团突进战术，之后进行的南昌反攻战也以失利告终。持平而论，以罗卓英当时控制的兵力，他要守卫百余里长的战线，在将主力铺陈于一线之后，也实在留不下多余的部队可以从容调用于纵深配置和机动。吸取前车之鉴，第19集团军按照战区的既定作战方针，事先制定了一套"磁铁战术"的应对方案，要诱敌于预设战场而围歼之。罗卓英把作战阵地分成三线，第一、二线阵地为抵抗诱敌线，第三阵地线为主阵地决战线。整个战役分诱敌深入、决战反攻和追击歼敌三个阶段。

　　决战的核心阵地，选在上高县城的东北面。这里是一片丘陵，大山小岭连绵不断，尤其是距县城一公里多的镜山，颇有虎踞龙盘之势，控制着通往上高的下陂桥（今陂下）要隘。山前有泗溪河自北向南流入锦江干流，河面虽然不宽，但春夏季节是河水上涨期，这对日军的运动推进将造成一大障碍。泗溪河沿岸的棠浦、官桥、泗溪几个

---

　　① 罗卓英《上高会战概述》，《原国民党将领抗日战争亲历记——闽浙赣抗战》中国文史出版社1995年。

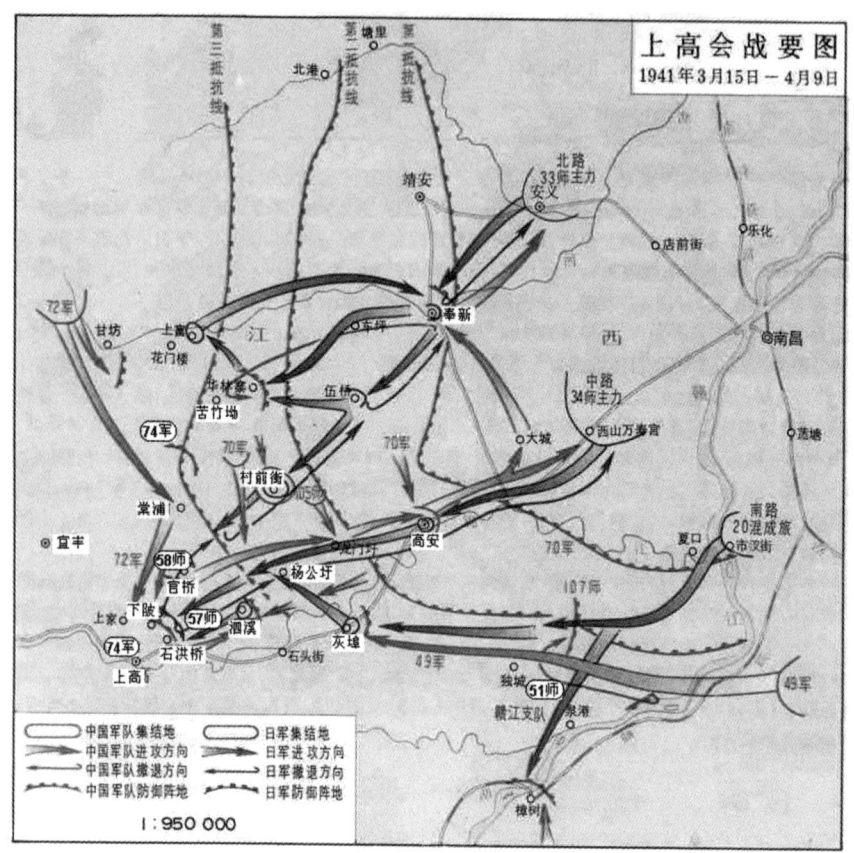

上高战役示意图

小镇，则形成上高县城的天然屏障。敌军若经我一、二线军团打击后，再长途奔袭到此，兵锋势挫，我三线守军则可凭借山地的既设工事，居高临下堵住敌人，为转移的第一、二线兵团在敌侧后集结合围争取时间，造成关门打狗的态势。

这一次，罗卓英选对了一个绝佳的决战阵地，在这里，日军终于为其狂妄付出了泣血的代价。

完成了图上作业，接下来便是付诸实施的排兵布阵。在罗卓英所掌握的各部中，74军战斗力最强，是绝对的第一主力，当仁不让担任第三线决战的主力部队。此时的74军士气更旺，因为它在年初刚刚被军事委员会选定为攻击军。

1941年初，军事委员会决定在全国范围选出四个军级部队，作为各战区的直属预备队，由军委会直接调配，不担任固定守备任务，即所谓的攻击军，参选的部队必须战功卓著，一旦获选，在人员、编制和装备等各方面都将获得明显的提升和优待。攻击军的特点是军司令部的编制比普通军大，庞大的特种兵直属部队人数超过一个师，下属炮兵、工兵、辎重兵各一个团，半机械化搜索营、高炮营、战防炮营、通讯营、特务（警卫）营等都作了扩编，火力配备堪称全军之最，还有专属的师管区解决征兵的问题。这样的美事，凡是战绩拿得出手的部队都跃跃欲试，意欲角逐这有限的四个名额。

攻击军名额的分配，长江以北和以南的部队各有两个，其中北方的第1军和第2军早就确定，长江以南的第5军是最早的国民党军机械化部队，当选攻击军属不二之选。剩下的最后一个名额，竞争激烈，军令部最后上报四个军候选，其中第74军和第18军条件不相上下，最有希望胜选。在军委会执掌实权的陈诚原属意于第18军，这是有"土木系"之称的陈诚系统的精锐部队，也是后来在三年内战中与整编第74师齐名的国军"五大主力"之一，而74军一般认为带有何应钦色彩，所以起先最后一个攻击军花落谁家一直未定，后来难题还是交由蒋介石来拍板，蒋介石反复考虑了这两个军在抗战中的战绩，最后将他的一票投给了74军。

能获选为攻击军，不仅今后在各个方面可以得到军委会宠儿般的优先照顾，更是对一支部队过去的出众战绩及官兵整体素质和能力的最高褒奖与肯定，也标志着部队在最高统帅部眼里的分量，可以说，攻击军实际上就是钦定的"王牌军"。喜讯传来，74军全军上下一片欢腾，士气空前高涨。

张灵甫一到58师上任，就一头扎进攻击军的换装整训工作。第一期的整训主要是校点人员装备，作换装武器的性能讲解、使用培训等教育。1941年3月15日，第一期整训暂时告一段落，全军各部正在雄赳赳地举行整训校阅，军部参谋匆匆把一封电报递到军长王耀武的手中。

集团军总部发来急电，日军于当日开始向我方阵地发起进攻，罗卓英电令第74军："除以第51师保持机动准备策应各方面之作战外，其余两师应准备适时占领第三线阵地。"

敌人的进攻依旧是老套路，兵分三路，齐头并进。樱井省三的第33师团居北，池田直三的第20混成旅团居南，大贺茂的第34师团居中，分别从安义和南昌向上高进发。上高的东北方向，奉新居北，高安在南，日军欲对上高形成钳形攻势，必先攻取这两地，进而合击上高。而罗卓英的第一、二线阵地，就布置在奉新、高安一带。

1941年3月15日，担任一、二线兵团迟滞敌军任务的第70军在奉新、高安先后

蒋介石视察抗日前线的部队。

遭到南北两路日军的猛烈进攻，上高会战正式打响。

二

74军当时军部驻在官桥街，51师刚移驻刘公庙附近，57师在泗溪，58师在棠浦。一接到罗卓英的命令，王耀武立即着令57师和58师就地集结，占领在石头街、泗溪、官桥和棠浦一线的既设阵地，51师主力在太和圩待命机动。

张灵甫因伤在后方歇息了一年有余，他是习惯了常年在前线征战的真正军人，不能上战场简直像失业一样难受，如今一回来就碰上了大战，他精神抖擞。58师师长廖龄奇当时去湖南岳麓山参加军官训练团学习，不在任上，于是新到乍来的副师长张灵甫就代理起师长职务，指挥全师行动。3月16日，张灵甫接到军部命令，着手布置上高县城自东北桥头到官桥和棠浦之间的阵地线。

58师的战斗部队，包括第172团、173团、174团和补充团共四个团，外加师直属部队的迫炮营、工兵营、辎重营和通讯连。张灵甫迅速对各部作出了战斗部署，他以第172团和173团在官桥和棠浦呈南北向展开，构成约十公里长的主阵地，准备迎击日军的正面来犯。主阵地的右翼接第57师防地，暂时无须多虑，左翼的防线则是一大空当，如果要在这一段作与主阵地同样的重兵布防，那张灵甫就连一个预备队都剩不下。将有限的兵力过多陷在固定阵地上，只会把自己置于僵硬被动的不利境地，张灵甫不考虑这种守株待兔式的机械防御，他要尽可能多地控制机动兵力供他随时灵活运动，把主动权抓在自己手中。可是，宽广的侧翼也不能毫不设防，于是他作了一个以小搏大的布置，张灵甫命令174团派出一个营，以连排为单位在侧翼展开，犹如章鱼的触须般尽量向前延伸。这样的布阵并非是心存侥幸想赌一把，张灵甫很明白，如果敌人果真重兵来迂回侧翼，一个营的兵力根本无力有效挡住强敌，他的目的只是用这个营充当"触须"，日军若有风吹草动，这个"触须"足以起到及时反馈敌情的预警作用，一旦出现紧急状况，他就有比较充分的时间在日军到达之前调整防卫重点，在局部形成优势兵力应付敌人的主攻方向。机智地运用小部队而不处处设防，敢于抽出重兵控制在重点阵地作机动防御，这需要指挥官具有相当的胆略，敢于冒险，而这种冒险又不能盲目，得基于对敌人主攻方向的准确判断，张灵甫在官桥的阵地布置，显示他的战术风格相当大胆灵活。在随后的战况发展中，他果然得偿所愿，一收他所预期的积极功效。

一切才布置停当，次日，负责棠浦阵地的173团团长蔡仁杰向张灵甫报告，该团前出村前街警戒的第2营前哨与鬼子的搜索队发生了枪战。日军第33师团的前锋部队离棠浦只有约十五公里了。

守卫第一、二线的第70军浴血奋战了两天，预9师和第19师在北路来敌攻击下迭次后退，基本达成了引诱、迟滞敌人的预定目的。不同寻常的是，北路阻击部队的撤退并没有按常理向居其后方的74军靠拢，而是背道而驰，作离心的转向遁逸而去。日军第33师团接连击破70军的阵地，师团长樱井省三得意扬扬，对对方蹊跷的撤退方向未觉异样，乃命师团跟踪追击"溃退"的70军，结果在苦竹坳的狭窄山隘遭到70军和72军的围攻，樱井突围而出，却自以为已经吸引并击破了一部分中国军队，完成了配合第34师团作战的任务，于是樱井在19日率部向奉新北撤，准备休整后调往华北作战去了。

这一曲折造成先前从伍桥何南甯村前街的第33师团那个前锋大队得不偿失，58师的173团第2营与来犯之敌激战一昼夜，日军伤亡两百余人，一无进展，次日，第33师团大部队开始撤退，该大队亦无心恋战，落荒而去。

58 师真正的恶战，还是从官桥街开始的。

官桥街离上高县城仅十六公里，两条溪流在此交汇，近棠浦的一侧称浦水，近泗溪的一侧称泗水，一座七八十米长的五孔石桥横跨溪流，非雨季时节，桥下小溪涉水可过。3 月 17 日，中路敌军第 34 师团主力突破 70 军 107 师祥符观阵线，越过高安，先头部队沿湘赣公路继续向西推进，18 日午后在龙团圩与 74 军 57 师的警戒部队接战，进而向 57 师的杨公圩阵地发起攻击，兵锋从土地庙直指官桥街。

当天一大早张灵甫就接到报告，172 团的侦察排游动哨在与 57 师防线的结合部发现了敌情。当日，日军一个大队附骑兵和炮兵共八百余人进攻由 172 团两个连据守的警戒阵地，敌人出动九架飞机轮番轰炸，在小小的山头倾注了上百枚炸弹，担任警戒的两个连坚守阵地，两名连长一死一伤，官兵伤亡八十余人，一直打到傍晚时分，才撤入主阵地与主力会合。

战场上的尸山血海，有时会令军人对生死产生职业性的冷感。消逝在枪炮下一条条鲜活的生命，在参谋的笔下化作一连串冰冷抽象的数字，张灵甫翻阅着战斗的报告，他的关注焦点更多落在战果上。两个连抗击倍数的日军整整一个白天，为他赢得了宝贵的时间，他们的牺牲对整个战局的贡献是超值的。

在警戒部队迟滞日军的这段时间里，张灵甫调兵遣将，已经将阵地重新调整完毕。敌人的主攻目标显然针对官桥街，张灵甫决定加强官桥正面的守卫兵力，除原守官桥的 172 团外，他将补充团也调至官桥防线后方组成重叠配置。此时敌第 33 师团已经被 70 军吸引北开，棠浦方向战况趋于稳定，张灵甫当机立断，将左翼的 174 团主力从棠浦拉到官桥侧面，渡过浦水向敌后的猴子岭推进，右翼与 57 师及时取得联系，必要时协同行动。经过一连串果断的调动，张灵甫在官桥街摆出一个正面重点防御，两翼攻守兼备的迎战态势。

19 日，日军第 34 师团向 58 师在龙形山、墓田圩的阵地发起攻击，172 团团长王伯雄沉着应战，以密集的火力狠狠压制敌人的进攻势头。日军正面久攻不下，张灵甫又在它的背后杀出奇兵，他断然采取攻势防御，命 174 团迅速占领猴子岭，与另一侧的 57 师一部合击日军的侧背。遭到来自背后的突袭，日军大感意外，来犯的第 216 联队第 2 大队在 58 师和 57 师两部夹击下，遭受重创，该大队在离官桥以东一点七公里的万子桥渡河时，大部战死，大队长木下重四郎也中弹毙命。同时，该师团的炮兵部队也遭到侧击，措手不及，甚至连标尺都来不及装定，只得向勇猛冲锋而来的攻击部队作直接瞄准，抵近射击，该炮兵一部被消灭。

第 34 师师团长大贺茂发现自己撞上了南墙。该师团自 16 日从南昌出发以来，相比南北两路与国民党军的缠斗，他这中路相对轻松，没费多大力气就打穿当面中国军队的阻击，向着目标长驱直入，这助长了大贺茂的骄横之气。其时，他的右翼已经由于第 33 师团的过早撤离而暴露，左翼的情况也出了毛病，第 20 混成旅团因轻率分兵正在被李天霞的 51 师和第 49 军的 26 师各个击破，头脑发热的大贺茂居然对此都视而不见，他不理会两翼的空虚，自己带着中路主力继续向上高突进。或许是 70 军前几天的佯败使大贺茂产生了轻敌和麻痹，他判断当面的中国军斗志不强，攻取上高指日可待，却未意识到自己已经中了诱兵之计，一脚踏入了对方预设的决战陷阱。至此，我方第一阶段诱敌深入的战役目标已经达成。

经与 57 师和 58 师的接触之后，大贺茂明白遇上了劲敌，对方在他倾其主力的猛攻面前毫无惧色，阵地岿然不动，这最后一道防线的抵抗越来越强韧，与之前的第一、二线完全不是一回事。大贺茂决定以锥形战法集中兵力作定点突进，他向空军搬来援兵，呼叫航空兵第三飞行团远藤少将派出数十架轰炸机助战，并在进攻前向守军大量施放毒气。日军战后曾将大批的化学武器遗弃在上高战场，1992 年，就在泗溪官桥街，扩建圩集的民工不慎挖到地下锈迹斑斑的毒气弹，造成无辜群众一千三百多人中毒。掩埋半个多世纪后挖出的毒气弹还有两百余枚，足见当时日军使用毒气的数量之多。

20 日拂晓，一股刺鼻的异味在阵地上蔓延开来，黑暗中眼睛察觉不到毒雾，越来越浓的异味，使人痛咳难忍，涕泗交加，58 师 172 团的官兵陆续出现中毒症状。日军则一反常态，趁着守军被大批熏晕之机，天还未亮就出动主力向官桥、泗溪猛攻，第 20 混成旅一部也从南面赶来会合，大贺茂的兵力更加雄厚。天亮之后，三十余架日机飞临，对着守军频繁扫射轰炸，172 团激战竟日，在敌人飞机大炮加毒气的轮番攻击下，敌人从官桥、泗溪的 57 师和 58 师结合部之间向我方阵地突入，58 师位于塘坎的阵地出现动摇，战况危急。

所幸张灵甫留了一手，他事先已经将补充团置于阵地的后方高地，面对蜂拥而来的日军，张灵甫兵来将挡，他镇定地按既定布置将补充团顶上一线。补充团在团长何澜的带领下，向扑来的敌人发起迎头反击，高地上的迫击炮和重机枪也以猛烈的立体火网，将日军的后继冲锋波次大力遮断，成功遏制住敌人的进攻势头。58 师的阵地当晚稍向后移动之后，稳住了阵脚。

21 日，王耀武接到薛岳和罗卓英发来的联合电令，命锦江北岸采取守势，以确保上高为主。王耀武随即调整部署，命令张灵甫向后收缩，退守上高西北的白茅山、樟

国民革命军第74军上高公墓夜景（照片来源：上高之窗网站）。

树下、何舍一线，与守聂家山、云头山、源山庙的57师在上高城附近构成新的阵地，与敌三个联队继续激战。

日军的大部队尾随而至，在飞机掩护下，沿着崎岖的山道向上高的门户下陂桥急进。据我方情报人员密报，在日军路经的某处观察，列成纵队的日军绵延不绝，足足七个小时一直过个不停，足见日军的兵力雄厚。

22日，更激烈的恶战在上高城东展开，敌人向57师和58师发起全线进攻。张灵甫和余程万将各自的师指挥所设在镜山一侧的山腰，率部与日军在城郊死战不退，誓死坚守上高核心阵地。据战后的报道，我方伤员十之六七为刀刺伤，可见当时近战搏杀的激烈程度。王耀武也在锦江南岸的军指挥部里彻夜不眠，指挥部队背水一战，并且拒绝渡江撤退。

离上高十余公里的毕家庄，也成了兵的世界，只是聚集在这里的都是日本兵。23日，大贺茂到达毕家庄，指挥日军主力向石洪桥、下陂桥、白茅山再次猛扑，57师镇守的下陂桥一带战况尤为激烈，阵地前布满了一批又一批的日军尸体。仅此一天，敌我双方的伤亡数字就高达四千余人。

74军在上高核心阵地与敌抵死厮杀的惨烈情景，当年在附近山头坐观战况的目击者有这样的描述：

"敌军早已开始拂晓攻击，天稍明亮，敌出动飞机，从最初的二三十架到最多时的七八十架，犹如蝗虫一般，遮天蔽日地连续飞临上空，围绕上高城周围，反复盘旋侦察，旋即向城池和设防阵地及其外围轮番俯冲投弹，狂轰滥炸，各种火炮集中猛烈轰击，坦克开路，掩护步兵冲锋猛扑。眼看上高浓烟滚滚，一片火海，从飞机、炮群倾泻下来的钢铁，炸得地动山摇，震耳欲聋。敌军使用这么多的飞机和如此强大的炮火，这是我参战以来所仅见的。"

一位名叫邹继衍的参战军官在他的《上高战役亲历记》中描写了他所亲眼目睹的战斗情景。邹继衍当时是第70军107师320团第1营的少校营长，他的部队来到离上高约五公里远的一个山头待命，邹营长与他的团长等军官登高极目，74军的57师和58师与日军的彻夜激战尽收眼底。他继续写道：

"最令人惊服的是：当敌机、火炮猛轰时，我方阵地静悄悄地毫无反应，好像守军已经被消灭，或全部撤走。可是一待敌步兵冲锋达到有效界，设置在战壕、山洞中各种隐蔽巧妙的火力点内，轻重武器喷射出来的弹雨，就像冷水一般洒向敌群；配备在后方远射程、大口径火炮，也紧随着发出雷鸣怒吼，进行地毯式的迅猛疾射。在我严密火网与步炮协同反击下，打得敌军晕头转向，丢下一批尸体和被毁坦克，仓皇溃退。就是这样一次又一次的反复拉锯战，使得凶顽的日军，在这铜墙铁壁的坚城面前碰得头破血流。眼看上高近在咫尺，就是可望而不可即，未能靠拢一步。这场持续近十二小时的恶战，实在算得上攻防战中演出的威武雄壮的战例。"[1]

前往74军军部联系支前和劳军的上高县工作人员，趁着战斗的间隙来到前沿阵地。

"只见我方战壕挖好了又炸平，炸平了又重挖，整个山头，几乎被炸弹炮弹翻了过来。在血肉与泥土互相搅拌、互相渗透的土地上，士兵们正在抢挖战壕、掩体。他们的脸都是烟尘和鲜血，牺牲的战士身上棉衣被炮火撕裂成缕缕碎片。没有炸倒的树木，只剩下光秃秃的树干和大枝丫。在树丫上，牵挂着被炮弹炸碎的衣带和破布，残肢断臂。"[2]

---

① 邹继衍《上高战役亲历记》，《原国民党将领抗日战争亲历记——闽浙赣抗战》中国文史出版社1995年5月。

② 王道平《长留浩气满乾坤》，《原国民党将领抗日战争亲历记——闽浙赣抗战》中国文史出版社1995年5月。

中国军队指挥官在官桥作战地视察。

57 师和 58 师在正面阵地的激烈抵抗，把日军堵在镜山口进展不得，敌人只能停在离上高城东数公里外，遥望城垣，望城兴叹。

日军第 34 师团向上高猛攻两日，伤亡惨重，对大贺茂来说，战况却急转直下。当 74 军在正面硬抗强敌的时候，70 军和 49 军已经从左右两翼逼近日军的侧后，72 军也在 24 日抵达上高战场。从棠浦、南茶罗而来的 70 军预 9 师和 19 师先到一步，在 22 日就向大贺茂师团司令部所在地毕家庄发起突袭，该师团司令部的战斗指挥所、辎重及野战医院都遭到了袭击。环顾四周，大贺茂焦急地发现，自己的部队被 74 军阻于镜山口，两翼和后路被另三个中国军隔断，第 34 师团已经陷于中国军东西十五公里、南北五公里的包围圈内，进退不得。这下子大贺茂自身难保，再没有心思笃定进攻上高了，在向武汉的第 11 军司令官园部和一郎发出求救急电后，24 日下午，大贺茂命令停止进攻上高，在原地固守待援。已经返回安义的樱井省三则疲于奔命，再次奉命向棠浦进发，救援被围的第 34 师团。

23 日深夜，罗卓英见已达成计划中的会战第二阶段目标，为激励将士再接再厉实施包围决战，他亲拟"当前胜利保障十则"，通告各部队："目下对敌包围形势，业已形成，包围圈也已缩小，今天就是我军对敌施行全线求心攻击开始的时候，也是我军对敌展开歼灭战的良机。"并激励各部坚持到底就是胜利："过去八天的苦战中，万余伤亡将士的血花，正期待吾人今明两天之努力，结成胜利之果，报答国家。第 74 军奉新烈士墓，第 74 军高安烈士墓，巍然在望，吾人必须迅速歼灭巨敌，以伟大战果，报慰英灵。"①

终于等到决战反攻的时刻。张灵甫下了镜山，来到已经变成一片焦土的下陂桥，指挥58师向官桥街方向大举反攻。只用了一个白天，58师就攻到了桥头，第二天，部队继续向官桥街攻击前进。张灵甫来势汹汹，日军为阻止58师的攻势，出动飞机并再次施放毒气负隅顽抗，所幸老天助了张灵甫一臂之力，天上电闪雷鸣，下起了及时雨，毒气在风雨中迅速消散，敌人的飞机也只得暂停出动。两天内，58师在瓢泼大雨中会同友军连下毕家傲、古山、长岭、南茶罗，并将58师的迫击炮营拉上长岭，炮口指向泗水一线。

赶来救援的敌第33师团在27日突破了第70军19师在棠浦的防线，在官桥街西南与第34师团会合，一部到达毕家庄与大贺茂取得联系，准备掩护第34师团突围。

58师连续作战十余天，人困马乏，但是，此时的张灵甫已经打出了气势，强烈的攻击欲望使他再现猛张飞的本色。27日午前，他已指挥58师攻占傲古山，并派出蔡仁杰的173团向官桥街外围阵地继续奋勇突进，于午后3时进抵离官桥仅约两公里处，即将直捣官桥街核心阵地，一举端掉日军的老窝。已如惊弓之鸟的日军受到蔡仁杰的攻击，在泗水河畔乱作一团，长岭上的迫击炮营也居高临下，将愤怒的炮弹直泻渡河撤退的日军。与此同时，172团则向毕家庄攻击前进。

但是第34师团在与援军会合后，已于27日迫不及待强渡泗水，开始突围。日军的战史记述了该部撤退时的惨状："第34师团带着数百名伤病员好不容易全部渡过泗溪，按兵团司令部、行李、独立山炮队、病员输送队、野战医院、后卫部队的行军序列，开始向土地王庙东进。如前所述，土地王庙在5日前已成为待命的敌第9师中枢阵地。另外，在侧背还有重庆军六个师并列尾随追击。入夜，雷电伴随着大雨，各部队在严加戒备下渡过黑暗的一夜。28日凌晨2时负责野战医院警卫的炮兵第八中队，终于在土地王庙村庄西端遭到优势的重庆军攻击，致使该中队在处理了火炮后，全体壮烈阵亡。"②在这批被毁的火炮中，有一门炮身如今就陈列在北京军事博物馆的抗日战争纪念馆内。

第34师团只顾自己奔命，倒霉的第33师团只得奉命为它作挡箭牌，在我围追大

① 罗卓英《上高会战概述》，《原国民党将领抗日战争亲历记——闽浙赣抗战》中国文史出版社1995年。

② 《锦江作战》，日本防卫厅防卫研究所战史室《中国事变陆军作战事》（第三卷第二分册）（田琪之 齐福霖 宋绍柏 译）中华书局1983年。

军的大举攻势下，该师团陷入了四面楚歌的境地，连山炮队的炮弹也发射殆尽，需要依靠空投弹药，苦苦支撑了一天之后，该师团大部队也不得不渡河逃命。

28日凌晨，张灵甫的人马追击到了官桥街，向第33师团留下阻击的数百名日军发起最后攻击，将该股残军消灭。74军于当日收复了官桥、泗溪，开始打扫战场。

70军、72军等友军则继续向日军展开追击，直至4月2日，战役胜利结束。

上高会战历时半个多月，中国军队以略占优势的兵力，不但粉碎了日军进占上高的如意算盘，还对来犯之敌进行了围歼，以歼敌一万二千名大获全胜。战后，集团军总司令罗卓英亲往74军，在对全军军官发表的讲话中盛赞该军：

"在这次战役中，第74军发挥了最大的力量，创建了最大的战果，这是非常光荣的。记得北伐时期，第四军以'铁军'闻名……现在抗战时期，我敢大胆地说：第74军是抗战期中的'铁军'，第74军自参加抗日战争以来，屡战屡胜，愈战愈强，这次又于上高会战中，建立伟大的辉煌的战绩，特别值得我们钦敬。本总司令，今天召集第74军高级官佐训话，一方面是表示本人最大的敬意，一方面藉此对这次战役，作一精密的检讨，希望大家秉着此次英勇作战的精神，闻胜勿骄，再接再厉，永远保持'铁军'的威名，建立更大的战功。"①

上高战役的胜利，74军厥功至伟，因而获颁"荣誉旗"一面，蓝缎上绣有白色飞虎的青天白日旗，又称"飞虎旗"。从此，74军以"抗日铁军"威名远扬，成了名副其实的头号王牌军。军长王耀武荣获青天白日勋章，锦旗及立功官兵勋奖章特由重庆派专机送长沙并转来上高，张灵甫也因功获得嘉奖。

然而树大招风，74军也从此成了侵华日军的眼中钉肉中刺，必欲除之而后快，半年之后，这支生气勃勃的"铁军"在第二次出征长沙时，遭遇了滑铁卢。

第七节 遭遇滑铁卢——二战长沙

一

湖南长沙属于第九战区，在抗战期间，这里是另一个多次发生大战的战场。

---

① 《罗卓英将军对第74军高级官佐训词》，《原国民党将领抗日战争亲历记——闽浙赣抗战》中国文史出版社1995年。

1939 年九十月间的第一次长沙会战，薛岳运用他的"天炉战法"，以长沙为轴心，用两线兵团前后夹击，迫退日军，史称"第一次湘北大捷"。所谓天炉战法，也就是1939 年春南昌会战后战区制定的以"后退决战争取外线"的作战计划，这与罗卓英在上高会战所摆的阵形类似，后者实际上是吸取了一战长沙的胜利经验，并且正确实施了战区既定作战方针的成功战例。两年后，1941 年 9 月，日军第 11 军司令官阿南惟畿中将集中了四个师团另加四个支队、一个坦克联队、两个重炮联队、三个工兵联队、两个飞行团，其中步兵总计四十五个大队，炮兵二十六个大队，于当月 18 日在湘北再次向长沙发起进攻，目的在于"摧毁敌抗战意图，予第九战区敌军以沉重打击"。

国民党军方面的应战计划，原本仍是以"后退决战争取外线"为指导，但是在第二次长沙会战开始时，薛岳并未完全照章行事，他把决战的重兵防线布置在汨罗江边，试图拒敌于汨罗江以北，在汨罗江畔歼灭敌军。第九战区的参谋处处长赵子立对司令官的如此布置十分诧异：固守汨罗江一地持久防御，这岂不是当年罗卓英修水防线的翻版？如果汨罗江防线被击破，日军再迂回直捣国军右翼，那么长沙就会变成又一个南昌。他提出应沿汨罗江南岸逐次抵抗，争取时间等待援军抵达决战战区，可是他的主张未被薛岳采纳。很不幸，战况的发展果然如赵子立所担心，日军很快突破新墙河、南江桥一线，即以主力向我汨罗江防线右翼包围，守军萧之楚的第 26 军和陈沛的第37 军在日军重兵的进攻之下被各个击破。这一失着，造成了国民党军在会战初期的处处被动。

更糟糕的是，日军在战前已经破译了中国军队使用的密码。

犹如两名棋手在对弈，薛岳下的是明手，他的调兵遣将，随着空中嘀嘀嗒嗒无线电波的频繁往返，不时被日军情报部门截获破译；而阿南惟畿下的是暗手，特情机关的情报让他及时掌握中方的意图和部署，得以从容修改作战计划，日军未战已得先机。

1941 年 9 月 22 日傍晚，日军第 11 军司令部。

日军参谋长木下勇少将于当日下达了开始"汨水会战"的命令，此时日军已经突破新墙河、南江桥一线，打算在击败金井附近中国军队后，向浏阳河下游追击，继而攻取长沙。下完命令，他来到军司令官室找阿南惟畿，除了讨论汨罗江左岸会战后的作战方针外，他还有一个头疼的问题急待解决：如何对付正在兼程赶来的第 74 军。

日军第 11 军军部在上半年 3 月的上高会战惨败后进行了改组，原司令官园部和一郎被撤职，阿南惟畿和木下勇都是 4 月后上任的新官。虽然是新官上任，阿南惟畿和木下勇对于 74 军的大名一点不陌生。日军半年前在上高的惨败，消息震动东京，提起这个活跃于华中的"重庆军"劲旅"三五部队",日军将领无不高度重视,在总结上高会战教训后,第11军还曾经特别告诫各部:"今后对王耀武将军的第74军作战,要特别注意。"

对于第74军这次出动的消息,日军的战史这样写道[1]:

"至21日晨,接到第74军开始移动的特情报告,军司令部顿时为之震动。"

"第74军乃王耀武将军指挥的第51、第57、第58师所组成的最精锐中央直系部队,因而受到注视。该军自湘赣会战以来,曾与我第11军历经冬季攻势及其他数次交战。今年2月被指定为攻击军、突击师,无中央命令禁止用于作战或移动。自3月的锦江作战以来,又补充三个团,一直在万载、宜春(浏阳东方约一百公里)附近积极进行整训。"

"第74军之由东方出现,冲击了第11军挺进长沙的作战设想,如前所述,遂于22日夜命令解除第6师团占领平江的任务,并令其拖住第74军。"

参谋长木下勇白天下达的命令,原本已经令第6师团占领平江,74军日夜兼程赶往湘北战场的情报,促使阿南惟畿和木下勇改变了既定的作战计划。第6师团是日军的精锐部队,也是南京大屠杀的元凶,将精锐师团特地调往捞刀河迎战第74军,显示阿南惟畿对这支即将到来的对手极为重视,他在当天的日记里写下了与参谋长的讨论结果:

"17时30分参谋长等来舍,决定下期的会战指导。对第74军,应使第6师团努力将其拖住。该军向长沙东进(系西进之误)将直接杀到我军左侧。"[2]

第二天清晨,天空骤降大雨,阿南惟畿一边"祈祷上苍,但愿云开雾散",以使他的飞行团能在决战中展翅称雄,一边在当天的日记中仍对74军念念不忘:

"敌军以国家处于存亡关头激励人心,将兵力送往战场,第74军也于15时许进入浏阳北方的新开市(浏阳西北偏北约三十公里),全线敌我均呈紧张状态。""此次会战,应在今夜至明晨决定大势,以后对敌第74军应如何处理将成问题。"[3]

9月24日上午,阿南惟畿在军作战室对正在研究今后作战的木下勇及参谋人员再次讨论对74军的处置:

"以后的问题即在于对第74军究应如何处理。因敌军为最精锐部队,不与之交

① 日本防卫厅防卫研究所战史室《长沙作战》,天津市政协编译委员会译,中华书局1985年。
② 同①。
③ 同①。

战即行撤退，则将被敌利用进行反宣传，须避免此等情况发生。"①

"第74军"，这个番号在日军的作战计划、命令及阿南惟畿的日记中频频出现，从赣北开始移动以来，74军就一直处于敌第11军军部密切监视的视线之中。随着日军在湘北的顺利推进，阿南惟畿针对74军的逼近，一边调整作战方案，一边等待时机，企图趁其在运动中，除掉这个令日军如芒刺在背的"重庆军"劲敌。25日，日军综合各项情报作出判断："第74军的先遣第57师，似企图向洞阳市、大经桥（洞阳市东侧）地区集结。"②

这正是阿南惟畿念兹在兹一直期待出现的局面，他在当天的日记中兴奋地写道："第74军终于进入永安市附近，破敌良机业已到来。"③

终于等到了复仇的时刻，阿南惟畿立即调集主力，准备与74军决一死战。

二

在日军刚向湘北正式发起进攻的时候，也就是9月18日，薛岳以巧辰电向在江西的王耀武下达命令，要74军速开浏阳前线参战。

上高战役之后，74军在江西的分宜、新喻、上高休整，经过第二期攻击军的整训，全军的兵员、武器都得到进一步加强，兵强马壮。接到命令后，74军立即分头行动，驻上高的57师为先头部队，驻分宜的张灵甫率58师居中，军直属部队紧随其后，新喻的51师殿后，部队分三批从赣北向湖南进发。出发这天是9月21日，部队刚一移动，日军在当天上午就截获了这个令"军司令部顿时为之震动"的情报。

日军的空中侦察立即将发现国军大纵队北上的情报反馈到了第11军司令部，这些报告74军不断向湘北战场移动的情报，使阿南惟畿和木下勇下定决心，赶在74军抵达之前提前向我汨罗江中国守军发起进攻，并将第6师团转用于捞刀河，迎击74军。

国民党军大部队的调动一般昼伏夜出，以避免日军空袭，但是，常驻赣北的74军急调湖南战场，数万人马也不能说走就走，毕竟兵马未动，粮草先行，补给运输的筹措搞得手忙脚乱，拖延了两天时间，等到部队开拔，日军已经突破新墙河，正渡汨罗江占领南岸阵地。为了尽早赶到战场，王耀武不得不让部队日夜兼程。

---

① 日本防卫厅防卫研究所战史室《长沙作战》，天津市政协编译委员会译，中华书局1985年。

② 同①。

③ 同①。

雨过天晴，秋高气爽，从空中鸟瞰，浏阳西北的蕉溪岭隘道上，57师和58师一字长蛇的队列一目了然，醒目的辎重纵列更是无法隐蔽。24日13时，日军空军"发现有正从浏阳西方西进的敌军约两百名"，傍晚17时再报："浏阳—万载间，目视发现有约一万五千名的敌军大纵队。"得到情报的日机蜂拥飞来，追着这醒目的空袭目标大举轰炸。

当时担任58师作战科科长的罗文浪回忆说：

"由于时间紧迫，不能不白昼行军，加之民伕挑运行李辎重，目标更加暴露。在出发一日之后，敌机频繁侦察，全军的行进方向已经完全暴露。军作战参谋对部队经过地形未详加研究，特别没有防空措施，因此在24日、25日，第57师、第58师及军部通过浏阳城西蕉溪岭隘路时，受到敌机的轮番轰炸扫射。在一条上下十五里两面是石山的羊肠小道上，密集部队伤亡重大，未曾参战，就被敌机将指挥系统打乱，挫伤士气，给以后的战斗带来不利。"①

57师和58师出师未捷，就在空袭中遭受严重损失，殿后的51师抵达蕉溪岭隘道，亲眼目睹了遍布的弹坑和前面两个师留下的累累伤亡。为了救长沙之急，王耀武急忙收拢部队，晚饭后全军继续向西行进。然而，等待他们的，是更加不堪的局面。

74军正冒着敌机狂轰滥炸拼命赶路，第九战区司令部对该军的使用却发生了分歧。薛岳和参谋长吴逸志认为，日军突破汨罗江的阵地后，一定要直取长沙，而长沙是万万丢不得的，他们决定由79军守长沙，74军守长沙以东的黄花、永安地区。薛岳和吴逸志的这一方案等于将外围的第二线兵团全部收缩到长沙周围，将外线拱手让与日军受其包围。而参谋处长赵子立则认为："现在作战的关键问题，是日军和我军争夺外线的问题，得之者胜，失之者败。"的确，从歼灭日军有生力量的角度看，放日军暂进长沙并无大碍，所以赵子立主张将74军暂停浏阳东北的外线位置，等待第19、第30集团军等大部队会合后，以十七个师的兵力组成外线兵团向袭入长沙的日军同时进攻。果真如此的话，双方内外线逆转，国军还有望打一场上高会战那样的反包围，即使打不了歼灭战，反咬它一大口也算是反败为胜，日军在此情形下必将突围而出，长沙短期即可收复。但是，薛岳太过在意一城一地的得失，不愿意冒长沙失守的风险，他不理睬赵子立的意见，固执地决定执行他的既定方案：将第二线大军收缩

<hr>

① 罗文浪《蕉溪岭及春华山的遭遇战》，《原国民党将领抗战亲历记——湖南四大会战》中国文史出版社1995年。

在长沙周围，确保长沙。①

9月25日，屡遭日军轰炸突袭的74军终于在浏阳集中，薛岳亲自电令王耀武急开黄花市，在春华山、永安市、黄花市沿捞刀河南岸占领阵地。王耀武遵命将部队驰往上述地点，行进途中不放心，他打电话向赵子立确认。赵子立说："把你的部队向长沙以东拉，我是绝对不同意的。我的意见是把你的部队摆在浏阳东北。敌人将由北向南前进，恰好出现在你们的右侧。你们将要与绝对优势的敌人发生严重的遭遇性战斗，但他们硬要这么做，真是糟糕透了。"

赵子立的预言不幸而言中。

三

张灵甫到58师当副师长已经有大半年，在这段时间里，师长廖龄奇频频请假，他起先去岳麓山参加军官训练团学习，因此三四月间的上高战役就是由张灵甫代行师长之职，此番第二次长沙会战之前，廖龄奇不巧又请假到吉安结婚去了，直到张灵甫带着58师从江西的分宜到达湖南境内，新郎廖龄奇才依依惜别蜜月中的新娘，驱车赶回前线报到。

说起廖龄奇其人，他的教育背景和作战经历都与张灵甫十分相似。廖龄奇毕业于黄埔四期政治科，入黄埔军校之前也读过大学，原在第88师任职，曾随该师当时的师长俞济时参加过"一·二八"淞沪抗战，88师是当时中央军中少有的德械师，属于嫡系中的精锐。1937年8月，88师264旅旅长黄梅兴在淞沪会战中阵亡，继任旅长高致嵩又在南京保卫战中战死，廖龄奇递升该旅旅长。半年后，继任的88师师长龙慕韩因兰封失守被蒋介石下令枪毙，廖龄奇到74军投奔老上司俞济时，在万家岭战役前不久，他接替邱维达担任58师172旅旅长，次年升任副师长，所以若论私人交情，俞济时与廖龄奇的关系比与张灵甫更早更亲近。后来俞济时和老资格的原58师正副师长相继调离，廖龄奇便顺理成章当上了师长。由于自恃学历高战功强，与王耀武素无渊源的廖龄奇对顶头上司的态度相当傲慢，他认为王耀武没什么真本事，只不过机遇好罢了，以致善处人事的王耀武也觉得与廖龄奇不好相处。但是论打仗，廖龄奇还是一员勇敢的战将，与张灵甫一样，他也曾经多次负伤，身上疤痕累累，右臂在北伐

① 参见赵子立《第二次长沙会战兵力部署及战斗经过》，《原国民党将领抗战亲历记——湖南四大会战》中国文史出版社1995年。

中受伤致残。

骄傲的廖龄奇无论如何没有想到，他辞别洞房回到前线参战，这一仗竟成了结束他生命的最后一仗，而他却不是作为抗日英雄光荣地倒在杀敌的战场上。

9月26日上午，廖龄奇与张灵甫一起率58师赶抵战场，原以为有友军在原地留守与58师换防，却是踪影全无，廖龄奇只得下令全师在永安市、东林寺、春华山一带展开，巩固长沙—平江大道地区，正面迎战由路口畲南进的日军。王耀武则执行战区长官部的命令，命51师与军直属部队继续向黄花市推进。在此之前，74军的先头部队57师一部已于25日午时许到达春华山附近，占领春华山到赤石河（春华山西北十公里）一线阵地，该师其余部分于26日黎明前后到达，58师的蔡仁杰173团也随57师参战。

春华山距黄花市约九公里，离长沙市区以东约三十公里。最先与74军遭遇的，是日军的第3师团花谷先遣队。据日军战史称，第3师团原本并不担当围歼74军的作战任务，它是奉命经上沙市向金潭附近追击，并在该地渡过浏阳河向长沙南侧地区继续追击中方的溃军，它的行进路线是由北向南。当74军自东向西向长沙以东的黄花、永安地区挺进时，正如赵子立所预料，南下的第3师团恰好斜刺里撞上了74军的右侧，双方在春华山意外遭遇。

26日上午9时，正在春华山展开阵势的57师发现花谷旅团的一个先遣大队到达春华山附近，准备南进抢占金潭渡河点，便立即发动截击。日军起初还以为是溃散的中国残兵偷袭，当遭到重机枪连续猛烈攻击后，发现对方的抵抗意外强韧，才判断是遇到了中国军队的主力，先遣大队队长池边不敢恋战，乘守军尚未完全展开，伺机寻找薄弱处向西迂回南下。

接踵而至的花谷旅团主力就没那么幸运了，当他们在正午前到达时，57师和58师正在春华山、永安市一线抢占要点，虽然是仓促应战，一旦开打，74军还是抖出了王牌军的威风，南下的第3师团遇到了强有力的抗击，双方首先在春华山展开激烈的争夺战。敌花谷先遣队和随后赶到的第6联队先后由春华山东西两侧向74军进攻，遭到57师和58师第173团的猛烈反击，仅东侧1553高地一战，欲经宝塔冲—横杭开往莺山咀的日军中川大队，半日内重机枪的弹药就消耗殆尽，中队长万年良雄战死。日军的战史也毫不讳言守军的作战意志极其顽强："重庆军不断增加兵力，进入左侧意图包围中川大队，受到我重机枪集中火力阻击的敌捷克式机枪射手前仆后继，进行十数次应战后，始从阵地消失。"西侧的第6联队的攻击也同样不顺利："重庆军凭借坚固阵地依靠大量士兵更加发挥火力顽强抵抗。攻击开始后约三十分钟第一线不断出现伤亡,虽夺取了敌阵地的高台端部,但以后由于炽烈的火力及敌干部带头顽强反攻,致使攻击受挫。"① 在 74 军的反攻中,又一名日军中队长下岛正利毙命。

74 军在 26 日争夺春华山的战斗中虽然有所斩获,战局在傍晚却不幸开始恶化,受命截击 74 军的敌第 6 师团在连绵的山地昼夜急行军,于当天傍晚到达捞刀河畔,主力集结于大桥市—北盛仓附近准备攻击捞刀河左岸,与此同时,敌第 11 军军部再命第 40 师团进入北盛仓附近,准备参加永安市方面的战斗。74 军腹背受敌,陷于敌人将近三个师团的围攻之中,双方阵地犬牙交错。

58 师的三个团的位置,蔡仁杰 173 团在春华山北与敌激战,在敌机的剧烈轰炸下,该团第 1 营、第 3 营连长伤亡殆尽,172 团和 174 团在永安市、伍家渡等一线,其中以 172 团在永安与敌第 3 师团石井信的第 18 联队的战斗尤为激烈。

26 日下午 15 时左右,永安遭到日军急袭,58 师从西面迅猛反攻,将突向捞刀河桥梁的一个日军大队与其师团主力斩断,可是敌第 18 联队的主力很快赶到,入夜,敌第 3 师团的战斗指挥所也进入永安市。日军意图乘 58 师态势尚未完备之际将其击灭,双方在永安南方约一公里的 147 高地一带彻夜激战。廖龄奇和张灵甫在极端困难的情况下,仍指挥部队顽强抵抗,凌晨 2 时许,凄厉的冲锋号在黑夜中骤然吹响,58 师竭尽全力向敌军连续发动三次猛烈反攻,敌人的攻势顿挫,敌森胁大队的两名中队长也战死。

黑夜里,永安在燃烧,熊熊的火光在二三十里外也清晰可见。

一直以胜利者的口吻洋洋描述其长沙作战的日军战史,在叙述永安之战的时候,对日方的损失亦难掩痛惜之情:

"到处展开手榴弹战,在燃烧的永安市中进行着凄惨的白刃战。森胁大队的两名中队长战死,攻击受挫……森胁大队长决心拼死战斗,亲自指挥第 8 中队的一个小队,并由正面部署中队主力潜入敌阵的间隙,一齐发起冲锋,冒着迫击炮的密集炮火潜入敌阵,突破手榴弹的火海。经过激烈的交手战后,于 27 日 15 时终于夺下 147 高地。重庆军勇敢进行了多次反攻,但在森胁大队长挥舞战刀带头冲锋下——予以击退。石井联队长于 6 时继森胁大队之后攻击前面的敌军。并命令土屋大队(第 7 中队为基干,配属独立山炮兵第 3 联队第 6 中队)'应尽量由东方联系第 1 大队攻击面前之敌',

---

① 日本防卫厅防卫研究所战史室《长沙作战》,天津市政协编译委员会译,中华书局 1985 年。

准备向永安市东南侧地区攻击的土屋大队，在山炮的紧密支援下，于8时39分向156高地北侧台地发起冲锋，当即占领该地。重庆军在大举进行猛烈掩护射击的同时，并以手榴弹反复进行肉搏攻击，展开了激烈的争夺战。在此期间，得到山炮的紧密协助，过午才保住了该地。但第7中队一次丧失了中队长西谷诚太郎大尉以下全体干部，中队的伤亡达到六十余名。"[1]

日军不得不承认，第3师团在作战期间损失严重，仅步兵第18联队就死了八个中队长，花谷旅团伤亡人数据日方的报告达八百余人，这些伤亡主要是发生在永安之战。而从阿南惟畿在永安之战后认为该师团损失甚大，以致不忍使该师团再向株洲追击一事来看，日方战史所报的该师团实际损失人数很可能大为缩水。

随着日军第6师团投入战斗，敌人的兵力已经明显占据优势，58师即使拼死反攻，要想凭一师之力挽回颓势是不可能了。27日下午2时，58师173团与174团虽然在伍家冲以北插入第6师团防线，但是在右翼的日军已经越过春华山，向黄花市以东的51师阵地进攻。

日军从侧翼突破春华山，58师的部队开始被日军包围切割，部分溃兵一路退向长沙，出现在黄花市的74军司令部附近，令王耀武紧张得脊背发凉。日军继续以74军三倍以上的兵力猛攻黄花市，还以伞兵在黄花市以南空降，配合敌便衣队及汉奸四处活动，破坏电线，鸣枪扰乱。27日，军直属部队遭到袭击，王耀武的军部险象环生，卫士排排长为保护军长而被日军用军刀砍死，近在咫尺的王耀武在黑夜中侥幸躲过一劫。薛岳得悉战况，知道再不让74军突围，这支王牌军将毁在他的手里，则罪莫大焉。27日下午5时，薛岳发出命令：74军转移到浏阳河以北。

四

第51师与57师摆脱了日军的纠缠，顺利撤出战场，58师则因已陷入与敌混战之中，战斗激烈，难以迅速脱离战场，损失最重。58师在第二次长沙会战中参战官兵约为一万一千九百人，伤亡超过百分之四十，其中阵亡将近百分之十，难得的是，58师在激战中伤亡近半，并且被完全优势的日军包围切割，但是大部分依然突围而出。在这样极端不利的态势之下能够将部队撤下来，避免全师覆灭的命运，这在师长廖龄奇已经是勉为其难了，但是他接下来的举动却铸成了不可挽回的大错。廖龄奇抗拒了战

---

① 日本防卫厅防卫研究所战史室《长沙作战》，天津市政协编译委员会译，中华书局1985年。

蒋介石在衡阳南岳主持军政官员联席会议

区要58师退往浏阳的命令，自行将一部由湘阴港渡浏阳河，集结于镇头市西南许家桥、土桥及南门坝，收容以团、营乃至连为单位突围的部队，收容完毕之后，廖龄奇强行拦下一列火车，将残部拉到株洲整理，自己则顺道回祁阳探亲去了，没有再参加后期的会战。从廖龄奇以往的作战表现和他部下的评价，他不似一个贪生怕死的鼠辈，这次他何以擅自半途离队回家？是基于对上级对他的错误指挥不满而负气出走，是认为残部已无力再战，还是倦鸟返巢？原因只有他自己知道了。

在回家的火车上，廖龄奇遇见了第九战区的一个高参，他直言相告自己是回家去探亲。高参回到战区司令部报告了此事，薛岳十分震怒。廖龄奇擅自将部队后运株洲，不仅直接藐视了战区长官部的权威，也被认为是畏战逃跑行为，并使58师错失了与51师和57师一起在28日后发起的侧翼攻击行动。

第二次长沙会战后期，薛岳在长沙东郊被攻破后打了一场艰苦的防卫战，陈诚在第六战区适时进行了宜昌反攻，策应第九战区的行动，使得华中日军不得不作出调动，多少起到围魏救赵的作用。9月底，第九战区的战况发生有利于我方的逆转，中国军队转守为攻，对撤退的日军围追堵截，至10月初，长沙近郊之敌开始全面后撤。5日，敌军大部经湘阴、营田北撤，7日正午，中国军队全部收复失地，第二次长沙会战结束。

战后，蒋介石亲自主持了由师长以上军官参加的南岳军事检讨会议，74军虽然伤亡惨重，但是51师与57师在会战初期和后期的战绩还是得到了上峰的肯定，各获奖法币一万五千元，军长与两位师长获颁宝鼎勋章。58师就没那番风光了，虽然在前期春华山和永安的作战中表现英勇，但是由于师长廖龄奇后期的行为，58师前期的战功也不复提及，而第九战区对廖龄奇的抗命更是严惩不贷。

薛岳在会上点名把廖龄奇作为反面典型，直指某些将领居功自傲，抗命不从。廖龄奇不服，他自恃是蒋介石的嫡系，休会的时候去找蒋介石评理。蒋介石因这个学生的行为扫了他的颜面，正在休息室里光火，廖龄奇不识相地闯进门来喊冤，正撞在枪口上，蒋介石喝令他"滚蛋"，起身准备去会场，廖龄奇不辨颜色，仍然乞望得到申诉的机会，跟在蒋介石身后喊"报告"，震怒的蒋介石拂袖而去，并当场命宪兵团长将廖龄奇扣押起来。廖龄奇是蒋介石的学生，他出了事，来自其他派系的将领们都等着看蒋介石如何处置，当会场里的将领们得悉廖龄奇被当场收押，很快墙倒众人推，有人提出应对廖处以极刑，以儆效尤。

抗战开始以来，蒋介石已经下令处决过数十个作战不力、临阵畏缩的将领，他完全明白，偏袒廖龄奇将会导致什么样恶果，即使廖龄奇过去有功，他公然抗拒战区命令的事实铁证如山，不容蒋介石视而不见，若不从重惩办，今后将何以指责约束其他派系作战不力的将领？尽管蒋介石不见得心甘情愿，他在会上还是当场表态，将杀廖龄奇以平公愤。

检讨会结束之后，廖龄奇被宣判死刑，立即执行，罪名是："永安市附近战斗，不能掌握部队，予敌打击，且离队至祁阳，致陷该师于散乱之境。"据行刑的宪兵第18团团长的报告："廖龄奇在临刑前留下三份遗书，一份致其母处理家事，一份嘱其新婚之妻改嫁，一份致其表弟，嘱结算师部账目，并要求将这三份信函抄呈蒋介石审阅，表示他至死仍对校长忠诚。"① 蒋介石收到抄件后内心作何感想，外人无从知晓，但是在廖龄奇伏法之后，蒋介石指示让廖龄奇依阵亡官兵例抚恤，这意味着廖龄奇的遗属将获得政府的照顾并享受烈属待遇。如此看来，蒋介石杀廖龄奇，也实在是挥泪斩马谡了。

廖龄奇是否罪当该死，他的亲信下属显然与蒋介石和长官部有着不同的看法。廖龄奇被处决后，58师原来的四个团长中，邓竹修、何澜与王伯雄悲愤地集体辞职，这明显是在为廖龄奇鸣不平，也是在给军长王耀武难堪。王耀武与廖龄奇的心结，58师的军官们都清楚，他们公然为廖龄奇之死而辞职，也是对王耀武没有为保住廖龄奇的性命竭尽全力而表示愤懑，总之是不愿意在王耀武手下继续干下去了。②

---

① 黄仁宇《从大历史的角度读蒋介石日记》，时报文化出版社1994年1月。

② 参见邓竹修《抗日战争时期国民党五十八师师长廖龄奇在南岳军事会议期间被治罪枪决之真相》，政协湖南省祁阳县文史资料委员会《祁阳文史资料第2辑》。

师长被枪毙，几个团长要散伙，58师的士气一落千丈，负责收拾这个烂摊子的，非副师长张灵甫莫属。廖龄奇一案，张灵甫有幸未受池鱼之殃，反而因祸得福，廖龄奇死后，蒋介石于10月24日即亲批张灵甫接掌帅印，任第58师代师长，着手收拾残局，张灵甫并于当年冬正式升任正职。

张灵甫上任后，先是率领全师于宜春短暂整训，然后调往广西柳州以南的百朋、凤凰、来宾铁路沿线边补充边整训。当时58师每个连官兵不足百人，在柳州接收了一批由贵州拨来的新兵后，方始恢复元气。

58师三个团长的辞职，说明原师长在该师官兵心目中的威望相当高，张灵甫只在58师当了大半年的副职，不过他在军中的威信并不下于廖龄奇。张灵甫的作风向来快刀斩乱麻，一上任就先摆平58师的高级军官问题，该升的升，该调的调，他以原173团团长蔡仁杰升任副师长，慰留何澜继续担任团长，提拔明灿任172团团长，除58师的原有干部之外，他也从自己的老部下中调来亲信干部补充58师高级军官的出缺，卢醒就是在这时由原51师306团上校团长调任58师参谋长，上任之前，张灵甫安排他先赴中央陆军军官学校高教班第九期学习。在抗战岁月中，这批58师的高级军官与张灵甫结下了深厚的袍泽之情，他们也是日后整编第74师的骨干，与张灵甫生死与共的铁杆兄弟。

新师长的一系列举措稳住了军心，使得58师由于廖龄奇被处决而消沉的士气为之一振。在张灵甫的麾下，58师将重振雄风，在抗日战场上夺回军人的荣誉和尊严。

第八节 浙赣风雨鄂西路

一

74军在广西柳州整训，两个月后，国际形势发生了戏剧性的变化。1941年12月8日，日本偷袭美国海军基地珍珠港，太平洋战争爆发。蒋介石一直在念叨"国际情势终必演变"，日本悍然向美国不宣而战，将同盟国拖入亚太地区的战事，这正是他梦寐以求的，独自抵抗日本侵略军已达四年之久的苦难中国，终于吾道不孤了。

太平洋战争爆发之前，日军在湘鄂赣的兵力部署与第二次长沙会战前大致相同，但是自当年11月下旬起，有情报显示，日军陆续放弃赣北部分据点向湘北集结，这

第三次长沙会战，这是中方战后掩埋日军尸体的情景。

一新动向引起了中国军方的疑惑，长沙战火刚熄，难道日军又要卷土重来三战长沙？直至珍珠港事件爆发，方才恍然大悟，为了配合太平洋战事，日军势必将从中国战场抽调兵力，在此之前，它要对我九战区主力再次进行扫荡打击，以消除后患，同时打通粤汉线，策应日军在南线对香港的作战。于是，第九战区在司令官薛岳的主导下，确定战区作战方针为诱敌深入后进行决战，也就是以薛岳经过两次长沙会战总结完善的"天炉战法"，再战来敌。

1941 年 12 月 19 日，阿南惟畿指挥湘赣一带的日军向长沙进攻，第三次长沙会战首先在外围开战。

九战区预定的决战地区在长沙附近，计划诱使日军先攻长沙，而后我外线部队集聚全力向敌围攻，因此会战的成败关键在于核心长沙是否能够坚守，这一重任交由驻扎长沙、株洲地区的第 10 军来担纲。第 10 军也是中央军的一支主力，抗战开始以来打过不少硬仗，尤其善于防守，有"泰山军"的美誉，是前两次长沙会战的主力部队之一，但是该军在第二次长沙会战中没有打好，军长李玉堂遭到撤职处分，不料新军长还没来到任，日军又再犯长沙，蒋介石只好临时召回李玉堂，让他戴罪立功。战役进行到1942年的元旦,狂妄声称要在长沙过新年的阿南惟畿指挥日军突入了战区核心,向长沙展开攻势。对于李玉堂和第10军来说,守住长沙不仅是战役决胜的关键,也是第10军再创佳绩捍卫本军的荣誉之战,因此格外拼命,他们在军长李玉堂的指挥下,依托战前日夜抢修加固的防御阵地誓死抵抗,四天激战,全军伤亡几达三分之一,在日军已经部分侵入长沙的危急情势下,第10军依然士气旺盛,继续与日军巷战城中。他们的强韧抵抗为外线大军赢得了时间,按计划完成集结的各路大军从四面向进攻长沙的日军开始了向心围攻。阿南惟畿在攻入长沙之初曾经向大本营报捷,不料四天后战况骤变,长沙还没有完全打下来,部队却处于内外受敌的不利态势,携行的粮弹也严重不足,他不得不下令仓皇撤退。

张灵甫是在火车上度过的新年元旦。74军在第二次长沙会战后需要时间休整恢复,当长沙烽火再起,军事委员会起初没有立即调用这支正在广西整补的直属战略机动部队,直到日军即将突入长沙,王耀武才得令率74军赶赴湖南衡阳,集中为战区预备队。在第九战区的其他部队与日军鏖战长沙的时候,74军还在北上湖南的湘桂铁路上,1月4日,全军到达湖南衡山县。这次战役,张灵甫只赶上一个尾巴,部队到达衡山,日军已经从长沙开始撤退,第三次长沙会战接近尾声。

抵达衡山的74军在衡山的石湾驻扎下来,又经过了将近五个月的持续整训,损失的兵员和战力逐渐得到了全面恢复,这时,军委会再次召唤74军出征,驰援的目的地是第三战区。

二

1942年4月18日,波涛汹涌的太平洋上,十六架B-25轰炸机从美国大黄蜂号航空母舰的甲板一架紧接一架冲入云霄,中午时分,复仇的炸弹在东京上空倾泻。全世界各大媒体都迅速报道这一重大事件:美军轰炸日本本土!执行任务的轰炸机编队在完成任务之后大部分飞入中国境内,按照事先的约定,他们应该在浙江境内的机场降落,由于燃油不足和天气等原因,这些轰炸机均未能安全着落,美军飞行员被迫中途迫降或跳伞自救,机组队长杜立德和部分飞行员落入浙江境内,所幸获得第三战区的中国游击队营救而脱险。

第三战区处于长江南岸浙闽沿海,统辖浙江、福建两省以及苏南、皖南、赣东地区,战区在浙江有衢州、玉山、丽水等机场基地。美国空军飞越太平洋轰炸东京,日本举国震惊哗然，太平洋战争爆发后，第三战区的战略地位突显重要，日军惊觉这里的机场群如果被中美空军利用对日本进行穿梭式轰炸，将后患无穷，于是自4月下旬起，他们不断出动机群对浙江的几个机场作侦察轰炸，并于5月初向钱南、浙东集中十余万兵力，由日军第13军司令官泽田茂指挥，在赣北的第11军策应下，准备发动浙赣会战，目的是要打通浙赣线，占领或摧毁衢州、玉山、丽水等地的机场，劫掠资源。

第三战区地处敌后，所辖的部队相当多为杂牌和游击队，其装备和实力与内地主力战区好比下驷与上驷之别，战区司令官顾祝同把有限的主力用来防卫金华、衢州两个要点已经捉襟见肘，面对日军自武汉会战后规模最大的攻势，第三战区势难匹敌，军事委员会因此从第九战区临时抽调74军等生力军前往增援，作为战区机动部队加强浙东的防御力量。

针对日军的攻势，第三战区先制定了一份在金华、兰溪与日军决战的方案，但是援兵尚未来得及到位，日军重兵已经连下数城，军事委员会见局势不利，指示战区放弃在金兰决战，避开敌锋，务必将74军等主力向位于浙闽赣三省交界的衢州集结，以衢州为核心伺机决战。第三战区司令部乃依此重新确定作战方针：坚固守卫衢州及机场，以此为核心，诱敌胶着于核心周围，运用主力从南北两面夹击包围日军而歼灭之。

5月，江南的梅雨季节历来雨水连连，这一年适逢当地六十年未遇的大暴雨，山洪暴发，河水猛涨，74军在滂沱大雨中先行至赣东待命，在向浙东行进时，金华、兰溪已经濒危，第10集团军正在从金兰逐步西移，退往遂昌方向，准备以龙游为衢州外围据点，逐次抵抗，会同第32集团军与进犯衢州的日军决战。第三战区将74军这支主力划归第10集团军司令官王敬久指挥，于是王敬久把74军置于衢州以东与龙游、遂昌之间的大洲镇、灵山镇，打算在金兰一线部队挫敌兵锋后，以逸待劳反击迎战。

王耀武把51师和57师分别安排在灵山和大洲附近，张灵甫则带着58师钻进了大洲镇至乌溪的大山里。远道而来的74军各师忙着在阵地展开兵力，在湖山镇的军部，王耀武却为补给迟迟不到发起愁来，由于第三战区的兵站辎重不健全，山洪又将桥梁冲毁，导致战区原先就不足的输送能力更加薄弱，74军的补给发生极大的困难，本应补发的四百万发弹药因无车辆运输，只实得五十万发，军粮也接济不上，有一度全军不得不以食粥果腹达四五日之久。

大敌当前，再大的困难也得顶住，敌人可不管你是否备足了粮弹，转眼已经攻到了眼前。

在汤溪、龙游的外围部队没能有效抵挡日军优势兵力宽大的正面进攻，5月26日、

27 日，汤溪、龙游先后失陷，日军继续西进，向衢州东南方向集结，开始在 74 军的正面展开兵力搜索，势头强劲。

在灵山的 51 师首先与日军第 22 师团接战，双方在天福山、红桥激战两天，战事胶着。5 月 30 日午夜，日军干脆绕过 51 师的阵地向衢州进扑，同时向 58 师在大洲镇、江西堂背山、学士铺猛攻，张灵甫指挥 58 师三个团奋力拒敌于衢州东南郊外。

74 军依然是日军重点捕捉的目标，在向金华、兰溪进攻时，日军已经得到情报，获悉 74 军进入了浙江境内，并且判断它可能会在衢州附近参加决战。不过战区和 74 军这次的通讯保密工作做得比较好，日军一直没能侦知其具体位置和兵力详情，74 军在衢州东南不同寻常的强力抵抗引起了日军的警觉，日军的战史在 5 月 30 日的作战记录中有如下记载："尤其是第 74 军，该军在长沙会战中是一支相当活跃的军队。敌军在无线通讯中对其所在位置虽极力保密，但我判断这支军队有可能位于灵山镇（龙游东南十五公里）一带的山中，或正在向这一地区前进。特别是我军在金华以西行军过程中，沿大路前进的河野旅团几乎未遇到任何抵抗便到达了龙游。相反，在其左方前进的第 22 师团却遇到敌军的顽抗。因此，感到南方山区颇为可疑。"[①] 次日，敌 22 师团截获 74 军一辆汽车，从中弹牺牲的 74 军一名副官身上搜寻到若干文件和无线电情报，从而查知了 74 军各师在衢州东南的阵地布置情况。

6 月 3 日，日军下达了向衢州全线进攻的命令，74 军在大路口、大滩、黄坛口一线的阵地炮火连天。一大早，敌集结三千余人攻击 58 师在衢州以南六亩尖、石宝街的阵地，遭到痛击后，第二天又出动三千余人，附炮十二门，继续向 58 师的大毛坪、红头背山进攻，中午时分还从黄坛口迂回 58 师的阵地，试图从南面突破防线，张灵甫及时把预备队 172 团拉到石室，粉碎了日军迂回侧击的企图，傍晚再击退另一股日军两千余人对凹石岗、雷公殿山的猛扑。

74 军与友军一起在衢州东南奋勇阻击日军西进，第三战区见敌人开始围攻衢州，我军以衢州城为核心吸引敌人的计划基本落实，认为预定的决战时机已经成熟。就在日军总攻的同时，顾祝同于 6 月 3 日下令战区两大集团军攻势转移，准备次日与敌人决战，74 军的任务是由大洲镇及其以西地区转移攻势，压迫敌人于衢江南岸歼灭之。就在各部队蓄势待发之际，蒋介石却又改了主意，他当晚发来急电，命令顾祝同放弃

---

① 日本政府防卫厅防卫研究所战史室《昭和十七、八(1942、1943)年的中国派遣军》(上)，中华民国史资料丛稿译稿，吉林省社会科学院日本问题研究所，贾玉芹译，中华书局 1984 年 1 月。

抗战期间张灵甫（左一）与74军的同事在一起。抗战后期曾经担任74军副参谋长的邱耀东（右一）。

衢州，各部就近转入山区隐蔽待机，不与敌人决战。

统帅部迭次命令三战区放弃预定决战计划，这在以往引起过不少负面的评论，多指蒋介石主观上只图保存实力，消极避战。不可否认，蒋介石在太平洋战争爆发后的确抱有坐等观望的心态，但是在此次战役之初，他核准的作战方针和方案还是打算进行决战的，之所以变更为避战，主要原因还在于日军在东西两线先后共出动了八十七个步兵大队进攻浙赣，其中浙江方面有五十八个大队共计四个师团加一个混成旅团，其实力之雄厚出乎国军统帅部的预料，根据战局的发展，统帅部进而判断，日军主要是为摧毁丽水、玉山、衢州等地的机场而来，应属于"短促突击"式的有限度进攻，依据近年的战役经验，日军不大可能把机动兵力长期陷在这里作占领军，不久应会自动退兵。基于这样的判断，蒋介石决定避免主力部队作不必要的牺牲，避敌锐气，意图积蓄实力伺机再战，从策略上说，也有打不赢就走的"敌进我退"的考虑。

第三战区根据蒋介石的命令立即变更了部署，决定由第86军留下一部在衢州坚持吸引敌人，掩护战区主力向铁路南北两侧山地转移，等待时机再对敌人进行沿途截击。

接到撤退命令的前一天，6月5日，张灵甫指挥58师还在衢州以南的红头背山、黄坛口坚守阵地，阻击日军第22师团86联队的进攻，白天的战斗打得非常激烈，负责守卫阵地的58师172团多次与突破阵地的日军肉搏拼刺，张灵甫再增派173团上阵，终于在黄昏击退了敌人的进攻，击毙敌86联队第3大队队长长岛田仁次郎。

好不容易稳住了阵地，张灵甫正琢磨着第二天的阵势，上峰却传来了撤退的命令。作战将近一周，还没有取得什么像样的战果就半途而废，这让习惯打硬仗的张灵甫实在不痛快。尽管觉得仗打得窝囊，命令还是得执行，为了及时脱离阵地，张灵甫先下手为强，他指挥58师以攻为守，在坑口主动向当面日军发起有力反冲击，乘敌人顿挫后退之机，将部队安然从敌前撤了下来。

6月6日，74军奉命向衢州西南的江山转移，周围的中国军队也都不战而退，交替掩护着就近转入铁路线沿途的山区，与日军捉起了迷藏。在之后的6月至8月两个月期间，74军先西撤江山，继而再南撤峡石以西至江西的广丰、上饶地区的山地，归属第32集团军。由于统帅部的指导方针是避免决战损耗，保存野战军主力，浙赣战役的各参战部队都没有什么拿得出手的战绩。74军隐入闽浙赣边界的山区之后，也一样没有突出的表现机会，多为零敲碎打的战斗，对打通浙赣线的日军进行游击袭扰和消耗，这期间唯有与日军在江西广丰以南棋盘山、五峰山的战斗规模比较大，也有所斩获。整个浙赣战役期间，74军自身伤亡约四千人，这是74军，也是张灵甫本人所参加的历次抗日会战中，最乏善可陈的一次。

军事委员会对日军此次作战目的的判断还是不错的，第三战区弃守衢州后，浙江与江西的日军东西对进打通了浙赣线，但是对山区的进剿却无法捕捉到第二战区的主力，反而在我军不时局部反攻下遭受损失，兵困马乏的日军只得无功而返。鉴于破坏我方机场的目的已经达到，为避免在山区陷入泥沼，浙赣两地的日军在8月开始东西向背道而驰，分别向金华、兰溪和抚河西岸及南浔线陆续回撤。第三战区方面一直在等待日军主动撤退，可是对敌人的回撤时机却把握不准，8月初，在日军有迹象开始回撤的同时，统帅部却把最精锐的74军从赣东山区转调福建北部的浦城一带，这使得第三战区追击日军的实力和意志打了折扣，也影响了战果的扩大。留下的部队在敌人退出后，相继尾随收复浙赣地区的大部分失地，除日军占据金兰一隅为其前进基地外，中日双方的军队又基本恢复到战前的态势。战役结束之后，74军也从福建经在江西短暂停留后，回到了阔别三个多月的湖南衡山。

三

一年过后，1943 年 5 月中旬，雨季再度来临，又是大雨滂沱、山洪席卷，暴风雨中，74 军从湖南衡山出动，开往宁乡，继而向桃源、常德集结。此时，鄂西会战的后半期作战已经打了有半个月，第六战区节节败退，74 军是奉蒋介石的亲自电令前往鄂西救急的。

日军在 1940 年 5 月已经占领了湖北的宜昌，可是在长江、汉水之间湖泊纵横的广袤平原泽国，依然活跃着中国第五、第六战区部队的身影，他们不时对武汉至宜昌地区的长江航道进行破袭，并且控制着宜昌到岳阳一带的水域，使得日军三年来不得畅通利用这里的水路运输将劫掠的物资运往各地，这令盘踞在此的日军第 11 军如鲠在喉。第 11 军在一年之前就打算采取军事行动，只是由于浙赣会战的爆发而搁置了下来，当年 12 月下旬，新上任的第 11 军司令官横山勇前来接替因飞机失事而丧命的前任冢田攻，他一来就决定要打上一仗，振奋因第三次长沙会战失败而消沉下去的士气，他指示部下抓紧准备参谋作业，积极搜集情报，并定在中国人过农历新年期间先进行"江北作战"。日军的江北攻势自 1943 年 2 月中旬发起，花了大约一个月的时间，首先拔除了突入其占领区，在汉口、岳州、沙市的长江北岸三角地带活动的我 128 师王劲哉部的根据地，之后在 3 月 8 日展开渡江作战，以一部兵力渡过长江占领沙市南岸和石首、华容、弥陀寺地区。第六战区组织部队对渡江的敌人进行了反击，但是战区的反攻意愿并不坚决，结果让为数不多的日军滞留江南筑起了滩头阵地，这给下一阶段鄂西会战的江南战斗留下了巨大的隐患。

有了江南的前进阵地作为依托，日军得以利用桥头堡轻松运兵过江，一个月后，横山勇在长江两岸集结重兵，发动"江南作战"。这一阶段会战打得最凶的数在宜昌以西进行的石牌战役，该战有人称之为中国的斯大林格勒保卫战，这一称呼虽然有些夸张，但是石牌的守军，尤其是第 18 军的胡琏第 11 师成功守住了石牌要塞，为第六战区达成"巩固陪都之目的"立下大功，从而粉碎了日军叩开川东门户攻略我四川大后方的企图。

74 军向鄂西增援的时候，第六战区江防守军在石牌与敌人鏖战正急，关键时刻，军委会再次动用它的战略预备队，使出 74 军这把牛刀插入第六战区。兼任战区司令官的陈诚在当年 2 月调任远征军司令官，正在云南策划滇西作战计划，由于鄂西战况吃紧，5 月 19 日他自云南赶回湖北恩施，与代司令官孙连仲一起指挥鄂西会战。5 月

24日，74军推进到了湖南桃源，陈诚命王耀武除留下57师守卫常德外，74军继续北开进至湘鄂边界的太浮山、石门附近集结待命，51师和58师于28日到达石门。5月底，战区原打算待74军等主力赶到之后，与清江两岸的守军一起对日军展开南北夹击，可是日军因攻石牌不克开始了回撤，战区当即下达追击令。

与浙赣会战后期窝在大山里壮志难酬不同，74军在鄂西会战的追击阶段终于有机会一展主力攻击军的雄风。6月2日，74军奉陈诚之命立即北进加入追击战斗。

王耀武找来张灵甫和周志道两位师长布置作战任务。几年来，王耀武对部下各人的作战特长了如指掌，对下属三个师的使用也逐渐形成既定的模式，51师是他的起家老底子，多留为预备队随军部行动；57师以防御战见长，多用于固守要点；而58师属于全攻全守型，又有一位企图心强作战不图保存实力的师长，所以每每充当全军的尖刀。这一次王耀武依然派张灵甫为攻击前锋，周志道紧随其后。

58师很快逐灭了湘西北的王家厂、暖水街一带的小股日军警戒部队，继而出湖南与51师一起向公安、松滋长驱直入。公安和松滋均位于湖北境内的长江南岸，两地在5月16日和18日先后被日军独立混成第17旅和第3师团占领。当日军后撤遭追击，部分已经渡过长江的部队又奉命返回南岸对追击的中国军队进行反击，以解救滞留南岸被包围的后卫及收容部队，仍在公安的独立混成第17旅团也向西驰援。6月6日拂晓，该旅团进至松滋以南，在磨盘洲西南约十公里的裴李桥附近与51师遭遇，51师152团与敌浴血奋战，伤亡数百。接到王耀武的增援命令，张灵甫立即调174团向松滋方向出击，猛插敌人的侧翼，该团前锋第3营迎着敌人猛烈的拦截炮火冲杀，在营长牺牲的情况下依然向日军阵地英勇突进。张灵甫与周志道几年来在战术和战斗配合上已经相当默契，两人指挥两师协同夹击敌独立混成第17旅团，使得该旅团成为日军在这次会战中损失最大的一支部队，其独立步兵第87大队大队长浅沼吉太郎和第88大队大队长小野寺实也在这两天的战斗中殒命。

驱逐了松滋附近的日军，张灵甫掉头向东。在58师步步紧逼之下，当面的日军逃往公安，东渡虎渡河，第六战区司令部命令王耀武乘胜追击收复公安。6月13日，张灵甫追到虎渡河边，迅速占领河西沿岸鲍关、谷升寺、五首旗各要点，由于日军将渡船焚烧一空，58师当日无法立即渡过暴涨的河水发起进攻，张灵甫命令师工兵营在大水中抢搭浮桥，次日，在凌晨夜色中，全师主力全部抢渡过河。面对58师的咄咄攻势，公安的日军无心恋战，坚持到14日中午开始向东突围。张灵甫突入公安后，派出一个加强团，由172团团长明灿率领，继续向孟家溪镇跟踪追击，公安县全境大部收复。

长江南岸，日军在藕池口、石首、华容、弥陀寺还占据着桥头堡阵地，自3月间占领以来，他们不断加修堡垒工事，意图长期占领，作为南下的跳板，第六战区在4月份展开的反击失败，与这里地势开阔，湖泽棋布的不利地形也不无关系，经过三个月的经营，敌人在这里的工事愈加坚固，攻坚不易。鄂西会战结束后，日军大部撤退过了长江，第六战区的部队在6月下旬曾经对孤守藕池口、石首、华容等地区的日军展开包围作战，但是战区对清除敌人这些江南据点似乎缺乏信心，也不想部队在攻坚中再遭受更大的损失，因此仅保守地指示相关部队可以"相机攻击"。既然上级的态度是打不打由各部自己看着办，作战的成效就因人而异了。

张灵甫打仗还是一贯的尽心尽力，收复公安后，他凭借74军比其他部队优势的炮火和熟练工兵，指挥58师对藕池口的日军展开凌厉的攻势，至6月28日，58师一马当先，已经攻占了藕池口以北仅四公里之遥的杨林市，准备南下发起正面进攻。可是，并非人人都像他一样乐于打仗争先，自有其他友军在相机行事，徘徊观望。王耀武见状，也不愿意自己的部队孤军突前，便向张灵甫鸣锣收兵。

第六战区不吸取教训集中兵力斩草除根，听任日军的前进阵地在自己眼皮底下存在下去，等于是放弃了将这一段的长江天堑作为天然屏障，让日军继续占据今后渡江作战的便利，这实在是一大失着。五个月后，横山勇果然利用这些基地作为跳板，指挥第11军再次轻渡长江，迅速击破第六战区的鄂西南防线，直扑湖南常德。抗日战争湖南战场的又一场大会战，就此揭幕。

第九节 常德的"辉煌军"

一

张恨水是民国时期著名的多产作家，一生作品不下三千万字，他的言情小说尤其风靡一时，以至在中国现代文学史上被归为鸳鸯蝴蝶派的代表作家之一。当今人津津乐道于他的《金粉世家》《啼笑因缘》中的男欢女爱，却鲜有人知他在抗战期间曾经写下过激励人心的战争文字，阳刚激烈的人物和情节，令当时的国人流泪动容。

作家在他的长篇军事小说《虎贲万岁》的自序中说："我写小说，向来暴露多于颂扬，这部书却有个例外，暴露之处很少。常德之战，守军不能说毫无弱点，但我们

虎贲师 (57 师) 师长余程万

知道，这八千人实在已尽了他们可能的力量。一师人守城，战死得只剩下八十三人，这是中日战争史上难找的一件事，我愿意这书借着 57 师烈士的英灵，流传下去，不再让下一代和后代人稍有不良的印象，所以改变了我的作风。"①

半个世纪后，湖南文艺出版社的《八千男儿血——中日常德会战纪实》，将这段尘封已久的悲壮历史，再次感性地展现在后人面前，让当年为国捐躯的英烈故事得以流传下去。

虎贲，是 74 军余程万第 57 师的代号，它的兄弟师，周芯道的第 51 师代号文昌，张灵甫的第 58 师代号榆林，而 74 军有一个更为响亮的代号——辉煌。

这支"辉煌部队"，在常德会战中以中华男儿之血，谱写了一曲辉煌而悲壮的抗战乐章。

二

1942 年 2 月，中国政府为了支援英军在缅、印对日作战岌岌可危的颓势，显示与盟国的合作诚意，在国内战场僵持困难的情形下，依然抽调精锐部队远征缅甸，一方

---

① 据时任第 74 军 57 师 171 团团长的杜鼎回忆，常德保卫战后，57 师幸存的守城官兵是三百余人。

面也是为了保护中国西南大后方国际物资运输战略要道滇缅公路的安全和争取外援。由于中、美、英三方指挥系统紊乱，尤其是英军心怀异志，中国远征军的第一次入缅作战并未达成预期的作战效果，损失惨重。即使如此，中国军队的南下出国作战也给日方造成了极大的震撼，鉴于中、美、英此后仍积极协商反攻缅甸，中国政府还在陆续抽调兵力向云南集结，为了减轻缅甸和南亚战场的压力，侵华日军决定要有所动作。

对于发动常德作战的目的，日军战史在《总司令部关于昭和十八年秋季以后的作战设想》一节中开宗明义："进攻常德附近，搜索并歼灭敌中央军，摧毁第六战区根据地，以削弱敌继续抗战的企图，同时为派遣军在减少兵力后顺利完成任务创造条件，并且牵制可能调往云南的重庆军机动兵力，以策应南方军的作战。"[①] 为此，日军以横山勇的第11军为主力，加上从第13军抽调的第116师团共十万余之众，于1943年10月中下旬在湘鄂边界完成集结，目标常德。

洞庭湖畔的常德是湘西粮仓，也是湖南西北部通鄂、川、黔三省的门户，由于位居要津，自古被兵家视为战略要地。日军此次选择常德为目标，也是认定它是"湖南省西部地区的政治、军事、经济中心，与东部的长沙相对，为重庆军补给命脉所在。我军若将该地占领，东南可监视长沙、衡阳，西方可顾及四川的东部，成为足以威胁重庆的战略要冲。"[②]

军令部根据日军的动向，研判敌人即将对洞庭湖三角地区发动攻势，进而威胁常德，遂于10月28日令第六战区以第10和第29集团军各部准备阻击消耗来敌，利用沿途的山地和河沼地势展开侧击、伏击，同时调驻浏阳的第100军至益阳待命，而守卫常德的主力军，则定为王耀武的第74军。

鄂西会战后，74军于7月初开往常德、桃源，原准备花四个月时间按照突击作战训练纲要完成整训。第六战区的部队大都刚经历过鄂西会战尚待恢复，战斗力普遍不强，因此战区理所当然看上了正在战区内训练的74军，要求军委会将其调归第六战区使用，以加强本战区的实力。当时74军直属部队和51师、58师分驻桃园、郑家驿附近，57师先期驻扎常德。几个月来，57师在常德与地方政府和老百姓建立了亲密的关系，大战在即，74军副军长兼57师师长余程万和常德县长戴九峰等地方官员多

---

① 中华民国史资料丛稿译稿《昭和十七、八(1942、1943)年的中国派遣军》（下），日本政府防卫厅防卫研究所战史室著，吉林省社会科学院日本问题研究所，高书全译，中华书局1984年10月。

② 日本政府防卫厅防卫研究所战史室《昭和十七、八(1942、1943)年的中国派遣军》（下），吉林省社会科学院日本问题研究所，高书全译，中华书局1984年。

次会商，协调政府撤退和动员居民疏散等事宜，还派出大批 57 师官兵积极予以协助。

当年任常德县政府建设科科长的岳其霖对 57 师对于地方上的热情相助和严明纪律印象深刻：

"为了使市民迅速离开城市，第 57 师还派出士兵帮助老弱市民搬送物资出城，不取分文报酬。在渡河的船上派兵维持秩序，每船一兵，不许船户贪载，不许勒索多收渡资。因此渡河秩序井然。截至 11 月 10 日，城内已经空无一人。

"我为了执行破坏飞机场的任务，必须常到小西门外万缘寺向县政府请示汇报。每次从鄢公堤(现改名东堤)进东门，穿过大街小巷，出小西门到这里。全城寂静得可怕，街道由于无人行走，有些地方已经长了绿苔。我沿途只在陡码头和小西门两处，碰到第 57 师守城部队的哨兵，因我持有特别通行证，才准许通行无阻。在敌人合围的头天晚上，我黑夜到城里请示县长时，大街上在手电光的照射下，全城寂静觉得可怕。这时，第 57 师的部队到哪里去了呢？原来他们都各就各位守在第一、二道防线去了，并没有发现一个趁火打劫、乘机破门盗窃民物的士兵。"[1]

战前，57 师在常德城区及太阳山、太浮山陆续加修了据点工事，共加筑数十个钢筋水泥碉堡，前来验收工事的第六战区的长官部十分满意。根据军令部的命令，57 师守备常德，军主力在太浮山一带机动待命。11 月初，友军与敌开战的消息传来，57 师当即进入了预设阵地，74 军主力也于 7 日晚完成集结。

此时，日军已经逼近洋溪、暖水街、大堰一线，主力于 11 月 10 日转向石门、慈利，并于 12 日向我石门守军发起进攻。11 月 14 日，守卫石门的第 73 军经受不住敌人主力猛攻，被迫撤出战斗，残部退往慈利方向收容整理。

石门和慈利，一北一西互为犄角，构成常德西北方向的屏障，是常德会战的外围战场。石门一破，常德北面即失去掩护，这一路日军必然顺势南下，这就意味着慈利将首当其冲，成为日军必须扫除的主要障碍，以确保进攻常德的日军西侧没有后顾之忧。石门失守当天，军令部向王耀武发出电令："该军除第 57 师应坚守常德，主力即控制慈利东南白鹤山、鸡公岩、燕子桥间之地区，保持机动，争取外翼侧击敌人。"[2] 于是，51 师和 58 师按军部的命令开始分头行动。

---

① 岳其霖《我所经历的常德会战》，《原国民党将领抗日战争亲历记——湖南四大会战》中国文史出版社 1995 年。

② 吴鸢 王仲模《第 74 军、第 100 军常德作战经过》，《原国民党将领抗日战争亲历记——湖南四大会战》中国文史出版社 1995 年。

中国军队在常德会战中。

三

11月15日，张灵甫率领58师从河洑出发，向三都岗、燕子桥、黄莲洞急进，于晚间到达指定位置后，派出搜索队向石门方向搜索侦察。攻占石门的是日军赤鹿理的第13师团，冈村宁次在他的回忆录里对第13师团的评价非常高，认为在中国派遣军中，该师团是最精锐的部队之一，装备精良，总是担当主攻，可谓货真价实的日军王牌部队。16日，第13师团兵分两路从石门出发，一路由第116联队和配属第13师团的佐佐木支队（属第34师团）沿澧水向74军主力左翼挺进。一路以伊藤义彦的第65联队为主力，沿石慈大道直接向慈利扑来。黄昏时分，58师的搜索小队与伊藤联队的先头部队第一大队在猫儿峪狭路相逢，慈利之战在双方前哨部队的黑夜枪战对峙中开始。

74军的一线阵地位于扁担垭、赤松山、垭门关，位置突前，被王耀武派去担当正面主阵地前卫的，又是张灵甫和他的58师，51师阵地在其后方的白鹤山、星德山、仙娘庙一线。11月17日早晨，伊藤联队向守卫74军正面主阵地的58师发起攻击。

刚刚击败驻守石门的73军的日军斗志正旺，但与58师在慈利郊外初次交手，就发觉这一仗远远没有想象中的顺利。日军战史记载了这场两军的初战：

"约有一个营的敌军占据着赤松山附近。部队从17日早晨开始攻击该敌，敌人战斗顽强，直至日落仍不能击退该敌。"①

傍晚时分，敌第3师团等增援部队纷至。听说敌人援军源源不断赶来，58师的部分官兵流露出畏难情绪，信心出现动摇，张灵甫亲自来到第一线给基层官兵们鼓劲。当晚，58师在他的沉着指挥下与来敌激战，稳守祖师殿、落马坡、羊角山一线，阵形不乱。

入夜，激战一天的战斗部队轮换休息了，张灵甫依然没有入睡，烛光下，他伏在摊开的作战地图上，研究起己方阵形的薄弱环节，思考着敌人可能下手的目标。正面久攻不下，如果换了自己是进攻一方，面对这样的阵势，下一步将会从何处动作呢？正面佯攻，侧后迂回突袭，这是张灵甫最拿手的战术，自己能做到的，敌人未必想不到，应该把自己置于对手的位置换位思考。他手中的红笔指向了地图上羊角山的羊肠小道：夜袭，他会从这里向正面阵地包抄偷袭。

张灵甫应该庆幸自己没有掉以轻心，因为他的对手伊藤义彦也同样彻夜未眠，两员敌将想到了一处。18日拂晓，伊藤果然派出一支小部队，换穿便衣，借着黑夜的掩护摸向羊角山左侧的山道，但是，他只能懊悔偷鸡不成蚀了把米了，对手棋高一着，半夜里在狭窄的山间小道上已经预先埋下了伏兵。58师173团的一个营遵张灵甫之命，半夜赶往羊角山左侧埋伏，将敌便衣队候个正着。一方偷偷摸摸自以为得计，一方有备而来守株待兔，两下里一交手，胜负立判，只打了二十来分钟，日军的便衣队就在58师伏击部队居高临下的密集扫射之下，狼狈溃退。在左侧发动夜袭的同时，日军又派出第3师团一部，向58师的右翼亮垭猛插。张灵甫接到报告，意识到这是敌人正在对他进行两翼包围，他马上联络周志道，两师各抽出有力一部，51师出星德山，58师出祖师殿，对插入亮垭的日军实行反包围，左右夹击，歼敌过半。日军偷袭不成，包围不果，只得将主力再转到58师的正面，18、19日两天，58师的祖师殿、羊角山阵地和51师的白鹤山、星德山阵地整日处于敌步、炮、空协同的全线猛攻之中，其中祖师殿方向战况尤其激烈，敌人不断增兵并发射毒气弹，力图一举突破。18日晚8

---

① 日本政府防卫厅防卫研究所战史室《昭和十七、八(1942、1943)年的中国派遣军》（下），吉林省社会科学院日本问题研究所，高书全译，中华书局1984年。

常德会战中的中国将士。

时许，敌 13 师团的司令部进入慈利县城，58 师在落马坡、羊角山的阵地出现动摇，所幸失而复得。

陆续到达当面的日军各部已经增加到五个联队之众。继石门失陷之后，附近友军溃散，慈利地区正面主阵地只有 58 师在孤军奋战，如今敌人的兵力越聚越众，要想继续守住慈利附近的防线，仅靠一个师任务殊难完成。面对沉重的压力，张灵甫还顾不上叫苦，第 74 军的参谋长孟广珍首先沉不住气，他在 19 日交军重庆办事处转发军令部的电报中对上峰发出悲观的抱怨："73 军毫无战力，44 军战力甚微，100 军尚未全部到齐，职军分割接援，现又三面受敌，出击、守备独立支持，恐难副均座之殷期。"①

虽然 74 军以战斗意志旺盛、战力强大著称，孟广珍对友军的指责还是过分了。73 军先前在石门激战三天，撤出时全军战损几达百分之八十，其殿后的暂 5 师因被日军包了饺子而全军覆没，师长彭士量将军也壮烈殉国，可以说是力战而竭。而 44 军是川军，本身装备与作为嫡系攻击军的 74 军不能比肩，再加该军在刚结束的鄂西会

① 　（十七）《常德会战》《中华民国史档案资料汇编第五辑 第二编 军事（四）》，中国第二历史档案馆编，江苏古籍出版社 1998 年。

战中损失严重，尚未得到妥善补充，其将领心态和部队战斗力难免会打折扣。

军委会也明白74军的处境，为了加强王耀武的兵力，在73军失守石门的次日就已特地将第100军临时调拨给王耀武指挥，与74军组成王耀武兵团，王耀武还被任命为第29集团军副总司令，赋予更大的指挥权限。

第100军是1938年组建的中央军嫡系，但是之前战绩平平，部队经过多次调整后，在上一年的浙赣会战中下辖第19师和75师，该军的75师和配属该军的147师在赣东毫无战斗力，溃不成军，军长刘广济因此被战区撤职查办。战后，军事委员会对100军重新整顿，留下了原主力第19师，另从第10集团军调来第63师，这两个师原先都出自湘军背景，经过多年的整合已经中央军化，战斗力也不错。军委会打算全面提高新组建的100军的素质，将它升级为军委会的直属部队，这就需要一个善于练兵的将领来好好整训，使它彻底脱胎换骨。王耀武练兵有方，74军在他手里越战越强是有目共睹的，于是蒋介石把调教100军的任务交给了这位爱将，希望借由74军的种子和榜样的力量，将100军培养成与种子部队同等优秀的新军。由一个军长去负责另一个军的整训，这充分显示蒋介石对王耀武的信任和器重，不仅如此，他还放手让王耀武自行举荐安排100军的军官人事，100军的新军长就是在1942年11月从74军副军长升任的施中诚，他还带去了一批74军的各级军官，撑起了100军的骨干力量。由于这一层渊源关系，后来100军的军官上自军长下至中下级军官，许多仍然来自74军，两军军官的相互调任也形成了传统，成了真正血脉相连的兄弟部队。王耀武借此完全掌握了100军，扩充了自己的实力，在他后来升职第24集团军和第4方面军司令官后，100军与74军一起，一直是他的左臂右膀。只是世事难料，对于本书的传主张灵甫来说，这支"兄弟部队"在五年之后实在当不起"兄弟"二字，整编第74师在孟良崮全军覆灭，与这支"兄弟部队"及其后来的主官李天霞息息相关，我们且留待后文再来细说。

此时，100军已经在王耀武和施中诚的手里整训了整整一年，部队的战斗力大为加强，军委会对这支新直属部队的使用也格外关注，一再致电王耀武："对100军须有效使用，不得分散兵力而致虚耗。"①19日，100军的第19师先期到达漆家河，等待军长施中诚从桃源带主力前来会合。王耀武既不得将100军分散使用，手里也需要

---

① 《叁、战略相持阶段的主要战役［八］常德会战》，中国第二历史档案馆编《中华民国史档案资料丛刊·抗日战争正面战场》（下）江苏古籍出版社1987年。

控制部队应付漆家河、桃源一线的战事，他也实在是无兵可分，只得寄希望于张灵甫在慈利的前方主阵地独立苦撑。为了避免敌人对58师的突出阵地实施分割包围，他命令张灵甫放弃突出部，将阵地向西收缩，与51师在仙娘庙、七姑山、马峰田（不含）阵地相接，占领自马峰田到零阳山、岩泊渡的新阵地。

拥有优势的兵力，有空军和炮兵的全力支援，连续猛攻将近四天，第13师团居然仍在慈利一线徘徊不得前进，师团长赤鹿理愤怒了，他要亲自到前线，看看对面的"重庆军"将领究竟是何方神仙。20日晚，赤鹿理在参谋长依知川陪同下来到伊藤联队的本部，疲惫的联队长伊藤向他诉说，各部多日不眠不休，已经夜袭数次，但是敌人实在太顽强了，他们利用天险阻止我军前进，很难取得进展。赤鹿理不理会伊藤的诉苦，严令部队"今晚一定要迅速突破当面之敌，进入指定地点"。挨了训斥的伊藤只得硬着头皮，亲自带着本部指挥机关及军旗小队沿第一线大队的进军路线前进。但是直到晚上19时仍未取得任何进展。

在20日的日记中伊藤大叹苦经：

"各部队不眠不休，几经夜袭，第一线部队终于在5时左右进入燕子桥一线。从9时开始攻击余儿垭北侧鞍部之敌，敌十分顽强。晚间，师团长偕同参谋长来到联队本部，要求迅速突破。乃命令部队夜间强行突破。

"敌人占据着标高三百余米的高地，斜面险峻，处处是断崖峭壁。第一线部队甚为艰苦，从14日夜以来，连日通宵不眠。然而为军之全局着想，不得不挥泪激励部下继续攻击。

"18时再次攻击。敌防备坚固，我仅仅占领敌阵一角。联队本部继第3大队之后突进。预备队为了掩护山炮及马匹，留在后方，准备于明日天亮后掩护山炮及马匹追及大部队。"①

可是倒霉的伊藤遇上了一个夜战活跃的对手，张灵甫不等天亮就抢先出手了。

日军的战史描述了伊藤联队此后的窘境：

"此时夜幕漆黑，联队长在前进中只能借着无线报话机了解各大队状况。但由于山岳地带一场混战，21时联队本部便与各部队失掉了联系。

"联队本部孤军前进，夜半时分行至余儿垭北侧高地，受到敌军包围，敌众我寡，

---

① 日本政府防卫厅防卫研究所战史室《昭和十七、八(1942、1943)年的中国派遣军》（下），吉林省社会科学院日本问题研究所，高书全译，中华书局1984年。

我军顽强奋战。

"21 日，敌人的攻击逐渐加剧，此时本部依然没有与部队恢复联系。13 时 30 分，敌人一枚手榴弹在军旗下爆炸，联队长和旗手立元义则少尉负伤，卫兵三人死伤。右腿被弹片炸伤的联队长，无畏地亲自护持着军旗，激励周围的士兵，指挥战斗。然而死伤者在递增，危机迫在眉睫。"[①]

这是张灵甫给前来督战的赤鹿理一个下马威。20 日晚上，他与周志道配合，各派出一个营，分别从白鹤山和羊角山杀出，以攻对攻，向敌人的两翼发起进攻，打了一个漂亮的防守反击战，歼敌近千，虏获机步枪三百余支、骡马四十余匹及诸多军用品。战后军令部编撰的《常德会战之检讨》所记述的该次战斗，与日军战史描述伊藤联队在当晚遇袭的战况完全吻合，日军所谓"山岳地带一场混战，21 时联队本部便与各部队失掉了联系"，应该就是指 58 师和 51 师的这次主动出击。

赤鹿理总算明白，伊藤确实没有夸大"重庆军"的顽强，在劣势防御中被他的飞机和炮火狂轰四天的敌人，在遭受极大伤亡的情况下居然还敢于在黑夜里主动进攻，他在中国战场还极少遇到作战意志如此顽强大胆的对手，他决定不与对面玩命的家伙硬拼，好在增援部队已经就位，他手头有的是宽裕的兵力可供调配。赤鹿理派出佐佐木支队，由东岳观渡经岩泊渡，绕到龙潭河附近，向 58 师阵地的后侧包抄，同时出动伞兵突袭 74 军在龙潭河附近的军、师司令部。张灵甫一面应付敌人的正面进攻，一面派出部队，策应军直属部队和 51 师扑杀敌人的突袭部队，并向龙潭河之敌展开夹击。

许续五昼夜的奋战，58 师在慈利的阵地虽有所调整，正面阵地线依然保持完整不破，但是王耀武注意到，敌人向龙潭河的迂回已经对 58 师的侧翼形成割裂包围的态势，不能冒险再命张灵甫留在原地硬顶了，否则他将落入与暂 5 师的彭士量同样的厄运。转移阵地的命令于 11 月 22 日下达，五昼夜的激战拖住了敌第 13 师团和第 3 师团的主力，为常德城内的 57 师备战和战区增援部队的赶到赢得了宝贵时间，现在一旦撤离，意味着常德西面也将门户大开，城内 57 师的弟兄们将在四面被围的处境下孤军作战。张灵甫极不甘心地放弃了辛辛苦苦坚守了五天的阵地，他在马峰田、零阳山留下一部固守，遵命将 58 师主力转移至漆家河西南邓家庙、陈家河、零阳山、簸箕湾之线。

---

① 日本政府防卫厅防卫研究所战史室《昭和十七、八(1942、1943)年的中国派遣军》（下），吉林省社会科学院日本问题研究所，高书全译，中华书局 1984 年。

在慈利以南的漆家河一线，58师与51师和19师终于会合。几乎没有喘息的时间，张灵甫马上带领部队又在龙潭河与敌人彻夜激战，于24日拂晓击退敌人向仙女殿阵地的进攻。因58师和51师及时转移攻势，并会同19师合力阻击与不断地出击，敌13师团和佐佐木支队原本争取外翼的企图宣告破灭，赤鹿理遭到严重打击，不得不将余部一万余人向黄石、九溪、二方坪龟缩，掩护其正在进攻常德的主力侧背，以阻挡我东进部队继续向常德转移攻势。敌人的收缩使得在常德外围作战的国军转而占据了外线的有利位置。战区司令部抓住这一优势，24日晚命令王耀武准备于26日向敌人发起反攻。张灵甫师的任务是与51师一起先行攻占龙潭河，全军将以此为据点发动转移攻势。龙潭河之战的进展相当顺利，张灵甫与周志道这对老搭档于25日中午同时向龙潭河之敌发起夹击，次日凌晨即拿下阵地，夜间再接再厉开始组织小分队强渡黄石河，向常德方向四处钻隙，试图打通与57师的联系。张灵甫本人则指挥师主力向黄石、九溪两地全力猛攻，51师同步进攻漆家河。

赤鹿理也亲临前线，来到黄石附近指挥战斗。继慈利之战后，张灵甫与赤鹿理这对冤家又在黄石捉对厮杀决斗，所不同的是，在慈利，赤鹿理是进攻的一方，在黄石，则轮到他来领教张灵甫的攻击凶猛。据守黄石、九溪、漆家河的敌人尚有一万多人，日军还从缸市、河洑、陬市、盘龙桥四处调集援军，企图对我攻击部队进行反包围，战况依然紧绷。连续两天猛攻之后，29日夜晚，张灵甫指挥58师再次向黄石市发动强攻，突击队首先攻入市区，开始了更为激烈的巷战，师上校附员杨剑秋身先士卒，率领众勇士与敌近身肉搏，杨剑秋重伤牺牲，敌人也折损官佐一员，第116联队第2大队大队长山田男被我方击毙。战至30日凌晨，黄石市上空终于飘扬起青天白日之旗。不甘失败的敌人一大早再聚集起三千余人马，拉来八门大炮，试图在炮轰中对黄石强行反攻，张灵甫迅速部署攻守转换，将敌人的数次进攻击退，固守黄石，敌人徒劳而返。

友军51师和19师则继续向常德挺进，逼近河洑时，遭遇敌人的顽强阻击，在戴公坡、会山口、长岭岗一带与敌胶着，51师的便衣队数十人成功钻进常德与57师取得了联系。张灵甫指挥58师和51师一部继续转战于九溪和漆家河畔，不断灵活进击，与兵力优势的敌主力死缠烂打，有力掩护了挺进部队的侧后安全。12月2日，进攻九溪的58师一部先行突破敌在九溪西面的防守，杀入区内，其中一个连在连长阵亡的情况下依然奋勇冲杀，攻下重要据点。次日中午，师主力与突入九溪的部队内外夹击，又毙敌四百余名，将残敌逐出九溪。与此同时，张灵甫命副师长蔡仁杰率突击队出击羊毛滩，于午夜迂回至漆家河，威胁敌人的后背。

四

一场战役的胜败，有时就在于看谁能坚持"最后五分钟"。

余程万的57师已经在常德城坚持了整整半个月。11月18日，57师在牛鼻滩与敌第68师团先头部队正式接战，从22日起，该师遭到敌第3、第68和第116三个师团主力分五路的全面围攻，全师官兵英勇抵抗，但敌我众寡过于悬殊，阵地在敌人的强大攻势下逐日向城区核心地区缩小，至28日，敌人已经开始突入城区，57师官兵逐街与敌展开了白刃巷战，真正是有一屋守一屋，有一坑守一坑，敌人每得一条街道，都必须付出惨重的代价，连日军的战史在叙述各部进攻状况的时候都不得不反复感叹：遭到"出乎意料之外的顽强抵抗"，"城内巷战敌人抵抗极其顽强"。

可是，再坚韧的抵抗也总是有极限，伤亡越来越大，弹药越打越少，在日军连日猛攻之下，57师的抵抗力也日趋衰竭。29日，余程万向战区发出悲绝的"艳电"："弹尽，援绝，城已破。职率副师长、指挥官、师附、政治部主任、参谋主任等，固守中央银行，各团长划分区域，扼守一屋，作最后抵抗，誓死为止，并祝胜利。74军万岁，委员长万岁，中华民国万岁。"[1]

余程万起先是下了必死的决心，电报发出之后，他与副师长陈嘘云、副参谋长皮宣猷等人亲自巡视仅剩的几个据点，士兵们把附近商店能找到的袋子都拿来装土，在街口加修掩体，打通沿街房屋，准备巷战。

城内，遍体鳞伤的57师依然在挣扎着以死相拼，城外的王耀武兵团和战区其他增援部队也在向常德突进，统帅部已经向第六战区司令官孙连仲、第九战区司令官薛岳发出指示："无论常德状况有无变化，决以第六、第九战区协力包围敌人于沅江江畔而歼灭之。"这一切，令第11军司令官横山勇坐立不安，如果不能尽速打下常德，中国外围大军对围攻常德日军的包围态势一旦形成，届时日军占据常德将陷于第三次长沙会战那样的窘境。为了早日向大本营交差，横山勇心急火燎，他要立即攻下常德以宣示战役之胜利。横山勇一面严令赤鹿理不惜伤亡，务须死守漆家河，阻挡王耀武兵团逼近常德形成合围，一面敦促攻击部队加紧围攻，还使出围三阙一的战术，命第116师团在常德东南网开一面，免得57师因退路被断而绝望死守，以诱使余程万弃守

---

① 《叁、战略相持阶段的主要战役〔八〕常德会战》，中国第二历史档案馆编《中华民国史档案资料丛刊·抗日战争正面战场》（下），江苏古籍出版社1987年版。

直接指挥常德和衡阳两战役的敌11军军团长横山勇，人称"老狐狸"。但由于在衡阳的失败，他的上级畑俊六说他是"猪"。

常德突围，从而达到尽早占领常德的目的。①

12月2日，常德城内已是一片废墟，尸横遍野，日军在前几天的巷战中损失惨重，推进缓慢，为了减少进攻伤亡，他们拉来大炮向沿街民房作抵近轰击，扫清路障。此时的57师，连伤员在内仅残余几百人，除师部所在的兴街口中央银行至笔架城的狭小阵地外，其余悉为敌人所占领。弹尽援绝，余程万再也坚持不下去了。12月3日凌晨，57师师部在笔架城下的一所民居召集团长们开会，商议结果，决定由余程万带领百余官兵翻城墙突围，向德山方向寻找援军。第169团团长柴意新自告奋勇负责留守，残余的官兵们打完了所有的子弹，又端起刺刀抢起空枪向敌人作最后的自杀性冲锋，新婚才七个月的柴意新团长身中四弹，壮烈牺牲。

12月3日，常德失陷。

按照日军原先的作战意图，第11军并无长期占据常德的计划，牵制住中央军南调云南即算基本达成战役目的，因此作战结束后即应返还，恢复战前态势。鉴于中国援军正从四面压来，中方空军也对失陷的常德展开了空袭，横山勇在进占常德的当日黄昏就将主力仓促转移到城外数公里的村落，只象征性留下一部兵力在城内担任警备。同日，统帅部则再次向孙连仲和薛岳发出训令，重申"无论常德状况有无变化，决依既定计划围攻敌人"。横山勇为避免被围也不愿意久留常德，敌11军主力随即开始

---

① 据日本政府防卫厅防卫研究所战史室《昭和十七、八(1942、1943)年的中国派遣军》，（吉林省社会科学院日本问题研究所，高书全译）所述："军判断常德敌军之所以如此顽抗，是因为四周已全被包围，退路完全被切断，于是在11月28日指示第116师团，在一个方面为敌人开放退路。"

准备撤退。

侵华日军总司令部却在这节骨眼上改变了计划，就在横山勇攻入常德的同一天，侵华日军总司令畑俊六正坐在南京城里的司令部里，研究着东京大本营几天前刚刚发来的关于打通纵贯大陆铁路的作战计划，当他收到横山勇完全占领常德的电报，出于从下一步打通大陆作战的角度考虑，认为常德的弃守需要从长计议，原先的撤退计划应予以变更。对于大本营和总司令部关于确保常德的新主张，一心在组织撤退的横山勇显得很不热心，他的答复既消极又冷淡：由于兵力所限及其他原因，缺乏信心，不希望确保常德，要求暂返原地，等以后再出发。不待总司令部和大本营再商议的结果，横山勇随即执行自己的预定计划，将部队向沅江北岸移动。日军开始北撤，向常德包围的中国军队一面收复失地，一面转入了追击。12月9日，和余程万一同突围的171团团长带领57师八十余名残兵协同来援的第58军收复常德。这位团长就是张灵甫原先在胡宗南部时在他手下当过连长的杜鼎。张灵甫离开第1军后，杜鼎一直在原部任职营长，他因淞沪战役中身负重伤，在南京、武汉疗养了很长一段时间，原本正打算伤愈回西北去归队，长沙大火后他听朋友说张灵甫已经在74军当上旅长，正驻防长沙小吴门，他便改变了主意，主动写信给张灵甫，希望跟随曾经共生死的老长官共同抗战报国。接到旧日亲信下属的来信，张灵甫很高兴，他要杜鼎速去长沙会面，把他介绍给了王耀武，并很快安排他就任305团第1营营长。几年后杜鼎因作战出色升调到57旅担任团长。

张灵甫攻占黄石、九溪后继续活跃在漆家河一线，58师略事整顿，于12月8日复向停留在漆家河畔的第13师团发起进攻，与51师一起夹击漆家河东北之敌，第13师团的最后防线终于被突破，敌师团长赤鹿理也在督战时负了伤，日军向澧水退却。至12日，张灵甫扫荡漆家河东北高地仙人庙、玉皇庵等处残敌，午后攻克雷家岗、曾家埒、竹园埒之线，再跟踪追击，次日攻克骆家铺。

至此，74军除部分小部队外基本停止追击，在原地集结待命，战役结束后全军返回桃园、漆家河一带休整。

五

为了纪念保卫常德而为国捐躯的74军阵亡将士，战后，常德地方政府和74军决定在常德建立一座烈士公墓，将在常德收殓的五千七百零三具阵亡官兵遗骨安葬于此。

第74军常德会战阵亡将士纪念碑

公墓先于1944年修成，抗战胜利后，74军又自己出资在原地重新设计修建，1945年11月23日，常德各界人士及74军代表举行了隆重的新公墓落成典礼，数十匹驰骋疆场的白马也参加了这次集会。

常德公墓的正门，迎面是一座高大的三门纪念牌坊，上书"常德会战阵亡将士纪念坊"，系王耀武所题，三块横匾"天地正气""碧血丹心""旗常炳耀"，分别由蒋介石、陈诚和白崇禧题写。大牌坊后是一座九米高的纪念塔，塔的正面上题"陆军第七十四军常德会战阵亡将士纪念塔"，塔侧各建一座六角亭，原存有王耀武、张灵甫撰写的碑刻，记述守城战斗的经过。新中国成立后该公墓仍有修葺，至"文革"期间，纪念堂、石刻、墓地拆的拆、炸的炸，题字均被水泥覆盖，现仅余纪念塔、六角亭、三门石牌坊。①

但是，常德人民没有忘记。2003年12月8日，在常德会战六十周年之际，常德公墓拉响了深沉的警报，市领导和老兵代表及各界人士，冒着雨雪举行了纪念常德会战阵亡将士的公祭活动，缅怀当年长眠在这里的抗日英灵。

战役结束两个月后，蒋介石在南岳召集第四次军事会议，在关于常德会战的讲评中，蒋介石特别提到了74军的战绩，对张灵甫和周志道两师在外围作战的优异表现特别予以褒扬：

---

① 参见岳其霖《常德会战阵亡将士公墓修建始末》，《常德文史资料第3辑》。

2003 年 12 月 8 日，在常德会战 60 周年之际，原国民党军第 74 军常德公墓拉响了深沉的警报，湖南省常德市政府领导和老兵代表及各界人士，冒着雨雪举行了纪念常德会战阵亡将士的公祭活动，缅怀当年长眠在这里的抗日英灵。（照片来源：常德政府网站）

"在这里有一点要特别提到的，就是第 74 军的战绩。第 74 军此次除以 57 师担任常德城防外，其他两个师共计只有六个团，在常德外围对抗敌人 13 师团全部与其他　个师团共计不下六个联队，经过月余的苦斗，始终与敌周旋到底，并且处处立于主动地位，向敌人断行攻击，这实在是我们革命军抗战史上最辉煌的战绩。如果 57 师守卫常德没有这样功亏一篑，不名誉的污点，那第 74 军更可说是国民革命军第一个优良的部队。常德之战也可以说是我们抗战史上最有价值的一役了。由此可以证明我们革命军的精神和素质，实在可以与敌军对比而有余，我们一般将领更应该有此自信。只要你们能够研究敌情，精练部队，整饬纪律，就没有不能打胜仗的道理。"[①]

蒋介石的这番话，在 74 军是有人欢喜有人忧。51 师和 58 师的战绩被委员长当众

① 《第四次南岳军事会议训词（二）——对于常德会战之讲评与今后整训反攻之要务》，1944 年 2 月 14 日在第四次南岳军事会议讲秦孝仪主编《"总统"蒋公思想言论总集》台湾中正文教基金会网站）。

点名表扬，作为军师长，在座的王耀武、张灵甫、周志道自然是脸上有光，但是，本该与他们并肩同座的余程万却因为最后关头没有在常德城内坚守，被蒋介石斥为"不名誉的污点"，无缘分享这一光荣，他已经被蒋介石下令押送重庆，正待按军法处决。

按理说，余程万在竭尽全力的情况下最后突围，罪不当死，蒋介石何以震怒至此要动杀机呢？原来在常德激战之时，蒋介石正在出席中、美、英三巨头聚会的开罗会议，他对罗斯福、丘吉尔谈起正在进行的常德战役战况，因而常德之战也引起了国际间的瞩目，被国际媒体喻为中国的斯大林格勒保卫战，因此，57师能否与常德共存亡，又被赋予了另一层崇高的象征性意义。当蒋介石得知余程万本人最后没有死守常德而擅自突围，并且未予妥善处置伤员，一怒之下便下了处决余程万的手令。拼死作战却落得这样的下场，军内外许多人纷纷为余程万鸣不平，王耀武特地写信给陈诚，历数余程万的种种功绩为他求情，重庆的军法总监部后来根据各方投寄的为余程万请愿的资料，签请蒋介石减刑，最后以"不给名义，交第24集团军戴罪立功，以观后效"了结此案。对于余程万最后没能在常德城内坚持到底，张灵甫的夫人王玉龄说，她的丈夫后来私下谈起此事，曾经有过一句评论："这是死而重于泰山的好机会，失去了，太可惜！"

处罚过了余程万，蒋介石对他认为的有功之臣还是论功行赏，张灵甫在常德战役外围作战表现突出，获颁云麾勋章一枚，他是因常德战役有幸授勋的少数将领之一，被蒋介石誉为"模范军人"。在蒋介石的心目中，张灵甫出现的频率也将越来越频繁。

第十节 转战长衡

一

1944年是中国抗日战争正面战场黑暗的一年，日军史无前例地动员五十余万的兵力，在湘豫桂宽广的地域连续发动了长达八个月之久的大规模战役，国民党军节节败退，大片国土沦丧，政府财政因收入来源锐减而陷于困境，军人的待遇也一落千丈。长沙陷落一个月后，蒋介石在黄山整军会议上说："我今年五十八岁了，自省我平生所受的耻辱，以今年为最大。"

当年3月，侵华日军发布旨在打通大陆交通线的"一号作战计划"，目的是"击败敌军，占领并确保湘桂、粤汉及京汉铁路南部沿线的要冲，以摧毁敌空军之主要基

大陸打通の構想

凡例：
← 大陸打通線
▨ 日本軍占領地区

日军的作战计划图

地，制止敌军空袭帝国本土以及破坏海上交通等企图"，其作战地域覆盖湘豫桂地区。自4月起，日军连续发动豫中会战、长衡会战、桂柳会战等战役，其中长衡会战自5月底至9月初，历时三个多月，是"一号作战计划"中会战时间最长的一次战役。

4月间，敌11军拟定了针对湖南战场的作战计划，以八个师团分两线兵团沿湘江两岸南下进攻长沙、衡阳，日军发动豫中会战后，在湘鄂边界的第11军也向崇阳、岳阳、华容地区集结，军事委员会判断日军即将南犯，于5月28日电令第九战区薛岳准备迎战，并从其他战区抽调部队增援长衡。

隶属第六战区的第24集团军接到了掩护第九战区侧翼的命令，该集团军在当年的 2 月刚刚组建，司令官就是王耀武，下辖第 73 军、74 军和 100 军，常德会战后，这三个军一直在常德、桃源一带整训。

6 月 9 日，军事委员会电令王耀武："王耀武兵团应于主力集中之后，对渡湖南犯之敌，以积极手段将其捕捉而歼灭之。至于益阳、宁乡等要地防御，务以用最小限之兵力担任之。"[①]

宁乡地处湘中的东北部，是湘中、湘北通往长沙的要点，日军为了保障进攻长沙的主力侧翼的安全，下令先攻占长沙两侧的宁乡、浏阳，再进攻长沙，保卫宁乡也就成了保卫长沙的前哨战。宁乡血战历时五天，它的指挥者，正是 74 军第 58 师师长张灵甫。

58 师当时配属第 73 军，共同拱卫长沙岳麓山侧背的安全，张灵甫奉命率 58 师从驻地桃源郑家驿强行军赶往宁乡布防，他将师主力控制在沩水南岸，派 173 团团长何澜率 173 团、174 团第 1 营并携师迫击炮营的一个连担任宁乡县城的防务。

6 月 13 日，由益阳转攻宁乡的日军第 40 师团两个联队首先在乔口、靖港登陆，向宁乡发起了进攻。守军毫不示弱，173 团团长何澜指挥部队与敌人在外围阵地展开激战，优势的日军连续猛攻一天，傍晚时分还出动三架飞机作低空轰炸，173 团第 7 连奋起还击，击落敌机一架，并在敌机的残骸中寻获日军的作战文件，为上级的作战指挥提供了有价值的情报。次日，日军以四五千人的兵力附八门炮，团团围住宁乡城，企图一举突破，但是 173 团拼死抗击，与突入的敌人连续发生三次肉搏，终将敌拒于城门之外，日军在白天仍无进展。

小小的宁乡城打了两天竟然没能一鼓而下，这有点出乎日军的意料，他们改变部署，增派一部南渡沩水，企图从 58 师的后方进行突袭。6 月 15 日，张灵甫的师部所在地遭到了渡河作战的两千余敌人的攻击，不过日军没能得逞，他们的对手，并非只知一味正面死守的呆板指挥官，在他们盯着 58 师正面阵地强攻的时候，善于打攻势防御的张灵甫在兼顾正面的同时，抽出了一个营突袭日军的侧翼，两面夹击，相邻的友军 73 军第 15 师也拔刀相助，与 58 师一起合力将敌人逼回了沩水岸边。

同日，宁乡城内的守军继续与日军展开厮杀，因连日激战伤亡过大，终于寡不敌众，城垣被敌人突破，但是何澜并不放弃战斗，他指挥部队与突入的敌军逐屋争夺，反复肉搏巷战，至 16 日上午，守军仍在城内的福音堂、杜家山、印台山等几个阵地

---

① 《长衡会战》，《中华民国史档案资料丛刊 抗日战争正面战场》（下），中国第二历史档案馆编 江苏古籍出版社 1987 年。

与敌人搏斗。得知城内的战况，张灵甫允许何澜可以酌情突围。16日中午时分，何澜率部从福音堂西南角开始突围，由于守军三面受到日军火力的封锁，一面被沩水所阻，突围不易，许多人没能渡过沩水，岸边和急流中死伤者甚多，何澜也身负重伤。

尚未突围的173团团附蔡亚锷见状挺身而出，他呼吁大家不要惊慌，既然突围不成，不如死守福音堂，福音堂内还备有粮食、弹药、医药，只要有死守的决心，一定还有生路。众人纷纷表示愿意听从蔡团附的指挥，坚守阵地不再突围。蔡亚锷清点人数，守军仅余残兵一百四十名，另有八十名伤员，他带领众人退守福音堂，将团旗绑在福音堂屋顶的避雷针上，好让前来支援的空军看见迎风招展的团旗，宣示宁乡仍掌握在国军第58师173团的手中。当晚，蔡亚锷派人泅渡沩水，向师长张灵甫报告城内情况并请求增援。

此时，张灵甫正在指挥58师主力与友军100军第19师及73军和79军全力围攻敌第40师团，日军穷于应付，只得把攻击宁乡的兵力部分调去对付国军的主力，因此实力大减，17日竟未能突破173团二百来名残兵据守的福音堂。第二天，从益阳尾追日军的19师也攻到了宁乡城外，第40师团未能达成占领宁乡的目的，撤围向湘乡方向转移攻势，张灵甫率师主力继续尾随追击，另派一个连和卫生队进入宁乡善后，接应173团归建，宁乡城内的防务则转交19师，由19师派出一个营与173团残部会合，接替了58师的防务。[①]

然而，薛岳以不变应万变的"天炉战法"，这一次在长沙却没能再次奏效，在58师与19师会师宁乡的同日，长沙失守。固守宁乡原是为了确保长沙西侧岳麓山外翼的安全，如今长沙主战场失利，卫星阵地也就失去了应有的重要意义，在敌人骤然转头回攻的压迫之下，处境困难，王耀武审度情势，19日夜下令放弃宁乡，军团向湘乡方向转移。

长沙新败，士气低迷，战区需要树立英雄部队的样板来鼓舞士气，58师以将近一个团的伤亡代价，在宁乡浴血奋战，独守孤城五昼夜，英勇事迹可歌可泣，战区在当时把该师当成楷模广为宣传。王耀武及集团军副司令官兼73军军长彭位仁都及时报请上级转报重庆，为58师官兵向蒋介石和何应钦请功："此次我58师以四个营兵力坚守宁乡，官兵忠勇用命，力抗顽敌，浴血英勇，历五昼夜，重伤官长计团长何澜、副团长罗英、团附蔡亚锷、营长孙步英、宋纯龙及额外团附金耀、营长王贵玥暨伤亡

---

① 参见蔡亚锷《宁乡保卫战亲历记》，《湖南文史 2000 年第 5 辑 总第 95 辑》。

守卫衡阳的第 10 军军长方先觉

连排长以下五十二员，且又因负伤而自杀者多人，但敌死伤枕藉，损失之大，更倍于我。壮烈辉煌，实堪矜式。"①

对于作战能干奋力的部下，张灵甫照例不惜重赏，蔡亚锷临危不惧，在正、副团长重伤的危急情况下，独撑大局力保宁乡，为58师赢得了荣誉，因而立功获授云麾勋章，张灵甫还特为他亲笔致函王耀武保荐提升，并颁奖金四万元予以激励。

据战区转报王耀武的报告，58师在益阳、宁乡诸战中，毙敌七百三十六人，伤敌一千六百九十七人，自身伤亡一千六百余人。损失严重的58师急待疗伤整补，但是继长沙失陷后，湖南战场的局势继续严重恶化，张灵甫在战地休整部队不到半个月，又被王耀武急调出战。

二

衡阳在长沙以南约一百五十公里，位于湘水西岸，粤汉铁路和湘桂铁路在此交会，是第九战区的重要战略基地之一。长沙失守后，第九战区的作战任务转为以"阻敌深入、确保衡阳为目的"。6月24日，从长沙南下的日军重兵包围了衡阳。衡阳守军是第三

① （十九）《长衡会战》，《中华民国史档案资料汇编第五辑·第二编·军事（四）》中国第二历史档案馆编，江苏古籍出版社 1998 年 4 月。

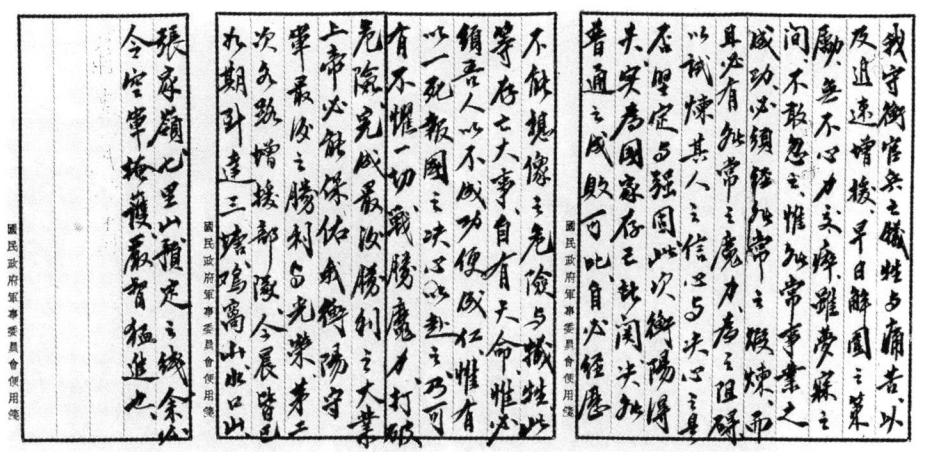

蒋介石致衡阳守军方先觉军长的亲笔电文稿，文中说：各路增援部队已至外围。希望在这国家存亡关头，努力杀敌。

次长沙会战的功臣第10军附暂编第54师，在第10军军长方先觉的指挥下，抗日战争中历时最长的惨烈守城战——衡阳保卫战，就是在这里展开。

当时国民党军在衡阳外围湘江两岸有十来个军，军事委员会企图以东西两路进援衡阳，但是外围兵团在日军的强力阻击下，进展迟缓。蒋介石对衡阳外围兵团的表现十分不满，尤其是湘江以东的各军并未积极向衡阳突进，他一面敦促湘东各军，一面命令在湘江以西的王耀武兵团会同李玉堂兵团速解衡阳之围。

张灵甫起初没有直接参加衡阳解围之战。7月上中旬，他一直在湘乡至邵阳一线继续与敌40师团鏖战，据第九战区关于长衡会战战报记载，7月7日，"永丰之敌，经58师全力猛攻，一度克复永丰，旋敌增援反扑，续在冷水塘、永丰南端高地激战"。[①]战至10日，张灵甫会同前来增援的第19师一起克复永丰，之后暂留守永丰抓紧进行战地整补。

在蒋介石的迭次命令下，王耀武将麾下主力向衡阳全力推进，此时他掌握着第73、74、79、99、100军和失守长沙的第4军残部，虽然号称有十七个师，这些部队自6月投入战斗以来，都已是久战疲师，建制残破，战斗力大不如前，在7月中下旬先后推进到衡阳郊外后，衡阳城内枪炮之声已可相闻，但是援军与日军阻击部队仍相

---

① （十九）《长衡会战》，《中华民国史档案资料汇编第五辑 第二编 军事（四）》中国第二历史档案馆编，江苏古籍出版社1998年4月。

衡阳最繁华的中山北路，战役结束时只剩断壁残垣。

持不下。

　　王耀武最终动用了自己的老部队74军出马上阵。长衡会战之初，王耀武只从74军抽调了张灵甫的58师随他一同入第九战区作战，51师和57师被第六战区留在常德附近担任守备任务，直到6月底7月初，经九战区请求从六战区调出51师和57师归建，以便于王耀武统一指挥，74军才全军参加了长衡会战，担任集团军的预备队。7月中旬，74军出青树坪转到宝衡公路，以58师沿公路作为攻击主力，51师在后，57师在演陂桥掩护全军右翼，向衡阳出击。自宁乡之战后，58师未有足够时间补充建制，相对于参战较晚的51师和57师，此时的58师战力是74军中最弱的，但是王耀武和施中诚还是点了张灵甫的将，把他推上了攻击前锋的位置，张灵甫奉命率部向金兰寺集结，配属100军行动。

　　第100军军长李天霞正在为打下金兰寺伤脑筋。金兰寺在衡阳西南四十多公里，原先有79军一个营在此据守，后被日军一个大队攻占。王耀武命令李天霞夺回，以掩护79军侧背。自7月20日起，100军的主力19师围攻金兰寺已经有一周，他们陆

湖南南岳衡山忠烈祠于 1942 年落成，内有十三座抗日烈士陵墓，包括国民党军 74 军、60 师、140 师等集体公墓三座。1997 年 12 月由国务院列为"全国重点文物保护单位"。

续攻占了金兰寺周围的一些店铺和村庄，残余的日军二百余人退入背靠高地的寺庙内负隅顽抗。寺庙是坚固的砖石结构，敌人在山顶还筑有工事，19 师因缺乏山炮，屡攻不破，师长唐伯寅遭王耀武总部和李天霞军部的责令，备感压力。李天霞出了个馊主意，要 19 师想办法在寺前的大树上插上青天白日旗，好让盟军的飞机看到后以为 19 师攻占了金兰寺，为了他的这个指示，爬树插旗的士兵伤亡九人，结果旗子还是没有插成。

7 月 23 日，张灵甫率 58 师向金兰寺方向出击，当天晚上即击破梯子坪李家山的敌 116 师团一部，一路过关斩将，于 25 日再攻位于香炉山雷祖岭向金兰寺增援的敌军，激战两天将敌击退。张灵甫马不停蹄，于 27 日立即派部猛攻金兰寺，在张灵甫与唐伯寅的合力奋战下，金兰寺终告克复。

7 月 28 日，王耀武军团各部在衡阳西南郊全面攻击前进，60 师进攻东阳渡，62 军迫近衡阳汽车西站，79 军在新桥、鸡窝山与敌激战，63 师挺进望城坳，19 师攻向元公寨。但是，敌人援军也在第二天赶到，向王耀武军团展开凶猛反扑，当天，我军各部全线后退，只有 58 师和 19 师一马当先，继续向衡阳挺进，29 日，张灵甫进攻邹冈山南麓的盐塘冲，唐伯寅继续进攻元公寨、聚湖峰。两天后两师迫近衡阳近郊。

张灵甫的新任务是消灭在公路线上扼守鸡窝山的日军，为援军扫除前进道路上的障碍。鸡窝山距离衡阳已经不到十公里，是衡阳西郊连绵山地中海拔最高的山头，通往衡阳的公路穿山脚而过，南面的地势开阔，易守难攻。张灵甫以明灿的172团为攻坚主力，配军属山炮连和师迫击炮营及工兵，向守卫石头山、大桥铺、鸡窝山的日军116师团234联队第3大队发起攻坚，一举攻占上述阵地，毙伤包括敌大队长广田在内一百二十余人。据当时在172团担任鸡窝山主攻营的副营长王沛年回忆，敌人在遭到该营猛烈攻击后退守反斜面，敌我双方当晚在山的两面相持，次日，敌军派来战机协助鸡窝山的守军，172团在白天继续与敌激战，终于在拂晓攻克鸡窝山要点。①

天明时分，张灵甫登高远眺，望远镜中，战火纷飞的衡阳城尽收眼底。

一天之前，衡阳守军第10军军长方先觉向蒋介石发出了凄苦的求救电报："本军固守衡阳，将近月余，幸我官兵用命，前仆后继，得以保全。但其中可歌可泣之事实与悲惨壮烈之牺牲，令人不敢回忆。……一、衡阳房舍，被焚被炸，物资尽毁，幸米、盐均早埋藏，尚无偌大损失。但现官兵饮食，除米及盐外，别无任何副食，因之官兵营养不足，昼夜不能睡眠，日处于风吹日晒下，以致腹泻腹痛，转为痢疾者，日渐增加，既无医药治疗，更无部队接换，只有激其容忍坚守待援。二、官兵伤亡惨重，东抚西调，捉襟见肘，弹药缺乏，飞补有限。……非我怕敌，非我叫苦，我决不出衡阳。但事实如此，未敢隐瞒，免误大局。"②

---

① 参见王沛年《解救衡阳鸡窝山之战》（《原国民党将领抗战亲历记——湖南四大会战》全国政协文史资料研究委员会编，中国文史出版社1995年）和罗文浪《衡阳会战中的鸡窝山战斗》（湖南文史资料选辑第4辑）。据当时担任58师参谋主任的罗文浪回忆，58师攻占鸡窝山后，军副参谋长邱耀东传来令他吃惊的命令：战况发生变化，本军于拂晓要脱离敌人，转移阵地。于是张灵甫在鸡窝山西侧留下一个营警戒，师主力奉命撤离阵地。这一说法与实际战况不符，根据王耀武于1944年8月上旬向重庆发出的关于衡阳解围的数份原始战报（台湾"国史馆"档案典藏号002090200086041—51），张灵甫师一直在鸡窝山附近战斗，直至8月10日，该师仍在鸡窝山以东的1066高地与敌激战。。根据第九战区的战报，这一天是8月2日。湖南南岳衡山忠烈祠于1942年落成，内有十三座抗日烈士陵墓，包括国民党军74军、60军、140师等集体公墓3三座。1997年12月由国务院列为"全国重点文物保护单位"。

② （十九）《长衡会战》，《中华民国史档案资料汇编第五辑·第二编·军事（四）》中国第二历史档案馆编，江苏古籍出版1998年。

胸挂勋章的张灵甫

张灵甫为南岳衡山忠烈祠内 74 军抗日阵亡将士公墓纪念碑的题字：为主义死。

张灵甫当时并不知道这份电报的内容，但是第 10 军困守孤城四十余天，方先觉的处境之艰危他是可以体会的。张灵甫立即派出师部便衣谍报队去与第 10 军取得联系，并召集师部的作战和情报参谋，一同研究第二天的攻击计划和与第 10 军的联络方案。他命令明灿向鸡窝山东面的 1066 高地进击，几天内，敌人数次出动兵力向 58 师的阵地连续猛烈反扑，均被击退，鸡窝山阵地始终屹立不动，至 8 月 8 日，58 师已经攻占 1066 高地西侧，将敌人逼至大水塘以东高地，直至 8 月 10 日，双方仍在激战中。

但是，8 月 8 日，孤守衡阳四十七天的方先觉弹尽援绝，率第 10 军残部放下武器，衡阳保卫战，以第 10 军不堪回首的悲剧与耻辱性结局，划下了句号。

长衡会战，尤其是惨烈的衡阳保卫战，虽然给予日军以重创，但是日军基本达成了其"一号作战计划"所宣称的湖南会战的目的，开战以来基本为我所控制的长沙、衡阳及湖南的大片土地沦陷，对中国军队不能不说是一个灾难性的重挫。不过就张灵甫个人而言，他在长衡会战中却收获颇丰，第 58 师是该次会战中个别表现优异的部队，军事委员会对他在会战诸战役中的卓著战功给予了高度肯定，1944 年 8 月，张灵甫因功授勋，荣膺宝鼎勋章，不久之后再获颁忠勤勋章，随军的美军观察顾问也对他的表现表示欣赏，张灵甫还获得了美国金棕自由勋章。

勋章丰收的同时，张灵甫却暂时褪下了战袍，佩上了学员的臂章，他离开了奋战七年多的抗日战场，去到大后方重庆学习，开始了半年多的镀金岁月。

第十一节 陆大中将班里的少将

一

1944年5月，张灵甫已经升上了第74军副军长，由于前方战事正紧，直到长衡会战结束之后，他才卸下兼任的58师师长一职，副师长蔡仁杰于8月正式接任。他们的升职，是74军在这一年进行人事大调整的一部分。

王耀武因为战功卓著，年初已经被蒋介石任命为新组建的第24集团军司令，下辖第73军、74军和100军，这三个军形成了王耀武系统的人马。王耀武升官，74军军长的位置就空了出来，当时的副军长是李天霞，李天霞与王耀武同为黄埔三期，早在抗战前的补充旅时代就已经在王耀武手下担任团长，后来在74军一路升到副军长。他比张灵甫资深，职务也一直比张灵甫高一级半级，按说这时由李天霞来接掌74军应该是按部就班的事，但是，张灵甫在关键时候发了一飙，王耀武征求他意见的时候，张灵甫直统统地说："欢迎施军长回来领导第74军。"这意思很明白，他不买李天霞的账。

许多人以为，李天霞与张灵甫关系不好是因为后来争整编第74师师长的位子而结怨，其实不然，早就有历史过节了。两人之前在做上下级的时候，因为个性作风不合，就已经相互看不顺眼。李天霞头脑聪明灵活，但是为人狡诈专横，好耍心眼，还出名的好赌好色，上前线也带着姘头，部队里不少女政工队员都被迫和他上过床。张灵甫则比较耿直正派，对李天霞的一些作为很不屑，比如他就十分反对李天霞老是在军中开舞会，抱着下属的太太或女政工队员跳舞，斥之为"乌烟瘴气"，两人在军中就时常起冲突。但是国民党军内部官大一级压死人，碍于资历职位，张灵甫有时只好隐忍李天霞的轻慢，不过有王耀武护着，李天霞还不至于能把他怎么样，如今王耀武一走，要是换了李天霞做上司，他恐怕就难有好日子过，所以张灵甫情愿已经外调担任100军军长的施中诚回来，也不愿在李天霞手下受气。

王耀武与张灵甫和李天霞两人的关系都很近，他也知道这两个人关系不佳。王耀武统驭74军的几员大将是很有手腕的，有的他称兄道弟，有的打是亲骂是爱，态度因人而异。王耀武对周志道和邱维达就不大顾及他们的面子，当面发起脾气来有时相当粗暴，而这两人也习惯了王耀武的作风，应付自如。邱维达人称"橡皮气袋"，挨了王耀武的骂可以面不改色，和王耀武的关系依然非同一般。周志道则好脾气，实在被训狠了，回去倒头便睡，醒来一切如常。对于张灵甫，王耀武知道他清高孤傲脾气偏，不能来硬的，所以态度截然不同，不但从来不对他疾言厉色，还总在人前背后捧着他。

曾经给张灵甫当过文书的胡立文老先生对笔者讲过这样一件事，还在51师153旅的时候，旅长张灵甫常派他去师部送取文件，当时还是师长的王耀武就认识了这个小兵，知道他是张灵甫的人，对他格外和气。有一次胡立文在师部办完事已经时近中午，出来的时候刚好在院子里碰见王耀武，王师长亲切地拉着他的手与他闲聊，得知他还没有吃饭，就叫他去师长办公室一起午饭，席间对张灵甫和旅里的情况问长问短。胡立文说："我真是受宠若惊，他一个大师长请我一个十几岁的小兵吃饭做什么？我那时虽然年纪小，也懂得他这样做不是特别对我怎么样，他其实是在给我们旅长面子啊。"这种事小兵回去传给旅长听，旅长又如何能不受用，王耀武的确御人有术。所以张灵甫对王耀武绝对尊重服从，不怀二心。

而李天霞工于心计，远没有那么听话，王耀武明白，如果李天霞做了军长，与手下第一猛将的关系搞不好，那还怎么打仗？考虑到内部的和谐，张李两人最好调开，那就是谁走谁留的问题了。权衡再三，王耀武的天平摆向了张灵甫，结果施中诚被调回来任军长，李天霞则调出74军，升任100军军长。虽然也是升职，对李天霞来说，煮熟的鸭子飞了，而且分明是王耀武护着张灵甫作梗，这个心结就更深了。

1944年3月，施中诚回到74军接了王耀武的缺，两个月后，军事委员会升张灵甫为副军长的任命也正式发表了。按照惯例，74军副军长也同时兼任后方贵州镇独师管区司令一职，这个师管区是在1941年74军被定为攻击军后就专门配属给该军的，师管区司令主要负责在后方为74军招兵买马编练新兵，以前施中诚和李天霞当74军副军长的时候都兼任过师管区司令一职，李天霞还在贵州后方待了一年多，带着军文工团唱戏跳舞搞得乐不思蜀。但是张灵甫升任副军长的时候，湖南战事正紧，王耀武不可能把这员得力战将调离战场到后方去全职搞后勤，所以张灵甫转战长衡期间只是短期挂名的师管区司令，无暇分身去贵州到任，不久王耀武接受何应钦的意见调他的副官周中礼接任该职。

副军长名义上比师长高了半级，这种升职却可以有两种不同的解读。正常来讲，

1944 年底，蒋介石身穿青年军制服出席
青年军成立典礼时留影。

升职当然是今后更上层楼的一个过渡阶梯，但是也有不正常的情况，就是明升暗降。
副职基本上没什么独立的实际兵权，有时反倒成了排挤异己的一种闲职。早年王耀武
在补充旅的时候就玩过这一手，他为了让自己的亲信吴克定当第 1 团团长，把原任团
长调为副旅长，结果新任副旅长当众发难，拂袖而去。不过以王耀武和张灵甫的良好
关系，他升张灵甫做副军长显然不是出于这种目的。施中诚毕业于保定陆军军官学校
第九期，军事学历完整正规，作战经验丰富，自 1938 年就加入了 74 军系统，也算是
系统内的老人，但是他不属黄埔系，这时也已经 47 岁，年龄偏大，所以也有一种说法，
让施中诚任 74 军军长，是王耀武为了让张灵甫当军长的一个过渡。张灵甫在升官晋
爵的竞争中确实已经胜过军中同僚一个马鼻，以前与他同级别的周志道和邱维达如今
职务都比他低了半级，但是要说王耀武这时就已经内定张灵甫为接班人，似乎为时尚
早，而且在张灵甫之前早就有了另一位副军长，即原 57 师师长余程万，他在常德战
役后虽然遭到蒋介石的处罚，但是没过多久就官复原职，继续担任副军长。

余程万的最高学历为陆军大学研究班，相比之下，张灵甫在军事学历上可不只是略输一筹，他自黄埔毕业后一直在前线征战，没空受训，军事教育的学历依然停留在黄埔军校的水平。战争年代军中除了对参谋人员外，还不至于唯文凭论，到了他这个级别的主官，战功比一纸文凭更具说服力，学历对他今后升迁不一定有决定性的影响，在这方面，王耀武和余程万就是两个极端的反例。王耀武与张灵甫一样只有黄埔学历，凭战功照样在军中得以破格晋升，第24集团军在成立一年后改编成第4方面军，王耀武以一个黄埔三期的浅资荣登第4方面军司令官的宝座，与第1、2、3方面军的卢汉、张发奎、汤恩伯等前辈老将平起平坐，其跃升之速在军界殊为罕见，一般黄埔生根本望尘莫及。而余程万在黄埔一期中原本属于最早一批升少将的拔尖人物，却由于中途多年读书深造，回到一线部队后职务反落人后。话虽如此，国民党军内部还是有"黄袍加陆帽"一说，即黄埔生后来又得陆军大学文凭者，升职具有优势，所以若是有机会提升军事理论水平顺便镀镀金，为今后更上层楼增一点加分因素，张灵甫也不介意重拾书本暂时回校做学生。

二

就在张灵甫卸下兼任的师长一职不到两个月后，青年军编练总监部于当年的10月在重庆成立。当时蒋介石提出"一寸山河一寸血，十万青年十万军"的口号，招收了大批青年学生从军，后来从1945年春起陆续编成了九个师，番号从第201师排到第209师，这就是所谓的青年军。青年军编练总监部是为编制青年军培训军政干部而设立，它的政治部主任是蒋经国，总监罗卓英，副总监黄维。这正、副监是陈诚系统的两员大将，都曾经担任过第18军军长，他们秉承陈诚的旨意，在青年军中大量安插第18军系统的干部，使得青年军先天就带有浓重的陈诚"土木系"色彩。编练部下设军事委员会干部训练团、青年军政工干部队训练班等，前者学员大半来自陈诚系统，后者则属于蒋经国的三青团势力范围。

对于团以上的高级军官，编练部还专门设立了青年军干部研究班，来研究班受训的除了个别军衔为上校外，其余都是少将以上级别，所以这个研究班也称将官队。蒋介石对青年军十分重视，特别指示要精选干部，将官队的四十来名学员，有一大半是他亲自点名调来，准备受训后派任各青年军的师长团长。蒋介石这样大张旗鼓地培植青年军，使人感觉青年军大有前途，一时间趋之若鹜者甚众，有资格做保荐人的高官，

抗战期间，设于重庆复兴关的中央训练团，蒋介石兼任团长，轮训各级干部。

更是多方活动，想把自己的亲信下属推荐进来，以期在青年军中建立自己的人脉，所以将官队的学员，尤其是几个师长的候选人，个个背后都大有来头。

就是在这样的背景下，张灵甫由俞济时和王耀武保荐进入了将官队受训，同去的还有74军参谋长孟广珍。张灵甫常年在前线征战不休，这是他自黄埔毕业后将近二十年来第一次停下马蹄踏回校门，他来到了大后方重庆。只是在复兴关的将官队培训仅为期一个月，学习主要以讨论的方式进行，研究关于青年军的统御、经理、人事、卫生的建设和编组、管理训练问题，另外还听取有关抗战形势和军政军令业务的专题报告和演讲，战术研究的时间反而很少。这种速成培训实际效用并不大，也不算正式学历，连镀金都谈不上。不过对张灵甫来说，他还是不虚此行，平时言语不多的他不鸣则已一鸣惊人，关键时刻一通关于时局的宏论，令蒋校长再次对他刮目相看。

将官队的重头戏，是在最后的"领袖召见"。1944年12月17日，将官队培训结业，蒋介石亲自出席结业典礼作训话，并在曾家岩的官邸陆续接见将官队的每一名学员，而且是单独谈话。据参加同期培训的将领回忆，蒋介石一般只花三四分钟泛泛问些籍贯、年龄、参战经历的问题，若是有的将领他已经熟识，话题范围就比较广泛些。台湾出版的关于张灵甫的传略，记述了他当时与蒋介石的部分谈话，称赞他对时局能"洞烛先机"，见解独到。当两人的谈话涉及到抗战时局和共产党的问题，张灵甫对蒋介石建言道："中国当前之患，不在日寇之侵略，而在共匪之叛乱，现共匪趁我抗战之机，不听命令，扩张实力，规避作战，若抗战胜利，彼必师俄共故智，乘战后疲惫，起而叛变，望早为之计。"蒋介石早就说过，日寇是癣疥之患，中共是心腹大患，现在听门生融会中外历史，说得头头是道，显得对中共、对沙俄、俄共都颇有研究，感觉深合孤意，不禁龙心大悦。如果说几年前长沙郊外的张旅长和去香港治伤的断腿将军，在蒋介石的印象中还只是一个能打仗的悍将，这次会面，张灵甫让蒋校长见识了他坚决反共的政治立场和远虑。蒋介石曾经在多种场合批评一般国民党军将领不好学习、不研究对手、不思进取，眼前的张灵甫，既忠且勇，又好学慎思，不正是他要树立的模范将领的典范吗？他后来多次称赞张灵甫智勇双全，对这个允文允武的心腹爱将青睐有加。

为了抬高青年军的身价，蒋介石立下规矩，将官队留任青年军的将领都要降级使用，即军长资历者任师长，师长资历者任团长，这样一来，有些内定留任的就不太甘心，比如孟广珍结业后被选定去青年军任团长，他感觉委屈，后来设法摆脱又回到了王耀武处任职。不过，青年军师长的职位毕竟受到蒋介石的高度瞩目，竞争还是相当激烈的。师长的遴选，基本上由罗卓英先列出认为优秀合用的候选将领名单，再呈送蒋介石亲自圈定。1945 年 1 月，青年军在西南省区拟成立 205 师和 207 师，罗卓英拟了一份师长推荐名单共七人呈报蒋介石，候选人多为已经官拜中将的黄埔一、二期生。张灵甫不属于罗卓英的"土木系"，与罗素无渊源，他的黄埔四期资历也比他人来得浅，所以起先他在罗卓英的候选名单上榜上无名，然而蒋介石对他十分欣赏，蒋弃几位资深的中将候选人而不用，却在罗卓英呈交的推荐报告上亲笔加上张灵甫的名字，钦点他去青年军当师长。[①] 张灵甫去青年军赴任之前，蒋介石还特地御笔一挥，批了一文给军令部长徐永昌，指名让张灵甫进入陆军大学将官班受训。于是张灵甫既没有马上去青年军也没有返回 74 军，而是继续留在了重庆学习。从被蒋介石圈定的其他几个青年军师长的履历看，他们绝大多数都是"黄袍加陆帽"一族，所以蒋介石的这个特批，也可以说是为张灵甫去青年军之前先到陆军大学镀金，多一个陆大学历。蒋介石关于张灵甫学习和任职的前后批文，显示这一切都是出自他对张灵甫的亲自安排。委员长这样特别地施与圣眷隆恩，以张灵甫的个性和为人，滴水之恩，他日更当涌泉相报了。

---

① 《蒋中正电罗卓英》（1945 年 1 月 18 日），《蒋中正档案——特交文卷》台湾"国史馆"典藏号 002070100046080。

张灵甫在重庆陆军大学（摄于 1945 年初春，重庆）。

三

陆军大学创建于清朝末年，它是仿效日本和德国陆军大学的体制，目的在于培养高级指挥官和参谋人员。早年的陆军大学校址在北京，1928 年国民革命军北伐到北京后，接收了北洋时期的陆军大学。抗战开始后，陆军大学曾多次迁址，先到长沙，后至遵义，最后又迁到了重庆的山洞，蒋介石当时是陆军大学的挂名校长，代校长是国防研究院主任陈仪。陆军大学原分三年制的正则班和两年制的特别班，前者面向社会和军内年轻的下级军官招生，后者主要接受资深军官的报考，邱维达当年读的就是两年制的特别班。

张灵甫就读的将官班是 1944 年秋才刚新开办的。当时军委会正在策划东南大反攻，准备配合盟军在广东和东南沿海地区的登陆作战，为了提高高级将领的战术修养和指挥能力，陆大教育长徐培根特地上报校长蒋介石核准创办将官班。将官班分成甲级和乙级两种，前后一共办了三期。抗战胜利之后，陆大还另外办过将官班，不过那时的将官班性质已经全然不同，参加者多为战后国民党军整编撤裁下来的编余人员，实际上成了老弱收容队，由于待遇差，有的编余将官连生计都发生了困难，后来有个倒霉的少将在贫病交迫中死去，搞得一干人兔死狐悲，将官班数百人相约到南京中山陵国父墓前哭诉，闹出轰动一时的"将官班中山陵哭陵事件"，那是发生在 1947 年的后话了。而抗战末年的这三期将官班，参训的学员几乎个个都是重量级的骨干将领，他们大部分在后来的内战中成为蒋介石继续倚重的肱股之臣。

甲级将官班主要是轮流调集军长以上的军官，培训对象绝大多数是不低于中将级别的集团军正副司令、正军长，看一看张灵甫就读的第二期甲级将官班同学名录，就大致明白学员需要具备什么等级的资历。在这期五十几名同学中，有第一战区副司令长官兼第4集团军总司令孙蔚如、第20集团军总司令霍揆彰、第28集团军总司令李仙洲、第34集团军总司令李延年，还有高桂滋、董其武、侯镜如、陈金城、何文鼎、宋瑞珂等著名的资深将领。

张灵甫虽然已经是少将副军长，与他的这批同班同学相比，资历还浅，原本是不够资格跻身该班的，只能入读低一级的乙级班。但是规定也有特例，军职在正军长以下的少将学员，经蒋介石特别批准，也有可能进入甲级将官班学习，当然，申请者本人的条件必须特别优秀。正是有了蒋介石致军令部长徐永昌的亲笔特许，张灵甫才得以越级入读甲级将官班第二期，成了中将云集的甲二期中极个别的少将级学员，为此他也一直引以为荣。

与青年军将官队的集训不同，甲级将官班的课程针对性较强，主要是教授军事战术，课程包括大军战术、大军统帅、军事哲学、海军战术、空军战术、炮兵战术、装甲兵战术、步炮协同和后方勤务，授课的教官都是陆大扛鼎级的人物，有徐祖诒、何成璞、史久光、曾以鼎、林薰南、章培、徐培根、杭鸿志等战术专家。张灵甫与将官同学们在课堂上重温战术原则及图上作业，按照教官设置的想定战况，根据地图所示作计划、下命令，有时在沙盘战术作业基础上，再去野外上现地战术课。

张灵甫在甲级将官班的学习情况，未见有具体记载，我们只能从与他同期学员的回忆中窥得一鳞半爪。据与他同班的董其武回忆，张灵甫在班上算不上是一个勤奋的学生，他有时只在上午点个卯就不知去向，让他的参谋替他记笔记，自己则在郊外的别墅里养尊处优。有一个周末，张灵甫邀请同学去他的住处聚会，董其武也在应邀之列，看得出董其武对张灵甫在抗战中的经历并不了解，踏进张灵甫的住所，他感叹别墅的豪华，把主人当作是一直躲在大后方享受骄奢生活的腐败分子，在回忆录中作了一番批判。[①] 张灵甫居住豪华别墅可能不假，他对个人家居的确颇讲究品位，不过董其武称别墅是张灵甫花了七百万元买下的，似为误会。据笔者向张灵甫的家人了解，他在

---

① 参见董其武《戎马春秋》，中国文史出版社 1986 年。董其武在 1949 年 9 月以西北军政长官公署副军政长官兼绥远省政府主席身份率领绥远整个党政军系统起义，起义后曾任绥远省人民政府主席，解放军第 23 兵团司令员，1955 年 9 月获得授衔解放军上将。

重庆只暂住半年多，并没有购置过任何房产。

除了这班新结识的同学外，张灵甫在重庆往来较多的还是他的陕西老乡。他的老朋友于右任当时就住在重庆，抗战期间，张灵甫在前线马不停蹄，虽然间或和于右任也有函电往来，但是两人几乎没有碰面的机会，这下能在重庆聚首，自然相见甚欢。张灵甫与一班在重庆的陕西籍将领，如时任第一方面军副总司令的关麟征、后来就任新疆警备副司令的党必刚和陆大的教官庞齐等人一起，都成了于老先生家里的座上宾。酒足饭饱之后，几员武将放下枪杆拿起了笔杆，在大师面前班门弄斧写起字来。关麟征也曾师从于右任学字，他的于体草书有时草得连于右任也认不出，直笑他是在画符。张灵甫因为关麟征是学长，职务又比自己高，不敢造次僭越，反而恭敬地请关麟征给他题字，对关执学弟和下级之礼。一群陕将在于老先生的客厅里一边畅叙乡情，一边泼墨挥毫，直至尽兴而归。

张灵甫边学习边在大后方享受这难得的轻松生活，而74军此时正在湘西进行冬训，准备接受美式装备的全面换装，换装工作刚开始不到一半，1945年4月，一场大规模战役在湘西雪峰山揭开战幕，冈村宁次为了摧毁湘西芷江的中国空军基地，集结了五个师团又五个旅团的兵力，向中方的指挥中心芷江发起进攻，这是日军投降前在华的最后一次大规模的疯狂，因此也被称为抗日战争中日之间的"最后一战"。是役，王耀武指挥第4方面军为主力，第73军、74军、100军连同第18军、79军等精锐尽出，在中美空军的联合助阵下，共同击垮来犯的日军第20军，这是抗战史中少有的一场由中方占据陆空优势的作战，日军最后以伤亡两万余人的惨痛代价仓皇败退，冈村宁次组织的"芷江作战"彻底失败。这场会战的主角之一又是74军，张灵甫一手训练的58师作为主力师，在师长蔡仁杰的率领下，先是在武冈力拒强敌，继而乘胜追击，为痛歼宿敌第34师团建下赫赫功勋。战后，74军获得至高荣誉，共荣获飞虎旗三面，58师也名至实归，奉颁陆海空军武功状。一般关于雪峰山战役的资料，包括台湾出版的张灵甫传略，均称张灵甫也参加了这场中日"最后一战"，不过笔者对此存疑，陆军大学第二期甲级将官班的开课时间恰好在1945年的3月至6月之间，从时间上推断，张灵甫似无可能赶上该次战役。

四

陆大将官班的学业于1945年6月18日结束，张灵甫虽然入学前就被蒋介石钦点为青年军师长，他却没有去报到，而是直接回到了雪峰山战役后正在湘西休整的74军。张灵甫为什么不去青年军，原因不详，不过从他后来的履历中似也有迹可寻，比较可能的情况，是王耀武对74军未来的新军长已经有所考虑，甚至对张灵甫有所承诺了，而张灵甫本身对去青年军降级当师长可能也不甚热衷。

可是蒋介石依然没有忘记这件事，他后来又亲自点将，差一点把张灵甫调去青年军第207师任师长，只是由于时任第5集团军司令兼昆明防守司令的杜聿明背后拆台，才没有成行。事情的原委，还得从第207师的编成说起。前面说过，青年军各师的军官绝大部分是由编练部派来的经过轮训的干部担任，唯独第207师的情况比较特殊。该师的兵源一大半来自陕西，起先这批征来的陕西学生新兵在西安集训，由于管理不善纪律松弛，时常有新兵在西安街头打架闹事，影响很坏，蒋介石电令杜聿明将这批新兵空运昆明，限期编成第207师。杜聿明不等编练部派来军官，趁近水楼台之便从自己的老5军先抽调军官，第207师自副师长始，团、营、连长大都是杜聿明安排的人，后来编练部派来的军官都不受重用，令编练部很是不满。第207师经过杜聿明的这番手脚，实际上被他改编成了第5军的一个支系，等到原第10军军长方先觉前来207师就任师长的时候，他面对的是一个与他不甚合作的杜聿明班底。方先觉也是蒋介石亲自点的将，他在衡阳力战四十七天最后率残部投降，蒋介石因援军解围不力，自觉愧对已经尽了全力的第10军将士，他对归来的方先觉没有苛责，仍给予重用。但是第207师的官兵却对方先觉不谅解，有人公然说，衡阳降将不配当他们的师长，闲言碎语最后传到了蒋介石的耳朵里。1945年11月，蒋介石召见杜聿明，得知207师的官兵对师长方先觉相当抵触，杜聿明还说，方先觉对师里的情况也不甚了了。实际上，方先觉是被架空了，作为师长还受到源出第5军下属的羞辱，他的这种尴尬处境，杜聿明在背后恐怕难脱干系。

鉴于这样的局面，蒋介石同意换将，换谁好呢？考虑到该师陕西学生兵居多，他打算选一个陕西籍将领来当师长，于是征求同是陕将的杜聿明的意见。杜聿明手下的第200师师长高吉人就是陕西人，可是他认为高吉人不适合带学生兵，这时蒋介石又惦记起张灵甫，他对杜聿明说，张灵甫就很合适。杜聿明好不容易有机会挤走方先觉，可不是为了蒋介石把张灵甫调来坐享其成的，他向蒋介石举荐自己的另一个亲信罗友伦，还对蒋吹风说，张灵甫能力似不及罗友伦。罗友伦是广东大埔人，毕业于黄埔七期、陆军大学第十五期，陆大毕业后一直在杜聿明的第5军历任军参谋处处长、代理参谋长和师长等职。杜聿明打自己的小算盘，在这件事上不说张灵甫好话不足为奇，不料蒋介石听了他捧罗贬张的言论很不以为然，连声说道："张灵甫很好，张灵甫很好。"见委员长这样中意张灵甫，杜聿明当下不好再说什么，他知道罗卓英也是广东大埔人，而且喜欢用同乡，就给罗友伦出主意，乘蒋介石还没有最后敲定，要他凭借同乡关系赶紧到罗卓英处积极活动。这一招果然灵验，罗卓英见罗友伦不仅与他同乡，更是罗门同宗，私人关系一下就亲近了，于是罗卓英大力游说蒋介石换罗友伦当师长。既得青年军编练总监直接鼎力相荐，又有老上司杜聿明的关照，罗友伦最终如愿以偿，方先觉则转任第206师师长。①

　　这一段换师长的内情，如果不是杜聿明后来自己说出来，外人是不大可能知晓的，恐怕连张灵甫本人都蒙在鼓里。其实杜聿明也是多虑了，如果张灵甫真的想去青年军，当初就不至于从重庆直接回74军，而他此时已经统领"御林军"凯旋还都，主力王牌军长的宝座指日可待，他对青年军就更不会有什么兴趣了，杜聿明的小动作反倒歪打正着，无意中打消了蒋介石的念头，帮了张灵甫一个忙。

　　以一斑窥全豹，这件小事也折射出一个事实，为了扩张各自小集团的势力和利益，即使中央军嫡系之间也是拉帮结伙彼此暗自角力，一旦打仗，相互之间的凝聚力难免七折八扣，更别提与杂牌军的关系了。后来内战中胜则争功、败不相救、各人自扫门前雪的种种国民党军恶习一再上演，实在是冰冻三尺非一日之寒。

五

　　雪峰山战役后，张灵甫回到部队，与军长施中诚一起整顿战后的队伍，继续进行因战事而停顿的美械换装工作。这期间，74军有相当部分的军官，包括卢醒等高级军官，都被派往西南昆明等地的训练中心，接受美军顾问的换装培训，为拟议中的东南大反攻作训练准备。

　　胜利却不期而至。1945年8月15日，第四方面军司令部的军官如往常一样正在午餐，突然间，同驻芷江辰溪的美军东线指挥部顾问团驻地枪声大作，惊异之间，喜讯从天而降：美军顾问团官兵刚从美国广播中获悉日本投降，他们喜不自胜地对空鸣枪庆贺。

　　两个小时后，王耀武也接到重庆的特急电报：日本宣布无条件投降！

　　全国军民都沉浸在抗战胜利的喜庆狂欢之中，而军队的首要任务是受降。根据陆

---

① 参见黄维《青年军的回忆》《文史资料精选》（第十一册），中国文史出版社1990年。

1945年9月9日，在南京中国陆军总司令部大礼堂举行日本侵略军投降仪式。图为中国陆军总司令何应钦接受日本侵华军总参谋长小林浅三郎递交投降书。

军总部划分的受降区域，王耀武第4方面军负责湖南长衡地区的日军受降工作，属下的74军奉命主持衡阳地区日军第68师团的受降。

1945年8月29日，张灵甫与军长施中诚一起率军部和军直属部队从湖南洪江出发，途经洞口、邵阳，于9月8日到达衡阳，51师和58师则经龙岗、邵阳先后于9月6日、9日到达，并分别负责警备衡阳城郊和外围要点。武器装备的接收自9月15日开始，19、20两日解除第68师团的武装。与此同时，整个长衡地区的受降仪式也在1945年9月15日在长沙举行，在雄壮的军乐声中，受降主官第4方面军司令官王耀武与美军代表金武德少将和湖南的政界要人步入会场，日军代表第20军司令官板西一良（乙级战犯、陆军中将）和他的参谋长伊知川庸治（陆军少将）立正脱帽，向王耀武将军行鞠躬礼，呈上日军表册，恭听王耀武宣读受降书，然后签字，授刀投降。

第4方面军司令部进驻长沙后，司令部已经成了一个空架子，属下的部队正在分散调往各地，不久，第4方面军完成了历史使命宣告撤销，王耀武受蒋介石之召飞赴重庆候命。

驻扎衡阳的74军也接受了新的任务，奉命移师南京，卫戍首都。按照蒋介石8月18日对何应钦发出的指示，74军的第57师原本应与新6军一起从芷江空运南京，负责第三战区上海、南京地区的接收工作，由于何应钦要求让74军参与衡阳地区的日军受降后再作调动，74军出发延期，没有赶上9月9日在南京举行的由中国陆军总司令何应钦接受日军侵华总司令冈村宁次投降的受降典礼。1945年九十月间，74军的部队才由陆路和空运分批南下，张灵甫带领57师率先飞往南京。

芷江机场，涂着青天白日标记的运输机在跑道上急速滑行，俄顷，飞机从地面腾空而起，昂然钻入云层，在蓝天上划出一道白色的弧线，呼啸着向南飞去。机舱内，是军容雄壮神采飞扬的第74军官兵。

他们的部队，曾经代号"辉煌军"，抗日战争中，他们确实用自己的鲜血，写下了部队卫国抗战的辉煌战史，活着的将士们，穿过枪林弹雨的战场，终于看到了民族战争的最后胜利。军人们对于荣誉卓著的老部队总有一种发自内心的归属感和自豪感。

"我们是抗日铁军！"他们傲视群雄。

如果，历史能够停留，在这里为他们画下句号，亦不失为一个完满的结局。

然而，历史没有如果，也不可能停止不前。

抗战结束，不同政治营垒的人们，对于国家的何去何从，再次爆发了不可调和的剧烈的阶级矛盾，当双方对国家前途的不同抉择必须以内战的血腥来定夺，这无疑是民族的不幸，而作为旧政权基石的军队及其将领，不可避免地将与为推翻旧政权而奋斗的新兴阶级为敌，沦为旧政府试图扼杀一个新政权崛起的镇压机器。

如果说，战争是政治的延续，那么失败的政治，注定了为它而战的军人们悲剧的宿命。

此时此刻，坐在机舱里的人们，从将军到士兵，没有人会意识到，当飞机离地的刹那，他们过去的光荣已经落下帷幕，昔日的辉煌，将一去不返。

昂着的机身，在强大引擎的动力驱使、推动中，身不由己地加速、爬升。

张灵甫闭目享受着腾飞的亢奋，他前程似锦，壮志凌云。等待他的，是一页新的历史，一页对他和他将为之而战的党国、领袖和政府极其无情的历史。

飞机在气流的震颤中轰鸣着，继续南行。

窗外，白云苍狗。

第三章

苏北，谁主沉浮？

第一节 班师回朝

一

南京中山门外紫金山南麓，曾经是肃穆的皇家禁地，斑斑驳驳的红墙青瓦，透着一个远去朝代的苍凉，这里葬着大明的开国皇帝朱元璋，他的寝陵称为明孝陵，明孝陵陵门的东南侧，在明代是卫成孝陵的军团总部所在地，长年驻扎在此的士兵有五千余人，他们的职责是保卫神圣孝陵的安全，这个地方也就因此叫作孝陵卫。到了清代，孝陵卫又成了清军江南大营的驻地。及至民国，一袭前朝惯例，将孝陵卫作为护卫首都南京的东大门，修筑工事，派驻精锐重兵把守。

1945 年秋，一度荒芜的孝陵卫兵营、操场，再度车来人往枪刀铿锵，变回了军人的世界，驻扎在这里拱卫首都的部队，人称"御林军"，这就是张灵甫和他的第 74 军，即后来的陆军整编第 74 师。

74 军的军部设在孝陵卫的原国民革命军遗族学校旧址（今南京前线歌舞团附近），遗族学校原是根据国民党中央常委会在 1928 年 11 月通过的决议，为专门收容大革命中北伐阵亡将士的子女和辛亥革命中牺牲的烈士后代而设立，首任校长是宋庆龄，后由宋美龄亲自管理。南京沦陷后，这里一度被日军占用。

74 军初到南京，要紧的事情一桩紧接一桩，为了方便处理军务，张灵甫起先大部分时间住在孝陵卫的军部，只在需要参加城内会议、活动的时候才进城。一开始，74 军的首要任务主要包括两个方面，一是卫成首都南京的安全，二是负责处理宁沪及附近地区日俘的收容管理和日军武器装备物资的接收工作，原本在南京的日军侵华总司令部的日方将领，包括总司令冈村宁次在内，都属于 74 军就地监管的对象。1945 年 9 月 20 日在湖南衡阳接受日军第 68 师团缴械投降之后，74 军即分批到达南京地区，先后于 11 月 19 日在镇江接受日军第 3 师团缴械投降；11 月 26 日在浦镇接受日军第 34 师团缴械投降；11 月 27 日在芜湖接受日军第 40 师团缴械投降。[①]

说起来，张灵甫也是国府浩浩荡荡接收大员队伍中的一员，办理南京、上海地区的接收是很有油水可捞的肥差，接这种差使，犹如老鼠落进米缸里，在文武官员一派

---

① 74 军在南京地区接受日军缴械投降的时间地点，参见《中国陆军总司令部受降报告书》，转引自汪朝光《中华民国史》第三编第五卷《从抗战胜利到内战爆发前后》中华书局 2000 年 9 月。

原国民革命军遗族学校旧址，位于南京孝陵卫。抗战胜利后国军陆军整编第74师（74军）卫戍南京期间的师（军）司令部即驻设于此。1946年8月上旬，张灵甫就是从这里出发率领整编第74师北上徐州，投入内战。（图片来源：网络）

"劫收"之风盛行的当时，张灵甫假如顺手牵羊，发点横财还是有不少机会的，不过他是一个比较纯粹的军人，虽然直接参与了接收过程，对于吸金理财远不及其他一些党政权要懂得旁门左道，他到南京之后在城里找的第一个住处，还是自己花钱从当地房东那里租来的。在接收下来的日军物资中，除了枪炮军械，张灵甫个人最为中意的，大概要数三千多匹战马了，这些马匹有一半来自镇江七里甸的日军军马场，都受过良好的军事训练，懂得按规矩口令列队行走坐卧，他将这些战马依照色泽分别排列，阵容蔚为壮观。爱马成癖的张灵甫还从中特地挑选出十二匹宝马良驹组成随身马队，行军不离左右，并且时常亲临马厩过问饲养事宜，他的坐骑，也换上了日将所用过的一匹深棕色的东洋战马。接收的战马后来部分上交，拨发给了其他部队。

接收工作刚告一段落，陆军总司令何应钦又交代了一件新的差事，指示要在南京搞一个陆空多军种的联合演习，以检视军队换装整训的效果，也让来自全国各地到南京出席军队复原整编会议的军师长们一起观摩学习。张灵甫安排第51师担任演习任务，

1946年3月整军会议后，74军参加演习人员与何应钦（居中）、白崇禧（左四）和张灵甫（左三）等合影。

何应钦派来步兵学校教育长王俊协助51师当时的参谋长皮宣猷、团长王奎昌等人具体操办。

1946年3月初，南京郊外的青龙山、黄龙山和沧波镇地区开来了大队的军人，战车隆隆，枪炮出膛。麒麟门外的校场更是将星闪烁，前来南京参加整军会议的各军师长、各兵科学校、中央军校的代表们，以及由国防部特别邀请的各国驻华使馆的武官、副武官等四五百人，云集校场观礼台，冒着江南初春凛冽的寒风，兴致盎然地等待演习的开始。

陆空联合演习分成三个项目演练：步兵各种战斗动作，如伪装、劈刺、搜索、捕俘等动作；步炮空协同，对山地进攻；夜间村落防御。演习一连进行了三天，结束之后，何应钦还专门作了讲评。在事后的酒会上，与会将领们纷纷向张灵甫敬酒，祝贺演习成功。张灵甫对大家的恭维也不谦虚，据当时在场的"土木系"将领第18军11师师长杨伯涛说，将领们与他会晤的时候，张灵甫并不掩饰自得之色。[1]

---

[1] 74军军事演习仪式，参见邱维达《沧桑集》台湾《传记文学》1992年5、7、8、9月和杨伯涛《杨伯涛回忆录》中国文史出版社1996年。

他是有理由扬扬得意的，不单由于演习的圆满成功，实际上已经执掌了 74 军大权的副军长张灵甫，马上就要升官，正式戴上王牌军长的桂冠了。

二

1945 年 12 月 18 日，蒋介石从重庆经北平飞抵南京巡视，到机场及沿路迎接的政府官员、各界人士和民众有数万人之多，八年前仓皇辞都，如今终于苦尽甘来，蒋介石笑容满面步下舷梯，接受众人的热烈欢呼。张灵甫身处盛典，操心的却是别临时出什么意外，还好派去机场的 51 师仪仗队，清一色的美式绿盔新枪白手套，雄赳赳地在蒋介石面前给他挣足了面子。这个时候他的确出不得任何差错，因为俞济时和王耀武正在向蒋介石保举他升任第 74 军军长。

74 军进驻南京不久，军长的人事变动几成定局，可见原军长施中诚的外调他用，在他离开湖南的时候已经是基本定了的。① 对于这个王牌军新军长的美缺，当时眼红的大有人在，而真正够资格能与张灵甫一争的，也就是 74 军副军长余程万和 100 军军长李天霞两个人。

余程万虽然资历较深，无奈常德会战后一蹶不振，蒋介石对他有了成见，事后经王耀武求情放过他已经算是开恩，余程万要想在 74 军升军长基本是没多大指望了，他后来调任粤东师管区司令，后被任命为第 26 军军长兼滇东南"剿匪"指挥官。1949 年 12 月，卢汉在云南起义，余程万与第 13 兵团司令兼第 8 军军长李弥等人被扣押昆明，最后有惊无险被送出境。1950 年 1 月他被任命为云南绥靖主任，这时的余程万已经对继续参与内战意兴阑珊，他不久脱离军界走避香港，并婉拒李弥要他入伙同去泰缅边境打游击的邀请，在香港新界的唐人新村定居。1955 年，余程万在家遭劫匪杀害，终年五十四岁。

至于李天霞，他对当初被排挤出 74 军一直耿耿于怀，得知施中诚即将离任，他便托门路找关系积极活动，想要卷土重来。虾有虾路，蟹有蟹路，总归是朝里有人好做官，李天霞托的门路是钱大钧，据说李天霞与钱大钧有亲戚关系，当年王耀武在补充旅时代启用李天霞当团长，除了两人有黄埔三期的同窗之谊，也与李天霞有这个通天的亲戚不无关系。钱大钧曾经是蒋介石身边的红人，他早年毕业于日本陆军士官学

---

① 施中诚后来调任第 11 绥靖区副司令、青岛警备副司令，后赴台湾，1953 年在台湾中部防守区副司令任上退役，转任台糖公司顾问，解甲归田后与亲友合资开农场，颐养天年。

校，黄埔军校时期，历任教官、参谋处长、教导团长，先后参加过两次东征，蒋介石出征北伐时，把担任第20师师长的钱大钧留在广州兼任警备司令看家护院，可见信任备至。国共分裂后，钱大钧因反共有功，先任第32军军长兼淞沪警备司令，后调任蒋介石第一侍从室第一处主任兼侍卫长，成了委员长的左臂右膀，西安事变时，他是陪同蒋介石同往西安的要员之一，胸部中流弹险些丧命，此后却渐受冷落。抗战期间钱大钧不算活跃，直到抗战胜利之初，他出任上海市长兼淞沪警备司令，因贪污成性而以"劫收大员"闻名，被人讥讽为"钱大钧，钩大钱"，不久之后还一度辞官归故里。

与李天霞相比，张灵甫的后台要比略显过气的钱大钧硬得多了，这件事在蒋介石面前最说得上话的，还是74军的两任老军长俞济时和王耀武，这两个黄埔系少壮派实力人物都力荐张灵甫。俞济时原本就是蒋介石的小同乡兼嫡系亲信，他后来离开前线担任蒋介石的军事委员会委员长侍从室主任，成了蒋介石的贴身大内总管，如今又是军务局长。军务局属于政府幕僚单位，国防部呈报蒋介石的公文，均由军务局先作摘要过滤，经俞济时签具后再供蒋介石批阅，有时俞济时会在文件上事先加注自己的意见供蒋介石参考，比如对于人事任免，如果俞济时对候任者注上缺点还是优点，极有可能左右此人的未来仕途，所以当时在南京，有人能够走通俞济时的路子，仕途上将上上大吉。张灵甫在南京公私两方面都和老军长俞济时来往频繁，理所当然占了近水楼台之宜。王耀武在抗战结束后被蒋介石委以重任，担任第二绥靖区司令官兼山东省主席，省内军政大权一把抓，在蒋介石眼里正红得发紫，他向来对张灵甫的人品和作战能力评价甚高，相较于心术不正的李天霞，性情耿介的张灵甫也让王耀武放心得多，让张灵甫当军长，对王耀武继续控制74军更有利，事实上，后来整编第74师营以上军官的任免，张灵甫也依然征求王耀武的核准意见。张灵甫本身也是今非昔比，蒋介石在重庆与他的接触中对他好感大增，有意栽培，不久前又有调他去青年军之意，既然杜聿明那里已经另有安排，蒋介石将留在74军的爱将张灵甫钦点为军长而不考虑李天霞，也就不出意外了，何况还有两员心腹俞济时和王耀武的力挺。

李天霞竞争74军军长宝座失利，对张灵甫又多了一份妒忌。一年后，听说第5军军长邱清泉要调职，李天霞有意角逐，没想到又被张灵甫横插一杠，俞济时让张灵甫去接替邱清泉，把李天霞晾在了一边，这件事就发生在1946年12月第二次涟水战役前后。李天霞在争宠中一再败给张灵甫，加上两人由来已久的不合，是他最终在孟良崮见死不救闲看张灵甫笑话的前因。

1946 年 4 月 20 日，国民政府正式发表公告，晋升张灵甫为第 74 军军长兼首都警备司令，统领南京军警，如此重要的角色，自是中枢倚重的当红要人。①

按照张灵甫的职务，正军职应该可以授予中将军衔，但是授衔不是因为职务的变化而随升随授的。国民政府的将校授衔工作由军事委员会的铨叙厅负责，若非铨叙厅授予者，理论上均属非正式军衔。由于铨叙厅通常要间隔一定年期（停年）才将年资战功相当的一批军官集中同时宣布晋级，在这期间军职提高而军衔仍暂时停留在原来低阶的情况就相当普遍，有的军官升职后不待铨叙厅正式授衔，经上级允许便按职务先加了相应军衔，于是便出现挂少将衔、挂中将衔等五花八门的职务军衔。

张灵甫此时的正式军衔是少将，由铨叙厅于 1945 年 2 月 20 日正式授予，与他资历相近的一大批少壮派将领，包括邱清泉、胡琏、李天霞、邱维达、戴笠等人，也都是在同期或此后数月正式授衔为少将，而按照职务，这批人在抗战中早就已经挂了多年的少将甚至中将衔了。②铨叙厅的下一次正式授衔又间隔了三年半，直到 1948 年 9 月，也就是在张灵甫死后一年多，前述这批人当中还留在军界的才部分正式晋级为中将，比如邱清泉、胡琏、孙立人等人。所以，张灵甫生前并没有正式授衔中将，虽说他当上军长及后来的整编师师长后，也有资格挂上两颗星的中将职衔，但是他何时自配过中将衔，还是一个疑问，至少他的夫人王玉龄从未见他穿过带中将领章的将军服，至于张灵甫的正式中将军衔，则是在死后追赠的。③

74 军军长之争尘埃落定之后，军部的几个高级将领也排定了座次。原 58 师师长蔡仁杰升为副军长，继续担当张灵甫的副手，原副军长余程万调离，邱维达抗战末期在王耀武的第 4 方面军任参谋长，抗战结束方面军撤销，他又被派回第 74 军，起先接替周志道遗留的空缺，担任第 51 师师长，这时也升职为副军长，但事实上张灵甫只用他在 58 师时期的老搭档蔡仁杰实际辅佐他处理军务，邱维达在南京基本上是赋闲了。在 74 军整编成 74 师后不久，张灵甫率部出南京投入内战，他也没有安排邱维

---

① 张灵甫的这次晋升时间，此处根据台湾"史政局"版《张灵甫"烈士"传》和《中华民国重要史事》（台湾"国史馆"资料库）记载。有的资料称是在 1946 年 6 月，应属不确，6 月份 74 军完成整编成为 74 师，是张灵甫由军长转为整编师师长的时间。

② 国民政府因抗战一度停止大规模授衔，直到抗战末期才恢复，军事委员会的铨叙厅在 1945 年 2 月 20 日起分批发布了授衔将领名单。王耀武的中将军衔也是在 1945 年这一批正式授予，所谓王是抗战期间特例正式晋升的中将一说，也属不确。

③ 《民国高级将领列传》中的《张灵甫》一节，称张灵甫死后被追赠为二级上将，与史实不符。

原整编第 74 师副师长蔡仁杰

达参战或插手军务，其中的原因，从张灵甫的角度，既有私人关系的亲疏，也有军中伦理的作怪。湖南常德籍的蔡仁杰是黄埔五期毕业，抗战爆发时在俞济时的第58师当团长，1941年10月，原58师师长廖龄奇在第二次长沙会战后遭到处决，张灵甫因祸得福接替师长一职，蔡仁杰也在那时由团长升为副师长，从此成了张灵甫的副手，两人在第58师长期共事，不仅是配合无间的正副师长，还在抗战中结下了深厚的友情，成了生死之交，所以张灵甫对蔡仁杰不是一般的了解，他选蔡仁杰做第一副手是在意料之中。至于邱维达，张灵甫与他只是公事公办的同事关系，在南京期间，张灵甫和住得与他一巷之隔的邱维达几乎不串门，基本没有什么私人往来，此外，邱维达的资历与张灵甫也不相上下，碍于军中伦理，张灵甫不便对他颐指气使发号施令。

随着军级将官的调动，74军三个师长的职位也全都换了新人。51师和57师的原师长周志道和李琰早在74军离开湖南赴南京之前已经调离，周志道去了第100军（即后来李天霞的整编第83师）任副军长，李琰则到第73军任副军长，加之蔡仁杰和邱维达随后的升职，51、57和58师的师长空缺分别由陈传钧、陈嘘云和卢醒递补。卢醒和陈传钧原先都是张灵甫的下属，尤其是卢醒与他关系最为密切，陈嘘云则是在1943年应余程万之邀加入74军第57师，起先任参谋长、副师长，他自认在74军资历甚浅，人望不孚，与张灵甫表面上关系尚可，但是认为张灵甫偏心原58师旧部，故心有不满。新任的军副参谋长李运良抗战后期是58师第174团团长，也属于张灵甫的直系亲信。唯一一个外来空降的，是新到任的军参谋长魏振钺。毕业于日本陆军士官学校第二十二期的魏振钺，既非黄埔系，也不是 74 军出身，军参谋长这个角色，除了战时替主官出谋划策之外，还相当于军部的大管家，张灵甫却更信任副参谋长李运良，把军部的许多事情都交给李运良掌管，所以新到 74 军的魏振钺有些格格不入，干得不甚愉快，他曾经对家人发牢骚说想辞职不干了。这一批执掌兵权的军师级将校，构成了张灵甫时代第 74 军的新班底。

三

在人事调动的同时，国民党军的军队整编工作也在紧锣密鼓进行当中。所谓整编第 74 师，就是由原来的第 74 军所整编而成的师。国民党军队这次大规模的整编，有其历史背景。国民党军的编制由于各地方派系军系的不同，在抗战之前比较混乱，经过多次的演变，在 1939 年初，国民政府的军事委员会将编制改为三三制，即由军辖两至三个师，师辖三个团，团辖三个营。到了抗战后期，各军因作战、补充等不同情况和待遇，实际兵员差异很大。比如作为中央军嫡系王牌的 74 军，虽然一直战斗在抗战第一线迭有损耗，它的武器装备和兵员等补充总能得到优先照顾，因此抗战结束时，74 军依然兵强马壮，人数达到四万多人，而有的部队却严重缺员，部队长则乘机吃空额自肥。

为了整理部队统一编制，国民政府的军事委员会在抗战快结束时就计划要对军队进行整编，不过，起先国民党军方面的所谓军队整理计划与后来根据国共和谈协议而制定的整编计划并不完全是一回事。1945 年 8 月 20 日，国民政府的军事委员会核准了由军政部编制的《军事委员会陆军整理计划》[①]，当时标为"极机密"级，其中的统计数据截止到 1945 年 7 月底。

纵览这份计划，早在后来的国共和谈及整军协议的半年之前，国民政府的军委会已经有了类似的军队整理方案，根据该计划的统计，至 1945 年 7 月底，全国陆军部队加军事机构和学校在编人员总计约五百二十四万人，其中：步兵、骑兵师共二百八十个；炮兵团三十二个；工兵团二十六个；辎汽团二十个又八个营；挺进部队约二十五万人。按照编制，前述各部合计约为四百二十万人，其余一百余万则为军事机构和学校的人数，所谓战后国民党军五百万大军的由来，可能就源出于此。不过其中的统计数据不

---

① 《石叟丛书计划：军事委员会陆军整理计划》，台湾"国史馆"典藏（《石叟丛书》原属陈诚家人收存的陈诚密档）。

三人军事小组成员：（左起）国民党中央执行委员张群（后由张治中接任）、美国总统特使马歇尔、中共中央书记处书记周恩来。

少由编制数得来，或与具体兵员情况不甚符合，要知道国民党军素有吃空饷的陋习，所以该统计数据精确度如何未能详考。基于上述统计，当时军委会拟议的裁军计划是：陆军保留一百个师，骑兵十个师及其他特种部队，共约计一百八十万军队；军事机构和学校的人数减为七十万人。同时，确定"战后决以师为最大单位，其编制按现行'甲种'师编制加以修正"，整编分三期，将陆军逐步缩编为八十至一百个师，其余步兵旅一律撤销。如此，整编之后退伍复员的国民党军官兵预计为二百万至二百七十万左右。

然而到了1946年春，这份整理计划已经成了明日黄花。当年2月25日，根据双十协议和政治协商会议的精神，由张治中、周恩来、马歇尔三人军事小组签署了《关于军队整编及统编中共部队为国军之基本方案》，其中第一期的整编确定为政府军九十个师，中共军十八个师。对比原先的计划，国民党方在方案中允诺的九十个师，与之前计划保留"八十至一百个师"的数字相若，思路可能是得之于原先的那份整理计划。但是时过境迁，隔了大半年之后，此一师已非彼一师。原计划附件《复员时应保留陆军部队及人员数目表》所列的一百个步兵师，总人数为一百三十七万七千，则每师应为一万三千七百七十人，而国民党军1946年春开始的整编，由军（指三师制的军）整编成的一个师三个整编旅，兵员编制远远超过了原先设想的"甲种"师编制。

1946年2月下旬，国民政府的军事委员会在南京召开军队整军复员会议，拟定方案，各军军师长基本到会，会后，国民党军整编于三月陆续展开。

南京的第二历史档案馆存有一份档案资料《陆军整编军师编制系统表》[①]，似为国民政府军委会原以军为基础的整编所制定的方案，其中有详细的编制数据，按照这份《陆军整编军师编制系统表》，原先整编之后的军编制人数为三万零四百二十五，为三师九团制，每师九千一百八十三人，每团二千五百九十七人。按照国共的整军方案，国民党方拟分两期，分别以一年和半年的时间完成整编，第一期以陆军按军师单位，军缩编为师，师缩编为团，或先缩编为旅的方式进行，即把一个军（指三师制军，下同）三师九团制整编为三旅六团制或二旅六团制的师，第二期再花半年时间将第一期整编的师再缩编为三团步兵加一团特种兵的新制整编师。在后来的第一期实际整编中，原来的军改建为整编师，原来的师则改为整编旅建制，即整编师辖二至三个整编旅，整编旅原辖三个步兵团改为两个实编步兵团。新的整军计划涉及的九十个师，本来预计分三批在1946年8月底完成，但是后来内战全面爆发，完成第一期整编的仅为陇海路以南的约五十七个师，至于第二期整编自不复再议了。内战开始后，国民党军将领在实战中感觉一旅两团制削弱了部队的战斗力，作战颇多不便，有些又开始恢复三团制，至1947年末，整编旅正式恢复三团制，1948年10月，整编师旅又恢复成军师番号。

第74军的整编排在第二批，即1946年5月至6月，第74军的番号因此变更为陆军整编第74师，不过下属们仍然习惯称张灵甫为军长。

在确定部队整编之后的番号时，国防部对从第1到第10的番号授予特别重视，专门保留给抗战中战绩特别优秀的部队，原先计划将74军编为整编第10师，但是74军官兵对老番号引以为傲，认为这个番号凝结了抗战中本军数万官兵的鲜血，因此要求特予保留，经上报国防部批准，74军编为整编第74师。

经过整编之后的第74师具体编制和装备情况究竟如何，多种说法各异，似无权威资料。综合74师在内战中自己的报告及该师原军官的回忆资料，整编第74师辖第51、57和58三个旅，下辖六个步兵团，即51旅的151和152团；57旅的170和171团；58旅的172和173团；原153、169和174团在整编时撤编，但内战开始半年后又恢复番号，在安徽后方已另组建三个新兵基干团，以备恢复三团制；师辖直属部队主要包括辎重团，并辖师属炮兵营、通信营、工兵营骑兵（搜索）营和特务（警卫）营各

---

① 《中华民国史档案资料汇编·第五辑·第三编军事（一）》中国第二历史档案馆编，江苏古籍出版社1999年9月。

一营，还有汽车连、卫生队、野战医院、文工队等；各旅辖直属部队由炮兵营（美造七五山炮十二门）、工兵营、通信兵营、辎重兵营各一营，骑兵、特务各一连以及卫生队、野战医院组成；团级编制，除团部外，团直属部队有迫炮连（三个炮排一个弹药排）附八二迫击炮六门，战防炮连附炮六门（孟良崮战前有的团带四门，有的带五门），还有二三百人的输送连（包括人力和兽力），另有搜索连（基本上等于一个步兵连）、通信连、卫生队（担架排在内）；每个步兵团设有三营九个步兵连，每连除步枪外，有轻机枪九挺、冲锋枪一二十支不等、发射筒九具，每营营部有迫炮一排（炮两门）、重机枪一连（三个机枪排加一个弹药排，每机枪排为两挺马克沁重机枪）、人力输送一个排（约八十人）。整编师改成了三旅六团制，如是在《陆军整编军师编制系统表》编制数基础上酌减三个团并进行调整，则一般的整编师人数应在二万三千人左右，而整编第74师的师旅直属部队编制较为庞大，加上后来恢复的后方补充团的四五千新兵，所以74师原军官多称该师整编后仍有三万余人。不过据张灵甫自己的整训报告，整74师离开南京时兵员尚不足额，投入内战后伤亡严重，虽有过补充，但所谓三万余人可能只是纸上编制，到了孟良崮战役之时，74师在前方的实际兵员仍有相当大的缺额，即使满员的话，前线兵员也不过二万五千左右。[1]

经过整编后，第74师的序列为：

师司令部及直属部队	师长张灵甫	副师长蔡仁杰 邱维达
	参谋长魏振钺	副参谋长李运良
	炮兵指挥官王不卿	人力输送团（辎重团）
	团长黄政（46年张嘉琳）	
第51旅	旅长陈传钧	副旅长皮宣猷
	参谋长林铸年	
	第151团团长王奎昌	第152团团长谢恺堂
第57旅	旅长陈嘘云	副旅长明灿（1946年宋子玉）
	参谋长王重之	第170团团长冯继异
	第171团团长周少宾（1946年马培基）	
第58旅	旅长卢醒	副旅长贺翊章

① 以上数据参考《张灵甫呈蒋中正该部人员补充及整训情形》（1946年12月7日）（台湾"国史馆"《蒋中正档案》典藏号002020400009091）及原整编第74师各级军官邱维达、陈嘘云、黄政、王克己、李怀胜等人的文史回忆资料整理。

参谋长程金波　　　　第 172 团团长雷励群

第 173 团团长李仁俊

新兵团（1947 年春恢复番号，未参加孟良崮战役）

第 153 团团长毛如德

第 169 团团长张嘉琳第 174 团团长蔡亚锷

　　在整编过程中，张灵甫对兵员的要求相当挑剔。被选中留在整编第 74 师的士兵均系十八至二十八岁左右的朝气蓬勃的年轻人，身材、体重都有严格的要求标准，还必须具有相当年份的作战经验，连以上军官绝大部分为黄埔军校毕业，个别行伍出身的当了十年以上连长才勉强得以留用，军医则要求大学本科毕业生或国防部军医署医训班学历，并由军医署会同考试院铨叙部考察合格后任命，所以在内战初期，整编第 74 师的兵员无论身体条件还是战术素质在国民党军中都称得上是超一流的水准。

　　作为守卫首都的"御林军"，整编第 74 师可谓天之骄子，它的关饷待遇也特别

　　此照为第 74 军第 58 师第 174 团第 3 营第 7 连第 1 排于 1946 年 2 月 17 日在南京的合影。第 58 师 174 团在 74 军整编为 74 师时被撤编。（图片来源：黄晓峰先生提供）

好，据原在 74 师辎重团担任连长的李怀胜回忆，仅以士兵为例，每人每天所发食物用品，包括牛肉罐头一听，好香烟四支，另外还发饼干、果汁露、零用钱、毛巾肥皂等，白面大米敞开吃，当官的比士兵待遇自然更高了，所以张灵甫的士兵在驻地不大发生骚扰老百姓的事情。李怀胜回忆说："那时我们当兵的如果同驻地乡村的年轻妇女随便讲几句话，都是算违犯军纪的。只要为长官或其他人发现告了密，就得受罚关禁闭或打军棍，连所在连队的长官也得跟着倒霉。甚至士兵军帽、军风纪不正，都成为官长借故处罚的口实。这些都是 74 师所谓的'严明军纪'。"① 孟良崮战役之后，74 师的一些俘虏兵吃不惯解放军的粗粮，常常摇头叹气，还对解放军战士怀念他们过去享受的优厚生活说："你们真傻，当兵还吃这些东西！""我们打内战以来苦多了，但比你们的生活还强呢，过去的生活真好呀。"② 可见 74 师军纪的严明，除了张灵甫对部下一如既往的严厉管束之外，也离不开强有力的经济后盾，所谓衣食足而后知荣辱。

整编第 74 师的武器，是一般国民党军部队难以企及的美械装备。抗战后期，美国通过租借法案向中国提供军事援助，1944 年 10 月底，魏德迈接替史迪威出任中国战区参谋长兼任所有在华美军司令官，与前任史迪威相比，魏德迈和蒋介石的合作关系要融洽得多，他向蒋介石建议改组中国军队，成立陆军总司令部和总后方勤务司令部，由美方制定官兵供应标准，编训三十六个美械师。蒋介石接受了魏德迈的建议，1945 年 3 月，接收美械换装的十二个军三十六个师的番号全部确定，开始了大规模的美械换装，这就是所谓的美械部队。74 军的三个师理所当然都在换装名单上，为了培养这支精锐中的王牌军，蒋介石舍得下本钱，早在抗战期间，74 军的各项供给就是有求必应，抗战胜利后完成美械换装的 74 军（师），实力更是非同一般，炮兵等重武器和火箭筒的配置大大优于普通部队，拥有强大的火力。不过由于美械武器的耗弹量大，国民党军的后勤运输能力低下，加上补给、维修、更换、弹药型号等一系列问题，南京国防部在内战开始时就不再以美械装备其他军师，以免今后有械无弹，美国后来度实行武器禁运，更使得美械部队的效用得不到正常的发挥。74 师在孟良崮战役之前，已经在 1947 年 3 月将各种步兵轻重武器换回了国械装备，美械装备只余山榴炮、战防炮和汤姆森冲锋枪等。由此可见，使用美械也是有利有弊。这一点，解放军方面

---

① 李怀胜口述，王若升整理《整编 74 师覆灭亲历记》，《安徽文史资料选辑第 11 辑》。
② 刘统《华东解放战争纪实》，人民出版社 1998 年 12 月。

美军教官帮助国民党陆军进行训练。

也有类似的体会，陈毅曾经总结说："美械使火力增强，但火器复杂，干部无法掌握，不能灵活机动，消耗弹药甚多，缺少运输工具，供给不上。野战能力很弱。美械化害多利少，最多不过利害相等。"①

装备的更换，直接影响到了部队作战战术的运用。在与整编第74师交过手的解放军华东野战军部队的若干战后总结中，我们可以从对手的角度，了解解放军眼中的74师及其作战的一些特点：

"敌74师为蒋军五大精锐主力之一，全系美械装备，官兵素质在蒋军中比较起来是很好的，老兵占极大部分，军官、射手甚至马夫都经过一定标准的训练，战术指挥及技术动作均较正规熟练，美蒋曾誉为标准部队，多方鼓励。敌装备精良，补给充足。"②

"干部均受过美帝国训练，顽化很深，在战斗力上表现强韧，士兵有突击经验及

---

① 《华东一年来自卫战争的初步总结》（1947年12月30日至1948年1月1日），《陈毅军事文选》解放军出版社1996年。

② 《25军军史》，中共涟水县委党史办公室《涟水保卫战》江苏人民出版社1989年4月。

作战能力，干部能亲临前线（中下级）指挥督战，在战术上又能结合火力与突击，攻防兼善。""该师在干部指挥上较熟练沉着，表现在掌握部队不混乱，如330高地争夺战中敌部队拥挤受我炮火猛烈轰击，尤不散乱尚能组织反突击。指挥机动，败不恋战，胜不穷追。""战术素养较高，能掌握时机，随时向我薄弱部分反击，对有价值之地形务必再四扑击备占要点，以便稳住其阵脚和制我在不利阵地之口而后再反击。"①

"攻击队形密集，能连续战斗，对一个阵地(如谷咀子及渡口)可持续冲锋七八次、十余次不等，势在必克。营、连军官均善于利用炮火射击空隙及有利时机，自行发起突击，得手后，即逐步巩固前进，善于乘胜扩大战果……攻击点选择，善于乘我守备弱点。注意寻找我结合部及薄弱部分，对我阵地中的重点，则力求互相掩护配合下，达到夺取的目的。"②

"步炮协同密切，炮火组织严密。敌炮火使用的特点是集中、猛烈、机动，如突破渡口及南门时，均准备周密，集中强大火力，猛击一点，步兵冲锋（后）迅即转移。在炮火使用上分三种火力，即以山炮、迫击炮压制第一线，并组织野炮采远射程炮火专打我纵深及后方。此外，尚有机动炮火压制我阵地被敌发现之炮兵位置。加之，其射击技术良好，弹药充足，前后联系密切，虽炮阵地位于河南，观察员至河堤前观测，在炮火摧毁、拦阻、反复射击的变换上均灵活迅速。"③

"进退均有严密的搜索，能过早发现我之兵力而调整部署或收缩，阵地情况不明之地点不轻易前进或逗留，其师组织搜索营，团有搜索连以保证其慎进退不轻易乱动，敌所谓情况不明不打。""井（警）戒配置及严密多设潜伏哨等以便过早发现我军并用小部队抵抗，掩护主力展开决战。"④

"74师在作战上最大的弱点：1.依信武器一切依赖炮火，因此一俟炮火被人压制则士气大减。2.最怕我迂回包围，当发现我插入敌人纵深或侧背即失去决战信心并收缩部队不敢留恋战斗。3.士兵最怕近战尤其手榴弹刺刀白刃肉搏，凡两军相迫白刃相对即失去效用，再则士兵又无牺牲决心，敌一旦突破立即混乱失去战斗力。"⑤

以上的评论多强调整编第74师的特点是军官指挥沉着，士兵素质优良，步炮协

---

① 20军司令部《孟良崮战役基本总结》1947年5月，《孟良崮战役资料选编》出版社不详。

② 《25军军史》，中共涟水县委党史办公室《涟水保卫战》江苏人民出版社1989年4月。

③ 《25军军史》，中共涟水县委党史办公室《涟水保卫战》江苏人民出版社1989年4月。

④ 20军司令部《孟良崮战役基本总结》1947年5月，《孟良崮战役资料选编》出版社不详。

⑤ 20军司令部《孟良崮战役基本总结》1947年5月，《孟良崮战役资料选编》出版社不详。

同好，战术灵活，善于利用火力优势压制对方，但是一旦失去火力优势，士兵怕与解放军近战肉搏。

勇于近战善于近战，曾经是张灵甫训练士兵的一个重点，他的部队在以前的作战中并不怯于拼刺刀，何以给解放军留下"不善于近战"的印象呢？首先，内战在官兵感情与认知上不能与抗战时期的同仇敌忾相比；其次，单从技术角度而言，恐怕还是与部队更换了火力相对强大的美械及接受美军的培训体系有很大关系。抗战时期，由于与日军的火力装备差距太大，张灵甫的作战理论是主张多与敌人近战，以抑制敌方火力发挥之长，避自己缺乏重武器之短，他在张古山、上高、常德等诸战役中就是多靠夜袭近战取胜。然而，现代战争毕竟早已脱离以冷兵器搏杀的时代，一场战斗需要打到面对面拼刺刀的地步，总是无奈之举，正如解放军在战争初期往往不得不将敌人放到近处来力拼一样，不见得是偏好拼刺刀，而是为装备劣势所迫。当整编第74师成了国民党军首屈一指的美械主力之后，舍弃自己强大的火力优势而再强调拼刺刀，显然已经不合时宜，它的战术训练的侧重点相应变化是必然的。比如整74师在作战中，冲锋与反击所采用的小群战斗动作，一百米以内的近战不再使用上刺刀拼杀，而是以美式训练的由冲锋枪和手榴弹为主，士兵各自司其职配合娴熟，号称"血搏射击"，在近战时每每得手，解放军也认为这种战法比"刺刀见红"的肉搏拼刺先进有效，在后来的战斗中加以模仿吸收。①

张灵甫时期的整74师对于官兵的政治和文化工作比较重视，有一套相当完备的组织体系和学习制度。它的师部办有《辉煌报》，是向士兵灌输"正统"价值最直接的宣传工具。据《华东解放战争纪实》一书记载：

"在74师中，政治组织是全套的，有自己的体系。连队中有专职的指导员、宣传队员、火线喊话组织、监视士兵的特务组织、督战队等。74师士兵有学习制度，蒋介石的《剿匪手册》是必读的。粗通文化的士兵，都有一个日记本，他们记日记成了习惯，被俘后也不间断。上面写着国民党宣传的'军队国家化''政治民主化'一类东西，五年以上的老兵，还受过专门教育，反动思想在他们的头脑中扎根很深。"②

思想上的潜移默化和组织上的严密控制，使得74师官兵上下对蒋介石和国民党的信仰颇为坚定，凝聚力也比一般的国民党军队强得多，以致在孟良崮战败后，竟然

---

① 参见孙同盛《学习战争》，出版社不详，作者系原华东野战军第9纵队第25师73团团长。

② 刘统《华东解放战争纪实》，人民出版社1998年12月。

还发生74师有下级军官暗中组织部分战俘企图暴动的事件，这在被解放军俘虏的一般国民党部队中殊为罕见。而这些俘虏一旦被解放军成功改造成为解放战士，他们的战斗精神毫不逊色，受过的系统训练也有助于提高部队的技战术水平，所以当时解放军华东野战军各纵队都争相欢迎74师的俘虏补充部队。[①]

精良的装备、熟练的兵员、严格的训练、完整有效的组织和学习体系，整编第74师成了国民党军中的建军模范，蒋介石在高级将领会议上曾经指名要以74师为标准，建设好军队。对于国民党军这支"模范军"，"精锐中的精锐"，解放军也产生了浓厚的兴趣，孟良崮战役之后，华东野战军将被俘的74师军官提高一级审俘待遇，即班长当尉官、尉官当校官处理，组织专人对各级各类被俘军官进行谈话调研，从历史沿革、组织编制、官兵成分与素质、官兵训练、新兵补训与残部概况、参谋补给卫生业务、参加战役经过及检讨、伤用战法、政治情况与政治工作共九个方面，对74师进行全面研究，写出《蒋军七十四师的调查研究》共十万余字，下发全野战军研究74师，以达到知彼知己、以战教战的目的，吸取敌人的长处，提高解放军的技术水平。朱德知道后，还曾经专门向华野索要该资料加以研究。[②]

然而，这支在抗日战场锤炼而成的精锐铁军，这支武装到牙齿的王牌之师，在张灵甫的驾驭下，它的滚滚的战车，即将驶向的，却是内战的万丈深渊。

第二节 不恋秦淮温柔乡

一

国民政府的还都大典在1946年5月5日举行，不过早在1945年的秋天，首都的达官贵人们就开始纷纷归来，南京城里再度官盖云集。进驻京城的官员们，首先要解决的一个问题，是住处。有栋体面的房子，既可以享受，又能撑个门面，还是值钱的不动产，于是各色人等八仙过海各显神通，有钱的自置深宅大院，有旧底子的四处收回原有的旧屋故居，更多的是接收大员们近水楼台先得月，他们瞒天过海将接收的敌产偷梁换柱占为己有的传说，还有车子、房子、票子、女子、面子"五子登科"的故事，

---

① 参见刘统《华东解放战争纪实》，人民出版社1998年12月。
② 参见钟期光《钟期光回忆录》，解放军出版社1995年10月。

还都南京后，蒋介石率文武官员前往中山陵举行谒陵大典。

在社会上传得沸沸扬扬。抗战刚刚胜利，国家正值百废待兴之际，国民党官员在接收过程中中饱私囊的恶劣行径，惹得民怨沸腾，这也是内战未起民心先失的原因之一。

张灵甫也在找房子。来到南京之后，起先他蛰居孝陵卫军营，在京城里"无家可归"，由于公务繁忙，他时常要奉召进城办事，城内没有固定住所诸多不便，于是他起先在新世界附近找了一处住所，那是一所连体式的洋房，上下有四层，张灵甫租住底楼一层。那时房客租房惯例要用金条押给房东，俗称"顶房子"，张灵甫只租了底楼一层共四间房，楼上还住着房东，这样的"将军府第"，听起来有点不可思议。

"他在南京的这段时间里，我们基本上就住在新世界租来的房子里。当时来找他帮忙的人很多，也有想走他门路搞房子的，人家来到我们家，一看我们自己住的房子是租来的，也就不好意思开口了……后来搬到真正属于我们自己的房子，在西华门二条巷蕉园一号，他已经离开南京去打仗了。"①

2003 年冬，张灵甫的夫人王玉龄女士回美国前暂住上海，她应笔者要求接受了采访。谈起与张灵甫的相识、相恋与成婚，老夫人的思绪回到了五十多年前。

1945 年，王玉龄芳龄十七，风华正茂，张灵甫在南京城里租房安家的另一个主要原因，也是因为他的感情生活又有了新的归宿，他要迎娶这位年轻美貌的新娘，再做新郎。

二

与顺利的仕途相比，张灵甫先前的两段婚姻相当的失败。前文说过，他与吴海兰的婚姻，以"为杀妻室做楚囚"的惨剧终结，不幸的是，他接下来的一场婚姻又出了人命，这一回不是妻子，而是孩子。

1937 年初，张灵甫出狱之后在西安娶了高艳玉为妻，紧接着抗战爆发，张灵甫在这期间南征北战，妻子高艳玉也跟着丈夫随军颠簸，只是当张灵甫右腿重伤在桂林养伤期间，才享受到一段太平安逸的家庭生活。婚后，这对夫妻先后生下了三个儿女，但是两个人的感情生活并不十分融洽。高艳玉富家小姐出身，平时不太会料理家务，也不善于照看孩子，后来还染上了鸦片瘾，惹得张灵甫渐生厌恶，只是那时他大部分时间在前线与日军作战，与妻子聚少离多，眼不见为净，所以夫妻关系还能勉强维持。

这段婚姻最终演变成了悲剧，原因是两人生的两个儿子先后出了意外。

高艳玉有一个习惯，晚上喜欢躺在床上点着油灯看小说，张灵甫多次说过她，一次临上前线之前又提醒她："在帐子里点油灯看书太危险，你这样早晚会出事的。"谁知竟然一语成谶。

一天晚上，高艳玉又秉烛夜读，不小心点着蚊帐引起了大火。高艳玉被大火吓呆了，情急之中胡乱抱着枕头逃命，把一男一女两个幼小的孩子丢在了屋里（当时小儿子尚未出世）。幸亏隔壁的勤务兵眼疾手快，冲进屋里把两个浑身着火的孩子抱了出来。女儿侥幸逃出生天，儿子却因烧伤过重，没能够抢救过来。

张灵甫在前线得知噩耗，犹如五雷轰顶，心痛之余大为震怒。不过这时他已经是第 58 师的师长了，多年的历练使得他的性情变得比以前成熟内敛，虽然不至于随便发火拔枪了，但是他难以原谅高氏作为母亲如此严重的失职。

---

① 2003 年 12 月笔者与王玉龄女士的访谈。

祸不单行，过了一段时间，接下来小儿子又出了事。

孩子患了盲肠炎，高艳玉没有及时送医，只顾在家里烧香拜佛祈祷孩子康复。等到张灵甫回家一看，孩子病在床上气息奄奄，屋子里门窗紧闭乌烟瘴气，他生气地一把拉开窗帘，打开房门给孩子通风换气，妻子却在一旁不停唠叨，嫌他吹坏了孩子。张灵甫不愿意搭理她，不顾妻子的反对，赶紧把孩子送进了医院。但是，孩子的病情已经耽误了，手术也回天乏术，孩子死在了手术台上。

这一来高艳玉不依不饶了，她责怪丈夫一意孤行送孩子开刀，指责是张灵甫害死了孩子。张灵甫丧子之痛下本来就心情大坏，他的脾气又如何耐烦女人的唠叨，加上他与高艳玉的感情本来已经存在着危机，干脆新账老账一起算。结果张灵甫一封休书把高艳玉打发回了老家，自己恢复了单身，这段婚姻以离婚收场。

三

在重庆陆军大学甲级将官班学习期间，张灵甫孑然一身，有时他也会应邀出现在一些社交场合应酬，少壮英俊的单身将军引来了大后方一些社交名媛的注目，她们有意无意找机会与他接近，可是这位铁血将军却不善解风情，对这一类女子敬而远之。大概张灵甫自己也没有想到，没过多久，他会恋上一个比自己小二十五岁的女学生。

王玉龄，1928年出生于湖南长沙的一个名门世家，她的母亲罗希韫的祖父在前清时当过朝廷的大官，家人与曾国藩的后代还沾亲带故。王玉龄的父亲王树南也出身世家，早年湖南大军阀何键的第一辆座车还是王家捐赠的，毕业于保定军校的王树南原在军界任职，在王玉龄五岁的时候因病早逝，从此王玉龄与寡母相依为命，抗战期间她在湖南各地辗转求学，在动荡的战乱中度过了少年时代。

1945年，中国的命运随着第二次世界大战的形势而急剧变化，王玉龄的个人命运，也发生了她意想不到的转折。

当年的长沙有两所著名的教会寄宿学校，雅礼男校和福湘女校，在当地有"贵族学校"之称，人称"雅礼的少爷，福湘的小姐"。福湘女子中学的规章制度很严，而且门第观念颇深，学生大都来自有家世背景的家庭，早年毛泽东的夫人杨开慧也曾在该校就读。抗战期间，长沙沦陷之后，学校到处迁徙，抗战后期安置在湖南的沅陵。与长沙相比，沅陵是个少有娱乐的小地方，连住校的女学生周末放假出校逛街，也成了路人的盛事，不少人会驻足观望，对从校门鱼贯而出的女孩子们品头论足。

王玉龄正值花样年华，她身高一米七〇，长得白皙高挑，明眸皓齿，如明星般亮丽可人，又爱好运动，是女校排球队的队员，俨然是个校花，加上她的家世很有名望，在沅陵有不少要员都知道，长沙王家有位漂亮的王小姐在当地就读。

一天，学校来了两个军官，他们既不见校长，也不找老师，只向路过的女学生打听王玉龄小姐的下落，事不凑巧，那天王玉龄刚好不在校内，两个人只得扫兴而归。后来张灵甫向王玉龄坦白，那天是他的朋友张处长毛遂自荐要给他做媒，拉着张灵甫来学校看他家乡的美女。这个张处长是他在陆军大学认识的新朋友，在湖南任职，闲聊中张处长得知张灵甫使君无妇，便热心地要为新朋友做媒人。不知道张处长是如何说动了张灵甫，那次张灵甫是逃课三天，专程搭了飞机由重庆飞到湖南，在张处长的陪同下自说自话到学校相亲去了，只是白跑了一趟。

不久，日本宣布无条件投降，抗战胜利了。这个时候，张灵甫和张处长都已经结束了在陆军大学的学习，张灵甫回到正在湖南衡阳驻防的74军，张处长也回到了长沙的任上。似乎是命运之神有意要把张灵甫和王玉龄撮合在一起，与此同时，已经转学到贵阳的王玉龄也中断了学业，兴冲冲跑回长沙的家中，与母亲一起共享抗战胜利的喜悦。

张处长还没有忘记为张灵甫做媒这件事，他也真是尽心尽力，知道王玉龄也回到了长沙，就找机会接近她，还热情地邀请她到家里做客，趁机翻出张灵甫的照片和书写的书法条幅，打探王玉龄的口气，又向她索要玉照，搞得王玉龄有点不知所措。

此后，张处长的太太时常有事没事来与王玉龄套近乎，一次，她约了王玉龄出去做头发，在大街上巧遇张处长，夫妇俩会意地相视一笑。

王玉龄并不知道他们在搞什么名堂，当她坐在理发店里，看见张处长带着一个军官进门来，心里还暗自好笑："这两夫妻真有意思，太太洗个头，先生也要跟了来。"直到那陌生的军官在她的座椅背后站定，居高临下审视着镜子里一头肥皂泡的王玉龄，她才意识到不大对劲。王玉龄平日里仰慕者众多，对一般男生正眼都不屑一顾，见来人这样不客气地当面打量她，心生不悦。两人在镜中四目相交，她对这位帅气十足的将军不但没有一见钟情的电闪火花，反而恼火起来，她头也不回，狠狠地白了镜中人一眼。

婚后，张灵甫在新婚妻子面前自鸣得意地说："假如你当时对我笑一笑，我很可能就没兴趣了。"惹得新夫人一顿娇嗔。

虽然遭了白眼，张灵甫对这个有个性的漂亮女学生留下了极好的印象。为了追求

1945年秋张灵甫最后一次婚礼的新郎照

王玉龄，他还自书了一个大大的"忍"字挂在居室墙头，提醒自己这不是在打仗，对女孩子要有宽容和耐心。通过张处长夫妇的介绍，张灵甫结识了王府的长辈，名正言顺成了王家的常客。来往多了，王玉龄也开始和他熟悉起来，两人经常在一起谈天，她喜欢听张灵甫引经据典谈古论今，有时也要他讲一点抗战的故事。有空的时候，张灵甫陪她出去郊游，两人一边徜徉山水之间，一边吟诗作对自得其乐。在交往中，王玉龄觉得这位副军长为人率真诚恳，看的尽是古书，还教导她不可一日无书，否则言语乏味，说话文绉绉的很有学养功底，尤其在了解到张灵甫抗战期间对日作战的一些经历之后，少女心中的天平，很快就倾斜了。

瓜熟蒂落，水到渠成，张灵甫赢得了少女的芳心，他向王家的长辈提出了求婚。

丈母娘首先反对。罗希韫年轻守寡，只有王玉龄这个宝贝女儿，她对刚刚结束的战乱还心有余悸，舍不得女儿将今后的命运维系在一个很可能有生命之虞的军人身上，而且觉得两个人的年纪也相差太大了。王玉龄的母亲还是有先见之明的，她的第一点顾虑，不到两年真的成了女儿一生的噩梦。年轻的王玉龄可没有想得那么远，初恋的少女完全沉浸在爱河之中，在她的眼里，张将军不仅外表阳刚，气质深沉，而且饱读诗书，文武双全，反正是情人眼里出西施。少女的芳心已经为之倾倒，她执意要嫁给心目中的抗日英雄。

罗希韬深知女儿的脾气，拿定主意的事，别人是很难把她劝回头的。家里没有男主人可以商量，罗希韬只好找大伯替女儿拿主意。王玉龄的大伯是保定军校一期毕业生，时任湖南禁烟署署长。两人商量之后，最后同意还是顺应孩子的意愿，答应这门婚事，不过出于慎重，他们开出了一个条件：男方必须找一个王家可以接受的有名望的人来保媒。

这个条件难不倒张灵甫。当时74军即将空运南京，成为卫戍首都的"御林军"，张灵甫在军界的行情正在看涨，有谁会不买有望荣升"御林军"总管的天子门生的面子呢？张灵甫顺利请来了保媒人，他的名望不仅完全符合王家的要求，而且名声大得让王家上下吃了一惊。王玉龄并不在意谁来保媒，只听得伯父说，替张灵甫保媒的人是湖南省主席。1945年时候的湖南省主席不是别人，可能就是由第九战区司令官兼任的薛岳了。

张灵甫与王玉龄订了婚敲定婚事，部队也要开拔了。1945年9月23日，先头部队第57师从湖南飞抵南京，其余部队也随后陆续到达。由于部队初到南京千头万绪，张灵甫无暇分身回湖南接未婚妻，他只得让王玉龄只身前来南京团聚，准备结婚。长沙离南京不算太远，但在当时还要走武汉转运，张灵甫担心年轻的未婚妻没有独自出过远门，还特地写信请他的老同学胡琏帮忙关照，胡琏当时是18军军长，部队正驻扎武汉。王玉龄一路顺利，到了武汉与胡琏打过招呼，就坐飞机直飞南京，这已经到了1945年的深秋了。

张灵甫和王玉龄的婚礼预订在上海著名的国际饭店举行。婚礼在即，一对新人喜气洋洋来到了机场，坐进机舱准备飞上海结婚，谁知好事多磨，就在舱门即将关闭的时候，张灵甫的副官急急奔上了舷梯："报告副军长，总统府紧急召见！"新郎新娘面面相觑，不得已，一对新人只好又扫兴下了飞机，另择佳期。

上海的朋友为他们重新张罗婚礼，为了迁就新郎的时间，婚期直拖到最后一刻才确定下来，由于时间仓促，国际饭店已经订不到桌位，婚礼地点只好改在了国际饭店隔壁的金门大饭店。张灵甫在南京一直留守到婚礼的前夜，才和王玉龄一起从南京搭夜班火车出发。两人一大清早到达上海，在友人的陪同下，赶在婚礼之前匆忙作最后的准备。由于张灵甫身材魁梧高大，他在上海定做的礼服嫌小了，临时又找不到合适的礼服，他的伴郎是王耀武在上海经商的一个同乡，是个山东大汉，结果新郎只好把身材相仿的伴郎父亲的一套白色西装穿了去充数。

婚礼席开数十桌，金门饭店楼下的餐厅几乎摆满了。热闹的婚礼结束之后，想趁机闹洞房的客人却到处找不见新人，原来新郎新娘已经去了火车站，搭夜班火车又连夜赶着回南京去了。没有暖气的车厢在初冬的夜里冷得瘆人，新郎和新娘，一个上铺，一个下铺，一问一答聊着天，伴着车轮的起伏，在旅途上度过了一个毫无浪漫色彩的新婚之夜。

四

张灵甫的婚礼如此行色匆匆，果真是忙得不可开交，连走开几天结婚的时间也没有吗？其实也不尽然。

蒋介石这时虽然还没有正式还都南京，张灵甫因公务关系已经不时需要与还都的先遣大员们打交道，有时一日数召，深更半夜也会打来电话，他就得随时应命。这一方面表示蒋介石对他的倚重，另一方面，也使得张灵甫几乎得全天候守在南京，以免召见时找不到他人而惹得上头不高兴，这才是他来去匆匆的一个主要原因。

张灵甫在南京接近权力中枢，表面上地位很是风光，但是在蒋介石的眼皮底下做事，他的行事也不得不小心翼翼如履薄冰。他是带惯了野战部队的，不很适应混迹首都政治权力中心的这种变化，他的个性不大适合搞政治，讨厌官场的繁文缛节。

在蒋介石回南京后不久，曾经发生这样一件事。一次，蒋介石的车队出巡，在城门站岗的 74 军岗哨目视车队鱼贯而出却没有任何表示，有侍卫官出来教训站岗的士兵："这是委员长座驾，你们军长难道没有教过你们应该向委员长行礼吗？"不料 74 军的卫兵也很牛气："什么委员长座驾？不认识。我们只认得军长的座驾，只知道对我们军长的车敬礼！"侍卫官是大官们也不敢轻易得罪的人物，不知天高地厚的士兵冲撞了蒋介石的贴身近侍，不久张灵甫便听到了上面有不利 74 军的流言，说他的士兵军容欠佳不懂礼节，恰巧这时蒋介石有事要找张灵甫去见他，张灵甫以为蒋介石听信了谗言会因此责备他，有些忐忑不安，便去找了俞济时。后来蒋介石召见他时倒没有提这些事，只是关爱地询问他部队的整训状况，还大大勉励了一番，张灵甫这才释然。由于俞济时是蒋介石极其信任的红人，蒋介石对他的话几乎言听计从，俞济时经常在蒋介石面前为张灵甫说好话，为他挡掉了一些诸如此类的无心之失。不过张灵甫不敢再掉以轻心，后来关照部下见了委员长车队一定要持枪行礼。这种事情，换个擅长作表面功夫的有心人，预先吩咐下属注意这类马屁程式，倒是可以少得罪一些人的。张灵甫在家里从来不谈公事，可是他的夫人私底下可以感觉得到，其实丈夫不大喜欢待在南京，情愿带着部队去野外打仗，后来在战役的间隙他也不回南京，每到一地，如果部队多驻扎一些时日，他就把夫人接到前方去小聚，投入内战之后，张灵甫只回南京休过一次短假。俗话说，伴君如伴虎，即使对蒋介石忠心耿耿又贵为心腹爱将，张灵甫对此也可能感触良多吧。

还有一件事，也体现张灵甫行事不谙官场微妙，办事"一根筋"的作风。整编第74师号称全美械，其实也混杂有抗战胜利后接收的部分日械，它的运输车辆起初许多是日军移交的二手军车，张灵甫向蒋介石直接打报告，抱怨联勤总部拨给的日军旧车故障不断不堪使用，因作战需要，要求全部换成美式大卡，他的要求很快得到了蒋介石的批准。手执蒋介石的批文，张灵甫自以为换车一事应该万事大吉了，他公事公办，既不请客也不送礼，大模大样让军需官去联勤总部领车。对方见是"御林军"持"御批"来要车，明里不敢说什么，车是同意如数拨给了，张灵甫一看部下报告的领车地点，气得差点拍桌子，这些车辆竟然一部分在重庆，一部分在昆明，没有一辆在南京附近。他意识到自己仗着有蒋介石的手谕没把联勤总部的人打点好，吃了哑巴亏，只好再安排人去请客送好处活动，如此这般才换在南京附近接到了汽车。张灵甫这种特立独行的作风，与他熟识的人说是性情憨直不善搞人情，看在外人眼里，不免觉得他清高孤傲，恃宠嚣张，因而惹人侧目生忌，在人缘方面，他就远不如懂得世故的王耀武那般圆通讨好了。

五

结婚之后，张灵甫每周有一半时间依然寄身军营。他是一个平时生活很有作息规律的人，婚后的习惯也没有太大的改变。74军（整74师）每天早晨6点多要出操，张灵甫如果回城在家过夜，第二天必定天不亮就起身，穿着漱洗完毕，就驱车回郊外的孝陵卫，赶在部队出早操之前到达军部，从不迟到。74军的岗哨也都熟悉了军长的作息规律，大清早时间一到，远远就会准时听到军长座驾一短长的车笛声，便立刻打起精神来，挺身举枪行礼。早餐之后，他时常带着扈从马队，威风凛凛出营巡视："每晨亲率僚属飙驰至中山陵参谒，然后接辔徐行，登天宝城垣，俯视首都全景，与述太平天国战史，并指点当年曾国荃攻城遗迹。"这段描述张灵甫在南京军中生活的文字，出自国民党方面撰写的张灵甫传略，虽然有点夸张，曾经在74师师部担任少尉译电员的钟世炎老先生在与笔者谈及张灵甫往事时，证实确有此事："那时在南京，有一次他带了军部一队人，大概几十个吧，我也跟了去，上紫金山，天文台那里嘛，很高的，可以俯瞰全城，连周围汤山什么的都看得见。天文台前面有一个小坪，就站在那里，他指给我们看，说这是哪里，那是什么地方，给我们讲历史。他对南京周围都很熟悉，还跟我们讲他在哪里打南京保卫战，说他在战斗里负了伤。"

张灵甫在南京生活的时间只有十个月。秦淮故地文物古迹良多，满足了他游历古迹鉴赏文物的雅兴，闲暇时，他与新婚夫人一起出游，去郊外骑马、泛舟，凭吊古人遗迹。他旅游偏好寻访古墓碑文，又爱好摄影，拍照也总找些古坟墓碑来留影。在南京的古玩店里，有时能见到张灵甫的身影，凡是看上眼的古董字画，他会一掷千金，不少卖家揣客投其所好，成了他孝陵卫军部的常客，他的一点家当也多半被他变成了古董、藏品。张灵甫对家居装饰比较讲究，还很有兴致自己动手装点，喜欢把收藏的字画在客厅里悬挂起来欣赏，几乎每个月都要不厌其烦亲手换一批，独自乐在其中。门前的空地则满足了他养花种草的嗜好，在张灵甫的悉心照料下，这块空地被他整成了一个蛮像样的小花圃。

由于有"杀妻"的前科，在许多人的印象中，张灵甫是一个脾气暴戾的军人，他的家庭生活究竟如何，外人少有窥知。在这方面，他的最后一任夫人王玉龄应该是最有发言权的："有人说他脾气不好，在外面怎样我不大清楚，不过他在家从来没对我说过一句重话，只有我对他耍脾气。"王玉龄如是说。

因为婚后思念母亲，王玉龄一度把母亲罗希韫接来南京小住，张灵甫也随着新婚夫人对丈母娘一口一声妈妈，其实罗希韫比他大不了几岁，起初被他叫得很不好意思。有一天二人在家里吃饭，谈到王玉龄爱耍小姐脾气，张灵甫半开玩笑说了一句："妈妈，都是您把她惯坏的。"不料罗希韫误会张灵甫是在责备她，很不高兴，放下碗回到自己屋子里关起门来生起闷气。张灵甫见无意中惹恼了丈母娘，只好去敲门赔不是，罗希韫不理他。讲到这里王玉龄笑了起来："张灵甫没有办法，他拉了把椅子站上去，隔着门，趴在气窗上很孩子气地对我妈说：'妈妈，是我说错话了，您就别生气了，快出来吃饭吧！'他这么大一个人居然还像小孩子一样站在椅子上讨饶，我们也忍不住笑了起来。"

有道是"温柔乡是英雄冢"，张灵甫却没有在温馨的新婚家庭生活中沉迷，对于这个军人来说，最具有致命吸引力的地方，始终是战场，当蒋介石吹响内战的军号，张灵甫离家别妻再次披挂上阵的时候，他丝毫没有表现出依依惜别的儿女情长。1946年7月间，内战全面爆发，对张灵甫而言，局势的发展不出所料，当国防部宣布将已经划入徐州绥靖公署序列的整编第74师从南京调往徐州准备出战，张灵甫的反应不是遗憾，而是兴奋。王玉龄说："他一直希望离开南京，他就是想出去打仗，接到去前线命令的那天，他回到家里很高兴，连我都被他的情绪感染了。我那时候年轻不懂事，见他高兴我也高兴，为他整理行装，就像是送他去出差一样。"①

对于这场即将到来的内战，张灵甫持有自己固执的理念，他曾经自我标榜信仰说："余之信仰三民主义，绝非盲从，盖舍三民主义外，更无真正救国救民之主义也。"又说："击败共匪，首在军事胜利，然保证军事胜利，必赖政治修明，而政治修明，则更有待于三民主义之实现，故唯有彻底奉行三民主义，始能保障政治修明与军事胜利，而达成消灭共匪建设新中国之目的。"②

这些话从张灵甫口里说出来毫不奇怪，这是他积极投身内战的思想基础。有一点张灵甫是说对了："保证军事胜利，必赖政治修明。"的确，政治不修明，军事上的胜利也就无从保证，国民党政权在大陆的彻底失败，归根到底还是败于不"修明"的政治，军事则是随着政治的沉沦而殉葬。在说这些话的时候，张灵甫不会想到自己会出师未捷身先死，他没有能够达成"消灭共匪"的目的，反而被"共匪"消灭了。有人说，张灵甫若是识时务的俊杰，抗战结束后就应该毅然解甲归田，不参与内战，保全抗日英雄的名节。然而，将历史人物抽离其所处的历史环境和特有的人生经历和个性，徒以事后结局去孤立地假设他先前应该如何思想与作为，不免荒谬。一个人的思想与行为，总是有其一定的内在发展逻辑和轨迹可循，即使在黄埔系将领中，张灵甫也是属于为数不多的"另类"，他对于本党和领袖绝对忠心，至死不渝，为维护国民党蒋介石的政权而战，为建设他心目中的"新中国"而战，这才是他自认的"正道"。从这一点上说，张灵甫是没有选择的，以他的境界和性格，也不可能作出别的选择。战争是流血的政治，而不"修明"的政治，左右了军事上的最终结局。张灵甫的血，将为不"修明"的政治而流，他注定要为此押上昔日的荣誉，而甘当孤臣孽子的孤傲性格也决定了他的命运。张灵甫无意做一个"识时务的俊杰"，他最终为此付出了生命的代价。

---

① 2003 年 12 月笔者与王玉龄女士的访谈。

② 《张灵甫"烈士"传》，台北"国防部"史政编译局编 1959 年。

第三节 剑拔弩张

一

很少有人知道，张灵甫在南京期间曾经有故人上门劝诫，试图指点他认清局势，不要执迷不悟，这位久违的贵客来自他的家乡西安，就是张灵甫少年时代的恩师，也是曾经做过他媒人的韩兆鹗。

当年的教书先生韩兆鹗，如今已经是民盟的中央委员，西北总支部的骨干领导人之一，知名的社会活动家、爱国民主人士。西北民盟自创建起就是中共的同路人，他们的政治纲领是"亲苏、友共、努力实现新民主主义"，坚持反帝、反封建、反官僚资本和不反共、不反苏、不反人民的原则。西北民盟与八路军驻西安办事处的关系很密切，直接间接得到中共中央的指导。抗战胜利后，八路军驻西安办事处接受中央的指示，向杜斌丞、韩兆鹗等西北民盟的负责人传达，希望大后方民主人士多注意民主运动，要他们联络军队，特别是利用他们在西北军界的人脉关系，争取地方将领和军队保持中立，以便在情况变化时与中共一起来制止内战。韩兆鹗在这样的背景下在南京造访张灵甫，就不纯粹是老师找学生叙旧那么简单了。所谓醉翁之意不在酒，过去的得意门生，二十年后成了首都军界的红人，若是他能够以昔日恩师的身份说动位居要职的学生同情中共，一同抵制内战，那可真是大功一件。

师生久违，相见尽欢，张灵甫与韩兆鹗把酒畅叙别离之情。当话题转向当前的时局，学生与老师却再也不能像过去一样你唱我和，两人开始话不投机，各弹各调。张灵甫礼貌上维持着对老师的尊重，对于韩老师所讲的中共和谈善意、民盟的亲共及"三反""三不反"的主张，他是不以为然的。他对部下训话，一开口都是蒋介石的调子："汉贼不两立，国共不并存，应体察政府苦心，努力备战，挽救民族，切勿为匪谎言所误。"望着神情冷峻言论好战的张灵甫，韩兆鹗意识到自己实在是异想天开了，当年书生意气的那个泼墨少年，早已走入了历史，眼前踌躇满志的张灵甫将军，已经是一个铁杆的反共悍将，国民党政府的忠诚卫士，抵御外侮他能不惜为民族流血牺牲，"剿匪戡乱"他也一样愿意为党国誓死尽忠。再说下去只能是对牛弹琴，韩兆鹗只有深深的失望。

20世纪50年代初，已经是陕西省人民政府副主席的韩兆鹗在西安见到张灵甫的哥哥张秀甫，对早已"自绝于人民"的学生仍不无惋惜，他遗憾地说："灵甫怎么就那么的顽固？我在南京怎么给他说，他就是不听！"①

韩兆鹗的话张灵甫当然听不进，他现在是唯蒋校长马首是瞻。对于内战，张灵甫是不需要别人来给他作战争动员的。国共停战协议虽然在1946年1月中生效，事实上依然是关外大打，关内小打，在这期间，国民党军向华中、山东中共根据地的进攻就有近千次，占领大小城镇约三百座。原驻淮南的国民党军与邻近的中共根据地就摩擦不断。1946年5月，桂系的第7军已经扩张至津浦路西地区。整编第74师驻扎南京地区期间，也与周围的中共武装时有局部冲突。紧邻南京北面的六合，原为中共淮南军区所占，1946年1月3日，张灵甫着58师（当时尚未整编为旅）派173团附一个重炮营北上六合，以绝对优势的炮火，将原先占据六合的淮南独立旅第5团轰过滁河以北退守县城，随后用一个营钻入独立旅第5团防守空当偷渡滁河，从右翼迂回六合县城发动突然袭击。独立旅第5团没有料到58师173团会从县城侧后偷袭，被迫退出六合县城北撤，后来在反击中又伤亡一百六十七人。独立旅第5团政委谢曙光回忆说，这是该团成立以来的头一次失利，教训极大。②整编第74师另两个旅部署在南京长江两岸的龙潭及镇江一线。六合、龙潭一带原本都是中共淮南根据地的活动范围，74师不断向北的扩张行动，自然遭到中共淮南军区部队的抵抗。4月下旬，驻江北六合的58师（旅）报告遭遇淮南共军迭次袭击。至6月，冲突越加频繁，规模也越来越大，13、14两日，在南京龙潭对岸大河口的57旅又报告与来犯共军激战，营长凌云、连长梁连枝战死，另外58旅在六合东沟镇王子庙的阵地也受到攻击。据张灵甫的报告声称，是役共军损失一千三百余人。③

张灵甫对与中共保持和平不抱幻想，这在重庆期间他与蒋介石的谈话中已经可见端倪，如今和谈期间冲突不断，他更认定内战不可避免，如果说国民党内部还存在主战派与主和派的话，张灵甫无疑是坚定的主战派，他在南京已经求战心切，他的根深蒂固的反共理念，与韩兆鹗亲苏友共的主张南辕北辙，自然毫无共鸣。

---

① 2004年3月张居正先生回复笔者的书面采访。

② 参见谢曙光《烽火岁月七十载——我的革命生涯》，宁夏人民出版社。

③ 参见《张灵甫电蒋中正》（1946年4月30日），《薛岳电蒋中正》（1946年6月21日），台湾"国史馆"《蒋中正档案》典藏号002090300158116；002090300141158；002090300141214。

二

对于和中共军队全面开战，张灵甫与国民党的其他高级将领一样，起初充满了乐观的估计。内战开始之时，在国共双方军事实力的对比上，国民党军远远超过中共军队，仅陆军兵力就处于超过三比一的绝对优势，装备中的重武器和自动火器的比例都大大高于对手，还有海军空军的助阵。从军事角度，国民党军在陆海空均占据着压倒性的全面优势，似乎没有任何战败的理由，在许多将领看来，胜利只不过是一个时间的问题，因此军方以军事手段解决中共武装的呼声高涨，从最高统帅蒋介石到国防部长白崇禧、参谋总长陈诚，也都自信地认为"剿匪"战事可以在短期内结束，陈诚更是信心满满，内战全面爆发后，他在对新闻界发表的谈话中声称，三个月至多五个月便能解决中共武装。

1946年6月，在美国特使马歇尔的调停下，国共进行了内战全面爆发之前的再一次停战谈判，探讨恢复一月停战态势的可能性。但是蒋介石所提出的停战条件连马歇尔也觉得过于苛刻。蒋介石在6月30日与马歇尔的谈话中，谈到了苏北、山东、东北等一系列问题。对于苏北地区，蒋介石提出"苏北中共部队应于一月内撤至陇海东

蒋介石与美国特使马歇尔（左）。

抗战期间，周恩来与新四军领导人的合影。

段以北"，并交出地方政权，他的理由是："一政府之下不能另有他政府，一国家之内，不能另有他国家，非如此政府不成为政府，国家不成为国家。"马歇尔对此表示为难："苏北如分两期撤至陇海东段以北，第一期于一个月内撤至淮安以北，第二期三个月或六个月撤至铁路线以北，中共或有接受可能。一个月撤至铁路线以北，余料中共不会接受。中共军队在苏北已有相当时日，将撤退区政权交出，必甚困难。"①

蒋介石如此在意苏北的中共部队，与苏北特殊的地理位置密切相关。横贯东西的长江把江淮地区一分为二，人们习惯上把长江以北的部分称为苏北（其中盐城以南地区又称为苏中），广义上包括了江苏的江北地区和津浦路南段两侧安徽的淮南淮北地区，与国民政府的统治中心宁沪地区隔江相望。②令蒋介石深为不安的是，这片紧邻京都的广袤平原腹地，抗战结束时第三战区只接收了海州（连云港）、徐州和沿江的南通、泰州、扬州几个主要城市一线，其余尽落中共之手，对方不仅在苏北驻有数万人的军队，还有完整的地方政府，自成一体，即他所指的国中之国。卧榻之旁岂容他人安睡，何况近在咫尺的是可能随时发作的虎患，蒋介石如何能高枕无忧？所以他在谈判中坚持要将中共部队马上移至陇海路东段以北，取消中共地方政府，以解除对宁沪地区的直接威胁。

① 《商谈整军方案与军队驻地问题》于南京与马歇尔特使谈话（1946年6月30日），秦孝仪主编《"总统"蒋公思想言论总集》台湾中正文教基金会网站。

② 本书中所称苏北，单称时为广义，苏北、苏中并称时，苏北指盐城以北地区。

而在中共方面，早在抗战中期，苏北许多地区已经是新四军的根据地，抗战结束前后，新四军积极出击，从日伪手中又收复了国民党军无暇顾及的广大县镇失地，将苏北的根据地与相邻的山东、安徽的根据地连成了一片。1945年9月，中共中央确定了"向北发展，向南防御"的战略方针，为此对新四军部队进行了战略大调整，新四军第3师调往东北，新四军第2师、第4师、第7师主力和从江南北撤的苏浙军区叶飞纵队北调山东，接替由山东开往东北的八路军部队的防务，由粟裕等率领的苏浙军区主力则大举北上，于10月会师苏北，从而完成了战后苏北和山东两个战略区域的军事布局。中共华东局也同时成立，新四军军部则与山东军区合并，由陈毅任军长兼司令员，总部设在山东临沂，统一指导山东、华中两地的军政工作。不久新四军调进山东的部队与山东军区留下来的一部主力组成山东野战军，司令员陈毅，政治委员黎玉，参谋长宋时轮，政治部主任唐亮，下辖第1、2纵队和第7、8师，全军共七万人。在苏北淮阴另外成立的华中分局、华中军区和苏皖边区政府，接受华东局和新四军军部的指导，具体负责华中地区的军政工作。由粟裕指挥在苏淮地区作战的部队，在与山东的部队合并为华东野战军之前，称为华中野战军。华中野战军在1945年11月正式组建，下辖第6、第7、第8、第9四个纵队四万余人，国共停战期间，华中野战军积极扩编，第6纵队扩编为第6师，第8纵队扩编为第1师，另外又组建了第10纵队，改编扩建后的华中野战军共有两个师三个纵队共六万余人[①]。在这样的战略布局下，苏北这个悉心经营的老革命根据地对于中共所具有的重要战略地位不言而喻，当然不能轻遂蒋介石的意愿而拱手相让。

6月份的和平谈判还在进行，国共双方的备战显示双方对于能否握手言和基本不抱期望，彼此都在积极作两手准备。一方坚持苛刻的停战条件，一方不肯轻易放弃常年的老根据地政权，双方总归是谈不拢，苏北大战已经是箭在弦上。

三

早在年初国共达成停战以及后来的军事整编协议的时候，国民党军方就认为，国共和谈终究谈不接近，会议亦不过照例文章，于是开始着手秘密制订歼灭苏北共军、打通津浦线的计划。到了6月，华东地区的军事战略方针大致确定：长江以北应以军

————————
① 参见唐义路主编军事科学院军事历史研究部编《中国人民解放军全国解放战争史》（第一卷）军事科学出版社1993年。

事为主，以速决战解决问题，作战重点在苏北和山东，以期短时间内解决华东地区的中共军事武装。

即将与陈毅和粟裕在苏北对阵的国民党军大将，是6月份刚前来就任徐州绥靖公署主任的薛岳，前主任顾祝同6月1日调任南京陆军总司令。抗战中后期的薛岳作为第九战区司令官和湖南省主席，在对日作战和主持湖南军政上颇有建树，尤其在指挥江西和湖南的几次大会战中，虽与日军互有胜负，薛岳突出的大兵团组织和指挥能力还是得到蒋介石的充分肯定的。徐州绥靖公署的辖区本当直接拱卫首都南京的安全，但是原来由顾祝同领军的第三战区抢地盘抢不过新四军，以致徐州周围是大片的中共苏北根据地，处于四面楚歌的尴尬境地。蒋介石在内战爆发前临阵换将，把薛岳调来当徐州绥署主任，显示他对薛岳依然寄予厚望，期待薛岳能在内战中再次打出"老虎仔"的威风来，为"剿匪"再立新功。

所谓的绥靖公署和绥靖区，也是国民党军1946年整军的产物。这一次的军队大整编，涉及面相当深广，不仅仅针对军师一级单位的改制，也涉及从统帅部到各战区机构的变动。首先，最上层的军事委员会撤销了，由国防部取而代之，国防部长白崇禧和参谋总长陈诚各管一摊，以前的大战区，基本改成了绥靖公署，绥靖公署下面是绥靖区及下辖的兵团军师。这种军事机构的改制，理应是重新划分战略区域，统一军政体制以适应内战的需要，但是在后来的实践中，蒋介石、国防部和参谋本部不时越过绥署，将命令直接下达至军师乃至团级单位，造成指挥系统紊乱，各级指挥官职责不清无所适从，不仅没能有效发挥机构改制的预期作用，反而助长了指挥官消极待命，争功诿过的恶习膨胀，成了导致战争失败的一个结构性隐患。

徐州绥靖公署在顾祝同时期原下辖第1、第2、第3和第8四个绥靖区和绥署直辖部队，共计十五个军（整编前）、五个整编师、两个暂编纵队，薛岳到任后，国民党军对徐州绥署属下的绥靖区和部队作了调整充实，兵力约为十三个军、十六个整编师、三个总队，并再增加了特种兵部队包括四个炮兵团、四个工兵团以及空军大队、通讯团等，总计达五十余万人。①

74军原属徐州绥署第一线预备军，整编成74师后不久，由于内战的全面爆发，

---

① 此为徐州绥靖公署属下的绥靖区和部队1946年7月上旬的作战序列，以后又曾做过多次调整，至1946年12月，其所辖部队增至七个军、二十四个整编师、三个保安纵队、一个快速纵队、五个炮兵团、四个工兵团和一个战车团，共约八十万人。参见《国民革命军战役史第五部——戡乱》（第三册绥靖时期下）台湾三军大学编撰"国防部史政编译局"出版1989年11月。

这支王牌军作为徐州绥署作战序列的直辖主力，由薛岳亲自调配指挥。

为排除南京、上海和徐蚌地区的威胁，贯通津浦路南段及陇海路东段交通，肃清江淮地区的中共军队，徐州绥署确定了作战方针："以徐、蚌地区国军，极力向东、西发展，在第1绥靖区及第5军北进支援下，合力规复苏北、皖东，彻底歼灭该地区匪军，尔后准备继向鲁境进出，寻求华东陈匪主力，实施决战。"为此徐州绥署制定了一个分为三期的作战计划：

"第一期：徐、蚌方面：应极力扩展周边空间，以利第二期进剿作战之容易。江北方面：一举规复天长、盱眙、海安、如皋，解除京、沪北侧及津浦路南段东侧威胁。

"第二期：徐、蚌方面：西以贯通徐州、郑州，东则进出运河，并准备第三期向两淮之进剿作战。江北方面：第1绥区利用第一期之成果，进出东台亘高邮以北之线。

"第三期：徐州方面：西以廓清鲁西，确实掩护陇海路东段北侧安全，东则进出两淮，在第1绥区之策应下，肃清苏北之匪，并准备继续向东海挺进。

"各部队于攻击时，应稳扎稳打，步步为营，逐次完成碉堡线，防匪反扑，确保既得成果。"①

对于这一作战计划，几十年后有台湾的军史专家毫不客气地评论说："以上之作战计划，虽具有纵深性，亦即所谓全程计划，但其内容则难以苟同，第一，方针：'合力规复苏北、皖东，彻底歼灭该地区共军'，乃倒果为因，因城镇和土地之获得与确保，乃歼灭敌人之结果，非为规复苏北、皖东，即可彻底歼灭敌人。第二，指导要领：既非外线作战，又非区分歼灭，而是分区各自为战，乃最落伍之大军统率；又外线作战要领，始如脱兔，迅速完成分进合击，区分歼灭要领，彻底集中兵力，速战速决，一战而胜，再及其余；'稳扎稳打、步步为营'，均与以上作战要领相违背。第三，'剿共'之大战略（国家战略）为'七分政治、三分军事'，在政治与军事联合斗争下为'政治颠覆、军事歼灭、政治占领'三部曲，非为'逐次完成碉堡线'；中国是一个'东方不亮、西方亮，黑了南方有北方'的大国，究有多少资源能逐步完成碉堡线，有多少兵力守住此碉堡线，万里长城及黄河长江，均未能阻挡元清两代灭亡中国。第四，本作战地区最适合'陆海空三军联合作战'，但仅见到陆军，在陆军方面，守势兵力又优于攻势兵力。总结论断：本作战计划，仅是江西'围剿'计划之幽灵复活。""攻击发起时间及作战目标等恰均无统一，全战场自然是各自为战，及到处鼓响锣不响，

---

① 《戡乱战史》（七）《华东地区作战（上）》台湾"国防部史政编译局"编撰出版1981年5月。

行动成为十五个吊桶打水，七上八下，此即'该管的不管，专管不该管'的最恶劣之大军统率。"①

评论者的这番分析在军事层面点出了一些问题，尤其是国民党军"战略攻势与战术守势"的矛盾，不仅在苏北，在其他战场也是同样存在，其症结在于指导方针上攻城掠池谓之胜，而不着重于消灭对方的有生力量。对于所占之地，分兵把守又是必不可少的，于是造成兵力四处分散，不能充分发挥总体的兵力优势达到速战速决的目的。然而作为政府军，国民党军不单有向敌对阵营进攻消灭其武力的任务，也承担着扩大和守卫国统区地盘的职责，以向民众宣示中央政府的正统性、权威性和政府军的威力。于是"战略攻势与战术守势"便成了一个难以解开的死结。

偏偏蒋介石还特别看重"掌握交通要点和大城市"的重要性，他认为："现代作战最紧要的莫过于交通，而要控制交通就先要能控制都市，因为都市不仅是经济政治文化的中心，一切人才物资集中之所，而且在地理形势上，它一定是水陆交通的要点。我们占领重要都市之后，四面延伸，就可以控制所有的交通线，交通线如果在我们控制之下，则匪军即使有广大的正面，也要为我所分割，所截断，使其军队运动的范围缩小，联络断绝，后勤补给都要感到困难，终至处处陷于被动挨打的地位，所以匪军不能占据都市，实在是他致命的弱点。"而且，"不能掌握交通要点和大城市，对于政治经济及宣传号召，也有莫大的影响"！②

蒋介石强调中心城市和交通线的作用，在军事理念上并非一无是处，但是面对中共农村包围城市和人民战争的创意性战略和"打得赢就打，打不赢就走"的灵活战术，他这一套理论在内战实践中就失去了用武之地。在蒋介石的这种指导思想下，国民党军不得不过于计较一城一地的得失，这就造成它在机动灵活方面患上了先天性的缺陷，而进攻与留守的兵力此消彼长的结果，就是前线的机动部队越打越少，以致原先的兵力优势尽失。相反，解放军则来去飘忽，善于集中使用兵力在局部创造以多打少的优势和战机，各个击破。因此当战争才进行一年有余，国民党军就丧失了对战争的主导权，战略上由全面进攻被迫转入了全面防御。另外，从现在能看到的资料，蒋介石政府对发动内战本身也没有切实作好相应的准备，后来台湾军方编写的内战战史也表示，未见完整的原始资料阐述"绥靖作战"期间国民党军的全盘战略构想。然而内战之初，

---

① 耿若天（台湾）《戡乱战争全史——怎样失去大陆》（网络版）。

② 《匪情之分析与剿匪作战纲要》1947年5月15日对军官训练团第二期全体学员讲，秦孝仪主编《"总统"蒋公思想言论总集》卷二十二演讲台湾中正文教基金会网站。

出于对自身实力的高估和对中共武力的轻视，使得国民党军政官员从上到下弥漫着一股盲目的乐观情绪，于是在错误的时间，贸然发动了一场错误的战争。

对于国民党方面的种种战争举措，中共中央也针锋相对，6月6日，国共双方刚刚协议东北停战，中央就指示华东局："目前我们的方针是力争和平，但你们的工作必须是一切都准备打。" 6月19日又再致电各战略区："观察近日形势，蒋介石准备大打，恐难挽回。大打后，估计六个月内外时间，如我军大胜，必可议和；如胜负相当，亦可能议和；如蒋军大胜，则不能议和。因此，我军必须战胜蒋军，争取和平前途。"①

为了应对国民党军队在苏北迫在眉睫的大举进攻，中共中央在6月22日提出了一个南线作战的战略方针，其中要求："山东野战军则以徐州地区为主要作战方向，集中主力配合苏皖北部的部队攻取津浦路徐蚌间以及陇海路黄口、徐州段的各点，着重调动徐州之敌在野战中歼灭之，相机占领徐州。而我华中主力须对付江北之敌，予以配合。还考虑在形势有利时，两区主力南渡淮河，向大别山、安庆、浦口前进……其战略意图是在外线出击中大量歼灭敌人有生力量，建立和扩大新解放区，保卫老解放区，并保障中原新四军第5师的安全。"为此，新四军军部命令粟裕和谭震林率领华中野战军主力兵出淮南，"与山东野战军主力配合，一举占领蚌埠、浦口间铁路，彻底破路，歼灭该地区之敌，恢复淮南(三、四分区)，准备打大仗，歼灭由浦口北进之敌；并限于7月10日以前完成一切准备，待命攻击"。②

6月26日，中原军区为了突破周围二十多万国民党军重兵的包围，在李先念的带领下率先开始向西进行"中原突围"，标志着三年内战自此全面爆发。

6月27日，陈毅根据中央的战略方针，将华中野战军西移淮南六合、天长，准备出击津浦路的命令下达华中局。粟裕经与邓子恢、张鼎丞、谭震林等华中局领导人讨论，认为无论从地域、人口、工商税收和军需供应等各方面，淮南均比不上苏中，将主力集中淮南而弃守苏中得不偿失，另外值得注意的是，淮南驻有邱清泉的第5军和张灵甫的整编第74师的58旅，一旦开战，张灵甫也极可能率另两个旅从南京北渡参战，同时与蒋军五大主力的两支美械王牌军在淮南硬碰硬，华中野战军对于初战能否获胜没有把握，不如避实就虚，先打相对较弱的苏中之敌，打开局面。

---

① 《陈毅年谱》刘树发主编，人民出版社1995年。

② 参见《粟裕战争回忆录》，解放军出版社1988年。

中共中央军委对于粟裕等人的建议从善如流，及时调整原定战略计划，7 月 4 日，中央军委根据政治局势及敌情变化进一步明确指示："胶济、徐州、豫北、豫东、苏北之顽可能同时向我进攻，果如此，我先在内线打几个胜仗再转到外线，在政治上更为有利。"①

于是，从 1946 年 7 月 13 日至 8 月 31 日的一个半月时间内，粟裕指挥的华中野战军在苏中向李默庵第一绥靖区的国民党军展开一连串的攻击行动，在宣家堡和泰兴、如（皋）南、海安、李堡、丁堰和林梓、邵伯、如（皋）黄（桥）路，连战连胜，歼敌五万余人，这就是华中野战军著名的苏中"七战七捷"。

四

鱼与熊掌不可兼得。粟裕在苏中连战皆捷，有限的兵力暂时就顾不到淮南了，其实，当中央同意粟裕将华中部队主力留在苏中作战而不西移六合、天长，已经意味着淮南根据地军民只能尽力自救图存了。

在抗战胜利后新四军的战略调整中，淮南军区于 1945 年 12 月重新组建，原辖第 6 旅、独立旅和华中第三（路东）、第四（路西）两个军分区，周骏鸣为军区司令员。为了应付国民党军即将向淮南发起的进攻，华中局于 6 月将已经北上鲁南的第 2 师主力第 5 旅七千人马调回，7 月初与淮南的部队组成新 2 师，周骏鸣任师长，第 5 旅旅长成钧任副师长，下辖第 5 旅、第 6 旅、独立旅、特务营和路东、路西两个军分区共三万余人。②

周骏鸣在新 2 师成立大会上对大家说："我没有指挥过大兵团作战，没有这个经验，今后指挥部队打大仗的事全仗成副师长了。"当时，周骏鸣和成钧正在制定出击津浦路的计划，准备会同西移的华中野战军主力，集中力量粉碎国民党军对淮南根据地的进攻。几天之后，他们从华中局得知，热望中的苏中主力不来了，这是他们始料未及的，新 2 师还没来得及调整作战部署，邱清泉连同张灵甫便重拳出击，淮南根据地顿时陷入了困境。

徐州绥靖公署根据第一期关于江北方面的作战计划，第一绥靖区在苏中与粟裕的华中野战军开战，同时在淮南则派出直属兵团中最精锐的部队，展开攻取天长、盱眙

---

① 参见《粟裕战争回忆录》，解放军出版社 1988 年。

② 参见程晓明摘编，新四军第二师史料专册《转战淮南》（新四军网站）。

国民党军第5军军长邱清泉

的军事行动,首先扫除南京北大门的威胁。进攻淮南的主攻部队是第5军(欠第200师),驻六合的整编第74师58旅(欠一团)奉命作为预备队。整58旅出发之前,张灵甫特地召集师部将官为卢醒钱行。酒席桌上,他亲自将一把短剑放在卢醒的面前。卢醒鞍前马后跟随张灵甫十几年,对师长的意思心领神会,他手握短剑向张灵甫保证,这是整74师挥师出京的第一仗,又是配合第5军作战,整58旅一定发扬老74军"攻必克,守必固"的荣誉传统,为师长和整74师争光。

7月16日拂晓,邱清泉指挥第5军两个师和整74师第58旅(172团)兵分三路,西路第96师由来安攻盱眙,东路第45师出六合攻天长,整74师的58旅作为预备队在第45师后面跟进,从六合城北出发掩护45师的侧后翼。

45师于当日出六合攻占北面的樊家集,进而向天长挺进,卢醒率58师紧跟其后,随时准备投入支援。

卢醒没有料到,他的部队立足未稳,对手却大胆主动地打上门来了。

来者正是成钧。成钧,湖北石首人,1927年,16岁的成钧参加了革命,24岁已经在红二军团当上了团长,是参加过长征的年轻老红军。抗战期间,他一直转战在淮南淮北,为当地抗日根据地的建立和发展立下了汗马功劳,抗战后期成钧出任新四军第2师第5旅旅长,并先后兼任淮南军区路东、路西分区司令员。他在与日伪军进行的游击战中积累了丰富的实战经验,对在皖南活动的桂系蒋军也有所接触,但是对于

共和国开国中将成钧

蒋介石的中央军则了解不多，与第5军和整74师这样的王牌主力交战更是头一遭。面对来势汹汹的敌人，刚当上新2师副师长的成钧也是初生牛犊不怕虎，他认为不必坐等挨打，而是应该主动出击。

成钧的一个目标锁定在卢醒的58旅，想打垮这一路来敌，斩断邱清泉的一翼。客观地说，以成钧第5旅的装备实力和过去的战斗经验，想要挫败正虎视眈眈的整74师58旅并不现实，58旅在南京养精蓄锐已久，现在犹如刚出笼的猛虎，成钧的这个决定，等于是在伸手揪老虎嘴上的胡须。

第5旅15团李士怀团长受命向58旅发起夜袭，很快，李团长便发现这仗打不下去了。58旅打出的排炮如同幕墙一般，一束束曳光弹炫得人睁不开眼，将夜空照得如同白昼。李士怀还从来没有见识过这种流星火球般的美械火力的威力，以前交过手的顽军的火力与气势，与眼前的这个敌人根本不能同日而语，他第一次领教了所谓国民党军五大主力头号王牌的实力。望着突击连战士们前仆后继，徒劳地一次又一次试图冲破敌人异常猛烈的火网，伤亡剧增，李士怀忍痛向成钧要求收兵。[1]

与此同时，第5军的45师和96师齐头并进，相互比赛似的你追我赶，由南向北横扫各个村落，守军虽然竭力反击，均未能得手，只得被迫节节后退。至19日，第

---

[1] 参见谢雪畴、郭晓晔《百战将星成钧》，解放军文艺出版社2000年。

45师攻克马家集，次日，新2师5旅及淮南军区部队在大井赵、东旺庙一线竭力抵抗，暂时遏制住敌人的攻击势头。邱清泉见45师受阻，即令已经占领半塔集的第96师主力转向汉涧，协助第45师进攻。可是，他自己的军部在向马家集推进的途中遇到了淮南军区独立旅一部的突袭，险遭不测，危急时刻，卢醒及时赶到，与96师的287团一起救了他一命，58旅激战至22日凌晨2时许，终将突袭部队击退。此后又转向大塌子为第96师解围，并会同该师一部突击盱眙。

27日45师进占天长，同日，整58旅172团突破葛家巷，并继续向北追击，于29日攻占盱眙。

至此，中共在淮南的根据地全线陷落国民党军之手，华中军区电示淮南军区，除留下少数部队就地开展游击与敌周旋外，剩余主力分别转到苏中、淮宝地区作战，遭受重创的新2师和淮南军区就此撤销。

其实，受邱清泉指挥参与攻击的部队总共约三万人，与周骏鸣的新2师人数相当，只是第5军与整74师58旅组成的军团属于强强组合，连粟裕的华中野战军主力也对其有所忌惮，欲先避其锋芒，以新2师这样的地方部队为主的新建之师，难以抵挡国民党军王牌加王牌的强大压力，也是不应过于苛求。另外，新2师的指挥员没有指挥大兵团作战的经验，对国民党军头等精锐部队的实力事先也缺乏切实的认知，将长于游击战的部队与敌人的最精锐部队比试正规阵地战，在作战指导上是扬短避长的失策。后来的解放军第三野战军战史在总结检讨淮南的战败教训时说，淮南军区领导人"在作战指导上违背了运动战、歼灭战的方针，保守地方，分散兵力，不能集中机动，各个歼敌。整个半个月过程中，都是与敌人正面对抗，敌人进一步，我们退一步，完全处于被动地位，致使自己拖得非常疲惫，最后不得不退出淮南"。[①]

五

卢醒率第58旅172团跟着邱清泉在淮南耀武扬威的时候，张灵甫和其余两个旅暂时还留在南京待命，他时刻关注着统帅部的战争决策和华东的战局，根据苏中、淮南的作战进程，他知道整74师全军出京参战的日子不远了。果然，在抗战中深谙老74军战斗力的薛岳向蒋介石提出了请求，要把整编第74师从南京调到徐州待命，以加强苏北兵团的实力，蒋介石同意了他的要求。

---

① 刘统《华东解放战争纪实》，人民出版社1998年12月。

7 月下旬，张灵甫将部队集中在南京的龙潭进行战前的最后充实调整，调整后的连队装备齐全，战斗力也更为强悍。

临近出发的一天，张灵甫的师部来了一位不速之客。那天他和蔡仁杰等高级军官正在孝陵卫师部礼堂的小会议室里开会，商议布置部队开拔事宜，有人无意中望向窗外，看见一个身穿长衫、头戴礼帽、拄着文明棍的老头在院子里东张西望，卫士长正在拦截盘问，里面的人认出来人，大惊失色：这不是委员长吗？张灵甫等人一看，果然是蒋介石，连忙整冠理服迎出门来。原来是蒋介石前来整 74 师微服私访，他先踱到师部大院门口，也不说自己是谁，只是声称要进去找熟人，卫兵没有把他认出来，拦住不让他进去，正在交涉之间，值星排长走了出来，看他一个老头也不会有什么威胁，就挥挥手放他进去了。蒋介石见了张灵甫等人，责备道："连我这个老头子都能随便摸到你们的司令部里来，你们还能打什么仗？"不明就里的张灵甫被他说得莫名其妙，只得诺诺听训。打是亲骂是爱，蒋介石对这支视为宝贝的模范军寄予厚望，此番是亲自前来视察整 74 师出发前备战情况的。听过张灵甫的汇报之后，蒋介石特地留在师部与爱将们共进午餐，席间，他对张灵甫等人慰勉有加，频频举杯，预祝整 74 师出师告捷。

几天之后，张灵甫率领整编第 74 师离开南京，正式踏上了内战的征程。

他的夫人王玉龄女士至今依然记得那个特别的日子。那天张灵甫上火车前临时起意回了一趟家，因之前已经摆过告别宴，她不知道他还会从师部回来看她，所以没在家，于是张灵甫给她留了张便条，具体内容她已记不全了，但是落款处的日期却至今印象深刻。那一天，是 1946 年 8 月 8 日。

第四节 淮阴，昙花一现

一

张灵甫离开南京的时候，华中野战军的苏中"七战七捷"，已经赢得了宣家堡和泰兴、如南、海安、李堡"四捷"。

开场的宣家堡、泰兴之战，国民党军方面首战败北的，是与张灵甫素有不和的李天霞。军队整编之后，李天霞的第 100 军整编为第 83 师，归属第一绥靖区，当时驻宣家堡、泰兴已经有半年。与粟裕交手之前，李天霞也是很骄狂的，一绥区司令官李默庵和参谋长罗觉元都说，李天霞在战前会议上曾经满不在乎地拍胸脯说："我的部队没问题，一个团就可以和共军干一下。"1946年7月13日战斗打响后，李默庵打电话到泰州的整83师指挥部，询问李天霞该师驻守宣泰的19旅两个团战斗力如何，李天霞还满有信心地对他打包票说："战斗力都不错，两个团长打仗有办法，请司令官放心！"结果，83师19旅两个团，宣家堡的57团溃散，泰兴的56团遭到重创，团长刘光宇带着少量残部据守核心阵地，因国民党军援军逼近，华中野战军见好就收，刘光宇才侥幸获救。19旅抗战时期就是第100军的19师，在上高、长沙、常德、长衡、湘西等诸战役中都有不错的战绩，尤其是在湘西会战中，19师战功突出，其57团获得武功状一轴，团长钟雄飞还获得了宝鼎勋章。可是内战一开始，19旅便雄风不在，在宣家堡和泰兴，不到两天就被粟裕打得灰头土脸。后来李天霞因为苏北作战不力受到了处分，本来打仗就爱要滑头的李天霞从此在战场上做了缩头乌龟。

也许是因为83师属于中央军嫡系，它的基干军官又多从以前的74军抽调，当时的华中野战军盛传它是抗战中赴缅甸参战过的远征军美械部队，其实100军（整83师）从未出过国，抗战中后期一直在湖南作战，装备仅部分为美械配备，俗称"半美械"。得知华中野战军歼灭了83师一部，毛泽东很高兴，专门给粟裕发来电报，询问所歼灭的部队是否确属83师，显示中共中央对华中部队首战即开创战胜敌中央军嫡系"美械军"的战例十分重视。

至1946年8月上中旬，粟裕在如南、海安、李堡又连战皆捷，接下来还有三场战役又将稳操胜券。

换言之，国民党军在苏中的这盘棋，一开局就下得一团糟。

徐州绥靖公署原本打算自1946年7月中旬开始实施江北作战计划，负责苏中战事的是第一绥靖区司令官李默庵，他是在当年6月刚刚到任，接替原一绥区司令官汤恩伯的位置。一绥区属于徐州绥靖公署辖下，不过绥署主任薛岳主要关注于绥署直属兵团的战事，对属下一绥区的具体作战几乎不插手。7月上旬，李默庵特飞南京与陈诚和国防部商谈敲定最后的作战细节，9日，他在设在苏南常州的司令部里召开作战会议，把油印的作战计划下发一绥区各部，攻击行动确定于7月13日发起。就在预定行动的前一天，李默庵桌上的电话骤然响了起来，来电者竟然是蒋介石，他亲自告知李默庵，由于计划泄漏，攻击暂停。直至20世纪80年代，李默庵读到了粟裕撰写的《回忆苏中战役》，方才恍然大悟：作战会议结束的第二天，他的一绥区的作战计划已经摆在了粟裕的面前。

李默庵回忆说："1983 年，粟裕撰写了《回忆苏中战役》一文。其中写道：'蒋军即将向我大举进攻，我军在海安、如皋一线严阵以待。7 月 10 日，我们已确悉蒋军将在三四天之内分四路向海安、如皋大举进攻。整编第 49 师从南通北犯如皋；整编第 83 师从泰兴、宣家堡，整编第 99 旅从靖江，两路合击黄桥；然后配合第 49 师会攻如皋；整编第 25 师的 148 旅从泰州东犯江堰；得手后，这几路敌人将会攻海安。整编第 25 师的另两个旅在扬州待机。如我失利，他们可能沿运河北犯邵伯、高邮。蒋军还有另两个整编师（第 21 师和第 65 师）在江南沿岸当预备梯队，随时准备加入战斗。'我读到粟裕的这段回忆，当时感到华中野战军对我部作战计划的掌握是很准确的。然而，至于我部的作战计划是怎样泄密的，事后我始终也没有查清楚。"①

孙子曰，"上兵伐谋"，情报战本身就是军事谋略的一个重要组成部分。凭着极其出色的情报工作，解放军许多时候对于国民党军的动向、计划事先洞若观火，因而兵来将挡，水来土掩，能够以较小的代价博取最大的战果，以弱胜强。在这一方面，国民党军根本难以望其项背，不仅进了解放区对敌情两眼一抹黑，对对方在自己内部的渗透、谍报工作更是茫然无知，输也输得稀里糊涂。

东方不亮西方亮，相比苏中作战接二连三的失利，由薛岳亲自部署的绥署直属兵团在淮南淮北的作战，总算为国民党军挽回了一些面子。第 5 军和整 74 师 58 旅半个月内席卷淮南，于 7 月底完全达成作战目标；在淮北，国民党军又连占灵璧、泗县、五河、濠城等地。尤其是 8 月 8 日至 10 日，泗县一战让从鲁南南下的山东野战军主力踢到了铁板，驻守泗县的桂系第 7 军 172 师打了一场过硬的守城战，以一师之力，加上老天连日大雨的帮忙，硬是顶住了山野第 8 师、第 2 纵队和华野第 9 纵队对泗县的围攻，迫使山野因攻击不遂伤亡过大而撤围，士气颇受挫折，引起内部一片怨言，事后，陈毅亲自出面安抚，并且豁达地自我检讨承担责任。

整编第 74 师恰在这时沿着津浦线浩浩荡荡开到了徐州大庙镇车站。1946 年 8 月 1 日，张灵甫接到蒋介石电令，命着即将首都防务分别交予整编第 26 师、第 83 师和第 4 师，整编第 74 师集结于浦口、滁州之间地区，准备开拔。8 月初，接防南京的整编第 26 师和第 4 师都按期与 74 师办理了交接，唯独应接防镇江的整编第 83 师说未接到命令，直到 8 月 7 日整 74 师各部已经陆续开拔，李天霞仍未派部队来接防，致

---

① 李默庵口述，刘育钢、高建中编写《世纪之履——李默庵回忆录》，中国文史出版社 1995 年。

使原驻镇江的57旅不能动身。张灵甫不得不向陈诚连发两个急电，称声不能再等，若83师再不来人，他只好遵命先将57旅运走了。其时，李天霞的整83师很可能正深陷于苏中战场，暂时无法抽身。自8月5日至9日，整74师主力分乘二十四列车（三个旅各乘六列，师司令部及其直属部队六列）分批次陆续抵达，在徐州近郊安营扎寨，各部分驻马山（51旅）、小塔山集（57旅）和九山子（58旅），转运站设在大许家，师司令部于8月8日最后出发，驻地在团埠。[①]

按照编制，整74师的炮兵部队应有一个机械化榴弹炮营直辖师部，三个山炮营分属师下面的三个旅。由于仓促间投入内战，内战初期74师的榴弹炮营和山炮营的配备实际上还名不符实。从南京出发时，张灵甫向薛岳打报告说，因上级之前曾经打算要撤编榴炮营，所以该师的榴炮营早就不装大炮了，来徐州根本没有榴弹炮可用；山炮营也有短缺，按编制应该是有三个，但出发到徐州仅有两个是全的，58旅的山炮营不久前才予以拨配，故只有大炮先到了南京，所有拖曳的骡马车辆还有全营官兵，都还在远在武汉待运，故没有随军。因此74师出南京抵达徐州时的炮兵火力，实际只得两个山炮营。[②]

张灵甫在徐州，一边向薛岳申请枪炮弹药，一边命令各旅利用原有路基修通各驻地之间的道路，同时等候出击命令。

在国民党军淮南淮北的凯歌声中，坐镇徐州的薛岳又找回了昔日叱咤战场的感觉，整编第74师这支王牌劲旅的到来，为他如虎添翼，他在徐州绥署的办公楼内等来了悍将张灵甫。论军职，薛岳原比张灵甫高出了好几级，不过他对张灵甫早就相当熟悉，当年张灵甫在南昌会战的高安战役中重伤断腿，他的养伤特别金还是薛岳亲自向蒋介石打报告特批来的，74军又曾经多年归属他以前的第九战区调遣，指挥起来得心应手。薛岳告诉张灵甫，他正在策划一个针对苏北共军的"毒箭穿心战"，为了确保一剑穿心，他才特地向蒋介石申请调来整74师这把利剑，以保证这一重要使命得以顺利完成。这个与对手粟裕一样以研读地图为乐事的三星上将拉开墙上的帷幕，将一幅大比例的两淮地区作战地图展现在张灵甫的面前。

这里的两淮，指位于徐州以南苏北腹地的淮阴、淮安地区。两淮东邻盐城，西望

---

① 《陆军整编第七十四师阵中日记》（1946年8月1–11日），台湾"国防部"永久（史政）档案，案名：陆军整编师阵中日记（整七十四师）。

② 《陆军整编第七十四师阵中日记》（1946年8月1–11日），台湾"国防部"永久（史政）档案，案名：陆军整编师阵中日记（整七十四师）

淮阴战役示意图

安徽，距离南京仅一百八十多公里，今天的淮阴与清江、涟水等区县一并属于淮安市辖区，在当年，淮阴（包括清江）和淮安还是各自分立，大名鼎鼎的汉将韩信就发迹于淮阴，他为刘邦打下江山后受封为淮阴侯。淮阴在隋唐年间因大运河的开凿和淮北盐场的建滩逐渐繁荣，明清时代漕运兴起，以清江浦为轴心的两淮进入商贸鼎盛时期，运河线上的四大都市，淮阴也位忝其中，与扬州、苏州、杭州齐名。民国年间战乱不断，淮阴的工商业日渐式微，抗日战争胜利后，淮阴、淮安于1945年9月先后由新四军收复成为解放区，苏中、苏北、淮南、淮北四块根据地因此连成一片，淮阴也成了中共华中根据地的重镇，新四军军部原先就设在淮阴，华东局和新四军军部北迁山东临沂之后，淮阴仍然是中共华中局、华中军区和苏皖边区政府的总部所在地，华中地区的工商业也均集中于此，根据地经济收入的主要来源严重依赖于运河及淮河等主干支流的税务，因此，淮阴是中共华中根据地名副其实的政治经济中心。国共在年初刚签订和谈协议之时，中共内部对于"和平民主新阶段"还抱有一定的憧憬，毛泽东曾经考虑，如果和谈能够成功，将来可以把中央机关从延安"迁都"淮阴，因为淮阴离南京比较近，今后来往办事方便，1946年2月2日，中共中央发电报给时任新

当年位于淮阴（今淮安市淮阴区）的苏皖边区政府旧址。（网络图片）

四军军长兼山东军区司令员的陈毅，提到中央机关将来有迁至淮阴办公的可能性，可见淮阴在中共心目中的重要位置，不到万不得已决不肯主动放弃。①

薛岳还是颇有战略眼光的，李默庵的一绥区在苏中作战不利的消息，并没有对他造成过多的困扰，他的目光冷静地掠过战况混乱的苏中，直接投向了苏北腹地。苏北是华中中共军队退往山东的必经后路，从战略上看，如果国民党军基本控制住淮南淮北的地盘，即使中共军队在苏中暂时赢得若干战役的胜利，只要国民党军能够在苏北有所作为，那么中共华中根据地就被拦腰插上了一刀，苏中的共军只有两条路可走：一是主力北调增援苏北，则苏中国民党军的窘境可迎刃而解，让李默庵在后面现捡便宜，乘势收复粟裕退出的苏中地区；如果粟裕继续留在苏中作战，则将失去退往山东根据地的后路而陷于国民党军重兵的三面合围，其结果很可能变成"中原突围"的重演。

---

① 关于中共中央考虑迁都淮阴一事，参见中共中央文献研究室编《毛泽东年谱1893–1949》下卷（中央文献出版社2002年8月）和刘树发主编《陈毅年谱》，人民出版社1995年。

在薛岳看来，苏中的共军坐视国民党军攻取苏北的可能性不大，因为，他在苏北确定的下一个目标，中共在华中地区的首府淮阴，乃攻其必救之地。

二

1946年8月19日，徐州绥靖公署门前停满了军用吉普和小轿车，徐州绥署部队的将领们齐聚一堂，正在这里参加薛岳召集的军事会议，参谋总长陈诚也特地从南京飞来出席。会议正式确定分路进军最终攻占两淮的战略计划，为此，徐州绥署特地组建了一个"苏北绥靖军"，以整74师为主力，配以第7军、整28师欠整80旅、整69师欠整99旅配属整26师的整41旅，外加三个工兵团等共约十二个旅，由徐州绥署副主任李延年任总司令，故称李延年兵团。

李延年与王耀武一样，属于国民党军中的山东籍著名将领，资格比王耀武还要老，是与胡宗南、李默庵一起在抗战前就获得正式铨叙晋升中将的极少数几个黄埔一期生之一，抗战期间他在淞沪、忻口、昆仑关等战役中表现不俗，抗战后期担任过第34集团军司令官。日本投降前夕，李延年升任第11战区副司令长官兼山东挺进军总司令，抗战胜利后国民政府撤销战区，李延年调任徐州绥靖公署副主任。身材瘦高的李延年文质彬彬，也以儒将自居，他在陆军大学甲级将官班与张灵甫是同班同学，所以两人也是打过交道的熟人，只是张灵甫不太把这个新上司放在眼里，更不像对王耀武那样

国民党山东籍著名将领李延年

尊敬从命，李延年有抽鸦片的恶习，张灵甫在部下面前不屑地直呼其为"大烟鬼"。

8月下旬，李延年兵团按计划分南北中三路开始行动。

8月21日，原驻双沟、朝阳集、渔沟地区的整编第69师为中路军，向睢宁、宿迁方向推进，于27日占领睢宁，并继续东进，29日进占宿迁；原驻安徽灵璧、泗县的第7军为南路军，东渡濉河，向凌城、洋河方向推进，31日占领洋河镇。

为了一战定苏北，薛岳终于打出整编第74师这张王牌，他对张灵甫寄予厚望，向他面授机宜说："我的作战计划是'挖心'战术。只有你师才能完成这个任务。你们进军行动要神速，出其不意，将新四军苏北重镇淮阴拿下来。沿途遇到小股敌人，能吃的就吃掉；一下吃不掉，派适当兵力监视起来，不可迟滞主力部队的行动。"

在整69师和第7军行动的同时，张灵甫率领整74师为北路军，于8月21日从徐州庙山圩、单集出发，向东南方的土山镇、古邳一线攻击前进，25日强渡旧黄河占领姚集、道庄，进展迅速的整74师此时已经追上了69师，与之齐头并进，张灵甫转而南下策应69师会攻睢宁，数日内连续攻占睢宁附近魏集、高作和皂河等多处要点，继续向东进攻，29日与整69师在宿迁会师，随后回高作、皂河和魏集原地待命。蒋介石特别关注初离南京作战的这支宝贝部队的动向，按照惯例，74师的行动由国防部向他转呈徐州绥署的报告，或者由薛岳直接报告即可，但是张灵甫在南京已经是直达天听的人物，蒋介石经常向他或者通过俞济时直接了解74师的情况，因此张灵甫也时常把自己的行踪越级直接报告蒋介石，或者向并非其直属上司的俞济时通报。他在9月3日致俞济时的电报中说，部队已连克单集、魏集、高作数地，并扫清皂河一带中共武装，现已集结高作沙集之间地区。得到74师进展顺利的战报后，蒋介石甚为欣慰，他亲自电复张灵甫"希策励部属续竟全功"。

在高作短暂休整期间，张灵甫向全师发出训令，批评弹药浪费现象严重，仅徐东地区作战，有单位与共军稍有接触，却报耗费弹药数十万，迭要补充；又指出根据俘虏供述，共军每一会战，每枪配备弹药仅八十粒，因此自我检讨说与之相比"殊深惭愧"。并告诫各部，此次南下两淮均系湖沼地带，道路泥泞难行，后勤延长运输肯定有不足，到达目的地前休想有补充，故务必以弹药为贵。[①]

9月4日，李延年兵团三路重兵继续靠拢，整69师占领宿迁后，以一部兵力渡河，

---

① 《陆军整编第七十四师阵中日记》（1946年8月1—11日），台湾"国防部"永久（史政）档案，案名：陆军整编师阵中日记（整七十四师）。

占领顺河集、玻璃厂、晓店子；整74师由魏集、皂河地区派出一部兵力架桥渡河进占新闸子；第7军集中于凌城、洋河、归仁地区；整28师及预3旅集中于运河车站以西地区。

经过数天的行动，李延年兵团兵临运河一线，在淮阴西北方向形成了这样一个阵势：74师和69师沿睢宁、宿迁由西向东一字排开，睢宁附近的74师处于战线的西北位置，东可进沭阳，南可下淮阴。张灵甫使出他惯用的声东击西战术，派出部队配合69师佯动，表面上作出将要与69师会师继续东进攻击沭阳的架势，实际上却将主力悄悄南移至埠子集、罗家圩一线，并于9月11日到达洋河向第7军靠拢，准备隐蔽在第7军的背后突然渡运河南下，直扑淮阴。南路的第7军则矛头直指淮阴的西面屏障泗阳，摆出一副将要与泗阳共军决战的模样。

陈毅、宋时轮注意到敌人的新阵势，判断从徐州南下之敌可能由宿迁向东进犯沭阳，或者南面之敌可能由洋河从西北侧进犯淮阴，于是决定调整南下作战的山东野战军部署，第2纵队从泗阳、众兴北移至沭阳南丁集、新集、里仁集之间；第7师由渔沟、来安、汤集北移宿迁东南、泗阳以北的大兴集、三庄之间地区；第8师仍位于王集、里仁集之间地区；第9纵队主力移驻泗阳以西、以南地区，接替第2纵队第9旅的防御任务，留守泗阳。这是将山野主力北移，准备从沭阳方向迎击北面来敌的阵势。

人在苏中的粟裕、谭震林正在准备围攻海安，他们研究了山野的部署，感觉不妥，认为山野主力北移造成两淮空虚，危险甚大。9月8日，他们给陈、宋等发去电报提醒道："我们意见：军长将主力转至沭（阳）、宿（迁）间阻顽东进之方案，在实质上将使敌人迅速占领两淮及运河线，变成放弃华中而使山野主力被迫撤回山东。如此，苏中主力势必造成我军因无后方补给，在强敌三面包围下没法北撤，只有渡长江前进。如军长仍坚欲北开，则我们坚决要求调2纵全部留下，由韦国清统一指挥，钳制敌人。候苏中主力北转以求阻击南下之敌。否则华中局势变化，责任难负。"[①]

但是，陈毅和宋时轮被李延年兵团三路来敌的配合佯动所迷惑，对国民党军的主攻方向出现了误判，他们没有接受粟、谭的正确建议，依然认为北线敌人最可能的进攻方向是由西向东从宿迁向沭阳方向实施主要突击，配合鲁南之敌的行动以全力打通陇海路东段；或者南线敌人沿泗阳以东公路进攻，威胁淮阴，但是不会将主力使用于运河以南方向，盖因这一地区水网交错，还有洪泽湖为天然屏障，大部队在狭小地区

---

① 刘统《华东解放战争纪实》，人民出版社1998年12月。

行动困难，不便于机械化部队快速机动。他们自觉对战局发展应有相当的把握，没有识破北线的国民党军主力74师即将南下过运河突袭淮阴的真正意图。

泗县一战，桂系的第7军伤了山野的元气，陈、宋也有意避开7军，另寻中央军为歼灭目标，希望打一场大胜仗鼓舞士气，他们见7军南移，睢宿地区由中央军接防，便考虑在宿迁、沭阳、新安镇之间寻歼东进的"中央军"或适时西攻睢、宿地区。那时的张灵甫对他们来说是一个完全陌生的敌人，对于74师的实力，在不久前的和谈期间，陈毅在山东曾经听王耀武向他夸口说："国军中只有74军最能打，是我亲自训练出来的。"不过耳听是虚，毕竟没有真刀真枪比试过，刚吃过第7军亏的陈毅以为，属于"中央军"的74师相对容易对付。陈、宋自信地告知粟、谭，华中部队可以继续打海安，然后休整，北移一事可相机行事。言下之意，即使华中野战军来不了，山野也可以自己应付。中共中央军委也在10日的电复中对山野的计划表示了支持："我军准备于宿迁、沭阳、新安镇之间歼敌，或进至睢宁、泗阳地区歼敌，以打中央系为目标，不打桂系，此项计划甚好。"①

正当陈、宋将山野主力北调之际，张灵甫却晃过北移的山野主力，指挥整74师及配属其指挥的整28师192旅躲在第7军的背后，两军突然急速南下，直逼泗阳。9月10日，第7军以171师为主力率先向泗阳发起了进攻。华中野战军的第9纵队在泗阳以西构筑两道防御阵地，在泗阳以南至南新集、张福河一线构筑三道防御阵地，泗阳阻击战自此开始。双方激战三天，9月12日171师占领泗阳，次日先头部队东渡运河，佯攻淮阴，其后几天将赶来回援的山野8师和2纵主力牵制在来安镇、渔沟镇一线。

张灵甫与担任辅攻的第7军在泗阳打出了一次交叉掩护的战术配合，这是国民党军在内战中屈指可数的成功配合作战的范例，第7军貌似主攻的虚张声势有效地掩护了整74师的南下行动。张灵甫一直将自己的真正企图悄悄地隐蔽在第7军的掩护攻势之下，12日尾随7军进至大兴庄以南，直至第7军171师13日东渡运河的当天，他才突然发动，74师在泗阳以南以闪电之势越过7军防地猛冲而出，迅速攻破9纵75团在李口子附近的徐庄、水车塘、袁庄的阵地。

不过，张灵甫选择的主攻方向并不在淮阴正西，而偏偏是山野以为敌人不大可能

---

① 淮阴之战前陈毅、粟裕以及中共中央军委关于此事的电报往来，参见《粟裕战争回忆录》，解放军出版社1988年11月和刘统《华东解放战争纪实》，人民出版社1998年12月。

选择的运河以南。根据事先的侦察，张灵甫已经知悉，淮阴西北防御工事构筑坚固，易守难攻，西南面虽然有运河、张福河为地障，攻城需要渡河作战，但是对手兵力有限，防御工事比较简单，所以他避实就虚，全师继续南下，向淮阴城南迂回，攻其不备。14日，张灵甫除命58旅派出一个团沿公路向淮阴搜索前进外，师主力一鼓作气再行突破9纵在运河南岸的李口子、南新集的第二道防线，占领运河南北两岸的阵地，并且向淮阴城郊的码头镇方向一路迅猛急进，当天晚上即攻占淮阴西南的五堡、陈家集，与码头镇隔河相望，各部攻击就位。74师出泗阳后攻击行动势如破竹，连兵团司令官李延年对张灵甫的进展神速也大为惊讶，他特命第7军和整28师各派出一部，赶快在74师后面跟进支援。

三

出乎山野的预料，国民党军重兵没有东进沭阳，却南下向泗阳开战，至9月11日，其欲进攻淮阴的企图已经十分明朗了，中共中央军委指示粟裕的华中野战军"主力即开两淮机动"，意图集中山野、华野两大主力，夹击进犯两淮之敌。毛泽东于11日也亲自拟电指示陈毅和粟裕："1. 敌六个旅南下，两淮危急，粟率苏中主力(1、6师)立即开两淮，准备配合陈宋主力彻底歼灭该敌。但陈宋现应独立作战，务于粟谭到达前，歼灭南下之敌一至两个旅，顿挫敌之前进，争取时间以待苏中主力到达，协力歼灭全部；2. 同时张邓要注意邵伯、高邮、洪泽湖诸防务，严防敌偷渡进袭；3. 两淮工厂资材速迁安全地带。"①

粟裕接到命令立即收拢苏中的部队，率领陶勇和王必成的第1师和第6师北上增援。9月正值当地的雨季，从粟裕所在的海安到两淮地区距离约二百五十公里，由车辆运输大部队当时根本没有这个条件，这一带又是水网纵横，难以经陆路直达，临时征集大量船只供数万人马渡河谈何容易，而且渡河只能在夜间进行以躲避国军空军白天的轰炸，因而增援部队的行军速度更加缓慢。粟裕估计，先头部队最早于9月18日才能到达淮阴，大部队要25日才能到达。谭震林则11日在淮安即向中央坦陈："华中主力最快要到20日才能赶到两淮，恐到达高(邮)、宝(应)时，两淮已失(高、宝分别距淮阴一百五十公里和七十五公里)"②

---

①　《粟裕军事回忆录》，解放军出版社1988年11月。

②　同①。

为了加强运河南岸的防御，根据陈毅的命令，淮阴前线临时指挥所于 9 月 13 日在中码头南岸城隍庙成立，前指由华中野战军政委谭震林为总指挥，9 纵政委张震为参谋长，统一指挥第 9 纵队和原在高邮、宝应等地休整，正在紧急赶来参战的原淮南第 5 旅、第 6 旅 18 团和刚加入华中野战军的第 13 旅的作战行动。

　　从高邮向淮阴方向，满载着华中野战军 13 旅指战员的车队正冒着瓢泼大雨向北急驰，车上，三十出头的旅长皮定均心情既兴奋又急切。皮定均，安徽金寨人，13 岁参加革命，红军时代属红四方面军，抗战爆发时他是八路军第 129 师特务团团长，转战山西、河南，在敌后打击日伪军。抗战胜利后，皮定均所部被编为中原军区第 1 纵队第 1 旅，皮定均任旅长，他的第 1 旅也被称为"皮旅"。中原突围使皮定均一战成名，1946 年 6 月 26 日，中原军区遵从中共中央之命，为跳出周围二十多万国民党军的大包围而开始全军突围行动，皮定均奉命殿后，指挥第 1 旅向东阻击，掩护全军向西的突围行动。军区给他的命令是用一切办法拉住敌人，迷惑敌人，坚持三天掩护任务就算完成，之后自行选择突围方向。皮旅的阻敌位置与突围大军一东一西背道而驰，即使大军成功突出，三天之后殿后的皮旅也势将陷于重围，能否自行突出来，凶多吉少。皮定均明白，这是丢卒保车的安排，为了大局，皮旅将不得不作出自我牺牲。可是二十多天之后，皮定均却创造了一个奇迹，西突的中原大军在国民党军重兵的围追之下尚且处境艰危，皮定均却带着皮旅在与敌人周旋千里之后向东跳出包围圈，抵达淮北的苏皖解放区时，还有实力基本齐全的五千余人马，这是中原部队突围后建制保存最完整的一个旅。被调来与张灵甫对阵之前，皮旅刚刚转隶华中野战军建制，改称华中野战军第 13 旅，正在高邮补充休整。

　　对皮定均来说，苏北是一个他所不熟悉的新的战斗环境，不仅敌人不同，连上级和友军全都是新的，这是他的部队编入华中野战军后的首次出战，皮定均自然想抖出皮旅中原突围的雄风来给华野的首长和新战友们看看。9 月 13 日接到北上淮阴参战的命令后，他在日记中兴奋地写道："在这天的行动中我是最高兴的，特别是我了解到军区是从各方面照顾我们的。所以我们得到新任务时，觉得党是很看得起我们了，故我很辛苦地到清江，又在地下徒步跑了约二十里，也没有吃饭和睡觉。由于这种高兴，把我的一切疲劳都丢开了。坐在汽车上时，沿途遭到敌人飞机的袭扰。我们经过了各方面的努力，前方后面都有详细的分工，完成了我们的行动任务。"①

---

　　①　皮定均《皮定均日记》解放军出版社 1986 年 10 月。

共和国开国中将皮定均

两天之后，皮定均到达了淮阴城南郊运河北岸的阵地，他吃惊地发现，自己已经没有时间全面完成任务了，74 师出人意料地突然南下侵占运河两岸，使得前方的形势极为紧张，皮定均有些措手不及："我们没有做准备工作，敌人不断地在督促我们的工作要快点进行，有时赶不及时局和工作的需要了。到了上午，敌人他不愿再等我们做工事了，开始了进攻，不断地向我们发出了猛烈的炮火……" [1]

四

这两天的行动，张灵甫不折不扣执行了薛岳"进军行动要神速，出其不意"的指示，连续几次南下战斗的顺利，74 师官兵的士气像打足气的皮球一般鼓涨了起来。9 月 14 日当晚到达淮阴城西南郊，张灵甫没有让部队休息，立刻进行排兵布阵：

51 旅、58 旅为一梯队集结张福河西岸，分别从杨庄至陈家集一线并列渡河，占领河东桥头堡阵地；57 旅和配属的整编第 28 师 192 旅留为预备队。

9 月 15 日凌晨 2 时，天色一片漆黑，51 旅和 58 旅在张福河边连夜完成集结。黎明时分，天色微明，两旅同时开始敌前强渡，分别向 9 纵 73 团把守的码头以北阵地和 77 团朱家渡阵地发起攻击。

74 师的进攻战术很具欺骗性，58 旅先以一部在田家集、熊家渡放下门窗、木板作幌子佯渡，诱使对岸的守军开火，以此侦察对方的火力强弱并耗其弹药，待摸清对

---

① 皮定均《皮定均日记》解放军出版社 1986 年 10 月。

岸的火力布置，即以强势的轻重火器向对岸作压制射击，吸引对方的注意力，同时出动上百只筏子运载主力攻击部队，在守军薄弱的朱家渡强行渡河，等到守卫运河东岸的9纵意识到敌人真正的攻击方向，74师的突击部队已经冲上了东岸的河滩，双方在滩涂阵地展开了激烈的攻防战。

58旅的渡河作战尚属顺利，至15日午后，第173团在东岸建立了桥头堡阵地，旅长卢醒立即命令连夜在河上架桥，以便师主力及时通过，由于河水湍急，制式渡河器材又不敷使用，前来支援的57旅171团在附近村庄拆门卸窗征集架桥材料，直至16日清晨5时方始架桥成功，74师主力当即抢渡过河。

陈传钧的51旅于15日晨渡河时遇到了守军的顽强抵抗，51旅依靠强大的炮火掩护，花了四个小时才成功渡河。由于河堤西高东低，74师的炮火在西岸占据着地理的优势，居高临下，集中的炮击将9纵修筑的地堡、工事摧毁殆尽，渡河步兵部队趁机成功抢滩。中午时分，51旅在炮兵和空军的配合下，相继突破朱镇、冯庄、盐闸阵地，并续进攻码头镇、杨庄。战至傍晚6时，51旅151团也控制了东岸的桥头堡阵地。

9纵战线过长，兵力有限，难以组织起机动兵力实施有效反击，在74师强有力的攻势下，15日晚，9纵在杨庄、码头一线的前沿阵地尽失。为了扭转颓势，纵队副司令员饶子健亲自率领75团对已强渡成功的51旅151团进行反击，试图夺回失去的阵地，但是51旅受到渡河成功的鼓舞，猛烈的攻击势头依旧不减，75团的反击没能遏制住它的狂势，9纵被迫弃阵后撤，73团转移至码头以东天地闸一线，75团转移至石工头一线，77团撤至淮阴附近整理。①

杨庄距离淮阴城南门只有不到十公里，为了保卫淮阴，谭震林亲自命令皮定均再次对占据东岸阵地的敌人实施反击，以期能将敌人逼回河西。皮定均来到前沿阵地观察，比他早一天到达的先头部队第2团团长钟发生连忙向他汇报战况，提醒他，当面这个敌人不同凡响。皮定均不信邪，中原突围那样险恶的处境他都打得漂亮，张灵甫又有什么了不起？他把刚刚赶来的第3团一起拉了上来。在皮定均的指挥下，战士们对占领河东滩头阵地的51旅151团发起了反击，连续冲杀达九次之多，从白天一直打到黑夜。善于夜战的皮旅这次碰到了同样不怕夜战的对手，他没能占到便宜，151团组织起强大的火网封杀滩头，皮旅的战士们在74师漫天发射的照明弹下暴露无遗，一次又一次的密集冲锋均被击退，而51旅151团依然牢牢占据着滩头阵地。

---

① 参见张震《两淮保卫战》，《解放战争战略防御阶段史料》。

这一天，皮旅有约六百名指战员在冲杀中倒在了74师的枪炮之下。皮定均以前还从未遇到过如此强悍的对手，他是一个实事求是善于总结学习的指挥员，并不吝于从敌人吸取经验，他很清楚自己部队的弱点："我们的部队不善于防御，不善于做工事，有很多的防御设备他们根本就不懂得，有很多细小的动作不会做。"淮阴战役之后，他对74师评价说："当前的敌人是很难应付的，它是国民党的老牌反动军队，有它的反动历史，有它的反动作战经验。"①

《百战将星皮定均》一书曾经把淮阴之战中的皮定均与张灵甫作过一个形象的比喻：

"张灵甫算是皮定均打正规战的反面教员。在此之前，从太行到豫西，打的是游击战。在中原，也并没有摆开庞大阵容与敌人打阵地攻防战。淮阴城下，是他平生第一次打大规模的阵地战。他偏偏碰到了强中之强，一出手他就失着。从一定意义上说，这种反面的教育，比正面教育更加宝贵。后来他很注意张灵甫的治军和指挥特点。

"从'八·一三'淞沪抗战，到抗日战争结束，张灵甫不乏战功。张灵甫堪称真正的军人。蒋介石挑起全面内战，他走上了新的舞台。作为将星，张灵甫已是踌躇满志，而皮定均初露锋芒。他们不是同一量级的拳击手。历史把他们两个推上了同一个拳击台。"②

不同量级的拳手同台对擂，难免出现不对称的结局。对于15日的战况，皮定均写下了自己的感慨："我们为了自卫，为了保卫两淮，不准他来强占我们的土地，全旅对突过运河东岸滩头之敌，进行反复的冲杀，干了九次，几次打得很英勇，敌我伤亡都是很大的，特别是我们有很多优秀的抗日战士被国民党惨无人道地屠杀了。他们是抗战有功的英雄！"③

在痛悼牺牲战友之时，皮定均不会了解，与皮旅的战士们同样倒在运河中的74师官兵，他们中的许多人，也曾经是优秀的抗日战士，也曾经是抗战有功的英雄。很不幸，历史的命运主宰了他们个人的命运。作为军人，因着不同的阵营和理念，在同一场内战中相向厮杀，与对手一同命归运河。为何而战？为谁而战？选择的不同，决定了历史在他们身后的评语迥然相异。

整编第74师终于突到了运河东岸，付出的代价也是相当的惨重，成批的士兵在渡河突击中战死在运河里。张灵甫没有留下日记，9月16日清晨，当这位铁血将军挂

---

① 皮定均《皮定均日记》，解放军出版社1986年10月。

② 张凤雏《百战将星皮定均》，解放军文艺出版社1997年7月。

③ 皮定均《皮定均日记》，解放军出版社1986年10月。

着手杖跨过运河，踏着士兵的尸体向淮阴城挺进，不知对这些身穿不同军装倒在血泊中的年轻人，内心闪过怎样的感慨？

运河里、滩头上，战死的两军士兵，尸体横陈，死者的血，在波浪的冲刷下，汩汩交融，一样的血色殷红。

五

9月16日一早，58旅前卫本队的先头部队推进到石工头高地附近，一个短小精悍的将官放下手中的望远镜，对面的城墙已经清晰可见，部队又向淮阴城踏近了一步，胜利之神仿佛正在向他招手，卢醒露出了得意的微笑。

上午，58旅先向石工头阵地发起进攻，对面守卫阵地的华野9纵75团立刻以迫击炮火奋起还击，卢醒见攻击不畅，马上命令转移进攻方向。11时许，58旅173团的先头部队转攻高兴桥。9纵在高兴桥的低形射界工事伪装得十分巧妙，战士的射击纪律很好，173团的先头攻击部队一直没有发现，直到冲近高兴桥以南一百米左右，守军才突然以猛烈的火力密集扫射，173团的前卫营遭遇到突然打击，伤亡者甚众，连前卫营长也被击毙。卢醒不甘心受挫，他调来炮兵掩护先头营继续进攻，58旅一部终于攻占了武家墩，赶来增援的皮旅1团也在58旅的压迫下撤到小杨庄一线。几乎与此同时，51旅151团也于下午4时从左侧攻入了9纵75团的石工头阵地，9纵75团派出一个连反击未能奏效，张震急令皮定均赶往增援，可是阵地在皮旅到达之前已经为151团所占。但是之后的两个小时战斗，卢醒毫无进展，战至下午4时许，58旅依然被阻于高兴桥阵地前不得前进。老天也不帮卢醒的忙，从早上开始就大雨滂沱，卢醒叫苦不迭，只得悻悻然收兵。

次日清晨，师长张灵甫发出命令，58旅和51旅同时由武家墩、石工头之线向淮阴展开进攻，并且慷慨地许以银弹刺激：先攻入淮阴的部队将奖赏法币二百万元。

由于58旅前两日战斗进展不错，卢醒信心十足，他来到本旅的前沿观察督战，发现前方的阵地地形开阔，对于进攻一方颇为不利，但是早晨的进展却出乎意料，七里墩、汪家大屋、王家庄相继突破，护城河近在咫尺。立功心切的卢醒被眼前的胜利冲昏了头脑，他估计，依此推进速度，傍晚之前攻陷淮阴理应不在话下，为了抢功求赏，他自作主张给张灵甫打电话，声称58旅的先头突击部队有两个连已于11时左右经从南门和西门分别进突入了淮阴城。

张灵甫闻报信以为真，不过他高兴得太早了。卢醒打错了如意算盘，当日，58旅不但没能攻入淮阴城，连进攻高兴桥的战斗也很不顺利，172团3营朱营长率部冲锋战死，2营杨营长督战重伤，将近傍晚时分虽一度攻克，却又遭遇强烈反击，直至入夜仍陷于胶着苦战之中。

与张灵甫深交多年，卢醒十分清楚师长执行战场纪律的严厉和冷酷，他知道自己这下麻烦大了，如果别人把实情报到师部，他谎报军情的罪过可是非同小可，事已至此，恐怕只有主动坦白，还能求师长眷念旧情为他作些担待。挨到晚上，卢醒见突破淮阴无望，硬着头皮拿起了电话，语气里全然没有了早上的底气。他先将当日的战斗情况讲述了一遍，末了向张灵甫请求撤销进入淮阴的报告。生怕张灵甫因他虚报军情而严惩他，卢醒又编了一个谎，声称先前进入淮阴的是58旅的谍报人员而不是先头部队，现在已经退出城外。张灵甫闻听此言，顿时勃然大怒，受了卢醒的误导，他已经越过绥署向国防部直接报捷，现在这样的结果让他如何向上面交代？生气归生气，念及战况正紧，张灵甫还是放了卢醒一马，他把卢醒怒斥一顿，勒令58旅必须在18日攻占淮阴，将功补过。[①]

于是，在一本台湾出版的战史上留下了这样一段记录："17日经整日激战，敌我均无进展，18日第7军击破共军来援之第7师及解8师，解除侧背威胁，继向渔沟镇进攻，整74师于淮阴郊区与共军第3师（注：此为该作者资料有误，下同）及第9纵队激战至傍晚，整58旅之一部在炮兵支持及空军密支下由淮阴南门突入城内，该师师长张灵甫邀功争宠，越过兵团部及徐州绥署，径急电国防部攻克淮阴，因陈毅巢穴被攻克，南京正发号外及燃放鞭炮庆祝，突入城内整58旅之一部遭共军第3师及第9纵队之人海逆袭，被迫复撤出城外，张师长突感向国防部捷报克复淮阴无法交代，只有夜以继日再拼死猛攻。"[②]

在另一路，陈传钧51旅的推进速度也慢了下来，密集的水网沟渠限制了攻击战

---

① 据《陆军整编第七十四师阵中日记》（1946年9月17日）记载，当日"午刻五八旅突击部队两个连于淮阴城南门西门之间突入城内"。故刘增泉的《找回失落的记忆：陆军七十四军与马祖》（台湾连江县社会教育馆2000年）记述卢醒谎报军情发生在9月16日上午，应属不确。该书并称整74师于18日晨攻占淮阴，亦属不确。国共双方的战史资料均表明，整编第74师是在9月19日晨攻占淮阴。因此，该书所述16、17日的战况，有部分似应发生在17、18日。

② 耿若天《戡乱战争全史——怎样失去大陆》（网络版）。但经查《陆军整编第七十四师阵中日记》（1946年9月17日），张灵甫当日仅发出一份战报呈参谋总长陈诚、绥署主任薛岳、副主任李延年和二绥区司令官王耀武，未见书中所称"越过兵团部及徐州绥署，径急电国防部攻克淮阴"的记录。

术的施展。16日落日时分，51旅才进至码头东侧李庄至高头一线，17日，151团虽然彻底占领了码头镇，但是1营营长刘普育在冲锋时阵亡，而守军对151团的三次反击也没有成功，双方在黑夜中对峙。

虽然张灵甫没能如愿在17日拿下淮阴，对于在淮阴城坐镇的谭震林来说，战况还是不容乐观。配合整74师的主攻，第7军正在向渔沟发起猛攻，原拟南调增援的华野2纵主力因此被第17军缠住，仅能派出第7师19旅一个团到淮阴附近救援，王营大桥在15日又被国民党军破坏，使得赶来增援的部队隔岸望河兴叹。由于9纵连日激战损失很大，谭震林将9纵撤至王营、西坝转为第二梯队，换由刚抵达淮阴的第5旅在高兴桥、孙老庄、韩信城一线建立防御阵地。为了迟滞张灵甫的攻势，死守淮阴，他还决定来一个水淹74师，谭震林在16日电告陈毅："13旅（皮旅）昨日攻击未奏效，敌人现攻击很猛。为确保淮阴，决定把城西、城南变为水乡，部队以水设防。城北大桥是否破（坏），要看水的程度。部队下午5时左右可以转移完毕。"[①]

破河决堤的工作交给了皮旅第1团，16日晚上，该团扒河掘堤忙了一夜，放出运河之水阻敌。关于决堤一事，国共双方的相关战史均有所提及，但是对于大水对74师的进攻究竟造成多大的阻碍，并无具体的记录，从第二天张灵甫变本加厉的凌厉攻势来看，运河决堤似乎没有达到预期的效果。

六

张灵甫也是骑虎难下了，给上峰的捷报已经发了上去，不能形同儿戏说撤就撤，南京电复说，电台将于18日发布攻占淮阴城的消息，他只有一天多的宽限时间，唯有严令各部下猛攻，力争尽快打进淮阴城结束战斗。

9月17日，淮阴南郊，从皮旅的朱庄、磨盘庄、中码头阵地，到5旅的孙老庄、高兴桥阵地，再到9纵的道士庄阵地，整74师使出浑身解数全线进攻，张灵甫招来空军出动数十架战机进行陆空协同作战。谭震林将皮旅、5旅和9纵全部集结在淮阴城南，各部指战员们誓与淮阴共存亡，抵死坚守阵地，是日守军击落两架敌机。一天的交战，74师仅夺取朱庄、磨盘庄阵地，皮旅、第5旅和9纵依然在胡庄、高兴桥、道士庄、大王庄等阵地苦苦坚持，急切盼望援军的到来。

这一天，卢醒最为卖力，17日晚挨了张灵甫的严厉训斥，他必须竭力打出些战绩来，

---

① 刘统《华东解放战争纪实》，人民出版社1998年12月。

弥补过失。毕竟跟了张灵甫十多年，卢醒在打仗方面还是颇得了一些张灵甫的真传，作战手段比较灵活，他及时调整了战法，白天强攻不行，那就改用夜间偷袭渗透。说起来，夜间偷袭应该是解放军的拿手好戏，一般的国民党军部队没胆打夜仗，遑论在夜里主动出击，卢醒深受惯于运用小部队偷袭战术的张灵甫的熏陶，对于这一套驾轻就熟。58旅现在面对的是它在淮南的老对手成钧的第5旅。前一天深夜，卢醒就派出部队于夜色中偷偷摸近第5旅13团1营在小孙庄的前沿阵地隐伏不动，17日拂晓时分，乘着守军疲惫松懈之机，58旅的突击部队猛然袭击，突破阵地后连夜向孙老庄猛攻，当日与赶来增援的第5旅14团相持于孙老庄前。卢醒夜袭得手，18日拂晓再次故技重演，以同样的战术，又突入了第5旅15团的大王庄阵地，双方在村内反复争夺、僵持，死伤枕藉，整个村庄打成了废墟。

5旅战后总结74师的作战特点并检讨自己的战术不足："战术思想上守旧，同样表现于守备过程中不能很快掌握敌攻击特点，探究对策，两天作战均发现敌采取拂晓偷袭手段，夜间推进我阵地前沿，拂晓行突入袭击，突破我阵地，而我则未能加以警惕，变更战术手段，仍墨守成规，前沿阵地均为敌所逞，且使敌能以偷袭手段透过我阵地冒入纵深。……敌数次偷袭中均冒我守备部队番号而不被发觉。"①

整74师兵临淮阴南门城下，第7军在淮阴以西不断袭扰策应，眼见淮阴岌岌可危，陈毅后悔不迭，中央关于"务于粟谭到达前，歼灭南下之敌一至两个旅，顿挫敌之前进，争取时间以待苏中主力到达，协力歼灭全部"的指示，看来是难以达成了。他在9月17日给粟裕等人发去急电："此次出毛病，没有估计到敌迅速南下。原想避开桂军，控制主力于河北，不料蒋军又不来，未碰着它。山野9日过六塘河，14日又转回来；部署调整完毕，当面敌情未能分清楚，故丧南移时机。8师即可转移，2纵转移不及，15日桥又破坏，与桂系接触。总之此次淮北作战，由于主观指导错误，贻误全局，五内俱焚，力图挽救，当尊重兄等建议。"②

淮阴城外，张灵甫的心情一点也不比陈毅轻松。17日冒雨激战竟日，51旅和58旅伤亡颇大，进展却不如人意，至下午6时左右，两旅联合进攻，方才进至李家庄—城隍庙一线。侦察部队发回的报告和俘虏的口供也苗头不对，当面共军居然出现了第1师和第6师的番号，显然对方北上的先头增援部队已经在陆续进抵淮阴城外，这个

---

① 《25军第三次国内革命战争史》(草稿)。

② 刘统《华东解放战争纪实》，人民出版社1998年12月。

消息简直是火上浇油，令张灵甫焦虑不已。他明白，明天将是最后的决战机会，自己必须赶在华中共军主力抵达淮阴之前拿下城池，否则一切都可能前功尽弃，即将到手的战功将变成泡影。淮阴郊外的指挥所内，张灵甫对17日的战果大发雷霆，他怒气冲冲吩咐师部特务营长集合队伍，他要亲自带着特务营到第一线参战。参谋幕僚们一听，生怕师长牛脾气发作在前线出事，吓得拉住他连连苦劝，张灵甫方才作罢。不过，他在指挥所是再也坐不住了，18日，张灵甫投入预备队57旅的炮兵营支援58旅，自己也离开师部亲临火线直接指挥作战。当时在58旅担任营长的陈佐弧还记得，张灵甫骑着战马，军衣外套一件蛋青色的风衣，在师部参谋的簇拥下，冒着弹雨往来于前沿阵地，亲自督战。

几乎与此同时，粟裕带着华中野战军指挥所人员也赶到了淮阴北门大街的指挥所与谭震林会合，华中野战军的第6师先头部队18旅到了淮阴附近的板闸，2纵也即将南来。根据当前的局势，粟裕和谭震林迅速交换了意见，决定于18日晚间调整部署，在加强正面防御力量的同时，将部分兵力转至74师的侧后，待19日晚与来援的第2纵队、第6师18旅协同反击。苦等的增援部队终于即将到来，战局可望出现转机，谭震林略微放下了心，他以为淮阴危机已过，遂向陈毅发出电报，告之次日准备反攻。

不料计划赶不上变化。18日晚上，守军第5旅的阵地在夜间调整中出了毛病，粟裕和谭震林的反攻计划胎死腹中。

58旅在18日从审俘中得悉，共军2纵正南下增援，预计19日拂晓可以抵达淮阴南门，俘虏交代了当晚的口令、2纵的入城联络记号、识别符号和城内指挥所的位置。在 线督战的张灵甫从情报和俘虏口中敏锐地嗅到了可乘之机，他立即命令58旅派出一个突击营，换穿共军军衣，由两名俘虏带路，轻装向守军主阵地的结合部渗透，偷袭淮阴南门，吩咐得手之后注意与空军完成陆空协定，以便天亮之后指引空军轰炸城内目标，配合正面主力两面夹击。

58旅173团第3营的杨营长自告奋勇接受了这一任务。该营的突击还是套用前两天的老战术，午夜1时许，3营选择在高兴桥以东两公里的康家庄东面，从守军5旅14团与9纵的结合部偷偷切入，爬过阵地到达李庄后，全营冒充2纵前来接防的先头部队，装模作样列队前进，用口令骗过沿路岗哨，凌晨3时许，顺利到达淮阴南门。南门外有守军一个排，正全副武装席地而坐，在乘隙假寐休息，见到"友军"前来接防，他们毫无戒备，猝不及防一下子全被缴了械。杨营长指挥3营迅速占据南门，进入南街，立即发射信号弹向城外74师部队示意偷袭成功，随即以附近的弹药库为据点，用迫击炮向城内猛轰，还四处放火虚张声势。

守军第5旅指挥所对后方这一突发的战况不明详情，情急之中命令各团向东南方向收缩转移，但是旅部对部队失去了控制。此时，天色渐明，张灵甫出动74师主力集中力量攻击5旅的孙老庄、大王庄阵地，空军也飞临淮阴上空轰炸助战。5旅腹背受敌，阵形更加混乱，在这种不利的情势下，城外的阵地自然难以再坚守下去，5旅13团和15团分别从淮阴东门和西门退入城内作抵抗，14团撤退到板闸方向。74师的正面攻击部队马上趁虚而入，后续部队也蜂拥进城。清晨，双方在城内展开了激烈的巷战。

对于凌晨在南门发生的变故，还在城外坚持的皮旅和9纵起初一点不知情，皮定均直到早上7时左右才听说南门已失。前指命令皮旅和9纵预备队立刻进城回援，把入城之敌打出去，可惜等他们赶到，为时已晚，74师占据着城楼，有一个团的兵力已经攻进城内，气势如虹。皮定均在19日的日记中无奈地记下了这失败的一页："敌人攻占我们的城，他的士气很高，我们的士气在下降，又不是建制的部队，根本没有办法，我向高级首长提出我的意见，马上开始行动，经过了数分钟的战斗，结果不大，只有停止攻击。"[1]

败局已定，为了保存实力，避免更大的消耗，淮阴前线临时指挥所在下午4时决定撤离淮阴，粟裕和谭政林向陈毅和中央报告："突入淮阴城之敌已达一个团以上，其后续部队继续跟进。我军经一周激战已极度疲劳，且主力尚未赶到，故决定撤离淮阴。"[2]下午5时，撤出淮阴的命令下达到各部，9纵、皮旅和5旅等部出东门沿靖(江)涟(水)公路向淮阴东北的钦工、马厂、涟水撤退。

74师经过连续几天的激战，51旅和58旅也是兵锋已钝，也许是攻占淮阴的主要目标已经达成，张灵甫也有所松懈，他没有立即命令部队穷追猛打扩大战果，58旅留守城内，51旅只派出一部通过守军没来得及破坏的运河大桥，追到板闸与撤退的守军稍有接触，当晚停在了河下镇，准备天明向淮安城发动攻势。其实淮安的守军已经无心恋战，稍一交手便主动半夜弃城而走。9月21日，张灵甫换上一直作为预备队的57旅向淮安方向追击，57旅并不张狂，他们兵分两路小心翼翼地沿着运河东岸搜索前进，沿路没有遭遇大的抵抗，至傍晚推进至淮安城东北，方与守城部队有较具规模

---

① 皮定均《皮定均日记》，解放军出版社 1986 年 10 月。

② 刘统《华东解放战争纪实》，人民出版社 1998 年 12 月。

的接战。根据74师的阵中日记记录，与57旅作战的部队有华野第1师和第6师的主力。虽然57旅报称战况激烈并且战果辉煌，但是，如果华野真的有两个主力师在淮安坚守不退，单凭57旅一旅之师是不可能连夜破城的，能轻取淮安，还是守军无心恋战的结果。进城之前，旅长陈嘘云生怕里面设有埋伏，先派出小部队进城搜索，确定守军确实已经弃城之后，旅主力才全部进入淮安。同日，山东野战军主力在对运河北岸第7军的反击不果之后，也向汤集、涟水之间地区转移休整，整74师与第7军隔运河会师。至此，张灵甫总算完成了两淮作战的使命。

关于74师在两淮作战的损失，由于山野、华中部队最终撤出战斗失去两淮根据地，对于进攻一方的具体伤亡数字，恐怕难以详细清点，只能是大致的估算。由国民党军方编撰的战史，对于此役的国民党军伤亡统计数据自相矛盾，少则七百余人，多则二千六百余人（这一数字不光指74师，还包括其他国民党军部队的伤亡），不一而足。而74师的阵中日记，在9月底及10月上旬则分别出现了两份数字不同的关于两淮战果的统计与俘虏处置报告。9月底报告的战果数字，俘虏华野官兵合计约二千二百人，重伤官兵合计约七千四百余人，两者合计近万人。其中，除有不到七百名俘虏送友军、遣送返乡以及保释者外，有一千零八十一人经甄别后，被补入了74师的输送部队。去掉前述两项约一千八百名俘虏外，其余四百余名俘虏以及数量众多重伤员的去向，不见交代。这段统计数字，俘虏数目还属合理，且具体处置均详细点算人头到个位数，其中俘虏数还把官与兵分别点算，准确度应相当高；重伤数字则偏大含有水分，但其中单列的伤官三十三名，尚属合理；令人疑惑的是，没有毙亡数字。10月上旬的报告写明是关于9月13日至22日期间的战斗，显然主要指两淮作战，其中补充输送部队、送交友军、遣送返乡以及保释者的数字均重复第一份所报未见变化外，共军伤亡统计则放了一颗胜利卫星：合计竟高达二万三千八百人，且伤亡比几为3：2。其实当时在苏北的华野加山野部队，山野的8师、2纵被7军牵制在来安、渔沟一线，华野1、6师迟到两淮，参战几可忽略，实际守城主力是9纵、5旅、13旅（皮旅）和6旅，最多不过三万余人，两淮一战死伤高达近百分之八十，殊难置信。华野在其后一战涟水后也放过胜利卫星，报歼74师及28师192旅约九千人，与之相比还是小巫见大巫了。比较有参考价值的还是74师对自己战损的统计：官兵伤者合计一千七百余人，加上重伤身死一百四十九人。直接战死数未见列出，若按伤亡比3：1计算，可推算有五六百人。这就与有国军战史称伤亡二千多人很接近了，也许有的战史称七百余人，实为各部合计战死数亦未可知。

蒋介石在74师覆灭于孟良崮后在南京对军官团的一次训话中曾经说，张灵甫在淮阴战役后收编过约三千名俘虏，按照国民党军当时的规定，这样做是违规的，所以蒋介石听说后当面警告他："匪军俘虏绝对不能收编，一定要送到后方收容。"张灵甫回答说："俘虏中有许多是我军过去被俘过去的，而且并不是拿来补充战斗兵，只是作杂役兵，想必没有关系。"蒋介石说："作杂役兵也不行，一定要集中送到后方。"[①]蒋介石当时提及这件事，是牵强地把它列为74师孟良崮战败的原因之一，其实张灵甫补充的这些俘虏，大部用于后勤输送部队。

解放军方面的相关战史，均承认部队在两淮作战有所损失，至于具体数字，一般语焉不详。根据参战部队自己的军史所提供的不完全统计，结合相关高级指挥员的文字回忆及其他著述，仅以与74师直接对战的第5旅、13旅和9纵为例：5旅仅自16日至18日三天，伤亡人数已达八百余人；13旅在第一天的数次反击中，当天伤亡就达约六百人；9纵参战的时间比前两者都长，牺牲也就更大。以此推测，前述各部的伤亡总人数，保守估计也可能超过三千人（不包括与第7军等作战和淮安的战损）。至于被俘人员，如果74师阵中日记记录的收编俘虏的人数不虚的话，加上第7军等其他部队的战果，那么淮阴战役仅9纵、13旅和5旅三部毙伤俘的损失总数，有可能在六千人以上了。

两淮作战是张灵甫与陈毅和粟裕的初次交手，对于整编第74师的战力，粟裕后来实事求是地承认："回想当时战场的实际情况，我军还不具备歼灭敌先头部队——国民党五大主力之一的整编第74师的条件。后来在孟良崮能够歼灭它是我军经过宿北、鲁南、莱芜三个大歼灭战，我军的装备、技术有了很大发展，积累了大歼灭战的经验，才以五倍于它的兵力，达到全歼该师的目的。""我一直认为，即使第1、第6师赶到淮阴，并在淮阴同敌人作战，不仅不会讨便宜，还会吃大亏。华中主力在苏中几战打得比较顺利，没有吃过什么大亏，由小到大，逐步发展作战的规模，是一条很重要的经验。"[②]

中共丢失两淮根据地，华中"京都"沦陷敌手，原来在整个苏中、苏北军事上的

---

① 《对于匪军战术的研究与军队作战的要领》（1947年5月19日对军官训练团第二期全体学员讲）（秦孝仪主编《"总统"蒋公思想言论总集》卷二十二演讲 台湾中正文教基金会网站）。蒋介石讲话中提到张灵甫收编两淮之战共军战俘三千，与74师阵中日记记载的收编俘虏一千零八十一人有异，可能是与74师在之后涟水、山东等地后补的俘虏混为一谈了。

② 《粟裕战争回忆录》，解放军出版社1988年11月。

主动局面因此大翻盘,大片的解放区变成了游击区。军事上的失利连带也造成经济上的困境,华中地区的工商业经济来源几乎被全部切断,兵源补充、后勤补给都发生了严重困难,这一切,在华东军政干部和群众中一度引起了悲观失望的情绪。1946年10月初,原跟随叶剑英在北平军调部工作的陈士榘奉命回到华东,接替宋时轮担任山东野战军参谋长,陈士榘回忆初到苏北上任时的情形说:"10月上旬我刚到达前线,苏北的金秋季节,西风送爽,景色迷人,然而我发现部队情绪低沉,思想波动,议论纷纷。上层在战略方针和作战方向上也有严重分歧,认识不统一,行动不一致,互相埋怨,泗县战斗失利,华中的领导同志埋怨陈毅没指挥好,宋时轮也因此离开了山东野战军参谋长的岗位。这样,陈毅、宋时轮感到很委屈,山东的部队也有意见。高级指挥员之间互相埋怨,严重地影响了部队的情绪。"① 陈士榘的观察,反映了两淮失利后在苏北的华野、山野的困难状况,解放军的战史也将此后的一段时期称为"艰难的三个月"。

<h1 style="text-align:center">七</h1>

整编第74师如愿以偿突破淮阴城,当天消息传来,军官幕僚们在师部弹冠相庆,开瓶祝酒大功告成。张灵甫却一言不发,他默默走到指挥所的一隅,仰面长嘘,有细心的部下惊讶地注意到,师长是在尽量掩饰自己的激动情绪,在部下面前一贯冷峻威严的张灵甫,此时居然独自向隅,双眼潮红。最后两天,他的神经实在是绷得太紧,胜利一旦降临,张灵甫少有地失态了。

据蒋介石的贴身侍卫说,蒋介石每天起身漱洗之后,惯例要做体操、唱圣歌,然后回书房静坐祈祷。1946年9月19日这一天,蒋介石或许要在祈祷时特地感谢"天父"的保佑了。一大清早,一份"淮阴大捷"的捷报就摆在了他的桌上,蒋介石读后喜形于色。第二天,他以自己的名义亲自给张灵甫发出一份嘉奖电报:"为淮阴大捷特电嘉勉,且希先详报死伤与忠勇殊勋官长,以凭奖恤,并褒奖勇敢士兵以资激励。"② 张灵甫立功受奖,胸前又多了一枚青光四射的三等宝鼎勋章。

淮阴城内,徐州绥靖公署副主任李延年也是春风满面,在庆祝整编第74师"淮

---

① 陈士榘《天翻地覆三年间:解放战争回忆录》,中共中央党校出版社1995年11月。

② 《蒋中正电张灵甫》(1946年9月20日)(台湾"国史馆"《蒋中正档案》典藏号002060100216020)。

张灵甫在徐州（1946年秋，淮阴战役后）

阴大捷"的酒会上，李延年盛赞整74师英勇善战，张师长"深体委座宏旨，指挥有方"，也是在这次会上，李延年发出了"有十个74师，就可以统一全中国"的溢美之词。会场上，杯觥交错，一片欢声笑语，报社、军闻社的记者们跑前忙后，镜头中的焦点人物，自然是新鲜出炉的"国军英雄"张灵甫将军。大家如众星捧月般簇拥着张灵甫，竞相向他敬酒，据他的夫人说，张灵甫并不善饮，最多只有一杯葡萄酒的酒量，他将前来淮阴探亲的王玉龄带来的名酒分予众人。有记者建议张师长与夫人一起合影，心情愉快的张灵甫答应了记者的要求。不日，南京的报纸登出大幅的报道和照片，颂扬英武神勇的张灵甫将军率领国民党军整编第74师，以"挖心战术"攻破"匪巢"淮阴城的"英雄事迹"，当时南京开始准备召开国民大会，这样的"重大胜利"和"模范将军"，国民党方面当然是要大大鼓吹一番装点门面的。照片上的张灵甫，头戴美式钢盔，胸挂勋章，手牵骏马，轻揽娇妻，嘴角难得地挂着一丝笑意，威风十足。记者在照片下面的说明别出心裁地题着："英雄、美人、名马。"

张灵甫戴上了"常胜将军"的桂冠，名声大噪。

战后，74师暂住淮阴休整。据74师阵中日记记载，1946年10月3日，该师集中后方师部各部队，在淮阴国民大戏院前搞了一次战后检查，主要针对军容、卫生、武器弹药及马匹车辆，甚至伤病马匹也要拉出来参加检查。传令中对于列队检查的官兵着装作了明确要求：

"官佐着人字尼军常服、皮鞋，不带符号，有手枪者置于左侧；士兵着军常服扎绑腿，赤足黑胶鞋，全副武装带、符号；官兵一律戴钢盔。"

同时，下面三个旅则奉命花了一周时间，分别在石塘镇、席家桥、马场、老坝等地埋头修筑碉堡工事。

除此之外，张灵甫还特地集中全师工兵，花了约两周时间在淮阴修了个"烈士公墓"。关于这个公墓，后来也出现在关于张灵甫之死的众多传说中。当地曾经有人回忆说，国军曾在淮阴替张灵甫修建了高大气派的墓地，中华人民共和国成立后被炸毁了，里面的尸骨还被拿去某中学做了标本，言之凿凿。但回忆者显然是张冠李戴，把1946年10月初74师为两淮阵亡官兵修建的公墓，想当然地与约一年后张师长本人之死混为一谈了。

10月6日，74师的57旅171团炮工兵各一连占领宝应，宝应、涟水、阜宁等五个县政府也随行推进。至11日该部仍在当地驻守，并派第2营南下接应黄百韬的整编第25师作战。当日，薛岳电令黄百韬略即日率师北上，接替74师在宝应及北侧地区的防务。①

74师在淮阴的师部，当时就设在原来中共华中局所在的大院里，张灵甫住在二楼。一天清早，参谋们醒来，但觉满院清香，出门一看，原来院子里的一株半人高的昙花在夜间忽然盛开。他们看见喜爱摆弄花草的师长手提照相机，正在花盆前流连徘徊，不时附身对着花朵取景拍摄，便七嘴八舌围拢来观赏。当时全师上下还沉醉在"淮阴大捷"的喜气之中，有人对张灵甫拍马说，昙花难得一开，师部刚刚进驻，这里就昙花骤然开放，这是在为师长祝捷。张灵甫站在花坛前，拍了一张照寄给已经回南京的新婚夫人留念，背后是盛开到有些嚣张的美丽昙花。

说起这段花絮，王玉龄女士不免有所感慨："一件事怎么解释都有说法，后来有人又说这其实是不祥之兆，昙花一现，美则美矣，但是马上就凋谢了，像是在预示着他和他的74师在内战中的命运。"

1946年的下半年，正是张灵甫 "武运昌盛"的时候，他志满意得，在战场上威

---

① 本节关于74师驻扎淮阴期间的活动，均根据《陆军整编第七十四师阵中日记》1946年10月部分的记录。

风八面，有谁会料到，他的生命会犹如这美丽而短命的昙花，只剩下不到一年的时间了呢？

第五节 棋逢对手——一战涟水

一

早在孟良崮战役之前，陈毅和粟裕就已经多次盯上了张灵甫，痛失两淮之后，华东野战军(1946年底之前仍分为山东野战军和华中野战军)至少有三次试图捕捉和创造战机，准备集中起优势兵力，剪除张灵甫和整编第74师这个华东战场上的头号杀手，由于种种原因，直到第四次，才在八个月之后的山东孟良崮终于一雪前耻。

粟裕最早的一次尝试，是在两淮之战结束后仅一个月，这就是华中野战军对阵整编第74师的第一次涟水战役。

涟水是一座古城，早在秦代就已经立县，具有两千多年的悠久历史，也是新四军在苏北的老根据地。涟水位于淮阴东北三十多公里，地处淮河下游，盐河和新淮河(当地人称为淤黄河)一北一南绕涟水城平行，两河在涟水城西互相靠拢，相距最接近处有一个集镇，叫带河镇，是城西的一个入口，它的北面盐河西岸的大关，也通城西。涟水城南的淤黄河河面宽达一二百米，历史上洪水泛滥成灾，因历代的泥沙淤积，河床高于两岸地平，城南与淤黄河五六百米宽的间距就有三道大堤，最外一道称为内堤，它靠近河床比较低矮，中间一道堤面宽十多米，高过城墙一丈多，最靠近城墙的一道与中间那道高堤相比，只能算是低矮的护城堤埂。一条大道穿过三道大堤，从涟水城南正门一直向南延伸到河边，全城唯一一个过淤黄河的南门渡口，就在路尽头的河边。在涟水城内的西南角，还有一座名为妙通塔的古老佛塔，建于宋朝宋仁宗年间，塔身七层，为八面体，高三十二米，全部石砖结构，妙通塔是当年涟水的地标性建筑，也是全城的制高点，古诗中即有"中塔涟城半壁天"之句。[①] 涟水城外的东南方十余公里处是茭菱镇。

涟水的特殊地势，给张灵甫选定主攻方向出了一道难题。

攻占两淮之后，在上上下下一片褒扬、恭维声中，张灵甫被捧得有些飘飘然了，

---

① 妙通塔于1948年7月毁于战火，今涟水妙通塔是由当地政府于2002年在原址仿建的。

他的强烈的攻击欲望也被煽动得越发旺盛起来。整编第74师和第28师当时集结在涟水西南的淮阴、淮安地区，兵团原先的部署是由整28师主攻涟水，整74师仅配属一部协助，张灵甫雄心勃勃，打下两淮还意犹未尽，他不顾部队伤亡还没来得及整补，又把攻打涟水的作战任务大包大揽了下来，于是计划变更为整74师主攻涟水，整28师师长李良荣奉命仍拨出其192旅配属张灵甫指挥。

在淮阴之战中，张灵甫只是把28师的192旅作为预备队，战斗中并没派它上场，在他的眼里，28师是无法与他的王牌军比肩的。他说："打涟水，我们去打，拿下来，他们进城守就行了。"张灵甫对自己部下这样信口说说无妨，有的人还以为师长是好意照顾友军呢，可是这种口吻听在友军的耳朵里，别人心里就不是滋味了。整28师师长李良荣也是蒋介石的嫡系亲信，他出身黄埔一期，抗战前期在桂永清手下任师长，兰封战役后，他曾经在蒋介石的军事委员会委员长侍从室当高级参谋。李良荣被张灵甫抢了风头，听他言语之间又流露出小看28师的意思，便公开表示不快，他说张灵甫这样不注意是会吃亏的。几天后张灵甫果然吃了他的亏，在74师攻城有难的时候，28师在后面袖手说风凉话。

在华东战场，74师的表现在国民党军中属于"木秀于林"，张灵甫又不注意收敛锋芒，因而引起友军的侧目和妒忌，不大愿意与它合作，甚至希望看它出笑话，由此也埋下了日后张灵甫兵败孟良崮的一个祸根。

张灵甫依然我行我素。进攻涟水之前，有一天他正在师部主持营长以上的作战会议，参谋长魏振钺出去接了一个电话，回来报告张灵甫说，是兵团司令官李延年打来的，他要74师把进攻涟水的作战计划送一份交他研究。张灵甫听后当着众人的面大咧咧地对魏振钺说道："什么计划，我们作好了送去，给他看一下就完了。大烟鬼，他有什么好研究的！"说完自顾开他的会，全不在意在场的营团长们都瞪着眼把他的话听了去。

张灵甫不屑征求李延年的意见，对于进攻涟水的计划，他自己还是作了一番功课。

从淮阴进攻涟水，74师将由南向北推进，距离最近最直接的攻击路线，是从涟南渡过淤黄河即可兵临城下。但是淤黄河在涟水城南形成天然的护城河，从这个方向进攻，必须敌前渡河，大大增加了突破的难度，过河后又要在正面不大纵深不够的滩头背水作战，守方却有从河套迂回出击截断攻方的退路之机。所以，如果采取渡河直取城南的方案，成则速战速决，败则风险剧增。鱼与熊掌不可兼得，风险与成功也成正比。

另一个选择在城西，带河镇南北有淤黄河和盐河作屏障，在这里，两河倒成了十分有利于攻方的安全保护，攻方只需考虑如何从西向东进入城区，而不必多顾虑南北方向的侧翼安全问题，而且无需渡河，缺点是正面狭长，最窄处不足一公里，不利于攻方大部队展开，而有利于守方层层设防，不过反过来说，守方的出击路线也因此容易受阻，除非守方从王营方向绕出来，才能打到攻方的背部，这样做对守方费时费力，难保出击部队还没到位，正面却有先被攻破城池的危险。

再一个方向在盐河西岸的大关，这条攻击路线对攻方来说路途最远，而且侧翼完全暴露，基本是利守不利攻。

张灵甫决定铤而走险，他选择第一个方案：北渡淤黄河，背水攻城。

参谋们很快依此作出了具体的作战部署[①]：

1. 重点在淤黄河河套，自南向北前进。

2. 57旅为右翼，沿王家口、顺河集，先行进占茭菱，再打严家码头，然后将茭菱交给28师192旅守备。

3. 51旅为左翼，先占领钦工，后击徐家码头。

4. 192旅一部掩护右侧，向苏家咀警戒。

5. 58旅为总预备队，自淮阴向东，沿大石桥、席家桥、王家口作为徐家荡至顺河集一带之守备部队。

6. 主力51、57旅自河套过淤黄河，背水攻取涟水。

这套作战计划，几乎与攻取淮阴的思路如出一辙：大胆冒险的背水一战，速战速决。可以说，正是淮阴之战敌前强渡背水攻城的成功经验，促使张灵甫下了铤而走险的决心，他要在涟水城南再演淮阴的辉煌。

二

在先前估计涟水守军兵力的时候，张灵甫与李延年的看法不尽相同，李延年认为涟水共军最多只有一个师的兵力，张灵甫比他实际一点，也只估计到城内应该还有一个师的机动兵力。在战役发起之前，他的这个估计还算是八九不离十。10月上旬，华中野战军担任涟水城防任务的确实只有皮定均的13旅，在涟水附近还有9纵位于淮安的钦工、马厂之间，11纵（5旅）则在淮安以北的顺河集休整。可是，不论是李延年还是张灵甫，他们谁都没有料到，粟裕后来把第9、10、11纵队（5旅）、第13旅（皮旅）、第1师和第6师总共二十八个团，全部都投入了涟水，集整个华中野战军的主力精华

---

① 《敌档和敌俘提供资料》，中共涟水县委党史办公室编《涟水保卫战》江苏人民出版社1989年。

张灵甫在野外勘察阵地（1946年深秋，第一次涟水战役前后）。

与张灵甫决战涟水城下。粟裕的胃口很大，他不单是要保卫涟水，他的战役目标还要在涟水一举歼灭来犯的整编第74师。

张网待捕，粟裕的这张网，起先倒不是特地为了张灵甫而织的。

两淮失利之后，华中局势严峻，原来大片的解放区变成了为敌所占的国统区，苏北只余盐城、埠宁、涟水、沭阳等少数几个县城尚在中共手中，在苏北的华中、山野部队在国民党军南北两线的挤压下处于被半包围的状态，薛岳用整编第74师"毒箭穿心"直取两淮的策略，基本达到了预期的效果。

从苏中北援的华中野战军主力没能赶上两淮参战，部队却因此与山野靠拢了，两军的兵力在淮沭地区集中了起来，起先山野在涟水路北，华野在涟水东南。华野除了13旅、9纵和11纵在涟水及东南地区外，还有1师、6师、7师后来进至六塘河北岸、沭阳以西。

对于两军下一步的作战重点应该是放在山东还是苏北，华中和山野的高级指挥员之间存在不同的看法，为了改变华中的被动战局，华中局和粟裕都向陈毅建议，集中华中和山野部队，在淮沭地区打一两场较大规模的歼灭战，以平衡因两淮失利在华中军民中引起的思想波动，这样也能为华中的后方机关、物资向山东转移争取时间，他们的建议得到了陈毅的正面回应。9月28日，陈毅和粟裕等联名向中央军委报告《对付敌南下和东进的部署》，其中提到："我们集中2纵及华野主力在沭阳、涟水之间集结，布置出击或去运东作战，只争取一二个歼灭战恢复淮北，可能改变局势，并掩护必要的后撤。"两淮高宝一线仍留9纵、10纵、18团(现为五分区司令部)及地武担任钳制，力求淮海区、盐阜区控制在手里，持久斗争，苏中游击战仍然长期保持。"①当日，毛泽东亲自拟电指示陈毅："两军会合后第一仗必须打胜。我们意见：(一)不要打桂系，先打中央系；(二)不要分兵打两个敌人，必须集中打一个敌人。"②

"集中打一个敌人"，而且是要"先打中央系"，打谁好呢？在9月30日致中央并报华东局的《对淮北作战的设想》中，我们可以了解到粟裕原先的设想："我决心渡过运河，首歼69师两个旅，继歼28师之两个旅，再歼7师之两个旅之大部后，淮北局面是可改变的。"③

在两淮的74师早晚会北上，这一点粟裕是早就预计到的，但是在其动向暂时不明的情况下，10月初，他与陈毅的商议结果还是如他上面所说的设想，即两军准备联合打宿迁之敌，攻占津浦路，目的是切断李延年兵团的后路，威胁徐州。为此，华中部队一部分主力一开始是向北移的，粟裕并不准备动两淮这一路敌人。

可是冤家对头，你不去找他，他却来找你。粟裕刚调动部分部队向北，南面的张灵甫就来了个贴身紧逼。

10月5日，74师51旅北上涟南，攻取马厂，全旅进占后，继续与华野的9纵和13旅对峙，另派一个团出淮安占领长刘庄，并继续东进；58旅一部从王营出发，于10月6日进占悦来集。

74师的动向告诉粟裕，张灵甫有进攻涟水或苏嘴(在涟水东南)的企图，于是他向陈毅建议，暂缓进行淮北的军事行动，华中野战军要在南面先歼进犯涟水之敌。10月6日，张鼎丞、邓子恢和粟裕三人再联名上书陈毅，要求打击74师的猖狂："我们认为，必须彻底歼灭该敌，才能巩固涟水，保障苏中坚持之后路有所依托，否则，

---

① 粟裕文选编辑组编《粟裕文选》（1945.10–1949.9）（第二卷），军事科学出版社2004年。

② 同①。

③ 同①。

战争年代的粟裕和陈毅。

苏中全失，于华中固不利，于山东及整个大局亦不利。"①

　　经过两淮一役，粟裕对74师的实力开始有所了解，他知道光靠当时驻守涟水和淮安附近的13旅、9纵和11纵三支部队，很难达到歼灭74师的目的，于是命令北移的第1和第6两师立即南开参战。

　　张灵甫似乎对华中部队的动向有所察觉，发现有风吹草动，他立即警觉地把74师向东北前出的部队撤回了淮阴，没有再做出大的动作，十来天里只派些小部队出来侦察搜索，打打冷枪，夜间偷袭摸哨，搞些神出鬼没的花样，他到底要几时动手，一时令人捉摸不透。这个时候，北面的形势却紧张了起来，徐州绥署积极部署准备大举东犯新安镇、沭阳，第7军逼近六塘河，附近的整编第57师、88师也相应有所动作。

---

　　①　《张鼎臣、邓子恢、粟裕关于计划在涟南打击74师向陈毅的报告(1946年10月7日)》(中共涟水县委党史办公室编《涟水保卫战》江苏人民出版社1989年)。注：当时因山东形势突然吃紧，山东的国民党军在猛攻枣庄、峄县，陈毅有带山野回援鲁南的打算，故张、邓、粟报告中有"苏中全失，于华中固不利，于山东及整个大局亦不利"之语，希望陈毅在华中部队南移对付整74师时，仍将山野部队暂留北面牵制，缓回山东。

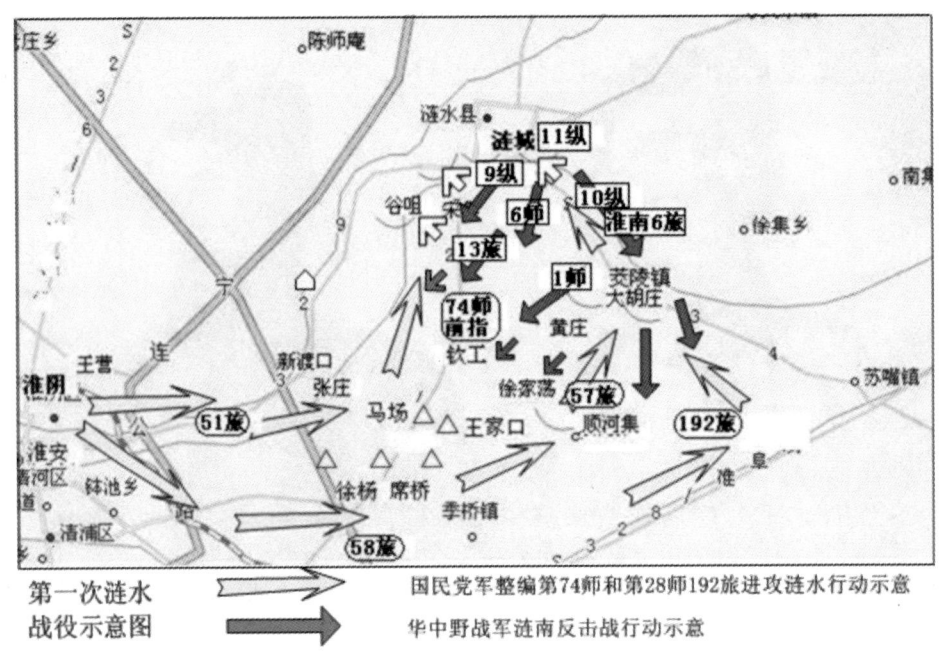

第一次涟水
战役示意图

国民党军整编第74师和第28师192旅进攻涟水行动示意
华中野战军涟南反击战行动示意

第一次涟水战役示意图

粟裕见张灵甫按兵不动，因此改变了主意，10月18日，他又决定与陈毅集结华野、山野主力于沭宿两侧，待机迎击东犯之敌[①]。他将原定南调涟水的第1、6两师又调了回去，之前对守卫涟水的部队也先作了调整，将13旅和9纵调到宿北机动，由11纵负责保卫涟水，把从宝应北撤的10纵和淮南6旅调来接替9纵，在谢家荡、顺河集一带节节迟滞74师进攻。如此一来，涟水方向的兵力不增反降，歼灭74师的计划似乎要束之高阁了。

三

就在粟裕抽调部队北上的同时，张灵甫趁虚而入开始行动了。10月17、18两天，他将74师两淮防地交予李良荣的28师，黄百韬的25师也从宝应北上，与74师打通了联系，张灵甫后方补给畅通，全无后顾之忧。一切安排妥当之后，他指挥本师三个

<hr>

① 参见《预定在沭宿间歼敌之计划》(1946年10月18日)，粟裕文选编辑组编《粟裕文选》(1945.10—1949.9)（第二卷），军事科学出版社2004年。

旅加28师192旅，兵分三路向涟水进发，张灵甫把前线指挥所设在了淮阴与涟南之间的钦工。19日，张灵甫正式发出进攻命令：东路57旅从淮安经席桥、顺河集进攻茭菱镇；南路51旅从淮阴自板闸向徐杨庄攻击前进，经马厂、钦工进攻涟南正面，并派一部自王营沿盐河河堤西攻带河镇；58旅为预备队，自淮阴出发至大石桥与席家桥之间地区，对东南警戒并逐步推进。[①]

眼见张灵甫来势汹汹，在宿北集结部队机动待机的粟裕又心动了。他估计宿迁、睢宁之敌暂时不可能渡河攻击淮海，21日终于下定决心："为争取主动，决以1、6师，9、10、11三个纵队，共二十三个团集结涟水近郊，达到歼灭74师之大部，再看情况变化，决定新的行动。"[②]于是，第1师、6师、13旅和9纵开始陆续集结，回师南下参战。

张灵甫当然不可能知道粟裕在围歼他的计划上有过这些反复，而他将面对的守军兵力，会逐渐超过他原先估计的两倍多，74师将以寡击众。从10月19日开始，依照事先计划，张灵甫率领全师从东、南、西三个方向朝涟水外围推进。

这次他派出在淮阴之战中基本完好无损的57旅打头阵。57旅旅长陈嘘云在18日已经率部先从淮安出发，19日中午，该旅171团第2营在旅部炮兵的配合下，攻占季桥镇，171团继续向大小湾子武力搜索，170团进占顺河集、孙家窑，当晚，陈嘘云将旅部暂驻王家口。第二天，57旅向东北方倾巢出动，陈嘘云以旅主力经顺河集、大孙庄向大小胡庄进攻，傍晚占领茭菱镇西南的小胡庄，直逼11纵守卫的小茭菱，陈嘘云旅部推进至大孙庄。而28师192旅则在后面跟进，掩护57旅的右侧翼。左翼的51旅在占领钦工后，继续向涟南和涟西攻击前进。

21日，张灵甫命令陈传钧51旅和陈嘘云57旅同时从带河—城南—茭菱一线向涟水发起宽大的正面进攻，所谓宽大正面，也就是不分重点又似乎处处重点的全线进攻，表面上看，城东、城南和城西哪一面都是他的攻击重点，使得守军一时难以判明其真正的主攻方向。当天，51旅攻占涟水南面的张庄刘草上至新渡口王庄之线，到达淤黄

---

① 解放军方面一些原始函电和战史显示，进攻带河镇的是58旅一部。但是根据1946年10月23日《薛岳电蒋中正陈诚》(台湾"国史馆"藏典藏号002090300146008)关于涟水的战报，进攻带河镇为51旅一部，而后来解放军总政治部根据俘虏交代和敌档调查整理的敌方作战情况，58旅也没有参与西路带河镇的战斗。

② 《决集中华野主力歼击进攻涟水之敌》(1946年10月21日)，粟裕文选编辑组编《粟裕文选》（1945.10—1949.9）（第二卷），军事科学出版社2004。

河南岸。57旅170团和171团同时向大胡庄、茭菱镇和小李庄、冯家庄发起进攻，在华野10纵和11纵节节阻击下，双方胶着在茭菱镇黄庄一带。

担任守卫涟水重任的华中野战军第11纵队，也就是原来的淮南5旅，淮阴之战后在顺河集休整补充，并奉命扩编为有四个步兵团建制的纵队，扩编之后依然由原旅长成钧担任纵队司令。涟水外围战打了三天了，敌人已经进逼到大门前，他的主攻方向却还不曾暴露，张灵甫究竟会选择哪一路作为突破口呢？在茭菱镇的纵队指挥所，成钧陷入了长考。

成钧手里现在共有第13团、14团、15团和独立第5团，除了15团在守卫涟水城的核心阵地外，这几天他一直将13团、14团和独5团控制在涟水东南的茭菱镇，直到74师51旅猛攻涟水城南，他才于22日将独5团调往城内作为预备队加强城防。茭菱镇位于涟南河套地区的右侧（东面），背靠淤黄河，是向敌人出击的最佳阵地，守住茭菱镇，野战军的机动部队就可以西渡淤黄河，以茭菱为跳板向河套地区出击迂回，截断74师的后路，形成包围。可是，现在敌人在茭菱、涟南正面和涟西同时发起了攻势，如果敌人主力在我方机动军团赶来之前破了涟水，那他带纵队主力死守茭菱镇就中了敌人佯攻的奸计了，毕竟保卫涟水才是11纵头号重要的任务。是不是现在就该将主力调去南门呢？陈噓云57旅堵着茭菱镇大门的连日猛攻，又让成钧有点举棋不定。

在涟水城守卫核心阵地的15团团长李士怀也是高度的紧张。几天前粟裕将主力调往宿北的时候，对涟水的城防还是十分关心，10月14日，他特地在涟水北面樊卜庄的野战军指挥所召见了李士怀。野司司令员亲自约谈一个团长，这可有点非比寻常，李士怀意识到一定有十分重要的任务布置。在淮南六合、樊家集、淮阴，李士怀都与74师多次交过手，粟裕点名要他接防守卫涟水城的核心阵地，正是看中了他与74师的战斗经验。粟裕展开地图，亲自指点李士怀作城防部署。他比较担心张灵甫从城西的陆路来攻，告诉李团长要在带河镇方向多多构筑重叠防线，派最强的部队坚守；鉴于兵败淮阴的教训，粟裕认为张灵甫的战术相当大胆，敢出险招，他有强大炮兵和熟练工兵配合作战，再来背水一战也不无可能，所以涟城南门也是不得不防。李士怀领受了粟裕的指示，回去之后立即依计布置，他把防御重点放在了城西，团部留一个连的预备队外，2营在带河方向的高庄、唐庄、王庄一线构筑三道工事，扼守敌人从两河中间地带向涟西的进攻路线；3营守卫城西大关附近自杂姓庄到谷嘴之间防地，并按需机动；防守自南门渡口以西至杂姓庄的任务则交给了1营，1营将2连3排摆在南门渡口，并配属了营属六〇炮班(配备有三门六〇炮)。[①]

一个排加三门营属六〇迫击炮，还可以应付74师少量的先头渡河部队，51旅在22日白天进行的几次试探性渡河，都被3排的排枪和炮弹砸翻在河里。入夜，河南岸74师一边嘈杂的人声、车马声依然清晰可闻，仿佛满不在乎地在向北岸的守军示威。3排的排长是一个名叫邢献良的小伙子，透过朦胧的月色，他望见对岸的敌人在将十几只橡皮筏子推向河水中，轻蔑地笑了，他端起了枪，静候敌人再来送死。但是，邢排长马上就再也笑不出来了，一连串像是沉闷的鼓声刚从河南岸传来，南门渡口阵地已经升腾起浓烈的沙土烟尘，淤黄河与筏子都瞬间从他的眼前消失了。

74师已经作好了充分的攻击准备，这一次的炮击，落弹的迅猛和密度都远远超过了前几次渡河前常规的射击，排山倒海的炮弹把南门渡口两百来米的范围炸成了筛子。从前一天虚虚实实全面开花的宽大进攻中，张灵甫大致摸准了涟水城防的虚实，他选在守军兵力薄弱的环节展开第二轮单点突进，而南门渡口，才是他真正的突破方向，他在河对岸为51旅几乎集中了全师的炮火，盯住渡口突然猛轰，掩护51旅突击强渡。

一位亲历涟水战役的解放军军官，在战役十多年后以纪实文学的笔调描述了这次炮击留给他的深刻记忆："我要说，这是我在四年解放战争中所见到的最猛烈的一次炮击。现在，阵地上再也分辨不出一朵一朵的炮烟、一阵一阵的轰击声了，人们能够觉察出来的，只是一个持续不息的轰雷，一团浓黑色的腾腾翻浓的烟云。大地和天空，都被卷进了一个疯狂的大旋涡、大风暴中，恍惚火山爆发，大地眼看就要沉陷了。"[②]这位亲历战斗的作者，就是当年第11纵队15团的副政委，李士怀团长的搭档谢雪畴。

谢副政委的记述告诉我们，这一轮炮击过后，3排只剩下了十来个人，包括伤员在内。当察觉炮火开始向后方延伸，邢排长抬起头来，眼前的景象让他惊悸："渡口前面，是一片令人心碎的情势：河心里，密密麻麻，蜂蜂拥拥，尽是敌人的橡皮船，船上挤满了暗绿色的钢盔，几只划在最前面的小船，已靠近岸边，敌人从船上跳到水里，扑上岸来……"[③]51旅151团的前锋部队在炮火的掩护下，已经渡过了淤黄河。邢排长没有退却，十几个还能动弹的战士，随着他们的排长一起从战壕中站了起来，手里握着上了刺刀的枪、手榴弹，还有铁锹。

---

① 参见李士怀《战前粟司令面授机宜》，中共涟水县委党史办公室编《涟水保卫战》江苏人民出版社1989版；谢雪畴《古塔的神话及其他》，中国青年出版社1958年7月。

② 谢雪畴《古塔的神话及其他》，中国青年出版社1958年7月。

③ 谢雪畴《古塔的神话及其他》，中国青年出版社1958年7月。

暗绿色的洪流在月光下闪着幽幽的寒光，涌上了渡口，很快将他们吞噬。

10月22日晚，整编第74师51旅151团第3营冲上了涟水南门渡口。

四

李士怀在南门告急，成钧的担心变成了现实，11纵主力22日深夜立即撤离小茭菱、大胡庄、茭菱镇阵地，乘夜色北渡，连夜跑步向涟水城中紧急增援。

南门渡口突破，城门在望，战役的开局犹如淮阴之战的翻版。51旅151团的战报传到了张灵甫在钦工的前线指挥所，他似乎又胜券在握了。不能给对手一丝的喘息机会，张灵甫命令部队必须连续作战，扩大既有滩头阵地，向纵深推进。

突破南门渡口的51旅151团第3营连夜向两翼迅速展开，抢占河北岸约两公里宽的滩头阵地，配属74师的第15工兵团也迅速用制式器材，熟练地在河上抢搭起一座浮桥，151团全团通过浮桥渡过了淤黄河。

23日清晨，冲上滩头的151团与前来增援南门的11纵独5团剧烈交战，从茭菱镇跑了大半夜急急赶来的11纵13团，在团长谢锐的带领下也加入了对151团的反击，可惜反击不成功，他们没能将151团赶下河滩，上午11时许，河边第一内堤反被151团全部控制。

胜利似乎只差一口气。如果51旅在上午打退11纵13团和独5团的反击之后，趁对方后撤立足未稳之机，再投入兵力冲过第二道大堤直叩城门，当时城垣几乎空虚，而南下的华中野战军援军主力尚有半天时间才能赶到，那么，张灵甫还是有机会利用这一时间差，试演一个月前突破淮阴南门那风光一幕的。

可是，51旅就差了这一口气，张灵甫错失了第一个有利的战机。

彻夜的激战，占据河滩的51旅151团伤亡不小，攻占第一道大堤之后，陈传钧没有立即发起连续的冲锋，他在突破后试图先巩固滩头阵地，再发起下一轮的攻势。这也是登陆作战的常规做法，无论兵力多大，夺取登陆滩头阵地后，首先要巩固之，站稳脚跟后才向纵深发展，战术规范就是这么教的，陈传钧正是严格按照既定的登陆战程式在操作。151团花了半天时间，很快将守军原有阵地工事基本改造完毕，在原来的河堤阵地以铁丝网拉成多段阵地，以便分段独立坚守，浮桥附近的工事特别作了加强，一个圆周防御的桥头堡阵地也很快构筑完工，组成的多方火力网，尤其注意侧射配置，可以覆盖正面守军及其左右两侧河床底部。

然而，也就是在这一停顿之间，11 纵 13 团和独 5 团趁机稳住了阵脚，他们退守第二道大堤，筑起了防线，将 74 师的 151 团压在了第一道堤岸下的沙滩阵地。

11 纵在后来的战斗总结中对 74 师没有及时大胆出击作出如下评点："战术指挥上不灵活，按典范令机械实施。其主攻方向选择，即带有较大冒险性，在具体战斗动作上却又拘泥于既定方式。23 日晨，敌突破我河堤防线后，未能抓住战机，直扑涟水是一大错招。机械采取突破—巩固滩头阵地—再发展的公式。这也是反革命军队训练上的严重弱点，而上下战术思想亦无法统一的缘故。"①

51 旅 151 团副团长王克己回忆说，张灵甫后来把攻城不利的陈传钧狠狠训了一顿，一点不给面子地说："51 旅不行！"陈传钧被训得一肚子怨气，又不敢当面顶撞他，只好对参谋长魏振钺和自己的部下发牢骚："51 旅不行，我看 51 旅做不了的事，其他人也不见得会做得到的。"

战机稍纵即逝，半天的时间，许多时候足以决定一场战役的成败。涟水战局的胜负，也在这半天的时间里开始了逆转。不过对于 11 纵司令员成钧来说，这一逆转的过程，实在是过于惊心动魄。

原先守卫南门渡口至杂姓庄一线的 15 团第 1 营，营长负了重伤，副营长和连排干部大部分牺牲，四百多人的一个营，只剩下了五十余人。谷咀附近的第 3 营遭受 51 旅来自东西方向的两面夹击，同样伤亡惨重，七连最后只余连长黎国胜等七人。才打了一天多的时间，李士怀的 15 团已经伤亡大半被打残了，成钧命他收容部队向西南收缩，由 13 团和独 5 团接替阵地，他随后再调 14 团进城，准备在最坏的情况下，一旦城破即打巷战。

11 纵主力忙于撤走西移涟城，陈嘘云在茭菱镇的作战变得相对轻松，22 日下午6 时，张灵甫已命他将 57 旅 171 团调归 51 旅参加主攻，茭菱镇防务交由 28 师 192 旅来接替。

23 日下午，151 团的工事做得差不多了，准备开始进攻第二道大堤，张灵甫在中午就把 57 旅 171 团也调了过来，加入涟水城南的战斗，从右翼同时发起进攻。11 纵三个团在第二道大堤上居高临下，打退了 74 师一波又一波的密集冲锋。13 团事先在妙通塔上架起了数挺轻重机枪，以猛烈的扫射遮断 74 师的后续攻击部队。妙通塔上的机枪布置在这次战役中发挥了神奇的效用，在接下来的两天里，74 师好几次来势汹

---

① 《25 军军史节选》，中共涟水县委党史办公室编《涟水保卫战》，江苏人民出版社 1989 年。

汹的密集冲锋，都被宝塔上扫下的猛烈机枪火网压得抬不起头来，以致士气二而衰，三而竭，最后铩羽而归。奇怪的是，74师射击技术精良的炮兵，对这座宝塔却束手无策，上百发的炮弹对着宝塔猛轰，塔身虽然被炸得千疮百孔，却奇迹般地始终屹立不倒。战后74师自己总结的败因之一，就是归结于宝塔上的机枪阻击对进攻部队杀伤力太大，而当地的老百姓则传说，他们炮轰佛塔冒犯了佛祖因而遭受惩罚。

黄昏时分，151团和171团以第一道堤埂为依托，分别在城东和城南向数米高的第二道大堤发起天黑前的最后总攻，在督战队的枪口下，此时的51旅151团和57旅171团尚能不为先前数次攻势受挫而气馁，他们不顾身边不断倒下的伙伴，向着第二道大堤汹涌着。解放军方面总结的74师攻击特点是：步炮协同紧密，炮火一般不过早开火，省去火力准备阶段，如开始轰击，步兵随即也攻击前进，待步兵到达一定位置后，炮火即转向纵深及两侧，接近前沿的步兵立即开始冲锋；冲锋主要以连续的小群作战为主，每组不超过四五人，突击队形多呈梅花形或三角形，一批接着一批，前一波垮了后一波上，连绵不绝，突击武器以汤姆式冲锋枪及榴弹为主，冲锋时先投排子榴弹后即以猛烈冲锋枪扫射开道掩护，不断的冲锋波次可持续七八次乃至近十次不等，前仆后继，势在必克。晚上8时许，两团在强大炮火支援下，终于以重大的伤亡代价，相继突破了守军在城东南和西南的防线，冲上第二大堤。占据高堤的74师士兵士气高涨，继而再组织冲锋，越过第三道堤埂，朝涟水城直扑而来。

"这是个具有极度疯狂力量的冲锋。没有亲临过战斗的人，是很难体会出这种密集冲锋的可怕情势的。要想阻挡住这样的冲锋，几乎是不可能的。"谢副政委如是说。[1]入夜，11纵14团第2营在城南的防线在74师突击队可怕的冲击下被冲垮了，上来反击的第3营，营长重伤，教导员牺牲，部队出现了混乱，副营长张皇失措，带着仅余的一连人向北溃散。

城垣突破了！74师突击队部分士兵爬上了城墙，从撕开的缺口继续向城垣冲去。

此时11纵14团临时收容回来的部队仅百余人，预备队第1营在带河镇方向来不及赶到，13团与14团残部拼全力从两面反击，试图将缺口封堵起来，涟城濒危。

这一幕，俨然是淮阴南门被突破的再次重演。

听到最后一道堤埂也失守的消息，成钧的心紧张得大概快要滴血了。他的四个团，现在已经全部扑上去抵挡74师两个团的凶猛攻势，他的手里已经没有任何预备队了。

---

① 谢雪畴《古塔的神话及其他》，中国青年出版社1958年7月。

由于援军不至，5旅苦守淮阴城功亏一篑，难道这次涟水城又将在他手里丢失？

什么叫作千钧一发，当时的战场形势，真正是千钧一发。所幸的是，紧要关头，成钧的救兵终于到了。

这一次，张灵甫不再有淮阴的运气。

当天中午，通讯兵连跑带叫冲进11纵的指挥所，报告说第6师的先头部队18旅饶守坤旅长到，正忧心如焚的成钧和政委赵启民立刻高兴地跑出上房，饶守坤刚跨进院子，他们就一把抓住他的手，激动地说："真是雪中送炭！""可把你们盼来了！"饶守坤见两个人都面容憔悴，睡眼惺忪，不禁心有戚戚焉。饶守坤以前曾经与成钧一同共事，成钧还做过他的上级，只是两位老战友此时根本没有心思叙旧。饶守坤的18旅当天上午刚刚渡过盐河，在离涟水北面大约一公里远的李庄、韩庄休息。成钧当然希望饶守坤能够马上把部队带入城内参战，不过饶守坤觉得，全旅入城效果未必理想，他要求成钧能撑多久是多久，为18旅的展开尽量争取时间，并建议由18旅黄昏先击退侵入城西大关的敌人，然后派出一个团沿街从西向东打，11纵从东向西打，会合之后再一起连夜向南反击。如此商定之后，饶守坤立即返回了在城外韩庄的旅部。①

晚上，正是在这城破一刻最最关键的时候，饶守坤的18旅53团大队人马从城西北一路杀了过来，将近晚上21时，53团与李士怀部会合，立刻马不停蹄继续向东冲杀，正撞上74师部分突入的士兵在与11纵混战，战士们迅速跑上城墙，来不及与11纵部队办理任何交接，马上沿城墙展开加入了战斗。有了这支生力军的支援，试图冲入城内的74师这股士兵部分被消灭，其余被挤出城去。一度动摇的城南防线，终于稳定了下来。②

城内还是有隐患未了。74师有两个排的士兵，借着夜幕和炮火的掩护，趁混乱在11纵13团和14团城墙防线的结合部搭起了梯子，偷偷翻过城墙，潜入了城内，他们在城墙边留下的几部梯子，被闻讯出来巡查的13团团长和14团副团长相继发现。派突击小队从对方阵地间隙作夜间渗透，借偷袭后方实施突然的前后夹击，这是74师惯用的战法，5旅在淮阴南门正是吃了这个苦头而惜败，这一耻辱深深印刻在两个团长的记忆之中，一定不能再让它的计谋得逞。

---

① 参见饶守坤《6师18旅在涟水保卫战中》，中共涟水县委党史办公室编《涟水保卫战》，江苏人民出版社1989年。

② 6师18旅增援到达的时间，25军军史记载与6师18旅的战报和饶守坤的回忆有异。此处以后两者为准。

14团派出1营和侦察排在城内彻夜搜索，终于发现了74师突入的小分队的踪迹。潜入的这两排人分别躲进了城西南的几间民居和附近的芦苇丛中，正在隐伏待机，准备与大部队里应外合。1营立即将他们分割包围起来，用喊话展开政治攻心战，守在民居里的74师士兵死抗不降，以猛烈的火力扫射回敬。1营伤亡不小，一时难以靠近，营长高志民及时调整了部署，用突击小队在火力掩护下爬上民居，揭开屋顶的砖瓦向下猛掷手榴弹，"祸从天降"，屋里的人再也顶不住了，被1营悉数歼灭。剩下躲在芦苇丛中的少数74师士兵，在大势已去的情况下，仍然不肯放下武器，1营也不客气地报以密集的机枪扫射和投掷手榴弹，把他们大部消灭，并俘虏了二十余人。①

深夜至凌晨，11纵与6师紧密协作，一个加紧搜索清除内忧，一个积极出击消除外患。初战告捷的饶守坤在11纵和随后赶来的6师16旅配合下，深夜全旅出击，目的是将74师逐出大堤，谢祥军的10纵也从城东派出一部赶来助阵，守军实力大为增强。

右翼的74师57旅首先初尝败绩。23日深夜，171团顶不住守军大量增援部队的迎头反攻，一度攻到城垣的部队在6师16旅和10纵优势兵力的联合反击下溃退下来，仅以一个营的兵力留守北岸沙滩，其余全部撤至河南的徐码头附近，回归57旅整理。该团第2营逃跑不及遭遇了灭顶之灾，少校营长胡力奋及约三百名士兵做了俘虏。胡力奋原是南洋华侨，抗战初期他受了爱国华侨陈嘉庚的感召，毅然回国投军，毕业于中央军校广西分校十五期。他被俘之后，《解放日报》于1946年11月8日曾经刊载采访他的专访文章《敌俘营长胡力奋悲愤陈词》，介绍他的经历和被迫参加内战有家不能回的苦闷心情。胡力奋不久后被解放军释放，不过他并没有回南洋老家，而是又回去找他的张师长。张灵甫想必不知道胡力奋对共军发过"悲愤陈词"这回事，他让胡力奋留在师里当了一名参谋。

饶守坤的18旅当晚向正面的出击是一场艰巨的战斗，由于74师占据着大堤，现在轮到它居高临下，出击的18旅仰攻遇到了74师白天进攻时同样难以逾越的障碍。18旅不愧是6师的尖刀先锋，他们很快收复最靠近城垣的堤埂，继续向第二道高堤发起冲击。74师的美式自动火器在黑夜中连续不停地吐出刺目的火舌，在夜战中将效用发挥到了极致。饶守坤三个团全体出动，向西南和正南面反复冲杀，都被74师151

---

① 74师一度突破城墙及突击小队隐伏城内的时间，解放军方面有的战史、资料或回忆把10月23日和后面两天的战斗混淆或相互矛盾。此处综合参考74师的战报、《涟水保卫战》一书对此的相关注释勘误、25军军史关于城南被敌突破具体原因的检讨及11纵14团团长夏云飞等人的回忆。

团强大密集的火网和南岸准确的炮火阻止在高堤前面难以突破，反击部队遭到了大量杀伤，151团依然占着高堤坚守不退。拂晓后，饶守坤暂停进攻，他将两个团后撤整理，留下一个团守卫大堤北面一线。①

五

第6师18旅在深夜反击中遭遇到相当的伤亡，主力后撤整理了，11纵14团溃散后奉命收容准备作巷战部署，但是该团直至24日上午还未能全部收拢，当时城南的中央防线十分薄弱，不堪一击。

这是张灵甫的最后一个机会，如果他知道当时涟水正面守军的窘境，一定会为自己的错失战机而扼腕。他没有不惜伤亡继续投入部队"坚持最后五分钟"，而是走出了一步缓招：临阵换防。

一线部队叫苦连天，惯以霹雳手段连续进攻的张灵甫也决心动摇了，他不得不让他的部下喘一口气，显然，74师前一天战斗中的伤亡相当严重，否则不足以影响张灵甫的决心。他命陈嘘云把57旅全旅投入城南，留守茭菱镇的28师192旅也开始准备换防加入战斗。待他全部布置就绪之后，守军也已经及时调整好了防线，上午10时，第1师一部补上了城南防线的漏洞，11纵14团收容完毕。对张灵甫来说，更严重的情况是，此时第1师主力已经全部赶到涟水，接替10纵在城东的防线，而皮定均的13旅以及9纵，也渡过盐河，正向城西大关、带河镇地区挺进。

华野的援军一支又一支接踵而来，张灵甫不但已经没有了机会，而且即将身临险境。

守军的反击力度，使张灵甫察觉战况有异，但是，唾手可得的胜利一夜之间破灭，他心有不甘。

24日，51旅和57旅轮番上阵，都被守军击退，白天战斗的结果，双方仍在大堤边僵持着。

张灵甫在钦工没能等到前方的捷报，茭菱镇的28师192旅却显露了败象。从涟水抽身的10纵和淮南6旅猛攻茭菱镇，192旅的阵地出现了动摇，10纵和淮南6旅西渡淤黄河，正向顺河集挺进。张灵甫不禁一惊，茭菱镇可是万万不能有失，否则，

---

① 第6师18旅10月23日深夜至次日凌晨的反击战况，该旅的战报和25军军史与饶守坤的回忆略有差异。此处以前两者为准。

不但57旅的右翼直接暴露，74师的后路也将堪虞。为了阻止守军反击对74师形成包围，他命令正在全力攻城的57旅主力马上撤过河南岸，先巩固后防。预备队58旅推进至严家码头，准备接192旅防地。

敌退我进。24日晚，守军的反击全线展开，第1师第1旅由二塘向西出击，第6师16旅和11纵从正面向南出击，第6师18旅从城西经洋闸、清水塘向东攻击。在强大的攻势和夹击下，74师的防线被突破，城南的大堤阵地悉由守军反击部队占领，并将74师压向河边滩头，由于背水作战，74师士兵在河滩阵地退无可退，只得拼命反扑，双方刺刀见红。位于南岸的74师炮兵及时为他们的步兵提供了全力掩护，在河堤前沿观察的炮兵观察员不断为南岸炮兵指示坐标方位，呼叫炮火拦截，74师的炮兵像长了眼睛似的灵活迅速反复变换射击方位，隔河射过来的炮弹始终落在反击部队前进道路的前方和两侧，准确的拦阻射击使得华野的反击因遭炮火大量杀伤而被迫停顿，比如饶守坤的18旅撤下来时，伤员几乎三分之二为遭炮火杀伤。当天，51旅和57旅依赖南岸炮火的大力支援，主力退回南岸，51旅151团第3营和57旅170团第2营分别留守北岸桥头堡及河滩，掩护撤退。

如此一夜的折腾，51旅和57旅均筋疲力尽，第二天的战斗，张灵甫只得派从茭菱镇调来涟南的192旅渡河上阵，上午的多次进攻仍不见进展。黄昏时分，57旅鼓起最后的余勇，由170团抽出老兵和士官组成突击队，全部手持自动火器，再向大堤发起强攻，重新冲上了第二道大堤。在这道高于城墙一丈多的阵地上，用机枪和迫炮火力即可直接覆盖城垣和近半个城的目标，这对涟水的防守直接构成严重的威胁，因此守军誓要夺回大堤的控制权。华野在夜间坚决大举出击反攻，在74师炽盛的火力下，反击部队队形不乱，勇敢冲锋，夜间又将占据大堤之敌逐回了河滩。51旅和57旅主力再次被赶回南岸，退守涟水西南吴庄和桥头堡的一部则遭到围困，守卫桥头堡的170团第2营深夜继续受到守军的猛烈进攻，全营伤亡过半，被迫撤退过河，换由第1营上来接替阵地。由于10纵和6旅已切入74师的侧后，威胁位于茭菱以南约十五公里的顺河集，迫近张灵甫的钦工指挥所，192旅连夜向茭菱镇地区后撤，加强侧翼。

将近一周的激战，74师的攻势在拉锯中屡遭挫折，现在的阵地，除了桥头堡之外，几乎都被打回到几天前的原形，等于一无所获。张灵甫不肯善罢甘休，26日，他继续与守军隔岸对峙，一面以炮火、飞机对涟水阵地狂轰滥炸，一面整理部队，试图在南岸待机再战。然而，他的官兵们刚开战时的锐气犹如卷刃的刀锋，士气三鼓而竭，在华野的优势兵力面前，74师实际是心有余而力不足了。当天的战局在傍晚持续恶化，张灵甫不但无力再组织进攻，城西带河镇先告失守，至傍晚6时，连74师在北岸占据的仅有的桥头堡阵地也告丢失，守卫桥头的170团第1营正副营长均受重伤，少量残部逃回南岸。次日凌晨，吴庄再传噩耗，遭到围困的57旅两个营被全歼。淤黄河北岸，他的部队几乎被杀得片甲不留。

守军方面，第11纵队和第6师由于前几天作战伤亡严重，暂时后撤整理，现在参加反击的部队，是上阵不久的第1师、第9纵队和第13旅等部。74师以累战疲军之身对垒对方援军的新锐之师，也只能是徒有招架之功了。不过，74师毕竟还余勇可贾，即使是13旅这样才上阵的新锐，也还是被74师的余勇所灼伤。皮定均在10月24日的日记中写道："目前敌人的确是很骄傲的，我们也吃了他们不少的亏。如我们的11纵队战斗力是最强的，目前不能再战了；6师是华中有名的野战军，现在是不能再连续战斗了。我们的伤亡不少于敌人，这是值得我们注意的。我们旅第一夜就伤亡了三百多，第二夜又伤亡了三百多，两夜的激战就失去了六百多名英勇的干部战士，他们尽到了对中华民族应尽的责任。"①

战斗对双方都是十分的残酷，在严重的伤亡面前，华中野战军内部也出现过不同的声音，26日出击之前，有人提出放弃涟水的建议，粟裕坚决否决了。华中根据地已失淮阴在前，在这人心浮动之际，保卫涟水的意义已不单在于涟水一地的得失，粟裕集华中野战军主力在此决战，也是为了鼓起华中的整个军心和民气，挫一挫敌人的锐气，以图扭转苏北战局的颓势，正如华中野战军在涟水战前动员中所说："目前我们要打的仗，是扭转整个华中战局的第一仗，这个仗对今后整个华中形势有极其重要的意义，是只许打胜，不许打败的。"放弃涟水，等于是再次向张灵甫认输，粟裕不予考虑。粟裕的坚持换来了鼓舞人心的战果，26日晚的出击，华中野战军取得了完胜。肃清涟水北岸之敌后，粟裕、谭震林、刘先胜于10月27日联名向中共中央军委和山东野战军告捷："涟水保卫战共八昼夜，毙、伤、俘顽军共在五千以上，完全粉碎顽对涟水之进攻。"②

粉碎张灵甫对涟水的进攻，只是战役的第一步成果，粟裕志不局限于此，他还要乘胜扩大战果，达成歼灭整编第74师的战役目标，或者至少再歼灭它一个旅，打得张灵甫在短期内不能再战。经报中央军委，10月30日华中野战军司令部下达了向涟

---

① 皮定均《皮定均日记》，解放军出版社1986年10月。

② 《涟水保卫战战况》(1946年10月27日)，粟裕文选编辑组编《粟裕文选》(1945.10–1949.9)（第二卷），军事科学出版社2004年。

南出击的命令，第1师由茭菱向钦工方向攻击；13旅渡河南下向西攻击；10纵和淮南6旅于顺河集地区集结，共同围歼192旅，尔后向钦工、马厂推进；第6师、9纵由涟水以东南下，歼击钦工以北的74师。

可是，张灵甫已经先走了一步。25日晚10纵和6旅迫近顺河集，使他对粟裕包围74师的企图有所警觉，至26日晚，他从守军的大反击力度判断，粟裕在涟水投入的兵力已经是他之前所预料的倍数。孙子曰：十则围之，五则攻之。现在攻防双方兵力倒置，张灵甫自觉没有胜算，74师如果再在涟水正面坚持，可能处于被合围的境地，对他来说，当务之急已经不是拿下涟水的问题，而是尽快脱险，于是他放弃在淤黄河南岸据守以图再攻涟水的企图，果断决定收兵回巢。他命192旅在茭菱地区顶住侧翼，节节抵抗，51旅和57旅同时从涟南正面阵地开始次第后撤。

实力较弱的192旅成了粟裕下手的第一个目标，首先吃掉茭菱地区的192旅，兜住张灵甫的后路，合围整74师即成功大半。28日，10纵会同1师一部向位于茭菱、顺河集的192旅发起进攻，收复大小茭菱、大小胡庄，30日，华中野战军1师、13旅等主力又先后从涟水东南渡过淤黄河，向顺河集追击，192旅顶不住攻击，弃守先前占领的十余处村庄，向西南一路溃退，第二天，192旅位于黄庄的旅部又遭到围攻，旅长曾振负伤，192旅逃命要紧，无暇再顾及74师侧翼的安危，连夜撤回淮安找李良荣报告去了。

29日，51旅和57旅已按张灵甫的命令收缩至钦工、谢家荡一线构工守备，及至192旅自行撤退，58旅在徐家荡、谢家荡，51旅在钦工先后遭到攻击，张灵甫为避免被包围，下令全师继续且战且退，后撤至钦工、马厂、席家桥、徐杨庄地区加筑工事。

张灵甫带着整编第74师向淮阴跑了，华中野战军追击的大部队相继停顿下来。是继续打还是不打？11月2日，粟裕召集各部的高级指挥员开会讨论，征求大家的意见。从10月19日起，涟水战役进行了整整半个月，参战的华中野战军各部都连续作战十分疲劳，伤亡也很大，当时的情况也是处于强弩之末状态，攻到一定地区只想停下来休息，各部指挥员都向粟裕表态不愿意再打下去了，于是粟裕决定华中野战军全体停止追击，开始休整。①

六

对于华中野战军来说，从保卫涟水的角度，一战涟水无疑是一场大胜仗，它不但保住了涟水城，使得华中低迷的局势为之一振，也为华中区的领导机关转移山东争取了时间，同时给风头甚劲的张灵甫当头一棒，破除了整编第74师不可战胜的神话。为此，中共方面大力宣传报道，欢呼"涟水大捷"的胜利。

11月6日，新华社华中前线发出电讯稿，报道华中野战军司令部就涟水保卫战与涟南追击战发表战绩公报："战斗自10月19日至11月1日，历时十四昼夜，共毙伤俘敌军九千余人，包括74师张灵甫部51旅全部，57、58两旅各一部，及28师李良荣部192旅大部。"

可能是由于情报误差或者为战时宣传所需，公报中所称全歼74师51旅并不确实。不过一战涟水"歼敌九千余"后来成为不少军史著作广为认可的权威数字，并且将其中六千左右归为74师的损失，三千左右为28师192旅的损失。《涟水保卫战》一书有一张战绩统计表，具体列出敌毙伤人数为八千四百六十四人，俘虏七百三十六人，证明了"歼敌九千余"之说。在这九千余人中，根据华野向中央报告的《涟水保卫战战况》，五千余人应是截止到10月27日的涟水保卫战的战果，那么其余约四千人，应该是后来涟南追击战的战果。不过由军事科学院编著出版的《中国人民解放军全国解放战争史（第二卷）》(1996年版)在叙述第一次涟水保卫战时，对于前面将近十天守城战的具体战果未有提及，只确认了涟南追击战的歼敌数为两千余人。

按照当时的战绩公报，按理说这样的大捷足以与苏中"七战七捷"中的任何一捷媲美，可是粟裕对战果却不甚满意，战役结束的当天，他在向中央和陈毅等人的报告中对战役检讨说："涟水之战，由于部署欠妥，方针未明，部队往返调动，不仅在战略战役上处于被动，战斗上也处于被动（敌兵力、火力均已展开，且一部已突入城内），

---

① 皮定均在1946年11月2日的日记中写道："涟水我们战了十多天，根据当时的情况我们是不能再打下去了，故我们攻到一定的地区只有停战不能再打了。我们前面六里路川心庄在实行炮战。各方面的步兵都停止了动作，我们各部也在休息了。野战军来电要我们去开会。我们按时到了。粟司令把情况都谈了，征求大家的意见是打还是休息，各部都表示不愿意打下去。根据我们内部情况是要休整的，各部都表示了态度，决定二纵要打国民党广西军，华野全部休息。"《皮定均日记》解放军出版社1986年10月。

故我伤亡较大，俘虏不多。30日晚继续进攻南岸之敌时，该区敌已构成据点网，逐村抵抗，节节后退，也未达大量歼敌目的。现敌已退至钦工、马场、王家口、席桥之线，构成更顽固之据点网顽抗，拟在固守待援。我为避免消耗，争取主动，决定停止进攻该顽，以便对另一敌开展攻势。"[①]后来谈到一战涟水，粟裕在回忆录里自承，就战役本身而言基本上是一个消耗战，华野自己也损失了六千余人，还牺牲了10纵司令员谢祥军。谢祥军是10月24日清晨在该纵84团察看阵地的时候腹部中弹负伤，由于后方医院远在三四十公里以外，没能得到及时抢救，后送路上又遭遇飞机沿途轰炸延误了时间，在半路上不治身亡，年仅三十二岁，他是三年内战期间华野在战地牺牲的级别最高的指挥员。

陈士榘则毫不讳言一战涟水未能达成战役目的："这次集中的部队不少，经过几天苦战，虽给敌人以严重打击，但未能达到全歼第74师的目的。主要原因是：74师系蒋介石的嫡系主力部队'王牌'，战斗力较强，其部队队形密集，装备精良，很难分割。此次作战不但未能达到歼灭敌人，阻止其东进，收复两淮之目的，而且由于山东野战军主力部队离开了陇海路东段，南调沭阳一带，敌人即趁机占领了兰陵，并控制了陇海铁路东段大部地区。"[②]华野在涟水有所得，是以山野在山东有所失为代价的，陈士榘当时是山东野战军的参谋长，他从山野的角度衡量得失，对一战涟水评价低调也就不难理解了。

张灵甫对战役结果有何说法呢？一般战史均无提及。薛岳在战役过程中曾经向蒋介石和陈诚等人多次发出战报，上报74师在涟水作战中的进展。据这几份战报所报称的战果，74师各部战绩惊人，57旅毙伤共军人数达六千余；51旅次之，毙伤人数五千余；58旅因作为后方预备队参战不多，仅得毙伤五百余人的战绩。[③]至于74师记录的自身伤亡数字，据解放军总政治部整理的涟水之战《敌档和敌俘提供资料》的统计数据：74师51旅伤亡最重，达千余人，57旅伤亡近千人，58旅在后来的涟南追击战中才正式接战，故损失较小，解放军方面也仅称袭击该旅172团一个营和旅工兵营，

---

① 《粟裕关于拟向西打击桂顽向中央、陈毅、张云逸、黎玉的报告》(1946年11月2日)，粟裕文选编辑组编《粟裕文选》（1945.10—1949.9）（第二卷），军事科学出版社2004年。

② 陈士榘《天翻地覆三年间：解放战争回忆录》，中共中央党校出版社1995年11月。

③ 参见薛岳致蒋介石陈诚等电报(1946年10月23日，10月30日，11月1日和11月4日)台湾"国史馆"《蒋中正档案》典藏号002090300146082；002090300146099；002090300146112；002090300146182。

并将该旅一个警戒连歼灭，故前述三旅共计伤亡为两千多人。加上192旅的损失，国民党军方面在一战涟水的损失，估计在四千左右。

这一阶段，徐州绥署的关注焦点在鲁南，薛岳命张灵甫进攻涟水，也是意图用74师吸引华野和山野的主力南下，把对方牵制在苏北，以策应徐州绥署在北面趁虚而入的行动，单从这一角度而言，薛岳的目的是达到了。但是一战涟水打成这样的结果，对于"常胜将军"张灵甫来说却是难以启齿，即使不说是一场灾难，至少对他的自信心是一个沉重打击，这一当头棒喝，让张灵甫从"淮阴大捷"的飘飘然中清醒了不少，他开始重新认识和评判对手真正的水平和实力。整编第74师在事后写出一篇"作战经验与教训"的战役总结，把"上下轻视'匪'军，对可能增援之'匪'军，未加计算在内"列为第一条败因，并引用孙子兵法"攻坚则暇者坚，攻暇则坚者暇"自诫："今后对敌情之估计，不可过低。"结论是今后"对'匪'作战，在战略上应稳扎稳打，在战术上应兴旺盛之企图，采包围迂回之行动，各级指挥官特别应当机立断，以收围歼之效。"总结的几条最主要的失败原因，一是骄傲轻敌，低估对手实力；二是主攻方向地形不利，一遭反击难以立足；三是两团制之旅，形成重点困难，指挥上颇感不便。张灵甫到底对共军刮目相看了，他承认棋逢对手，认真总结了对手的优点，认为对手敢于集中优势兵力形成局部优势，部队调动神速，战斗意志顽强。[1] 从此，张灵甫在作战上稳重小心起来，不再肆无忌惮横冲直撞。一战涟水能够使张灵甫这样躬身自省，悉心研究对手的长短，达到知己知彼，也算是他及时亡羊补牢。

一个月后，整编第74师尚未来得及舔净自身的伤口，张灵甫又再度率军北上直逼涟水城下，他结合刚刚吸取的经验教训，又上演了一场"二战涟水"。

第六节 声东击西——涟水二战

一

74师进占两淮后，苏北的局势对国民党军来说虽然见好，蒋介石本指望徐州绥署应当乘胜横扫苏北共军才是，可是接下来的进展却出乎意料地缓慢。10月26日，正

---

① 参见《74师关于第一次涟水战役的"作战经验与教训"》，中共涟水县委党史办公室编《涟水保卫战》，江苏人民出版社1989年。

当张灵甫与粟裕还在涟水隔着淤黄河对峙，蒋介石就苏北战局向陈诚表示了严重不满，他在给陈诚的信中语气颇不耐烦地写道："苏北军事滞钝如此，殊所不料，应督促急进，务望于本月底能收复沭阳与新安镇也。东台与兴化至今亦尚未收复，该两路之国军指挥官应严加督责，如至月底仍未收复，则必须处治矣。"① 蒋介石着实着急，国民大会召开在即，离南京近在咫尺的苏北共军还搞不定，战事拖沓至今，何以昭示国民党坐稳江山，一统天下？

11月12日，中共明确拒绝参与国民大会，三天后，国民党在南京召集其他政党，国大会议照开不误，国共调和的最后一扇大门轰然关闭。美国特使马歇尔调停了半天劳而无功，准备打道回府，于是，蒋介石更加急迫地要求年底前彻底解决苏北战事。

蒋介石压陈诚，陈诚找薛岳。对于眼前按下葫芦起了瓢的局面，薛岳也伤透脑筋，为此他策划了一个下阶段作战的总体构想上报陈诚：

"总长钧鉴：

一、现方面多，战场广阔，兵分力单，攻无重点，终不能使匪迅速溃灭。

二、拟请以邱清泉指挥第5军整57师，暂在恽城，对范县濮县方之匪取攻势防御，监视刘匪。

三、拟请以200师直开韩庄，转开台儿庄，以王敬久指挥第200师整26师第1快速纵队，进攻临沂。

四、拟请以整11师开宿迁，以吴奇伟指挥整11师整69师（以60旅41旅预3旅编成）进攻新安镇沭阳。

五、以李延年指挥整28师整74师进攻涟水。

六、照以上办法可使苏北鲁南之匪，迅速溃灭，而后即可使大军进出兖泰向河北运动。

当否，敬请钧裁，即叩钧安，并祝健康。

职薛岳谨呈

11月19日"②

方针策略既定，徐州绥靖公署在上述构想基础上制定进攻中共苏鲁根据地的计划很快出炉。1946年11月下旬，为了实施新一轮的攻势，薛岳将绥署属下各部重新作

---

① 《手谕指示苏北军事及和谈方针》，1946年10月26日），《石叟丛书："总统"手谕影存抄本》。

② 《石叟丛书：友声集》。

了调整，各部按照作战方向陆续编成宿新兵团、淮涟兵团、盐阜兵团、峄临兵团各自开动起来，以正面三百多公里的宽大阵线，兵分四路由南向北、自西向东平推，自东台、淮阴、宿迁、峄县，向盐城、阜宁、涟水、沭阳、新安镇和临沂发起攻势，目的在于切断中共在华中与山东两地的联系，将华野和山野部队逐出苏北，决战鲁南。

12月7日，徐州绥署下达命令，绥署副主任吴奇伟指挥整编第11师和第69师从宿迁进攻新安镇、沭阳；绥署副主任李延年指挥整编第74师、第28师、第7军171师，从淮阴、淮安进攻涟水；一绥区李默庵部整编第65师、第83师和第25师从东台进攻盐城、阜宁；整编第26师(附第一快速纵队)、第51师、第59师、第77师，从峄县、枣庄、台儿庄地区进攻临沂、郯城。攻势发起时间统一限定于12月13日。

薛岳这次很难得地把徐州绥署各兵团协调起来统一行动，迫使苏北中共军队顾此失彼。只是在这一命令下达之前，陈毅和粟裕已经对他的部署了如指掌。早在12月上旬，陈、粟就讨论了几套针对性的预案，用以对应各路来敌，最后达成一致意见，以保卫沭阳最为重要，于是确定先集中打宿沭路的胡琏整编第11师和戴之奇整编第69师，以一部分兵力阻击牵制其他几路。他们的意见与中央军委不谋而合，军委催促在盐南指挥盐城保卫战扫尾工作的粟裕马上北返布置沭阳作战，毛泽东的电报也接踵而至，提醒粟裕沭阳位置极其重要，不可失去控制，否则华中部队主力即难以在苏北坚持，有可能被迫北退山东。如此便有了华野和山野两军并肩作战的宿北战役。①

中共中央军委在两淮之战后已经同意陈毅关于山野和华野指挥部合二为一的建议，内定陈毅为司令员兼政委，粟裕为副司令，谭震林为副政委，统一指挥两军作战。对此，后来的华东野战军曾经有人戏言，山野与华野的集中作战，还得给蒋介石的爱将张灵甫补报一功，如果没有两淮失利痛定思痛，山野与华野可能还在各立山头各自为战，不会这么快就合并。不过一战涟水与74师对战的主要还是以华野主力为主，山野仅是留在北面起牵制作用，两军真正联合作战，宿北战役是第一仗。粟裕自言，由于前一阶段两军作战不顺，相互间有埋怨怀疑情绪，这次他只身北上指挥以山野为主的部队，心情十分紧张，战役的成败，对于改变苏北战局，消除内部的矛盾和增强互信，都至关重要，所以此仗也是只许成功，不许失败。

战役的结果十分精彩，整编第11师和第69师于12月13日分头进攻新安镇、沭阳，12月15日，山野和华野集中第1、2、9三个纵队和第7、第8两师共计二十四个团，

---

① 参见粟裕《粟裕战争回忆录》，解放军出版社 1988 年 11 月。

一路向69师发起进攻，一路阻击11师的增援，至19日，69师覆灭，师长戴之奇自杀，华野和山野合并作战的第一仗打了个开门红。战役一结束，陈毅乐开了怀，他一把甩下军帽扬眉吐气地说："谁说陈毅老了，不能打仗了！"一扫之前淮北战败的郁闷心情。

可是庆祝宿北胜利之余，野战军的首长们多少也有一些扫兴，就在宿北战役进行到最激烈的时候，12月16日，张灵甫卷土重来，整编第74师从淮阴直捣涟水，守卫涟水的部队，重创而退。

<h1 style="text-align:center">二</h1>

初冬，苏北的原野，暮色苍茫。撤出涟水的华中野战军某部指战员与老乡们依依惜别，黯然列队北撤（镜头淡出）。

巍峨的古塔下，断壁残垣，硝烟未尽。一群国民党将官伴随着阴沉的音乐背对镜头走入画面，众人在古塔前转过身来，拍照的记者神情谦恭地对其中一位说："师长，请您再站高一点。"神情骄矜身披皮领大氅的国民党军师长站上一格台阶。镁光灯一闪，众将官得意微笑的合影特写占满整个画面（定格）。

这是上海天马电影制片厂1963年拍摄的黑白故事片《红日》中张灵甫的第一个出场镜头。

在张灵甫的旧照中，的确有一张类似的照片，真实的古塔依然巍峨，只是千疮百孔，七层高的塔身，有五层被炮弹炸穿砖墙，几乎只剩下骨架。塔下留影的几个军官和便装人员，有副师长蔡仁杰和副参谋长李运良，只是张灵甫并不在其中。

照片上不知名者的题字依稀可辨：1946年12月16日上午，国军整编第74师攻占涟水城。

对这一段战史略有涉猎者都知道，这部影片里所讲的华中野战军某部，其原型就是华中野战军第6师。

第6师当时的师长和政委均由华中野战军政委谭震林兼任，可见该师在华中野战军中的地位和分量。它的副师长王必成也非等闲之人，王必成出生于湖北麻城，1929年参加红军，经历过鄂豫皖和川陕苏区的反"围剿"和长征。抗战爆发后，他一直在新四军中任职，担任第1支队第2团团长期间，他的部队有陈毅军长的小老虎之称，王必成也人送外号"王老虎"，其作战风格之硬朗勇猛可见一斑。皖南事变后，王必

共和国开国中将王必成

成升任新四军第6师16旅旅长。抗战胜利前夕，16旅改编为苏浙军区第1纵队，王必成改任纵队司令员，政委江渭清。1945年11月部队北撤苏中，苏浙军区第1纵队改编为华中野战军第6纵队，半年后再行调整，与苏中军区独立旅合编成华中野战军第6师，下辖第16旅和第18旅，王必成和江渭清分任副师长和副政委，该师的实际作战主要由二人负责。内战开始之后，第6师在苏中战役连战连捷，在一个月前的涟水保卫战中，正是第6师在张灵甫临门一脚叩开城门的关键时刻飞身抢断，协助守门的11纵把整74师扑出城门，挽救了涟城濒破的危急局面。战后，新成立的第17旅补入了第6师，这使得该师成为兵力超过一般同级纵队和师的三旅制强帅。所以，第6师不但前身在抗战时期就是新四军苏南根据地的主力，眼下更是粟裕麾下华中野战军的一等主力部队。

这样一支优秀劲旅，这样一位勇猛虎将，本当乘兵强马壮之势大发虎威，却不料在接下来的涟水擂台上，栽在了张灵甫和整编第74师的手下。二战涟水，成了王必成和第6师心头的难言之痛。

一个月前，整编第74师一战涟水不成，退回淮阴休整，粟裕认为该部元气大伤，估计其短期内不能再战。谁知张灵甫并不消停，不出半个月，他先配合28师攻盐城，后又支援第7军在淮沭路与华野开战。淮沭路战役国民党军方面以第7军为主，11月19日至24日，第7军171师与华野第6师等部激战于淮阴西北的鲍河一带。第7军未参与前阶段的整编，故171师名义上是师，实际兵力相当于一个整编旅。171师之前与74师的配合作战相当默契，淮阴战役中就是该师以辅攻拖住了山野主力，为张灵甫攻占淮阴出了大力；一战涟水，又是171师向刘皮镇、悦来集地区频繁出动，企图牵制涟水以西华野的兵力。战后，该师进驻淮阴西北地区，掩护在淮阴休整的74师左侧翼。现在友军171师在整74师门口被华野围殴，张灵甫不能坐视不理，他不顾所部战后疲惫休整未了，从淮阴派出一个团自背后全力插向围攻171师的王必成第6师，及时为第7军解了围，也算是投桃报李。

淮沭路战役后74师继续在淮阴整补，张灵甫给蒋介石打报告，要求拨配美式卡车四十辆以利补给，蒋介石电复准允，并要他专函详报"最近人员补充、整训实情与士气情况"。据张灵甫于12月7日致蒋介石的书面报告，当时74师的军官伤亡极多，他向蒋介石要求从军校二十期毕业生中拨给他数百名，以充实军官缺额；兵员方面，74师虽以俘虏补充输送兵，但是全师从南京、镇江出发时即不足额，经多次战斗损耗，至一战涟水后战力仅剩四个团，之前的两淮战役后蒋介石曾经同意拨给张灵甫两批皖籍新兵，第一批五千八百名，第二批二千五百九十名，但这只是人头数字，当时已到防的只有一千九百六十七名，另有一千六百三十名正在来防途中，其余则在还催交中。[1]其实74师在两淮之战中损失并不算大，战后蒋介石却一下子批准补充新兵约八千四百名，人数超过了一个整编旅，可见张灵甫所谓的不足额，应是按三万余人的编制为标准，但实际上此后的新兵补充未及完全到位，直到孟良崮战役时，仍有四千余新兵留在安徽整训，为恢复三团制作准备，74师在前线的实编兵员，实际应还不到两万五千。

在忙于整补的同时，张灵甫仍然积极为再战涟水作战前准备。涟水位于淮沭路以东、沭阳以南八十公里，74师如要沿淮沭路北上沭阳与宿新兵团会师，继而进击鲁南，必须先要拔除涟水，否则涟水就是其后顾之忧，侧后方随时可能遭到攻击。薛岳再攻

---

① 《张灵甫呈蒋中正该部人员补充及整训情形》（1946年12月7日）（台湾《蒋中正革命文献——军调期间中共扩大叛乱情形》（下）"国史馆"档案典藏号002020400009091）文中关于"人员补充"一段原文如下："1. 军官 职师历经战斗军官伤亡极多，拟请由军校二十期拨发学生数百以资补充。2. 兵员 职师由京镇出发即不足额，迭次战斗虽能以审查后之俘虏补充输送兵，然战斗兵损耗甚重，现职师战力仅及四个团。两淮战后奉拨皖籍新兵，首批五千八百名，已到防一千九百六十七名，来防途中一千六百三十名，催交者中二千二百零三名，次批二千五百九十名，亦在催交中。如此两批新兵拨到缺额概可补足。"

1946 年秋冬，张灵甫在第二次涟水
战役前后。

涟水的命令下达之前，张灵甫已经开始主动清扫淮阴、淮安的外围阵地，12 月 3 日，
他将 74 师 57 旅推进到淮安以北钦工以南的朱黄镇。

华野用来保卫涟水的部队是王必成第 6 师的三个旅另加淮南 6 旅，他们在 12 月 2
日刚从 1 师和 10 纵手里接过涟南的防务。王必成把 16 旅布置在顺河集、黄庄一线，
17 旅和 18 旅在钦工、谢家荡、王家口一线正面阻击，淮南 6 旅则负责在涟水城中守备，
重点警戒西面的带河与人关方向。

鉴于华野和山野的兵力已向盐城、宿沭路上分散，张灵甫估计涟水守备兵力远少
过上一次，充其量也就一个师左右，而他这次将不再是孤军奋战。12 月初，整 74 师
与整 28 师、第 7 军的 171 师、工兵 1 团和工兵 15 团一个营组成了淮涟兵团，仍由李
延年领衔指挥。再攻涟水的部队，除了主攻为整 74 师外，还有 171 师加入左路助攻，
整 28 师更是倾巢出动，并继续派出一旅参与右路助攻。与上一次相比，二战涟水攻
防双方的兵力对比大相径庭，故此次夺城之战，张灵甫在人数和火力上先已占据了优
势。检讨第一次涟水战役的教训，张灵甫意识到："攻城之前，对城外之据点，须逐
次予以攻略，最少须能控制二面，再行攻城，奏效必大。(如此次涟水之役，我军仅
能控制正面，故奏效较难)"[1]

----

[1] 《敌档和敌俘提供资料》，中共涟水县委党史办公室编《涟水保卫战》江苏人民出版社 1989 年。

现在，他有了充裕的兵力供他制定一个能够控制两个面，正面佯攻侧面迂回的作战方案①：

（一）驻防在丁集的第七军向南靠拢，以一个团兵力向大兴庄进攻悦来集，以掩护51旅、58旅之左侧。

（二）28师除固守荭菱外，并以一个旅兵力向苏家嘴进攻，以掩护57旅之右侧。

（三）整个进攻重点摆在淤黄河与盐河之间，以51旅与58旅向东北轮番攻击。

（四）57旅全部，仍在淤黄河河套之间作佯攻态势，最后预备于郭庄架桥渡河，配合51旅、58旅进攻涟水。

整28师192旅这一回表现比在一战涟水时长进不少，也是由于王必成所部对28师有些轻敌，所以192旅一出场就打下了第6师17旅在王家口、谢家荡和三堡的阵地，粟裕对6师轻易弃守王家口一线提出了严厉批评，于是王必成仓促组织各部分别对失去的阵地展开反击，由于兵力没有适当集中，12月5日反击打了一夜也没能奏效，74师的57旅当天又攻了上来，张灵甫得以轻松地重占钦工，威胁涟水。王必成只得命各部撤出战斗退居顺河集一线，依托村落抢修起野战工事，在涟南组成纵深阻击阵地，严阵以待。

张灵甫对这一开局十分满意。他的作战方案，一开始向涟南作正面进攻，貌似一战涟水的打法，诱使对手以为他依然会将涟南选为主攻方向，实际上却只是虚晃一枪迷惑对手，以隐蔽他在涟西的真正主攻目标。只是他用上了两个旅的兵力来攻正面，这虚晃的一枪表面架势看起来也着实不像是花架子，57旅和192旅出淮安轮番向北的进攻，引得王必成在正面层层设防，第6师的三个旅全部被吸引在涟南郊外的河套地区。声东击西，张灵甫第一步"声东"的目的已经初步达到。

从12月8日至14日，张灵甫把王必成纠缠在涟南整整一周，57旅12日才将旅指挥部推进到钦工，14日向陈家庄、太平庄一带进攻。6师以车轮战迟滞74师的攻势，见它进展缓慢，以为有效地将主攻之敌阻击在了涟水城南的河套地区。不过事后据6师政委江渭清说，王必成和他在这期间也分析过敌情，认为张灵甫不太可能再以南线作为主攻方向，很有可能在运用声东击西的战术从西线发起主攻。他们数次向谭震林建议把防御重点转到西线，但是前指对他们的意见没有予以足够的重视。②

---

① 同①。

② 参见江渭清《七十年征程——江渭清回忆录》，江苏人民出版社1996年10月。

这就让张灵甫声东击西的战术有机会得逞。依照薛岳的攻击命令，12月14日，张灵甫认为偷袭涟西的火候已到，51旅、58旅和171师冒着纷飞的大雪，分别出淮阴的王营、西坝、丁集，向涟水城西的带河和大关迅速进发。51旅由西坝东移至张庄附近集结，从张庄西北渡淤黄河进抵曹家凹附近，一路畅行无阻；58旅由西坝出发沿盐河与淤黄河之间的狭长地带进至十三堡、于家舍一线；原驻丁集、五里庄一线的171师出动一个团掩护两旅的左翼。

而涟西这个方向，守军只有实力相对较弱的淮南6旅在负责防守，6旅仅有两个团，16团守卫带河，18团在侧后的涟水西南布阵。尽管6旅的指战员浴血奋战，在带河外围阵地顽强抵抗将近七个小时，这点兵力显然难以抵挡张灵甫在人数和装备上绝对优势的攻势。14日夜间，74师51旅151团和152团分别突破6旅在新渡口、带河镇的阵地，占领带河，陈传钧也吸取了上一次初攻涟水得手后原地机械构工坐失战机的教训，他督促部下在深夜继续不停发动进攻，连续突入西线多处阵地，向涟水长驱直入，次日清晨迫近大关。

涟水战况万分危急，待谭震林判明张灵甫的主攻方向确实在涟水西面，急忙命令远在城南郊外的王必成火速派兵向城西增援。14日夜里，王必成命16旅马上与当面敌人脱离接触，亲自率领该旅连夜北渡淤黄河，跑了将近二十公里赶往大关。16旅上午刚到大关附近，旅部还来不及勘察地形分配各团阵地，74师51旅已经攻了上来，沿着大关南大堤凶猛冲杀。16旅旅长罗维道立即派上47团增援遭受重创的淮南6旅，在大关至城西南角的大堤上与51旅激烈拼杀。黄昏，大关南大堤部分防线还是为51旅所占。王必成当晚进入涟城直接指挥16旅战斗，他以47团和48团主力全力向西北反击，罗维道旅长亲自带头冲锋鼓舞士气，终于在半夜暂时扼制住51旅对大堤阵地的攻势。

然而与此同时，58旅又从十三堡沿盐河超越上来，173团自15日中午开始猛攻带河镇以东，黄昏攻至带河镇东四公里及涟水城南，到了晚上，攻击依然通宵达旦毫不停顿，主力逼近城垣。16日拂晓，卢醒把生力军172团从王庄、张庄调上，以锥形态势突入缺口，并在空军和猛烈炮火的支援下沿大堤向东突击。守卫大堤的6师16旅战士誓言："愿把自己身上的鲜血染红战壕，决不让敌人进入涟水城！"大堤争夺战十分惨烈，守堤的47团、48团有的全连队只打剩下三五人！由于寡不敌众，没有援兵，16旅不得不向涟水城西门转移。16日上午8时，卢醒指挥58旅占领涟南城垣，172团1营和174团1营同时从西门和南门爬上城墙跃入城内。

此照摄于1946年12月16日整编第74师攻占涟水之日，背景为被74师炮火破坏的涟水妙通塔（一年后毁于战火）。留影者左二（穿皮衣者）为副师长蔡仁杰，左三（穿军大衣者）为副参谋长李运良，张灵甫不在画面中。

　　因58旅后来居上作超越攻击，51旅15日半夜即转移攻势，经过一夜激战，在上午8时许占领了大关镇。57旅主力也北渡新渡口赶来涟西参战。

　　当饶守坤的18旅风尘仆仆从涟南赶来，局面已经不可收拾。15日晚，为了挽回严峻局势，谭震林命江渭清立即将18旅也拉回涟水增援。晚上10时，饶守坤组织部队北渡淤黄河，因一时找不到足够的渡船，全旅渡河花了一夜整整九个小时，等到渡河完毕，天色早已大亮，疲惫困顿的18旅跑步到达涟水城东关一带，已经是16日早上9时了。这时伤亡严重的6师16旅和淮南6旅在城西的阵地丧失殆尽，一路退入城内，正与74师处于激烈巷战当中，王必成电话命令饶守坤立刻带所部三个团由东向西接防。18旅53团团长周起云带着两个连的先头部队与饶守坤和参谋长及几个旅部参谋一起顺着两道河堤间的空地向西猛跑，刚赶到东门，出乎他们的意外，城内已经升起了青天白日旗帜，他们与冲到东门附近的74师士兵迎面相遇，双方相距仅百米开外。眼看旅首长将遭遇不测，随行的两个连战士反应迅速，他们奋不顾身扑入敌群，用自己的生命掩护饶守坤等人安全撤回旅部，而他们自己却一个也没能回来。战况刻不容缓，饶守坤下令52团向涟水全体出击，以自我的牺牲减轻损失严重的16旅的压力，掩护其后撤。巷战持续了大约一个小时，6师且战且退，于中午时分弃城撤出，74师完全占领了涟水城。

张灵甫用偷袭战术，出敌不意在涟西突然发难，两天内逼走了王必成，攻占涟水的作战任务终于达成。不过他还不松劲，涟南河套地区仍有第6师的17旅在坚持，他不想放过这块嘴边的肉。涟水既占，74师便处于两面夹击17旅的有利位置，他马上抽两个团的兵力朝南进击，与57旅和28师南北夹攻。17旅腹背均遭受敌优势兵力的猛攻，伤亡甚重，只得向唯一的东面出路转移。

陈毅正在马陵山五华顶的指挥部与粟裕一起紧张指挥围歼戴之奇的战斗，惊闻涟水失守，他非常恼火，陈毅要谭震林电告江渭清："6师保卫涟水城不力，是华野的耻辱、全军的耻辱，撤掉王必成6师副师长之职，由江渭清兼任副师长。"这样不分青红皂白的处置，令江渭清很为王必成鸣不平，他连夜骑马去陈毅的指挥部为战友求情，在门外正巧听见陈毅在屋里打电话向2纵司令员韦国清发火："王必成已经撤职，你韦国清不把峰山给我拿下来，王必成就是你的样子！"参谋劝江渭清别在陈毅火头上去撞他的枪口，江渭清在门口徘徊一夜，直到第二天早上宿北战役胜局已定，他才进去面见陈毅，向他汇报由于判断敌人主攻方向失误，兵力部署不当，遭敌偷袭等详细情况，并诉说他们曾经先后三次提出建议加强西线防御，防止敌人偷袭，此事谭震林可以作证。陈毅听后方才明白自己错怪了王必成，当场同意收回成命。①

粟裕也为王必成和第6师说了公道话，他认为战役失败有多种原因，前线指挥员当然应该吸取教训，然而所谓"第二次涟水保卫战"，其实只不过是用以激励部队的动员口号，若以涟水城的得失来衡量这一仗的胜负并不恰当，应当结合宿北战役的胜

① 参见江渭清《七十年征程——江渭清回忆录》，江苏人民出版社1996年10月。

利一同评价。6 师在涟水一直支撑到 16 日，将张灵甫挡在了六塘河以南，不得及时北上救援戴之奇，这对北线宿北作战的最后胜利也是一个有力的支持。[①] 换句话说，6 师二战涟水虽然失利，没有功劳也还是有苦劳的。

这一仗，74 师和华野第 6 师及淮南 6 旅都打得伤筋动骨。据江渭清与陈毅在上述战后谈话中透露，6 师在两次涟水战役中共计伤亡有七八千人。6 师在一战涟水中打得很好，其伤亡应远小于二战涟水，所以这个七八千的伤亡数字，大部分应属于二战涟水的损失，后来该师军史记载的伤亡共计为五千余人，以 6 师 16 旅为例，仅是这一个旅在二战涟水中就伤亡了两千多人，而淮南 6 旅在涟西首当其冲，遭受的打击也更加沉重，战后不久，该旅转入苏北农村打起敌后游击。[②] 至于 74 师，其内部认可的第二次涟水战损情况，以 58 旅损失最重，一个团长也负了重伤，51 旅伤亡千余，57 旅伤亡一千两百，而两次涟水伤亡总计（包括 28 师和 7 军）也高达约七千五百人。[③] 故孟良崮战役后有该师的被俘将校向解放军坦陈："涟水一战，本师元气亏损，一蹶不振。"

王必成与张灵甫，华野第 6 师（不久之后整编为第 6 纵队）与国民党军整编第 74 师，国共双方两员骁将和两支劲旅在涟水结下了血海深仇。王必成对粟裕说："给什么样的处分，我都无怨言，只是希望日后打 74 师，绝对不要忘了 6 师。" 粟裕答应了他的要求，当面交代参谋长陈士榘记录在案：以后凡我华东部队组织歼灭 74 师的战役，一定让 6 师参加，一定让王必成同志参加。这笔孽账，在五个月后的山东孟良崮，终以张灵甫和整编第 74 师官兵的鲜血来偿还。

三

歼灭戴之奇的整编第 69 师后，粟裕原本打算再接再厉，把胡琏的整编第 11 师也一并拿下，但是胡琏跑得够快，趁粟裕尚未来得及掉转兵马，马上缩进宿迁城内猛修工事闭门不出，这让粟裕感到棘手。胡琏的第 11 师是陈诚的起家部队，即整编前的

---

① 参见粟裕《粟裕军事回忆录》，解放军出版社 1988 年 11 月。

② 参见江渭清《七十年征程——江渭清回忆录》（江苏人民出版社 1996 年 10 月）、《中国人民解放军陆军第 24 集团军军史（暂定稿）》（陆年第 24 集团军军史编写办公室著）、《警卫第 31 师军史节录》和《34 军军史节录》（中共涟水县委党史办公室编《涟水保卫战》，江苏人民出版社 1989 年）。

③ 《敌档和敌俘提供资料》，中共涟水县委党史办公室编《涟水保卫战》，江苏人民出版社 1989 年。

第 18 军，也是国民党军五大主力之一，以善打防御战见长，胡琏这副架势摆明要高筑壁垒固守待援，对他攻城实非易事，宿迁很可能一时半会打不下来。而在南面，74 师占据了涟水，正北进陈师庵并继续向北推进，以张灵甫作战的积极劲头，一旦他起劲地增援上来插一脚，这仗就很不好打了。粟裕决定放弃攻打宿迁。

张灵甫攻下涟水，也可以说是间接助了 11 师一臂之力，帮胡琏逃过了一劫。可是他自己却烧香拜出佛来，险些引火烧身。

在宿北战役结束之前，山野和华野的作战会议曾经决定下一仗组织鲁南战役，所以战役刚结束，在山东的山野参谋长陈士榘和政治部主任唐亮便积极建议按原定计划行动，集中山野、华野主力马上回援鲁南，打已经进占台枣以东博山口和卞庄一线的马励武整编第 26 师和快速纵队及周毓英的整编第 51 师。

可是粟裕却另有打算，他要等一个人，谁呢？张灵甫。

宿北战役枪声刚停的当天，12 月 19 日，陈毅和粟裕截获了一份情报，薛岳当日向张灵甫发出了进攻沭阳的命令，并限令 74 师于 12 月 23 日攻占沭阳。74 师即日就将北上，粟裕不想放过这个机会，一战涟水让张灵甫跑了，他要与老对手再碰一碰。粟裕向陈毅建议，主力暂时留在华中，静等 74 师单独冒进，趁其在运动中，伺机聚而歼之，或者南下打淮阴。

陈士榘认为，粟裕的出发点还是因为华野部队在涟水没有打好，部队痛恨 74 师，急于要报涟水失利的一箭之仇。他试图说服陈毅同意先歼鲁南之敌："74 师是蒋介石五大主力之一，战斗力较强，如果一时吃不掉它，旷日持久，背水作战，鲁南敌人向东推进，占我临沂、郯城、马头、海州、连云港，截住陇海线，我军便北无退路，南进不能。而东面是海，西面是运河和津浦路，向西机动也很困难。到那时我们还得组织突围，整个华东战场会弄得很被动。"①

两边各执己见，陈毅左右为难。山东的陈唐见作战方案议而不决，先发急了，12 月 22 日，他们索性越过陈毅直接向延安发出电报陈情，想通过中央来作出仲裁，至少让山野主力早日北上山东。陈毅本身兼任山东野战军司令员和政委，当得知参谋长和政治部主任未经他的同意就直接向中央发报，他非常生气，当场在电话里对陈士榘发了火："你们有电台，你们能发报，你们向党中央告我的状！"。②

---

① 陈士榘《天翻地覆三年间：解放战争回忆录》，中共中央党校出版社 1995 年 11 月。

② 陈士榘《天翻地覆三年间：解放战争回忆录》，中共中央党校出版社 1995 年 11 月。

共和国开国上将陈士榘

陈士榘解释说："陈司令员啊！这不是你我之间的个人问题，先打两淮的 74 师，这个方案确实不可行啊！华中部队和 74 师对峙三个多月，虽给敌人严重打击，但目前要吃掉它，仍有困难，如果再碰了钉子，那时的局面将不堪设想呀！这是关系到华东战场全局的大问题，我们负不了这个责任啊！你是司令员，我是参谋长，我服从你的指挥，我们之间没有个人恩怨，都是为了战争的胜利，对作战方案有不同的意见，应当报中央军委，特别是我看到先打 74 师的方案有重大缺陷，我如不提出来，那是对战争不负责任呀！"①

陈唐的电报发出后，延安没有立即表态，他们着急地等待了两天，中央军委终于在 12 月 24 日电报指示华东野战军指挥部、山东军区、华中军区："主力不宜分散，宜集中 25 团左右，于鲁南歼敌 26 师，迫退冯治安部，相机收复台儿庄、峄县，使鲁南获得巩固。尔后无顾虑地向南发展，以利于改变战局，再相机出击淮北。"电报还指出："要打一个比宿北战役更大的歼灭战，鲁南战役关系全局，此战胜利，即使苏北各城全部丧失，也有办法恢复。"②

在陈唐与中央和陈毅为主力北上山东一事函电来往的几天里，粟裕也在急切地期待张灵甫快点上来咬钩，可是左等右等，一直等到 12 月 24 日，薛岳原先限令攻占沭

---

① 陈士榘《天翻地覆三年间：解放战争回忆录》，中共中央党校出版社 1995 年 11 月。
② 陈士榘《天翻地覆三年间：解放战争回忆录》，中共中央党校出版社 1995 年 11 月。

阳的时限已过，张灵甫还是按兵不动，他将部队与第 7 军和整 28 师左右衔接，在六塘河南岸修起了工事，显然没有要单骑突进的意思，似乎在等待与盐阜兵团齐集后一同北上。鉴于中央已经表态支持陈唐的建议，粟裕只得放弃寻歼 74 师的计划，他和陈毅一起电复中央："74 师迟援，我决放弃歼击，留部队钳制，主力回援鲁南并相机收复淮北。"[1] 粟裕围歼张灵甫的第二次企图因此夭折。

对于陈唐的北上建议，曾经在华东野战军司令部担任作战参谋的王德评论说：

"这个建议本身，是很可取的，如果说有缺点，那么有两个：一个是单独山野北上，兵力还少了点，后来的鲁南战役，华野 1 师也北上了。战争是敌我双方将领斗智斗勇的搏斗，具体说来，就是粟裕与张灵甫的较量，陈唐的耐心不足，不够持重。"

"当时，徐州绥靖公署主任薛岳命令占领涟水的 74 师及 7 军 171 师向北进攻，并限其于 12 月 23 日攻占沭阳。关键是张灵甫是否执行这个命令，如果执行，就为我军乘其冒进之机，歼其于运动之中提供了可能。粟裕就是要等张灵甫这么做，等敌人露出破绽。没有足够的耐心是不成的，没有耐心，鱼就不会上钩，这就是为什么在陈唐向毛泽东提出放弃寻歼 74 师、北上建议后，毛泽东没有表态支持，陈毅、粟裕同样没有表态支持的原因。"[2]

在涟水的张灵甫不会知道山野和华野为了打不打他而起过这么一番争执。他为什么没有如期执行薛岳的命令，是因为戴之奇的 69 师刚刚被包饺子全歼，胡琏龟缩宿迁城不出，而张灵甫预知粟裕持箭待发，生怕前有陷阱而变得小心翼翼了吗？这虽不无可能，但是所谓薛岳命令之说，国民党军方面似未见记载，而张灵甫却在 74 师于涟水以北构工待命之际，忙里偷闲回到了南京，这是他出征内战以来第一次，也是唯一的一次回家休假。据俞济时给蒋介石的报告，张灵甫回南京居然是来住院疗伤的，他于 12 月 27 日抵达南京后住进了鼓楼医院，俞济时当天即奉命前往探视，三天后，俞济时报告蒋介石说，张灵甫的伤势已较好，假期也即将结束，日内将拟返回防地。报告没有提及张灵甫的伤势及原因，蒋介石显然事先已知内情，俞济时正是奉蒋介石之命专程去医院探望并替他约见张灵甫的。[3] 蹊跷的是，他的夫人王玉龄女士却对笔

① 　《粟裕文选》（第二卷）粟裕文选编辑组编，军事科学出版社 2004 年。

② 　王德《华东战场参谋笔记》，上海文艺出版社 1996 年。

③ 　张灵甫在第二次涟水战役后不久回南京休假疗伤，参见 1946 年 12 月 30 日《俞济时呈蒋中正》的报告（《蒋中正革命文献——军调期间中共扩大叛乱情形（下）》台湾"国史馆"藏文档序列号：4450.01–009 目次：113）。

者回忆说，张灵甫那几天似一直在家，并未住院。临回涟水之前，张灵甫奉召去见了蒋介石，向他汇报74师的近况，蒋介石因此得知他把淮阴战役中的大批俘虏补入后勤部队一事。

张灵甫回南京，也可能与另一件事情有关，此事关系到他的仕途。当时蒋介石考虑第5军军长邱清泉另调他用，俞济时推荐张灵甫接替邱清泉的位子，让蔡仁杰升任整74师师长，相关公文在12月中旬已由陈诚在呈请处理当中。后来由于国民党军在山东开始了重点进攻，张灵甫与邱清泉都是山东战场的王牌支柱，因而调职一事暂缓，拟等鲁中战事结束之后再办。

第二次涟水战役结束后，74师中高级军官也都知道了张灵甫即将离任调往第5军的消息。张灵甫和蔡仁杰因此乘战后空隙对内部人事进行了若干调整，他们把57旅的副旅长宋子玉和171团团长马培基调给了在山东的王耀武，把原在58旅当团长的明灿和师参谋主任周少宾调往57旅，分任副旅长和171团团长。这一人事变动悉由张灵甫和蔡仁杰一手安排，事先没有征询57旅旅长陈嘘云的意见，陈嘘云很不高兴，他认为师长不问他的看法就将他的得力助手调走，把58旅的亲信安插进要害位置，这是在为蔡仁杰升师长后直接掌控57旅铺路，有意架空排挤他。于是陈嘘云想作势掼纱帽，他向张灵甫打报告，要求回南京休假。张灵甫和蔡仁杰一点没有因为前线随时可能发生战事而有慰留他的意思，爽快地派车把他送回南京，这使得陈嘘云更感失落，猜疑他们是在做顺水人情，心里巴不得他离开74师。回到南京，陈嘘云不免找军中老友发牢骚，此事从二绥区南京办事处传到了王耀武那里。王耀武虽然早已不是74师的上司，内部却对74师仍有相当强的控制权，张灵甫平时对师里营以上军官的调动，都会事先报请王耀武核准，这次调动两名旅团长，如果没有王耀武点头是不可能的，所以王耀武劝陈嘘云不要想太多，早日返回前线为宜，但是陈嘘云对张灵甫处事独断还是心存不满的。

对张灵甫来说，这第5军军长的职位纯属羊肉没吃到反惹了一身骚，对内的安排搞得陈嘘云疑神疑鬼，对外又再次得罪了李天霞。当初李天霞听说邱清泉职务可能有异动了，也对第5军军长的位子跃跃欲试，还暗中活动过。由于不得蒋介石的青睐和俞济时的支持，李天霞在争宠中二次败给了张灵甫，他的醋意也就更浓了，与张灵甫的关系越发的冷淡。

可是接下来到了山东战场，张灵甫与李天霞这对冤家却一直被凑在了一起，直至孟良崮张灵甫兵败身亡，李天霞渎职受审。似乎正应了一句老话：不是冤家不聚头。

第四章

日落孟良崮

第一节 鲁南警钟

一

1947 年，用毛泽东的话说，这是一个"转折的年代"。这一年，国民党军由战略上的全面进攻转为重点进攻，收拢十指攥成的两个拳头，一东一西打向山东和陕西，中间虽略有收获，年底结账，收支相抵竟然亏掉大量老本，从而失去了战略上的优势，从战略进攻转入了战略防御，貌似强大的国民党军从此不可遏制地衰败下去，在此后的两年里，一步一步从失败走向失败，直至漂洋过海退居台湾。众所周知，战争的机遇一开始并没有特别眷顾解放军，只是在一连串阶段性的转折之中，中共和解放军不断抓住机遇、创造机遇，最终完成了从量变到质变的升华，使得一场原本强弱对比悬殊、看似理应一边倒的战争，出人意料地出现大逆转，最后胜利倒向了另一方。

在粟裕的回忆录里，他把 1946 年 12 月中的宿北战役，列为解放军在华东战场实现第一个转折的标志。对于华东国民党军而言，情况则恰恰相反，整编第 69 师被全歼，师长戴之奇引枪自绝，仿佛是预示新一年作战流年不利的凶兆。薛岳尚未来得及从宿北战役的失败中醒悟过来，一连串更大的败迹，直接宣判了他曾经辉煌一时的征战生涯提前终结。

1947 年新年伊始，元旦的钟声还在余音绕梁，国共两军在华东战场的新年头一仗，已经在山东鲁南打得硝烟四起。国民党军峄临兵团出师不利，先是前出峄县的整编第 26 师加第一快速纵队近三万人在向城、峄县被歼，接着驻枣庄的整编第 51 师全军覆灭，马励武、周毓英两个师长双双战败被俘。薛岳这一段的表现大失水准。新年之前，鉴于戴之奇的前车之鉴，整 26 师师长马励武意识到自己部队的位置过于突前，唯恐被枪打出头鸟，他打电话向薛岳要求允许 26 师将阵地后缩。薛岳对于陈粟大军昼伏夜出正从苏北秘密奔袭鲁南的大动作毫无察觉，他固执地认为兵团应该继续保持攻击态势，不必调整阵形，一口回绝了马励武的要求，经再三请求，薛岳才同意马励武将一个团的警戒阵地向后收缩五公里。马励武也是掉以轻心，既然担心部队位置不利可能遭遇攻击，作为师长本当恪尽职守注意戒备才是，他布置完后撤却擅离指挥岗位，径自回峄县城里过新年去了。只是这一个新年，让马励武过得刻骨铭心，终生难忘。

1947 年 1 月 1 日拂晓前，山野主力和华野第 1 师各部秘密会合到指定的隐蔽区域集结，陈毅和粟裕在紧张的备战中迎来了新年的曙光。第二天夜晚，马励武在当地乡绅的邀请下，正与峄县地方上欣然联欢看着大戏，鲁南战役的炮声打断了他看戏的雅兴，整26师以群龙无首的松懈状态与有备而来的陈粟大军接战，结果自然一败涂地。仅两天时间，26师和配属的快速纵队即被吃掉大半，马励武带着残部困守县城，而邻近的冯治安部听得风吹草动，不顾掩护整26师侧翼便收缩自保，坐看整26师挨打，马励武终于1月11日在峄县束手就擒。陈粟大军大获全胜之后继续扩大战果，于是枣庄的整编第51师也步上了第26师的后尘。

鲁南一役，华东解放军取得的战果比宿北战役更为辉煌，不仅开创了在一次战役中歼灭国民党军两个整编师加一个快速纵队的先例，还缴获了大量的美式装备和武器，尤其是从第1快速纵队缴获的坦克、火炮和汽车，加上前不久宿北战役缴获的大批重武器，大大改善了华东解放军的装备条件，华东解放军也在此基础上组建了拥有强大炮火的特种兵纵队。用陈士榘的话来说："从这次战役之后，我们不再是'小米加步枪'单一兵种的作战了。"步兵武器，如步枪、轻重机枪等也大量换成了美械，大批的解放战士被补充进了参战各部。

战后，山东和华中两支大军利用战役间隙进行了整编，新四军和山东、华中的军区和野战军正式撤销，两军合并组成统一的华东军区和华东野战军，其中华东野战军共整编为九个步兵纵队（后另编苏中、苏北的第11、12纵队），各纵队整编后编制为三师九团，还有一个特种兵纵队，总兵力达二十七万五千余人，华东军区下辖的六个二级军区，总兵力达三十万人。华东野战军各纵队的人员和武器配备均比内战初期大幅增加，以陶勇的第4纵队为例，该纵队拥有重炮十三门，轻重机枪几百二十六挺，可谓兵强马壮。[①]

二

国民党军在鲁南战役的惨败，固然有冯治安部见死不救的因素，薛岳也是难辞其咎，蒋介石对他连丢两个整编师，还把机械化部队第1快速纵队一并赔掉大失所望，他要陈诚亲自去徐州坐镇督战。国民党军方面虽然遭遇到一连串沉重打击，但是将华东解放军逐出苏北决战鲁南的既定方针依旧维持不变，因此继续在陇海铁路东段与胶

---

① 参见军事历史研究部编《中国人民解放军全国解放战争史（第二卷）》，军事科学出版社1996年10月。

济铁路西段分别组织南线和北线两大攻击军团，以图夹灭华东解放军主力于临沂地区。

还在华东解放军发动鲁南战役前夕，徐州绥署曾于1946年12月底下达作战命令，确定以继续击溃陈毅所部主力于陇东以南地区，再向鲁南"追剿"其残余为战略目标，攻击目标为东新安镇、沭阳、西新安镇（今新沂县）、郯城、马（码）头镇各点，进出陇东以北地区，再向鲁南"进剿"。徐州绥署为此将苏北的部队重新编组，组成阜海、淮陇、陇南、陇东、峰临五个兵团。其中淮陇兵团由整74师、第7军171师、第7军工兵队、炮兵第13团第2营、工兵第1团（欠一营）、工兵第15团之一营组成，张灵甫任该兵团司令官（受李延年指挥）。①

张灵甫从南京返回防地时，身体已无大碍，1947年新年，他的部下见他亲临74师军官的新年酒会，活动如常。不过张灵甫脑子里战备这根弦绷得比马励武紧得多，新年第一天，他没有与地方乡绅搞什么"军民联欢"，还把正在准备过新年的74师官兵整得一惊一乍。元旦一大早，74师师部驻地村外突然枪声大作，越打越近，村里的部队急忙拿枪架炮进入防御阵地，待各部就位之后，枪声却戛然而止，随后大家被告知出来集合，新年庆典开始，原来这是张灵甫在别出心裁搞新年备战测验。在庆典上，他严厉告诫部下，训练即是作战，务要求真求实，对突发事件尤需临机应变。

元旦刚过，蒋介石便急着催战。对于原宿新兵团没能如期攻下沭阳和新安镇，还折损了一员大将戴之奇，蒋介石耿耿于怀，他把进占沭阳看作是"苏北战局成败的关键"，而薛岳派去出击沭阳的中军先锋，依然是张灵甫。1947年1月7日，蒋介石直接发电报给李延年和张灵甫，询问兵团进攻沭阳的准备情况，关照他们注意与东面友军联系策应，并催问究竟何时可占领该地。同日，他又要李默庵转告东路阜海兵团的欧震、黄百韬、李天霞等人，在向沭阳和陇海路前进时，不但各部要自动联络，还要与张灵甫部切取联系。②蒋介石连电催促，南线各部却"稳扎稳打，步步为营"，以每日平均八公里的速度谨慎缓慢地向北推进。

新年过后，张灵甫率淮陇兵团隐蔽集结于涟水以西的徐家溜、钱家集，沿着沭河向西北方向攻击前进。陇海路南原有解放军的第2、9、11(5旅)纵队以及第6师、7

---

① 本章关于国民党军相关兵团的编成情况，如未另注，均以《绥靖纪实》（谢声溢等编，徐州绥靖公署1947）所载资料为准。

② 《蒋中正电李延年张灵甫》（1947–01–07）台湾"国史馆"《蒋中正档案》典藏号002080200313012；《蒋中正电李默庵分转欧震黄百韬等》（1947–01–07）台湾"国史馆"《蒋中正档案》典藏号002080200313。

张灵甫在苏北

师和 13 旅等共二十四个团的兵力，这些部队在宿北战役和涟水战役中伤亡较大，陈毅和粟裕率军北上山东组织鲁南战役的时候，把他们留在这一带由谭震林指挥休整待机，同时组织防御，阻止南线敌人可能的北进增援并相机歼其一部。与涟水战役相比，张灵甫向沭阳推进所遭遇的阻力要小得多，参与阻击 74 师的解放军因无死守阵地的任务，部队以运动防御为主，以梯次抵抗钳制其推进速度，但是没有主动组织反击，所以 74 师未经大的激战，于 1 月 7 日占领胡集，次日进至关家集以北地区，继续进占新河口以南，并渡河向沭阳进攻，1 月 10 日中午，张灵甫攻进沭阳。

此时陈粟大军正在鲁南与马励武激战峄县，南线兵团不赶快北上进援，却在沭阳附近停下来整顿，把苏北的几个兵团重组成陇左兵团和陇右兵团，张灵甫的 74 师与整编第 25 师、65 师、83 师和第 7 军一同编在由整编第 19 军军长欧震统领的陇右兵团。1 月 14 日，张灵甫才奉命指挥部队沿沭新公路两侧向庙头、新安镇方向继续攻击前进。74 师当天突破华野 7 师 19 旅的阻击，进占庙头，15、16 日又连下 5 旅据守的阴平、高流，于 18 日继续突破 5 旅在众庄、王庄的阵地，占领新安镇。同时，李天霞整 83 师也沿沭河东岸进抵新安镇以南的大魏家。如果此时薛岳指挥南线兵团继续急速北进策应鲁南，正在枣庄围歼周毓英第 51 师的陈毅和粟裕将面临两面作战的压力，这使得粟裕一度感觉战况吃紧。不料徐州绥署在这节骨眼上又令南线兵团停在陇海线止步不前，眼睁睁看着整 51 师全军覆没，南线兵团才奉命复姗姗而行，仗打得莫名其妙。

峄临兵团两个主力师加一个快速纵队的覆灭，打破了徐州绥署年前制定的进攻临沂的计划。临沂是鲁南的门户，也是中共在华东地区的首府，国军方面认为，占领鲁南重镇临沂，既可堵住解放军南下的大门，苏北可以从此高枕无忧，又便于国民党军进而开展摧毁中共沂蒙山区根据地的作战，当时解放军主力云集临沂附近，为了保卫临沂而与国民党军决战的可能性很大。南京国防部和参谋本部自恃国民党军装备优良，认为决战应有胜算的把握，于是决定发动"鲁南会战"，要求各部将领抱着必胜的信念，打好这一仗。

蒋介石对薛岳的信心被之前接连的两大败仗打得所剩无几，他命参谋总长陈诚亲往徐州压阵，督促鲁南会战，确定以主力沿临郯公路及两侧逐次向北攻击前进，以图将华东解放军主力压迫至临沂、李家庄之间的山地聚而歼之。

战前，徐州绥署对进攻临沂的部队反复整合，1月下旬在进攻郯城、马头镇之前，又重编了一个由欧震担任司令官的陇东兵团，分三路辖左、中、右三路纵队，张灵甫与李天霞同属中央纵队。

2月1日，整74师和83师分别攻占郯城、马头镇，根据原先的作战部署，74师的任务是由新安镇沿临郯公路经红花埠、郯城、李家庄，逐次击破当面之敌，进出于李家庄以北地区，83师等部于同时出发，在74师侧后跟进。这样，张灵甫又成了进攻临沂的领军先锋。

正当各部按预定计划行动之际，2月6日，陈诚坐吉普车带着两个随从从徐州来到了新安镇，他亲自召集各军师长们在新安镇开会，声称："这次会战关系重大，党国前途，剿匪成败，全赖于此。只许成功，不许失败。"进攻临沂的部队统编成了新临兵团，仍由欧震任司令官，又称欧震兵团。欧震兵团重新分三路三个纵队：张灵甫的右纵队辖整74师、重炮兵13团第2营，战车一连；李天霞的中央纵队辖整83师、整65师、重迫击炮13团（欠一营）；胡琏的左纵队辖整11师；钟纪的第7军留守新安镇、郯城、马头镇；整25、67、64师为兵团预备队；整28师为绥署预备队，战役定于2月10日发起。会后，各军师长当天各自返回前线，陈诚本人则亲驻新安镇欧震兵团部，每天听取欧震关于前线战况进展的汇报。

如此的大张旗鼓，国民党军要在临沂与华东野战军主力决战的意图却扑了个空。陈毅和粟裕起先确有在临沂以南迎战欧震兵团的方案，鉴于欧震兵团兵力雄厚，队形密集难以分割，中共中央军委于2月6日电示陈毅、粟裕："敌愈深进愈好，我愈打得迟愈好；只要你们不求急效，并准备于必要时放弃临沂，则此次我必能胜利。目前敌人策略是诱我早日出击，将我扭打消耗后再稳固地进占临沂，你们切不可上当。"①
有了中央关于"必要时放弃临沂"这把尚方宝剑，陈毅和粟裕制定战役决策就有了更
加灵活的余地。南路的欧震兵团兵力密集雄厚不好打，就改变计划打北路较弱的李仙
洲兵团。于是他们在临沂摆下空城计，仅以少量部队伪装成野战军主力钳制南路国军，
并在运河上架桥，制造华东野战军正在向运河西北撤退的假象，主力则于 2 月 10 日
开始陆续秘密北上。所以南线的欧震兵团大部分部队与解放军照面的机会都少有，在
前面作开路先锋的张灵甫率 74 师出邵家湖北进李家庄，与为数不多的解放军阻击部
队有一些规模不大的战斗。1947 年 2 月 12 日，74 师突进临沂东南的李家庄，15 日率
先攻抵临沂，由 83 师进驻，74 师则移驻李家庄。

陈诚到徐州之后，南线国民党军一路攻城略地轻松达成占领临沂的战役目标，国
民党方面再次开动宣传机器，庆贺"临沂大捷"，并且宣称消灭了共军十六个旅，华
东共军已无力再战。这一切，如果只是舆论宣传热闹一番也就罢了，偏偏连最高统帅
蒋介石和参谋总长陈诚都信以为真，还自我感觉十分地良好起来，以为将华东共军赶
入黄河已经指日可待了，这样的不知己不知彼，后果就很不堪了。"临沂大捷"只让
国民党军陶醉了仅仅一个星期，陈诚就闹出一个比薛岳败得更难看的莱芜战役。

三

1947 年 1 月中下旬，山东省主席兼第二绥靖区司令官王耀武在蒋介石和陈诚的三
令五申之下，从第二绥靖区勉强抽调部队约六万之众，组成北线兵团，由二绥区副司
令官李仙洲率领，奉命沿明水（今章丘县）、周村、博山一线南下，占领莱芜以北的
吐丝口地区，2 月初再南下莱芜、新泰，目的是为了与苏北的南线兵团搞南北对进，
结果半个月之后，李仙洲兵团在莱芜地区被秘密北上的华东野战军主力包围，三天之
内遭到全歼，于是有了一句名言流传于世："就是六万头猪，三天三夜也捉不完呐！"
此话源出何处莫衷一是，有一说是王耀武的气话。王耀武不仅气李仙洲撤退时的优柔
寡断，更气蒋介石和陈诚的瞎指挥葬送了他的部队。

在国民党军中，王耀武称得上是一员杰出干将，抗战期间，他能以黄埔三期的浅
资超越资历官位比他高深的众多黄埔学长而平步青云，在军事能力上自有他的过人之
处。和谈期间在山东与王耀武打过交道的陈毅曾经评价说，王耀武在国民党军中算是

---

① 《粟裕战争回忆录》，解放军出版社 1988 年 11 月。

莱芜战役中俘虏的国民党军官兵。

头脑比较清楚的。陈毅的眼光相当准，然而头脑清楚的下级碰上头脑不那么清楚的上级，王耀武也只能徒呼荷荷。

　　早在2月初，王耀武就对国防部和参谋本部安排李仙洲兵团孤军深入莱芜、新泰的部署，向陈诚表示了忧虑，他建议将该兵团依托博山，在明水、博山、莱芜间机动作战，但是陈诚不予采纳，依然敦促其南下策应鲁南作战，并且申斥他说："对全国情况有所不知，速即遵照前令执行，毋庸再议。"张灵甫攻占临沂之时，王耀武不像蒋介石和陈诚那样为表面胜利所迷惑，更不相信南线部队歼灭共军十六个旅的神话，多年统帅大军的直觉告诉他，南线兵团进展如此顺利，并非真如宣传中所说的解放军在向黄河以北溃败逃窜，背后可能另有文章。不出王耀武所料，紧接着他就收到发现解放军陆续北上各部队番号的情报，他马上作出判断，这是解放军意图攻击北线李仙洲兵团的警讯。警觉的王耀武不待向蒋介石和陈诚请示，于2月16日当即命令李仙洲从新泰后撤颜庄、莱芜。已经北上的部分华野纵队见敌人回缩要溜，有人提议立即发起追击，包围不了咬掉它的尾巴也是收获。还是粟裕沉得住气，他判断敌人可能还在彷徨不定中，如果华野主力在尚未全部集结之前仓促行动，定会打草惊蛇，所以他继续隐蔽集结主力，持重待机，不因小失大。

这就是高手之间的过招。如果王耀武能够不受掣肘自行处置李仙洲兵团，以他在军事上的见地，解放军方面如有风吹草动，他很可能会将收缩到莱芜、口镇一线的李仙洲兵团迅速北撤，向济南方向靠拢，那么粟裕的计划就有可能会落空，至少难以达成后来那么大的战果。还是得要感谢陈诚，关键时刻是陈诚扯了王耀武的后腿，帮了粟裕一把。

从新安镇回到徐州后，陈诚得知王耀武擅自命令部队北撤，立即坐了专机来到莱芜上空，他在空中转了几圈，又听信空军侦察说共军已经搭了三座桥，拟渡运河向黄河北岸撤逃，便责令王耀武立即命李仙洲部南返新泰，并派出部队分向蒙阴、白马关、大汉口方向侧击。王耀武明知不妥，还是无奈地遵命，于是李仙洲17日向南折返，重新占领新泰。2月19日，王耀武判明华野主力确实企图围攻新泰、莱芜，再命李仙洲北撤，可怜的李仙洲几天来被呼来喝去疲于奔命，待再次撤回莱芜，他的兵团陷入了已经北上集结的华东野战军的重围。王耀武深怨陈诚不听他的谏言，致使李仙洲落入了共军的圈套，他派了副参谋长罗幸理专程飞到南京，直接向蒋介石面呈突围计划。蒋介石感觉敌前撤退颇为不利，可是事到如今也无计可施，只得照准，他命空军副司令王叔铭亲自指挥数十架轰炸机协助李仙洲突围。但是，一切为时已晚，在粟裕围三阙一的策略下，突出莱芜的李仙洲兵团在运动行进中被在野外预设埋伏的华野主力截成数段，战至2月23日，李仙洲兵团全军覆没，司令官李仙洲与一大班军师长将官被俘。

王耀武眼见无力回天，急忙调动部队布置城防，以防解放军乘胜直捣兵力空虚的济南城。正在忙乱之中，2月24日傍晚，忽然接到济南机场空军基地司令部打来电话，通知说南京有要人前来，王耀武还以为是哪一位军机大员驾到，等他带着罗幸理赶到机场接人，惊见步下飞机的是面色铁青的蒋介石，陪同他前来的还有俞济时和参谋次长刘斐。王耀武事后对人说，这是蒋介石唯一一次把他骂得狗血喷头。罗幸理护主心切，见王耀武挨骂不敢向蒋介石申辩一句，他壮着胆子向蒋介石报告，王耀武先前曾经向陈诚建议过变更出兵新泰、莱芜的计划，但是均被陈诚驳回并遭到申斥。蒋介石听后问刘斐："有此事否，何以不予考虑？"刘斐回答确有此事，并说他也不同意轻进，是陈诚坚持所以才按原计划行动。蒋介石生气地拍桌子骂陈诚："辞修胡闹！"①

回到南京，蒋介石马上召集军事将领会议，他在 2 月 26 日的讲话中，毫不掩饰内心对华东解放军迅速壮大的焦虑和紧迫感："我想现在关内的匪军，虽以陈毅一股最为顽强，但我们如果能够不顾一切，集中兵力，首先来对付这股匪军，现在还来得及。如其我们再像过去一样，不听统帅的命令，各自为政，任其东奔西突，各个击破，则两三个月以后，你们大家都要死无葬身之地！因为陈毅组织民众的技术、训练军队的能力和其作战的灵活，我们前方的高级将领中，可以说很少人能够和他相比。他过去唯一的欠缺就是没有重武器，所以我们的部队虽不长于野战，但凭藉工事，还可以固守！现在他在向城和莱芜得了我们这许多重武器，如果我们不能在他重武器部队训练完成（两个月到三个月）以前，将他包围歼灭，那他的势力日益增加，我们无险可守，不仅山东将非我有，就是已经收复的苏北，亦将重变匪区！"②

蒋介石虽然讲出"两三个月以后，你们大家都要死无葬身之地"这样的重话，对于现阶段的战局还远谈不上丧失信心，他认为集中兵力对付主要敌人还来得及，所以在这次会议上，他又接着谈到了对山东的战略构想："所以我这几天时时刻刻在研究如何剿灭陈毅这股匪军的办法！我想除了我们高级将领的心理应该转变，战术应该改进之外，在战略方面一定要照我上次所讲的，占领各重要交通点，步步进逼，使之被迫决战，然后一举歼灭，就山东的地形来讲，我们第一步先占领津浦线的大汶口和泰安，向鲁中临沂联成一根横线，使陈匪无法窜到津浦路以西的地区，如果他要窜过来，我们就准备和他作阵地战。在胶济线方面，我们现在坚守济南、潍县、高密、青岛各据点，他暂时决不会来攻坚的。但如果不来进攻，我们仍旧要由东向西或由西向东推进，恢复沿线的重要据点。照这样部署，我们在南方有临沂一个据点，这个据点必须控置三个师的精锐部队，西边济南、泰安、大汶口联结起来，以第 11 师为主力，再配属其他的部队，算一个力量。由北到东，张店、潍县、高密、青岛联结起来，除现有兵力之外，将来或再加入第 5 军一个军，又是一个力量。这三个力量在他的周围摆起来，

---

① 参见王耀武《莱芜蒋军被歼记》，华东军区第三野战军战史编审委员会编辑室编《华东军区第三野战军第三次国内革命战争史资料选编鲁南会议华东全军整编莱芜战役》；王建昭郭天佑《王耀武沉浮记》，中华文史资料库第九卷，中国文史出版社 1996 年。

② 《高级将领精神心理之改变与剿匪战略之研究——恢复信心，信仰最高统帅》卷二十二演讲1947 年 2 月 26 日上午在南京对军事将领讲，秦孝仪主编《"总统"蒋公思想言论总集》台湾中正文教基金会网站。

他如果不来进攻，我们就向前推进，他如果进攻我们一方面，则一方面守，其他两方面攻，如此，一定要使得他疲于奔命，首尾不能兼顾。"①

蒋介石的这一构想，可以说是国民党军于1947年春对山东实施重点进攻战略的雏形。为了实施蒋介石重点进攻的战略，协调华东地区的作战和指挥，国民党军对该地区的指挥体系很快作了大幅度的调整。3月初，原来的徐州和郑州两个绥靖公署改组，陆军总部设立徐州前方司令部，原先兼任郑州绥靖主任的陆军总司令顾祝同也同时接管了被改组的徐州绥靖公署，成为重点进攻山东大军的总指挥，统辖二十四个整编师（军）共六十个旅四十五万余人。根据蒋介石所谓"三个力量在他的周围摆起来"的初步设想，徐州陆总将其中的十五个整编师（军）组建成三个机动兵团，由汤恩伯、王敬久、欧震分任第1、第2和第3兵团的司令官，"五大主力"中的三大主力整编第74师、第11师和第5军都集中到了山东战场，分别作为三个兵团挑大梁的骨干主力，解放军称之为"硬核桃"，相比之下，各兵团中实力较弱的部队则被称为"烂核桃"，这种强弱搭配的组合，也就是解放军所说的"烂核桃夹硬核桃"的战术。

原徐州绥署主任薛岳两个月内接连三大败仗，兵员损失十多万不说，还把大批的机械化、现代化武器拱手送给了解放军，蒋介石没有给予严厉处分，算是给他留了面子，随着徐州绥靖公署的改组，主任职务也一并撤裁，薛岳转任有名无实的国民政府参军长，从此基本淡出内战第一线。

蒋介石又临阵换将，粟裕知道后，对他用顾祝同替换薛岳表示欣慰，粟裕说："薛岳用兵尚称机敏果断，而顾祝同则历来是我军手下败将，以庸才代替干才，在高级军事指挥人员上的更迭，正象征着国民党的日暮途穷，最后必然会走向崩溃。"②

第二节 "常胜将军"变"懒牛"

自从离开南京踏入苏北战场，在与华东解放军的多次对阵当中，张灵甫暂时占据了上风，可是他自己最清楚不过，经过大半年连续不停地作战，老兵们死的死伤的伤，74师的战斗力已经江河日下，他这张王牌有点外强中干了。

---

① 《高级将领精神心理之改变与剿匪战略之研究——恢复信心，信仰最高统帅》卷二十二演讲1947年2月26日上午在南京对军事将领讲秦孝仪主编《"总统"蒋公思想言论总集》台湾中正文教基金会网站。

② 《莱芜战役初步总结》（《粟裕军事文选》，解放军出版社1989年7月）。

即将进入山东作战的张灵甫

在不同人的记忆中，张灵甫这一段时期的面目似乎是一个矛盾的混合体，公开与私下场合的言论判若两人，仿佛是一个双面人。

大陆出版的许多描述孟良崮战役的书籍中，下面这些话被不断重复引用着：

张灵甫对蒋介石信誓旦旦："校长，把新四军交给我张灵甫吧，我让他们死无葬身之地！"

张灵甫公然夸下海口说："有74师在，就有国民党在。"

果然是盛气凌人不可一世，这也是许多人印象中所熟悉的那个目高于顶傲慢自大的张灵甫。

一些与他关系密切的局内人的回忆，却向我们展示了另一个陌生的张灵甫。

在公开场合，张灵甫发些豪言壮语是可以想见的，身为一师之长，表面上必须对部下昭示必胜的信念，所谓士气可鼓不可泄，至于他内心的真实想法，实不足与外人道，更不会对中下级官兵坦言，只有在亲信僚属面前，张灵甫才流露出对74师现状的深切忧虑。

74师进入山东之后，一次在师部与高级军官们的闲谈中，张灵甫抱怨上级总是对他要求休整的申请推三阻四，忧心忡忡地说："我们现在打了胜仗，人家都说是应该的，若是打败了，人家一定说是我们骄傲。现在老兵伤亡很大，补充的新兵又没时间经过系统严格的训练，打顺了还能一窝蜂冲，若是败下阵来，简直就是一群乌合之众。我们打了大半年的仗，陈总长原先答应过的休整始终也不兑现，再这样下去，这仗没办法打了！"

到前线探亲的王玉龄在一边听了他们的私下谈话，第一次意识到，被人捧为"常胜将军"的丈夫，原来并不总像外人以为的那样对胜利信心十足，她开始为张灵甫担心。作为将军夫人，王玉龄有特权在张灵甫打仗的间歇时常上他的前方指挥部小住，可是那些中下级军官的家属就远没有她的幸运，她们与丈夫一别大半年无缘团聚，而74师回南京休整的时间遥遥无期，天长日久，部下难免滋长不满情绪。回到南京之后，王玉龄在张灵甫的默许之下，要74师驻京留守处的军官用张灵甫的师长特别费安排交通车辆，让在南京附近的部分中下级军官家属分批去前方探亲，以示师长的体恤，安稳军心。①

可是这终究不是长久之计，张灵甫还是想争取机会停下来整训，强化部队的战力，无奈上级总是鞭打快牛，既然张灵甫善打硬仗，但凡有重要的军事行动，74师总是冲在最前面的攻击前锋，休整的事则没有下文，对此张灵甫也多有怨言。他曾经对部下许诺说："等打下涟水再回南京休整。"可是涟水打下之后，部队却越走越远，这句话成了一张没有兑现日期的空头支票。为此他在电话里曾经没好气地顶撞陈诚说："你可以对我说话不算数，我不能对我的部下一再食言！"还生气地摔了电话。②

莱芜战役结束两天之后，蒋介石于2月25日自济南返回南京，当天就给驻临沂李家庄的张灵甫发了一份电报："张帅长灵甫：弟部整补情形与士气如何，此次剿匪另有心得否，预定何日可以出发进剿，希用有线电话详报。"③

接到蒋介石的电报，张灵甫正好借机诉苦，他立即回复道："（一）自协力攻占临沂后，即继续搜剿，从未奉令整补；（二）新兵大部未到，干部尚未甄选，换械尚未实施；（三）职部参战已久，急需予以整补时间；（四）剿匪心得另呈。"④

张灵甫要求休整，可是蒋介石正在布置对西北和华东两个地区实行重点进攻的计

---

① 2003年12月笔者与王玉龄女士的访谈。

② 2003年12月笔者与王玉龄女士的访谈。

③ 《蒋中正电张灵甫》（1947年2月25日）台湾"国史馆"《蒋中正档案》典藏号002080200314039。

④ 《蒋中正电张灵甫》（1947年2月25日）台湾"国史馆"《蒋中正档案》典藏号002080200314039。

划，华东共军始终是他的心腹大患，所以他把"五大主力"中的三支王牌第74师、11师和第5军全都投入了山东，作为支撑山东战场的三大骨干支柱，对山东实施重点进攻的鲁中会战第一期作战也预定在3月下旬展开，他正需要张灵甫替他在华东战场继续打头冲锋陷阵与共军搏命，在这要紧关头，蒋介石即使有心关照74师，也无法让张灵甫如愿停下来作大的休整，唯有令陈诚督饬完成兵员补充。

张灵甫仍不死心，3月初，新上任的第1兵团司令汤恩伯前去74师校阅，张灵甫又异想天开对汤恩伯提出要求说："给我三个月时间，整训部队。"也不知汤恩伯是有意还是无意，他在检阅到辎重团面前停下了脚步，要参加过抗战的老兵举手，看了看后对张灵甫说："老兵还很多嘛！"张灵甫暗自叫苦，后勤辎重大都不是战斗兵，伤亡人数自然也比兵旅要少得多，张灵甫匀出一部分老兵在后勤部门也是未雨绸缪，为部队储备些老底子，谁知汤恩伯不问别人偏偏问这些人。3月13日，汤恩伯向蒋介石书面报告说，他已经视察了临沂的部队，士气尚好，而"尤以第74师更焕发齐整"[1]。一周之后，国民党军的所谓鲁中会战第一期行动开始，74师的休整之事，也就再次不了了之。

张灵甫多次要求休整不果，消息灵通的华东解放军首长对此一清二楚。1947年3月8日，粟裕对华东野战军高级干部作了关于《莱芜战役初步总结》的报告，他特别提到莱芜战役在军事上的一个收获，就是："滋长了敌高级将领的悲观失望情绪，同时也增加了敌人内部的矛盾。王耀武写给第83师师长李天霞的信中说：'莱芜战役，损失惨重，百年教训，刻骨铭心。'敌第74师师长张灵甫要求休整，并说：'本师重装备不适合山地作战。'李天霞则屡次装病请假要求不干。莱芜战役的胜利，在精神上的确给了敌人一个严重打击"[2]。

粟裕把国民党军众将领的这些反应解读为对时局产生了悲观失望情绪，并非夸大其词。

如果说张灵甫打下两淮之后一度牛气冲天，那么经过在苏北与华东解放军的一再交手，尤其是两次涟水的恶战，又目睹同僚在宿北、鲁南、莱芜一个接一个大败，戴之奇、马励武、周毓英、李仙洲等高级将领自杀的自杀，被俘的被俘，张灵甫表面上再怎么

---

[1] 在《汤恩伯呈蒋中正》（1947年3月13日）（《蒋中正革命文献——戡乱军事：华中方面（一）》台湾"国史馆"藏文档序列号：4450.01–021 目次：17）报告中，汤恩伯提及74师将两千余名俘虏兵补入部队。

[2] 《莱芜战役初步总结》，《粟裕军事文选》，解放军出版社1989年7月。

自我膨胀，内心也不能不受到强烈的震撼，公开场合的气壮如牛不过是对部下虚张声势打气罢了，几个月来痛定思痛，他对于内战前景和对手解放军的看法，已经发生了非常大的转变，他不再头脑发热，对解放军更不敢小觑。

张灵甫当然还不会就此认输。"知己知彼，百战不殆"，这是谁都明白的大道理，熟读中外兵书的张灵甫更懂得，要打败对手，首先得研究对手。他是个好学慎思很有钻研精神的人，不打仗的时候，时常手不释卷，还在苏北期间，他就开始对以前不放在眼里的解放军进行悉心的研究。关于张灵甫研究解放军，当年在国共两军中还流传过一个故事，此事就发生在张灵甫回南京见蒋介石期间。

张灵甫在苏北作战时，曾经缴获了一批解放军撤退时遗留的军服，这批看似土里土气的共军军服引起了他很大的兴趣，反复检视之后，他有了一些想法，于是在回南京的时候顺便带了一套去给他的蒋校长见识见识。

在蒋介石面前，张灵甫像个裁缝师傅般衣长裤短比较起国共两军军服的优劣来。他说："共军军衣比我们做得好。这军衣好处，一是长厚，很暖和，穿起来可节省大衣，又方便。我们的军衣短，遮不住屁股，又很薄，不穿大衣受冻，穿了又不方便。二是肩上扎线，背枪弹不容易坏，我们的不扎，烂得很快。三是军裤很长，我们的很短，还要用绑腿打起来。"①

他还向蒋介石抱怨说，国民党军的军服发包给商家定做，中间环节漏洞太多，有人层层贪污克扣，致使服装质次价高，而且一不保暖二不耐穿。蒋介石听了觉得很有道理，他当即招来联勤司令，责令其限期改进。此后，由联勤总部发包的军服生产商家，均被要求按规定在衣领处加缝厂家编号，以便识别，防止商家偷工减料。

在与张灵甫的交手中，陈毅对这个死对头也产生了浓厚的兴趣，孟良崮战役之后，他特地向74师的被俘将校了解张灵甫的生前情况，听被俘的74师参谋长魏振钺讲了这段张灵甫与解放军军装的故事，他在后方作报告时以此为例说："张灵甫是研究我们的。"②

张灵甫花了不少心思对国共两军进行研究，驻临沂李家庄期间，他应蒋介石的要求提交了一份《剿匪心得》，分指挥、作战、空军协同、后勤、士气、政治等几个方面，洋洋洒洒写了近十页，列出"共军优点与我军缺点"，并拟出若干具体战术对策及改

---

① 刘统《华东解放战争纪实》，人民出版社 1998 年 12 月。

② 刘统《华东解放战争纪实》，人民出版社 1998 年 12 月。

进办法。①他已经明白，目前的"剿共"局势，"非短时日内可以结束"，因此在大军指挥方面"宜区分守备部队、攻击部队、绥靖部队、控制部队、整补部队，以便各守专责，且能轮流整补恢复战力"；对于"国军烂核桃夹硬核桃"的战术，他对兵团级的作战布置造成战力强的部队无谓消耗发出微词："战力较强之部队应使用于决战方面，既决战之后适时予以整补之机，俾能充实战力，否则经常使用于第一线逐次消耗战力，无补战局"。只是"高级指挥部作战方针颇为积极，但兵团部署适得其反，以有力之部队在第一线支撑战局，以战力较差之部队在掩护下逐步推进，使匪先期避免决战，纵或抵抗亦演成正面之战斗不能获得歼灭性之战果"。这是希望74师能像过去的74军那样，被上级当作战略预备队的攻击军而非常规作战部队使用；作战方面，他认为目前步坦协同战术落后，分散配备给步兵部队的坦克在正面攻击时仅能作"活动碉堡"使用，没有充分发挥坦克部队的灵活突击作用，战车应"出其不意由侧背迂回或由中央作纵深突入"，但是如此徒步步兵速度跟不上则仍难以获得战果，因此他建议蒋介石"若配属一部摩托化之步兵，可获巨大战果"。张灵甫提出以摩托化步兵配合坦克突进的战术，似是受了二次大战欧洲战场，尤其是苏德之间装甲部队和摩托化部队作战模式的影响，建议蒋介石也加以仿效，在内战战场实习现代化的装备战术。

张灵甫的建议不过是军人作纯粹的战术之论，对于国民党的"政治修明"于事无补，当然也改变不了国民党军的失败命运，而他对于解放军的研究越深入，得出的结论却越让他气馁。

张灵甫与胡琏的关系很好，两人时有书信往来，在苏北战场时得空就相互通话。涟水战役后，有一次他与当时驻扎徐州附近的胡琏通话，随后胡琏对整11师政治处长李生林说："他发牢骚，他很泄气！"李生林也是张灵甫的陕西同乡好友兼黄埔四期同学，李问："他说什么来着？"胡琏说："什么任务都让他去干，延安俘虏营缺少他。"李生林大笑着说："灵甫这个人什么都不错，就是好发牢骚，也有点才气，有点骄傲。他还说什么？"胡琏说："他说已经向王佐民（王耀武的号）说了两三次请他另选别人，他不干了，但是王佐民不同意……由此可见当时心情是很不好的。"②

---

①　《蒋中正电张灵甫》（附件：张灵甫《剿匪心得》1947年2月28日）台湾"国史馆"《蒋中正档案》典藏号002080200314039。

②　陈家珍（时任整编第11师参谋处上校作战科长）《整编第十一师进攻沂蒙山解放区概况》《文史资料存稿选编＜全面内战＞（上）》周宏雁编，中国文史出版社。

到了山东之后，张灵甫又对胡琏和第 7 军军长钟纪等将领感慨地说："共军无论在战略战役战斗皆优于国军。数月来，共军向东则东，向西则西，本军北调援鲁，南调援两淮，伤亡过半，决战不能，再过年余将死无葬身之地，吾公以为如何？"① 行家伸伸手，便知有没有，打了二十来年的仗，张灵甫战绩胜多负少，也是一个相当出色的军人，面对神出鬼没、仗越打越精的解放军，他开始了冷静的反思，对这场战争也不复先前的乐观了。有趣的是，他的"死无葬身之地"一语后来被广为引用，并且多被解读为：张灵甫气焰嚣张，常对左右重申，一年内不消灭共军，死无葬身之地。殊不知，张灵甫可是真的在担心死无葬身之地呢。

似乎对自己的结局有一种冥冥之中的预感，张灵甫在写给家人的书信中也语出不祥。1947 年春，他的哥哥张秀甫在西安收到他发自山东前线的家信，张灵甫在信中没有炫耀自己的战功，反而灰心地历数内战以来国民党军的种种败绩，并且说"匪区"到处贴有"活捉张灵甫"的标语，他接着写道："他们要活的，只能给他们个死的！"他的侄子张居正当时大学毕业刚回到家乡，他从张秀甫处读到张灵甫的来信，对五叔为将者出征前线竟出此不吉之言，惊诧不已，家人也都为之惶惶不安。②

张灵甫还是有自知之明的。整编第 74 师是美式重装部队，一出动便是上百的辎重车辆、大炮和成千的骡马随行，在苏北平原尚可纵横驰骋进退自如，发挥快速机动的特长，一旦进到沂蒙山区，部队在山间小路行军必然笨重不堪，毫无机动性可言，离开公路简直死路一条，原先的长处变成了短处。写过《山地战之研究》的张灵甫十分清楚自己部队的这些特点和长短，74 师的重装备和训练适用于平原，如果不对部队进行适合山地作战的必要调整和训练，贸然以平原作战的模式投入沂蒙山区，无异于愚蠢地自废武功，这将是以己之短搏人之长，所以他对进山区作战并不积极，希望调到平原地区，理由是整编第 74 师的重装备不利于山地作战。

当年在汤恩伯的手下有一个身份特殊的人物，此人名叫毛森，他原是戴笠手下的军统大特务，兼任第一绥靖区第二处处长，负责搜集军事情报，汤恩伯去鲁南就任第 1 兵团司令后，毛森奉令随军行动，他因此与张灵甫交往密切，并且成为朋友。毛森回忆说，张灵甫对他大吐苦水："他满腹怨怼，很气愤地对我说：'我是重装备部队，如在平原作战，炮火能发挥威力，陈毅两三十万人都来打我，我也力能应付；现在迫

---

① 刘统《华东解放战争纪实》，人民出版社 1998 年 12 月。

② 2004 年 3 月至 6 月张居正先生对笔者采访的书面回复。

我进入山区作战，等于牵大水牛上石头山。有人跟我过不去，一定要我死，我就死给他们看吧！'"①

在这样的心态下，张灵甫在山东的作战态度不免消极起来，他不再是苏北战场上那头醉心于进攻、进攻、再进攻的"斗牛"了，相反，据毛森说，在当时的南京国防部、徐州陆军司令部和鲁南的国军将领中，甚至传出不利于他的耳语，他们背后议论说，张灵甫如今像一头"懒牛"，一打仗就"鬼叫"，不肯出力。

不过牢骚归牢骚，作为军人，张灵甫远比那些背后议论他的同僚们"敬业"得多了，一旦打起仗来，他还是不畏战，肯出死力拼命，所以在解放军的战史中，这头"懒牛"在山东丝毫不见有偷懒的迹象，在解放军的眼里，张灵甫还是一如既往充满了危险，像一头凶狠好斗的猛牛，横冲直撞，狂妄自大。

第三节 临蒙公路之战

一

在向沂蒙山区进发之前，汤恩伯第1兵团在临沂时下辖六个整编师，即整编第25师、28师、57师、65师、74师和83师，不久桂系的第7军和整编第48师也从第3兵团划归汤兵团。汤恩伯起初将各部分成三个纵队，李天霞任第1纵队司令，李良荣任第2纵队司令，张淦任第3纵队司令。

这种纵队原是国民党军战时为便于协同行动而由几个师编组成立的临时性作战单位，张灵甫在年初也曾经担任过淮陇兵团的司令官，随着战况的变化，这种编组是随时可变的，这类所谓的兵团、纵队，并不是后来建立的兵团那种正式的建制，所谓的纵队司令，一般是由编组内资历相对其他师（军）长较深者担任，其本身的军职也还是相当于军级的整编师长不变，算不得真正的司令官，所以纵队司令指挥队内其他同级别的整编师长，有时碍于情面只能商量着来，更有其他军师长根本不买纵队司令账的，造成矛盾重重。本来由一个兵团司令官直接指挥属下几个师也应该游刃有余，多了一层临时纵队，实践起来反而叠床架屋，说是为了便于野战协同指挥，效果有时适得其反。

① 毛森《往事追忆——毛森回忆录（一〇）》，台湾《传记文学》总第456号2000年。

一个典型的失败例子就是汤兵团的原第1纵队。汤恩伯起初将张灵甫的整74师、黄百韬的整25师与李天霞的整83师凑在一起，这可绝对不是一个和谐的组合。李天霞能当上这个纵队司令，只不过他比张灵甫资深，而黄百韬属非黄埔系杂牌出身，所以才轮到他过一把"司令官"的瘾。可是把张灵甫调归第1纵队听候李天霞的节制，无疑是让两个冤家重又聚头。张灵甫在74军还是李天霞下属的时候就看不起李的为人和水平，现在他早就与李平起平坐，而且在苏北战场的风头冠盖全军，连蒋介石给他函电也是称兄道弟热络得很。反观李天霞，先是在苏中被粟裕打得灰头土脸，粟裕的苏中"七战七捷"就有他的一份"贡献"，后来因为苏北作战不力还受过处分。再说张灵甫知道李天霞对他的迅速窜红心怀嫉恨，又素来讨厌李天霞打仗滑头善于贪人之功，所以总提防着李别故意让74师吃亏。毛森在山东就听过张灵甫的怨言："牺牲硬拼总是我，功劳是李天霞的。" 在这种情形下，张灵甫怎么能高兴李天霞来对他指手画脚呢？而黄百韬也非善类，他的资历其实不浅，抗战期间曾经在第三战区给顾祝同当过参谋长，与顾祝同私交甚密，因此黄百韬在李天霞面前也要摆一摆老资格，凡是李天霞召集纵队师长开会，黄百韬只派参谋长参加，本人基本是不到会的，后来在4月中旬进攻蒙阴的第二期作战时，汤恩伯干脆划出一个第4纵队，让黄百韬统辖整25师和整65师自己当纵队司令。所以李天霞这个纵队司令当得很没趣，他在部下面前也是牢骚不断："看张、黄二人红得发紫去吧！""张灵甫不愿听我指挥，黄百韬卖老资格也不愿归我指挥，纵队司令官当不当都没有什么，这个仗不好打。"①

一个纵队三个整编师长，大家目高于顶，谁也不服谁，将帅不和，这个仗的确是不好打。就这样，张灵甫与李天霞和黄百韬别别扭扭组成的第1纵队，与汤兵团另外两个纵队一起开进了沂蒙山区。

二

国民党徐州陆军总部的鲁中会战第一期计划，打算在3月底打通津浦路，同时向费县、梁邱、城前、泗水一带山地进行"清剿"，先打通临沂、费县、太平邑、大桥、泗水、曲阜的公路线，为随后的重点攻势作准备。依照部署，这期间汤兵团的主要任

---

① 参见王仲模《孟良崮战役国民党军被歼纪要》和《回忆整编83师在孟良崮战役中》，《文史资料存稿选编9 全面内战》（上册）全国政协文史资料委员会编，中国文史出版社2002年。作者时任整编第83师上校副参谋长。

张灵甫（右一）摄于鲁南前线

务是加强新安镇至临沂一线地区的工事，同时派两个师对费县及梁邱东南侧地区展开扫荡。汤恩伯派出第1纵队的74师和83师向临沂西北推进，3月25和27日，张灵甫和李天霞各自带着部队以左右两路向费县进发。这一带的华东野战军主力早在3月初就陆续转移，根据地老百姓搞起了坚壁清野，两个师在山区兜来兜去，连个问路的人都难找，偶尔碰见一个还一问三不知，"清剿"了十来天，只和遇到的小股地方武装有些小战斗，根本碰不到解放军主力。74师于出发当日进占临沂西北面的义堂集，张灵甫磨蹭了四天，到了29日才进至费县东北的薛村、朱满、毛沟，与同日攻占费县的83师会师。随后两师各派出一个旅，向在梁邱山地活动的解放军鲁南军区张光中部进攻，4月5日，74师58旅攻占梁邱，次日将防地交予前来会合的65师，主力退回临沂附近。[①]

　　这番"清剿"虽然打通了津浦铁路徐州至济南段和兖州至临沂的公路，并且占领了鲁西南地区，国民党军方面对华东野战军的主力动向还是雾里看花，一片懵懂。想

––––––––––––––––––

　　① 参见《国民党陆军总司令徐州司令部顾祝同所部进犯鲁中解放区作战经过概要》（1947年3-4月），中国第二历史档案馆编《中华民国史档案资料汇编第五辑·第三编·军事（二）》，江苏古籍出版社1998年。

决战找不着对手，总司令顾祝同倒不着急，与薛岳大刀阔斧咄咄逼人的指挥风格不同，顾祝同比较稳重保守，国民党军统帅部也吸取了前一阶段兵力分散到处被各个击破的惨痛教训，采取纵深梯次配备、集团滚进、稳扎稳打的战术，企图以强大的兵力密度，将华东野战军一步步压向黄河以北或胶东地区，迫使其无路可走出来决战。对于鲁中会战第二期作战，顾祝同依然是集中兵力，齐头并进，他布置汤恩伯的第1兵团从临沂进攻蒙阴、沂水，王敬久的第2兵团占领泰安后向莱芜方向推进，欧震的第3兵团从泗水进犯新泰，三大兵团构成一个略显弧形的包围线由西向东、由南向北推进。

4月19日，顾祝同发布第七号作战命令，汤恩伯的第1兵团各部向临沂、费县地区集结，准备北进夺取葛沟镇、青驼寺、上冶、垛庄、桃墟、蒙阴，尔后与华东野战军主力在沂蒙山中间地区决战。第1纵队的具体作战任务是于4月21日开始向葛沟镇、青驼寺方面"进剿"，限22日以前占领青驼寺，再向东北或西北挺进。

青驼寺位于临蒙公路的中段，自青驼寺沿着基本呈南北走向的临蒙公路上行，沿途经过双堠集、石崖子、小埠、泉桥（又称泉桥子）、垛庄、界牌、桃墟几个交通要点，便直达蒙阴城，而距离垛庄东北约五公里处的山地，就是孟良崮。

这时的第1纵队只剩下张灵甫和李天霞两个师另加兵团配备的战车第1营第2连，黄百韬的25师已经与65师另编了一个第4纵队。4月21日，74师和83师在临沂以北至费县一线完成集结后，分别向东北方向的青驼寺进发。两天后，打头阵的74师58旅172团一部占领青驼寺，并继续沿着临蒙公路，向北面的垛庄、桃墟之线攻击前进，直趋蒙阴。83师则亦步亦趋跟在74师的后面，在74师北上之后将主力守候在青驼寺东北的山地。[①]

另一路第2兵团则没有那么顺利，整编第72师在蒙阴北面的泰安先出了状况。4月22日，一直遍寻不见的华东野战军主力突然大举出现，包围了泰安城。自3月初以来，华野主力一直集中在鲁中的淄博、胶济线地区休整，一面持重待机。经过一个月的休整之后，华野在4月初曾经南下郯城、码头镇、新安镇地区寻歼汤恩伯兵团，这一行动被汤恩伯及时察觉，他连忙将四周重兵向临沂收拢，抱成一团，使得华野一时难以下口，华野南下作战的计划于是搁浅。回师北上之后，华野决定在泰安围点打援，以三个纵队包围泰安，诱使附近的74师等部北援，同时以四个纵队预伏待机，准备乘

---

① 参见《国民党军第一兵团进犯鲁中沂蒙山区经过战报》(1947年4月)，中国第二历史档案馆编《中华民国史档案资料汇编第五辑·第三编·军事（二）》，江苏古籍出版社1998年。

敌援军在运动中把它歼灭。但是任凭整编第72师师长杨文瑔在泰安城内喊破了嗓子叫救命，国民党军其他几路大军置之不理，照样按既定部署向各自目标推进。华野调动国民党军进行打援的目标没能实现，但是吃掉了整72师也是一大斩获。

4月26日，泰安战役结束。打完了杨文瑔，陈毅和粟裕在寻找下一个目标，临蒙公路上正热闹得很，车马隆隆，烟尘飞扬，那是老冤家张灵甫的大队人马正在向蒙阴雄赳赳地开进，后面跟着李天霞。于是陈、粟又一次将目标锁定在汤兵团的第1纵队，他们集中起四个纵队，准备长途奔袭临蒙公路，以期打张灵甫和李天霞一个措手不及。这一次粟裕有些急于求成，从兵力上来讲，华野四个纵队想围歼汤兵团两个整编师，胃口还是大了一点。

张灵甫在4月24日以58旅173团进至垛庄一带，主力随即向公路两侧的山地孟良崮、面梨沟、天马山、黄崖山一线扫荡，另派出一部沿公路向界牌追击。24日日没时分，张灵甫调整部署，57旅占领路西的黄崖山—陡兴庄（近界牌）一线，58旅在路东北孟良崮以西的连埠峪—龙（马）头崮一线。

黄崖山属于蒙山北麓，位于临蒙公路的西侧，因山崖呈黄色，故而命名，此山现在作为"黄崖山战斗遗址"供游人瞻仰。在孟良崮战役及之前不久，黄崖山曾经发生过多次战斗，双方投入的部队先后有华野的9纵、4纵、6纵和国民党军的74师、25师等部，其中一场战斗就发生在1947年4月24至26日之间。24日深夜，57旅按照师部的命令，将170团置于黄崖山—踏山一线，170团立足未稳就遭到华野第8纵队一部的猛烈攻击，激战四个小时，解放军夺下了山头。次日清晨，170团派出一营，凭借强大炮火的掩护向占据黄崖山顶的华野8纵某部勇猛反扑，守卫山头的解放军最后打到只剩下了六个人，在敌人冲到山顶的一刻，他们全体纵身跳下山崖，至今当地仍流传着"黄崖山六勇士"的故事。

解放军向北撤去，74师一路占领黄崖山，另一路扫荡路东北的孟良崮、天马山、蛤蟆崮等要点并予以控制。汤恩伯见74师达成任务，遂于26日命令张灵甫次日攻略北桃墟，并以一个加强旅攻占蒙阴，命李天霞依然在后跟进，将主力控制于垛庄、双堠集之间，策应74师的作战。

按照兵团部的命令，李天霞本应将83师向孟良崮、垛庄推进，接收74师打下的地盘，但是这时李天霞得到情报说，解放军在路东山地集结了重兵，鉴于莱芜战役的教训，李天霞草木皆兵，他怕第1纵队在公路上一字前行右翼危险过大，不待向上级请示行止，先自决定撤退。他给正向桃墟、蒙阴攻击前进的张灵甫下令，立即南撤二十公里向 83 师靠拢，但是他自己却急不可耐，根本不等 74 师集结就率先掉头向南逃去。不料徐州总部刚好派飞机在临蒙一线作空中侦察，发现公路上有大部队不向北进，反而在向南退却，便将情况报告了徐州总部。由于李天霞一向不老实，徐州总部认为他在谎报军情，不听命令而贻误军机，几天后他又未按命令积极阻击解放军在沂水河边进出，徐州总部后来给了他一个撤职留任的处分，免去了他第 1 纵队司令的职务，尔后将 83 师改为兵团预备队。

张灵甫对李天霞也很是不满，李天霞既然以为解放军重兵来袭，那他率 83 师掉头先逃的自私行为，等于置 74 师的后路于不顾，放手让解放军来截断，由于两人之间缺乏互信，张灵甫不认为李天霞要他后撤是在发善心避免 74 师吃亏，他怪李天霞虚惊一场害得他徒劳往返白白耽误了时间，因而放跑了解放军。等 28 日张灵甫回头再攻蒙阴时，解放军果然撤走了，74 师又只占了一座空城。

其实李天霞这一次倒不完全是在谎报军情，就在张灵甫进入蒙阴的第二天，华野的四个纵队从沂南出发，向临蒙公路出击。粟裕在回忆录里对这一阶段的战斗有一个概述："4 月 28 日，汤恩伯兵团进占河阳、青驼寺、垛庄、桃墟、蒙阴等地。29 日，我军以四个纵队向桃墟、青驼寺地段之敌出击，拟分割汤恩伯兵团，歼灭其一部。敌一经接触即后缩，退据蒙阴至临沂公路以西山区。我在歼敌整编第 83 师一个半团三千余人后，主动放弃继续打击该敌的计划。"[1] 也许解放军方面认为这次攻击 74 师收获不大，一般战史对此的叙述比较简略，未见关于与 74 师作战的具体过程。

74 师方面留下了一些文字记录，台湾的档案馆至今依然保存着张灵甫在 4 月底 5 月初发给陈诚、俞济时的每日战报，我们可以从中一窥 74 师在孟良崮战役十来天之前的大致战况。

在华野四个纵队向临蒙公路奔袭的时候，张灵甫已经奉汤恩伯之命与第 4 纵队的黄百韬分头把守蒙阴及公路沿线的山地，74 师正从蒙阴向北桃墟、界牌至孟良崮高地一线的公路两侧山地分散运动之中，恰与解放军大纵队遭遇，张灵甫急令部队退居山地凭险据守，双方在青山埠、公家城子、面家坡、黄斗顶山、蛤蟆崮、覆浮山、尧山、孟良崮、芦山等地先后发生了激战。4 月 30 日拂晓，74 师后送战利品的车队从桃墟出发至临沂，途中在离界牌不到三公里的丁旺庄附近被解放军 9 纵一部包围，张灵甫立即派出一部援救，但是车队已被击毁卡车六辆。同日，解放军由北向

---

① 粟裕《粟裕战争回忆录》，解放军出版社 1988 年 11 月。

南攻占了黄斗顶山、孟良崮等要地，除继续向覆浮山、天马山、尧山的74师守军进攻外，一部指向路西的黄崖山迂回74师右翼。张灵甫遭到突袭，决定调整部署，他将主力集中在界牌西侧的陡兴庄附近待机转移攻势，以步兵与炮兵组成宽大纵深火力，扼守山间隘路，阻止解放军集结进攻。30日晚，两军彻夜激战，尤其以黄崖山战斗最为激烈，山头数度易手。5月1日早晨，58旅从陡山向南全线出击，74师阵地将近中午时恢复了原来的态势。但是南面的垛庄在前一天已被解放军占领，张灵甫见74师通往临沂的后方交通要点被切断，非同小可，他派主力迅速南下垛庄。5月2日，74师51旅以151团强攻垛庄成功，152团附山炮一连向垛庄以北孟良崮以南的官山前、横山前一线推进，主力出击孟良崮、芦山高地，并继续向东扫荡万泉山等地。5月4日下午，张灵甫的师部越过垛庄，进驻临蒙公路上的另一个要点小埠附近，此处离垛庄以南约四公里，先头部队则继续向南越过双堠集，与83师打通了联系。①

　　临蒙公路两侧的山地战斗，可以说是孟良崮战役的预演，公路以东的孟良崮、芦山、黄斗顶山、天马山、蛤蟆崮等山头，也正是十天后孟良崮战役的主战场和外围战场，这些战斗与孟良崮战役颇有相似的影子。74师在山地运动中突遭解放军强袭，张灵甫命令部队迅速控制公路并上山凭险据守，仓促间虽然工事准备不足，最后还是有惊无险，自我摆脱了困境，这样的战斗经验，对他后来在孟良崮战役中的关键决策显然产生了莫大的影响。只是临蒙公路的序幕战，74师的主力靠近界牌附近公路两侧，运动较为灵活，而解放军投入的攻击兵力远少于孟良崮战役，更主要的是，华野在孟良崮之战中发挥强大威力的炮兵此时还没有参战，所以74师军官对解放军的印象依然是装备差，缺乏重武器，少数的山野炮、迫击炮也射击技术拙劣，威胁不大，张灵甫因此感受不到华东野战军业已大大提升的军事实力，直到十天后在孟良崮上，他才尝到了对手重炮齐轰的真正威力，而他此生再也没有翻本的机会了。

---

　　①　参见张灵甫1947年4月30日至5月5日致陈诚、俞济时数份电文（台湾"国史馆"档案典藏号002090300159142；002090300159143；002090300159145；002090300159147；002090300159151；002090300159146；002090300159149；002090300159148；002090300159150；002090300159152）。

三

张灵甫在界牌、垛庄一线的战斗刚刚停歇,李天霞在青驼寺也是才擦干一头的冷汗。

李天霞这些天的日子很不好过。4月29日,整83师的主力向南撤过了青驼寺,到达沂河东岸约十五公里处的葛沟,李天霞留下归属该师不久的整编第44旅(欠一团),在青驼寺附近的瑷玉湖(爱于湖)、刘家河地区掩护公路交通补给线。这个整编第44旅颇有来头,它的前身整编前的第67师本是拟派驻日本的占领军,由于内战全面爆发而作罢,在临沂期间该师划归李天霞指挥,一个月前刚刚换了番号整编为第83师44旅。该旅因原拟派驻日本,故早就装备了美械,比李天霞原有的19旅和63旅装备都要好。当华野第2和第7纵队分别发起进攻时,该旅130团在瑷玉湖南北维护交通,旅直和132团驻沂河西岸刘家河屯。经过一天的战斗,4月29日晚,华野在瑷玉湖、大小磨石沟山地全歼了130团,转而围攻44旅旅部所在的刘家河地区。44旅旅长刘声鹤连夜向李天霞求救,为了笼络新收编的44旅,加强他们的向心力,李天霞在报话机上对刘声鹤拍胸脯保证:"绝对负责救44旅出险。"他果然没有食言,第二天一早,李天霞与副师长周志道一起带了19旅和63旅前来解围,战至5月1日下午,解放军撤退转移。刘声鹤的旅部和132团逃出生天,之后全旅随副师长周志道回临沂休整。当张灵甫在垛庄、小埠稳住了阵脚与李天霞取得联系的时候,李天霞正在为丢了一个美械团而心疼不已,又因为徐州陆总刚撤了他第1纵队司令官的职而生闷气。

后来在74师和83师军官中有一个传言,说李天霞丢官是由于张、李矛盾激烈,张灵甫直接向蒋介石发电报告了李天霞一状造成的,这可能是因为两件事前后相隔没几天而产生的误解。张灵甫给蒋介石发电报不假,但是与李天霞撤职并无直接关系,他的矛头也不是针对李天霞,而是就整个国民党军的糟糕状况以及"剿共"作战成效不彰向蒋介石一吐心中的郁闷。

1947年5月6日,张灵甫的师部刚在距离孟良崮约九公里的小埠安营扎帐,他就提笔给他的蒋校长写了一封信,信中痛斥国民党军积弊,对"剿共"前景深表忧虑,措辞直率激烈。

张灵甫写道:

"职师进克蒙阴后,匪趁我立足未稳,大部集结,期殄我于主力分散之时。幸我占取山地,集结迅速,未为所乘。唯进剿以来,职每感作战成效,难满人意。目睹岁月蹉跎,坐视奸匪长大,不能积极予以彻底性打击。以国军表现于战场者,勇者任其自进，怯者听其裹足，牺牲者牺牲而已，机巧者自为得志。赏难尽明，罚每欠当，彼此多存观望，难得合作，各自为谋，同床异梦。匪能进退飘忽，来去自如，我则一进一退，俱多牵制。匪诚无可畏，可畏者我将领意志之不能统一耳。窃以若不急谋改善，将不足以言剿匪也。职秉性直戆，故敢以肤浅之愚，披沥上陈，伏乞俯赐训示。"①

张灵甫这番直言上谏一针见血，对于国民党军内积弊和军事上败因的认识不可谓不清醒，这令两耳总是灌满来自下面虚情谎言的蒋介石十分震惊，他当即在张灵甫的信上批示道："此电应抄送陈总长顾总司令与各司令官军长师长阅读反省，陈述感想与如何改善办法呈核。"②张灵甫死后，蒋介石在高级将领会议上公开说，读罢此信"精神上受到无穷的刺激，亦为他特别感动"。的确，环顾四周，能像张灵甫这样作战用脑用命又对他忠贞不二虽死不辞的将领，实在是屈指可数，张灵甫对蒋介石算得上是忠心可鉴了，也难怪蒋介石在张灵甫死后大发感慨："若人人皆做张灵甫，何愁'剿共'大业不成啊！"

张灵甫写此信时，离孟良崮开战仅一周之遥，他大概也不会料到，国民党军"勇者任其自进，怯者听其裹足，牺牲者牺牲而已，机巧者自为得志"，"彼此多存观望，难得合作，各自为谋，同床异梦"的痼疾，很快就将在孟良崮上来一个大爆发。信发出仅十天之后，蒋介石给他的回电尚未来得及送达，张灵甫已经在他自己所痛斥的国民党军陋习并发症中命休矣。

第四节 谁在冒进

一

这是一片重峦叠嶂的群山，连绵于山东的中南部，人们称之为沂蒙山区。20世纪的40年代，这里除了沂水、蒙阴、临沂之间有公路交通外，进了大山，村庄之间仅有蜿蜒曲折的山间小路，交通行路极为不便。沂蒙山区的地貌十分独特，群山之上分布着上千个当地人称为"崮"的大小山头，山头上树木稀少，怪石横生，属石灰岩层，

---

① 《张灵甫呈蒋中正》（1947年5月6日）台湾"国史馆"《蒋中正档案》典藏号002020400014007。

② 《张灵甫呈蒋中正》（1947年5月6日）台湾"国史馆"《蒋中正档案》典藏号002020400014007。

崮的高度从一二十米至百十米不等，顶部呈圆形，平坦开阔，周围多峭壁如削，犹如方形的山上戴了一顶石头圆帽，气势巍峨，峭壁以下是坡度较缓的斜坡，土层肥沃，草木茂盛。在这些山崮中，比较大的有"沂蒙七十二崮"，而其中最出名的，叫作孟良崮。

孟良崮位于蒙阴县东南部与沂南县的交界处，它的西南面与临蒙公路边的垛庄相距约五公里。孟良崮属于沂蒙山区蒙山山系的一部分，主峰面积大约一点五平方公里，海拔约六百米，由600高地、610高地（孟良崮）和620高地（芦山）组成（数字基本为海拔高度），中间隔着一道山沟，由起伏的跑马梁相连。虽然也称为崮，孟良崮却与典型的崮的地质地形不同，它的基岩非石灰岩，而是由更坚硬的花岗岩构成，顶部地形不呈峭壁状，而是遍布高三米到十米不等的裸露的花岗岩巨石，互相依撑的巨石形成天然的石棚，状似山洞。

此崮之所以以孟良命名，据说这里曾经是宋朝杨家将中的名将孟良屯兵操练之地，现在山上还留有跑马梁、拴马石等遗迹。现代的孟良崮广为人知，不是因为古代的孟良，如果没有三年内战中那场国共两军惊心动魄、血流成河的大战，它可能依旧与当地其他众多山崮一样寂寂无名。正如人们读三国历史，读到麦城必讲关公，提到街亭必讲马谡，在中国现代军史上，孟良崮也多半与本书传主的名字一同出现，孟良崮成了张灵甫的麦城，张灵甫的街亭。当代国人所认识的张灵甫，更多的是老故事片《红日》里面最后定格在孟良崮山洞的那个头戴美式钢盔、手持冲锋枪顽抗到底的国民党军张师长形象。

大陆出版的关于孟良崮战役的书籍不胜枚举，在三年内战的所有战役中，孟良崮之战也是被创作成文学作品和拍成影视剧最多的一役。相关的战史和著述，不乏具有专业水准的研究和评论，同时也充斥着似是而非的臆测，人云亦云。

有人说，之所以有孟良崮之战，乃是张灵甫进入山东之后，对夹在集团军中磨磨蹭蹭的打法十分不满，所以当得到命令经孟良崮进攻坦埠，他为了抢功，不顾与两翼友军拉开二三十公里的距离，轻敌冒进，结果落入了粟裕的圈套。这是一种相当流行的说法，至今依然流传甚广。

历史是否果真如此，我们还是先看一看对这场战役最有资格发言的权威的观点吧：

"在这里我想指出，在后来的若干材料中，把我军捕捉孟良崮战机，说成是敌整编第74师孤军冒进、送上门来的。这种说法是不符合战场实际的，既没有反映敌军的作战企图和动向，也没有反映我军的预见和战役决策。由于敌人拟对我实施中央突破，敌第74师的态势势必稍形突出，但在战役发起前敌两翼部队距第74师仅四至六公里。上述说法，可能是由于不了解我们创造和捕捉战机过程的缘故，从我军通常采用的传统战法出发来臆想战场情况，这未免是'削足适履'，而且也把敌人想得过于愚蠢。"①

讲这段话的，正是张灵甫和他的整编第74师的终结者，这场战役的操盘手粟裕。

自两淮失利后，陈毅和粟裕始终把张灵甫视为华东战场的头号敌手。一战涟水，粟裕聚集起华中野战军主力精华二十八个团，试图围歼整编第74师于涟水城下，张灵甫因此攻城失利遭到重创，但是部队收缩迅速转攻为守，粟裕围歼74师进而收复两淮的战役目标没能实现。二战涟水后，陈毅和粟裕第二次准备集合山野和华中两军主力，张网等待张灵甫遵薛岳之令突进北上，张灵甫则在六塘河以南原地构筑工事不来上钩，粟裕打消原拟南下计划，北上山东另觅战机。宿北、鲁南、莱芜的大胜，使得华东野战军在武器和兵员上都饱食了大餐，整编后的华中野战军满编的一个纵队有三师九团三万余人，武器也是今非昔比，华野建立的特种兵纵队最初的建制，已经包括一个榴弹炮团，一个野炮、重战防炮团，还有三个以山炮、小炮为主的炮兵团，②加上各纵队的炮兵，其重炮数量超过了74师，张灵甫引以为傲的对解放军的炮火优势已经不复存在。华野的高级指挥员也都渐趋成熟，积累了大兵团协同的实战经验。与张灵甫再争高下，现在的条件是万事齐备只欠东风，他们在耐心寻找和捕捉合适的战机。

国民党军重点进攻山东的行动开始后，一个月来华东野战军机动灵活与国民党军重兵周旋于沂蒙山区的崇山峻岭之中，在运动中调动对手创造战机。刚结束的出击临蒙公路一战，华野的一个主要目标也还是冲着74师，可以说是华野寻歼74师的又一次企图，只是打完青驼寺的83师后，由于兵力集中不够，继续打击蒙阴、界牌、垛庄的74师等部力不从心，陈毅和粟裕为计划的流产而深感惋惜。5月2日，他们在给中央军委的报告中说："从30日至东日（1日），本为我军围歼74师、25师、65师等部计七旅之绝好机会，不意我展开兵团之全部已西渡汶涧河，转到宁阳方面，回师不及，故不能适时履行对74师等部之攻击。另外，桂系7师、48师，已赶援至青驼以南。按本夜情况，如仍执行打74师等部，有使战局僵持的可能。故决心后撤，另寻歼敌机会……我军计二十七个旅，只十三个旅参战，余未进行战斗，余力甚多，惟丧失歼

---

① 粟裕《粟裕战争回忆录》，解放军出版社1988年11月。

② 参见《华东野战军组成情况》（1947年2月1日），粟裕文选编辑组编《粟裕文选》第二卷，军事科学出版社2004年。

击 74 师等部机会，殊为可惜。"①

虽然陈、粟认为错失战机是由于部队集结位置不当所致，不过以当时的战场态势，即使华野能够集中兵力，专打张灵甫一个 74 师尚属可行，想同时一次吃掉国民党军三个整编师还是难以消化的。两周后的孟良崮战役也证实了这一点，74 师覆灭后，华野在国民党军外围重兵企图合围的紧张情况下，还是放弃了原先继续歼击黄百韬 25 师和李天霞 83 师的打算，连夜撤退。

对于陈、粟的焦虑，毛泽东显示了足够的耐心，他很快回电安慰并指示说："得悉青驼寺歼敌三千，但因 1 纵远去宁阳，来不及集中兵力打 74 师等部，失一歼敌机会。目前形势，敌方要急，我方并不要急。鉴于青驼寺教训，尤不宜分兵……第一不要性急，第二不要分兵，只要主力在手，总有歼敌机会……此次你们一意对付西面之敌，没有料到汤兵团主力北上，没有事先准备集中最大兵力于适当位置，可以打由西向东之 5 军、11 师等部，亦可打由南向北之 74 师等部。青驼寺作战时，已来不及集中兵力，但失去一次时机并不要紧。当仗不好打之时，避开敌方挑衅，忍耐待机，这是很对的。"②

为了扯开国民党军的密集阵形，陈毅和粟裕原先打算让第 1 、第 6 和第 7 纵队分兵南下鲁南、苏北，以牵制敌人后方吸引其部分回援，毛泽东一再重申不要急于分兵的指示，给了他们适时的提醒。根据中央军委和毛泽东的指示，他们立即放弃原定计划，将大部队向莱芜、新泰、蒙阴以东一带集结。王必成的第 6 纵队已经走得过远，在新泰以西来不及召回，华野司令部便命其就近南下，隐伏于鲁南敌后待命，这看似无心插柳随手一投的闲了，在孟良崮战役中竟然变成了全局的胜负手，华野 6 纵成了一支直插 74 师背后的致命复仇之剑。

战争期间，中共中央军委对下面战区多是战略上指导，战役上放手，控制而不掣肘，许多战机和战役的构想，正是在中央与战区之间这种良性互动乃至碰撞中，激发出创造性的智慧火花，继而燎原成辉煌的胜利。一周后的孟良崮战役，就是这样一个经典的战例。

---

① 《泰蒙地区作战情况》(1947 年 5 月 2 日)，粟裕文选编辑组编《粟裕文选》第二卷，军事科学出版社 2004 年。

② 《不性急不分兵待机歼敌》(1947 年 5 月 6 日)，《毛泽东军事文集》第四卷，军事科学出版社 中央文献出版社 1993 年。

临蒙公路及孟良崮地区鸟瞰

（图示为整编第74师于1947年5月4日驻扎小埠、垛庄沿线及5月11日和12日出发向坦埠进攻的行进路线）

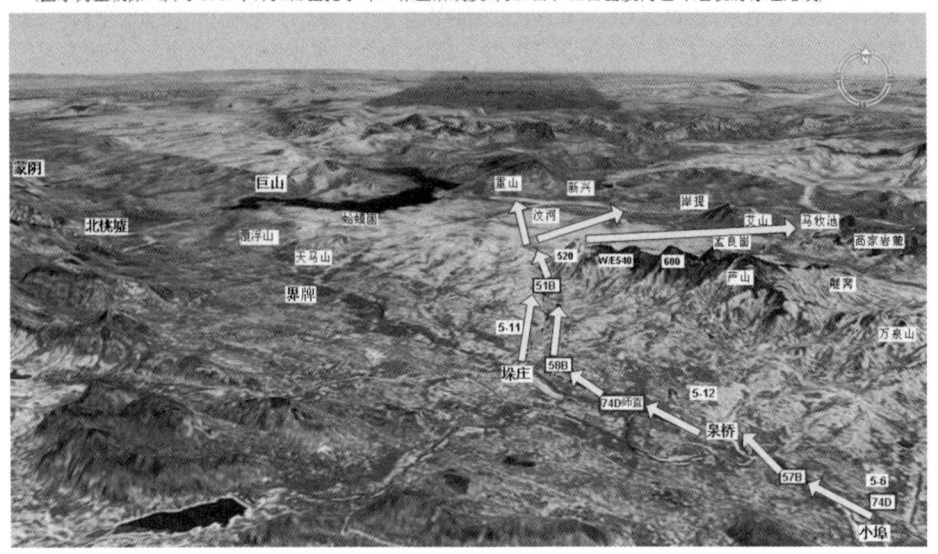

临蒙公路及孟良崮地区鸟瞰

二

国民党军方面制定山东下一个阶段的作战计划，如果说上下没有互动，也不是事实，只是南京统帅部判断有误而又自以为是，忽视前线战地指挥官有益的意见和情报，这样决策出来的结果，就大告不妙了。对于三四月份的山东战况，陆军总部徐州司令部作了一番总结，错误判断经过一个多月的"清剿"，共军主力攻势疲惫，已经北逃莒县、沂水、坦埠、南麻、淄博等地区。报告送到南京统帅部，上面一看，山东形势一片大好不是小好，既然共军主力集结上述地区无力再战，国民党军应该加紧跟踪"进剿"逼其决战。于是南京统帅部一改之前密集靠拢齐头并进的打法，由陆军总部徐州司令部搞出一个继续"进剿"的作战计划，决定第一阶段由第1兵团首先发动，攻略坦埠，然后与第2和第3两个兵团协同再向东进攻，实现在鲁中山区或在胶东地区与华东野战军主力决战的预期目标。

由谁来担当主攻坦埠的中军先锋呢？自然还是张灵甫和他的整编第74师。

据原任74师57旅151团副团长的王克己回忆，他听说这一任务是张灵甫主动争取得来的，据说张灵甫在兵团部师长会议上口气很大，他对汤恩伯说："据现在了解，估计这个地区的解放军，顶多不过三两个纵队，即使坦埠附近有五六个纵队，我一个师去打，也是没有问题的，只要在我左右侧背后，如能派些部队掩护，保险三天可以打下坦埠，他们（指整65师83师）就可以不用打而直向沂水开进好了。"于是汤恩伯接受张灵甫的意见并作了部署。①

这一传言与参谋长魏振钺、副参谋长李运良等74师师部高级将官的说法大有出入，按照张灵甫当时的"懒牛"心态，他"进剿"山区以来一直对上怨声载道，以王克己的级别，可能对高层决策内情有所不知。战后，以魏振钺、李运良为首的被俘将官对解放军供述说，在国民党军高层对汤兵团这一阶段作战计划的决策过程中，顾祝同与陈诚分歧很大，张灵甫对要他进攻坦埠也向上提出过不同的意见：

"统帅部在取决这个方案时，据云陈诚与顾祝同曾发生过很剧烈的争执，顾以为沂蒙公路以东情况不明，74师的挺进实是盲目冒险，74师师长张灵甫，也以情况、攻略目标、地形等向上陈述困难，并建议先以小部队搜索坦埠情况，明了我主力后才行推进，主力控制在界牌平原地区。惟陈诚则以74师战斗力强、有情况可取固守待援，造成战术有利形势为词，坚持74师攻占坦埠，完成第一阶段1兵团行动计划的命令（三天时间的电讯往返，张曾积极空隙空间进行搜索）。于是孟良崮之战便告开始了。"②

张灵甫主张将师主力控制在界牌平原地区是有其道理的。从垛庄到坦埠三十余公里，中间横亘着一条汶河，如果两地之间有公路桥梁交通的话，顶多一个小时的车程，问题是这只是地图上的直线距离，中间的崇山峻岭根本没有大路可走，74师必须脱离公路钻山沟。垛庄向北至汶河南岸边的岸堤约十五公里，沿途都是高山大岭，过了汶河，又是十多公里连绵不断的群山，只要看一看地图上两地之间标示的一连串地名，孟良崮、大山场、重山、艾山、石旺崖、水塘崮、高家岩麓、三角山、大箭山、马山……可以想象这是一片什么样的战场地貌。应该说，在前方敌情尚不明朗的情况下，张灵甫先以小部队搜索的建议还是保持了应有的谨慎，他无意贸然深入山区，参谋长魏振钺被俘后说，战前张灵甫曾经再三对上级申诉实地困难，为此还向王耀武诉苦，并且

①　王克己《整编第74师在孟良崮战役被歼情况》，《文史资料存稿选编9 全面内战》（上册）全国政协文史资料委员会编，中国文史出版社2002年。

②　《战俘供述对孟良崮战役的检讨》，中共山东省委党史资料征集研究委员会，中共临沂地委党史资料征集委员会编《孟良崮战役》，山东人民出版社1987年。

借口坦埠非共军主要根据地，试图改变上级进攻坦埠的计划。①

张灵甫一面向上申诉，一面还是开始了必要的侦察准备，他安排小部队先去作试探性进攻，打探当面解放军的虚实。5月9日，张灵甫派出前锋搜索部队，由51旅151团附58旅一个营，经孟良崮西北侧向坦埠方向积极搜索，解放军大部已经主动撤过汶河，所以沿途基本未遇到阻碍，次日，74师先头部队顺利占领汶河以南的各个要点，搜索部队继续向北侦察解放军的动向，在董家峪始与解放军发生小规模的接触，前锋部队追击过汶河后，发现前面可能有解放军的大部队，搜索被迫停止。至此，张灵甫对坦埠的解放军兵力情况还是一片茫然。

坦埠的解放军兵力究竟有多少还没有搞清楚眉目，与上峰往返打了三天的电报官司却有了结果。

上级没有考虑张灵甫的建议，顾祝同也只能照搬陈诚的决定。5月10日，徐州陆总向汤恩伯发出辰蒸电②：

（一）匪主力退据莒县、沂水、坦埠、南麻、淄博等地区，一部流窜大店镇以东及太平邑。

（二）国军决跟踪进剿，进出于莒县、沂水、悦庄、淄博之线。

（三）第1兵团应以主力于明（真）日（笔者注：指11日）开始进剿，以一部控制于后方各要地，扫荡残匪。

汤恩伯遵照顾祝同的命令，又于当日以辰蒸申电将攻略坦埠的命令和具体部署下发至第1兵团各部③：

（一）陈匪主力似仍在蒙阴、新泰东北地区。第10纵队由博山南窜，第2、7、8、9各纵队似仍在莒县、沂水、坦埠附近，我三两兵团主力正分向莱芜东北"进剿"中。

（二）兵团真日开始，先行攻略坦埠，尔后与友军协同主力而歼灭之。

（三）第2纵队以有力一部续向黑林镇附近"搜剿"。

（四）第3纵队续向夏庄、苏村、界湖之线威力搜索至葛沟、汤头间，准备机动。

（五）第1纵队（欠整74师）为兵团预备队，以一部向界湖、马牧池之线威力搜索，

---

①　《战俘供述对孟良崮战役的检讨》，中共山东省委党史资料征集研究委员会，中共临沂地委党史资料征集委员会编《孟良崮战役》，山东人民出版社1987年。

① 《战俘供述对孟良崮战役的检讨》，中共山东省委党史资料征集研究委员会，中共临沂地委党史资料征集委员会编《孟良崮战役》，山东人民出版社1987年。

② 《第一兵团蒙阴东南地区战役战斗详报》（1947年5月11日至17日）中国第二历史档案馆编《中华民国史档案资料汇编第五辑·第三编·军事（二）》，江苏古籍出版社1998年。

③ 同②。

主力控制于青驼寺以北地区，准备机动。

（六）整74师、整25师为攻击部队，归第4纵队黄司令统一指挥，除以一部控制孟良崮、北桃墟要点外，主力真日攻略三角山、水塘崮、杨家寨、黄鹿寨、黄斗顶山、卢家山坡、凤凰山各高地，文日（笔者注：指12日）攻略坦埠而确保之；整65师仍巩固蒙阴防务。

根据兵团部的命令，74师担任中路主攻，必须在两天内攻下坦埠。蒋介石战后得知这份部署命令，在战役检讨会上大骂顾祝同、汤恩伯战役部署失当："高级指挥部要第25师师长掩护74师进攻坦埠，先一天下的命令，第二天就要开始行动，这样匆促忙迫，不使行动部队有丝毫研究准备的余裕时间，简直是形同儿戏！……这样不负责任，不研究地形，不分析敌情，而且不知道自己部队的性能，只是在地图上画一根线，教攻击部队照着前进，这岂不是以前方将士的生命作毫无代价的牺牲吗？"①

这一"形同儿戏"的决策，张灵甫是没有资格参与的，他只是一个整编师师长，在国防部、陆军总部和兵团部的安排下出任这场"儿戏"的主角，作为军人，张灵甫很敬业，虽然有不同想法，他还是十分忠实地去执行上级的命令。

张灵甫军旅生涯的最后一幕，就这样开场了。

三

命令下达之前，汤恩伯已经告诉黄百韬，74师暂时归属他的第4纵队指挥。据参与战后调查的原74师副师长邱维达说，这是张灵甫自己主动向汤恩伯要求的，因为黄百韬属于顾祝同系人马，此举一米可以对顾示好，二来他以为黄百韬打仗比李天霞卖力，与他配合会比较靠得住。但是邱维达战后调查的看法却是："黄也并不见得比李老实。"

有机会指挥74师这个王牌军，黄百韬不喜反忧，他有他的顾虑。据说黄百韬曾经向汤恩伯推辞："他是美械装备，我是日械装备，怎能指挥人家，张灵甫比我英明，部队战斗力比我强，怎能听我的，他的准备情况我也不了解，我不能负责指挥。"②

---

① 《仁和墟与孟良崮两次战役之讲评及其教训》(1947年6月6日对军官训练团第三期研究班讲)，秦孝仪主编《"总统"蒋公思想言论集》卷二十二演讲1947年台湾中正文教基金会网站。

② 王克己、黎殿臣、陶向春《张灵甫部孟良崮被歼见闻》，《文史资料存稿选编9 全面内战》（上册）全国政协文史资料委员会编，中国文史出版社2002年。

黄百韬这么说是有可能的。在苏北战场，他与张灵甫打过一些交道，当初一战涟水74师出发在即，25师北上拟与74师打通联系，张灵甫久等不见黄百韬，听部下报告说，25师在宝应遭到解放军的阻截过不来，张灵甫便派了一个团去把黄百韬接应了过来，两人见面时，黄百韬隐约觉出张灵甫对他未能及时突破共军阻击有些不以为然。黄百韬不见得为这点小事对张灵甫心存芥蒂，但是他也明白，他这个纵队司令在张灵甫眼里是当不得真的。黄百韬向汤恩伯推辞不掉，既然名义上74师归他节制，他还是要事先与张灵甫通一通气，在兵团部命令下达后，黄百韬亲自来到74师师部登门拜访。

整编第25师主力驻北桃墟，离垛庄约十公里地，只有一条临蒙公路可达，两面都是高山，到垛庄转入74师驻地，又是崎岖的山路。黄百韬一路颠簸来到张灵甫的师部，垛庄附近的情景让他吃了一惊，原本静寂无人的山间小路热火朝天，大太阳底下，到处是挥汗如雨的74师士兵在挖山修路，显然是张灵甫在命令部下修建急造军路，为进攻坦埠作战前准备。这里原是中共控制区，中共的耳目到处都有，这样大张旗鼓的搞法，很容易被共军侦知进攻意图，把作战企图暴露于敌前，将不利于作战，黄百韬认为有必要给张灵甫提个醒。

为了完成国防部两天攻取坦埠的任务，通往坦埠方向的山路急需扩建，才可供大队人马尽快通行，张灵甫决定利用原有乡间小路，从垛庄绕经孟良崮西麓向唐家峪子扩修一条十多公里的急造军路，通向汶河南岸，但是这种小道改建的军路仍不适合大队车辆的通行，张灵甫不得已将大部分车辆留在了大本营垛庄，全军改用骡马驮运辎重，因而弹药携行能力大为降低，这也是后来74师退居孟良崮后很快弹尽粮绝的一个重要原因，榴弹炮营和配属的战车连在这种山地也成了累赘，他干脆把他们全部打发回了临沂。

自己的合理建议不获上峰采纳，对于一再反映行路难的实际困难，上面除了"逢山开路、排除万难、枕戈待命"之类不关痛痒的回复，别无有价值的举措，还被同僚讥为"鬼叫"，现在74师要向坦埠前进，张灵甫只好再"逢山开路、排除万难"。魏振钺曾经向他进言，这样修路会暴露自己的企图，张灵甫没好气地说："只怕敌人不出来，如肯来犯，正是我歼敌制胜的好时机。"修了两天的路气正不顺，黄百韬又来提这件事，张灵甫的回话也是硬邦邦："我的部队车辆骡马多，向北尽是山路，不修不行，共军知道了也没关系，我们就是找他打的，怕什么？"黄百韬好心不获领情，心里当然不痛快，回到自己的司令部，他对部下摇头叹道："张灵甫太自恃了，骄兵必败！"①他的部下后来也拿这件事来证明张灵甫骄傲自大不听黄百韬指挥。

张灵甫的无名之火，与其说是针对黄百韬，不如说是在对上级的瞎指挥发泄不满。在他出发之前，毛森也到了前方，他说："我顺路视察沿途情况，都是崎岖山路，见人马拥挤，宿营、补给均极困难。因多岩石，极难构筑工事，大炮不能运动，拉拉推推，变成累赘废物。逢山不能开路，遇水（汶河）搭不成桥。此处绝境，将士都有怨言。74军军长张灵甫更是满腹牢骚。"也就在毛森去74师了解情况的时候，张灵甫愤愤地向他发出那番狠话："现在迫我进入山区作战，等于牵大水牛上石头山。一定要我死，我就死给他们看吧！"

黄百韬指张灵甫修路暴露作战动机，蒋介石起初在听取孟良崮战役的汇报后，在总结讲评中也把74师修路作为情报泄露导致战败的教训之一。殊不知，这不过是汤恩伯、黄百韬等人为战役失败寻找借口，将责任往死者头上推罢了。

四

军机的确是泄露了，只是蒋介石不可能知道，陈毅、粟裕下决心围歼74师，与张灵甫是否修路并无关联，解放军方面关于孟良崮战役的战史资料中，对于74师修路的情报一事也是只字未提。其实，当5月10日顾祝同发出电令给汤恩伯，华东野战军首长在11日晚上就从"密息材料"掌握了汤兵团的具体作战部署："整编第74师为中心，第25师、第83师分别为其左右翼。又以第65师保障第25师翼侧；第7军和第48师保障第83师翼侧，限于12日（后又改为14日）攻占坦埠。同时，我们又查明敌王敬久兵团之第5军，欧震兵团之第11师等部，亦已由莱芜、新泰出动东犯，同日，中央军委也向我们通报了上述动态。"②

前一天，粟裕获悉汤兵团的第7军和整编第48师从河阳出动，先头占了苗家区、界湖并有续犯沂水的模样，他曾经打算趁其位于右翼比较暴露，先歼灭该敌并伺机打援。当天的作战命令是下达了，不过粟裕认为桂系不是理想的打击对象，还在继续观察捕捉更好的战机。

收到"密息材料"的当晚，粟裕判断这是敌人决定以整编第74师为主要突击力量，

---

① 参见王克己、黎殿臣、陶向春《张灵甫部孟良崮被歼见闻》，《文史资料存稿选编9 全面内战》（上册）全国政协文史资料委员会编，中国文史出版社2002年。

② 参见粟裕《粟裕战争回忆录》，解放军出版社1988年11月。

在两翼和后续强大兵团掩护下，对山东解放军实施中央突破，发动全线进攻。他在地图前全神贯注一站数个小时，炊事员送来的晚饭热了凉，凉了再热，他没有心思吃，在粟裕的心目中，消灭张灵甫这个宿敌的念头始终挥之不去。野司的参谋们都熟悉粟裕的习惯，在他面对地图构思战役规划的时候，没人敢进去打扰他的思考。长考至深夜，粟裕出门去找了陈毅，两个人彻夜长谈，一个大胆的战役构想就此形成：弃弱打强，集中华野第1、4、6、8、9五个纵队，以"猛虎掏心"式的反突破对付敌人的中央突破，将74师从四周重兵中剜割出来，以五比一的绝对优势歼灭74师，其中第1、第8纵队向74师东西两翼迂回穿插，第6纵队从鲁南费县北上，从南面堵住74师退路，第4、第9纵队从正面出击；另以第2、3、7、10共四个纵队和鲁南军区等地方部队阻击、袭扰外围敌人向74师的增援，以确保战役的成功。

当时74师与两翼整25师和整83师相距不过几公里，另两个兵团离汤兵团也只有一两天的路程，打74师是在虎口拔牙，稍有闪失，很可能骑虎难下反遭虎噬，遭到国民党军外围大军的反包围。所以陈毅把这个打法称为"从百万军中取上将首级"，他深知此战的危险与机遇并存："打赢这一仗，我们就能在山东的石头上站得住脚，就走上坡路，上高山，坐北朝南；蒋介石走下坡路，下泥坑。打不赢，我们就得屁股朝南，过黄河！"

在谈到下这个战役决心的时候，粟裕说："整编第74师是蒋介石手中的'王牌'，它全部美械装备，经过美国军官训练，具有相当的指挥、战术、技术水平，是蒋介石嫡系中的精锐之师，曾被誉为'荣誉军''御林军'，把它歼灭了，将给敌人实力上、精神上以最沉重的打击，将宣示我既能歼灭第74师，还有什么敌人不能消灭呢？而且敌第74师是我军的死敌，解放战争以来，敌军对我华东的数次进攻，常常以第74师打头阵，曾先后抢占我淮阴和涟水，我本亦多次寻歼该敌，均因未遇有利战机而未能得手，此次如能将该师歼灭，对我军指战员必是一个极大的鼓舞。"[①]

陈毅和粟裕充分预计到，这将是一场硬仗、恶仗，但是蛇打七寸，整编第74师是国民党军的"军魂"，打掉了它，等于打散国民党军的魂魄，将严重动摇其军心，这是打击别的目标所难以相匹的重磅效力，所以他们不惜冒险孤注一掷，决定动用整个华东野战军倾巢出动，誓要灭此朝食。

5月12日，华东野战军司令部发布南字第七号《歼敌74师、25师的作战命令》，

---

① 粟裕《粟裕战争回忆录》，解放军出版社1988年11月。

第二天又补发了进一步的修正命令，战役确定于 5 月 13 日黄昏发起。关于华东野战军对孟良崮战役的决策依据、具体部署和作战经过，相关史料书籍均从解放军的角度作过大量的描写和记录，粟裕在他的回忆录里也有详细的叙述，本书不再赘述。

在这里，让我们换一个视角，循着传主的足迹，把张灵甫和他的整编第 74 师走上绝路的最后六天历程，一步一步来作一个回放吧。

第五节 目标坦埠

一

5 月 11 日，张灵甫按照上级的命令开始了向坦埠的进攻行动。74 师以 51 旅为攻击前锋，该旅先遣部队 151 团一部当日率先渡过汶河，进至北岸盘山庄、新兴、葛圩、圈里一线，152 团在其左侧后跟进，一路基本无阻。下午，151 团在向孤山、水塘崮前进时，与当面解放军第 9 纵队发生小规模遭遇战，先遣部队退回葛于、圈里附近，等候师主力前来会合。

师主力的行动因重装备在山地的拖累，准备工作拖延了一天。12 日，74 师前卫 58 旅除派出一部在万泉山的 520 高地警戒，主力从泉桥出发经垛庄向汶河推进，师部和师直属部队为本队，57 旅为预备队，掩护师本部侧后翼。

当天上午，前锋 51 旅主力在重山附近渡过汶河，向东面三角山方向发起进攻，华野担任第一线阻击的部队是 9 纵 25 师和 27 师，双方在附近各个山头先后发生战斗，国民党军空军也飞来为 51 旅助阵。下午，51 旅顺利攻占了北岸的水塘崮、三角山、杨家寨、佛山、黄鹿寨各个要点，但是在向波子峪、邋遢山进攻时，遇到守卫该地的 9 纵 25 师 74 团的强烈抵抗，当晚退回了三角山。

从当天下午的进展来看，当面解放军的抗击远比前一天来得强韧，张灵甫判断 74 师已经与共军的主力纵队正式接战，这倒不出意外，可是师谍报队和从俘虏搜集来的情报让他吃惊不小。据俘虏说，坦埠一带方圆三十公里内解放军驻有大部队，人数有二十来万，74 师将吃大亏，又从新侦知的情报得知，坦埠西北和南面解放军至少在三个纵队以上，这与兵团部原先的情报出入甚大。根据探知的新情况，张灵甫意识到当面敌情可能比上级估计的要严重得多，他决定谨慎行事，打算改变部署，次日只派 51

旅在汶河以北展开攻击行动,把另两个旅先控制在河南岸观望战况,这样万一前方情况有变,74师还来得及随时沿着来路缩回垛庄大本营去。张灵甫把新的敌情和自己的建议上报了汤恩伯,希望征得兵团部同意他改变部署。上面的回复却不照准,汤恩伯传达了国防部的意见,认为坦埠方向共军不可能有这么大的兵力集结,敦促张灵甫率74师另两个旅一起过河,汤恩伯并电令张灵甫,14日午前务须攻占坦埠。①

要不要遵命,张灵甫有些犹豫不决。74师主力现在已经分布在汶河两岸,在继续行动之前,他不得不环顾四周,观察友军的协同情况。

两翼的情况很不如人意。

按照兵团部原先的命令,整25师与74师同为攻击部队,黄百韬除留一部控制南北桃墟要点外,应派出主力与74师同步行动,张灵甫在部队开进时曾经致电黄百韬,要求他齐头并进,可是黄百韬却把主力留在了界牌、南北桃墟附近的山区观望不前,12日只派了一个108旅过河进至74师左翼的黄斗顶山、芦家山坡、凤凰山各高地。②李天霞更不像话,他本应派出一个旅向界湖至汶河边的马牧池之线搜索前进,结果只派了19旅57团少校团附王寿衡带着一个连,携带一部报话机冒充旅部番号,在沂水西岸进出游击。只是这一情况张灵甫至死都不知道,还以为83师至少有一个团已经在孤山以南活动呢。也就是说,至5月12日晚,74师的左翼掩护兵力不足,而右翼更是近乎空虚,事实上当天74师主力北进的时候,是担任师预备队的后卫57旅自己在照顾本师的右翼。

黄百韬和李天霞在怠工,友军第2、第3纵队除派小部队活动外,也无积极进攻模样,那么陆总计划中的其他兵团策应又是什么情况呢?张灵甫打电话给老友胡琏探听动向,胡琏的整编第11师现属于第3兵团序列,两人有了下面一段对话:

张灵甫:"请你们一齐行动!"

胡琏:"上级叫我等你们动了才动。"

---

① 参见《战俘供述对孟良崮战役的检讨》(中共山东省委党史资料征集研究委员会,中共临沂地委党史资料征集委员会编《孟良崮战役》山东人民出版社1987年)和邱维达《孟良崮战后调查记》(《文史资料存稿选编9 全面内战》(上册)全国政协文史资料委员会编,中国文史出版社2002年)。

② 战后据保密局呈蒋介石的报告:整25师"(1)未以主力策应进攻(闻黄斗顶山芦家山坡凤凰山等地仅各置一连兵力),以致74师之左翼首告突破,强大匪军搏击74师之侧背。(2)解围时不积极,以致错失战机"。《保密局呈蒋中正毛定邦函报整编第74师鲁中孟良崮战役失败之原因检讨》(1947年5月31日)台湾"国史馆"《蒋中正档案》典藏号002020400021058。

张灵甫："我们现在已动了哪!"

胡琏："上级要我们等到你们打了才动。"

张灵甫："那么你们将动到哪呢?"

胡琏："坦埠以北约九十华里地方。"①

说了半天,别人都在磨洋工,只有 74 师老老实实在按命令前进,张灵甫不免心生焦虑。友邻部队不积极跟进,这种情形他是无能为力的,其他兵团的事汤司令管不了,第 1 兵团他总该管一管吧,张灵甫只有向汤司令告状。汤恩伯接到他的报告后,还是要求张灵甫按命令继续向前攻击坦埠,友邻部队的事他会负责。5 月 12 日傍晚六七点钟,汤恩伯向各纵队补发了继续进攻的命令,告知各部 74 师正在与华野 9 纵等部于大箭、桃花峪、马山一线对峙中,命令李天霞以一个旅确实控制盘龙山、大老峪、牧虎山及孟良崮各高地,掩护 74 师右翼,并向大安子庄、青阳、行圆、园曼之线"搜剿",主力仍控制于鼻子山东北地区,准备机动。②

可是,如果 74 师不停下来等待两翼齐头,继续进攻势必造成阵形突出。当晚,张灵甫在师部召集高级军官开会,商讨下一步的行动对策。会上,74 师军官们对友军的行为大表不满,痛骂他们阳奉阴违投机取巧,有人甚至建议,情况既然如此,不如 74 师也来个投机取巧,攻坦埠只派一个加强团做做样子,到达目的地后摆上飞机布板,先应付一下上级的命令再说,74 师主力也都停在原地不动,要等大家一起等。陈传钧和卢醒也向张灵甫提出,战斗中已经观察到敌人有新生力量大部在向 74 师侧翼移动,应该报告上级引起注意,会议讨论了半天没个结果。从下级报告和俘虏交代中,张灵甫注意到了解放军的新动向,不过,国防部和汤恩伯既然已经驳回他的缓进建议,明确下达继续进攻的命令,汤司令也补发了命令催促友军配合行动,只要两翼友军次日能够按汤恩伯的命令跟紧压上,他自信 74 师还是能够应付局面,因此张灵甫最后一锤定音:军人以服从命令为天职,上级的作战命令还是必须要执行,友军的情况由汤司令官去督促协调。当下决定稍事调整部署,仅留下 57 旅一个团为预备队,全师主力次日渡汶河全线进攻坦埠。张灵甫的师指挥部仍设在汶河南岸,从孟良崮西面的冯

---

① 《战俘供述对孟良崮战役的检讨》,中共山东省委党史资料征集研究委员会,中共临沂地委党史资料征集委员会编《孟良崮战役》,山东人民出版社 1987 年。

② 《第一兵团蒙阴东南地区战役战斗详报》(1947 年 5 月 11 日至 17 日),中国第二历史档案馆编《中华民国史档案资料汇编第五辑 第三编 军事(二)》,江苏古籍出版社 1998 年。

家庄移至汶河东南岸的高家岩麓。①

真正激烈的战斗从 5 月 13 日开始。一大早，57 旅、58 旅会同前锋 51 旅向华野 9 纵的防御主阵地桃花峪、大箭、马山等地同步发起了攻势。

58 旅一个团清早从岸堤出发，渡河攻击 9 纵 25 师 74 团所在的波子峪，上午 9 时拿下阵地后，中午再兵分三路，以西南、东南两路迂回，正南一路突击的战术，向 74 团的大崮阵地猛攻，大崮只有 74 团的一个连在防守，反复争夺四十分钟后，58 旅再取大崮，一部继续向白马岭延伸。黄昏前，卢醒命令占领大崮的团长只留下少量部队监视，全团从阵地后撤，9 纵在傍晚趁机以主力出击，58 旅留在大崮的少量部队不支后撤，退往波子峪、王山据守。

马山的战斗更为激烈。上午 8 时，51 旅 151 团以第 3 营进攻佛山作为策应，正面以步炮向马山前沿轰击，三个小时后，该团第 1、第 2 两个营攻占马山的西南角。守卫马山的 9 纵 27 师 81 团虽然在午后组织了反击增援守山的 3 连，终因距离太远，等赶到的时候，151 团已经占领了马山大部。下午 3 时，81 团撤往后面的红山。②

马山的位置相当关键，它距离坦埠只有大约六公里，翻过马山是一片丘陵，突破蓝石山—红山最后一道防线后，坦埠便无险可守。张灵甫得知 51 旅攻马山得手，起初也认为 14 日拿下坦埠达成兵团部任务应不成问题。

傍晚，华野参战的各纵队开始了紧张集结运动，准备分头穿插对 74 师形成包围，坦埠的阵地由 9 纵一部和 4 纵分别把守，为了赢得时间，正面阵地必须稳住不能动摇。反攻马山的任务交给了前来接防陶勇的第 4 纵队 12 师。13 日入夜，师长彭德清向 34 团团长蒋新生和副团长秦镜下达了战斗任务。

34 团拥有齐装满员的四个营兵力，几个月来在山东屡战屡胜，士气高昂，用副团长秦镜的话来说："我们还怕你这个张灵甫不成。"可是事后秦副团长后悔了一夜，他和蒋团长还真的轻敌了。当晚主攻马山的是该团的第 1 营，照团里的惯例，作战命令下达后，营连长们一般自动就会作好自己的布置，团部不用太操心，所以这一次他们对 1 营的部署也没有多加过问。

秦镜回忆说："1 营刚一动手，马山上枪声如暴雨。这样猛烈的火力实属少见，我感觉不好。等我急匆匆赶到 1 营营长孙显增指挥所时，已经晚了，初战失利，情况

---

① 张灵甫在师部召集高级军官开会一事，参见邱维达《孟良崮战后调查记》，《文史资料存稿选编 9 全面内战》（上册）全国政协文史资料委员会编，中国文史出版社 2002 年。

② 参见《九纵队孟良崮战役总结》，《孟良崮战役资料选编》，出版社不详。

十分糟糕。担任主攻的 1 连，原起义过来的副连长叛敌，连长高道和被俘，尤柴贵排长所率领的十八个战士全部牺牲。翻一翻 7 团的历史（笔者注：该团前身是新四军 1 师 7 团），在两军阵前，即使在和日寇的作战中，别说是指挥员，就是连普通士兵，被俘的事，还从来没有发生过，真是奇耻大辱。"

34 团反击马山的失利不仅惊动了师长彭德清，连纵队司令陶勇都把电话直接打到了团部，陶勇平时对下属并不疾言厉色，当晚在电话里却语气反常地厉声质问秦镜："你们是怎么搞的，这是战争！是打 74 师……"秦镜也负气地发誓："请首长放心，今晚我带 3 营再攻，保证把马山拿下来。"①

第二天凌晨，天刚露出鱼肚白，34 团调整好部署悄悄接近马山，山上却毫无动静，出乎他们的意料，34 团竟然一枪未发登上了山头。

山上空无一人，74 师已经自动撤走了。

二

5 月 13 日傍晚至入夜，张灵甫命令前锋部队放弃了白天攻占的马山、大崮等前沿阵地，连夜向汶河北岸沿线的马牧池、王庄山、先罗山、水塘崮、杨家寨一线后缩。

后撤的原因，据战后被俘的 58 旅参谋主任邢炳威说，是 74 师害怕解放军晚上前来袭营，他说下面发现解放军彻夜调动有反击 74 师的企图，当把情报上报师部时，张灵甫不相信，仍然维持次日进攻坦埠的决定，直到第二天上午 10 时，惊觉 74 师左右两翼出现解放军大部队，并且 25 师在天马山、83 师在牧虎山的部队都已经撤走，"至此师长乃确信解放军有积极企图已形成包围我师之态势，乃决心撤退"……②

在孟良崮战役的不少著述中，我们可以看到与这个材料类似的叙述：骄横跋扈的张灵甫仍不在乎，说道："不要大惊小怪，共军想一口吃掉我 74 师，他们不但不敢做，恐怕想也未必敢想！"遂命令部队照旧执行进占坦埠的命令。直到 14 日上午 10 时，解放军已经攻占天马山、磊石山等要地，并向垛庄、万泉山进击，张灵甫才如梦初醒，于是命令整 74 师放弃北进，立即向孟良崮、垛庄方向撤退。

对于张灵甫和他的整编第 74 师来说，5 月 13 日这一晚，的确是决定生死命运的

---

① 　秦镜《哀兵必祥》，《一代劲旅》，黑龙江出版社 1988 年。

② 　《战俘供述对孟良崮战役的检讨》，中共山东省委党史资料征集研究委员会，中共临沂地委党史资料征集委员会编《孟良崮战役》，山东人民出版社 1987 年。

分水岭。不过，要说张灵甫对于周围解放军如此大规模的连夜调动毫无警觉，恐怕不是事实，他并没有在高家岩麓的师部蒙头大睡做美梦，事实上，面对战况风云突变，那一晚，张灵甫夜不能寐。

傍晚之前，周围解放军的动向再次令他忐忑，虽然此时对面情况还不甚明朗，对于对方的真正企图和可能的反击力度，他尚难以作出精确的判断，但是74师的目标是坦埠，共军在坦埠当面如此大规模的集结，这攥拢的拳头首当其冲是对着他而来，应该是确凿无疑了，作为一个身经百战、具有丰富实战经验的将领，张灵甫不难从中嗅出大敌当前的危险气息。前一天，他因前方情况不明而有意将师主力暂留汶河以南，等待友军齐头并进，遭到上级否决后，在汤恩伯的敦促下遵命全师渡河已经勉为其难，经过一天的战斗，右翼李天霞迟迟未执行汤司令的命令，依然按兵不动，左翼黄百韬也并未增强兵力，目前74师的处境比12日不但没有改善，反而更为严峻，这都迫使张灵甫必须有所应对。

为避免74师呈孤军深入之势，张灵甫下令三个旅立即放弃原有阵地，向后收缩至汶河沿岸：西路51旅以一个团占领水塘崮、杨家寨之线，旅部及另一团置于汶河西北岸边的新兴；东路的58旅以一团占领马牧池、王山庄、先罗山之线，一个团控制于盘山庄、铁窝附近，旅部置于师部所在的高家岩麓以北的局埠附近；57旅主力撤至汶河南岸，以一个团占领艾山及以东高地，另一团占领重山及以南地区，其余作为师部预备队驻塘子庄，掩护师侧背。当天下午16时许，在一线阻击的华野9纵从报话机中侦知，卢醒在命令占领大崮的团长返回原防地，随即该团主力在17时左右即回撤野猪旺，陈传钧和陈嘘云则在报话机中相互通报，两旅晚上将准备撤回汶河南岸。因此，9纵据情向野司上报，74师有向南撤退的模样。[①]

张灵甫一面将阵地全线后缩以消除因友军滞后而形成的侧翼危险，把74师调整为可攻可退的阵势，一面将友军行动迟缓和新出现的敌情再报汤恩伯。

收到张灵甫报告的情况，起先汤恩伯还不以为然，傍晚六七点，他向兵团各部发出第二次补充指令，依然是命令74师务于14日中午突破共军阻力进占坦埠，同时他也再次饬令李天霞以主力占领黄石山、牧虎山、孟良崮各要点，确实保障74师翼侧安全，并以一部向马牧池东北搜索敌情，与74师密切协同；第3纵队应在14日以有力一部

---

① 参见《华东野战军孟良崮战役阵中日记》，中共山东省委党史资料征集研究委员会，中共临沂地委党史资料征集委员会编《孟良崮战役》，山东人民出版社1987年。

向坦前庄、鲁家庄及以西山地进出，策应整74师的作战。[1]

毛森因为去过前方实地察看，比较了解地形情况，他看到国防部的作战命令，大吃一惊，对汤恩伯说："陈毅部队二十万人，都隐伏坦埠附近，张网以待；汶河水位虽不深阔，但沙滩极阔；通过广阔沙滩，实甚艰苦，暴露敌人面前，危险殊甚。100军李天霞部，战力不强，且在孟良崮西南（笔者注：应是东南之误），隔座大山，只怕支援不上。张淦纵队主力在汤头镇，距74军有七八十里之遥，又有河流山峻阻隔，绝对策应不上；黄百韬部本可应援，无奈由蒙阴经北桃墟至垛庄，只有一条通路，两面都是高山，无法展开活动；到了垛庄，转入张部，又是山路，如令黄抽出主力，蒙阴又恐难守。"[2]

听了毛森的分析，汤恩伯也感到不安，觉得有必要再检讨继续进攻坦埠的决定，他要通了南京国防部。接电话的是国防部次长刘斐，听了汤恩伯的陈述，刘斐答复说："这是最高统帅的决定，命令既下，不能更改。现主席已休息，不便惊动他。"汤恩伯左思右想不大放心，又打电话给徐州陆军总部，向顾祝同陈情。不知顾祝同是否还在介怀陈诚和国防部不听他的建言，他对汤恩伯的回答听起来敷衍了事："作战命令直达各整编师（即有关各军部），徐州陆总及你的兵团部，只是指示照办，负责督战；明晨即开始行动，照命令行事吧！"这意思是告诉汤恩伯，你我只是国防部的传声筒罢了，做不得主的，上面叫怎么办就怎么办吧。这一夜，汤恩伯也是不得安睡，一圈电话打下来，都是相互推诿，职责不明，他只好临时决定，第二天派副司令官李延年和毛森亲往前线视察情况，就近督战。[3]

汤恩伯在临沂兵团部连夜打电话的事，远在前线的张灵甫毫不知情，他之前看到汤恩伯发来的补充指令，依然是命令74师务于14日突破解放军阻力进占坦埠。然而，入夜之后各旅接二连三报来的情报，令张灵甫更加吃惊：58旅第173团在马牧池及王山庄高地受到解放军的猛烈攻击，有一个连被歼灭，而对方投入的进攻兵力竟在一个

---

[1] 《第一兵团蒙阴东南地区战役战斗详报》(1947年5月11日至17日)，中国第二历史档案馆编《中华民国史档案资料汇编第五辑·第三编·军事（二）》，江苏古籍出版社1998年。

[2] 此处毛森回忆有误，汤恩伯已经派整65师驻守蒙阴，黄百韬的防地在桃墟一带，本无需整25师留出主力兼顾蒙阴。

[3] 参见《往事追忆——毛森回忆录（一〇）》作者：毛森台湾《传记文学》总第456号(2000年)。据毛森所言，汤恩伯彻夜打电话联络是在毛森陪李延年上74师前线指挥部督战的前夜，则应是1947年5月13日晚，而不是74师出发行动的前夜。

师以上，大箭山 51 旅阵地夜晚也遭遇强袭；左后翼的天马山、覆浮山出现解放军，右后翼的牧虎山亦发现解放军踪迹。另外，83 师声称派出掩护 74 师右翼部队的第 19 旅 56 团被阻于黄石山、大老峪附近不能前进，74 师右翼二十多公里空虚已无任何掩护兵力；25 师 108 旅受到当面解放军的进攻，未作认真抵抗，当夜放弃黄斗顶山、尧山，向南撤退，致使 74 师左翼也形成空虚。

张灵甫感觉自己的处境非常不妙，深夜 12 点，他在师部与参谋人员综合分析各部的情报，研判华野已派出强大纵队，有迂回包围 74 师的模样，但是在向上级争取变更进攻命令之前，张灵甫所能做主的其实有限，除了命令部队放弃白天费力打下的大部分阵地连夜向后收缩数公里，退到 12 日占领的阵地一线以备不测外，他只能反复向汤恩伯申诉 74 师可能面临险境。可是黄百韬矢口否认他的部队当晚有从黄斗顶山撤退这回事，汤恩伯也没有接受张灵甫的申诉允许他继续后撤，却要他别听信不实的情报，继续准备次日的攻击行动，他还安慰张灵甫说："副司令李延年明天就可以来到你的指挥所，有关友军协同问题，定可顺利解决，望安心勿躁。"①

汤司令要派李延年上来督战，意味着 74 师必须维持攻击状态不得后退，张灵甫无话可说了。顾虑到陆总和兵团部命令在身，他没能顶住上司的压力而迟疑了，他安慰惊慌的下属说："等天亮就有办法。"

就在 74 师各部奉张灵甫之命在山上运动向汶河方向后撤的同时，在他们的眼皮底下，有一支大部队也在山坡下悄悄地摸黑行军，只是张灵甫不知道，山下的部队不是来掩护他们的友军整 25 师，而是切割他们与友军联系的一把尖刀，这就是由叶飞担任司令员的华东野战军第 1 纵队。

第 1 纵队在华野也是一支主力，它的前身是抗战胜利后从苏浙皖边区撤退北上的原新四军苏浙军区部队，纵队成立后即开赴山东参战。在 1947 年春的野战军整编后，

---

① 据邱维达《孟良崮战后调查记》(《文史资料存稿选编 9 全面内战》（上册）全国政协文史资料委员会编，中国文史出版社 2002 年）记载：（13 日）"至 12 时许，师指挥所根据侦察部队的报告和各方面的汇报，对战场态势作出了如下判断：入暮后，在师的两侧地区，发现解放军强大纵队有向整 74 师进行包围迂回模样；整 83 师派出在盘龙山约一个营的部队，与解放军一经接触，即向后撤退逃至仁寿庄被歼灭。该师派出掩护整 74 师右翼部队第 19 旅 56 团已被阻于黄石山、大老峪附近不能前进。整 74 师右翼空虚已无兵力；整 25 师 108 旅稍受当面解放军的进攻，当夜放弃黄斗顶山、尧山，向南撤退，致使 74 师左侧也形成空虚。张灵甫根据情况向汤恩伯、黄百韬请示，都答复没有此事，不要轻信不确实的情报，黄并一口咬定他的部队丝毫没有动。汤在电话中安慰张说：'副司令李延年明天就可以来到你的指挥所，有关友军协同问题，定可顺利解决，望安心勿躁。'"

该纵队改称为华东野战军第1纵队，下辖三个师，莱芜战役后，皮定均的第13旅也拨归1纵的建制，改称为1纵独立师，皮定均则稍早调往第6纵队任副司令。陈毅、粟裕召集各纵队司令员开战前会议的时候，考虑到1纵擅长楔入敌人纵深打穿插分割，最适合担任把74师从敌人重兵中剜出来的尖刀，于是把切断张灵甫和黄百韬联系及阻截蒙阴整65师东援的任务派给了1纵。代表叶飞参加会议的1纵副政委和副司令谭启龙、何克希深知任务艰巨，当场不敢表态领命，会后陈毅和粟裕还专门把叶飞叫到指挥部交代命令。

5月13日晚，叶飞赶往第2师和独立师督促部队出发前进，他目睹了敌对双方军队在山上山下同步向同一方向行军的奇观："我1纵部队开进时，敌整74师也正在向孟良崮开进、收缩。由于两军过于靠近，我亲眼看到山地敌军的运动。敌人在山冈，我军在山坡。我知道他们是敌军，敌军却以为我军是友邻整25师，不吆喝口令，不打枪。当时雾霭浓重，视线不清。这时机是稍纵即逝的，决不能有一丝一毫的犹豫。如果犹豫了，部队停下来，敌人就会发觉是'共军'，火力一压，处境就十分危险。"[1]

叶飞的确值得庆幸，幸亏74师没有发现山下是解放军，1纵才能及时穿插并在第二天中午扼住74师退路的咽喉要道，把张灵甫逼上了孟良崮。

三

负责孟良崮战后调查的邱维达在《孟良崮战后调查记》中写道："5月14日，天刚破晓，张灵甫与参谋长魏振钺在高家岩麓指挥所，正等待飞机临空助战，按预定计划发起向坦埠进攻的战斗号令。忽接各旅长报告说：当面解放军已全线发起强大攻势，兵力较前更大。张灵甫基于当前情况，临时变更决心，令各旅以现有态势先挫败敌人攻势，再作第二步行动。战斗正当激烈之际，汤的副司令李延年也于此时赶到。本来张灵甫就军不协同作战，心里有些怨气，趁李来到之机在话语间便表示不满，张对李延年说：'今天我们以这样盛大的礼炮来欢迎副司令官。'弄得李哭笑不得，只得连说：'老弟有办法，老弟有办法。'

"战斗进行到上午7时许，第51旅旅长陈传钧来电话报告：'25师据守的黄斗（顶）山和芦家山坡阵地均被突破，守该地部队已向后溃退。同时发现解放军强大纵队向天马山运动。'师参谋长魏振钺即以电话询问25师黄百韬，黄坚决不承认，并说：'我

---

① 叶飞《叶飞回忆录》，解放军出版社1988年11月。

的炮兵火力已与你的正面联系上了。'张灵甫急得无法解决,只好请副司令李延年到观察所亲自看一看,证实了25师的部队的确已经撤退。再度询问黄百韬时,才承认有其事,并答应派部队恢复已失的阵地。但这不过是一句空话。战斗延至7时30分,第58旅卢醒来电话报告:右翼83师的部队撤走后,现已发现强大解放军的纵队由牧虎山方面向西南运动。张灵甫综合上述情况,召集司令部参谋会议研究后,一致认为师已处于被包围状态。遂于9时左右决心向泉桥子、垛庄、东西长命地区撤退。……张灵甫处理撤退完毕后,将自己的决心和处置随即面报副司令李延年,并电告汤恩伯。李表示同意,汤不察前方严重性,仍指示张灵甫要趁部队转移的同时,必须与整25师协力向西夹击侵入之敌,与黄百韬部联成一起。"①

关于李延年到张灵甫师部一事,毛森的叙述与邱维达有所出入。李延年奉汤恩伯之命去张灵甫的前线指挥部督战,是由毛森陪着他一同前往,两人由一排卫士护送分乘二辆大卡车,但是还没有到达张灵甫的师部,战况已经急剧变化:"经大磨石沟、小磨石沟、青驼寺,沿途都是李天霞部队;过了青驼寺至垛庄,没有部队。垛庄三岔路口驻一通信排,有电话总机,李延年拿起电话筒,与张灵甫通话,张大声地说:'我军少数渡过汶河,即被共军伏击。现陈毅倾巢南下,向我两翼包抄,似有十个纵队之众,对我取包围之势;左翼一部,直趋垛庄,截断我军后路。你们立刻回去,稍迟一步,即陷入包围圈内。如果退路被切断,即向本军靠拢。'李问他如何应变?张答:'我已命令各部队,一面应战,一面从速退回原驻地。但是大炮、马匹挤在山地、河边,敌军向我密集轰击,秩序相当混乱。'李一再叮嘱:'站稳脚跟,沉着应战!'我们在电话中亦听到汤司令官对张的指示(临沂与张的电话,系经垛庄总机转接):'切实控制秩序,集中火力,压制敌军人海冲杀。'同时汤司令官命令李天霞兼程应援。李延年当向汤司令官请示我们行止。汤令我们速回临沂。"②毛森是陪伴李延年的当事人,他的这段回忆,也得到魏振钺的印证,魏振钺后来曾经告诉陈嘘云,李延年到达垛庄后,是张灵甫在电话里阻止了李延年上前线。③

李延年有没有抵达张灵甫的师部并不重要,这些当事人的叙述为我们大致勾勒出

① 邱维达《孟良崮战后调查记》,《文史资料存稿选编9 全面内战》(上册)全国政协文史资料委员会编,中国文史出版社2002年。

② 毛森《往事追忆——毛森回忆录(一○)》,台湾《传记文学》总第456号2000年。

③ 陈嘘云《对孟良崮战后调查记的几点意见》,《文史资料存稿选编》(9)《全面内战》(上册)全国政协文史资料委员会编,中国文史出版社2002年。

当时的情形：根据部下的情报，张灵甫在 5 月 13 日傍晚确信当面遭遇到了解放军的强大主力，继而研判解放军大纵队在对 74 师进行迂回包围，入夜，他先后将自己的判断上报了汤恩伯，希冀上级变更进攻命令，他命令部队放弃白天费力打下的阵地连夜收缩，并非下级以为因害怕遭到深夜袭营那么简单，而是在为撤退作准备。然而，迫于汤恩伯再三重申国防部次日进攻坦埠的命令，张灵甫迟疑了，于是 74 师在收缩阵地之后，停留在原地耗去了一夜，张灵甫失去了在第一时间可能逃出解放军正在形成的钳形攻势的关键时机。

由于职级的关系，74 师的中下级军官对于张灵甫在师部与兵团部和国防部之间的交涉情况所知有限，他们见师长对本部上报的关于解放军连夜行动的情报，直到次日上午才有所动作，认为是师长不相信下面的情报所致，从他们的角度理解也属合理。只是，当时与张灵甫在一起的参谋长魏振钺参与了师部的整个决策过程，他的说法应更具权威性。魏振钺说，不是张灵甫不相信部下的情报，而是汤恩伯和国防部不相信他关于 74 师即将被围的报告，坚持命令他 14 日继续进攻，魏振钺战后曾对陈毅摇头感叹说："下面的意见，国防部是很难采纳的。"[1] 这一点，与邱维达事后的调查结论也是一致的。

张灵甫与整编第 74 师的厄运，就此开始了倒计时。

第六节 上山

一

5 月 14 日清晨，山间涌起了大雾，从张灵甫师指挥部的观察所向外瞭望，往日空蒙奇峻的群山，笼罩在浓重的晨雾之中，五十米开外的目标都难以分辨。51 旅和 58 旅已经作好了继续进攻的准备，只等他一声令下。是进，还是退？张灵甫此时的心绪，恐怕也像这山雾一样，少有的迷蒙。

天明时分，接踵而至的消息比昨晚更加糟糕：左翼 25 师和右翼 83 师本来就不多

---

[1]　参见《战俘供述对孟良崮战役的检讨》和《陈毅将军在放下武器的蒋 74 师高级将校时事座谈会上作指示》，中共山东省委党史资料征集研究委员会，中共临沂地委党史资料征集委员会编《孟良崮战役》，山东人民出版社 1987 年。

孟良崮战役国民党军整编第 74 师撤退路线示意图（1947 年 5 月 14 日）

1947 年 5 月 14 日上午 8 时，张灵甫命令整 74 师渡汶河向南面垛庄、界牌一线撤退。图中视角为由北向南（左东右西）：（1）向孟良崮后方、垛庄、界牌迂回的细箭头所示，为张灵甫早晨原命令中 74 师各旅南撤路线；（2）在孟良崮前横向展开、上山及指向 285 高地和西面山地的粗箭头所示，为张灵甫在 285 高地后路受阻后命令 74 师各旅变更的路线；（3）右下角放射状箭头所示，为解放军华东野战军第 1 纵队在孟良崮以西的穿插路线和位置。

的跟进部队不见了踪影，左翼解放军已进至天马山、覆浮山，正在向垛庄方向急进，右翼牧虎山的解放军正向万泉山挺进，华野对 74 师的钳形攻势再清楚不过了。再向上级报告扯皮，结果还是硬要 74 师维持向北进攻，那就是死路一条，只有先斩后奏了。张灵甫终于下决心抗命，他不再理会汤恩伯和国防部要 74 师当天中午攻下坦埠的再三指令，上午 9 时径向汤恩伯发出报告："天马山附近之匪向东窜扰，黄斗顶山东侧匪后续部队向东南行动，拟移转师キ力于孟良崮附近，已开始运动。"[1]

一个小时之前，张灵甫已经将具体的撤退命令以电话先行下达各旅[2]：

———————

① 《第一兵团蒙阴东南地区战役战斗详报》(1947 年 5 月 11 日至 5 月 17 日)，《中华民国史档案资料汇编第五辑·第三编·军事（二）》中国第二历史档案馆编，江苏古籍出版社 1998 年。

② 《战俘供述对孟良崮战役的检讨》，中共山东省委党史资料征集研究委员会，中共临沂地委党史资料征集委员会编《孟良崮战役》，山东人民出版社 1987 年。

1. 57 旅就在原地掩护师之转移，尔后以 58 旅在孟良崮之掩护退至赵家城子、万泉山、小埠附近，右与 83 师密取联系。

2. 51 旅自行掩护逐次撤至垛庄西大山场、北庄、刘山庄附近，左与 25 师密取联系。

3. 58 旅先以一个团确占孟良崮，全力控制于垛庄北二公里之北町附近。

4. 师部位置于泉桥子 [①]（辎重团原在垛庄）。

以上布置均限于是日 14 时前部署完毕。

命令发出之后，张灵甫登上了吉普车。

在报话机一片忙乱的呼叫联络声中，74 师各旅于上午 10 时兵分三路，向南急速后撤。全师的撤退队形，西路以 51 旅为前锋，师直属部队居中，58 旅殿后，57 旅完成掩护后则独成一路沿孟良崮东麓后撤。

战局至此，张灵甫与粟裕在对阵上，与第一次涟水之战后期的涟南追击战阶段具有某种程度的相似。两次战役，都是由 74 师取攻势在前，进攻遇阻后，发现解放军大部队集结试图对 74 师两翼及后侧形成包抄，张灵甫转攻为守，在抵抗中节节后退，向后方大本营回撤。

所不同的是，在涟南追击战中，从涟水到淮阴是一马平川，张灵甫的重装部队运动自如，他在速度上占据了优势，火炮也有效地发挥出巨大的威力，追击的解放军赶不上他的撤退速度，未能及时断其后路完成合围，最后力竭而止。74 师的后方淮阴则有整 28 师和第 7 军等部接应，张灵甫得以在没有后顾之忧的情况下次第后撤，退回淮阴。

孟良崮则是山地作战，重装部队在山地运动，速度明显受到影响。当张灵甫早上下达命令，74 师也是边撤退，边战斗，边行动。国民党军历来有守则尚可，攻则不足，一撤就垮的毛病，不过训练有素的王牌军毕竟不同，74 师在解放军重兵及炮火追击下，渡河秩序一度混乱，还能乱而不溃。先头部队 51 旅在后撤中还组织起有效的局部攻势，打掉了解放军在夜晚占据的石旺崖、冯家庄的阻击据点，上午各部的撤退进度基本在预计之中。只有担任全师掩护的 57 旅遇到了一些麻烦，当面解放军在汶河边的大老峪、石山坡、宝山峪地区以强大兵力牵制和围击，而理应前来跟进接应的李天霞部早已跑得无影无踪，57 旅在两次试图脱离战场都不成功的情况下，最后旅长陈嘘云命令各团以及旅部控制的预备队，在空军轰炸掩护下实施强力的反冲击，才将主力撤了下来。接近中午时分，蔡仁杰和魏振钺先后向兵团部电话报告 74 师的撤退进程，告知汤司

[①] 泉桥在垛庄后方约两公里。

令官全师正越过汶河向南转移。而此时，华野担任两翼分割包抄的叶飞第1纵队和王建安第8纵队虽然比74师提早一晚行动，由于1纵出发延迟，8纵路途遥远，还都没能按照粟裕的计划完全包抄到位。也就是说，如果是在同样没有后顾之忧的情况下，74师主力能按张灵甫的原计划一路撤到命令中既定位置的话，这将是一个左接黄百韬、右连李天霞、背靠临蒙公路的阵势，那么此战的结局，有可能与一战涟水相似，三年内战史上著名的孟良崮战役就有可能打不起来了。

问题是，这一次张灵甫有大大的后顾之忧，他的命门，就在74师的后方大本营垛庄。

二

74师留守垛庄的部队只有一个辎重团，由团长黄政负责全师的补给任务。辎重团共有三个营，1营驮马，2营辎重，只第3营是人力营，战斗兵和武器很少，仅有人力营的正副班长携带武器，防御力量非常之薄弱，一旦有什么风吹草动，靠辎重团是无法单独坚守垛庄的。既然如此，张灵甫留下这点人马看守大本营，是否过于麻痹大意了呢？也是有原因的。进攻坦埠的行动，本是第1兵团三个整编师的联合行动，犹如一个球队，有人打中锋，就有人当后卫。83师主力所在的双堠集、青陀寺，位于垛庄的右后方（东南），按照兵团部的部署，李天霞应以一个旅进出沂水西岸，确保74师右侧的安全，掩护垛庄也是83师职责的一个重要部分，而根据国防部自以为是的情报，这一带没有什么解放军的大部队活动，既然是安全的大后方，垛庄又置于83师的保护之下，另一边在桃墟的黄百韬距离也仅在十公里以内，所以张灵甫自认为在左右两翼友军的屏障下，垛庄安全应该有足够的保障。

5月14日上午，毛森跟随李延年坐汽车从临沂出发，奉汤恩伯之命去74师前方师部为张灵甫督战。车队一路向北，过了青驼寺，毛森没有见到李天霞的任何部队，直到进了垛庄三岔路口，才遇见74师一个留守的通信排。当毛森几十年后在回忆录里提及此事，依然咬牙切齿："对垛庄这样中途据点，李竟不派有力部队驻守，非特失职，简直没有军事常识，亏他还是黄埔一期生（笔者注：应是黄埔三期）！无怪共军讥其为'黑埔'饭桶！"毛森如此恶评李天霞的军事水平，可能是出于激愤。其实李天霞在74军期间打仗也是见过一些世面的，抗战中还立过战功，不见得真是如此缺乏军事常识，实际上，他在张灵甫率全师出发之后确实派了整83师的63旅向垛庄进发，后来毛森没有见着李天霞的半个人马，这中间还另有一段他所不知道的插曲。

74 师这次进攻坦埠的行动，83 师是在后面跟进的预备队，因此张灵甫不得不再次小心地与李天霞打交道。在部队向坦埠进发之前，副参谋长李运良来到了 83 师师部，李天霞的师部当时驻青驼寺附近的大官庄，距离垛庄有二十多公里。李运良名义上是来拜访老上司李天霞，实际上是来替张灵甫向李天霞打招呼修好的，他拜托李天霞多多帮忙，尽力配合 74 师协同行动。张灵甫的电话随后也打到了李天霞的师部，两个人在电话里还寒暄了一番，表面气氛有所缓和。

74 师出发之后，张灵甫一直与李天霞保持着密切的联系。5 月 13 日当晚，他又派参谋长魏振钺来找李天霞，此时 83 师 63 旅 189 团已经奉李天霞之命，先期进到垛庄左前方（西南）警戒，师部及主力在下午从青驼寺推进到石垲子，离垛庄仅约六公里。魏振钺离开张灵甫的时候，前方情况还算稳定，所以他向李天霞通报战况时十分笃定地说，这一仗看来俘虏是不少的。可是到了晚上大约 10 点钟，张灵甫打来电话，口气已经不乐观，他对李天霞说："前进部队受到阻击攻不动。"李天霞也接到 63 旅189 团与解放军部队接触的报告，两个人都感觉情况很不妙。李天霞皱起眉头心里打起了小九九，只是他盘算的对策是无法对张灵甫启齿的，他只能在电话里不痛不痒地说："部队前进要注意搜索。多与黄百韬联络。"一面又问张灵甫该怎么办，张灵甫还一本正经地在电话里与他讨论起应对办法来。与李天霞在一起的 83 师副参谋长王仲模暗自觉得奇怪，张灵甫现在已经不归李天霞管，他又是派参谋长来联络，又是不断给李天霞打电话通报战况，究竟用意何在呢，难道是两个人权宜的联盟和一时战友感情复活了？也难怪王仲模猜疑，以张灵甫的个性，他肯这样放下身段主动向自己瞧不起的李天霞屡次示好，确实有点不同寻常。只是他与李天霞是没什么旧情可复燃的，张灵甫素知李天霞的为人"爱之于其生，恶之于其死"，以他们过去的宿怨，与这样的人配合，在前头冲锋陷阵的张灵甫委实难以对他寄托信任，他只不过希望适当缓和与李天霞的紧张关系，请他看在同事多年和同出王耀武系的兄弟部队份上能够良心发现，别在 74 师上阵之后在下面拆他的台罢了。频繁的联络，与其说是示好，不如说是在监视掌握李天霞部队的位置和动向更为合适。

李天霞狡诈成性，当然不会因为张灵甫突然与他热络起来而领他这份情。战前李天霞就惶惶然，他对王仲模反复说，这个仗很不好打，搞不好会被吃掉。当晚，李天霞在与张灵甫的通话过程中不断察看着地图，神色越来越不安，其实李天霞还没有挂断电话，心里就已经打定了主意，他要甩下张灵甫不管了。果然，魏振钺午夜 12 时前脚刚走，李天霞凌晨1时便下达了撤退命令，他怕公路一旦被切断四辆战车回不去，事先通知战车连先开回临沂，然后命19旅旅部及56团撤往鼻子山占领阵地对北警戒，同时又将63旅经孙祖撤至邵家峪，占领高山一带阵地对北警戒，师部于14日清晨5时撤至沂水以东的瑷玉湖，尔后撤回了大官庄。这样，李天霞不顾友军74师的安危，带着他的83师连夜撤逃到十五至二十公里以外，而张灵甫的大本营垛庄，彻底失去了保护。这就是毛森随李延年在第二天上午来到垛庄附近不见李天霞任何部队的真正原因。①

战况突变，张灵甫在部队向后撤退的时候，也在担心83师是否靠得住，他不断向后方垛庄了解情况。辎重团长黄政并不清楚83师连夜逃跑的情况，张灵甫在14日上午得到的报告依然是，垛庄一切尚属正常，于是他暂时安下心来。

可是解放军有大纵队西渡沂水河向74师围堵的消息，又搞得张灵甫一路心神不宁，显然李天霞没有妥善贯彻监视沂水两岸掩护74师侧翼的任务，滑头的李天霞执行起命令向来七折八扣，这家伙究竟在背后搞什么鬼？一想到李天霞，张灵甫放下的心又悬了起来。他要接线员接通83师，电话里传来该师第19旅57团团长罗文浪的声音。罗文浪抗战中后期在张灵甫的58师当过参谋主任，抗战末期才调往100军，张灵甫对他很熟悉。张灵甫问罗文浪沂水西岸是哪支部队。沂水是山东最大的河流，仅沂水县境内一段就长达数十公里，罗文浪起先只派团附王寿衡率一个连在沂水西岸活动，因此解放军大部队可以在沂水河畔来回折返，如入无人之境，直至5月13日，罗文浪才接到李天霞的命令，以全团进至垛庄以南的老猫窝山地，掩护74师右后方。罗文浪哪里敢对张灵甫直言相告，说李天霞其实没有遵照汤恩伯的命令派一个旅而只派了他一个残缺的团？张灵甫听罗文浪在电话里支支吾吾，猜到一定是李天霞又要了他，当即大发脾气："你们搞的什么名堂？现在右翼出了毛病，我们有一个旅没有下来。共军大部过了河，形成包围。我已向国防部告了状。出了事，你们要负责。"大约自觉对罗文浪发火搞错了对象，他又语气缓和下来说，"霞公（指李天霞）是我的老长官，他上次受了处分（指在苏北作战失败，受到撤职留任处分），我心里非常难过。他现在又来要滑头，你要告诉他赶快设法补救。我只等57旅撤下来，站住了脚，就不怕了。"②

---

① 参见王仲模《孟良崮战役国民党军被歼纪要》和《回忆整编83师在孟良崮战役中》，《文史资料存稿选编9全面内战》（上册）全国政协文史资料委员会编，中国文史出版社2002年。

② 罗文浪《孟良崮战役回忆》（全国政协《文史资料选辑第18辑》1961年）。罗文浪文中说张灵甫在撤退途中给他打电话是在5月12日，应属罗的误记。既然张灵甫已经在撤退途中，并且提到57旅撤退受阻一事，则该电话应是在5月14日将近中午时分。

如果知道李天霞不仅执行命令偷工减料，此时更是逃之夭夭将主力撤过了青驼寺，83师师部甚至过河搬到了沂水东岸，张灵甫恐怕也不敢说不怕了。就在罗文浪与张灵甫通话后不久，57团受到了过来包抄74师右后翼的解放军第8纵队的猛烈攻击，他急忙向李天霞呼救，李天霞明里下令他就近归张灵甫指挥，电话里却暗示，一旦发生战斗57团可以后撤，罗文浪过后与19旅旅部联系，发现电讯越来越弱，知道大部队根本没有向74师靠拢，反而逃得更远了。

由于李天霞对张灵甫"上楼抽梯"，74师的大本营垛庄已经根本不堪一击。

三

然而，即便李天霞能够遵命提供掩护，或是张灵甫事先留下若干自卫兵力，垛庄最终能不能保住还是一个大问题。正向垛庄长途奔袭的解放军，可不是包抄过来的小部队，而是人数与74师相当的整整一个大纵队。

张灵甫做梦也想不到，在国防部号称固若金汤的正后方，一支飞兵正日夜兼程，直插垛庄。不错，他们不是别人，正是与张灵甫在涟水结下血海深仇的解放军华东野战军第6纵队，即原先的第6师。

5月上旬，粟裕指示6纵在鲁南暂时隐蔽待机，王必成担心今后打张灵甫没有他们的份，粟裕向他保证说："打整编第74师，少不了你们6纵。"在华东野战军，各部对74师这个老冤家都恨得牙根痒痒，打张灵甫用不着作战斗动员，6纵更是发誓要报仇雪恨。5月12日中午，一份由陈毅和粟裕签发的十万火急的电报发到了王必成的手中，命6纵火速北上参加孟良崮战役。得知部队要北上去打张灵甫，全纵队上下精神异常亢奋，王必成当即召集三个师长分配作战任务，全纵队于5月12日黄昏立即开拔。

6纵蛰伏在鲁南费县地区，离战地有百余公里之遥，而且都是崎岖难行的山路，靠着两条腿跑步两昼夜封闭74师的后路，这是一件非常艰巨的战斗任务。由于6纵路程遥远，对于他们能否及时赶到垛庄堵上合围的缺口，粟裕没有十分的把握，所以他起初命令8纵不但要占领芦山，还要包抄垛庄，截断74师向临蒙公路逃跑的退路，后来8纵不能及时到位，他又要求叶飞的第1纵队赶在张灵甫的前头，在穿插切断74师与25师联系的同时，一路直取垛庄，一路抢占孟良崮山头，争取将74师压在孟良崮以北的山下，与正面出击的第4、第9纵队和从右翼穿插的第8纵队四面夹击，将

74 师消灭在岸堤以南孟良崮以北的山地。

5 月 13 日晚，叶飞指挥 1 纵的第 1 师连夜攻占了塔山、尧山，14 日拂晓，独立师也攻占了天马山、界牌，基本完成向 74 师左翼穿插分割的使命。可是，后面直取垛庄和抢占孟良崮山头的任务却出现了意外的险情。14 日清晨，叶飞在纵队电台上侦听到 74 师各部都在频繁移动，估计张灵甫可能企图恢复与黄百韬被切断的联系，也可能要向孟良崮方向撤退。眼见张灵甫又要像一战涟水那样故伎重演，有可能从华野尚未合拢的包围圈中再次逃脱，粟裕急了，他一早上从野司向叶飞连派三个作战参谋，频频传达指令，要 1 纵独立师和第 2 师先不要管黄百韬，不惜一切代价攻击前进，一定要赶在张灵甫之前抢占孟良崮，把他堵截在孟良崮山脚下。

敌对的两军在山地展开了与时间的紧张赛跑。

张灵甫没有给叶飞足够的时间。尽管装备笨重备受拖累，74 师的撤退动作还是相当的快，仅用了两个小时，前锋 51 旅已经南渡汶河接近了孟良崮地区，此时 74 师主力离垛庄不过六七公里，如果前路无阻，用不了两个小时，张灵甫就可以如愿以偿，按预定时间在下午 14 时之前将各部撤过孟良崮，各就各位。叶飞通过侦讯电台，得知 74 师已经全师后撤，张灵甫跑在了 1 纵大部队的前头，叶飞十分焦急。万幸的是，1 纵的前锋部队独立师第 1 团和第 3 团在向垛庄穿插途中，抢先一步赶到了孟良崮西面的山地，74 师从唐家峪子到垛庄的那条急造军路，恰好从这片山头下经过。独立师第 1 团在山上远远望见 74 师大批骡马辎重正在这条山路上大举南撤，该团团长王诚汉意识到情况有变，当即决定改变进占垛庄的原计划，抢占北庄东北的 285 高地及西北无名高地。11 时 30 分，第 1 团占领了山头，74 师的后路要道顿时被拦腰斩断，撤退的车马遭到意外的攻击只好掉头北返。山间小道，即使没有一夫当关万夫莫开的险峻，被这么一个拦路虎居高临下陡然扼住了咽喉，也足以使 74 师一时窒息。与此同时，独立师第 3 团也迅速赶到，占据了孟良崮西部屏障 330 高地，进一步切断 74 师与 25 师的联系。这一果断措施，显示执行穿插任务的解放军团长对上级的战役意图具有相当高的整体把握能力，敢于独立灵活变更处置。独立师两个团的灵机应变，为 1 纵将功补过，也因此把张灵甫逼上了孟良崮，从而导致整个战役局势的改观，也为 6 纵在晚间飞兵抢占垛庄，最终封死 74 师的后路，争取到了宝贵的半天时间。[①]

---

① 参见第一纵队孟良崮战役总结叶飞司令员在总结会议上的报告》，《孟良崮战役资料选编》出版社不详。

四

张灵甫正在行进的吉普车上，随师直属先头部队行动的李运良报来了坏消息：共军已经占领孟良崮附近大山场等若干山头，通往垛庄的急造军路遭到切断，51旅的前锋部队正在与阻击的共军激战中。

张灵甫心头一紧，垛庄留有全师的弹药辎重储备，部队出战三天有余，74师的携行粮弹已经不足，各旅炮兵营的炮弹平均只余两百发左右，退路一断，部队粮弹补充无着，更要命的是，公路是74师的命脉，退不回垛庄，全师如陷于山谷之中难以展开，处境堪虞。

车到大山场北面的面梨沟，时间已过正午时分，张灵甫下了车马上发出命令，指示51旅全力进攻，立即夺回被共军占据的285高地，一定要控制通往大本营的要道，同时在面梨沟、冯家庄展开两个团的兵力，猛攻330高地，全力打通与黄百韬的联系。这些处置，显示张灵甫对后路被截的第一反应，还是急着要打回垛庄和靠拢25师。发完命令，他召集旅长们前来会合，讨论下一步的行动。由于南撤的后路受阻，当陈传钧、卢醒等人赶到面梨沟，行进的队伍已经慢了下来，几乎停滞不前了。

解放军正在占领孟良崮北面的山头，前方山路正在激战中，敌情不明，全师陷于高山大岭之间的小道，欲退不得，欲战不能，74师进退维谷，处境变得异常的严峻。

师部的临时会议开得十分激烈，除了魏振钺之外，众人大都是张灵甫多年的部下，在他面前说话直率不大拘束，众人的意见基本上分两种，一种主张尽快打通退路，全力突出去，撤回垛庄；另一种主张在后路受阻的情况下，改变原先只安排58旅一个团占据孟良崮制高点的部署，全师占领孟良崮地区，先稳住阵脚。两种意见相持不下，吵到最后，大家都等着张灵甫最后拍板。①

结论早已载明于史册，张灵甫登上了孟良崮。

后人评点孟良崮之战，不少人把张灵甫的此举比喻为"马谡拒谏失街亭"的现代

---

① 参见邱维达《孟良崮战后调查记》，《文史资料存稿选编9 全面内战》（上册）全国政协文史资料委员会编，中国文史出版社2002年）。但据陈嘘云对邱文的补遗，他对邱所说的这次会议表示疑义，作为战役的亲历者，陈嘘云本身不知有此会议，也未听说过面梨沟这个地名。笔者认为，邱维达负责战后调查，此说应有所依据，《战俘供述对孟良崮战役的检讨》也明确提及张灵甫在面梨沟等候各旅长前来决定撤往孟良崮一事。陈嘘云不知此事和面梨沟，一是可能57旅当时还在殿后与追击的解放军纠缠交战中，二是57旅撤退时走孟良崮东麓，不经过面梨沟（在孟良崮西北约五公里），与师本部和51旅、58旅撤退时所走的孟良崮西麓不在一路，故陈未获通知参加会议。

版。当年诸葛亮派马谡镇守街亭，马谡放马南山，见此处地势险要，易守难攻，便拒绝副将王平当道扎营的谏言，执意在山上安营扎寨，静候魏将张郃前来攻山，谓之"置之死地而后生"。上山之后，方发现山上缺水，而老练的张郃却围而不打，他知道缺水的敌人支撑不了多久，自会下山，他在山下张网以待。果然，蜀兵饥渴难忍，马谡不得已驱兵冲下山去，遭张郃以骑兵两翼攻击，马谡大败，在王平的拼死掩护下逃回向诸葛亮请罪，于是留给后世小说家、戏剧家演义出一段家喻户晓的"失空斩"的历史故事。

孟良崮山上也缺水，重装备上不去，石头山难修工事，再再的劣势，连普通人都可以一一历数，张灵甫既是身经百战之将，还熟读三国历史，研究过山地战，难道他就看不出来可能重蹈马谡失街亭的覆辙，还是他过于自傲以长坂坡赵子龙自居？

张灵甫这一上山，给后来的军事研究者和爱好者们留下了一个经典的话题，数十年来经久不衰。有一种看法颇为流行，说张灵甫上孟良崮是他主动决定将计就计舍身作诱饵，吸引四周包围74师的华野大军，为外围的国民党军重兵对华野展开反包围争取时间，以创造与解放军决战的重大战机，打一个"中心开花"式的大决战。对此，事后的评论者们有弹有赞。弹者曰，张灵甫逞匹夫之勇登上光秃秃的石头山梦想"中心开花"，既不知己又不知彼，是标准的现代马谡愚蠢之至，焉能不败？赞者曰，张灵甫敢于单骑闯营主动为山东国民党军创造决战战机，实乃国民党军中少有的具有军事韬略又有崇高自我牺牲精神的难得将才。

在清楚得知双方排兵布阵和战役的发展结局之后，后人尽可以潇洒地纸上谈兵，但是历史的那一个瞬间却是错综复杂的，在一切落幕之前，身临其境的当事者面对的是种种未知的可能。

只是，匹夫之勇愚蠢的自作主张也好，单骑闯营的崇高牺牲精神也罢，不过都是他人强加于张灵甫的想象臆测而已，张灵甫既不那么愚蠢，也没那么崇高。他的撤退命令明白显示他起初的意图：拟将51旅在大山场、北庄、刘山庄展开，这一线在孟良崮以西、界牌以北，靠近临蒙公路，离左翼黄百韬25师主力所在的北桃墟仅约五公里；57旅拟到达的赵家城子、万泉山、小埠，也与东南方李天霞部原应所处的位置相衔接；58旅主力拟定位置在孟良崮以南的东西两部之间，离垛庄仅两公里；师部将设在更靠近83师的垛庄后方泉桥子，而在孟良崮，张灵甫只打算摆一个团的兵力控制住制高点。如果一切如他所愿，74师主力将集结在界牌、临蒙公路边易于机动的平坦地带，左右与黄百韬、李天霞相连，这基本是一个靠拢友军安全自保的稳妥方案，

华东野战军紧追退向孟良崮的 74 师。

要说冒险单骑闯营死守孟良崮中心开花,实在看不出张灵甫原本有那么"悲壮"的想法。

那么,张灵甫怎么就决定登上孟良崮呢?

当时的战场的形势,至 5 月 14 日中午,撤退中的 74 师已经处于华野四个纵队的围追堵截之中,正面,陶勇的第 4 纵队和许世友的第 9 纵队由北向南全线出击,压向南撤的 74 师;东面,王建安的第 8 纵队已经在切割张灵甫与右翼李天霞的联系;西面,担任穿插的叶飞第 1 纵队占领了汶河南北至界牌的一连串山头要点,在 74 师西侧建立起走廊地带,割裂了张灵甫向黄百韬靠拢的途径。这时,74 师唯有南面一线尚未发现被完全合围,但是急造军路却被 1 纵突然切断,若是要沿着来路返回垛庄,先得等待 51 旅夺回军路的通行权,问题是,前面究竟还有多少解放军部队在阻击? 74 师还要在原地等多久才能打通退路?此时的张灵甫是得不到答案的。事实上,后来在 285 高地和 330 高地的激战,直到傍晚 17 时才结束,而此时天色已经快黑了。

一般而言,运动行进中的部队受到攻击拦截,难以及时调整态势,极易发生溃乱,一旦部队被分割建制被打乱,比之占据阵地防御固守的部队败得更快,内战中这类战例不胜枚举,最著名的,前有1947年春李仙洲兵败莱芜的前车之鉴,后有1948年秋廖耀湘兵团十万人马饮恨辽西,五大主力中的另两支王牌新1军和新6军也就此灰飞烟灭。相比之下,遭遇攻击后就地找一个防御阵地站稳脚跟伺机反击的对策,谈不上冒险,两周前张灵甫在74师临蒙公路遇袭时,正是以退居山地集结反击而自我解困,这一次,他也很可能是基于同样的经验和考虑。

两万多人的大部队,总不能在山谷中停滞不前坐等退路不知何时打通,张灵甫面临前有堵截拦住去路,敌情不明,后有追兵大举压境,孟良崮附近山头制高点正纷纷被解放军抢占,如果坚持要大部队从无法展开的山间隘道强行攻击前进,势必遭遇来自前后和山上居高临下的夹击,并不见得明智,而在三面受围,南面后路又被截断的险恶状况下,74师还能往哪里走?除了孟良崮,当时也没有其他更适当的防御阵地可供张灵甫选择了,势逼至此,他也只能先将部队沿孟良崮地区由外向内渐次展开,以求稳住正面,顶住两翼,再寻退路。登上孟良崮凭险据守,只是张灵甫在华野四个纵队的重兵从东、西、北三面不断钳压之下企图自救的权宜之举,以他当时所能掌握的情报,后方垛庄尚且安全,在决定上山的中午,他的大本营表面上还是安然无恙,74师上山后应该还有后路可退,从他上山后起初布置突围下山的举措,也可见他决定上山,本意并非要死守山头,站稳脚跟之后,他有可能伺机翻山而下,撤回垛庄。如此看来,他的决策其实还算中规中矩,并无上山冒险一搏之意。

在14日中午作出抉择之时,张灵甫不可能知道他的一举一动将会成为后人指指点点的议论话柄,甚至有人会把"中心开花"这一听起来不错的战役构想算到他的头上去。作为一师之长,张灵甫此时考虑的不是搞什么自我牺牲式的"中心开花",而是稳住阵脚,尽快向友军靠拢。

山地作战,抢占制高点,占据有利地形掌握主动权,这是普通的军事常识,张灵甫自然懂得其中的利弊。同样,粟裕也十分了解个中的奥妙,所以,如果张灵甫不上山,在粟裕的原计划中,该上山的就是叶飞的第1纵队。在1纵的战后总结中,叶飞把没有将74师及时堵截在孟良崮以北山下而让张灵甫抢先跑上了山头凭险据守,列为1纵在此役中的一大败笔:

"我们正路未按照原定计划在14日中午前占孟良崮,使我们打得很紧张,而打到16日尚未解决战斗,甚至可能打出长征,主要原因是我们未占孟良崮之故。今天我们第一线之指挥员很明了,敌发觉我攻击,于拂晓后退缩,先占有利地形孟良崮一线高地，如我能攻占孟良崮，则敌就在孟良崮至岸堤之间歼灭，指挥部组织战斗计算时间是正确的，如果能做这点，74师就一定和莱芜战役一样，一打一混合，并无法调整，脱离阵地，十个74师也解决了，不会超出五小时，并且还可迅速发展战果，而（不）致16日形成可能长征之危险。幸此次战役已胜利完成，这里是我们全纵应负责。……至上午9时（笔者注：指5月14日）得指挥部指示，要我独立师、2师不顾一切牺牲猛攻孟良崮。除一个团宽正面阻击25师外，其他五个团全力攻击，共派出三次三个参谋传达命令。指挥部除随时告知情况外，亦屡次催促命令全力攻击。因74师已后撤，8、9纵不可能赶到，而6纵要第二天才能赶到，我们既已出了纰漏，就一定要占领孟良崮阻住敌人。"①

中午前占领孟良崮，这是华野司令部14日上午连续三次紧急传达的命令，1纵已经尽了全力向南穿插急进，虽然1纵独立师两个团在中午及时阻断了74师的急造军路，纵队主力还是没能达成抢先攻占孟良崮的任务，等到他们赶到孟良崮附近，已经是下午15时左右了，叶飞发现，张灵甫下令三个旅抢占了孟良崮及附近村落各个要点，这时要1纵一个纵队单独攻击孟良崮阻截74师是无能为力的，他将新的情况报告了粟裕。张灵甫上山造成战场局势骤变，粟裕乃命叶飞暂停对孟良崮的攻击，等待其他纵队前来会合，一起围攻。

从叶飞的战后总结看，他认为张灵甫的上山干扰了粟裕的原定部署，74师因此多支撑了两天，使得华野险些"打出长征"的后果来，否则的话，如果解放军把在运动中没有防御阵地的74师压在孟良崮以北山谷下切割，居高临下地打，依照叶飞的估计："不会超出五小时。"这一估计或许有些过于乐观，不过74师覆灭得更快是可以想见的，这也代表了亲历孟良崮战役的解放军高级指挥员对于张灵甫上山之举在战术处置上得失大小的看法。

然而，上山容易下山难，74师一旦上了山，下不下得来，却不再是张灵甫能说了算的。

张灵甫没有主动请缨想要自当诱饵，有人替他设想了。

---

① 　《第一纵队孟良崮战役总结叶飞司令员在总结会议上的报告》，《孟良崮战役资料选编》，出版社不详。

第七节 中心开花

一

决定上山之后，张灵甫开始口述命令，74 师各旅整顿态势，各部在孟良崮地区占据有利地形尽力抵抗，阻止解放军的合围。

各旅的指定阵地，58 旅全部占领孟良崮、600 高地、芦山、雕窝等核心阵地，51 旅占领孟良崮以西外围的面梨沟、冯家庄、连埠峪诸高地和周围村落，57 旅占领孟良崮以北当阳、焦家峪、偏僻市子、风门之线。

带不上山的重武器统统就地销毁，不资敌用。这里需要澄清的是，所谓 74 师将重炮等武器丢弃山下，反为解放军用于攻山的传说，对于武器销毁的程序缺乏了解，国民党军销毁各类武器也有既定的程序，除非战败溃逃，一般不会将武器完好无损地丢弃，更不会连炮弹也留在山下供解放军一并接收使用。解放军后来确实用过 74 师的大炮轰击孟良崮，但那是在战斗中的缴获，命令俘虏掉转炮口，并非是直接捡了 74 师上山时丢弃的武器。战役之初，74 师三个旅的炮兵营分别置于冯家峪、大碾等高地的山麓和山腹中，后来火炮部分丢弃或就地掩埋，或是因为炮弹告罄，拖走也没用了，至于榴弹炮营则因山地行军累赘，在战前就留在了临沂。

陆续到达的 74 师各部在抢占山头的同时，与占据部分高地的解放军展开了激烈的战斗。14 日下午，张灵甫在布置向孟良崮转移的同时，一直在试图打通通往垛庄的退路和与黄百韬的联系，激烈的 285 高地和 330 高地的争夺战持续到傍晚约 17 时，51 旅 152 团经过连续十三次整连整营的轮番冲锋，才拿下了 285 高地，同时结束的 330 高地争夺战，阵地在下午数易其手，最后 51 旅从 1 纵夺得一半阵地，双方仍在对峙当中。黄百韬在下午 14 时曾经派出约一团的兵力，向 330 高地西面的覆浮山进攻，但在 1 纵的奋力阻击下一无进展，傍晚又撤回了黄崖山——陡兴庄一线。

战至黄昏，74 师各旅总算基本控制了局面，占领指定位置，师部也在 540 高地拉起了暗绿色的帐篷。张灵甫见部队暂时稳定下来，松了一口气，傍晚，他向汤恩伯发出的寒酉电 [1]，语气还相当的镇定："寒黄昏前，安全集中于孟良崮、芦山间地区，

---

[1] 寒日，指 14 日；酉时，指下午 17 时至 19 时。

正加强工事，严密防范。"①

　　直到这时，张灵甫还有一线突围的生机，他究竟有没有考虑要接着突围呢？答案是，想过，但是没有实施。

　　张灵甫退守孟良崮的消息传到了南京，蒋介石亦忧亦喜，国防部认为，战斗力强韧的74师占据着易守难攻的有利制高点，附近有国军强大兵团，正是与久寻不着的华东共军决战的大好时机，于是命令张灵甫坚决固守孟良崮，吸住华东共军主力，以使周围国军大兵团达成反包围，聚歼包围74师的共军主力。

　　就在张灵甫发出寒酉电不到两个小时，他从汤恩伯处收到了同样志期"寒酉"的电令："匪来犯我，实难得之歼匪良机。我钟军即由界湖附近向西，王、胡两师由常路经蒙阴向东，求匪夹击。贵师为全局之枢纽，务希激励全体将士，坚强沈毅，固守孟良崮，并以一部占领垛庄，协同友军，予匪痛击，以收预期之伟大战绩。"②几乎与此同时，徐州陆军总部也连续打电报给张灵甫，要74师在孟良崮固守，以待外围机动兵团取得分进合击之效。

　　这就是所谓的"固守待援，中心开花"的命令了。

　　李运良战后抱怨说："撤守孟良崮及以后之固守待命，均为兵团部以上之命令。从河北转进时，该师曾有撤退至界牌以北平原地区之决心，终以顾虑战绩及上级指定务退至孟良崮待援而罢。开进时上级限其两日攻占坦埠，转进时又要他停在孟良崮固守至三天，上级这样处置实有意置该师于险地。"③

　　李运良是向张灵甫竭力主张上山的，战败后他这么说，或有洗刷自己责任之嫌。不过，不论是与张灵甫一起参与其事的当事人参谋长魏振钺、副参谋长李运良，还是后来参与调查的副师长邱维达，以及上级的电报，都证实张灵甫固守孟良崮确系奉上级之命行事。因此，仅以他上了孟良崮而推定张灵甫一开始就有意冒险舍身作诱饵，是他异想天开的赌徒心理而引发了这一战役，未免片面，也过于夸大了他的自我牺牲"觉悟"。张灵甫固然对他的党国忠心耿耿，且以作战骁勇用兵大胆、敢出奇招狠招

　　①　《第一兵团蒙阴东南地区战役战斗详报》(1947 年 5 月 11 日至 17 日)，《中华民国史档案资料汇编第五辑·第三编·军事（二）》中国第二历史档案馆编，江苏古籍出版社 1998 年。

　　②　《第一兵团蒙阴东南地区战役战斗详报》(1947 年 5 月 11 日至 17 日)，《中华民国史档案资料汇编第五辑·第三编·军事（二）》中国第二历史档案馆编，江苏古籍出版社 1998 年。

　　③　《战俘供述对孟良崮战役的检讨》，中共山东省委党史资料征集研究委员会，中共临沂地委党史资料征集委员会编《孟良崮战役》，山东人民出版社 1987 年。

著称，但是"中心开花"实非他主动所为。

从军事角度看，"中心开花"这一作战计划有它的可取之处。国民党军重点进攻山东，目的就是要寻歼华东解放军，一个多月来，几十万国民党军在沂蒙山区兜兜转转一直捕捉不到解放军主力的踪影，现在整个华野自己倾巢而出，这样一决雌雄的战机正是南京统帅部梦寐以求的。顾祝同在战后仍然认为，作战计划本身并没有错，败因在于兵团各部执行走样，协同不利。华东野战军五个纵队弥集孟良崮及周围地区包围74师，四个纵队阻击国民党军十个整编师再从外围对解放军作反包围，这是一场大兵团与大兵团的对决，最后胜利，不是单靠一两个王牌部队的单打独斗所能决定，"中心开花"战术能否取得成功，国民党军兵团各部之间能否相互配合不计得失，这一点至关重要，而这又恰恰是他们最不可能做到的。纵观整个内战，甚至溯及抗战期间，国民党军有几个陷入重围的部队有幸被友军齐心协力成功救援的战例呢？打仗各怀鬼胎但求自保，正是国民党军素来难改的恶习，有此致命的弱点，要想成功执行这一计划，结果就难免是统帅部高层的一厢情愿了。对此，中共中央军委胸有成竹，战前他们就向华东野战军授受陕北的作战经验："敌人增援能力不大，如有四五十里间隔，以有力一部筑工抗击，可使敌强大援军根本不能增援。"粟裕在决心打74师时也将这一因素充分预计在内："该师对其他敌军十分骄横，矛盾很深，在我围歼该敌、又坚决阻援的情况下，其他敌军不会奋力救援。"[1]

上山的当晚，鉴于战局有恶化的趋势，而西南面尚有一定空隙，张灵甫曾经对部下征求过突围下山的意见，但是由于卢醒等人的反对而作罢。以张灵甫的果敢作风，如果他执意要突围，不大可能只因为部下的反对而放弃，个中原因，还是邱维达和魏振钺说得明白：张灵甫顾虑重任在身，突围有违国防部和兵团部的命令，即使突围成功，武器辎重也必然尽失，但如以后证明情况不是那样严重，则责任重大，故而迟疑。[2]

肩负国防部要74师担当整个战役枢纽的重任，张灵甫在守还是退之间最终服从了命令。从时间上看，很有可能当天晚上正当他在山上征求突围意见的要命关头，兵团部和陆军总部接连发来一道道"金牌"，要他充当"枢纽""磨心"坚决固守孟良崮，因而打消了他的突围念头。

---

①　《粟裕战争回忆录》，解放军出版社 1988 年 11 月。

②　参见《战俘供述对孟良崮战役的检讨》，中共山东省委党史资料征集研究委员会，中共临沂地委党史资料征集委员会编《孟良崮战役》山东人民出版社 1987 年；邱维达《孟良崮战后调查记》，《文史资料存稿选编 9 全面内战》（上册）全国政协文史资料委员会编，中国文史出版社 2002 年。

参加孟良崮战役作战的华东野战军炮兵部队

张灵甫曾经对罗文浪说过："我只等57旅撤下来，只要站住脚，就不怕了。"现在74师三个旅，51旅和57旅在外围山脚，58旅在山上，形成掎角之势，张灵甫自认为已经站住了脚，他还以宽慰的口吻对部下说："依此有利地形，只要友军来得快，有可能打好。" 只是，如果友军不能精诚合作，那么他这个被围住的"磨心"就只有死路一条，这个简单的道理，张灵甫不会不懂。能够清醒看穿国民党军"牺牲者牺牲而已，机巧者自为得志"，"彼此多存观望，难得合作，各自为谋，同床异梦"，张灵甫的内心，能对友军的协作精神抱有多大的奢望呢？接到固守命令的时候，他的心境恐怕也是矛盾的吧，一方面固然对建功立业有所期待，希望借此打出点"模范军"的样子来，刺激山东国民党军低迷的士气；另一方面，又未尝不带着些许"虽千万人吾往矣"的殉道者心态。此时此刻，张灵甫也只有祈祷友军们能有超常的表现了。

对于在孟良崮固守，张灵甫缺乏必要的物资和思想准备。部队在山上吃饭、饮水都很困难，携行的粮弹在前三天的进攻行动中已经大量消耗，缺弹少粮，对这一片光山秃岭的地形，他也不是一无所知，两周前74师已经在这一带与解放军进行过激战，石头山难以修筑工事，坚守山头实非易事。可是依据苏北作战的经验，张灵甫对自己的部队还是充满了自信，74师建制完整，居于中央战线，同一个兵团的25师和83师仅在数公里之遥，第2、3兵团的友军也在奉命增援当中，只要有足够的粮弹，74师在山上坚持一两天应该问题不大。因此，他一面要求空投粮弹，一面调整部署，依托山头固守待援。

14日晚，唐家峪子、石旺崖、芦山、雕窝等各个山头虽然枪炮声彻夜不停，74师的旅团长们也还与他们的师长一样保持着沉着，对于战局也不感到悲观。57旅170团团长冯继异从师部开会回来，团里的军医队长王辉堂见孟良崮一线全是荒山秃岭，岩石裸露，无法构筑工事，便问冯继异："亚公（冯号'亚文'），会议情况如何？"冯团长答道："师长决心在孟良崮固守待援，有人说此地是'街亭'，实不尽然。"王辉堂又问："'街亭'结果如何？"冯继异笃定地说："此一时也，彼一时也……我军已全部进入阵地，固若金汤。共军以人海来之，我以火海迎之，从目前情况来看，问题不大，只要援军及时，共军必然溃退，情况立即改变。辉堂你放心吧。"①

半夜，援军还不见人影，一把致命的利剑，已经悄悄抵上了74师的后背。

5月14日午夜12时许，垛庄失守。②

二

来者是华东野战军第6纵队的先头部队第18师，就是那个半年前张灵甫在涟水临门一脚破城的时候，及时赶来飞身扑救住守城门的第6师18旅，也是那个二战涟水最后赶到涟城东门被张灵甫迎头打出城去的第6师18旅。华东野战军整编后，原第6师整编为第6纵队，18旅也整编为第18师，师长就是原旅长饶守坤。5月12日中午，饶守坤从6纵司令部领受战斗任务后，立即带着三个团从驻地白彦出发。"部队人不歇脚，马不停蹄。各团领导走边动员。各级干部以自身的先锋模范作用，带领大家不怕疲劳，勇往直前。有的战士鞋子烂了，用破布烂草包脚，继续行军。体弱有病的战士，拄着棍咬牙紧跟队伍。途中，部队来不及埋锅做饭，便以地瓜干、花生米充饥。逢山爬山，遇河涉水……"③两天两夜的急行军，18师的先头部队53团终于在5月14日傍晚到达了垛庄以南十多公里的彭家岚子，全师也在入夜全部赶到，6纵主力则到达了离他们约十公里外的观上、白埠。

---

① 王辉堂《张灵甫部孟良崮被歼前后》，《板塘文史资料第2辑》政协湘潭市板塘区委员会文史资料研究委员会1988年1月。

② 华东野战军第6纵队抢占垛庄的时间，相关资料有所出入。此处依据《孟良崮战役资料选编》（出版社不详）的《孟良崮战后各纵汇报记录——6纵》："18师14日夜12时占垛庄。"

③ 饶守坤《饶守坤回忆录》，中共党史出版社1993年。

18师逼近垛庄的行动惊动了在垛庄内驻守的74师辎重团长黄政。5月14日下午3时许，黄政得悉有解放军部队在向垛庄东南方向移动，十分担忧，一旦遭到大股部队夜袭，他这里是几无还手之力的。为免不测，黄政命令驮马第1营和辎重车第2营把弹药全都卸下车来，由团附率领车辆和驮马先回临沂去避一避，看情况发展再重返前方。他把人力第3营和各营所有枪兵组织起来，将约六个连的兵力划分各自警戒区域，准备夜间严密警戒。

入夜，月朗星疏，不眠的垛庄在沉寂中危机四伏。

5月14日半夜，村庄外围响起了枪声。

18师前来劫营的有整整一个团外加一个营，黄政辎重团的这点兵力自然无法与之抗衡，坚持了数个小时，辎重团一个连先报销了。这时，在辎重团团部附近的一连连长李怀胜看见指挥所打出了旗语，要各连到大路口集合，团长黄政眼见无力坚守，想带着辎重团突围。仓促之间，在垛庄储备的全师武器弹药也来不及破坏，全都便宜了攻进来的解放军。辎重团还没有来得及撤到大路，发现解放军重兵已经遍布公路两旁，自己送上门来的辎重团被打了个措手不及，伤亡惨重。此时垛庄已失，后退也无路可走，黄政只得命令残部全部向山上转移，几个残破的连在6纵18师的追击过程中再次受到重创，最后仅不到半数逃到山上与58旅会合。黄政在58旅指挥所通过电话向张灵甫报告了垛庄失守的噩耗，张灵甫听后，询问黄政剩余兵力的情况，随后叫他留在58旅作预备队。①

黄政的回忆没有提及张灵甫得悉垛庄失守时有什么强烈的反应，不过古人尚知"兵马未动，粮草先行"，何况现代战争，后勤是决胜的支柱，如今丢了大本营，74师下山的最后退路被绝，全师补给切断，对张灵甫坚守孟良崮的信心无疑是一个沉重的打击。根据谍报队报来的情况，14日晚上他已经知道了周围解放军各部的具体番号，现在四周的解放军攻势如潮水般汹涌，孟良崮犹如大水中的孤岛，在四面高涨的潮水中

① 垛庄战斗参见《第6纵队18师孟良崮战斗详报》（《孟良崮战役资料选编》出版社不详）；黄政《74军覆灭记》（《镇江文史资料第12辑》1987年1月）；李怀胜口述，王若升整理《整编74师覆灭亲历记》（《安徽文史资料选辑第11辑》解放战争时期史料专辑（上册）1982年）。在解放军方面的战史和回忆中，多有提到张灵甫当晚派了辎重团长率千余人下山试图加强垛庄的防卫，被进攻垛庄的6纵消灭。但是根据74师辎重团长黄政和该团连长李怀胜的回忆，74师辎重团原本就驻守垛庄，并未随全师出战坦埠。因此，如果有这样一支增援部队，也非辎重团本身，而应是已经占领285高地的51旅一部沿原修建的军站奉命回援。

将面临灭顶之灾，张灵甫清醒地意识到，目前的战局，已经不是"假使以后证明情况不是那样严重"，而是74师实实在在已经处于极度危急之中了。

第八节 弹尽援绝

一

埠庄一得手，饶守坤马上就向纵队和华野前指报喜。王必成对74师攻占涟水的凶悍还记忆犹新，他似乎没有料到18师的埠庄战斗会打得如此干净利落，他在电话那头大声喊道："真的，假的？老饶。"粟裕也高兴地指示饶守坤："你们打得好，切断了敌人的后路，封闭了合围口，全歼74师，把握就更大了，你们一定要牢牢控制埠庄！"①

王必成连夜率领6纵主力向285、520、540等高地进发，与1纵和8纵左右会师，最后扎起了孟良崮南线的缺口。

粟裕原计划在14日当晚能达成缩小包围圈，15日凌晨3时发起总攻，力争在上午结束战斗。②6纵在总攻前夺取埠庄，更增强了他的信心。粟裕很清楚此战的特点与众不同："在我军以往的战役中，一般只要对敌人达成了战役合围，胜利就算基本有把握了，但是这次战场态势特殊。我军五个纵队包围着敌第74师，敌军却有十个整编师（军）包围着我军。第74师为敌'五大主力'之首，其战斗力不可低估，该部所退守的孟良崮及其周围山地，山峪陡峭，主峰海拔在五百米以上，岩石累累，土质坚硬，易守难攻，因此，攻占埠庄后，陈总和我虽都松了一口气，但是鹿死谁手，尚待决战。……这时的关键，一是围歼第74师能否迅速解决战斗；二是阻援力量能否挡住敌之援军。根据战场形势发展，陈毅同志当即发出了'歼灭74师，活捉张灵甫'的响亮口号。广大指战员立下'攻上孟良崮，活捉张灵甫'，'消灭74师立大功，红旗插上最高峰'的誓言。"③

解放军的包围圈业已形成，74师也不躲不避，在各个山头严阵以待，一场恶战渐

---

① 参见饶守坤《饶守坤回忆录》，中共党史出版社1993年。

② 参见《华东野战军孟良崮战役阵中日记》，中共山东省委党史资料征集研究委员会，中共临沂地委党史资料征集委员会编《孟良崮战役》，山东人民出版社1987年。

③ 粟裕《粟裕战争回忆录》，解放军出版社1988年11月。

近高潮。不过，陈毅和粟裕起初把目标定在5月15日上午解决战斗，还是低估了74师的战斗力和张灵甫的顽强斗志。

15日凌晨3时，解放军发起了第一次总攻。

炮火腾起的烈焰如火山爆发，枪弹暴风雨般漫山刮过，曳光弹高悬如月，黑夜中，孟良崮周边的山头，如火如荼。

许世友的第9纵队首先报捷，在总攻开始之前，9纵一部抢先攻占了位于孟良崮和芦山东面的雕窝，同时8纵向芦山和万泉山发起进攻，日夜激战不止，北面的面梨沟、石旺崖、大老峪，西面的冯家庄、大碾、285、330高地，南面的洪山、520高地等，华野的第1、4、6纵队也都先后向74师外围阵地展开了艰苦的山地攻坚战。

这是张灵甫的又一个不眠之夜。

天明时分，74师外围的多个山头频频告急，有的已经落入解放军手中，局势出现恶化的征兆。对张灵甫来说，这场战役的成败，不仅关系着他个人和74师的命运，还攸关国民党军整个山东战局，他必须死守到底，以达成上级要74师作为会战枢纽的任务。为了加强孟良崮核心阵地的防线，坚持等到援军的会师，15日清晨，张灵甫对各部阵地作了调整，由51旅主力接防原由58旅固守的520至540现有高地，同时派一部尽力固守山脚冯家庄至285高地间的要点；58旅负责560、600高地、孟良崮和芦山各高地；57旅暂时维持现有阵地不变。

上午，隆隆的炮声在山谷回荡，震撼着人们的神经，焦黑的硝烟犹如不祥的游魂幽灵，在山间聚散飘忽，更增添战地气氛的紧张和焦灼。

张灵甫来到各部阵地巡视。51旅正按师部新的部署将主力转移到520至540高地，旅团长们在忙于四处布置阵地，山头上，51旅官兵在仓促构建和加固工事，山坡下，旅直炮兵营费力地将大炮往坡上推拉，寻找合适的架炮阵地，周围骡马、辎重乱作一堆。张灵甫在540高地的师部伫立环视，目睹眼前的乱象，他神色凝重，默然不语。过后他与51旅旅长陈传钧讨论对策，决定要在白天不惜代价动用预备队进行强力反击，恢复失去的阵地。

在战术上，防御方依托固定阵地实行强力的反冲击，对进攻方具有很大的杀伤力，尤其是74师占据着地形的优势，起先的火力还相当的炙盛，以孟良崮地区的险峻地势，有的地方两面峭壁，空手攀登尚且不易，解放军是迎着74师炙盛的炮火仰攻，犹如从楼梯抬头从下往上冲，一寸一寸与74师争夺，进攻方的解放军比居高临下反击的74师要付出更大的伤亡。

孟良崮山石坚硬难以开挖工事，仓促上山的 74 师在解放军昼夜围攻挤压下也没有充裕的时间准备阵地，但他们还是利用自然地形的悬崖峭壁、山石和天然石棚，连夜筑起了简易堡垒，在容易攀登的要隘都堆砌石块堵塞。74 师的山地防御配备，特点是将少数小部队置于主峰外围的卫星山头，为及时发现解放军的攻击行动而发出预警，层层抵抗争取时间；主阵地兵力从山腰到山顶呈纵深梯次分布，预备队置于山坡的反斜面，随时准备反击；火力组织一般分为三层，近战以冲锋枪与手榴弹为主，第二层为轻机枪和六〇小炮，最后一层为迫炮山炮和重机枪，每层火力独立交叉，后面对前层能行超越与间隙射击，入夜后，各阵地均以曳光弹标示其火力位置与射向，以相互构成交叉火网。当解放军接近或攻破防御阵地，74 师的反击部队在炮兵火力准备后，立即以轻重机枪和六〇炮交替掩护突击部队，一旦接近对方，即采取分组小群动作，用冲锋枪和手榴弹实施"血搏射击"式的反冲锋，自动火器密切跟进支持步兵进行纵深战斗。以这一熟练的反击套路，74 师往往把刚攻上山头立足未稳的解放军部队打压下去，每争夺一个山头、高埠，都是如此反复。《第三野战军战史》这样记载："华东野战军每克一点，往往经过数次、十数次的冲锋，反复争夺，直到短兵相接，刺刀见红。战况激烈程度，为解放战争以来所少见。"[1]

　　雕窝就是在这样的拉锯战中来回易手的，战斗从 15 日凌晨开始，打到日出东山，再持续至日落黄昏，黑夜中又再度混战，一直争夺了足足一天两夜。74 师 58 旅在 15 日拂晓发现华野 9 纵一部渗透到雕窝阵地，立即组织突击队反击，反复冲锋四次，9 纵不支撤退。早上 8 时，9 纵攻击得手再占领雕窝，58 旅又出动突击队，于 9 时一个反击夺回阵地，但是也付出四十余人的伤亡，战力减弱，靠该旅及时增援上来的一个步兵营才稳住阵地。11 时至 12 时，阵地在双方手中又两度易手。下午 1 时，9 纵原本准备再战雕窝，因援兵不到未能打成。黄昏时分，9 纵联络到会合过来的 4 纵和 8 纵部队，三方协同一致发起总攻，才在晚上 20 时夺取雕窝，但是到了半夜，雕窝又重新落入 74 师的手中，直到第二天上午 74 师阵地开始全面崩溃，解放军才完全攻占雕窝。

　　北面当阳一线由 74 师 57 旅防守。15 日清晨 6 时许，57 旅 171 团右侧高地被解放军占领，该团第 3 营凶猛反攻，双方白刃格杀持续一个小时，阵地惨不忍睹，171 团虽然夺回了阵地，但营长葛道遂阵亡，团长周少宾午前也身负重伤，由于无法后送

---

　　①　南京军区《第三野战军战史》编辑室著《第三野战军战史》，解放军出版社 1996 年。

治疗，周少宾被抬到张灵甫的师部休息。170团的阵地更是险象环生，激战一个上午，阵地后退两百余米，下午经反扑得以恢复，但是第2和第3营两个营长先后战死，团长冯继异裹伤坚持，170团实力大减。战至傍晚，炮弹又告罄，旅炮兵营只留下二十发炮弹供最后紧急备用，炮兵与输送营被混编成三个连充作旅部预备队，工兵营则早已被当作步兵使用，上午在投入反击后，其中工兵第3连几乎伤亡殆尽，仅十九人幸存。

51旅在西线诸山头与解放军互有得失，由于该旅在进攻坦埠的行动中担当全师的前锋，比57旅和58旅早一天投入战斗，弹药消耗过多，因此缺弹少药的情况比另外两个旅更为严重。

粟裕不给张灵甫以喘息之机，总攻的命令一个紧接一个，凌晨的第一次总攻没有打垮74师的防线，下午1时和3时，华野又连续发动了第二次和第三次总攻。

面梨沟、石旺崖、大老峪、大碾、万泉山、285高地、330高地、520高地、540高地……74师的外围山头失而复得、得而复失，华野在向74师的核心阵地一步步逼近。张灵甫一面联络四周友军，一面频呼空军支援粮弹。为了配合74师的作战，在徐州和济南机场的国民党空军频繁起降，飞临孟良崮上空助阵，然而地面双方的阵地在激战中已呈犬牙交错状态，强劲的山风飘忽不定，再加74师师部的对空电台在之前的战斗中被炸毁，无法进行空中联络，仅靠对空布板指引，空军轰炸和空投的效果很不理想，74师的官兵眼睁睁看着望眼欲穿的空投粮弹大部飘向了解放军的阵地，在山头上捶胸顿足。解放军战士们反而从敌人的空军得到了及时的补充，他们一边咀嚼着罐头饼干充饥，一边打开弹药箱装填枪弹，不由得盛赞，蒋介石真是个名副其实的"运输大队长"啊。

华野的总攻一次紧似一次，周围的国民党军援军却进展迟缓，眼看一场大戏唱成了74师的独角戏，张灵甫对实现"中心开花"的信心动摇了，他心知这样孤守下去，结局不是什么"中心开花"，而只有自己在中心受难了，他第一次尝试突围。

15日下午15时，74师在540高地仅留下少部分兵力，主力分成南路和西南两路，在空军的掩护下，下山向垛庄和25师方向夺路出击，激战将近三个小时，南路遭遇6纵迎面拦截，西南被1纵堵住去路。张灵甫发觉此路不通，解放军已经遍布重兵突不出去，硬冲只是徒然消耗实力，遂令部队重新退回540高地，固守到底。据解放军方面的战报记载："6时（笔者注：指下午），突围之敌被反击后仍归山上去顽强固守待援。"①

由于解放军不断向540高地发起进攻，直接威胁到原在东540高地74师师部的安全，张灵甫当晚将师部迁往600高地靠近山顶的一个岩洞中，岩洞三面石壁，只有一条通道，洞内能容纳二三十人，师部参谋处设在下层的山洞里。58旅旅部则在离师部两三百米开外。

这一段作战，解放军方面在协同上也出现了一些问题，多各自为战。其实下午74师开始向南运动突围的时候，华野1纵的侦察瞭望已经向上报告，540高地敌人大部正从南坡下山，此时若北面的解放军各部能够集中兵力，乘山上守军力量薄弱之机及时展开统一的攻击行动，南北夹击，估计拿下540高地的阻力要小得多，而解放军可能不必像后来那样，在连续艰苦攻坚付出重大伤亡之后，直到第二天上午才完全攻占540高地，整个战役也可能提前结束。

15日凌晨3时至黄昏，华野经过三次总攻，包围圈进一步紧缩，74师被压缩到东西约三公里，南北仅不到两公里的狭窄地带。但是在74师的强韧抗击面前，华野总攻的进展效果，不如预期中的迅速，解放军至此还只是扫清了孟良崮外围山头的一、二线卫星阵地，74师主力在孟良崮、600、540、520高地和芦山等主峰仍然凭险据守。外围阵地的部队逐渐向内收缩、溃退，与疏散的阵地相比，74师如今集中在区区数平方公里的核心山头，人拥马挤，解放军不用多么精准的射击，一发炮弹就足以伤及一大片，山石坚硬，炸开的岩石反弹到人畜，更加重了伤亡。饶是如此，当解放军迅猛的炮击过后，步兵开始冲向山头，74师的士兵还是不断从各个隐蔽处冒出来，成排的冲锋枪手、投弹手，石屿后面架设的一挺又一挺轻重机枪，山脊上的大炮，组成立体火网，士兵们在阵地上反复冲杀，抵死不退，解放军各纵队在15日下午对核心阵地的多次攻势大部遭到挫折，双方伤亡极大。回顾当年战况的激烈，孟良崮战役的亲历者，原华野第9纵25师73团团长孙同盛也不由感叹："我团打过的蒋军，其战斗力没有超过74师的，比整编第11师，第5军都强，不愧为蒋介石的'御林军'。"②

汤恩伯第1兵团的战斗详报也记录了74师当天的惨烈战况："15日拂晓前，匪军陆续增加，不断扑犯，枪炮如雨，火光烛天，匪方发射烧夷弹极多，我军所据村落工事，尽皆着火燃烧，战斗惨烈，素所未见。匪我死伤枕藉，至射击孔为之堵塞。拂

---

① 《华东野战军孟良崮战役阵中日记》，中共山东省委党史资料征集研究委员会，中共临沂地委党史资料征集委员会编《孟良崮战役》，山东人民出版社1987年。

② 孙同盛《学习战争》，出版社不详。

粟裕在孟良崮战役中。

晓顷，万泉山失守，匪即猛攻雕窝高地，同时东北麓方面之匪，蚁聚集，于其炽盛火力之下，逐波冲锋，势如潮涌，我军退守山麓，步步相持。午间，垛庄方面窜到匪之第6纵队，更沿西麓进犯，于是战况更形紧迫。午后迄夜间，匪军更番迫近，我军抵死搏斗，反复冲杀，敌我战线犬牙相错，战斗尤为惨烈。"①

　　陈毅对眼前的战况久拖不决甚为焦虑，下午总攻的时候他就打电话给1纵司令员叶飞催战："党中央和毛主席又来了指示，说不要贪多，首先歼灭整74师，然后再寻战机。现在敌人的十个整编师已经围在我军四周，先后打响，当前你们的主要任务是协同兄弟纵队把整74师这个轴心敲掉，这样，敌人就没有巴望了，我们也就免得两边作战了。如果拖延下去，情况的逆转是可以预料的。"②

　　陈毅的焦虑是有原因的，对于战役的全盘情况，他和粟裕比身处一线的纵队司令员们掌握更多的信息。至5月15日下午，除了74师两翼的整编第25师、83师和蒙阴的65师外，国民党军外围的援军陆续向孟良崮方向进发，胡琏整编第11师已经从新泰南下驰援，正向蒙阴以北的白马山、方山一线推进，与阻援的华野3纵接战；另一支王牌军邱清泉的第5军也已出动到了新泰，离孟良崮不到一天的路程；64师到达

---

　　① 《第一兵团蒙阴东南地区战役战斗详报》(1947年5月11日至17日)，中国第二历史档案馆编《中华民国史档案资料汇编第五辑·第三编·军事（二）》，江苏古籍出版社1998年。

　　② 叶飞《叶飞回忆录》，解放军出版社1988年11月。

青驼寺，第9师进到孟良崮以西仅约五公里；第7军和整编第48师则在五神堂、何庄进出。这样的大阵仗，看起来对华野确乎异常的危险，如果不能迅速把74师这个核心打垮，战役势必要拖下去，一旦援军四面压上来，结局还真是胜负难料。身居"磨心"的74师居然挺住了华野五个纵队近五十个团连续三次的强大总攻，15日入夜时分，依然将华野阻于74师核心阵地边缘，张灵甫出乎意料的持强硬战让陈毅和粟裕当天解决战斗的意愿再次落空。虽然华野有四个纵队加鲁南军区地方部队在外围全力阻援，中共中央军委日前也传达了西北战场关于敌人援军不会全力增援的经验，随着华野阻援部队与国民党军外围援军不断接战的消息传来，他们的精神压力还是越来越大。

不过，如果陈毅和粟裕当时知晓这些敌人援军的真实行动情况，他们的心一定会放宽不少。

二

让我们暂且把张灵甫和他的整编第74师官兵留在炮火连天的孟良崮上忍饥挨渴昼夜恶战，且去看一看汤恩伯、李天霞、黄百韬们，这两天都在忙些什么。

14日向张灵甫发出命令固守孟良崮待援之后，汤恩伯深夜还指示要注意加强垛庄的防务，魏振钺过后用无线电话向他报告了垛庄失守的消息，汤恩伯对74师的处境也十分紧张。15日一大清早，他就向各部频频发出紧急电令，先是命黄百韬只留一团在蒙阴城留守，立即率25师、65师主力向垛庄、孟良崮攻击前进为74师解围，后令李天霞83师继续向北攻击靠拢74师，又要第3纵队司令张淦从第7军派一部向五神堂、何庄方向进出，策应83师作战。为了安抚张灵甫，汤恩伯告诉他友军即将来援，上午还向他致电鼓气："目前战局，贵师处境最苦，而关系最重。本日空军全力来助，黄、李两师并王凌云师，即向东出击，只要贵师站稳，则可收极大之战果，亦即贵师极大之功绩。务希转告全体将士，一致坚毅奋斗，以达成此伟大任务。又闻万泉山已有匪踪，此点至关重要，希以有力部队夺回确保。"[①]

在南京的蒋介石虽则以合围华东共军主力的难得良机而喜，但是把74师当赌注压在孟良崮毕竟是一场凶险的豪赌，他要确保这支王牌军不会赔掉，因此再三严令顾祝同、汤恩伯、黄百韬、李天霞、胡琏、欧震、张淦等必须从速进援合击，否则要按

---

① 《第一兵团蒙阴东南地区战役战斗详报》(1947年5月11日至17日)，中国第二历史档案馆编《中华民国史档案资料汇编第五辑·第三编·军事（二）》，江苏古籍出版社1998年。

职问罪，并命令汤恩伯亲自上前线就近指挥。汤恩伯虽然不愿意，被逼得没办法，只得离开临沂驱车北上，半道上恰好遇到从北面折回来的李延年。李延年对他说，既然垛庄已失，北面是去不得了，搞不好共军还会南下。汤恩伯见来了替身，连忙掉转车头，临走留给李延年一句话："吉甫兄，请你留在这儿代我指挥一切，我要回临沂布置防务。"

此刻，孟良崮上的张灵甫对战局还抱有一线希望，他正在与总攻的解放军一次又一次奋力顶牛，指望汤司令官能替他赶快调来援军呢。张灵甫对部下说："汤司令指挥不动桂系部队，指挥其他中央军嫡系部队应该是没有问题的。"

张灵甫只说对了一半。

汤恩伯果然不容易调动桂系，第3纵队司令张淦遭到7纵的牵制，向汤司令官诉苦，这里当面的共军火力强大，有大部美械和火箭炮，还有野炮四十余门，抵抗顽强，我的战车也被击毁数辆，部队正与共军胶着，伤亡千余，明天才能派出172师全部向孤山方向协同83师作战。

中央军的情况又如何呢？

13日深夜，李天霞带着83师主力连夜撤逃，只丢下一个罗文浪57团在垛庄东南老猫窝山地充数。57团在14日晚11时遭遇到华野第8纵队23师的攻击，激战四个多小时，损失过半，罗文浪拼死拼活率领残部于拂晓突出重围，逃到了临蒙公路边上。此时的57团有两条路可走，继续向临沂方向南逃，或是回去向74师靠拢。罗文浪顾虑若率部南撤，有违上级确保74师右翼安全的命令，一旦74师出了事，他必将受到军法处置，倒不如靠拢74师还有一线生路，于是他带领残部又掉转头，占领了垛庄以东的高地，与58旅172团共同防守孟良崮西南面的阵地。此时垛庄刚失守不久，罗文浪一向74师报到，就与74师一起陷入了解放军的包围圈之中。[①]

罗文浪在孟良崮外围杀进杀出疲于奔命的时候，一天前已经撤到二十多公里外大官庄的李天霞也没闲着，只是他并非忙于执行汤恩伯的命令北进救援74师，反而把部队又向东拉远了数公里，向第7军和整编第48师靠拢，在张庄集、四山子一线修起工事以图自保。部下向李天霞提出建议："74师与83师是兄弟部队，应互相支援。"李天霞却说："张飞（指张灵甫）不是顶有办法的吗？我李天霞平生不主张打硬仗，以少胜众为上策。"为彻底切断74师与83师的联系，华野8纵在进占桃花山、磊

---

① 罗文浪回忆57团的战斗发生在74师已退居孟良崮的当晚，则应是在1947年5月14日，《华东野战军孟良崮战役阵中日记》也明确记载，5月14日晚上11时，8纵23师在老猫窝击溃83师57团并歼敌一部，故罗在《回忆孟良崮战役》一文中称战斗当天是5月12日，应属误记。

石山、鼻子山一线后，对李天霞的外围部队也进行了袭扰，于是他更有了借口，向汤恩伯夸大其词，报称83师方向15日午后战斗更趋激烈，解放军大量增加向高柱山、鼻子山之线猛犯，他李天霞正在奋力阻击之中。李天霞的所作所为，连他的部下也深为不齿，83师的副参谋长王仲模和该师直属工兵营营长王毅夫都回忆说，在张灵甫被围孟良崮期间，李天霞在包围圈外徘徊不前，把83师主力在大官庄和张庄集之间拉来拉去兜了三天的圈子，根本置友军的安危和上级的命令于不顾。

李天霞指望不上，那么在桃墟的黄百韬呢？

张灵甫撤到孟良崮的当晚，据说黄百韬曾经在电话里用密语与他联系，建议他向西南突围，25师可以派出部队接应，可是被张灵甫一口回绝了，黄百韬因而听之任之也不热心救援了，这也是黄百韬部下指张灵甫傲慢自大不听黄百韬指挥的又一大证据。不过据黄百韬本人的说法，张灵甫当时向他表示，74师已经占领孟良崮，阵形已成定局不能转动了，势必要打下去[1]。张灵甫改变计划不突围的原因，上文已经交代过，有国防部命令在身，也由不得他擅作主张。当天深夜，他一直与黄百韬相互联系，两人曾经在15日凌晨商定，74师上午与25师在界牌方向东西对进。他们的对话被华野1纵的侦听电台截获，叶飞因此及时调整了对应部署。黄百韬上午攻击界牌不果，74师延至下午从540高地突围，企图从左翼打向25师方向，由于华野的1纵和6纵的强力阻击而未能得逞。

说到黄百韬救援74师，不少人以为，在国民党军各部的行动当中只有他最为积极，不遗余力地执行了蒋介石的命令，并且称他是国民党军中难得的战则争先、败则相救的将领，这可能是受了黄百韬在此战之后作战卖力的影响。在孟良崮，黄百韬起初的表现比之李天霞，不过是五十步笑百步而已，且不说在张灵甫遵兵团部之命向坦埠推进时，黄百韬将同为主攻部队的25师主力留在桃墟屯兵不前，74师左翼被叶飞1纵轻易切割，与黄百韬侧翼掩护兵力过少有直接关系，直至5月15日，黄百韬开始的表现也不见得有多么的积极。

14日晚，原驻新泰的整编第9师师长王凌云也接到命令去孟良崮救援张灵甫，王凌云集合第9师急急上路，于15日下午已经到达距孟良崮五公里多的巨山，此处离25师所在的桃墟仅两公里半，王凌云马上去找黄百韬了解情况。王凌云说："我当时

---

① 参见武之棻《黄百韬在南京孟良崮战役检讨会上》，《文史资料存稿选编9全面内战》（上册）全国政协文史资料委员会编，中国文史出版社2002年。

看到的情况是蒋介石叫整25师黄百韬部倾全力以解张灵甫之围，但黄仅用了他三分之一的兵力，即陈士章的一个整编旅（即一个师）。""当时黄百韬的任务是全力为张灵甫部解围，黄仅动用了一个旅，把主力隐蔽在山窝里，稳稳不动。上级给我的命令是协助黄百韬，黄不动，我也停在巨山观望。那时候蒋介石无论说得再厉害，下边为了保存实力，谁也不拼命打仗，作些假报告，搪塞了事。"①

看来邱维达说黄百韬的表现不见得比李天霞好的确事出有因，王凌云在桃墟亲见黄百韬没有全力以赴，就是一个旁证。

还是黄百韬的副师长杨廷宴脑筋比较清醒，他及时提醒黄百韬，张灵甫名义上是暂归第4纵队指挥的，74师真出了事，黄百韬要是没有尽力相助，届时问罪下来怕是难脱干系，25师还是应该有积极救援的样子才好有所交代。杨廷宴的建议挽救了黄百韬，他幸亏听从了杨廷宴的劝告，及时增派了一部分兵力，才使得华野1纵在界牌、天马山、覆浮山、蛤蟆崮阵地后来出现了全线告急的凶险场面，他也才能在战后以此表功逃过蒋介石震怒的追究。

阻击黄百韬及蒙阴方向整编第65师的华野部队，是1纵第1师两个团和刚从地方上升级上来的另两个非主力团。这一线是华野整个西面防线的主要阻击阵地，叶飞在长达六十多公里的防线上只留下这点阻击兵力，也是出于无奈，陈毅的电话指示给了他很大的压力，叶飞狠狠心把纵队大部主力全都拉去孟良崮加入了对74师的总攻，把这里的阻击任务交给了第1师师长廖政国。

黄百韬总算开始出力了，25师以整营整团向1纵第1师把守的山头发起连番的密集进攻，15日下午16时，25师攻占界牌，登上覆浮山、蛤蟆崮，再翻过天马山屏障，25师就可能在74师左翼与之会师了。天马山上，廖政国眼看着黄百韬的部队蜂拥着冲上了山腰，阵地突破在即，而他手里已经无兵可派！战场上，有时一个不经意的偶然会使得整个局面出现意外的大逆转，也合该黄百韬和张灵甫倒霉，这时，本应去孟良崮参战的华野第4纵队28团的一个营，恰巧在廖政国指挥所附近的山沟向东跑步经过，廖政国不管三七二十一拦下那位营长自报家门。叶飞回忆说："廖政国向烟火弥漫的天马山一指说：'天马山阵地的得失，关系重大，如果敌人打通联系，全局皆输。我手里只剩下七八个警卫员，只有使用所有到达这个地区的部队。'那营长考虑了一

---

① 王凌云《张灵甫部被歼时整编第九师的增援行动》，《文史资料存稿选编9 全面内战》（上册）全国政协文史资料委员会编，中国文史出版社2002年；王凌云《从救援张灵甫到兵败河南》中华文史资料库第六卷《三年决战》（上册），中国文史出版社1996年。

下说："好，为了整体利益，我们执行你的命令。"这个营赶到天马山，和我军一路终于将敌击退。这种情况也只有人民军队才能出现。"①

这种情况的确只有解放军才能出现，张灵甫是别奢望的，他唯有留下"牺牲者牺牲而已，机巧者自为得志"的悲凉感言，让蒋介石事后在南京痛心疾首。如果当时黄百韬真的能全力以赴，王凌云也积极跟进行动，加上65师从蒙阴策应，国民党军方面以三个整编师的主力联合击破廖政国四个团防守的六十多公里长的防线，理应是有绝对的优势，也不至于在廖政国临时拉扶的一个营面前功亏一篑。果真如此的话，华野的整个西南阻击防线还真有可能被张灵甫所期望的两面夹击所碾碎，至少，74师不致全军覆灭。

但是，国民党军不是解放军。李天霞的部队连影子都还没见着，黄百韬却在黄昏后退兵了，他将师主力转移到黄土沟、南太平、陡山、南桃墟之线，理由是25师占领界牌之后受到了解放军万余增援部队的压迫。

得知援军的战况，张灵甫的心都凉了，他对部下流露出少有的沮丧："看来我们又上了友军的当了！"晚间，黄百韬来电询问74师的情况，张灵甫几乎心如止水："大势已去，干到最后为止，希望各方面的援兵能提前来最好，晚了就来不及了。"②他已经横下一条心，只管尽力打到底，准备和他的部下一起与阵地共存亡了。

三

黄昏过后，沸腾怒号的阵地暂时陷入了沉寂，饥饿疲惫的74师官兵横七竖八歪倒在山岩之间喘息，伤兵因无法后送治疗，躺在地上辗转呻吟，严重影响了士气。从进攻坦埠到退守孟良崮，连续几昼夜的作战消耗，粮食早已无以为继，烈日暴晒之下又没有水喝，官兵们的体能在激烈战斗消耗中接近了极限，阵地上相互传递着对付饥渴的应急办法：杀牲口、喝马血、饮人尿……

张灵甫的少尉侍从副官朱夜也被派到阵地上充作战斗人员，对于在孟良崮上炼狱般的经历，这个过来人几十年后依然不堪回首："经过四昼夜的激烈战斗，官兵们没有吃一口饭饮一滴水。北地的烈日和浓重风沙硝烟炙烤，除了唇绽肤裂之外，饥渴使

---

① 叶飞《叶飞回忆录》，解放军出版社 1988 年 11 月。
② 王克己《整编第 74 师在孟良崮战役被歼情况》，《文史资料存稿选编 9 全面内战》（上册）全国政协文史资料委员会编，中国文史出版社 2002 年。

人难支。当时我躺在两座岩石之间，望着高照的火伞，极思有一捧清泉入口。眼见伙伴们以自己的小便解渴，在几度犹豫之后，也只有不得已了，一经入口不知其味，确实感到有了精力。不远处有一位女政工队员，她不肯喝自己的便溺，却也不愿把它浪费，她把那一捧黄汤从小盆倒进一个瓷碗，对着伙伴们扬了一扬，立刻就有人争着把它接过喝了。"①

孟良崮其实并不完全缺水，平时山上有泉眼，山间还有一个池塘，可是老天似乎也故意与张灵甫作对，这一年夏季的干旱，居然在孟良崮提前降临，那段日子当地一直骄阳似火，失去了雨水的滋润，山上的泉眼干枯，而唯一的池塘，也被华野9纵夺取，死死守住不放。为了夺回这池救命的水源，74师组织了二十多次冲锋与解放军拼死争夺，士兵的血水染红了一池清澈的山泉，在不惜代价坚决阻击的解放军面前，74师的官兵只有舔着干裂的嘴唇，望池兴叹。

没有水，不仅折磨人，还影响到了武器。由于阵地缩小到几个孤立的山头，74师的炮火在狭窄的区域难以发挥威力，激战后炮弹也严重缺乏，轻重机枪构成了战役后期的主要火力，可是屋漏偏逢连夜雨，这时的重机枪，许多却打不响了。74师装备的主要是水冷式的马克沁式重机枪，这种机枪以射击频率高杀伤力大而在一次大战中闻名，但是也由于射击频率过高，枪管容易在摩擦产生的高温中变形，所以枪管上装有笨重的注水套筒，需要不时注入冷水给枪管降温，缺水导致重机枪火力严重削弱。

缺粮、缺水、缺弹药、缺兵员，74师到了山穷水尽的地步，巧妇难为无米之炊，第二天是否还能够撑过这场厄运，张灵甫再也无法保持自信，他已无力力挽狂澜，他对黄百韬的答复，显然已经准备面对失败的结局，但是，他却不肯低头，他还要作困兽之斗，坚持打到最后一刻。张灵甫指示将所有非战斗人员组织起来充作战斗兵进入阵地，他的官兵们不知局势已经严重恶化，还在坚信必能固守到友军来援。

15日深夜，51旅方向突然信号弹乱飞枪声大作，通讯一时中断，在阵地另一侧的57旅旅长陈嘘云急忙与师部联系了解情况，张灵甫命令他16日天亮将57旅撤往孟良崮集中，他在电话里还意味深长地叮嘱了一句："嘘云，我们最后也要在一块。"听见张灵甫沉重的语气，陈嘘云心知，大事不好了。②

74师趴在山头上苟延残喘，在饥渴交迫中连日行军作战的解放军也累得打不动了，

---

① 朱夜《孟良崮的黄昏》，台湾《中外杂志》42卷5期1987年。

② 参见陈嘘云《整编第七十四师孟良崮就歼亲历记》，《文史资料存稿选编9全面内战》（上册）全国政协文史资料委员会编，中国文史出版社2002年。

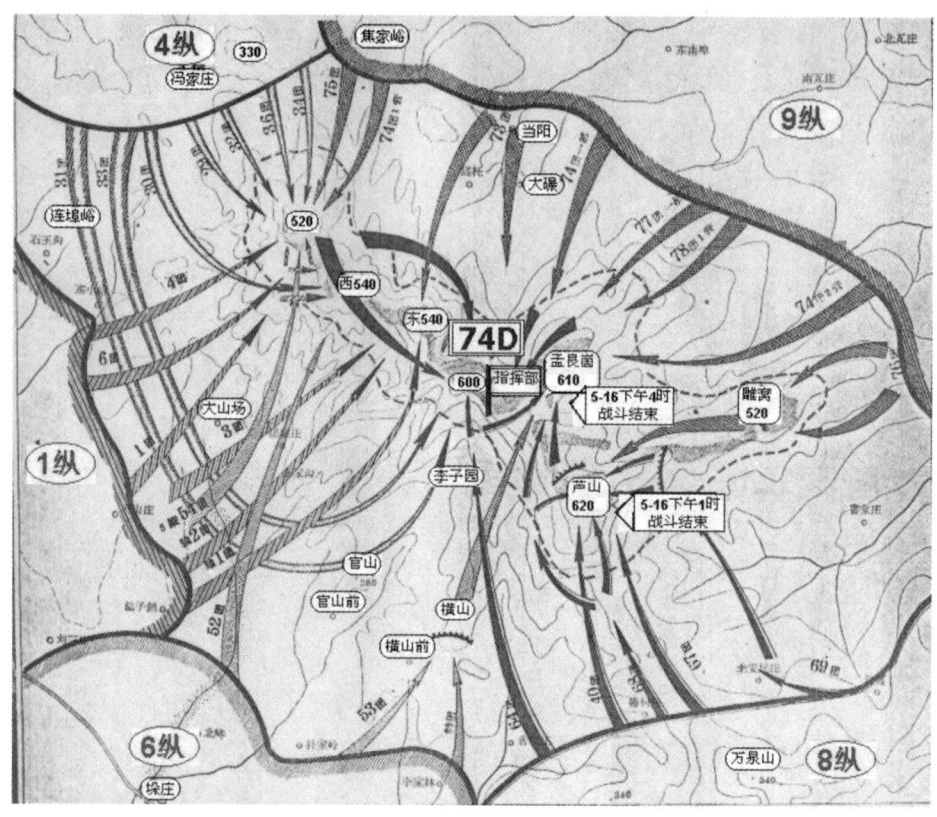

孟良崮战役经过要图（1947 年 5 月 16 日）

傍晚之后攻势又减缓了下来，有的地方出现几个团在山脚下拥在一起相互等待观望的情况。① 陈毅不断地给各纵队打电话鼓舞士气，要各部不怕牺牲，连续作战："我们困难，张灵甫更困难，我们有伤亡，敌人比我们伤亡更大，坚持最后五分钟就是胜利！"

　　白天的几次总攻没能啃掉 74 师，除了"御林军"的确是一块硬骨头，华野前线各纵队缺乏统一的协调也是一个原因。15 日晚上 10 点多钟，陈毅再次给叶飞打来电话："敌整 9 师、整 11 师已靠近蒙阴，第 5 军已到新泰，整 64 师已到青驼寺。如在明天（16 日）拂晓前不能全歼整 74 师，则我军将陷入敌人包围。"讲到这里，陈毅不说话了，他在电话里沉默片刻，才说："叶飞啊，无论如何要在 16 日拂晓前拿下孟良崮，消灭整 74 师，我们就全盘皆活了。"陈毅授权叶飞在一线统一指挥第 1、4、6、8、9 纵队总攻孟良崮，

---

　　①　参见《孟良崮战后各纵汇报记录》，《孟良崮战役资料选编》，出版社不详。

并且下了死命令："不论付出多大代价，哪怕拼掉两个纵队，也要完成任务！"粟裕更关心叶飞何时可以准备好总攻，叶飞要求给他两个小时时间作准备。①

午夜1时，又一次总攻开始了，华野将特纵和各纵队榴弹炮、山炮等重炮集中起来，排山倒海的炮火向74师占据的各个山头呼啸倾泻，炮弹落处，弹片、石块与血肉残肢齐飞，骡马惊悸满山乱跑，山头上人践马踏，74师的战斗队形开始出现混乱，但是阵地上的搏斗依然血腥惨烈，他们与冲上来的解放军拼刺刀、拼手榴弹、拼铁锹、拼石块，双方都急红了眼打疯了。攻上山头的解放军同样也做不了工事，他们把敌人与战友的尸体堆起来作掩体，有的团长和政委都干脆当起了机枪手，亲自操枪扫射。陈毅、粟裕和华野的首长们急切地要尽快结束战斗，自总攻一开始，几乎每隔五分钟就打电话给叶飞，粟裕的电话甚至打到了团级，直接向一线的团长们查问进展战况。拂晓之后，战斗进入白热化状态，直到东方渐亮，进展依然不大，74师还在据高死抗，有官兵还在山头上对着被他们的火力压在山腰的解放军嚣张地叫喊挑衅："我们要下山了！""天快亮了，我们的飞机就要来了！""美国枪在这里，你们上来拿吧！"

16日清晨6时，战况又略微稳定，参谋长魏振钺向汤恩伯报告了夜间通宵战斗的危急情况，再次请求空投粮弹，并催促援军速进。

74师濒危，蒋介石也急得亲自出马，上午8时，他向各路援军下达了措辞极其严厉的督战手令："山东共匪主力今向我倾巢出犯，此为我军歼灭共匪完成革命唯一之良机。凡我全体将士应竭尽全力，把握此一战机，万众一心，共同一致，密切联系，协力迈进，齐向当面共军猛攻，务期歼灭共匪，以告慰总理及阵亡将士什天之灵。如有萎靡犹豫，梭巡不前或赴援不力，中途停顿，以致友军危亡，致共匪漏网逃脱，定必以畏匪避战，纵匪害国延误战局，严究论罪不贷！希望奋勉勿误。"②

汤恩伯深知蒋介石对74师和张灵甫的重视程度，救不出74师，作为兵团司令官难辞其咎，于是他上午再电各部，电文的语气近乎哀求："我张灵甫师连日固守孟良崮，孤军苦战，处境艰危，我奉令应援各部队，务须以果敢之行动，不顾一切，星夜进击，破匪军之包围，救袍泽于危困，以发扬我革命军亲爱精诚之无上武德与光荣；若有徘

---

① 参见叶飞《叶飞回忆录》，解放军出版社 1988 年 11 月。

② 《第一兵团蒙阴东南地区战役战斗详报(1947 年 5 月 11 日至 17 日)》，《中华民国史档案资料汇编第五辑 第三编 军事（二）》中国第二历史档案馆编，江苏古籍出版社 1998 年。

徊不进、见危不救者，绝非我同袍所忍为，亦恩伯所不忍言也。"。①

在蒋介石、顾祝同、汤恩伯的再三敦促之下，姗姗来迟的各路援军加强了对担任阻援的华野第2、3、7、10纵队的攻势。黄百韬这时不敢再怠慢，上午亲自率部队猛攻交界墩、司家庄、义王店、小石岭口、桃花岭，突破1纵的防线，向界牌、覆浮山、蛤蟆崮、天马山挺进。

外围阻击部队战况吃紧，一定要赶在敌人援军到达之前解决74师！华野发出了最后的总攻动员，要求各部不计牺牲、不分建制、不分区域，发扬顽强战斗的精神，谁先冲上孟良崮，谁就是英雄！

山崩石裂，人吼马啸，孟良崮在剧烈的炮火中再度沸腾燃烧！

这不光是双方兵力、火力的血拼，更是敌对阵营的将领和官兵之间两种意志、毅力的最后对撞、决斗！

张灵甫还在指挥74师作殊死抵抗，但是毕竟官兵伤亡严重，火力因弹药乏匮而锐减，战斗力大大削弱，74师已是强弩之末难穿鲁缟，难以招架四面八方绝对优势的解放军汹涌如潮的攻势，更无力恢复失去的阵地。

74师频频呼救，危在旦夕。

参谋长魏振钺联络友军呼救的无线电话，华野1纵侦听电台台长秦基听得清清楚楚，5月16日上午，他的电台清晰地传出魏振钺向隔山相望的黄百韬的参谋长李世镜喊话："请看在党国份上，看在钟麟先生面上，拉兄弟一把吧！"纵队副司令员何克希在一旁听了说："今天74师末日来临，张灵甫还死要面子，不好意思自己苦求黄百韬，只好让他的参谋长代劳了。"②

上午7时许，51旅151团西南方阵地首先被突破，士兵纷纷朝后溃逃，团长王奎昌和副团长王克己见控制不住部队，也只好扔下阵地，与溃兵一起沿着孟良崮北麓向西南方向跑，蜂拥的溃兵、骡马把58旅的阵地也冲得阵脚大乱。至10时许，51旅的520高地和540高地相继失守。

陈嘘云深夜接了张灵甫的电话，马上指示副旅长明灿和参谋长王重之布置向孟良崮高地撤退。凌晨，山下的解放军发现在520、540和600高地间，74师的人员、骡马和挑运弹药的担架来回调动，以为他们在准备突围，更加紧了炮火攻势，74师在阵

---

① 同①

② 秦基《司令员和电波侦察》《百杰之旅编委会《百杰之旅——二十军史话》杭州出版社1999年）。

地调整中又增添伤亡。

拂晓前，陈嘘云赶到 600 高地的师部请示行止，他来到师部所在的山洞，洞里点着蜡烛，昏暗的烛光映照着张灵甫孤独的身影，张灵甫斜坐在铺着军毯的地铺上，连续熬了几天的不眠之夜，他的神情阴沉疲惫，见陈嘘云进来，只是略点一点头。卢醒15 日晚巡视阵地时被炮火炸伤脸部，此时头裹纱布，与之前被送来的周少宾一起，躺在一个角落里。不久，明灿也来到师部，张灵甫苦笑一声："又来了一位大将。" 这也是他与这位多年心腹下属的最后一面，过后明灿登上岇顶阵地查看情况，被手榴弹炸中身亡，陈嘘云当时就与张灵甫在一起，当卫兵进来报告明灿的死讯，陈嘘云说，张灵甫与众将官兔死狐悲，良久无语。[1]

据陈嘘云说，他到了师指挥所之后，曾经向副师长蔡仁杰和参谋长魏振钺建议，既然援军无望，与其坐以待毙，不如组织部队向蛤蟆岇、天马山突围，打出一条通路沿山麓向 25 师靠拢，蔡仁杰连连摇头直称不行，魏振钺则默然不语。陈嘘云认为蔡仁杰反对突围是顾虑张灵甫瘸腿个人不便突围之故。

不过张灵甫还是组织了突围。16 日清晨，他在师部与参谋人员讨论战况，依然是突围与固守两种意见，张灵甫决定，如果到上午 10 时援军仍未到达，就立即向垛庄方向突围，以 57 旅为前锋，51 旅为右翼，58 旅为后卫，各旅立即准备，按师部发出的信号弹统一行动，同时联系空军协助突围。上午 9 时，国民党军空军应约飞来轰炸机群，对着山腰和垛庄方向来回投掷重磅炸弹，并用机枪扫射约一小时，为74 师突围开路。上午 10 时许，师部打出红色信号弹，突围部队向芦山与李子园、横山出击，企图冲向垛庄临蒙公路，可是山下已经被围成了铜墙铁壁，哪里还能冲得出去，刚到山腰就被解放军猛烈的火力打了回去，51 旅副旅长皮宣猷集合残部再次冲锋，此时，对面突然出现了一支队伍，头戴钢盔，身着黄色军衣，突围官兵以为援军到了，都兴奋地欢呼起来，士气大振，不料来到阵前，冲锋号骤响，对面部队竟然端着枪密集冲杀了过来，众人这才惊呼上当，混乱之中根本没有还手之力，慌忙退回到山上。[2]

突围必先将兵力向一个方向集中，在一线守军逐次集结的时候，阵地也随之收缩，

---

① 参见陈嘘云《整编第七十四师孟良崮战就歼亲历记》，《文史资料存稿选编 9 全面内战》（上册），全国政协文史资料委员会编，中国文史出版社 2002 年。

② 参见刘剑良《国军七十四师在鲁中孟良崮被歼经过》（《蓬安文史资料选辑第 2 辑》）。作者为原整编第 74 师参谋处中校科长。

解放军因而趁势向山腰跃进侵蚀阵地。突围又必然脱离防御阵地出击，一旦遭到反击而失利后退，反而连原先的阵地也难以固守。以事后诸葛论事，这场突围的效果适得其反，如果原地坚持，依之前的坚守情况看，或许74师还可以苦撑若干时辰，暂时延缓全师崩溃的时间。可是，张灵甫对援军彻底地绝望了，他宁可孤注一掷，这也是他最后一次有组织的主动突围行动。

犹如一个重伤的拳手聚集起最后一点力量向对方扑击出拳，一旦再被击中要害而倒地，就再也没有力气挣扎起身。突围失败，74师已经处于击倒后的倒数中。

全师只剩下600高地、孟良崮和芦山最后几个山头，74师的阵地开始全面崩溃，张灵甫已经控制不住部队，各部陷入混乱之中。

540高地、雕窝相继失陷，师部与各旅、团的有线电话中断，报话机传来的情况哀鸿遍野：阵地混乱，军官战死，预备队用尽，携行弹药早已告罄，空投粮弹全都落在包围圈之外……

张灵甫弹尽援绝。

11时许，魏振钺通过报话机再与25师参谋长李世镜联络，抱怨友军见死不救，张灵甫哀莫大于心死，他不愿再作徒劳的呼救，接过话筒干脆说道："请转告上级，包围圈太大，等于望梅止渴。我这里有一电报，请注意转接。"接着，他向汤恩伯发出最后一电，语气愤怒之极，大意是："战况恶化，钧座与黄百韬、李天霞应负全责。弹药不必再投，迅令空军轰炸孟良崮600高地周围阵地。"[1]

据李运良说，对于上级的瞎指挥而置74师于险境，张灵甫在临死之前曾经拟就一份电报准备发给蒋介石，申诉上级指挥不当，但是这一电报只来得及发给了王耀武。[2]

战役期间，张灵甫与济南的老上司王耀武也不时通报战况，王耀武身边的许多高级军官原系74军出身，他们对于整编第74师抱有很深的感情，也时刻关注着张灵甫的处境。后任73军参谋长的马培基当年2月刚从74师57旅调往济南，他事后说，张灵甫决意"杀身成仁"，曾与王耀武电话诀别，当听到张灵甫最后说出"来生再见"时，王耀武和马培基都泪流满面，当场泣不成声。[3]

---

① 邱维达《孟良崮战后调查记》，《文史资料存稿选编9 全面内战》（上册）全国政协文史资料委员会编，中国文史出版社2002年。

② 参见《战俘供述对孟良崮战役的检讨》，中共山东省委党史资料征集研究委员会，中共临沂地委党史资料征集委员会编《孟良崮战役》，山东人民出版社1987年。

③ 参见马志贤《孟良崮一战泣鬼神》，台湾《中外杂志》43卷6期1988年。

四

午后，高悬数日的烈日躲进了厚厚的云层，孟良崮上山风骤起，飞沙走石，山雨欲来，四散奔涌的乱云，仿佛在向张灵甫预示着死神的降临。

几百支亢奋的冲锋号此起彼伏，解放军的攻势一浪高过一浪，向74师的最后几个阵地席卷。

74师师部指挥所外，张灵甫只剩下师特务营和预备队几个连的残余兵力还在作绝望的抵抗。

最后时刻就要到了，摆在他面前的只有两种选择：不是死，就是降。

张灵甫选择了死。

他开始交代后事。此时在师部山洞里与张灵甫在一起的74师中高级军官，有副师长蔡仁杰、副参谋长李运良、58旅旅长卢醒、57旅171团团长周少宾、参谋处长刘立梓和政治部主任常某，还有师部的若干参谋随从人员。在场的军官，蔡仁杰和卢醒与张灵甫出生入死多年，私人感情亲如兄弟，周少宾、刘立梓则都是受张灵甫提拔信任的心腹，他们都表示愿意与师长一起共生死。

张灵甫取出从不离身的大号派克金笔，给夫人王玉龄留下一封遗书，殷红的墨水这样写着：

"十余万之匪向我猛扑，今日战况更恶化，弹尽援绝，水粮俱无。余与仁杰决战至最后以一弹饮绝成仁，上报国家与领袖，下答部属与人民。老夫来京，未见痛极，望善待之，幼子望养育之。玉龄吾妻，今永诀矣。灵甫绝笔 5月16日 孟良崮。"

写毕，张灵甫将遗书交予随从副官杨占春，嘱咐其设法逃出，又将若干家事托付于他，请杨占春一并转告王玉龄。在处理这些事情的时候，张灵甫还与众人谈起了家常。

他的老父，正在南京探亲盼儿归来；他的年轻夫人，三周前刚刚分娩正在月子中；他未曾见过一面的幼子，还在襁褓之中尚未满月。然而，涌动的亲情唤不醒他的执迷，他宁可以一纸遗书与亲人永诀。在这生命的最后时刻，这个征战一生的铁血军人，是怀着怎样一种心情在与人生告别？一千年前宋代著名词人辛弃疾曾有一叹："道男儿，至死心如铁。"在张灵甫看来，这就是"临难不苟，慷慨赴死"吧，而在他的老对手陈毅眼里，这种牺牲，"毫无意义，应该惋惜"。

参谋长魏振钺之前已经离开了师部，随着残兵向山下奔突，被华野6纵的部队俘虏，送交王必成和江渭清的纵队司令部。陈嘘云先前也离开了现场，他走出山洞爬上嵩顶，只见山麓间解放军漫如潮涌，向山顶冲来，陈嘘云坐在一块大石头上，心中一片茫然。少顷，山顶各处一片混乱，解放军冲上了600高地，陈嘘云也成了俘虏。

黄昏时分，战役接近尾声，粟裕核查各部陆续上报的战果统计，发现与74师编制人数相差甚大，同时接到报告，孟良崮地区还有敌人电台在对外联络，于是命令正在准备收兵的各纵队重新搜山。当时山上能见度很低，搜山的部队一时难以发现目标，第4纵队司令员陶勇急中生智，命令部队向搜索方向开炮，把74师的人马轰出来，结果人还能挺得住，牲畜却挺不住，74师的骡马受到炮火惊吓满山乱跑，使得在孟良崮和雕窝之间的山地隐蔽集结的大批74师官兵暴露了目标，这些人正在悄悄与外围的援军联络，为了不惊动准备收兵的解放军，他们没有乱跑，而是静默地在坐等对方撤离，以至先前跑过的解放军以为是兄弟部队而未加注意。一经被发现，已经几近弹尽的这些官兵无力再作抵抗，也就束手就擒了。事后经清点竟有约七千之众。①

此时，天上电闪雷鸣，大雨夹杂着大块的冰雹倾盆而下，在缺水中久盼甘霖的74师官兵此时大都已经成了俘虏，他们在大雨中欲哭无泪。不早不晚，这场大雨偏偏就在大战结束时刻从天而降，冥冥之中天意乎？关于这场雨，国民党方面借题发挥，为74师的战败抹上一层悲壮色彩："是时，狂风骤起，杂以雨雹，惨烈之象，诚足以惊天地而泣鬼神。我整74师全体官兵，于此完成其壮烈牺牲、尽忠报国之神圣职责。"②

雨过天晴，日落山崮，天边，残阳如血。

无数胜利者的身影，在群山之巅雀跃欢呼。

1947年5月16日黄昏，孟良崮战役以整编第74师全军覆没，张灵甫兵败身亡而告终。

华东人民解放军总部颁发第20号公报公布了战役结果："孟良崮战役战果经清查后，共俘获蒋军74师少将参谋长魏振钺、少将副参谋长李运良、51旅少将旅长陈传钧、少将副旅长皮宣猷、57旅少将旅长陈嘘云、58旅上校副旅长贺翊章等以下官兵一万九千六百七十六名；毙伤蒋军74师师长张灵甫、副师长蔡仁杰、58旅旅长卢醒以下官兵一万三千余名（包括蒋军25、65、83、48、11等师及第5军各一部共六千

---

① 据《华东野战军孟良崮战役阵中日记》记载，4纵当时报告发现有残敌一万余人，可能只是目测估计。战后查实为七千人左右，参见《第三野战军战史》和粟裕、陈士榘等人的回忆录。

② 《第一兵团蒙阴东南地区战役战斗详报》（1947年5月11日至17日），《中华民国史档案资料汇编第五辑·第三编·军事（二）》中国第二历史档案馆编，江苏古籍出版社1998年。

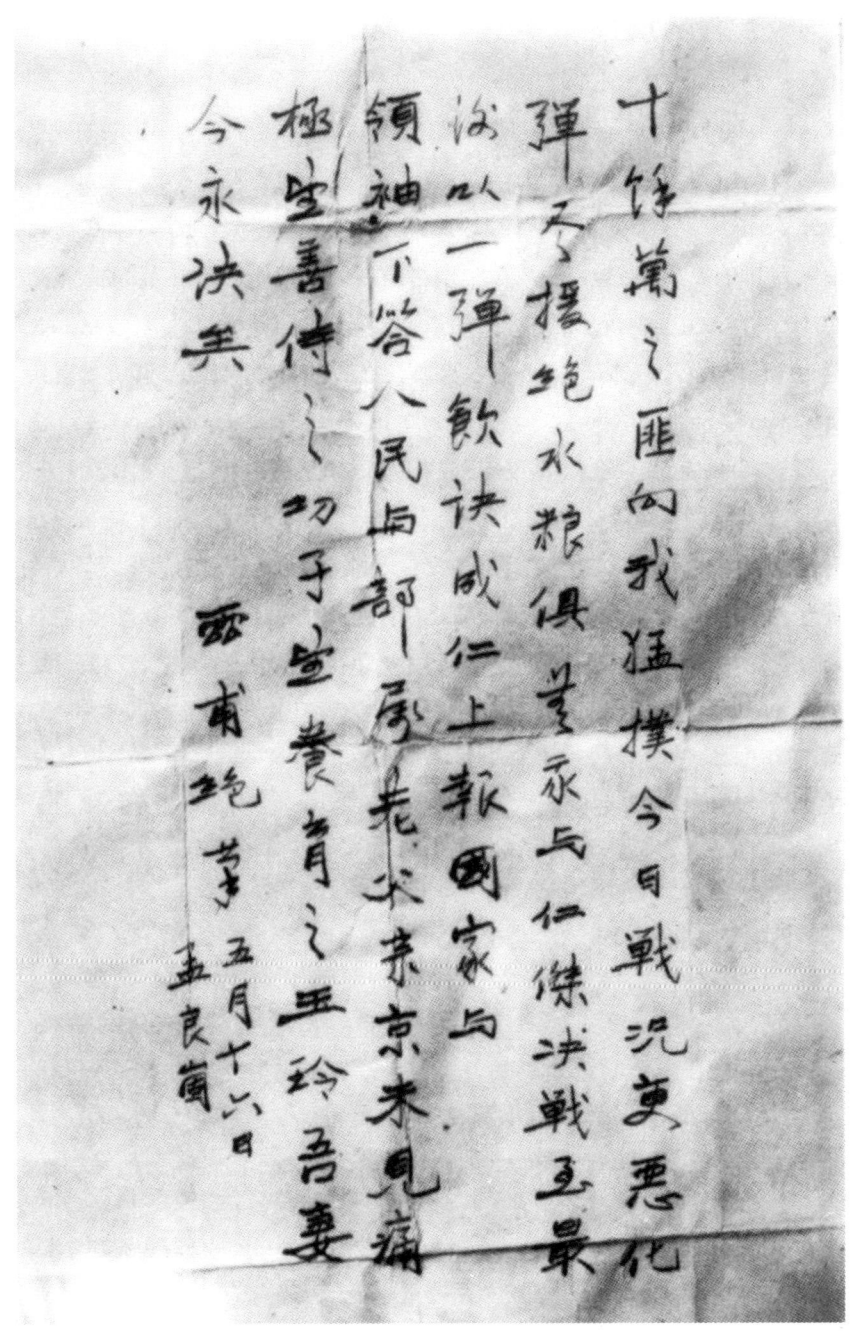

十余万之匪向我猛扑，今日战况更恶化，弹尽援绝水粮俱尽，永与仁杰决战至最后以一弹饮诀成仁上报国家与领袖，下答人民与部属，老父来京未见痛极！望善侍之，玉玲吾妻，今永诀矣。幼子望养育之。

西甫绝笔　五月十六日　孟良崮

1947 年 5 月 16 日中午，张灵甫于孟良崮战役即将结束前，在 600 高地整编第 74 师师部以红色墨水钢笔留给夫人王玉龄的遗书手迹。

余名），共毙伤俘敌三万两千余名。"①

　　不过，后来有不少著述把这里的毙伤俘敌三万两千余名统归为全歼整编第74师的人数，称上自师长下至马夫无一漏网，有的还另加了六千人作为阻击战的战果。这一说法其实并不完全准确。华野上述原始公报括号中的内容明确表示，三万两千余名已经包含了国民党军其他增援部队的损失六千余名，即使根据解放军方面的统计，其中整编第74师的被歼人数也应是两万六千名左右。②而汤恩伯第一兵团的战报则称该兵团的损失为两万五千两百二十三人。③这一数字包括了该兵团的整25、48、83师和第7军的毙伤俘人数，并应是扣除了整74师留在后方的榴弹炮营、留守处官兵及战后收容的部分整74师的漏网之鱼。如加上整11师、48师、65师和第5军、第7军的损失，则国共两方对于孟良崮战役国民党军方面的伤亡统计，数字相差在七八千。

　　6月9日，陈毅接见了被俘的74师将校，并与他们进行时事座谈，陈毅说："蒋介石自北伐中期叛变人民，走上法西斯独裁专政的道路。蒋介石的这一条反人民的错误的政治路线，必然产生错误的战略路线。在蒋介石独裁媚外的政策与战略的双重错误下，国民党军队之遭受失败是必然的。例如贵军在抗战中的战功表现很好，战斗力亦堪为国民党军队之冠。可是一到内战战场，仍然逃不脱被歼的命运。各位应深深研究其中的原因。"会后，陈毅还与他们一起共进了晚餐。④

　　陈毅的这些讲话，可惜张灵甫是听不到了。在座的74师将校中少了张灵甫，陈毅也颇感遗憾，他说："贵师长张灵甫、副师长蔡仁杰之牺牲，毫无意义，应该惋惜。"⑤

----

　　①　中共山东省委党史资料征集研究委员会中共临沂地委党史资料征集委员会编《孟良崮战役》，山东人民出版社1987年。

　　②　解放军当时的战果统计是以整编第74师编制数为准，还是以实际毙伤俘人员为准，笔者尚无可靠资料查实。二万六千的人数看似与整编第74师一线部队的满编人数十分接近，但是据张灵甫在临沂给蒋介石的整训情况报告，当时该师的缺员尚未补足，之后的临蒙公路之战有部分伤兵送后方治疗，而孟良崮战役中，该师的榴弹炮营等部未随军参战，故包围圈中实际被歼人数应少于该师一线部队的编制数。

　　③　《第一兵团蒙阴东南地区战役战斗详报》(1947年5月11日至17日)，中国第二历史档案馆编《中华民国史档案资料汇编第五辑 第三编 军事（二）》，江苏古籍出版社1998年。

　　④　中共山东省委党史资料征集研究委员会中共临沂地委党史资料征集委员会编《孟良崮战役》，山东人民出版社1987年。

　　⑤　中共山东省委党史资料征集研究委员会中共临沂地委党史资料征集委员会编《孟良崮战役》，山东人民出版社1987年。

华野的首长和纵队司令员们还是很愿意见一见这个一直与他们斗智斗勇的老对手，与他煮酒论英雄的吧，时隔将近半个世纪，原华野6纵司令员王必成和政委江渭清在他们的回忆文章里都提到，可惜张灵甫死了，否则他们一定要同他叙叙涟水的那段往事。

可是，张灵甫究竟是怎么死的，却成了一桩各说各话的罗生门式的悬案。

第九节 张灵甫之死的"罗生门"

一

享誉国际的日本著名电影导演黑泽明在20世纪50年代拍过一部很出名的影片，片名叫作《罗生门》，故事讲述一个武士之死，由强盗、武士之妻、目击农夫、武士亡灵，各自从自己的角度叙述事发的经过，但是各人的说法相互矛盾，令人真假难辨，一件简单的武士死亡事件，通过各色人等之口，变成了扑朔迷离的悬案。这部影片曾经风靡国际影坛，以至"罗生门"后来成为一个特有的名词，专指那些众说纷纭结论难定的疑难事件。日本人黑泽明不会知道，他在影片中虚构的日本古代武士之死的故事，在现代的中国有一个十分类似的真实翻版。

张灵甫之死，就是这样一出"罗生门"，半个多世纪以来一直没有各方一致认同的定论，至今仍是一宗悬案。

孟良崮战役结束时，华东野战军司令部的首长们得到了张灵甫已死的报告，陈毅说活要见人死要见尸，打扫战场的第6纵队特务团遵命将张灵甫的遗体连夜抢运下山，随着部队一同转移，以供验明正身。对这个头号敌人之死，包括陈毅、粟裕在内的华东野战军首长们表现了胜利者的人道和宽容，陈毅指示第6纵队要将张灵甫妥善安葬，两天之后，在山东沂水一个名叫野猪旺的小山村山冈上，竖起了一座新的坟茔，这就是张灵甫的墓地。下葬仪式是由6纵的副司令员皮定均和政治部副主任谢胜坤主持的，74师的部分被俘将校被允许参加了仪式。

皮定均将军的传记描述了解放军安葬张灵甫的大致经过：

皮定均遵照上级指示，要政治部买一口好棺材，给张灵甫穿上新军装。找不到国民党的将军服，就穿解放军的服装。要把他的脸擦洗得干干净净。战死沙场的将军，应该得到一个军人的荣誉。政治部照办了。

掩埋张灵甫以前，政治部副主任谢胜坤向皮定均请示一件事，6纵队俘虏的一个少将旅长和八个上校要求最后看一眼他们的师长张灵甫。皮定均觉得，他们跟着张灵甫出生入死，现在都当了俘虏了，还要看看他的遗容，这种感情是难能可贵的。他同意了。

这个场面，是谢胜坤主持的，皮定均也到了现场。

一棵古树下，没有挖坑，放着一口半人高的大棺材。棺材是买来的，花了四百元钱的大价，十分华贵。棺材旁边停放着张灵甫的尸体，已经为他穿好崭新的军装，洗过脸，下颚部位的伤口也整饰过了。张灵甫身材高大，四方脸，眉毛很重，颇有一派将军相貌。相形之下，担架显得小了点。九个将校走到担架旁边，围成半月形，跪下，全都哭了。风从树梢头刮过去，发出呜呜的响声，伴着压着嗓子的哭泣……棺材盖打开了，里边铺着军被，两个战士把张灵甫的尸体放在棺材里。松树下很快出现一座半间房子高的坟，坟前树起一块木牌，上写：整编七十四师师长张灵甫将军之墓。[1]

盖棺论定，张灵甫早已盖棺，可是关于他的死因，却至今难以论定。

在解放战争中，死于战场的国民党高级将领不止一个，比较著名的，还有刘勘、黄百韬、邱清泉、戴之奇等人，而在所有这些人当中，没有一个人的死像张灵甫那样，会生出如此众多的不同传说，数十年来还不时有人撰文，一再传出一些新的扑朔迷离的死法，对此争论不休。

作为一个国民党军的败将，张灵甫在孟良崮上已经作出了抉择，用他的行动为自己的人生画上了句号。死者死矣，至于他究竟是怎么死的，本已无关大局，今天来追究这个历史细节，与历史对其人的评价和定位并不具有多么重大的意义，不过，本书既为张灵甫的传记，对于传主最后的结局，而且是多年来莫衷一是的死因之谜，就不得不多花费一些笔墨作一番考证和追踪。

二

解放军军事科学院主编的《全国解放战争史》第二卷，对整编第74师和张灵甫的结局是这样交代的：

"华东野战军突击部队在猛烈炮火掩护下，乘胜向整编第74师连续突击。第8纵队第23师在第6纵队一部配合下，终于下午1时许，将芦山攻克，第4、第9、第

---

① 张凤雏《百战将星皮定均》，解放军文艺出版社1997年。

6、第1纵队等部向孟良崮、600高地猛攻，于下午4时半将国民党军'五大主力'之一的整编第74师全部、干净、彻底歼灭，击毙其师长张灵甫。"[1]

既然向孟良崮、600高地猛攻的部队包括第4、第9、第6、第1纵队等部，那么，攻击张灵甫师部山洞的究竟是华野哪一个纵队的部队呢？文中没有说明。

华东野战军1947年5月30日由陈、粟、谭、陈联名致中央军委的电文称："据最后调查证实：74师师长张灵甫、副师长蔡仁杰、58旅旅长卢醒，确于16日下午2时解决战斗时，被我6纵特务团副团长何凤山当场所击毙。当特团何副团长走近张灵甫等藏身之石洞，据师部副官出面介绍为张灵甫等人。现尚在俘官处可证。"[2]

这份电文报告所依据的主要证人，应是6纵特务团副团长何凤山。

何凤山对战斗过程是如何描述的呢？来看他留下的文字回忆：

"在这关键的时刻，张灵甫作了最后的垂死挣扎，又组织所有的残部及警卫部队、随从人员千余人，向我们反扑过来。我们以轻重机枪组成的火力向敌猛射，掩护3连向孟良崮主峰北侧山洞张灵甫指挥所冲击。3连先头部队在指导员邵志汉率领下，冲到山洞口，与敌警卫队长相遇，杀伤了冲出洞口之敌二十余人，我亦伤亡十余人，邵志汉同志也英勇牺牲。

"攻占洞口之后，我军以机枪、汤姆枪、手榴弹向洞内扫射、猛投，然后喊话命令投降。敌报话机台长回话：'你们不要打了，张师长刚才向蒋委员长喊话求救时，被手榴弹炸死了。'又说，'警卫队长刚冲出洞口也被你们击毙了。'当我们进洞后，果然发现张灵甫的尸体倒在报话机桌前，副师长蔡仁杰、第58旅旅长卢醒、副旅长明灿、第57旅团长周安义也被我击毙。蒋介石的'五人主力'之一的'王牌军'——整编第74师，也迅速、全部、干净、彻底地被歼灭。"

……

"当我派人把俘虏的敌第74师参谋长魏振钺押送到王必成、皮定均、江渭清等纵队首长处时，他对纵队首长说：'俘虏我的那个部队已活捉了张灵甫。'纵队首长即派参谋陈亮同志来我团俘虏中寻找张灵甫，经检查尸体后，确认张灵甫已被击毙。在我部队撤出战斗向北转移时，我命令部队将张灵甫的尸体用担架抬着随部队转移，两天后将他埋在山东沂水野猪旺村后的山冈上，并在坟前树一木牌，上写'张灵甫之

----

① 《中国人民解放军全国解放战争史（第二卷）》，军事历史研究部编著，1996年10月。

② 《孟良崮战役》中共山东省委党史资料征集研究委员会，中共临沂地委党史资料征集委员会编，山东人民出版社1987年。

墓’。当时，新华社曾广播，希其家属到该处收尸。"①

以上应是大陆出版的正史关于张灵甫之死历来的主要定论及其依据，即张灵甫在孟良崮战役最后阶段中，率残部在其师部所在山洞负隅顽抗，被华东野战军第6纵队击毙。位于山东蒙阴县的孟良崮战役遗址，现在还有大红石刻清晰地标明："击毙张灵甫之地"。

按照何凤山的说法，张灵甫是在向蒋介石喊话求救时被洞外投入的手榴弹炸死的。这里有一个疑点，如果是被手榴弹炸死的，张灵甫身上应该没有枪弹致命的创口，这与当时解放区的报纸报道和见过张灵甫遗体的其他证人所说脑后中枪弹而死的说法不符。

20世纪90年代，有作者在天津的干休所采访了何凤山，对于张灵甫的死因，何凤山依然维持原来的说法，即是三连的指战员在攻击山洞向洞内扫射投弹时将张灵甫打死了，不承认由他自己当场击毙之事。采访他的作者依据其他解放军参战证人的交叉证言，证实张灵甫的尸体确实倒卧在山洞里，因而认可何凤山关于张灵甫是在他的师部山洞抵抗时战死的说法，并认为所谓张灵甫是被俘后下山时被何凤山蓄意枪杀之说是杜撰。何凤山等人在当天下午山洞战斗结束后即收缴了张灵甫的胸章等遗物下山。②

除了正史之外，有关张灵甫击毙说，国内书刊杂志也刊登过不少文章，遗憾的是，各人所描述的情节矛盾重重，不能互相印证自圆其说。比如，对击毙张灵甫的部队就有不同的说法，有的说是第6纵队，有的却说是第4纵队，另外，单是验尸，不同的人就举出了好几种结果，有的说张灵甫胸部中二弹头上无伤，有的却说子弹从左后脑射入右下颚穿出，有的说腰部中了炮弹，有的又说当场未死被抬去抢救未果，等等，不一而足，不同的人验完尸之后各自又都声称扯了张灵甫的胸章以资验明正身。显然，若是以上种种死法有一种成立，则其余必为谬误。值得注意的是，这些文章作者所采访的当事人中，没有一个人见过活着的张灵甫，即使声称亲耳听开枪者叙说当时击毙情景的都没有，所谓证人，最多只不过见到了他死后的尸体，不足以见证他是如何死的。

在这中间最言之凿凿者，是一篇题为《受陶勇之命为张灵甫验尸》的文章。据作者称，当年4纵司令员陶勇的保健医生，曾经在战役结束的当晚与陶勇连夜上山，打着手电寻找张灵甫的尸体，最后凭张灵甫身着的美式军装上的胸章指认了尸体，并在

---

① 何凤山《攻战孟良崮击毙张灵甫》，《革命回忆录（第14辑）》，人民出版社1985年2月。
② 张凤雏《百战将星皮定均》，解放军文艺出版社1997年。

山上当场替他验尸：

"他首先检查头部，发现除左面颊擦去一块皮外，其他无伤痕。他解开张灵甫胸前纽扣，发现其前胸有两个枪眼，子弹是直穿心脏从后背飞出的，躯体倒在血泊里。他反复检查枪伤，判断两枪眼均是二百米以外远距离射击而致。枪眼口径较小，符合我军战士使用的美制'加拿大'冲锋枪口径。一般来说，国民党高级将领自杀，都惯于用手枪打太阳穴，而张灵甫头部无枪伤；退一步说，就是张灵甫当胸开枪，也难以连发两枪形成两个枪眼，况且衣服上没有火药燃焦的痕迹，故排除了自杀。验尸结论为：张灵甫系被我军击毙身亡。" 验完之后，陶勇让人搜走了张灵甫的胸章等遗物，验尸的保健医生保留了从尸体上搜到的一张主人的免冠小照作为纪念。①

纵观此文，疑点颇多，陶勇作为一个纵队司令员，在部队正紧急转移的夜晚，可以想见他一定正在忙于部队的集结调配、清查战果、了解伤亡情况以及紧张布置下一步的作战或撤退行动，在这样重要的时刻，陶勇竟然会丢开要务擅离指挥岗位，亲自上山打着手电去给张灵甫验尸，实在令人匪夷所思。姑且不论此事是否合于常理，单就这个验尸的描述，也与何凤山等人当天下午攻击山洞击毙张灵甫并收缴了他的胸章等遗物的说法多有矛盾。首先，既然张灵甫是被何凤山的特务团堵着山洞攻击，应是近距离中弹身亡才是，二百米开外中弹几乎没有可能。再者，对枪械有所常识的应该知道，一般冲锋枪的射程，二百米以外的距离几达射距极限，这样的远距离是不可能打出从前胸直透后背的贯穿伤的。第三，关于张灵甫的致命伤口，验尸者称是"前胸有两个枪眼，子弹是直穿心脏从后背飞出的"，而解放区当时的报纸报道，分明写着张灵甫"后脑被子弹炸烂"。描写孟良崮战役的小说《红日》的作者吴强是大家熟悉的作家，当年他是华野6纵政治部宣传部长（与何凤山同一部队），战斗结束时，他曾经与保卫部长一起赶到山上现场查看张灵甫的遗体，也亲见他头部两侧流血已凝成紫黑色的块状，起初他和保卫部长都以为张灵甫是自杀，但是纵队参谋陈亮反复察看死者头部已被炸烂的后脑伤口（这点与解放区当时的报道一致），认为张灵甫是因被人用汤姆式冲锋枪从其后脑射入子弹而致死的。这与上述"验尸"的结论明显不同，与何凤山所述为手榴弹炸死也矛盾。第四，既然何凤山在山洞战斗结束的下午已经收缴了张灵甫的遗物，陶勇他们又如何可能晚上再来收缴一次？行文至此，只能很遗憾地说，上文的这个验尸，恐怕有误。

---

① 鞠九 江盛楠《受陶勇之命，为张灵甫验尸》，《军事史林》2004 年 6 月。

三

所谓杀俘说，是称张灵甫是在被俘后被押解的解放军官兵泄愤枪杀的，多暗指杀俘者是何凤山或是他的部下。这个有异于正史的说法，以前曾见诸个别零星的口耳相传，20世纪90年代后出现了一些比较正式的记录。

《华东解放战争纪实》即认同这个说法：

"战役结束后，陈毅最关心的是追查张灵甫的下落。5月16日18时30分，4纵曾向野战军指挥部报告，张灵甫为30团所俘，后又失踪，正在清查中。第二天，得知张灵甫的尸体被抬下山来。有的说自杀，有的说在战斗中被击毙。陈毅进行多方调查，才知道战斗结束前，张灵甫和副师长蔡仁杰、参谋长魏振钺等给蒋介石发出最后一封电报，将团以上军官姓名报告蒋介石，表示要'集体自杀，以报校长培育之恩'。实际上他们都不想死，正犹豫间，4纵战士冲进74师师部所在山洞，张灵甫等均被生俘。在押解途中，6纵特务团的干部见到张灵甫，旧恨新仇涌上心头，头脑一热，开枪击毙张灵甫。然后让俘虏兵抬着尸首随部队转移，掩埋在沂水县野猪旺村后的山冈上。坟前竖一木牌，上写'张灵甫之墓'……5月29日，陈毅在山东坡庄华东野战军团以上干部会议上对此进行了严厉批评。他说：'此次对俘虏政策的破坏达到相当严重的程度，放下武器的自由杀害，不多责备，不追究责任。要推动全国革命高潮，主张不多杀俘虏，有些同志不相信俘虏政策反成绩，甚至害怕……张灵甫是我们杀的，报告说是自杀的，我们便欺骗了党中央、毛主席、朱总司令。'"①

上文提到的4纵的报告，出自《华东野战军孟良崮战役阵中日记》，原文是："18时30分孟良崮雕窝之74师残敌一万余已全部投降，张灵甫为30团所俘后又失踪，刻正清查中（4纵报告）。"②

而陈毅的上述讲话，题为《关于山东战局及军队建设问题》，经查阅收录该讲话的《陈毅军事文选》对此的注释是："张灵甫是我们杀的，指1947年5月16日，华东野战军第6纵队特务团一部，由副团长何凤山率领冲至孟良崮山上敌整编第74师指挥所隐蔽的山洞口，向洞内开枪，敌师长张灵甫等被击毙。由于当时野战军指挥部

---

① 刘统《华东解放战争纪实》，人民出版社1998年12月。

② 《华东野战军孟良崮战役阵中日记》，中共山东省委党史资料征集研究委员会，中共临沂地委党史资料征集委员会编《孟良崮战役》，山东人民出版社1987年。

提出的口号是'冲上孟良崮，活捉张灵甫'，故假报了张灵甫是自杀。"① 可见，下面最初的报告是自杀。

原 6 纵政委江渭清在他的回忆录中则写道：

"在孟良崮战役中，要说还有什么不足，那就是被我 6 纵特务团活捉了的张灵甫，却被一名对张灵甫恨之入骨的干部给打死了，真是一件令人遗憾的事情，否则，我们一定要同他叙叙涟水的那段往事了。"②

上述两种说法，对解决 74 师师部山洞战斗的部队番号出现了矛盾，但是都认定是 6 纵特务团的干部将生俘的张灵甫击毙。

然而，直到 20 世纪 90 年代，当事人何凤山接受采访时仍然否认有此事。对此，之前采访过何凤山的《百战将星皮定均》一书的作者张凤雏先生的调查结论是：何凤山为张灵甫之死的"杀俘"之说"背了半个世纪的黑锅"。他在书中对这一传言的产生作了详细的描述和分析，引述如下：

"这是我们师长。"发报机电讯员指着一具尸体说。

那具尸体俯卧在电台旁边。电台架在折叠桌上。战士翻转过尸体，取下胸符，上写中将张灵甫。张灵甫左腕戴着手表，还在滴滴答答地走，指明是 5 点零 2 分。至此，震惊中外的一场大战结束了。

何凤山结束山洞里的战斗，在暴风雨中下山时，遇到纵队的一位参谋，叫他把张灵甫送到司令部去。何凤山给闹愣了。"谁说把张灵甫抓住了？""74 师参谋长魏振钺。"何凤山没有机会与魏振钺对质，没有弄清此翁何以说他活捉了张灵甫。只能作这样的推测：魏振钺对张灵甫的集体成仁并不相信，认为结果自然是与他的命运一样。过了好几年，何凤山到高等军事学院学习，老师中便有他在孟良崮战役中俘虏的魏振钺和在豫东战役中俘虏的区寿年，他心里极不舒服，说哪有败军之将当胜利之师老师的道理呢？同样也当学生的皮定均批评了他，说这种师生关系也是世上一种规律。那时，何凤山自然更不好和教官争辩孟良崮战役的陈年旧事。总之在很多人的印象里，何凤山枪毙了已经投降的张灵甫，甚至凿凿有据地说是在下山时从背后开的枪，所以那子弹是从后脑打进从下颏射出，弹迹是顺着山势斜着向下的。伤口确实如此。但最后一个看到张灵甫尸体倒在石洞里的证实这是杜撰的，此人是

---

① 《陈毅军事文选》，解放军出版社 1996 年。

② 江渭清《七十年征程——江渭清回忆录》，江苏人民出版社 1996 年 10 月。

南京军区政治部副主任洪家德将军。洪家德无意中向笔者扯起孟良崮的山洞。当时，他是华东野战军机关排级干部。枪炮刚停，他急急地跑到山洞里看光景。他看到折叠桌子旁边一块石头上卧着一具尸体。一个战士告诉他，这是张灵甫。雷电闪烁中，他发现尸体旁边有个发亮的东西，捡起来一看，是颗红色半透明的图章，上面刻的字他看不懂。他顺手装在口袋里。几天后，他请一位刻字先生为他刻印。刻字先生说这是一方十分珍贵的图章，梅花篆字，是张灵甫的私章。刻字先生劝他不要磨掉，妥为保存，摇头晃脑地说这是一件宝贝。洪家德那时哪里会懂得它的价值呢？硬要刻字先生磨去篆字刻上自己的名字。进军福建时，这颗图章随着后运物资一起翻进闽北山沟里。张灵甫的印是失落了，但拾印者却证实了他战死在山洞里，证实了他倒下后的位置和姿势。最有权威的历史见证是74师随从参谋杨占春。杨占春目击了在山洞里发生的一切：杀身成仁会议、蔡仁杰和卢醒对着老婆孩子照片不肯自裁、李运良的假自杀以及最后张、蔡、卢等人的被击毙。[①]

陈士榘的说法与此类似："张灵甫是在顽抗中被我第6纵部队打死的，当时干部战士只知道是个大官，认不出是谁，抬出来经过俘虏辨认，才知道是张灵甫。"[②]

饶守坤在《解放战争经典战役系列》之《孟良崮战役》一片中受访时则说："大家都往里面（指山洞内）打枪打手榴弹，我的看法是，乱枪打死的。"

值得注意的是，支持击毙说或杀俘说的一个重要证据，是张灵甫的致命伤口，比较多的说法是由汤姆式冲锋枪子弹从左后脑射右下颚穿出，认为这样的伤口不可能是自己开枪造成的。然而据原74师官兵的回忆，张灵甫并非自己开枪，而是命令部下向他开的枪。至于弹道，笔者倒是认同这样一种分析，即子弹贯穿伤通常是入口创面小出口创面大，而根据当时解放区报纸的描述，张灵甫是"后脑被子弹炸烂"，如此创口则很可能与"左后脑射入右下颚穿出"的弹道刚好恰恰相反，即是顶着下颚开枪所致，子弹从右下颚进左后脑出，所以后脑创口才会比较大。

解放军方面关于张灵甫之死出现诸多传闻，或许是由于74师死于孟良崮战役的中高级将领甚多，而解放军指战员总攻的时候，漫山遍野的各部混杂在一起，建制都冲乱了，在激烈混乱的枪战之时难分彼此，他们既不认识张灵甫，也无暇仔细辨认，一些互相矛盾的传说、误会便因此而产生，以致讹传讹。张凤雏先生的调查至少可以确

---

① 张凤雏《百战将星皮定均》，解放军文艺出版社 1997 年。

② 陈士榘《天翻地覆三年间：解放战争回忆录》，中共中央党校出版社 1995 年 11 月。

定一点：何风山并未亲手击毙张灵甫，当解放军进入山洞的时候，张灵甫的确已经死了，但是解放军方面没有确凿的目击证人证实他是怎么死的。子弹是不长眼睛的，张灵甫并非独自死去，如果说是顽抗击毙或是某个对他恨之入骨的解放军干部将他枪毙的话，为什么副师长蔡仁杰、58旅旅长卢醒、团长周少宾和参谋处长刘立梓等这些平时与他关系最密切的部属都与他一同死在了山洞里，活着的只是若干参谋随从人员呢？

四

当证据出现相互矛盾的时候，从证据采信的角度，直接证据应优于间接证据，直接证词应优于传言证词。最有资格的历史见证人，应该还是与张灵甫一起在山洞里度过最后时刻的整编第74师师部的官兵，以及事后直接听过这些官兵报告的当事人。

张凤雏先生在书中提到了张灵甫的随从参谋杨占春，杨占春目击山洞里所发生的事，原始出处来源于罗文浪20世纪60年代在湖南省的文史资料上发表的回忆孟良崮战役的文章，罗文浪被俘后在华东解放军官训练团里遇见了杨占春，据他说从杨占春处得悉张灵甫与蔡仁杰、卢醒等高级军官均在解放军攻击74师指挥所时死于乱枪。[①]因杨占春系当时在山洞里的目击者，罗文浪转述的此说曾被广为采信，包括李敖的《蒋介石评传》，可见流传甚广。

但是，杨占春的说法竟然无独有偶。

1947年秋冬，原74师被俘的中下级军官大部被解放军释放，许多人回来后又加入到由邱维达重建的74师（1948年改回第74军番号）。杨占春回到了南京，他带回张灵甫的亲笔遗书交给王玉龄，原件后来被台湾的国民党政府"史政局"索去存档。[②]

杨占春向王玉龄报告的事发经过，与罗文浪转述的情节大相径庭：

在最后的时刻，张灵甫表示自己一定要杀身成仁，他对部下说，各位求生求死悉听尊便。过后，张灵甫在洞内命令部下首先向他开枪，部下不肯（笔者注：王玉龄已不记得该人的姓名，根据74师其他军官的回忆，此人应是刘立梓）。张灵甫说："你

---

① 参见罗文浪《孟良崮战役回忆》《文史资料选辑第十八辑》，中国人民政治协商会议全国委员会文史资料研究委员会《文史资料选辑》编辑部编，中华书局出版社1961年。

② 吴鸢在《我所知道的张灵甫》一文中说，王耀武在孟良崮战役后找人伪造了张灵甫的遗书送交蒋介石。笔者认为，如果确有其事，应与杨占春带回的不是同一份，因为王玉龄是在张灵甫死后将近半年才从获释的杨占春处直接收到的遗书。

是否还服从长官的命令？"部下答："服从。"张灵甫说："那我现在就命令你，向我开枪！"部下持枪，手哆嗦着下不了手。张灵甫见状呵斥道："你是否还要我写个条子给你？"部下被逼无奈，举枪向他射击。接下来执行的是已经重伤的卢醒，与此同时，蔡仁杰倒提长枪，将枪托抵在洞壁上，枪口朝自己，扣动了扳机。[①]

杨占春在战俘营里为何对罗文浪另有说辞，外人不得而知。但是当年在战俘营里的74师军官中，至今还有人健在，他就是现居湖南长沙的钟世炎老先生，1943年常德战役时，钟先生还只是一个十五岁的长沙中学生，他受74军死守常德的英勇事迹所感召，主动报名参军，先是进入74军的学兵队接受译电发报训练，后分配在军部担任译电员，孟良崮战役时，他才十九岁，是整编第74师师部的少尉译电员。钟先生对笔者所说的话，或许可以给个中原因作一个注释："其实这件事，我们被俘的军官在俘房营里也讨论过，因为那时看了《渤海日报》的报道说是击毙，大家就有议论，有人有不同看法嘛。后来经过讨论学习，统一认识，当时有了一个统一的说法：反正人是死了，仗也是败了，自杀也好，击毙也好，也没什么好争了。"

为了追踪74师其他当事人对这宗悬案留下的证言，笔者还翻阅了大量各地政协的文史资料，其中由留在大陆的原整编第74师旧人所发表的几则回忆文章，引起了笔者的注意。与上文所列击毙说和杀俘说相互矛盾形成对照的是，这些74师旧部对张灵甫之死的回忆，却是与杨占春向王玉龄所报告的情形基本一致：张灵甫决意"杀身成仁"，自己命令部下向他开枪执行。

现将相关片段实录如下：

实录一：原整编第74师连长李怀胜的回忆[②]

李怀胜，安徽蚌埠人，抗战胜利后先在整编第74师特务营任连长，后调辎重团一连连长。孟良崮战役时，他先驻守74师的大本营垛庄，垛庄失守后受团长黄政指挥退到孟良崮山上，被派与其他几个连队共同防守师部附近几个山头，最后两天他每天都到山洞向张灵甫直接报告战况。对战役进行到最后时刻，李怀胜回忆道：

"一连防地只剩下几个活着的人了。我见解放军已快攻到跟前，就带着他们朝师部山洞跑去。快到洞口的时候，我听见里面哒哒哒响了一阵枪声，进洞后还闻到一股弹药味。只见师长的少校随从副官刘立智（笔者注：应为上校参谋处长刘立梓，下同）

---

① 2003年12月笔者与王玉龄女士的访谈。

② 李怀胜口述 王若升整理《整编74师覆灭亲历记》，《安徽文史资料选辑第11辑》解放战争时期史料专辑（上册）1982年。

（跟随张灵甫多年）手里端着一支卡宾枪，张灵甫、副师长蔡某及 58 旅旅长卢醒三个人胸部洞开，并头倒在他脚下的血泊里，李灿良（笔者注：应为李运良）、常主任还有十几个副官、随从人员都静默地站立四周。我连忙追问这是怎么回事？刘立智说，师长他们三个人不愿意当共产党的俘虏，决定杀身殉国，参谋长与常主任不愿意这样死，于是师长就命令我用卡宾枪将他们三人一起杀死。并且说，师长临死前喝了一杯牛奶，吃了一块饼干，表示很后悔当初没有听参谋长的意见，不然无论如何也不至于落到这个下场的。"

实录二：原整编第 74 师辎重团团长黄政的回忆[①]

黄政，整编第 74 师辎重团团长。孟良崮战役时，他原驻守垛庄看护辎重，垛庄失守后他退到孟良崮山上与张灵甫通话，张命他留在 58 旅作预备队。

在描述战役最后关头的情节时，黄政的回忆与李怀胜在时间上前后衔接。他说，张灵甫自杀后，指挥所二十余人跑到三百米外的孟良崮东北的 58 旅指挥所，师长的勤务兵哭着对团里陈左弧营长说了此事，师部的张报务员也向黄报告了他发电文内容及经过。黄政所了解的事实经过是这样的：

"在前途绝望、非死即降的情况下，5 月 16 日下午 2 时许，张灵甫在师部指挥所的山洞中对下属说，我们是有气节的军人，不成功，即成仁，要用集体自杀，报答党国，而绝不受被俘之辱。副师长蔡仁杰、旅长卢醒与他感情极深，有共生死之谊，他俩随之自杀，义不容辞。副旅长明灿、团长周少宾、参谋处长刘立梓，是张一手提拔的亲信，对张也不能偷生。唯参谋长魏振钺、副参谋长李运良心怀异志，不愿同死。张命李运良给蒋介石拟了一个最后的电文，略云：职师与数倍之劲敌血战二昼夜，官兵伤亡殆尽，援军不至，无力再战，为不辱党国使命，抱定不成功、即成仁之决心，发电后，职等集体自杀，以报总统知遇之恩。李运良把电稿交报务员派发后，即在洞口用短剑刺破面部、颈部，鲜血满脸，卧地装死。魏振钺趁乱逃出洞外隐蔽。洞内六人呼喊'国民党万岁，蒋总统万岁'等反动口号，张灵甫命令刘立梓用卡宾枪把五人打死，刘用手枪自杀。"

黄政说，得悉此事后，58 旅军心全散，不再作抵抗而做了俘虏。

"17 日上午 6 时许，我们被俘官佐被带到孟良崮村口，来了一名解放军干部，问我们：'谁认识张灵甫？'我说：'我认识。'他即带领我和陈营长、副官等七八人，

---

① 黄政遗稿《74 军覆灭记》，《镇江文史资料 12 辑》1987 年 1 月。

在一家门外，看到张灵甫尸体躺在一扇门板上，我向尸体鞠了三个躬，我们都哭了。那位干部说：'他是自杀的，又不是我们打死的。'但另一位解放军干部却说：'是我们击毙的。'我当时思想反动，情绪激动地说：'他自杀的也好，你们击毙也罢，张师长抗战立过多次战功。'说着我把张的左腿（笔者注：应是右腿之误）撸起，指着那条瘸腿伤痕给那位干部看，并求要他弄个棺材掩埋他，那位干部说：'我们解放军会这样做的。'"

实录三：原整编第 74 师副师长、重建的 74 师师长（恢复 74 军番号后为军长）邱维达的回忆 [①]

邱维达，孟良崮战役时任整编第 74 师副师长，当时留在南京学习，后任重建的 74 军军长。1947 年 5 月 17 日，孟良崮战役结束的次日，他即随陈诚飞抵徐州和临沂，听取作战汇报，参与收容，查访了有关人员并作有记录。邱维达写道：

"16 日天刚破晓，张灵甫率少数参谋人员一瘸一拐地（他的右腿残废）登上 600 高地，向四周阵地瞭望一通，见各旅阵地上的官兵，仍在忍饥挨渴地顽抗，战况又趋稳定，这个骄傲顽强的张灵甫，伸出自己的大拇指说：'好弟兄！死亦无愧！对得起领袖！'说罢，又向其左右表示：'看样子还可以苦撑一个时辰，快呼叫空军多投些弹药……'话未说完，解放军的炮弹，从四面飞向 600 高地，犹如雷电般的怒吼起来，张灵甫赶紧缩进了掩蔽部……至 10 时许，东 540 高地以及芦山、雕窝相继失守，全师阵地已陷于混战状态。

"10 时稍过，师指挥所通向旅、团的有线电话均告中断，只好利用报话机传达情况，但所收到的情报都是一片悲观失望的消息，不是阵地失守，便是指挥员战死。张灵甫问作战科长刘某：'友军怎么样了？'刘说：'还是没有消息，只有无线电与整 25 师尚可通话，其他都不通。'张又问补给参谋：'弹药还能打多久？'李某说：'携行弹药早用光了，飞机空投的弹药都落在包围圈外面，我们收不到。'张听了这些情况汇报后，长叹了一声：'完了！完了！'说罢，什么事也不过问了，回到自己的掩蔽部内，拿起笔写了两封亲笔信，一封给蒋介石，另一封是给他新娶的妻子王玉龄。给蒋介石的信，是由张灵甫的随从参谋杨国志（笔者注：疑是杨占春之误）带出去的，事后我在俞济时那里见过一次，原文记不十分清楚，大意是，整 74 师固

① 邱维达《孟良崮战后调查记》，《文史资料存稿选编 9 全面内战》（上册），中国文史出版社 2002 年。

守孟良崮，受十倍于我之敌围攻，孤军浴血苦战数昼夜，现已弹尽粮绝援军无望，职决率全师官兵与阵地共存亡，以报党国与领袖培育之恩。待写完毕时钟已报 11 时了……延至 13 时许，芦山、孟良崮阵地又告失守，张灵甫急令参谋人员以及警卫士兵一律参加死守 600 高地指挥所，一面急叫亲信干部卢醒、蔡仁杰、明灿、李运良等到指挥所商议问题，谈些什么，当时无人了解。事后据其随从参谋逃出来向人透露，张灵甫在最后召集几个亲信，怀着沉痛的心情对他们说：血的教训告诉我们，兵骄必败，将骄必亡，事已至此，我们只有一死以报党国。张最后谈了一个家常，掏出爱人的照片，表示向她告别，还指示杨参谋把他的私人文件毁掉，自己将手表、钢笔、望远镜全部砸毁。"

虽然邱维达在该文中点到为止，没有直接描述张灵甫如何自杀，但曾为邱整理回忆资料的人后来在《纵横》杂志上发表过一篇文章，开篇称采访了邱维达，并在文中具体叙述了张灵甫命令下属向他开枪自杀的情节。[①]

实录四：重建的 74 师（后恢复 74 军番号）58 旅 172 团团长刘炳均的回忆[②]

刘炳均是四川会理人，黄埔十期生，1938 年转入 74 军 51 师任炮兵连长，第二次长沙战役后升 58 师炮兵营长，即开始在张灵甫麾下任职。抗战结束他随整编 74 师继续参加内战，在孟良崮战役中负伤，后又归队，在邱维达重建的 74 军中担任 172 团团长。1998 年，刘炳均在《我的人生旅程和八年抗战经历》中，对亲眼目睹 74 师师部在孟良崮战役最后阶段的情景，留下了这样一段记录：

"我于是走进指挥所的山洞，见石洞横宽约八米，深约四米，进洞后就看见师长张灵甫坐在洞子右边中央，背靠石壁，右边坐的是副师长蔡仁杰，左边坐的是我们 58 师师长（笔者注：应是 58 旅旅长）卢醒，他头部负伤，用整个白沙（纱）包着。他们的对面坐着参谋处长刘立梓，洞子左边，满地躺着带伤的十多个官兵，遍地和身上都是血……"

刘炳均与张灵甫对话后走出了洞子。他继续写道：

———————————

① 袁丹武《张灵甫与孟良崮战役》，《纵横》1987 年。

② 刘炳均《我的人生旅程和八年抗战经历》，《会理文史》（第十二辑）。据刘炳均自述，孟良崮战役之时他已是 58 旅 172 团团长。邱维达重建 74 军时他归队任 172 团团长，后率该团参加济南战役，负伤被俘，数月后获释。1952 年起他被遣送劳改农场，至 1975 年冬获得特赦。回到家乡会理后不久，受邀在当地任政协委员。1998 年他写下此文留档，后在当地文史资料刊发。

"这时战斗更激烈，解放军不断发起冲锋，洞口上面山顶突然掉下手榴弹来，那是警卫营的阵地，我心想完了，对方已经占领山顶了。就在这一瞬间，我负了重伤，右胸上部，子弹贯穿，满身是血，我支持不住了，这时我在洞子左边不远，于是勉强走了十多步，进了洞子里面，但见张、蔡、卢三将军像尊神一样，坐在那里不动，我进洞后，即倒卧在左边和一大片负伤官兵躺在一起，这时洞外枪炮声更为激烈，洞里也响起了枪声，我偏头看，只见张、蔡、卢三将军均歪倒在地，刘立梓也倒在对面石壁边（是张灵甫命令刘将军将他们三人打死，刘最后举枪自毁），我目睹此情景，人就昏了过去。一时忽闻耳边狂风怒吼，枪炮声也没有了，睁眼一看，只见洞外天空阴暗，红日不知去向，狂风呼呼在吼，空中飞舞着若干纸片，我意识到，战斗已经结束了。就在这时，忽见三个解放军，走过来站在洞口，向里面张望（当然他们所看见的，全是倒在血泊中的死人），只一瞬间，一言不发转身就走了。"

　　如果说，当年国民党蒋介石宣传张灵甫"临难不苟"自杀是美化、别有用心而不值一信的话，那么在20世纪的60至90年代，当邱维达、黄政、李怀胜和刘炳均这几位留在大陆的原整编第74师各级旧部撰写回忆文章的时候，张灵甫早已被我们的史书定为内战罪人了，他们不会也没有必要再以谎言来为张灵甫之死涂脂抹粉，然而几十年后，他们在大陆不同地方不同时间先后发表的回忆文章中，却仍众口一词指证了一个相同的事实：张灵甫决意自杀成仁，自己命令部下向他开枪执行。其中三位指名道姓说开枪者是74师参谋处长刘立梓，两位并同声说用的是卡宾枪。邱维达转述的是张灵甫身边随从参谋的话，黄政听的是张灵甫身边亲兵的汇报，而李怀胜和刘炳均更是当时在师部山洞现场的目击者，李怀胜还亲耳听了刘立梓的说词。邱、黄、李、刘各自所叙述的情节和时间，大体上也确实能够相互印证，形成了一个可以采信的证据链。

　　为了进一步澄清核实上述74师旧部人员的文字回忆，以及杨占春向王玉龄报告的真实性，笔者又向钟世炎先生查证，当年在山洞里与张灵甫在一起的原整74师军官当中，钟先生大概是至今在大陆唯一的健在者了，也是李怀胜文中所谓张灵甫等人死后"静默站至四周"的十几名副官、随从之一，由于工作关系，他与张灵甫日常接触频繁。他告诉笔者：

　　一、张灵甫最后所在的山洞不大，有二十来个人就很挤了，钟世炎和报务组就挤在一个小角落里。张灵甫在孟良崮上向上级和友军收发的电报，多由他编译，最后发给蒋介石的"成仁"电报，也是由他亲手译发的，原稿后来给组长收起来了。

他获释后见过一本书，首页是张灵甫的大幅照片，还有一些手迹，其中就有最后的电报底稿。

二、张灵甫的死亡时间，在电报发出之后不久，是下午而不是傍晚，钟世炎当时就在师部山洞的现场。

三、张灵甫等人死后，其余的人大都离开山洞跑散了，一部分人去了附近的一个指挥所（笔者注：此点与黄政的回忆吻合，即张灵甫死后，师部有一批人，包括张灵甫的勤务兵跑到了58旅的指挥所哭诉；李怀胜也回忆说，他进入山洞目睹张灵甫等人已死后，与其他人一起逃离了山洞）。

当话题转回到张灵甫究竟是怎么死的，钟先生显得顾虑重重，不愿详述目击的经过。笔者将几位原74师军官回忆张灵甫自杀的情节及杨占春的说法向他求证是否属实，钟先生听后，欲言又止："这件事，几十年来我对这个事情的态度一直是……沉默，反正你也明白的，就那么一回事，你还是让我继续保持沉默吧。"

"那么，张灵甫等人死后，你们有没有与解放军在山洞发生战斗？"

"长官都死了，我们还等在洞里做啥？大部分跑散了嘛！参谋长、副参谋长没死。我出去后躲在一个岩石下面，到后来都听不到枪声了，下了一场暴雨。我是最后打扫战场的时候被俘的，天已经黑了。"

"现在又有一种说法，说张灵甫是被俘后被解放军某干部泄愤枪杀的。以您了解的情况，有这种可能吗？"

钟先生沉默良久，缓缓说道："你要是了解他是怎么样一个人，看过他的最后电报，就知道他会怎么做了。"

五

1947年5月16日夜晚，也是蒋介石的一个难熬的不眠之夜，台湾地区的"国史馆"编撰的《蒋"总统"事略稿》记录了他当天的反应："下午据空军报告，整编第74师现仅据守孟良崮之一个山地，其地面积狭小，空投粮弹均感困难，且敌冒用我陆空联络符号，真伪莫辨，极难监视。公闻之焦虑无已。""深夜，得整编第74师全军覆没之报，忧思不能合睫。公谓：'悲痛之情，晌晌心目，为近来所未尝有也。'"①

第二天，留在南京参加中央训练团学习的74师副师长邱维达一大早就被俞济时的电话吵醒，俞济时在电话里要他即刻到侍从室候命，又不肯告诉他有什么急事。上午9时，邱维达赶到侍从室面见俞济时，才知道74师自昨晚起已经失去电讯联系，现在情况不明，俞济时告诉邱维达，蒋介石要他火速去前方。邱维达走进蒋介石的办公室等候接见，正撞见蒋介石满面怒容在与汤恩伯通电话，他对邱维达没有多说话，只告诉他陈诚正在机场等他，要他立即出发随陈诚同往临沂，去前线负责查明情况，办理善后。由于情况紧急，邱维达连家也来不及回，于上午10时即搭乘陈诚的专机，从明故宫机场直飞徐州。

在徐州的陆军总部，他们先与顾祝同、韩德勤会了面，顾、韩两人对前方的具体战况也不甚了了，只知道根据解放军的广播宣称，整编第74师已经被全歼了。陈诚和邱维达随即又再飞临沂，下了飞机，汤恩伯等人已经在场等候接机。汤恩伯见了陈诚，一开口便失声痛哭："我对不起整74师官兵……"陈诚冷冷地打断他的话："不要提这些了。邱师长赶快去做收容工作吧！临沂所有卫生部队（包括医院和担架队），统由你指挥。"②

邱维达带领卫生队在垛庄、孟良崮战场前后忙了足足三天，毛森等人也参与了救护，收容伤残，掩埋死者，有些重伤兵由于抢救时间耽搁而枉死，收容的伤员几天的怨气全撒在收容队头上，一路上骂声不绝，毛森说，他们只能充耳不闻，尽力安慰。据邱维达的书面报告，他们在战场收容的74师伤员和残部约计四千人。众人在山上找到了蔡仁杰、卢醒等人的遗体，由于天气炎热，尸体已经开始腐烂，运回徐州之后由家属认领回老家安葬。张灵甫的遗体，他们查知已经被解放军运走埋葬了，但是后来国民党军方面始终也没找到墓地的具体位置。

对于张灵甫等人的死，蒋介石极为哀痛，据他的亲近侍卫私下告诉毛森，蒋介石曾经为张灵甫等人默默致哀。毛森在战后根据他在汤兵团所了解的情况，将战役的地

---

① 《蒋中正档案——蒋"总统"事略稿》台湾"国史馆"典藏号002060100224016。一些大陆方面的著述曾传言蒋介石在孟良崮战役期间亲抵徐州督战，笔者经查阅台湾的蒋介石档案关于1947年5月15日和16日两天蒋介石的活动记录，并无此事，唯在记录蒋介石在5月16日的活动时，三次提到他对74师处境的焦虑，第一次即上午8时发出的督战手令，下午和晚上的两次，原文引述如上。

② 参见邱维达《沧桑集》，台湾《传记文学》1992年5、7、8、9月。

形环节、各部队素质、敌我情况、作战经过及失败原因写了一份详细的报告，并附上解放军攻击路线和位置图，到南京面呈蒋介石。蒋介石看后，对统帅部不察前线地形详情，不顾整74师的特点长短，部署错误而让张灵甫和74师因此送死，深感内疚。毛森认为，蒋介石对李天霞先是怒而欲杀之，过后却从轻发落，也与蒋介石看了这份报告而内疚有关。①

为了褒扬"忠烈"，激励遭受重大打击的士气，国民党对张灵甫等人"临难不苟之正气，见危授命之精神"大肆宣传表彰。

1947年5月29日，蒋介石发出《为追念张灵甫师长剿匪成仁通告国军官兵》：

"查共党蓄谋，毁灭国家，制造赤化，挟其绝灭人性之暴力集团，实行全面叛乱，中央鉴于战后人民之疾苦，国力之损耗，非统一莫由图存，非安定莫由建设，不惜再三忍让，委曲求全，冀能获致苏息生养之机，俾免陷于万劫不复之地。无如奸党暴乱成性，迄无悔祸之诚，中央为保障国家之统一，拯救人民于水火，万不得已，乃实施军事绥靖，以挽救国家之危机，保全抗战之成果，凡此苦心孤诣，余已掬诚昭告我全国同胞暨我忠勇之将士，顾自国军进行绥靖以来，赤焰猖獗，迄未少戢，以我绝对优势之革命武力，竟每为乌合之众所陷害，此中原因，或以谍报不确，地形不明，或以研究不足，部署错误，驯至精神不振，行动萎靡，士气低落，影响作战力量，虽亦为其重要因素；然究其最大缺点，厥为各级指挥官每存苟且自保之妄念，既乏敌忾同仇之认识，更无协同一致之精神，坐是为敌所制，以致各个击破者，实为我军各将领取辱招祸最大之原因。若其不惜牺牲一己，以策全局之安危，牺牲本军以赴友军之急难，而确能至死不屈，舍生取义，如我陆军整编第74师全体官兵，在最近鲁南一役之壮烈殉职者，实为国军截击奸党以来最悲壮之史诗，亦为我革命军人莫大之光荣。查该师此次乘胜深入敌巢，当进至坦埠附近地区，遭遇敌四个纵队以上之兵力，血战凡四昼夜，前仆后继，裹伤浴血，愈战愈坚，寻以众寡势殊，奉令退守孟良崮之高地，该地石崖层叠，目标暴露，形成弹巢，数日之间，死亡相继，饮水断绝，粮弹俱尽，全师孤悬，四面受敌，而该师官兵明知无法达成任务，仍以彻底遵奉命令为职志，一心一德，再接再厉，死守阵地，誓共存亡，卒致当时阵亡者，有副旅长明灿等官兵一万余人，最后不屈相率自戕者，有师长张灵甫、副师长蔡仁杰、旅长卢醒、团长周少宾高级将领凡二十余人。呜呼！凄惨壮烈，可谓史无前例，

---

① 毛森《往事追忆——毛森回忆录》，台湾《传记文学》第456号2000年。

"灵甫号"驶抵南京时，王玉龄怀抱一岁幼子与舰长郑天杰上校（右二）和副舰长池孟彬中校等在舰上合影。

能不悲哀痛愤，为我忠勇将士复仇雪恨，继承其遗志大业乎！似此临难不苟之正气，见危授命之精神，允足发扬我革命军人之崇高武德，而无愧为我总理三民主义之真实信徒。综览此役战斗被害之经过，详加检讨，实以地形过于恶劣，遂致损失特别惨重，同时友军应援不力，招此惨败，亦为重大原因。中追念忠烈，既深痛悼，尤增愤激，除特对该故师长以下殉职及负伤官兵分别优予褒恤，用昭国家恤典外，另发临时抚恤费五亿圆，抚慰遗族，以示特恤。至于当时之应援各师，其作战不力者，除整编第83师师长李天霞已革职拿办，交军法审判外，并将邻近各师长与作战应援有关者，迅即查明责任，依法严处，以昭炯戒。自今以后，务望我全体将士惩前毖后，激发志节，同伸义愤，奋患难相共之精神，祛畏葸卑怯之劣性，果能协同一致，互助不懈，首尾相应，左右相顾，则以我国军雄强之威力，彼奸党一切飘窜偷袭之鬼伎，悉将归于粉碎，永无再逞之时，扫除氛燎，克奏朕功，必可计日而待。所以慰我成仁先烈张师长灵甫等之英灵者在此，所以挽救国家危难湔雪国军耻辱者亦即在此。

唯我忠勇许国之全体官兵共勉之！"①

通读整篇通告，就如蒋介石之前和之后的许多言论一样，对于战败之责，总是怨天怨地怨部属，军心民气低迷的根本原因究竟何在，他是不愿意去正视的。

大约一周之后，俞济时和王耀武提请为张灵甫、蔡仁杰、卢醒、明灿等各追晋一级并予褒扬，蒋介石很快核准了提议。1947年7月30日，国民政府发表公报，追赠张灵甫为陆军中将，并颁第3号旌忠状，蔡仁杰、卢醒、明灿、周少宾也均获准追赠一级并予褒扬。

蒋介石还批准将山东的蒙阴县更名为"灵甫县"，将从英国租借的护航驱逐舰"Mendip"号命名为"灵甫"号。1948年5月19日，该舰与"重庆"号巡洋舰一起在英国朴次茅斯军港接收，并于5月26日启程返航。当"灵甫"号于8月14日开抵南京时，张灵甫的夫人王玉龄也应邀出席了典礼，她怀抱此生无缘见父亲一面的一岁幼儿张道宇，和正副舰长郑天杰上校和池孟彬中校在舰船上留下了一张合影。"灵甫"号驱逐舰原定租期八年，1949年，由于"重庆"号起义在先，英方心生忌惮，当"灵甫"号从广州奉调海南岛中途停留香港加油时，英方借机强行收回，舰上官兵也分道扬镳，其中有七十三人起义回到大陆，正副舰长郑天杰、池孟彬率四十余名官兵于5月28日转赴台湾。

1947年8月13日，张灵甫等人的追悼大会在重建的整编第74师驻地安徽滁县举行，灵堂内高悬蒋介石亲自手书的挽联"河岳英灵"，仪式开始时，礼炮齐鸣。出席公祭仪式的有六千余人，南京中央方面原本派俞济时代表蒋介石出席致辞，因俞济时临时有要务，改派中将高级参谋杨学房为代表，在仪式上宣读了蒋介石长达万余言的训词。王玉龄和蔡仁杰、卢醒、明灿等人的遗属也出席了仪式。但王玉龄说，滁县的追悼会只是一个象征性的仪式，由于张灵甫的遗体下落不明，其余人等的遗体也早已由家属运回原籍安葬，会场并没有死者的棺木。②

关于张灵甫的遗体下落，后来也出现了一些不确的传说。

江渭清回忆说：

"我们遵照陈毅同志的指示，将张灵甫的尸体擦洗干净，换上干净服装，弄了口好棺材，入殓以后，通过关系转交给国民党方面接受。"又说："张灵甫的灵柩运到浦口，

---

① 《"总统"蒋公思想言论总集》卷三十七别录1947年秦孝仪编（台湾中正文教基金会网站）。

② 2003年12月笔者与王玉龄女士的访谈。

国民党派大员迎接，蒋介石亲临致祭。"①

《华东解放战争纪实》也有类似的说法：

"蒋介石在南京为张灵甫举行了隆重的追悼会，在玄武湖边立碑纪念(1949年第三野战军解放南京后，拆除了张灵甫的纪念碑)。"②

甚至台湾地区"国防部史政编译局"编撰的张灵甫个人传略也称将张灵甫"公葬紫金山下陵园区"。

蒋介石的确关心过爱将的下落，当时的陕西省主席祝绍周曾特地致电蒋介石，报告了张灵甫西安家人的情况，并称待张灵甫的灵柩运回陕西后将亲自去张府吊唁，以致蒋介石起先以为张灵甫遗体寻获后被家人安葬在了西安，直到大半年后的1948年1月，当他得知解放军将张灵甫运葬在沂水县，具体地点依然不详，蒋介石在俞济时的报告上生气地批示道："当时确报张灵甫灵柩已运回徐州，而今忽报尚在鲁中，此应由何人负责，彻究责任呈报。"③俞济时遂要求山东将领李玉堂协助查寻，之后因战局变化也就不了了之，因此并不存在解放军通过关系交还遗体，国民党大员浦口迎灵之事。至于其他坊间的传说，比如由国民党军方面运回淮阴或滁县另葬，此事连张灵甫的家人都一无所知，更属无稽之谈了。

至于原在南京玄武湖畔的所谓"张灵甫碑"，它的正式名称是"陆军整编第74师剿匪阵亡将士纪念塔"，纪念塔是继任整编第74师师长邱维达所建。1947年9月6日，邱维达根据蒋介石的指示致函南京市市长沈怡，要求市府在城内五洲公园内划出一块地，供建造"陆军整编第74师剿匪阵亡将士纪念塔"。建塔选址最后商定在玄武湖畔翠洲翠红亭旁(今翠洲"南京书画院"的东北侧)，该纪念塔的设计图纸由74师提供市园管处修改，图纸档案现仍由南京相关管理部门保存。纪念塔于1948年3月落成，高约十一米，基座为八角形，塔顶有国民党党徽与鹰展翅雕刻图案，碑座、碑身由白矾石、人造石砌成，石栏内外的花台由市园管处种上刺柏、黄杨球、千头柏、海桐、雪松、石楠等植物。墓碑上是有"灵公升天，天为之泣"之类的碑文，但却不是张灵甫个人的墓葬和纪念碑，也不是他的衣冠冢。新中国成立后，该塔与南京其他国民党

① 江渭清《七十年征程——江渭清回忆录》，江苏人民出版社1996年10月。

② 刘统《华东解放战争纪实》，人民出版社1998年12月。

③ 《俞济时呈蒋中正报告》(1948年2月1日)，台湾"国史馆"《蒋中正档案》典藏号002080200538222。

纪念性碑塔一道被炸毁。①

国民党政府退居台湾后，张灵甫被入祀忠烈祠，台北圆山忠烈祠"武烈士"馆内层层叠叠的众多灵位中，张灵甫至今仍赫然位列第一排前列。不过，熙熙攘攘的中外游客对忠烈祠门外站岗的仪仗兵更感兴趣，广场上每小时一轮的换岗仪式，是如今台北的一个著名观光景点，当年轻的仪仗兵踢着复杂的步操列队穿过广场，两侧的游人举起相机蜂拥着追逐他们的步伐而去，留下背后那一排排灵位，在高大空旷的纪念馆内，寂寞地留守着一段段逐渐尘封的历史。

第十节 栏杆拍遍亦枉然

一

粟裕在总结孟良崮战役的胜利意义和战后山东局势时说："这次战役，我歼敌三万二千余人，彻底粉碎了敌统帅部'鲁中决战'的计划，严重挫败了敌对山东的重点进攻，极大地震动了蒋军内部，有力地鼓舞了全国人民的胜利信心，配合了陕北及其他战场的胜利攻势。战役结束后，敌第1兵团司令汤恩伯被撤职，整编第25师师长黄百韬、第83师师长李天霞等也受到处分。蒋介石多次痛心疾首地说：'孟良崮的失败，是我军剿匪以来最可痛心最可惋惜的一件事'；'真是空前的大损失，能不令人哀痛'；'必须等到我们全军一番起死回生的改造之后，乃能作进一步的打算'。王耀武表示'对74师之失，有如丧父之痛'。蒋介石等的哀鸣，说明了此役给敌人打击之惨重，而所云'起死回生'，不过是一场幻梦。后来的事实证明，经过孟良崮战役，敌人虽仍未放弃对山东实施重点进攻的计划，但其进攻的势头已经被打掉了，并且从上到下真正地被我们打怕了。"②

孟良崮战役之后，山东的国民党军的确沉寂了一个多月时间，沉寂的一个原因，是蒋介石在孟良崮战役后把鲁中和豫北战场团长以上主要军官都召集到了南京受训。原本看似很有胜算的山东重点进攻，竟然一败再败，还出乎意料地把张灵甫和"王牌军"整编第74师也赔掉了，打出如此意外惨痛的结果，"场外教练"蒋介石忧心如焚，

① 参见《玄武湖内的"张灵甫碑"》，李源编著《玄武湖趣史》，南京古籍出版社2001年12月。

② 粟裕《粟裕战争回忆录》，解放军出版社1988年11月。

他急忙叫暂停。

1947 年 6 月 1 日，由集中到南京临时受训的高级将校组成的军官团第三期研究班举行了开学典礼，蒋介石亲自担任团长，他在典礼上愤然训话说："此次孟良崮第 74 师的失败，并且牺牲了忠实英勇的张灵甫师长等四五人之多，固然当时 74 师的部署，不能说没有缺点，而友军不能及时赴援，也是一个最大的原因！……孙子兵法上说：'多算胜，少算不胜，而况于无算乎。'我们现在不但少算，简直是无算，当然非失败不可。"责骂过后，为了鼓励士气，他又号召大家学习张灵甫等人视死如归的成仁精神："最近孟良崮之役，74 师单独抵抗极优势强大的匪军包围，到最后司令部被围自张师长以下高级将领副师长旅长等都是从容自戕，尽忠殉职！他们这种精神，就是总理以来本党无数先烈所发扬的革命精神！他们虽死犹生，这样的死重于泰山！"①

6 月 5 日，蒋介石再次来到军官训练团第三期研究班讲话，一开始他就拿出张灵甫在孟良崮战役之前写给他的那封痛斥国民党军积弊的信函，从头至尾一字不漏地念了一遍，然后说道："我接到他这封信后，精神上受到无穷的刺激，亦为他特别感动，当即复他一个电报。但电报还没有到达，他已经在孟良崮阵地上忠勇殉职了。所以这封信无疑是张师长的绝命书，也是他临死以前对于我们革命全体官兵——上至统帅，下至士兵的一个最沉痛的遗嘱，我这次所以不顾前方军事如何紧急，一定要召集你们在沂蒙山区作战的将领到南京来受训，主要的动机，即由于我读了张师长的这封信，察觉了我们前方军事危机的深重，以及我们高级将领精神道德的堕落。因此我不能不立刻召集大家，把你们个人生死荣辱，革命事业成败利钝的关键，对大家彻底说明，使你们在经过一番血与泪的教训之后，能够有一番彻底的觉悟，真正能够以昨死今生的决心，将个人的精神思想，生活行动，作一番彻底的反省，彻底的改造，对整个军队的战术，精神纪律，作一番彻底的检讨，彻底的革新。如此，我们剿匪军事，庶几可以因祸得福，由此次孟良崮的挫折，而提高我们国军同仇敌忾，雪耻复仇的决心，早日完成我们消灭匪军的任务。果能如此，则张师长虽已殉职，亦可使他在地下安心瞑目，死而无憾了！"②同时，他又讲了一番"师克在和"的大道理，要大家做到"功

①　《国军将领的耻辱和自反》，1947 年 6 月 1 日对军官训练团第三期研究班全体学员讲，秦孝仪主编《"总统"蒋公思想言论集》卷二十二演讲，1947 年台湾中正文教基金会网站。

②　《国军如何能完成剿匪救民的任务》，1947 年 6 月 5 日对军官训练团第三期研究班讲，秦孝仪主编《"总统"蒋公思想言论集》卷二十二演讲，1947 年中正文教基金会网站。

不相争，过不相诿"。

人死了，战败了，痛定思痛，就要开始追究责任总结教训。次日举行的战役检讨会议，是检验与会者表现蒋介石所谓的"功不相争，过不相诿"的最佳试金石。

汤恩伯挨了蒋介石的训斥和陈诚的冷遇，于心有愧，战后他提出辞呈溜到上海托病不出。汤司令官躲起来不见人，期望他勇于担肩膀自承责任是不容易了，其他的主要责任者人人自危，急着设法开脱。

直接责任者之一李天霞无缘与会。孟良崮战役结束的当晚，他从溃退下来的官兵口中得知张灵甫自杀的消息，当场脸色惨白，坐立不安，不是对张灵甫感到问心有愧，而是做贼心虚。他明白张灵甫和74师出人意料落得全军覆灭的下场，蒋介石不会善罢甘休，追究起来自己难逃干系。果然，国防部这回的办事效率出奇的高，没几天便转来蒋介石撤去李天霞整83师师长职务交国防部军法会审的电令。李天霞精神大受刺激，赶紧找人出主意，他接受了副参谋长王鸿范的意见，亲自拟写电复为自己涂脂抹粉，一则吹嘘自己及时派部掩护74师右翼，二则诉说前线指挥易帅换将的问题，又指沂蒙山区作战失利原因是指挥欠当，地形不便，总之是为自己开脱罪责。震怒的蒋介石不予谅解，徐州陆总转来参谋总长陈诚的正式命令："着即撤去李天霞83师师长职务，所遗师长职务由副师长周志道代理，并即到徐州陆军总部报到听候会审。"于是，李天霞只好乖乖上路，到徐州报到。①

另一个难兄难弟是黄百韬。一接到去南京受训的通知，黄百韬心里七上八下，他赶紧要师参谋处绘制详细的战役地图以便汇报，参谋处绘制了地图，他嫌不足以反映他作战的努力程度，还亲自动手涂改。他对当时任整编第25师148旅副旅长的武之棻说："这次孟良崮打仗，汤老总叫我指挥张灵甫，难道张不听李天霞的指挥会听我的指挥！如今吃了败仗，汤老总称病一走了事（住沪避不见蒋），我们就吃不消了。唉，我们是杂牌，紧要关节，谁替我们说话……丑媳妇也不能怕见公婆，到生死关头就不能把真情揭开……看吧！"②

黄百韬一路忐忑到了南京，与他同路一起去的还有整编第9师师长王凌云，王凌云因为战役当时把部队停在巨山观望不前，也是心里发虚。两人先去拜见了顾祝同，

---

① 参见王仲模《孟良崮战役国民党军被歼纪要》，《文史资料存稿选编9 全面内战》（上册）全国政协文史资料委员会编，中国文史出版社2002年。

② 武之棻《黄百韬在南京孟良崮战役检讨会上》，《文史资料存稿选编9 全面内战》（上册）全国政协文史资料委员会编，中国文史出版社2002年。

黄百韬向老上司叹苦经请求帮忙，王凌云回忆说，顾祝同安慰黄百韬，要他别担心，有事他来负责。

接着发生的事，最常被引述的一种说法是，顾祝同为了开脱自己的责任，鼓动黄百韬在会上将责任推到张灵甫头上，于是黄百韬在会上一口气洋洋洒洒讲了两个小时，说张灵甫狂妄自大不听他的指挥，以致落入死地，并且自我表功说率领四个团打到界牌，25师死伤惨重，损失竟达一万余人，于是得到蒋介石的谅解。

这一说法中关于25师的死伤情况颇有不实之处。根据解放军方面发布的战果统计，国民党军在此役中的伤亡，包括整编第74师、83师、25师以及11师、65师、第7军、第5军等增援部队在内，总计约一万三千人（其中包括增援部队伤亡约占六千），华东野战军方面参加孟良崮之战的部队伤亡（不包括阻援部队）大致与之相当，黄百韬仅提供增援就伤亡一万余人，竟然比主角74师还要高出将近一半，显失常理，而且25师能在短短一个多月时间内迅速恢复战斗力，在接下来的山东诸战役中立即担当起主力角色，可见孟良崮战役中它的实际伤亡并不大。另外从情理上说，黄百韬即使对张灵甫有意见，对于一个刚刚战死沙场的友军将领，也不大可能在公开场合直接去贬低死者，况且他明知蒋介石一再在会上大加赞赏张灵甫，岂敢如此放肆？

在战役检讨会上黄百韬究竟说了些什么，武之棻的说法应更接近事实。7月初，黄百韬受训结束从南京归来，如释重负，精神焕发。他召集旅长会议，谈到南京开会的情景，说："蒋介石先听了各旅的战役经过报告，面色显得很不愉快，与会者都感到事态严重。蒋最后讲话时，对张灵甫一再褒奖，对汤恩伯一言带过，说李天霞指挥不当，使张灵甫陷于孤立，而且坐视不救，立即撤职查办关押起来（当场押去），蒋说完，气愤地坐下。轮到我讲话，我简单地报告战况后，接着说：'汤司令叫李天霞指挥张灵甫由垛庄进攻坦埠失利，退到孟良崮。张不服李的指挥，战况直接报告徐州总部不报告李。这是张、李之间的冲突。事为大家所承认，是非功过，我不敢妄加评论。以后汤司令命令整74师改归我来指挥，说实话我一时接不上头。我遵令与张联络，无线电很难联络上。有一次联络上了，我问他现有战力、当前情况，他说得很简单，我用无线电密语与他商量，要他把后方靠近我师。我说这样纵然通临沂的联络被切断，我们还可以利用费县的后方联络点（费县驻有我师一个旅部和一个团），74、25两个师靠在一起，就可以顶得住打。他说，他占领孟良崮山头，阵形已成定局，不能转动了，势必继续打下去。我有一次通知他，你师不能靠近我（我在北桃墟），我改变计划，决心靠近整74师。于是我亲率四个团的兵力，越过作战地境线，增援孟良崮。当时如能争得一个山脚可使解放军不得合围，也好转面向东打，也可以保住西面的安全。我打到界牌以东，伤亡千余，时机已晚，他已经牺牲了。这时我只得停顿，急谋自救。这是经过事情，请总裁调查，若我指挥不当，坐视不救，或是战斗经过不实，请总裁将我立即正法。我别无可说，听候命令。'我报告后休会，继续开会时，蒋介石的颜色松快了一些以后，他讲话说：'汤恩伯不在场，他为什么在作战紧急的关头变更指挥呢？黄师关心友军，能临危救援，还算是好的……'说我还算好，我才把心中一块石头放下来。看开始时的情形，真是险哪……朋友也为我捏一把汗……"①

黄百韬有这一番说辞，也称得上是个"太极"好手，张灵甫退守孟良崮之前，有过错也在张李不和，不关他黄百韬何事；张灵甫退守山地之后，不向他报告详情，不向他靠拢，于是他起初不积极行动事出有因；最后他可是亲自上阵伤亡千余的，可惜为时已晚。三挪两腾，黄百韬乃"关心友军，临危救援"的好汉了。

黄百韬对部下说得轻松，而与他一同与会的王凌云目睹的却是另一番情景：蒋介石听了黄百韬的自我辩解，起先余怒未消，接连说了几声："该死，该死！"结果黄百韬吓得那几天寝食不安。②顾祝同对老部下还算没有食言，他在会上竭力包庇黄百韬。反正张灵甫已死，官场上的人要自保还得相互关照的，但求自保最稳妥的办法，莫过于把责任往不会再开口为自己辩解的张灵甫头上推，于是，张灵甫修路泄露军机，张灵甫撤退未与后方切取联系，张灵甫不注意地形，甚至连张灵甫淮阴战役之后收编三千俘房都罗列出来作为一个败因，理由是据说造成了战场哗变。③至于他战前曾经向上级申诉敌情不明、地形不利、进攻不妥，而上级再三坚持要74师突出进攻，后又接二连三命令固守孟良崮待援中心开花，这些就不复提起了。所谓的检讨的过程，不外乎又是争功诿过的勾心斗角，而检讨结果则牺牲者不仅牺牲而已，还得为机巧者

---

① 武之棻《黄百韬在南京孟良崮战役检讨会上》，《文史资料存稿选编9 全面内战》（上册）全国政协文史资料委员会编，中国文史出版社2002年。关于李天霞收押，此处武之棻回忆有误，蒋介石在1947年5月29日发出的《为追念张灵甫师长剿匪成仁通告国军官兵》一文中已经宣布83师师长李天霞"革职拿办，交军法审判"，李天霞在徐州已被收押没有与会。

② 王凌云《张灵甫部被歼时整编第九师的增援行动》，《文史资料存稿选编9 全面内战》（上册）全国政协文史资料委员会编，中国文史出版社2002年。

③ 在亲身参战的整编第74师各级军官回忆中，未曾见过先前由俘虏收编的士兵在战场哗变的说法，仅有少量战役当时被俘的解放军士兵乘74师阵地动摇之机抢夺武器的个别情况发生，但这与收编俘房兵战场哗变完全是两回事。

承担责任,张灵甫若是在天有灵,恐怕得痛苦地认同陈毅对他牺牲"毫无意义"的评语了。蒋介石最后也是无可奈何,只得下不为例,指示说今后叫谁守点,粮、弹由他(蒋)负责空投,如果救援不力,致使守点失败,对救援的部队尤其是部队长,一定要以"剿匪"不力处以极刑,再有像黄百韬的行动,定以军法从事,决不姑宽。①

对于国民党军中的积弊,蒋介石也想竭力扭转治理,他在军官训练团开幕讲话中谈到集训的目的,开宗明义:"这是因为我鉴于鲁中豫北各战场最近的表现,认为我们前方将领对于剿匪军事和政治的意义,还没有彻底认识,不能确立必胜的信念,同时我们多数将领的精神疏懈,道德低落,也属毋庸讳言。大家都养成自保自足的恶习,只看到自身带领的一部的利害,对于友军的危难,整个战局的成败,几乎是漠不相关;以致我们革命军同生死共患难的传统精神和我们军人智信仁勇严必备的武德完全丧失。我们的军队纪律如此废弛,精神如此低落,要与凶顽狡猾的匪军作战,绝无幸免于消灭的道理。"②

遵照蒋介石要众将领阅读张灵甫写给他的那封"剿匪感言"并提呈反省感想的指示,事后,欧震、胡琏、邱清泉、黄百韬、方先觉等人都纷纷报来书面感想和建议,意见比较集中在指挥机制僵化死板,上级命令与前方军情脱节滞后,又未给予前线指挥官较大的自主权;整编师三旅六团制的缺陷;高级指挥部应派员驻前线部队直接监督考察部队长的表现以及时赏功罚过等等。蒋介石这时又想起张灵甫生前写过"共军优点及我军缺点"的研究报告,他指示陈诚加以改进,为此薛岳奉令专门对张灵甫的报告逐条研究,并将他的对策和改进办法列表呈报蒋介石。半年后,国民党军全面取消了整编师,恢复了原来的三师九团编制的军编制,为了对部队随时进行监督,国民党军此后开始实行战地视察制度,由视察员向蒋介石报告各部队长的情况,奖优罚劣。

然而,就像重症癌症患者,腐朽的国民党军已经是病入膏肓,若干治标不治本的措施不过是走走过场,难以挽救它的沉沦和失败的命运,任凭蒋介石疾言厉色,忧心如焚,国民党军"各自为谋,同床异梦"的顽疾不但不时发作,而且还愈演愈烈,这样一支整体上纪律废弛、精神低落的军队,又怎堪与有明确理想并勇于牺牲、团结奋斗的解放军相较量呢?所谓反省总结,不过徒然把"栏杆拍遍"而已,于是牺牲者继

---

① 参见王凌云《张灵甫部被歼时整编第9师的增援行动》,《文史资料存稿选编9 全面内战》(上册)全国政协文史资料委员会编,中国文史出版社 2002 年。

② 《国军将领的耻辱和自反》,1947 年 6 月 1 日对军官训练团第三期研究班全体学员讲,秦孝仪主编《"总统"蒋公思想言论集》卷二十二演讲,1947 年台湾中正文教基金会网站。

续牺牲，机巧者依然得志，直至全国战场一败涂地。

二

黄百韬虽然如此这般惊险过关，他在孟良崮战役中的作为还是引起了部分黄埔系将领的哗然，在接下来的山东战事中他不得不将功补过，表现格外积极，与张灵甫一样作战拼起命来，他在山东战场上反倒继承了张灵甫的衣钵，因此逐渐赢得了蒋介石的欢心。一年之后，黄百韬升任国民党军第7兵团司令，在豫东战役中还开创了国民党军兵团司令坐坦克亲自带队冲锋的先例，并在战役结束后获得青天白日勋章。只是好运不长，1948年11月，淮海战役打响，当上兵团司令不久的黄百韬和他兵团的四个军首先在碾庄陷入了解放军的重围，十万人马被挤压在狭长的阵地。也是固守待援的期盼，也是"党国安危在此一战"的勉励，也是援军（邱清泉、李弥两兵团）正在奋勇挺进的安慰，杯水车薪的空投，越缩越小的阵地……一切的一切，孟良崮上的那一幕，又在碾庄一一重演，只是这次的主角换上了黄百韬自己。当顾祝同飞临碾庄上空，告诉黄百韬援军受阻，要他考虑自行突围向援军靠拢，黄百韬长叹一声，他明白，这意味着援军没有指望了。

他恨恨地对部下说："反正是个完，突围做什么？这狼狈样子给邱清泉看着快意吗？（黄、邱二人芥蒂很深），不如在此地一个换一个打下去，最后不过一死，也对得起党国和总统、总长，叫黄埔同学看看，也好鼓励他们以后不要再勾心斗角，只图私利。万一党国转危为安，也是我们的贡献。"此时此刻的黄百韬，悲愤的心境与孟良崮600高地山洞里的张灵甫何其相似！在痛骂友军"勾心斗角，只图私利"的时候，不知黄百韬脑海里是否浮现出比他先走一步的难兄难弟呢？1948年11月22日，第7兵团全军覆灭，黄百韬步了张灵甫的后尘，战败自杀。

时过境迁，李天霞被收押后不久交保候审，他在南京和上海的几个小妾之间过起纸醉金迷的生活。1947年12月，他的案子经过审讯，呈报蒋介石的结论却是："经顾总司令汤司令迭电证明属实，是该李天霞对于此次战役尚无作战不力之处……再查其在北伐抗战诸役向极英勇，迭著功勋，奖叙有案。值此剿匪戡乱需才孔殷之际，该员既经撤职示儆，拟请从宽免予刑事处分，俾图报效等情。前来查该李天霞对于整编74师失败责任，既经秦次长等讯明，并无违抗救援命令或作战不力情节，似可准如所拟，从宽免究。"①一年之后，李天霞被既往不咎重新起用，当上了第 73 军的军长。这种既无道德又无武德的败类居然还能复出执掌兵权，据说是他花钱打点的结果，落到如此不堪地步的国民党军，真是"党国"不灭，天理难容了。1949 年 8 月中，福州解放，守军李延年兵团残部南逃平潭岛继续防守，部队包括 73 军和淮海战役后再次重建的 74 军残部。李天霞本性难移，在平潭岛他不听命令擅自撤退，李延年和李天霞因此在台湾受到军法审判，他把责任都推到了李延年的头上，说是李延年命令撤的。先期撤台的李延年有口莫辩，自认作为上级指挥官，作战失败自己也应担起责任，据说也不推托，后被判罪，出来之后生活颇为潦倒，1973 年病死于台北。李天霞自己也没有好下场，当年他和李延年一同获罪，放出来后却比李延年活得自在，李天霞在大陆喝足了兵血，手头钱很多，出来之后狂嫖滥赌劣性不改，他在台湾曾诱女成奸，之后将该女送给另一个军中高官，该女嫌高官老丑，暗自与一个年轻团长相好，李天霞串通高官将该团长诬为匪谍枪决，又将该女害死，弃尸河中。另外他还利用旧关系，集资搞了一个造船公司，向客户下了大订单，但集资的钱却被他狂赌输得七七八八，造船公司到期要他付款不果，于是就起诉，后来连出资人也起诉，最后变成了诈骗案件。诈骗就不是民事纠纷，而是刑事案了，李天霞不仅倾家荡产，而且再次入狱，这大约是 20 世纪 60 年代初的事。李天霞知道自己彻底完了，关在里面同意年轻的太太离婚，太太后来嫁了个空军军官去了美国，热心为他太太帮忙办理赴美手续的人，正是已经定居美国的张灵甫的夫人王玉龄。

由邱维达负责重建的整编第 74 师也不得善终。当初邱维达临危受命接替张灵甫之职，以安徽滁州为基地，在 74 师后方补充团四千余人的基础上，收容归来的负伤官兵，加上 1947 年秋冬一批获释的原 74 师中下级军官陆续归来，邱维达重建了整编第 74 师，次年恢复番号为第 74 军。在淮海战役中，第 74 军归属邱清泉兵团，继黄百韬和黄维兵团相继覆灭后，第 74 军在陈官庄与邱清泉、李弥兵团一同被歼灭，邱维达被俘。但是已经升任中将军长的邱维达却没有与杜聿明、王耀武、文强等人一同成为战犯，他在下半生有幸成了解放军的一员。在战俘营中，邱维达得知华东野战军政治部副主任钟期光，就是与他从小玩到大的同学好友，邱维达十分高兴，他写信与钟期光取得了联系，钟期光得信后还到战俘营亲自看望过他。1950 年 3 月，邱维达光荣参军，与

① 《陈诚呈蒋中正审讯李天霞作战不力一案》（1947 年 12 月 11 日），台湾"国史馆"《蒋中正档案》典藏号 002020400022035，注：秦次长指秦德纯。

魏振钺等人一起成了解放军南京军事学院的教员，八年后他转业到江苏省担任厅级参事，90年代赴香港定居，1996年在南京病逝。

相比之下，原74师两个被俘的旅长陈嘘云和陈传钧就没有那么幸运。陈嘘云成了战犯，直到1975年最后一批战犯特赦才获得自由，他获释后回到了南京，担任过市政协委员。而陈传钧被俘后似最后下落不明，据《败军之将——折戟》所说，他因改造态度较好被提前释放了，而有人却回忆说，陈传钧因罪恶深重、抗拒改造之名在50年代初被处决了。如果真有其事的话，从时间上推测，陈传钧有可能是在获释回乡之后，在镇反的时候被地方上当作"反革命分子"镇压了。

尾　声

尘归尘，土归土

南京城东的西华门一带，中华人民共和国成立前原是达官贵人聚居的别墅区，不少民国高级将领在此安家落户。邱维达和邱清泉就曾经在西华门三条巷对门而居。张灵甫与他们也是近邻，他的公馆位于隔壁二条巷的焦园一号（后改为二条巷51号）。这是一座面积三百多平方米的花园别墅，一栋单层楼的小洋房占地三分之一，其余三分之二的花园种满了花草树木，两排矮冬青围着一个花坛，坛中种满了各色芬芳的花卉。

这个花坛还是男主人亲手绘图设计的。当年张灵甫接到从首都出征命令的时候，他刚买下这座小洋房作为送给新婚夫人的礼物，正在准备乔迁新居。一旦踏上内战的最前线，张灵甫便身不由己，他在华东战场处处替蒋介石打头阵，一直没有回家，搬家一事悉交夫人处理。张灵甫对于家居布置极为讲究，还醉心于花草园艺，即使行军打仗，只要在某处稍微多扎一段时间日，也要人将他的住处四壁裱糊一番，名轴满墙，鲜花盈室，舒适怡情。对于新居，远在前线的张灵甫无暇分身他顾，但是在战役的间隙抽空画了新家的装修图寄给夫人，一一标示如何装修摆设，尤其是花园里的花坛，自己精心设计不算，还详细交代该种些什么花草，好让花坛保持一年四季鲜花常开。

直到第二次涟水战役后回南京觐见蒋介石，张灵甫才得空回家休假，第一次看到了自己画中的新家。他一进家门，上下看了看，长叹一声道："这是我一生中第一次住上太太亲手布置的自己的家。"以前戎马倥偬，张灵甫居无定所，所居皆非其名下财产。可惜他无福消受这所美丽的花园别墅，只在这里住了短短一个星期，就匆匆告别即将临产的爱妻，又为他的蒋校长披挂上阵去了，这一去，他就再也没能回来住上太太亲手布置的自己的家。

内战造成国家的灾难与生灵的涂炭，积极参与内战的张灵甫，不仅落得"将军百

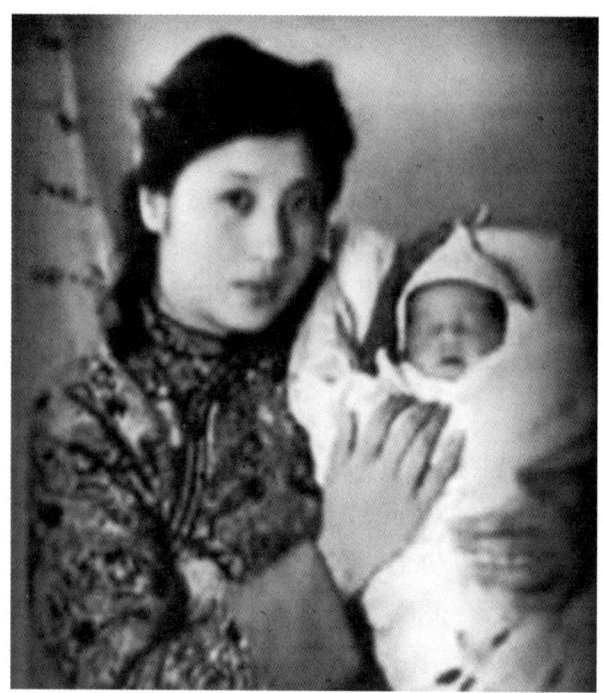

王玉龄怀抱刚出生的幼子张道宇

战声名裂"的悲剧结局,也给自己的家人带来了不幸。

1947年4月下旬,山东战场战火正炙,前线隆隆的炮声,在南京却显得十分遥远,电台里喋喋不休的报道,总是"鲁南国军势如破竹"一类的捷报,首都依然歌舞升平。焦园一号年轻的女主人,在花团锦簇中满心欢喜安详地等待孩子的降临,丝毫不觉厄运已经在头顶徘徊。

小生命终于如期呱呱坠地,前一晚刚从西安赶到南京守候孙子出世的张鸿恩一听见婴儿清亮的啼哭声,欣喜地在门外面南而跪,虔诚地感谢上苍的赐予。

张灵甫是在沂蒙山区崎岖的行军道上得知幼子降生的消息。他的少尉侍从官朱夜将师长夫人的报喜电报呈交师长,张灵甫阅后,淡然一笑,随后默然上马独骑而去。朱夜感叹道:"战争往往使我们遗忘了自己,作为一位将领,他当时的心情不是外人能够体会的。"

张灵甫的心情并不好,当时正是74师与华东野战军在临蒙公路激战之时,在给妻子的回电中,他对幼子的出世表示高兴之余,多少透露出对战况的隐忧,他向妻子

赴美留学期间的王玉龄

暗示部队在山区作战的艰危，在电报里无奈地叹道："此真所谓之一喜一忧也！"

1947年5月16日下午，张灵甫在孟良崮的山洞里结束了自己的人生。此时，他的夫人王玉龄怀抱尚未满月的儿子张道宇，正在南京家中坐月了。没人敢告诉王玉龄张灵甫已死的噩耗，怕正在坐月子的她经不起如此沉重的打击。张灵甫在以往隔三岔五会往家里打电话、打电报或者写信问候，多日不见丈夫的消息，王玉龄心生疑虑。每当她问起张灵甫有无来电来信，家人总是支吾以对："可能前线战况激烈，他近来无暇分心，过一阵会有消息的。"

纸终究包不住火。王玉龄从家人的闪烁其词和不自然的神情中嗅到了不祥之兆，但是她不愿相信命运会对她如此残酷，仍自欺欺人地幻想丈夫会突然回家。终于有一天，王玉龄在报纸上读到了张灵甫兵败自杀的报道，她泪流满面，几乎崩溃了。

"我都快要疯了，我妈妈说我说话也前言不搭后语了。我时常一个人出去满城乱走，到玄武湖畔，在过去我和他常去散步的地方，坐在那里长时间地发呆，痴痴地回忆和他在一起的短暂时光。我那时只有19岁，很天真，虽然知道打仗很危险，可是从来没想到他会死，我实在接受不了。因为没有找到他的遗体，他死后一年多，我都沉浸在他会突然回家的幻想当中。"

王玉龄最终还是得面对现实。1948年底，钟山风雨飘摇，王玉龄随南京总统府先撤到厦门，继而转往台湾。次年，母亲罗希韫和不到两岁的儿子张道宇也搭机从长沙辗转与她在台团聚。

当时败退到台湾的国民党政府，只顾忙于巩固小岛上的政权，一面还得依靠残兵败将守护台湾，经济上也捉襟见肘，根本自顾不暇。王玉龄虽然顶着一个"烈属"的名分，并没能得到多少特别的照顾，与邱清泉、黄百韬等人的遗属一样，她们每月能领取的抚恤金，仅够温饱而已，大家不得不收起以前的排场，不过她们身份特殊，若是有意申请，额外的补助还是可能再得一些，但是王玉龄不愿意靠着丈夫的余荫向国民党政府或蒋介石伸手要钱。

张灵甫没有留下多少遗产，他收藏的古董书画大多留在大陆没能运走，后来也都下落不明。王玉龄起先靠抚恤金和亡夫留下的不多现金积蓄维持生计，去台的原74师（军）旧部对老军长的故人也还多有关心，令王玉龄感怀人情冷暖。不过靠积蓄和故人的关心总非长久之计，一直养尊处优的年轻将军夫人决心自力更生。有人介绍王玉龄到某个军方机关做事，可是她不愿意做花瓶式的工作，打算趁年轻在学业上继续提升自己，学有专长才好自食其力，于是她申请到美国纽约大学会计系留学，完成大学学业。

王玉龄决定离台去美，也与台湾当时恶劣的政治环境有关。20世纪50年代初，国民党对内大力整肃异己，不时有人被指共谍而忽然失踪，政治气氛一片肃杀。有个与王玉龄有过点头之交的军官，是某军长的儿子，一个十分儒雅精干的年轻人，后来也因共谍罪被捕枪决。这个军官曾经在一些社交场合试图接近过王玉龄，因此竟连累王玉龄也差一点被特务机关审查，所幸她在台湾军界高层熟人不少，才未受到池鱼之殃，不过高官朋友也对她善意提醒说："今后交友要谨慎。"连张灵甫的夫人也险些不得安宁，当时台湾的白色恐怖程度可想而知，王玉龄感到很压抑，她希望远离政治纷争，到美国去呼吸自由的空气。

去台之后，王玉龄与当时的国民党军陆军总司令孙立人夫妇来往密切，孙将军夫妇有意收她做义女，碍于王家家规，女儿不得认外人为父，王玉龄对孙立人夫妇以姨爹姨妈相称，宛若家人。孙立人曾经留学美国，作风洋派，周末假日经常在家里举行舞会，王玉龄是他家的常客。在孙立人的关照下，王玉龄顺利得到了美国签证。1952

年圣诞前夜，24 岁的王玉龄辞母别子，只身一人飞抵美国，次年夏天，她在纽约大学开始了留学生涯。

王玉龄赴美读书全属自费，她没有向蒋介石政府申请任何资助，作为一名留学生，她不但要自负在美的昂贵学杂费，还得赡养台湾的老母和幼子，长此以往，不免要坐吃山空，王玉龄不得不开源节流，学习之余开始了兼职打工。

那是一段不堪回首的艰苦日子，白天上课，课余时间去找工作、打工，晚上回家还要强打精神复习准备第二天的功课。"当时的感觉就一个字：累。我最大的愿望是，让我足足睡上一个月不要起来才好。现在回想起来，都不敢想象当时自己是怎么过来的。"当王玉龄忆及早年在美国的留学往事，仍然相当的感慨。

所幸苦尽甘来，1958 年，王玉龄终于半工半读完成学业毕业了，她在一家五星级酒店的财务部门找到了专业对口的工作，公司里没有人知道她过去的身份，昔日的将军夫人成了一名自食其力的白领丽人，后来经过几次的工作转换，她在美国航空公司安定下来，专事财务工作。有了稳定的工作，王玉龄把母亲和儿子从台湾接了过来，一家人从此定居美国。

工作之余，王玉龄把主要精力投入了当地的华人社团事务，在美国侨界颇为活跃，还在 20 世纪 70 年代初担任了两任华美协会的主席，热心为华侨排忧解难，指导新移民的学习、工作，协助他们适应在美开始新的生活。

活跃于美国侨界的王玉龄受到了大陆有关部门的关注。一天，她从加拿大收到了一封神秘来信，信寄自中国驻加拿大使馆，信中礼貌而热情地邀请她有空可以回大陆访问，信的落款署名，是中国驻加拿大大使黄华。这封完全出乎她的意料的邀请信，使王玉龄本已平复的心境平地起了波澜。大陆是她魂梦萦绕的祖国，那里有她的故乡和亲朋，也有她的伤心之地。当时大陆正处在"文革"中后期，从西方世界看中国，大陆的一切似乎都笼罩在铁幕之下，以自己已故丈夫的"反动派"身份，王玉龄对张灵甫昔日政治对手的邀请，不知如何自处，要不要回去看看？她迟疑不决。

沟通和交流逐渐融化了心中的坚冰。1973 年，王玉龄终于踏上了回国的秘密旅程，在大陆有关部门的安排下，此后几乎每年她都受邀回国，从广州到北京，她走访了大江南北的许多地方，二十多年的隔阂，故土的一切，熟悉而又陌生，她见到了许多久违的亲友，受到有关部门领导人的接待。1975 年，王玉龄还在北京受到邓颖超代表病重的周恩来总理的亲切接见。随着中美建交和中国大陆的逐渐开放，王玉龄与大陆方面的交往也不复神秘。20 世纪 90 年代中，她携九十多岁高龄的老母回国定居，满足

1975年邓颖超在北京会见王玉龄

母亲叶落归根的愿望，她也与张灵甫在西安留下的一对儿女张居礼和张云芳取得了联系。

大儿子张居礼在中华人民共和国成立时还是个少年人，比较幸运的是，学校里的老师同学虽然都知道他的身世，大家还是对他一视同仁，他没有因此受到委屈。高中毕业的时候，高考政策还没有搞唯成分论，张居礼得以顺利考入陕西师范大学的物理系，毕业后在西安第四十一中学执教，常年被评为先进。可是"文革"中张居礼还是没能躲过政治风暴，被隔离审查，不过他工作一向谨小慎微，教学勤恳努力，除了父亲的阴影，造反派也实在审不出他有什么政治问题。"文革"后，张居礼先生在政治上翻了身，他在80年代后长期担任陕西省政协常委、民革西安秘书长等职，现在虽已过了退休年龄，仍受聘为西安市政府参事，经常参加社会活动。

他的姐姐张云芳则经历相当坎坷。50年代初，张云芳在西安的一家医务中专读书，毕业后分配到蓝田县医院工作，不久她在1957年的反右运动中被定为右派分子，其实张云芳并没有什么出格的言论，仅仅由于出身关系，院方便把分到的右派名额扣到

王玉龄和张道宇、李仙洲之子在京出席会议的合影。

了她的头上，后来在"文革"中她更被升格为现行反革命而投入了监狱，备尝艰辛，直到"文革"结束之后才沉冤昭雪。现在张云芳已经退休，与丈夫和家人在蓝田安享晚年。

跟随母亲移居美国的张道宇，大学毕业后在纽约工作，不久，他与赴美经商的台湾女孩方晓梅邂逅，结为情侣，意外发现自己未来的岳父竟然是著名的国民党军将领方先觉将军。张灵甫的幼子与方先觉的幼女联姻，这门将门了女的姻缘真是一个戏剧化的巧合。张道宇夫妇早在20世纪70年代就开始经营自己的公司，在美国、台湾地区和东南亚地区都有业务，时常为生意穿梭各地，成了"空中飞人"。20世纪90年代初，张道宇先生开始在大陆投资经商，如今更把主要精力集中在大陆的事业上。

2005年9月3日，中共中央统战部在北京隆重举行纪念中国人民抗日战争暨世界反法西斯战争胜利60周年大会，国家领导人胡锦涛、温家宝等都出席了纪念活动，并在大会上发表了讲话。在座的与会代表中，有一群身份特殊的人物，他们是由统战部特邀前来北京参加纪念活动的海内外原国民党抗日将领的遗属，其中一位仪态雍容的老夫人格外引人注目，她就是与儿子张道宇一起受邀前来参加纪念活动的王玉龄女士。会议期间，她以原国民党抗日将领张灵甫遗属的身份，从国家领导人手中受领了"中国人民抗日战争胜利60周年纪念章"。

上海浦东天逸静园——玫瑰园外景。

半个多世纪的岁月流逝，昔日国共之间你死我活的血腥已经淡去，胜利者有足够的自信和气度超越意识形态的樊篱，对昔日对手的功过是非给予客观公正的评价。张灵甫的家人也早已走出了历史的伤情，王玉龄还曾经应粟裕的侄子粟刚兵先生之邀与之会面，彼此相逢一笑，叹一声"不是冤家成对头"，坦然煮酒论史。

2004 年，家人在上海的天逸静园的玫瑰园为张灵甫立了一个灵位，玉色的大理石碑，左上方印着逝者大幅的黑白头像，身着皮衣，头戴美式军帽，英俊非凡，头像下端篆刻着他的生卒年月：1903—1947。

一切已经过去，过去的一切皆成了历史。

诚如西人所言：尘归尘，土归土。

本书参考资料

一、 档案资料、军战史

《中华民国史档案资料汇编·第五辑 ·第一编军事（二）》中国第二历史档案馆编 江苏古籍出版社 1994 年 5 月

《中华民国史档案资料汇编·第五辑 ·第一编军事（五）》中国第二历史档案馆编 江苏古籍出版社 1994 年 5 月

《中华民国史档案资料汇编·第五辑 ·第二编军事（一）》中国第二历史档案馆编江苏古籍出版社 1998 年

《中华民国史档案资料汇编·第五辑 ·第二编军事（二）》中国第二历史档案馆编江苏古籍出版社 1998 年

《中华民国史档案资料汇编·第五辑 ·第二编军事（三）》中国第二历史档案馆编江苏古籍出版社 1998 年

《中华民国史档案资料汇编·第五辑 ·第二编军事（四）》中国第二历史档案馆编江苏古籍出版社 1998 年

《中华民国史档案资料汇编·第五辑·第三编军事（一）》中国第二历史档案馆编 江苏古籍出版社 1999 年 9 月

《中华民国史档案资料汇编·第五辑·第三编军事（二）》中国第二历史档案馆编 江苏古籍出版社 1999 年 9 月

《中华民国史档案资料丛刊 抗日战争正面战场》（上、下）中国第二历史档案馆编 江苏古籍出版社 1987 年

《上高会战战史资料选编》（上、下）

中国台湾"国史馆"蒋介石档案（原大溪档案）

· 《蒋中正革命文献——军调期间中共扩大叛乱情形（下）》

· 《蒋中正革命文献——戡乱军事：华中方面（一）》

· 《蒋中正革命文献——戡乱军事：一般策划与各方建议》

· 《蒋中正档案——特交文电》

· 《蒋中正档案——特交文卷》

· 《蒋中正档案——事略文稿》

中国台湾"国史馆"其他原始档案

· 与张灵甫和整编第74师（军）有关的原始函电

· 陈诚档案《石叟丛书》（计划；总统手谕影存抄本）

· 《中华民国重要史事》（台湾"国史馆"资料库）

台湾"国防部"永久（史政）档案

· 《陆军整编第七十四师阵中日记》

[案名：陆军整编师阵中日记（整七十四师）]

《日军侵华战争》王辅著 辽宁人民出版社 1990 年

《中国抗日战争正面战场作战记》郭汝瑰主编 江苏人民出版社 2005 年 1 月

《中国事变陆军作战史》日本防卫厅防卫研究所战史室田琪之齐福霖宋绍柏译 中华书局 1983 年

《昭和十七、十八 (1942、1943) 年的中国派遣军》（上）日本政府防卫厅防卫研究所战史室吉林省社会科学院日本问题研究所贾玉芹译 中华书局 1984 年 1 月

《昭和十七、十八 (1942、1943) 年的中国派遣军》（下）日本政府防卫厅防卫研究所战史室吉林省社会科学院日本问题研究所高书全译 中华书局 1984 年 10 月

《长沙作战》日本防卫厅防卫研究所战史室 天津市政协编译委员会译 中华书局 1985 年

《湖南会战》日本防卫厅防卫研究所战史室 天津市政协编译委员会译 中华书局 1985 年

《中国人民解放军全国解放战争史》(第一卷) 唐义路主编 军事科学出版社 1993 年

《中国人民解放军全国解放战争史》(第二卷) 刘冰、李庆丰主编 军事科学出版社 1996 年

《华东解放战争纪实》刘统著 人民出版社 1998 年 12 月

《第三野战军战史》南京军区《第三野战军战史》编辑室著解放军出版社 1996 年

《百杰之旅——二十军史话》杭州出版社 1999 年

《一代劲旅》黑龙江人民出版社 1988 年

《中国人民解放军第二十四集团军军史（暂定稿）》陆军第二十四集团军军史编写办公室著（出版社不详）

《25 军第三次国内革命战争史》（草稿）

《中国人民解放军第二十七军第三次国内革命战争史》中国人民解放军第二十七军司令部编印 1956 年 10 月

《解放战争战略防御回忆史料》（出版社不详）

《转战淮南》新四军第二师史料专册（资料来源：新四军网站）

《涟水保卫战》中共涟水县委党史办公室编 江苏人民出版社 1989 年

《孟良崮战役资料选编》（出版社不详）

《孟良崮战役》中共山东省委党史资料征集研究委员会 中共临沂地委党史资料征集委员会编 山东人民出版社 1987 年

《华东军区第三野战军第三次国内革命战争史资料选编鲁南会议华东全军整编莱芜战役》（出版社不详）

《中华民国史（第三编第九卷）从抗战胜利到内战爆发前后》汪朝光著中华书局 2000 年

《戡乱战史》台湾"国防部史政编译局"编撰出版

《国民革命军战役史第五部——戡乱》台湾三军大学编撰 "国防部史政编译局"出版

《绥靖纪实》谢声谥等等编 徐州绥靖公署 1947 年

《徐州绥靖概要》谢声谥等等编 徐州绥靖公署 1948 年

《找回失落的记忆：陆军七十四军与马祖》刘增泉台湾连江县社会教育馆 2000 年

《戡乱战争全史——怎样失去大陆》耿若天（网络版）

《国民党军简史》曹剑浪著 解放军出版社

《国民革命军沿革实录》威厚杰等编 河北人民出版社 2001 年 1 月

《中华民国史事日志》郭以廷（网络版）

二、文史资料

《原国民党将领抗战亲历记——813 淞沪会战》全国政协文史资料研究委员会编中国文史出版社 1987 年

《原国民党将领抗战亲历记——南京保卫战》全国政协文史资料研究委员会编中国文史出版社 1987 年

《原国民党将领抗战亲历记——徐州会战》全国政协文史资料研究委员会编 中国文史出版社 1985 年

《原国民党将领抗战亲历记——武汉会战》全国政协文史资料研究委员会编 中国文史出版社 1989 年

《原国民党将领抗战亲历记——闽浙赣抗战》全国政协文史资料研究委员会编中国文史出版社 1995 年

《原国民党将领抗战亲历记——湖南四大会战》全国政协文史资料研究委员会编中国文史出版社 1995 年

《抗日将领回忆江西抗战亲历记（之二）》江西文史资料选辑总第十七辑

《文史资料存稿选编 9 全面内战》（上册）中国文史出版社 2002 年

《文史资料存稿选编 19 军政人物》中国文史出版社 2002 年

《中华文史资料库第六卷》中国文史出版社 1996 年

《中华文史资料库第九卷》中国文史出版社 1996 年

《围追堵截红军长征亲历记》（上）全国政协文史资料委员会编审组编 中国文史出版社 1990 年

《文史资料选辑》中华书局 1961 年

《民国时期的陆军大学》（江苏文史资料第 79 辑）

《文史资料精选》（第十一册）中国文史出版社

《广东文史资料第三十七辑黄埔军校回忆录专辑》广东人民出版社 1982 年 12 月

《第一次国共合作时期的黄埔军校》政协全国委员会文史资料研究委员 文史资料出版社 1984 年

《黄埔军校史料 1924—1927》广东革命历史博物馆等编 广东人民出版社 1994 年

《黄埔军校史料 续篇 1924—1927》广东革命历史博物馆等编 广东人民出版社1994 年

《黄埔军校同学录》湖南省档案馆校编 湖南人民出版社 1989 年 7 月

《甘肃文史资料选辑第 1 辑》政协甘肃省委员会文史资料研究委员会 1986 年 8月

《成都文史资料选辑第 13 辑》政协成都市委员会文史资料研究委员会

《安徽文史资料选辑第 11 辑解放战争时期史料专辑（上册）》政协安徽省委员会文史资料研究委员会 1982 年

《镇江文史资料第 12 辑》政协江苏省镇江市委员会文史资料研究委员会 1987 年1 月

《陕西省文史资料选辑第 17 辑》政协陕西省委员会文史资料研究委员会 1984 年9 月

《泰安郊区政协文史资料选辑第 2 辑》泰安郊区政协文史资料研究委员会 1982年 11 月

《三原文史资料第 4 辑》1987 年

《德安文史资料选辑第 2 辑》

《祁阳文史资料第 2 辑》

《湖北文史资料》2002 年第 11 期

《贵州文史资料选辑第 28 辑》

《常德文史资料第 3 辑》《镇江文史资料第 12 辑》1987 年 1 月

《板塘文史资料第 2 辑》政协湘潭市板塘区委员会文史资料研究委员会 1988 年 1 月

《蓬安文史资料选辑第 2 辑》

《会理文史》（第十二辑）

《中外杂志》（台湾）（1987 年 42 卷第 1、5 期；1988 年 43 卷第 2、6 期）

三、 人物传记和回忆录

《张灵甫"烈士"传》台湾"国防部史政编译局"1959 年

《民国高级将领列传》（第五集）王成斌、刘炳耀、叶万忠等著 1999 年 1 月

《百战将星皮定均》张凤雏著 解放军文艺出版社 1997 年 7 月

《百战将星成钧》谢雪畴、郭晓晔著 解放军文艺出版社 2000 年

《毛泽东传》中共中央文献研究室编 金冲及主编 中央文献出版社 1996 年 8 月

《蒋介石传》布赖恩·克罗泽著 内蒙古人民出版社 1995 年 7 月

《中华民国国民政府军政职官人物志》刘国铭主编 春秋出版社 1989 年

《中国国民党九千将领》刘国铭主编 中华工商联出版社 1993 年 10 月

《历史的回顾》徐向前著 解放军出版社 1988 年 10 月

《粟裕战争回忆录》粟裕著 解放军出版社 1988 年

《天翻地覆三年间：解放战争回忆录》陈士榘著 中共中央党校出版社 1995 年 11 月

《七十年征程——江渭清回忆录》江渭清著 江苏人民出版社 1996 年 10 月

《钟期光回忆录》钟期光著 解放军出版社 1995 年 10 月

《叶飞回忆录》叶飞著 解放军出版社 1988 年 11 月第 1 版

《华东战场参谋笔记》王德著 上海文艺出版社 1996 年

《饶守坤回忆录》饶守坤著 中共党史出版社 1993 年

《学习战争》孙同盛著 (出版社不详)

《革命回忆录（第 14 辑）》人民出版社 1985 年 2 月

《烽火岁月七十载——我的革命生涯》谢曙光著 宁夏人民出版社

《在历史巨人身边——师哲回忆录》师哲回忆 李海文整理 中央文献出版社 1991 年

《戎马春秋》董其武著 中国文史出版社 1986 年

《沧桑集》邱维达著 台湾《传记文学》1992 年 5、7、8、9 月

《往事追忆——毛森回忆录(一〇)》毛森著 台湾《传记文学》总第 456 号 (2000 年)

《八十回忆录》杜鼎著（台湾）1988 年

《八十虚度追忆》俞济时著 台湾"国防部"史政编译局 1983 年 12 月

《于达先生访问记录》于达口述张朋圆等访问台北"中央研究院"近代历史研究所 1989 年

《万耀煌先生访问记录》万耀煌口述沈云龙访问台北"中央研究院"近代史研究所 1993 年 5 月

《薛伯陵将军指挥之——德安万家岭大捷回忆》吴逸志编 1940 年（出版社不详）

《世纪之履——李默庵回忆录》李默庵口述 刘育钢、高建中编写 中国文史出版社 1995 年

《文强口述自传》文强口述 刘延民撰写 中国社会科学出版社 2003 年 9 月

《杨伯涛回忆录》杨伯涛著 中国文史出版社 1996 年

《张治中回忆录》张治中著 文史资料出版社 1985 年

《冈村宁次回忆录》稻叶正夫著 天津市政协编译委员会译 中华书局 1981 年

四、 文集及其他

《粟裕文选》（1945.10—1949.9）（第二卷）粟裕文选编辑组编 军事科学出版社 2004 年

《粟裕军事文选》解放军出版社 1989 年 7 月

《陈毅军事文选》刘树发主编 人民出版社 1995 年

《陈毅年谱》刘树发主编 人民出版社 1995 年

《周恩来选集》（上卷）人民出版社 1980 年 12 月

《"总统"蒋公思想言论总集》秦孝仪主编（资料来源: 台湾中正文教基金会网站）

《蒋介石研究》一平 团结出版社 2001 年 7 月

《从大历史的角度读蒋介石日记》黄仁宇著 时报文化出版社 1994 年 1 月

《古塔的神话及其他》谢雪畴著 中国青年出版社 1958 年 7 月

《玄武湖趣史》李源编著 南京古籍出版社 2001 年 12 月

《西行漫记》埃德加·斯诺著 董乐山译 三联书店 1979 年

五、 原始采访

2003 年 12 月笔者与王玉龄女士的访谈

2004 年春笔者对张居正先生的书面及电话采访

2003 年 10 月笔者对张居礼先生的电话访谈

2004 年 9 月笔者与胡立文先生的书面及电话访谈

2004 年 1 月笔者与钟世炎先生的电话访谈

后　记

与许多人一样，对本书传主的最初了解，来自于少时所看过的革命战争小说和影片，印象中的张灵甫骄矜冷峻、狡诈死硬而又风度翩翩，是一个被小说和影视作品角色化了的"国民党反动将领"形象。由于张灵甫所率领的整编第74师在国民党军中的特殊地位以及在内战中震撼性的突然陨灭，他的兵败身亡，在海峡两岸的史书中有着截然不同的盖棺论定，一边是死不改悔的内战罪人，一边是忠勇壮烈的军人楷模，评价黑白分明。而当我们翻检历史，试图透过斑驳迷离的时空，去探究、去揭开一个历史人物的面纱，却往往发现，面纱下面的面目本不是非白即黑的。当不同营垒的人们对国家命运的抉择必须以内战来定夺，无疑是一场民族的不幸，而消逝在这场内战中的国民党军将领，因其所在的阵营黯然退出大陆的历史舞台，而成了历史的悲剧人物。在国民党军黄埔系将领中，张灵甫是一类典型，一个曾经卷入大革命洪流的热血书生，一个为确立国民党蒋介石的统治而奋力效命的黄埔军人，一个舍生忘死抵御外侮的抗日功臣，一个为蒋介石冲锋陷阵而兵败身亡的内战先锋，这个当年风靡全国的战争大片《红日》和《南征北战》中家喻户晓的反面形象，究竟是怎样一个人物呢？随着对他传奇经历的了解，我忽发奇想：何不试着写一本关于张灵甫的传记？当把这一想法告诉一位律师朋友，引起友人的惊诧："你可真能不务正业啊！"他说得没错，我不是学历史的，职业与历史人物风马牛不相及，我是他的同行，写这本书纯属票友自涂花脸登场献丑了。

法律工作讲究以事实为依据，以法律为准绳，这句话略作变化套在历史研究上也很合适，那就是以史实为依据，以史料为准绳。一旦开始搜集史料，发现自己真有点无知者无畏。在大陆，张灵甫的形象似乎深深地定格在孟良崮上，关于他过去的种种，几乎被高耸的孟良崮所淹没，单凭一些出版物中人云亦云速写漫画式的吉光片羽，实在难以凑起一幅贴近人物真实面貌的完整历史拼图。

正当为寻找稀缺的史料而有些气馁的时候，2003年某日，一个很偶然的机会，我得知了张道宇先生的信息。很冒昧地给当时身在台北的张先生去函，求解其父亲的生平资料，等待期间惴惴不安，毕竟与张先生是素昧平生。回复却令我喜出望外，张先生告诉我，他的母亲正在大陆，他可为我安排见面采访。真是踏破铁鞋无觅处得来全不费工夫。当年冬天，趁年末假期飞抵上海，我对张灵甫将军的夫人王玉龄女士进行了采访，数度的促膝长谈，大量的一手资料和照片，张灵甫、王耀武、俞济时、邱维达、李天霞……这些历史书上干巴巴的人名，在我的眼前渐渐鲜活起来，仿佛跟随历史老人穿越时光隧道，与我笔下将触及的人物面面相对。此后，我又与张灵甫的长子张居礼先生、侄子张居正先生、旧部胡立文先生和钟世炎先生等先后取得了联系。与这些历史亲历者的访谈，使我有机会对传主的生平进行更为贴近的直观考察和了解，他们的回忆大大丰富了本书的内容，虽然我采访的问题对他们来说并非都是愉快的记忆。在此，我要特别对王玉龄女士和前述诸位长者对我这个无名小辈的理解、坦诚、耐心和帮助，表示深深的感谢。

通过对当事人的采访，我对史料的收集和脉络梳理有了较为明确的方向。除了继续阅读大量的文史档案、回忆资料和军战史之外，为深度挖掘更多的宝贵一手资料，我还特地抽时间亲往台湾，泡在台北的档案馆和图书馆里翻印、抄录相关的图书资料，并专门查阅了曾被视为国民政府最高机密至今尚未公开出版的蒋介石档案的相关原始文电，以对初稿进行进一步的充实和修订。这一写作过程说起来只是寥寥数语，而当初每每花整天的时间查证史料，只是为了考证落实写下的某一句话、一个数据或一个说法的依据，其中漫长的付出和艰苦，一言难尽。最终给出版社寄出拙作的修订全稿时，离开卷动笔，竟是三年有余了。

在此我得感谢团结出版社常务副社长梁光玉先生，没有他一直以来的热情鼓励和督促，我可能在忙于繁杂的"正业"之余难以持之以恒写作下去，这本书也许早在三天打鱼两天晒网中自我了断了。在写作过程中，我还得到了许多民国军史同好的支持，尤其是上海的万乐刚先生，有求必应，无私地提供了不少解放军军史资料；台湾的霍安治先生在我写作初期也对共同感兴趣的话题作了有益的交流；另外，与网上诸多民国军史爱好者的互动和讨论，也对我的写作启发良多，恕不一一具名，在此一并鸣谢。

还有一位先生，三年多来我每每深夜伴着清灯孤影阅读写作，这位先生则不时在旁喋喋不休，抱怨老婆移情别恋故纸堆使他备感冷落，不过一旦我这电脑小白网上遇到技术难题，他总是随叫随到尽力提供技术支持，虽然有时是处于夜半梦中睡眼惺忪的恼怒状态。更令我感动的是，当我决定去台湾查档，这位电脑专家居然丢开手头繁忙的工作，自告奋勇也请了假陪同前往，还一同动手帮忙抄录对他而言实在是枯燥无趣的电文档案，一边则继续喋喋感叹自己作为一名"不务正业"太太的丈夫是多么的辛苦和伟大。为表示鼓励，值此拙作即将付梓之际，特对我先生包益三年多来心甘情愿及不甘不愿的大力支持给予书面表扬。而我能够撇开琐务，把业余精力完全投入本书的写作，更离不开我母亲的照顾和操劳，为我解除后顾之忧，非常感谢老母亲在背后的默默付出与支持。

最后言归正传，对我这个民国军史的业余爱好者而言，写这样一本书自感有些不自量力，虽然在朋友们的鼓励和帮助下摸索着勉力完成，毕竟水平有限，其中疏漏错讹之处在所难免，出版后若能得到方家的批评和指教，我将不胜荣幸。

钟子麟 2007 年 11 月 8 日于新加坡